U1011950

应用型本科高校系列教材

中级财务会计

(第二版)

主　编　汪上达

副主编　刘晓飞　尹顺秋

参　编　宋冰雁　唐　敏　马　洁　杜选芹

金骎骎　邵　佩　张　荷

西安电子科技大学出版社

内 容 简 介

本书为应用型本科高校系列教材，主要是针对一般制造企业的基本经济业务，讲述通用财务报告的编制。

本书根据新企业会计准则体系会计改革的最新成果编写而成，内容包括六大会计要素(资产、负债、所有者权益、收入、费用和利润)的会计处理和四大报表(资产负债表、利润表、现金流量表和所有者权益变动表)的编制。全书共分为 14 章，主要内容包括总论，货币资金，存货，金融资产，固定资产，投资性房地产，长期股权投资，无形资产，流动负债，非流动负债，所有者权益，收入、费用和利润，特殊交易事项，财务会计报告。在编写模式上，本书尽量采用国际惯例，每章编写了学习目标、课前阅读等内容，并附有适量的练习题，以方便教师组织教学和学生学习。

本书可作为会计学专业本科教材，对从事会计实务工作的人士也有参考价值。

图书在版编目(CIP)数据

中级财务会计 / 汪上达主编. —2 版. —西安：
西安电子科技大学出版社，2020.1(2024.7 重印)
ISBN 978-7-5606-5532-1

Ⅰ. ① 中…　Ⅱ. ① 汪…　Ⅲ. ① 财务会计　Ⅳ. ① F234.4

中国版本图书馆 CIP 数据核字(2019)第 289424 号

策　　划　毛红兵
责任编辑　买永莲
出版发行　西安电子科技大学出版社(西安市太白南路 2 号)
电　　话　(029)88202421　88201467　　邮　　编　710071
网　　址　www.xduph.com　　电子邮箱　xdupfxb001@163.com
经　　销　新华书店
印刷单位　陕西天意印务有限责任公司
版　　次　2020 年 1 月第 2 版　2024 年 7 月第 8 次印刷
开　　本　787 毫米×1092 毫米　1/16　印　张　27.5
字　　数　654 千字
定　　价　59.00 元
ISBN 978-7-5606-5532-1
XDUP 5834002-8

前　言

中级财务会计主要研究财务会计信息的对外报告。本书全面介绍了财务会计的基本理论体系构成，核心部分是财务会计要素确认、计量、记录及报告的规则、程序和方法，既有国际惯例的做法，也有我国会计实务的规范。本书内容充分体现了理论与实践的结合、教学与科研的结合、中国特色与国际化的结合、继承与发展的结合。本书是会计学科基础理论研究与经济应用的结合体。

这两年会计方面的改革显著，因此教材在很多地方需要进行调整。为更适应教学需要，特此对本书进行了修订，主要如下：

(1) 根据最新准则对相关概念进行了修改，如库存现金、银行存款，“持有至长期股权投资”改为“其他债权投资”。

(2) 将增值税税率进行了调整，由 17%改成了 13%，并对相应例题做了调整。

(3) 将第一版的第三章和第五章合为一章，即第四章，并对整个章节重新进行了编制；将第一版的第四章改为了第三章。由于前面第五章改成了第四章，所以第六章改为第五章，且将第一版“固定资产”中第四节“投资性房地产”拆分出来单独成为了一章，即第六章。

(4) 增加新资产负债表变化的详细说明，列示了新格式的资产负债表；新增单步式利润表示例、多步式利润表内容中新的利润表格式新增项目、新利润表的详细变化说明并列示新格式利润表。

由于编者水平有限，书中难免存在不足，敬请广大读者批评指正。

本书编写组

2019 年 5 月

第一版前言

独立学院始建于20世纪末至21世纪初，为我国社会经济的发展培养了大批人才，在我国高等教育从精英教育转型到大众教育的历史进程中，作出了不可磨灭的贡献。在我国的高等教育体系中，作为应用型本科的独立学院在培养规格、培养目标上既区别于高等职业教育，又不同于学术研究型本科，由此，在教材选用、教学过程、教学方法和手段上略有不同；满足应用型本科人才培养的需要，是我们编写本书的初衷。

中级财务会计是学生在学习了基础会计学之后开设的，是会计学专业、财务管理专业和审计学专业的核心课程，也是学习其他经济管理类课程的必修课程。

中级财务会计主要研究财务会计信息的对外报告。本书全面介绍了财务会计的基本理论体系构成，核心部分是财务会计要素确认、计量、记录及报告的规则、程序和方法，既有国际惯例的做法，也有我国会计实务的规范。本书充分体现了理论与实践的结合、教学与科研的结合、中国特色与国际化的结合、继承与发展的结合。本书是会计学科基础理论研究与经济应用的结合体。

随着经济发展进入新常态，特别是在中国制造2025、互联网+、大众创业万众创新、“一带一路”等国家重大战略的背景下，人才供给与需求关系发生变化，经济结构深刻调整使得高等教育结构性矛盾更加突出，其同质化倾向严重，毕业生就业难和就业质量低的问题始终无法解决，而市场端却紧缺大量应用型、复合型、创新型人才。高校人才不适应社会市场需要，其根本原因在于高等教育和市场的脱节，既然市场大势不可逆转，那只能改变高校教育理念自身以适应社会的发展。

因此，建立以提高实践能力为引领的人才培养流程，建立产教融合、协同育人的人才培养模式，实现专业链与产业链、课程内容与职业标准、教学过程与生产过程对接；建立与产业发展、技术进步相适应的课程体系，研制一批应用型示范课程和教材，这些已经成为目前发展转型过程中本科高校教育教学改革的当务之急。

本书编写特点如下：

(1) 协同性。多方联动，互相协作。

(2) 应用性。按照应用型本科高校培养人才模式的要求编写。

(3) 开放性。遵循充分调动学生自主学习的兴趣的原则，以开放的心态面对错综复杂的社会、经济、价值观等问题，促进学生进行开放式思考。

(4) 时代性。充分体现了互联网+和大数据时代的精神。

本书编写人员为汪上达(第一章、第四章)、宋冰雁(第二章、第五章)、刘晓飞(第三章)、王建忠(第六章、第七章)、马洁(第八章、第十一章)、唐敏(第九章、第十章)、尹顺秋(第十三章)，张小菊(第十二章、第十四章)。

本书编写过程中，参阅了有关专家学者的论著和教材，特别是得到了陈安主任的大力支持和指导，在此致谢。

由于编者水平有限，书中难免存在不足和疏漏之处，敬请广大读者批评指正。

编　者
2017 年 5 月

目　　录

第一章 总 论

【学习目标】

- 理解并掌握会计的一些最基本的问题，包括会计概念、财务会计目标、会计假设、会计信息质量要求、会计要素、会计计量等；
- 能从总体上对会计有一个系统的认识，建立会计思想，在学习会计学原理的基础上加深对会计的认识。

【课前阅读】

中国会计行业现状及发展趋势分析

近年来，随着会计制度的日益完善，社会对于会计人员的高度重视与严格的职业诉求，会计这个行业的人才要求越来越高。在当前这个高度信息化的社会，一名优秀的财会人员在掌握会计核算知识的同时，也需要具备良好的沟通能力和协作能力，能够在筹资理财等方面为单位提供建设性、可操作性建议和信息。下面我们就一起来看看中国会计行业现状及发展趋势分析:

一、会计的行业现状

随着会计行业的发展，目前全国会计人才市场逐渐呈现出两极分化的趋势，一方面普通会计人才严重饱和，另一方面高级会计人才严重短缺，甚至需要从其他国家引进。因此国家开始提高会计准入门槛，是以 2017 年开始暂缓会计从业资格证考试。从会计发展的范围来看，随着我国对外贸易的发展，会计核算工作也开始国际化。从宏观的角度来看，我国会计行业发展已趋于成熟，各类相关的行业法律法规也逐步健全。然而高端会计人才的严重短缺也为会计行业的发展留下隐患，在不久的将来，高端会计师将会成为我国会计的重点培养对象。

会计从业人员女性化特征明显。在我国，在职的会计人员女性占了大约三分之二，不难看出，我国会计职业从业人员已出现了明显的女性化特征。另外，由于无论公司规模大小，都需要财会人员来保证正常的运营，可以说会计人员是企业的核心人员之一，是机构运转的关键角色。这也引发了会计教育的热潮，本科、大专、中职、夜大等都开设了会计专业，由于这种盲目扩张，使得普通财会类人才的薪酬水平进入低谷。

随着当今社会的大数据化，信息化时代已经到来，会计电算化取代会计手工是不可避免的趋势，然而普通会计员工还停留在手工账阶段，缺乏会计实操技能。

二、行业未来发展趋势

1. 我国会计将进一步与国际惯例接轨

我国会计改革在强调中国特色的基础上，十分重视与国际惯例接轨。到目前为止，我国会计在法律、行政法规、部门规章及规范性文件等方面充分体现了这一改革思路。随着我国加入 WTO，我国经济的全面对外开放，为进一步改善我国投资环境，吸引更多的外商资金，加快我国参与国际经济发展的步伐，促使我国经济快速、稳定地增长，要求会计这一国际商业语言应进一步提高其可比性和可理解性，增强其透明度，以利于会计信息用户在进行筹资、投资、经营决策时能更好理解和运用，避免决策失误。这就要求各国会计在处理具体会计事项时，应遵循某种规定，都按通行的做法来办理。无疑，我国会计进一步与国际惯例接轨，既是我国加入 WTO 后经济进一步发展的需要，也是会计改革的必然趋势。随着我国其他具体会计准则的陆续出台，会计法律、法规、准则、制度的进一步修订和完善，我国会计必将全面与国际惯例接轨。

2. 会计新的领域将逐步拓宽

来到新的世纪，我国加入 WTO 后，会计的环境正在发生着深刻的变化。随着现代信息科学的兴起，电子技术的广泛运用，新兴产业的不断涌出，资本市场的高速发展及世界经济朝一体化方向迈进等，会计正在孕育着一场深刻的变革。当前网络大数据被提出，互联网+广泛兴起，而会计本身就是数据处理，是最适应当前网络信息化发展的行业。在不断变化的社会政治经济环境中，我国会计也必将逐步拓宽新的领域，更好地适应正在变化的时代需要。在知识经济社会，作为社会经济发展的第一要素——人力资源是任何企业、组织都不可缺少的最宝贵的资源。当今时代，企业的竞争、科技的竞争、国家经济实力的竞争，归根到底是人才的竞争，谁拥有高素质的人才，谁就会在竞争中赢得优势，因此，重视人力资源管理，提供人力资源管理所需信息的人力资源会计必将应运而生。

第一节 会计概述

一、会计的产生和发展

会计的历史源远流长，早在原始公社制时代，人们已用“刻契记数”和“结绳记事”等方法，反映渔猎收获数量及其他收支。这是最原始的会计活动。

在我国周代时，会计一词就有了比较明确的含义，即所谓“零星算之为计，总合算之为会”。周代的官厅会计，不仅采用了类似凭证(当时称“书契”“官契”等)、账簿(当时称“籍书”)和“三柱结算法”等专门方法，而且有了叙事式会计报告(如《周礼》中讲的“日成”“月要”和“岁会”报告)。

秦汉时期，官厅财计组织从中央到地方已初步构成一个经济管理系统。以“入、出”为记账符号，以上入下出为基本特征的单式入、出记账法的形成，以“入－出＝余”为基本公式的三柱结算法的普及，奠定了中式会计方法的基础。当时已经采用了以“收、付”为记账符号，以上收下付为基本特征的单式收付记账法，并对一部分收支以钱币为计量单位进行核算。这是中式会计获得初步发展的重要标志。

唐宋时期，我国会计、审计和国库组织发展到较为完备的程度。会计与出纳、会计与国库、现金出纳与实物出纳、签证单位与财物发放单位，以及审计与会计之间都有了明确的分工。各项赋税收入的计账户籍制度，以“量入为出”为原则的岁入岁出预算制度，财物出纳保管制度，要求自下而上逐级呈递“上计簿”的上计制度，以及监察制度等，已成为封建统治者加强经济控制的基本财计制度。而且当时出现的“四柱结算法”和“四柱清册”，在中国会计史上具有里程碑的意义。

“四柱结算法”是按照“旧管”(上期结存)、“新收”(本期收入)、“开除”(本期支出)、“实在”(期末结存)这“四柱”特定的格式，定期结算账目的一种会计方法。“四柱清册”是以“四柱”为基本格式，以“四柱结算法”为基本方法所编制的一种会计报告。“四柱结算法”系统反映国家经济和私人经济活动全过程，集中体现了中式会计的基本原理，是中式会计方法体系的核心与精髓，也为中国会计从单式账法向复式账法的演变奠定了初步基础。从世界范围讲，“四柱结算法”中的“四柱平衡公式”(旧管 + 新收 = 开除 + 实在)和“四柱差额平衡公式”(新收 – 开除 = 实在 – 旧管)的建立和运用，比西式簿记中的平衡结算法的出现要早得多。当时的会计分析工作也有所发展，如在唐朝的《元和国计簿》和宋朝的《元祐会计录》中，就有计账、户籍的分析，国家财政收支的对比分析，以及针对具体问题进行的专门分析。宋代的《太平经国之书》和《玉海》，则是汇集会计史料的重要著作。在这一时期，中国民间会计也得到了发展，中国早期的金融业——柜坊，典当业——质库，以及为商业服务的货栈——邸店等行业也采用的是“四柱结算法”。

明清时期是中国单式簿记的持续发展和复式簿记产生的时期。在民间商界产生了中国固有的复式账法：

其一为“龙门账”。它把全部经济事项划分为“进”(各项收入)、“缴”(各项支出)、“存”(各项资产)、“该”(各项负债和资本)四大类，遵循“有来必有去，来去必相等”的记账规则处理账目。“龙门账”的特色表现在年终“合龙”结算方面。凡“进”项减去“缴”项等于“存”项减去“该”项者，为“龙门相合”，否则为“龙门不合”。

其二为“四脚账”，又名“天地合账”。此种账法由两种结册编制，一为“彩项结册”，相当于近代的“损益计算表”；一为“存除结册”，相当于近代的“资产负债表”。“四脚账”的试算平衡，勾稽全部账目是在“存除结册”上进行的，该册分上、下两部分，上部称为天方，下部称为地方。凡上、下两部分数额吻合谓之“天地符合”，否则为“天地不合”。

这两种账法代表着中国会计的先进水平。

1840 年鸦片战争后，中国会计出现了中式会计的改良和借贷复式簿记的引进同时并存的局面。大型工商企业一般采用借贷复式簿记，中小型工商企业一般采用中式收付簿记。20 世纪 30 年代的会计师徐永祚(1891—1959)发起了改良中式簿记运动，拟订《改良中式簿记》方案(1933)，但未能广泛推行。与此同时，会计师潘序伦(1893—1985)在创办立信会计师事务所、立信会计学校和立信图书用品社的同时，编著、出版了多种会计书刊，使借贷复式簿记在中国得到广泛传播。此外，北洋政府和国民党政府先后颁布过会计法及其他一些会计法规，但未能贯彻执行。1949 年 10 月 1 日中华人民共和国成立，从此，中国会计进入到一个新的发展时期。

14、15 世纪时，欧洲的资本主义经济关系开始萌芽和生长，而得地中海之利的意大利最早进入资本主义萌芽时期，故而会计账簿最早是从佛罗伦萨式、热那亚式与威尼斯式簿记开始的。1494年，被誉为“现代会计之父”的巴其阿勒发表了《算术、几何、比与比例概要》一书，系统地论述了复式记账法，这是会计发展的一个重要里程碑。德国、荷兰、法国等先后继承与发展意大利的复式簿记实务与理论，最终在欧洲造就了帕乔利时代。17世纪的英国资产阶级革命扫清社会生产力的发展障碍，进而带来18世纪70年代的产业革命，这一重大变化使英国会计的发展进入创新时期。同时，18世纪在巩固兴旺发达起来的公共会计师事业及其在审计、复式簿记原理与早期成本会计方面的贡献，使英国很快成为世界会计发展中心，这一历史地位一直保持到19世纪。19世纪与20世纪之交，在产业革命的深刻影响之下，为适应资本主义市场经济发展的需要，建立以成本会计为立足点，以会计作为公司经济管理主体地位的基本指导思想，在实务处理与理论方面开始朝着会计时代的方向发展转变，这一转变在进入20世纪后才最终完成。西方会计在近代会计发展史上占据着支配地位，是与科学技术的进步、产业革命在西欧的发生与发展，以及资本主义市场经济的进一步发展分不开的。至20世纪初，伴随着资本主义市场经济发展中心的转移，世界会计中心也就从英国乃至西欧转移到美国。产业革命的兴起，股份公司的出现，所有权和经营权的分离，对现代会计的发展产生了重要影响。1930年，美国第一次讨论会计原则，将会计实践上升到理论，再用来指导实践。为加强内部管理的需要，传统的会计被分为了财务会计和管理会计两个分支。

可见会计是经济发展的产物，会计记账方法跟经济强国有很大关联。随着我国经济的日益发展，会计改革呼之欲出，今后会计改革的方向在中国，会计发展的趋势也将由中国来引领。

二、会计的特点

现代会计已经分为财务会计与管理会计两大主要分支，财务会计是传统会计的继承和发展。财务会计是按照公认的会计原则，对企业发生的交易或事项，通过确认、计量、记录和报告等程序，为投资者、债权人、政府等信息使用者提供反映企业财务状况、经营成果和现金流量等信息的对外报告。而管理会计是为满足企业内部管理的需要，在财务会计信息的基础上，结合资金、成本、市场等资料，运用专门的分析方法，为企业提供制定资金管理、成本费用控制、盈利模式选择、企业发展战略等方案所需要的信息，使得会计能够参与企业预测、决策、绩效评价等管理活动。会计的特点主要有以下几个方面：

（一）从提供会计信息的对象看

财务会计编制的财务会计报告主要是为企业外部使用者提供的，所以财务会计也叫外部会计。管理会计主要是为企业内部管理提供相关预测、决策、分析等信息的，为企业内部服务，所以管理会计是内部会计。

（二）从提供信息的规范看

为了保证会计信息质量，财务会计要严格遵守会计准则或其他有关法律、行政法规，具有强制性；管理会计主要考虑企业管理决策中的成本—效益原则，具有灵活性。

(三) 从会计核算的过程看

财务会计严格按“凭证—账簿—报表”的会计程序，综合反映并定期提供有关企业财务状况、经营成果和现金流量的变动信息；管理会计则可以根据管理所需信息的要求自主选择会计程序，没有固定模式。

(四) 从提供信息的报告看

财务会计提供的信息以历史信息为主，对四表一注的内容和格式都有统一规定，而且要定期编制，具有法律效力；而管理会计主要强调提供的信息对管理者决策是否有效，不注重报表格式，不具有法律效力。

财务会计和管理会计虽有诸多区别，但是它们的最终目标是一致的，即为了实现企业价值的最大化。

第二节 财务会计目标

一、财务会计目标的主要理论

财务会计目标是财务会计活动所要达到的目的，即会计为什么要提供会计信息，为哪些人提供信息以及提供哪些会计信息。财务会计提供的信息主要是财务会计报告，所以财务会计目标也叫财务会计报告目标。整个财务会计理论体系和会计实务都建立在财务会计目标的基础之上。针对财务会计目标，主要有两大观点：受托责任观和决策有用观。

(一) 受托责任观

因为所有权和经营权的分离，资本受托者(经营者)应负有对资本提供者(所有者)解释、说明其经营活动及其经营结果的义务。那么财务会计目标就是以适当的方式有效反映受托人的受托责任及其履行情况，即向资本提供者报告受托人的经营活动及其成果，并以反映经营业绩及其评价为中心。因此，受托责任观的核心是受托人向所有者报告资本受托管理情况，强调财务会计信息的可靠性；采用历史成本属性，会计信息侧重过去，保证会计信息的可验证性；重视利润表项目的确认和计量，评价受托人的经营业绩。

(二) 决策有用观

随着资本市场的不断发展，所有者和受托人的委托和受托关系变得模糊，所有者更加关注的是资本市场和所投资企业的可能风险和报酬。那么财务会计目标就是向会计信息使用者提供对其决策有用的信息，即为会计信息使用者提供有利于其投资和其他决策的信息。因此，决策有用观的核心是向信息使用者提供有助其决策的信息，强调会计信息的相关性；主张各种计量属性并存择优(历史成本、重置成本、可变现净值、现值等)；重视资产负债表项目的确认与计量；会计信息在关注过去的同时更注重未来，目的在于帮助信息使用者作出有用的决策。

受托责任观和决策有用观是互相关联的，受托责任是会计产生和发展的根本动因，决策有用是会计发展的必然；决策有用观是受托责任观的自然延续，本质是一致的。

二、财务会计信息使用者

一般而言，财务会计信息使用者主要包括投资者、债权人、政府及其有关部门、社会公众等。

(一) 投资者

投资者包括现有投资者和潜在投资者。投资者进行投资决策的最终目的是获得投资回报，因此他们注重的是企业的资本结构、股利分配政策，企业的利润状况，企业的毛利率、净资产收益率等企业盈利能力指标，企业目前的经营管理状况，企业目前和未来现金流量数额等，从而据以做出对自己有效的投资决策。

(二) 债权人

企业债权人主要包括银行、非银行金融机构和债券购买者等。债权人贷款的目的是能够到期收回利息和本金。因此在信息需求上，他们主要关心的是企业的短期偿债能力和长期偿债能力，并据以判断其债权所面临的风险程度。

(三) 政府及其有关部门

政府及其有关部门既是市场主体又是经济管理和监督部门。他们通常关心经济资源分配是否合理、市场秩序是否有序等。因此需要信息来监管企业的各项活动、制定税收政策、推行税收政策和国民经济统计等。

(四) 社会公众

企业的生产经营活动与社会公众密切相关，特别是企业可以对当地经济作出包括增加就业、刺激消费、提供服务等贡献，因此提供的会计信息中有关企业发展前景、经营效益及效率等方面是社会公共信息需求所在。

另外，还有一些社会中介服务机构(如会计师事务所等)，会根据其受托的服务对象的要求，从不同角度关注企业的会计信息。

第三节 会计假设与会计核算基础

一、会计假设

会计假设是会计核算的前提条件，是对客观经济环境作出的符合逻辑的设定。会计学科建立的理论基础是会计假设或会计假定。在现代会计半个多世纪的实践中，其已成为会计学理论中近似于规律的定论，是会计学理论工作者和会计人员普遍接受的无需证明的公理。

会计假设有四项：会计主体、持续经营、会计分期和币值不变。

(一) 会计主体

会计主体指会计工作服务的特定单位或经济组织，又称会计实体或会计个体。这一假设界定了会计工作的空间范围，把会计主体与其他单位组织的经济活动区分开来，把会计主体与投资人的经济活动区分开来，从而明确会计工作的立场，会计工作的范围，使得会计站在特定的会计主体的立场，来正确地对该会计主体经济活动中的交易或事项进行判断、确认、计量和记录，保证会计所提供的会计信息是该会计主体的经济活动的结果。

会计主体并不等同于法律主体，凡是法律主体必然是会计主体，但会计主体并非都是法律主体。会计主体可以是独立法人，也可以是非独立法人(如合伙经营)；可以是一个企业，也可以是企业内部某一特定部分(分公司、车间、事业部等)；可以是单一企业，也可以是企业集团，甚至一个地区、一个城市或一个国家。典型的会计主体是一个经营性企业。

会计主体的假设为会计人员在会计处理中对会计业务的职业判断、会计方法和会计程序的正确选择提供了依据。

(二) 持续经营

所谓持续经营，是指在可预见的将来，会计主体将会按照当前的状态继续经营下去，不会大规模削减业务，不会停业。在会计主体持续经营这一假设的重要前提下，会计核算和反映会计主体的系列会计方法才能以稳定的状态进行，企业的资产才能合理地划分为流动资产与非流动资产，负债也能区分为流动负债与非流动负债等。企业的收入与费用在会计主体持续经营这一前提下，才能科学地在不同会计期间划分。总之，这一假设前提是开展会计工作的必要条件，倘若缺失，则会计确认、计量、记录的方法，会计目标及会计信息的质量标准等基本问题将无以存在。这一假设并非说企业能永远存在，若会计主体在现实社会中很可能停止经营活动，其在会计上会放弃稳定的会计政策。而事实上，当会计主体破产清算或解散时，则会转入破产清算的会计工作程序，此时依据持续经营假设采用的会计处理方法和程序则不再适用。

(三) 会计分期

会计分期指把会计主体客观上持续不断的生产经营活动人为地划分为若干长度相等、首尾相接的时间段落，这些时间段落称为会计期间。常见的会计期间为会计月度、季度、半年度、年度，旨在解决会计工作的时间范围。有了会计分期的假设，会计上才能分期进行会计工作、分期核算和分期提供会计信息。会计主体的生产经营活动客观上是持续不断的，一个生产经营过程结束，下一个生产经营过程又开始，循环往复，周而复始。从理论上讲，只有会计主体的生产经营活动停止后，方能对该会计主体计量经营成果编制财务报告，提供会计信息。但是以投资人、管理者为代表的会计信息使用者无不希望在会计主体的经营过程中及时获取财务状况、经营成果和现金流量的信息，以便作出各种经济决策。

因此，为满足会计信息使用者的需要，会计分期就成为会计工作的必然结果。在我国，会计期间分为四种：会计月度、会计季度、半年度、会计年度。我国会计法规定，会计年度应当采用公历年度制，即以公历1月1日至12月31日为一个会计年度，相应月度、季度、半年度也与公历日期相同。世界各国的会计年度是不统一的，某些国家的会计年度(又称财政年度)为上年7月1日至次年6月30日。但会计中期(除会计年度外的其余三个会计期间)的时间长度在会计界约定俗成地形成相同的规范，一个会计月度是一个公历纪年下的月份天数。这也是会计被称为世界通用的商业语言的原因之一。

(四) 币值不变(货币计量)

会计是以货币为主要计量形式来反映会计主体生产经营活动的，而现实经济生活中，货币价值会发生变化，在一些特殊时段，甚至会发生较剧烈的变化；会计上假设币值不变，是为了保证会计信息的可比性。倘若无此假设，一些资产在其持有期内，会发生若干变化，这就会导致会计确认计量反映的方法失去标准而陷入混乱。在我国，人民币是法定货币，会计法规定会计核算采用人民币为记账本位币。会计主体的经营活动的各项交易或事项，若存在多种货币，要把有关外币按汇率折算为记账本位币；业务收支以外币为主的会计主体，也是选定某种外币作为记账本位币，但编制的财务会计报告应当按规定汇率折算为人民币反映。境外的我国企业报送的财务会计报告，应当折算为人民币反映。以货币作为主要计量形式并假设币值不变，也要在财务会计报告中充分披露不能以货币计量的经营战略、研发创新能力、核心竞争力等相关信息。同时，现实经济活动中币值变化剧烈条件下，还可使用“通货膨胀会计”等会计方法对财务会计报告信息予以修正、补充。同时，在会计中引进不同的价值标准来进行确认、计量和记录，比如“历史成本”“公允价值”等标准。

二、会计核算基础

在会计核算中，会计主体经营活动中的交易或事项经常性地跨越不同的会计期间，一些收入费用的发生时间和有关货币的收支时间在不同的会计期间，比如本期已经发生了销售，但货币在今后的会计期间收到，也可能本期收到了货币，但本期并未发生销售。此类交易或事项的存在，使得会计上就必然面临如何确认和计量反映各个会计期间的财务成果和财务状况，提供客观可比的会计信息。会计核算基础又称会计记账基础，就是指以什么为标准来确认、记录和反映交易或事项涉及多个会计期间时收入费用的办法。会计上有两种会计核算基础，即收付实现制(实收实付制)和权责发生制(应收应付制)。

(一) 收付实现制

收付实现制，又称实收实付制或现金制，指在会计主体经营活动中的交易或事项涉及多个会计期间时，以款项实际收到或付出的时间为标准来确认各期收入和费用的核算基础。在实收实付制核算基础下，各期实际收到的款项构成该期收入，而不论导致收到款项的交易或事项在哪个会计期间发生。比如企业出租设备一套，租期一年，租金全年为12万元，租金在该年一月份收到，在实收实付制会计核算基础下，则全部列作一月份的收入，而不需在年度内各月分记。反之亦然，会计主体交易或事项中各期付出的款项构成该期支出。

各个会计主体各期的财务成果就是该期实际收到的款项抵扣该期实际支付的款项。这一会计核算基础简单明了，易于操作，一般用于非经营性单位。

(二) 权责发生制

权责发生制又称应收应付制或应计制，在权责发生制会计核算基础下，不以款项实际收到或付出的时间确认各期收入和费用，而是以交易或事项是否已经产生收入的权利或支出的义务，权利和责任在哪一会计期间产生，会计就确认为哪一会计期间的收入或费用的会计核算基础。凡是本期实现的收入和发生的费用不论其款项是否在本期收到和付出，均应作为本期的收入和费用确认入账；凡不属于本期实现的收入和发生的费用，不论其是否实际收到或付出款项，均不能确认为本期收入和费用入账。

由于权责发生制会计核算基础能够较为客观、真实、公允地反映会计主体在经营活动中各个会计期间的财务状况和财务成果，因而是国际公认的企业会计核算考核基础，主要用于生产经营型企业。我国企业会计准则也作出明确规定，企业在会计确认、计量、记录和报告中应当采用权责发生制这一会计核算基础。在权责发生制这一会计核算基础下，若会计主体的交易或事项涉及会计年度内多个会计月度，为分别核算各个会计月度的财务成果，在会计上采用“待摊费用”和“预提费用”的方法处理；但当其交易或事项涉及多个会计年度或跨会计年度时，则应通过“长期待摊费用”或“递延费用”的方法处理。其处理的标准就是权利或责任的收益期。在权责发生制下，企业盈利水平和偿债支付能力可能不一致，为反映企业现时的偿债支付能力，企业会计需要提供以实收实付制核算基础编制的现金流量表，以弥补其不足。

第四节 会计信息质量要求

会计信息质量要求是对企业财务报告中所提供会计信息质量的基本要求，是使财务报告中所提供的会计信息对投资者等信息使用者决策有用而应具备的基本特征，它主要包括可靠性、相关性、清晰性、可比性、实质重于形式、重要性、谨慎性和及时性等。

一、可靠性

可靠性(客观性)要求企业应当以实际发生的交易或者事项为依据进行确认、计量和报告，如实反映符合确认和计量要求的各项会计要素及其他相关信息，保证会计信息真实可靠、内容完整。

会计信息要有用，必须以可靠为基础，如果财务报告所提供的会计信息是不可靠的，就会误导投资者等使用者的决策甚至产生损失。一项会计信息是否具有可靠性，由真实性、可核性和中立性三个要素决定。为了贯彻可靠性要求，企业应当做到以下几点：

(1) 以实际发生的交易或者事项为依据进行确认、计量，将符合会计要素定义及其确认条件的资产、负债、所有者权益、收入、费用和利润等如实反映在财务报表中，不得根据虚构的、没有发生的或者尚未发生的交易或者事项进行确认、计量和报告。

(2) 在符合重要性和成本效益原则的前提下，保证会计信息的完整性，其中包括应当编报的报表及其附注内容等应当保持完整、不能随意遗漏或者减少应予披露的信息，与使用者决策相关的有用信息都应当充分披露。

(3) 在财务报告中的会计信息应当是中立的、无偏的。如果企业在财务报告中为了达到事先设定的结果或效果，通过选择或列示有关会计信息以影响决策和判断，这样的财务报告信息就不是中立的。

二、相关性

相关性要求企业提供的会计信息应当与投资者等财务报告使用者的经济决策需要相关，有助于投资者等财务报告使用者对企业过去、现在或者未来的情况作出评价或者预测。

会计信息是否有用，是否具有价值，关键是看其与使用者的决策需要是否相关，是否有助于决策或者提高决策水平。相关的会计信息应当能够有助于使用者评价企业过去的决策，证实或者修正过去的有关预测，因而具有反馈价值。相关的会计信息还应当具有预测价值，以有助于使用者根据财务报告所提供的会计信息预测企业未来的财务状况、经营成果和现金流量。例如区分收入和利得、费用和损失，区分流动资产和非流动资产、流动负债和非流动负债，以及适度引入公允价值等，都可以提高会计信息的预测价值，进而提升会计信息的相关性。

会计信息质量的相关性要求，需要企业在确认、计量和报告会计信息的过程中，充分考虑使用者的决策模式和信息需要。但是，相关性是以可靠性为基础的，两者之间并不矛盾，不应将两者对立起来。也就是说，会计信息在可靠性前提下，尽可能地做到相关性，以满足投资者等财务报告使用者的决策需要。

三、清晰性

清晰性(可理解性)要求企业提供的会计信息应当清晰明了，便于投资者等财务报告使用者理解和使用。企业编制财务报告、提供会计信息的目的在于使用，而要使用者有效使用会计信息，就应当能让其了解会计信息的内涵，弄懂会计信息的内容，这就要求财务报告所提供的会计信息应当清晰明了，易于理解。只有这样，才能提高会计信息的有用性，实现财务报告的目标，满足向投资者等财务报告使用者提供决策有用信息的要求。

会计信息毕竟是一种专业性较强的信息产品，在强调会计信息的可理解性要求的同时，还应假定使用者具有一定的有关企业经营活动和会计方面的知识，并且愿意付出努力去研究这些信息。对于某些复杂的信息，如交易本身较为复杂或者会计处理较为复杂，若其与使用者的经济决策相关，企业就应当在财务报告中予以充分披露。

四、可比性

可比性要求企业提供的会计信息应当相互可比。这主要包括两层含义。

(一) 同一企业不同时期可比

为了便于投资者等财务报告使用者了解企业财务状况、经营成果和现金流量的变化趋势，比较企业在不同时期的财务报告信息，全面、客观地评价过去、预测未来，从而做出决策。会计信息质量的可比性要求同一企业不同时期发生的相同或者相似的交易或者事项，应当采用一致的会计政策，不得随意变更。但是，满足会计信息可比性要求，并非表明企业不得变更会计政策，如果按照规定或者在会计政策变更后可以提供更可靠、更相关的会计信息，可以变更会计政策。有关会计政策变更的情况，应当在附注中予以说明。

(二) 不同企业相同会计期间可比

为了便于投资者等财务报告使用者评价不同企业的财务状况、经营成果和现金流量及其变动情况，会计信息质量的可比性要求不同企业同一会计期间发生的相同或者相似的交易或者事项，应当采用规定的会计政策，确保会计信息口径一致、相互可比，以使不同企业按照一致的确认、计量和报告要求提供有关会计信息。

五、实质重于形式

实质重于形式要求企业应当按照交易或者事项的经济实质进行会计确认、计量和报告，不仅仅以交易或者事项的法律形式为依据。企业发生的交易或事项在多数情况下，其经济实质和法律形式是一致的。但在有些情况下，会出现不一致。例如，以融资租赁方式租入的资产虽然从法律形式来讲企业并不拥有其所有权，但是由于租赁合同中规定的租赁期相当长，接近于该资产的使用寿命，租赁期结束时承租企业有优先购买该资产的选择权，而在租赁期内承租企业有权支配资产并从中受益等，因此，从其经济实质来看，企业能够控制融资租入资产所创造的未来经济利益，在会计确认、计量和报告上就应当将以融资租赁方式租入的资产视为企业的资产，列入企业的资产负债表。又如，企业按照销售合同销售商品但又签订了售后回购协议，虽然从法律形式上实现了收入，但如果企业没有将商品所有权上的主要风险和报酬转移给购货方，没有满足收入确认的各项条件，即使签订了商品销售合同或者已将商品交付给购货方，也不应当确认销售收入。

六、重要性

重要性要求企业提供的会计信息应当反映与企业财务状况、经营成果和现金流量有关的所有重要交易或者事项。如果会计信息的省略或者错报会影响投资者等财务报告使用者据此作出决策的，该信息就具有重要性。重要性的应用需要依赖职业判断，企业应当根据其所处环境和实际情况，从项目的性质和金额大小两方面加以判断。

例如，我国上市公司要求对外提供季度财务报告，考虑到季度财务报告披露的时间较短，从成本效益的原则考虑，季度财务报告没有必要像年度财务报告那样披露详细的附注信息。因此，中期财务报告准则规定，公司季度财务报告附注应当以年初至本中期末为基础编制，披露自上年度资产负债表日之后发生的、有助于理解企业财务状况、经营成果和现金流量变化情况的重要交易或者事项。这种附注披露，就体现了会计信息质量的重要性要求。

七、谨慎性

谨慎性要求企业对交易或者事项进行会计确认、计量和报告应当保持应有的谨慎，不应高估资产或者收益、低估负债或者费用。在市场经济环境下，企业的生产经营活动面临着许多风险和不确定性，如应收款项的可收回性、固定资产的使用寿命、无形资产的使用寿命、售出存货可能发生的退货或者返修等。会计信息质量的谨慎性要求，需要企业在面临不确定性因素的情况下作出职业判断时，应当保持应有的谨慎，充分估计到各种风险和损失，既不高估资产或者收益，也不低估负债或者费用。例如，要求企业对可能发生的资产减值损失计提资产减值准备、对售出商品可能发生的保修义务等确认预计负债等，就体现了会计信息质量的谨慎性要求。

谨慎性的应用也不允许企业设置秘密准备，如果企业故意低估资产或者收益，或者故意高估负债或者费用，将不符合会计信息的可靠性和相关性要求，损害会计信息质量，扭曲企业实际的财务状况和经营成果，从而对使用者的决策产生误导，这是会计准则所不允许的。

八、及时性

及时性要求企业对于已经发生的交易或者事项，应当及时进行确认、计量和报告，不得提前或者延后。会计信息的价值在于帮助所有者或者其他方面作出经济决策，具有时效性。即使是可靠、相关的会计信息，如果不及时提供，就失去了时效性，对于使用者的效用就大大降低甚至不再具有实际意义。在会计确认、计量和报告过程中贯彻及时性，一是要求及时收集会计信息，即在经济交易或者事项发生后，及时收集整理各种原始单据或者凭证；二是要求及时处理会计信息，即按照会计准则的规定，及时对经济交易或者事项进行确认或者计量，并编制出财务报告；三是要求及时传递会计信息，即按照国家规定的有关时限，及时地将编制的财务报告传递给财务报告使用者，便于其及时使用和决策。

为了及时提供会计信息，可能需要在有关交易或者事项的信息全部获得之前即进行会计处理，这样就满足了会计信息的及时性要求，但可能会影响会计信息的可靠性；反之，如果企业等到与交易或者事项有关的全部信息获得之后再进行会计处理，这样的信息披露可能会由于时效性问题，对于投资者等财务报告使用者决策的有用性将大大降低。这就需要在及时性和可靠性之间作出相应权衡，以最好地满足投资者等财务报告使用者的经济决策需要为判断标准。

第五节　会计要素及其确认

会计要素是对会计对象所作的基本分类，是会计核算对象的具体化，是用于反映会计主体财务状况和经营成果的基本单位。会计要素按其性质分为资产、负债、所有者权益、收入、费用和利润。其中资产、负债和所有者权益要素侧重反映企业的财务状况；收入、费用和利润要素反映企业的经营成果。

一、资产

（一）资产的定义

资产是指企业过去的交易或者事项形成的，由企业拥有或者控制的，预期会给企业带来经济利益的资源。资产可以分为流动资产和非流动资产。其中，流动资产是指可以在一年或者超过一年的一个营业周期内变现或者耗用的资产，主要包括库存现金、银行存款、应收及预付款项、存货等；非流动资产是指在一年或者超过一年的一个营业周期以上才能变现或者耗用的资产，主要包括长期股权投资、固定资产、无形资产等。

(二) 资产的特征

(1) 资产应为企业拥有或者控制的资源。企业拥有该经济资源的法定所有权，由此就拥有从该经济资源中获得经济利益的权利。控制是指该经济资源虽然在法律上不归企业所有，但是企业能够完全控制和支配这些资源，并从中获取经济利益，如融资租入的固定资产。

(2) 资产预期会给企业带来经济利益。资产具有直接或间接导致现金或现金等价物流入企业的潜力，给企业带来经济利益。这也是确认是否为资产的前提条件，若某项资源不能给企业带来经济利益，就不能确认为资产。由于资产种类不同，给企业带来的经济利益方式也不尽相同。如货币资金可以购买物资、归还债务、直接投资等给企业带来利益；固定资产和无形资产通过给企业带来生产能力和销售能力等给企业带来经济利益。

(3) 资产是由企业过去的交易或者事项形成的。资产必须是企业通过已经完成的交易或事项取得的现实资产。只有过去的交易或事项才能产生资产，企业预期在未来发生的交易或事项不能形成资产。

(4) 资产必须是可以可靠计量的。会计要素的确认最关键的要用货币来可靠计量，因此尽管有些经济资源能够给企业带来经济利益，但无法用货币计量，也不能确认为资产。随着社会经济的发展，货币计量的范围越来越广，对于一些以前无法计量的无形资产和人力资源也逐渐被接受确认为资产。

(三) 资产确认的条件

要确认一项经济资源是否为资产，除符合资产的定义之外，还要同时满足以下两个条件：

(1) 与该资源有关的经济利益很可能流入企业。由于经济环境错综复杂，与资产有关的经济利益能否流入企业，以及能够具体流入多少金额具有较大的不确定性。因此，资产的确认还应根据编制财务报表时所取得的证据，结合经济利益流入的不确定程度进行判断。

(2) 该资源的成本或价值能够可靠计量。可计量是会计要素的一个重要属性，只有当有关资源的成本或价值能够可靠计量时，资产才能予以确认。资产用于计量的成本可以用历史成本或公允价值等计量方法。

二、负债

(一) 负债的定义

负债是指企业过去的交易或者事项形成的，预期会导致经济利益流出企业的现时义务。

负债可以分为流动负债和非流动负债。其中，流动负债是指将在 1 年(含 1 年)或者超过 1 年的一个营业周期内偿还的债务，包括短期借款、应付及预收款项、预提费用等；非流动负债是指偿还期在 1 年或者超过 1 年的一个营业周期以上的债务，包括长期借款、应付债券、长期应付款等。

(二) 负债的特征

(1) 负债是由企业过去的交易或者事项形成的。只有过去实际发生的交易或事项产生的义务才构成负债，如果还在计划、协议中的预期义务则不构成负债。

(2) 负债预期会导致经济利益流出企业。企业履行债务会导致经济利益流出企业，如用现金或实物偿还债务导致现金或实物流出企业；也可以提供劳务偿还或者借新债还旧债，甚至可以将负债转成所有者权益(债转股)。

(3) 负债是企业承担的现时义务。这是负债的一个基本特征。现时义务是指企业在现行条件下已承担的义务，未来发生的交易或事项将要形成的义务，不应当确认为负债。另外，与该义务有关的经济利益很可能流出企业，并且未来流出的经济利益的金额能够可靠地计量。

现时义务可以是法定义务，也可以是推定义务。法定义务一般指在法律意义上需要强制执行的具有约束力的合同或者法律规定的义务，如银行借款合同等；推定义务是指根据企业多年习惯会导致企业将承担某些债务的义务，如售后保修服务等。

(三) 负债的确认条件

(1) 与该义务有关的经济利益很可能流出企业。负债的本质特征是预期会导致经济利益流出企业，然而履行义务所需流出的经济利益具有不确定性。如果有确凿证据表明导致经济利益流出的可能性很小，就不符合负债确认的条件，不应将其作为负债予以确认。

(2) 未来流出的经济利益的金额能够可靠地计量。至于流出的经济利益能够可靠计量，负债才能予以确认。法定义务的金额一般以合同规定的金额予以确定；推定义务的金额则还要考虑货币的时间价值、风险等因素的影响。

三、所有者权益

(一) 所有者权益的定义

所有者权益是指企业资产扣除负债后，由所有者享有的剩余权益。所有者权益的来源包括所有者投入的资本、直接计入所有者权益的利得和损失、留存收益等，通常由股本(或实收资本)、资本公积(含股本溢价或资本溢价、其他资本公积)、盈余公积和未分配利润构成。

(二) 所有者权益的特征

所有者权益就是投资者对企业净资产的所有权，又称为股东权益。所有者权益是所有者对企业资产的剩余索取权，具有以下特征：

(1) 企业所有者凭借对企业的财产所有权，拥有参与企业经营管理的权利。

(2) 所有者凭借所有权享有利润分配权，或分配剩余资产。

(3) 所有者的投资金额企业一般不会归还。

(三) 所有者权益的确认条件

所有者权益的确认主要依赖资产和负债的计量，一般来说，当资产和负债的价值能够可靠计量时，所有者权益的金额也就能够相应地确定了。负债和所有者权益构成了企业资本的来源。

四、收入

(一) 收入的定义

收入是指企业在日常活动中形成的，会导致所有者权益增加的，与所有者投入资本无关的经济利益的总流入。因此，收入是会计活动带来的结果。按照企业从事日常活动的性质，可以将收入分为销售商品收入、提供劳务收入、让渡资产使用权收入、建造合同收入等；按照企业从事日常活动在企业的重要性，可将收入分为主营业务收入、其他业务收入等。

(二) 收入的特征

(1) 收入是企业在日常活动中形成的。收入是企业为完成其经营目标而从事的日常活动中产生的经济利益的流入。企业的非日常活动所形成的经济流入一般确认为利得。

(2) 收入是与所有者投入资本无关的经济利益流入。收入导致的经济利益流入可以表现为资产的增加、负债的清偿。而所有者资本的流入一般确认为所有者权益。

(3) 企业取得的收入必然会增加所有者权益。收入必然会导致所有者权益的增加，若收入不能导致所有者权益增加，则不符合收入的定义。

(三) 收入的确认条件

收入应当在企业履行了合同中的履约义务，即客户取得相关商品或服务控制权时确认。企业与客户之间的合同同时满足下列条件时，企业应当在客户取得相关商品或服务控制权时确认收入：

(1) 合同各方已批准该合同并承诺将履行各自义务。

(2) 该合同明确了合同各方与所转让商品或提供服务相关的权利和义务。

(3) 该合同有明确的与所转让商品或提供服务相关的支付条款。

(4) 该合同具有商业实质，即履行该合同将改变企业未来现金流量的风险、时间分布或金额。

(5) 企业因向客户转让商品或提供服务而有权取得的对价很可能收回。

五、费用

（一）费用的定义

费用是指企业在日常活动中形成的，会导致所有者权益减少的，与向所有者分配利润无关的经济利益的总流出。费用是企业为获得收入而付出的相应代价。

（二）费用的特征

(1) 费用是企业在日常活动中形成的。
(2) 费用会导致所有者权益的减少。
(3) 费用是与向所有者分配利润无关的经济利益的总流出。

（三）费用的确认

(1) 与费用相关的经济利益很可能流出企业。由于经济环境错综复杂，经济利益是否流出企业，以及能够具体流出多少金额具有不确定性，只有有确凿证据表明与之相关的经济利益会流出才能予以确认。
(2) 经济利益的流出会导致企业资产的减少或负债的增加。
(3) 经济利益的流出能够可靠地计量。

六、利润

（一）利润的定义

利润是指企业在一定会计期间的经营成果，包括收入减去费用后的余额、直接记录当期利润的利得和损失。如果企业实现了利润，表明企业的所有者权益将增加，业绩得到了提升；反之，如果企业发生了亏损(即利润为负数)，表明企业的所有者权益将减少。

（二）利润的确认

利润就是收入(包括利得)减去费用(包括损失)之后的净额。因此利润的确认主要取决于收入、费用、利得和损失的计量。利润按不同层次可分为营业利润、利润总额和净利润。

第六节　会计计量属性

会计计量就是在资产负债表和利润表内确认和列示会计要素而确定其金额的过程，这一过程涉及会计计量属性的选择。会计计量属性主要包括：

一、历史成本

历史成本又叫实际成本，是指取得或制造某项财产物资时所实际支付的现金或其他等价物。在历史成本计量下，资产按照购置时支付的现金或者现金等价物的金额，或者按照购置资产时所付出的代价的公允价值计算。负债按照因承担现时义务而收到的款项或者资产的金额，或者承担现时义务的合同金额，或者按照日常活动中为偿还负债预期需要支付的现金或者现金等价物的金额计算。

二、重置成本

重置成本又称现行成本，是指按照当前市场条件，重新取得同样一项资产所需支付的金额。在此计量下，资产按照现在购买相同或者相似的资产所需支付的现金或者现金等价物的金额计算。负债按照偿付该项负债所需支付的现金或者现金等价物的金额计算。

三、可变现净值

可变现净值是指在正常生产经营过程中以预计售价减去进一步加工成本和销售所必需的预计税金、费用后的净值。在此计量下，资产按照其正常对外销售所能收到现金或者现金等价物的金额扣减该资产至完工时估计将要发生的成本、估计的销售费用以及相关税费后的金额计算。

四、现值

现值是对未来现金流量以恰当的折现率进行折现后的价值，是考虑货币时间价值因素的一种计量属性。在此计量下，资产按照预计从其持续使用和最终处置中所产生的未来净现金流入量的折现金额计算。负债按照预计期限内需要偿还的未来净现金流出量的折现金额计算。

五、公允价值

公允价值是指在公平交易中，熟悉情况的交易双方自愿进行资产交换或者债务清偿的金额。

在各种会计要素计量属性中，历史成本通常反映的是资产或者负债过去的价值，而重置成本、可变现净值、现值以及公允价值通常反映的是资产或者负债的现时成本或者现时价值，是与历史成本相对应的计量属性。当然这种关系也并不是绝对的。比如，资产或者负债的历史成本有时就是根据交易时有关资产或者负债的公允价值确定的，在非货币性资产交换中，如果交换具有商业实质，且换入、换出资产的公允价值能够可靠计量的，换入资产入账成本的确定应当以换出资产的公允价值为基础，除非有确凿证据表明换入资产的公允价值更加可靠；在非同一控制下的企业合并交易中，合并成本也是以购买方在购买日为取得对被购买方的控制权而付出的资产、发生或承担的负债等的公允价值确定的。

练 习 题

一、单项选择题

1. 会计核算中将以融资租赁方式租入的资产视为企业的资产所反映的会计信息质量要

求的是(　　)。

A. 实质重于形式　　B. 谨慎性　　C. 相关性　　D. 及时性

2. “四柱结算法”中的“四柱平衡公式”是(　　)。

A. 资产 = 负债 + 所有者权益　　B. 收入 – 费用 = 利润

C. 旧管 + 新收 = 开除 + 实在　　D. 入 – 出 = 余

3. “龙门账”把全部经济事项划分为“进”(各项收入)、“缴”(各项支出)、“存”(各项资产)、“该”(各项负债和资本)四大类，遵循(　　)的记账规则处理账目。

A. 有借必有贷，借贷必相等

B. 有来必有去，来去必相等

C. 有进必有出，进出必相等

D. 有得必有失，得失必相等

4. 下列对会计核算基本前提的表述中恰当的是(　　)。

A. 持续经营和会计分期确定了会计核算的空间范围

B. 一个会计主体必然是一个法律主体

C. 货币计量为会计核算提供了必要的手段

D. 会计主体确立了会计核算的时间范围

5. 下列各项中，属于会计基本职能的是(　　)。

A. 会计核算与会计预测

B. 会计核算与会计决策

C. 会计核算和会计监督

D. 会计核算与会计分析

6. 由于(　　)的存在，才产生了本期与其他期间的差异，从而出现了权责发生制和收付实现制。

A．会计主体　　B．持续经营　　C．会计分期　　D．货币计量

7. 某企业20×9年3月发生了如下经济业务：① 预付下季度房租20000元；② 收到3月份销售商品货款25000元，款项已存入银行；③ 购买1000元的办公用品；④ 预收购货方定金 12000 元，货物尚未发送。以权责发生制为计算基础时，3 月份的收支净额为(　　)元。

A．24000　　B．16000　　C．4000　　D．36000

8. 企业销售商品时，如果没有将商品所有权上的风险和报酬转移给购货方，即使已经将商品交付给购货方，也不应当确认销售收入，体现了会计信息质量(　　)的基本要求。

A．谨慎性　　B．实质重于形式　　C．相关性　　D．重要性

9. 下列各项表述中不属于资产特征的是(　　)。

A. 资产是企业拥有或控制的经济资源

B. 资产预期会给企业带来经济利益

C. 资产的成本或价值能够可靠地计量

D. 资产是由企业过去的交易或事项形成的

10. 企业固定资产可以按照其价值和使用情况，确定采用某一方法计提折旧，它所依据的会计核算前提是(　　)。

A．会计主体　　B．持续经营　　C．会计分期　　D．货币计量

11. 资产按照预计从其持续使用和最终处置中所产生的未来净现金流入量的折现金额计量，其会计计量属性是(　　)。

A. 历史成本　　B. 可变现净值　　C. 现值　　D. 公允价值

二、多项选择题

1. 财务报告目标的主要内容包括(　　)。

A. 向财务报告使用者提供与企业财务状况有关的会计信息

B. 向财务报告使用者提供与企业经营成果有关的会计信息

C. 反映企业管理层受托责任履行情况

D. 反映国家宏观经济管理的需要

2. 下列各项中，体现会计信息质量的谨慎性要求的有(　　)。

A. 因本年实现利润远超过预算，对所有固定资产大量计提减值准备

B. 符合条件的或有应付金额确认为预计负债

C. 对投资性房地产计提减值准备

D. 将长期借款利息予以资本化

3. 下列各项关于资产期末计量的表述中，正确的有(　　)。

A. 固定资产按照市场价格计量　　B. 持有至到期投资按照市场价格计量

C. 交易性金融资产按照公允价值计量　　D. 存货按照成本与可变现净值孰低计量

4. 下列组织可以作为一个会计主体进行会计核算的有(　　)。

A．企业集团　　B．民间非营利组织

C．分公司　　D．子公司

5. 下列有关会计的说法中，正确的包括(　　)。

A．本质上是一种经济管理活动　　B．对经济活动进行核算和监督

C．以货币为主要计量单位　　D．核算特定主体的经济活动

6. 会计对象是指(　　)的内容。

A．会计核算　　B．实物流转　　C．会计监督　　D．财务活动

三、简答题

1．财务会计和管理会计的关系有哪些？

2．会计信息使用者有哪些？

3．如何理解财务会计的目标？

4．简述“四柱结算法”。

5．龙门账和现今的复式记账法比较，有哪些优缺点？

6．简述会计假设的含义及内容。

7．简述会计信息质量要求的内容。

8．简述会计要素特征和确认条件。

9．如何理解会计计量属性？

第二章 货币资金

【学习目标】

- 理解货币资金的概念、主要种类与特点；
- 熟悉库存现金、银行存款管理与内部控制；
- 掌握库存现金盘点盈余与亏损时各项情况业务处理、银行存款未达账项；
- 学习公司对资金的管理制度。

【课前阅读】

直播打赏挪用公款、赃款该不该退回?

当下直播平台盛行，网络直播平台乱象丛生。近日关于江苏30岁男会计挪用公款930万，其中766万用于打赏女主播的新闻引发社会广泛关注。

王某是江苏镇江某房地产开发公司的会计。2015年9月，王某接触到了直播平台，迷上了观看主播们唱歌跳舞，并且经常在平台上进行“打赏”以表达对喜欢的女主播的支持。但他微薄的薪水与打赏频率和礼物数量相比，早已是杯水车薪。欲望渐渐被撑大，无法负荷打赏费用的他动起了挪用公司资金的念头。

自2015年10月到2017年2月之间，王某利用职务便利，通过支取、提存或电汇等多种形式，将单位资金930万元公款挪作他用。据王某供述，截至2017年2月中旬，他向各个直播平台共充值了766万左右。

2017年2月中旬，王某任职的房地产公司向警方报案，称王某突然失联，公司怀疑他侵吞了数百万元的公款。2017年2月21日，王某主动向公安机关投案。

2018年5月15日，法院对此案作出一审判决，判决王某犯职务侵占罪，判处7年有期徒刑，并处没收财产20万元，责令王某退回被害单位人民币930万元。广大网友一边惊叹的同时，关于该不该退回公款展开了热烈的讨论。中国政法大学副教授朱巍和律师许浩都认为，打赏主播属于赠与行为，并非女主播善意取得，这笔赃款应当予以追缴，不仅主播要退钱，平台也应当退钱。北京天平(长沙)律师事务所律师刘京成还认为，接受打赏的女主播们是否应予退还要视具体情况而定。如果此次打赏行为被认定为买卖关系，女主播对于打赏的资金来源并不清楚，没有审查义务，属于善意第三人，在提供合法的直播服务时取得了相应的劳动报酬，实际上只参与了平台分成而已，退还的可能性不大。挪用公款金额如此之大，也给企业如何有效控制资金，防止他人盗用或挪用资金敲响了警钟。也说明在新时代下，企业如何有效保障资金的安全日益重要。

第一节 货币资金概述

一、货币资金的性质与范围

1. 货币资金的性质

货币资金是指企业可以立即投入流通，用于购买商品或劳务，或者用于偿还债务的交换媒介，是以货币形态表现的资金。

在流动资产中，货币资金的流动性最强，并且是唯一能够直接转化为其他任何资产形态的流动资产，也是最能够代表企业现时购买力水平的资产。为了确保生产经营活动的正常进行，企业必须拥有一定数量的货币资金，以便购买材料、缴纳税金、发放工资、支付利息以及股利或者进行投资等。企业所拥有的货币资金量是分析和判断企业偿债能力与支付能力的重要指标。

2. 货币资金的范围

货币资金一般包括企业存于银行或其他金融机构的存款，以及本票和汇票存款等可以立即支付使用的资金。凡是不能立即支付使用的一般不能视为货币资金，就具体内容来看，货币资金一般包括库存现金、银行存款和其他货币资金。

二、货币资金内部控制制度

1. 货币资金内部控制制度的基本要求

内部控制制度是企业重要的内部管理制度，指处理各种业务活动时，依照分工负责的原则在有关人员之间建立的相互联系、相互制约的管理体系，货币资金的内部控制制度是企业最重要的内部控制制度，其主要特征是：要求货币资金收支与记录的岗位分离，收支凭证经过有效复核或核准，收支及时入账且收支分开处理，建立严密的清查和核对制度，做到账实相符，制定严格的现金管理及检查制度等。

2. 货币资金内部控制制度的主要内容

企业建立货币资金内部控制制度的具体内容因企业的规模大小和货币资金收支量多少而有所不同，但一般包括以下五项主要内容：

(1) 货币资金收支业务的全过程分工完成，各负其责。

(2) 货币资金收支业务的会计处理程序制度化。

(3) 货币资金收支业务与会计记账分开处理。

(4) 货币资金收入与货币资金支出分开处理。

(5) 内部稽核人员对货币资金实施制度化的检查。

三、与货币资金相关的主要会计科目

不同形式的货币资金有不同的管理方式和管理内容，为了适应货币资金管理的需要，一般设置“库存现金”“银行存款”“其他货币资金”等科目。

“库存现金”科目用来核算企业的库存现金，但不包括企业内部周转使用的备用金。“银行存款”科目用来核算企业存入银行或者其他金融机构的各种存款，但不包括企业的外埠存款、银行汇票存款、银行本票存款等。“其他货币资金”科目用来核算企业的外埠存款、银行汇票存款、银行本票存款等。有外币现金或存款的企业，一般还应按币种设置相应的明细账进行明细核算。

第二节 库存现金

库存现金是企业留存于企业，用于日常零星开支的现钞。库存现金的流动性很强，收支频繁，用途广泛，使用方便。也正是因为库存现金的流动性强的特点，库存现金可随时转换成其他资产或者使用，因而也是最容易被他人盗用或侵占的一类资产。所以，企业对于库存现金的管理就显得尤为重要了。

一、库存现金的管理

会计的研究对象是企业的资金活动，也就是说，企业的整个生产经营过程其实是将资金以不同表现形式在不同环节进行反映，而描述清楚企业的资金从哪里来，到哪里去，怎么分配，这其实就是会计要做的事情。在企业的整个生产经营过程中，企业的资金活动往往都是从货币资金形式开始的。

由于企业的库存现金具有流动性强的特点，企业的现金流就像人体的血液，只有健康的血液循环，人才不会生病。因此，只有企业的现金流流动正常，且安全有效，一个企业才能健康成长。要保证企业“血液”流畅性以及安全性，就必须要加强企业现金的管理。一套完整、高效的现金管理制度，既要能保证企业现金的有效利用，顺畅无阻，又要保证现金的安全。

因此，保证现金的安全、有效是现金管理的主要目标。具体而言，就是企业在现金的管理上，要专人专管，并做到日清月结，要求保证现金的账面数额与实际结存数额日日相符。

根据我国相关法律法规，我国境内企业的现金管理主要涉及以下几方面。

(一) 现金的库存限额

根据我国《现金管理暂行条例》相关规定，企业的各开户银行应根据企业的具体情况规定，企业的库存现金限额为企业 3～5 天(边远地区和交通不便地区可以多于 5 天，但不得超过 15 天)的日常零星开支所需，核定其库存现金限额。企业的库存现金高于限额时，应及时存入银行；低于限额的，应从银行提取现金补足。

(二) 库存现金的支付范围

尽管现金的流动性强，支付范围广泛，但是如果企业所有生产经营开支与收入均以现金来支付，那么事后无法通过有效的途径来追踪该公司资金的流向，这样会给他人盗用企业现金增加方便。根据国务院颁布的《现金管理暂行条例》的规定，企业库存现金的支付范围为：① 职工工资、津贴；② 个人劳务报酬；③ 根据国家规定颁发给个人的科学技术、文化艺术、体育等各种奖金；④ 各种劳保、福利费用以及对个人的其他支出；⑤ 向个人收购农副产品和其他物资的价款；⑥ 出差人员必须随身携带的差旅费；⑦ 结算起点以下的零星开支；⑧ 中国人民银行规定的需要支付现金的其他支出。结算起点 1000 元以上的支付，必须通过转账结算，不得用现金支付。

(三) 不准挪用现金和白条抵库

企业的现金收支是为了企业日常经营而服务的，为了保障企业现金的安全，任何人不得以任何理由挪用公款。企业应当建立严格的现金内控制度，不准用不符合该制度的程度、凭证顶替库存现金，即不得使用“白条抵库”。

(四) 未经开户银行许可，原则上不得坐支现金

企业的一切现金收入按规定都必须及时存入银行；企业的日常开支除了在规定范围内的零星开支可以从企业库存现金当中支付以外，其他的支出都必须从银行中提取，原则上不得直接从本企业的现金收入当中直接支付，即坐支。不准用不符合该制度的收据、凭证顶替库存现金，即不得使用“白条抵库”，可以向开户银行申请，经核定其坐支限额之后，可以在其核定的坐支限额内坐支。

(五) 严禁企业设立“小金库”

企业的一切现金收入都必须如实入账，不得建立账外公款，私自设立“小金库”。

(六) 建立现金管理责任制度

企业内部各部门之间，尤其是企业的财务部门，应当建立严格的现金内部控制制度和责任制度。落实在现金收入与支出各环节当中各经办人的责任，做到每一笔收入和支出都能找到明确的责任人，各人责任明确。企业应当配备专门的出纳人员，出纳人员应当熟知现金的管理与责任制度，对每日每笔现金的收入与支出都有详细的记录，能够根据企业库存现金日记账的记录，追踪到每一笔现金的走向；同时要求会计人员记录库存现金总账，定期核对库存现金日记账与总账余额是否一致。会计与出纳工作不能由一人兼任。

二、库存现金的内部控制制度

现金的安全与有效直接影响到企业生命力的强弱，有时甚至会影响到一个企业的兴衰。所以对现金在管理上除依据国家的相关规定之外，企业内部还应当根据自身的具体情况，建立一套完整高效的现金内部控制制度、方法和程序。根据现金的收入与支出，企业内部管理制度可以分别从现金的收入与支出两个方面进行设计。

(一) 现金收入内部控制

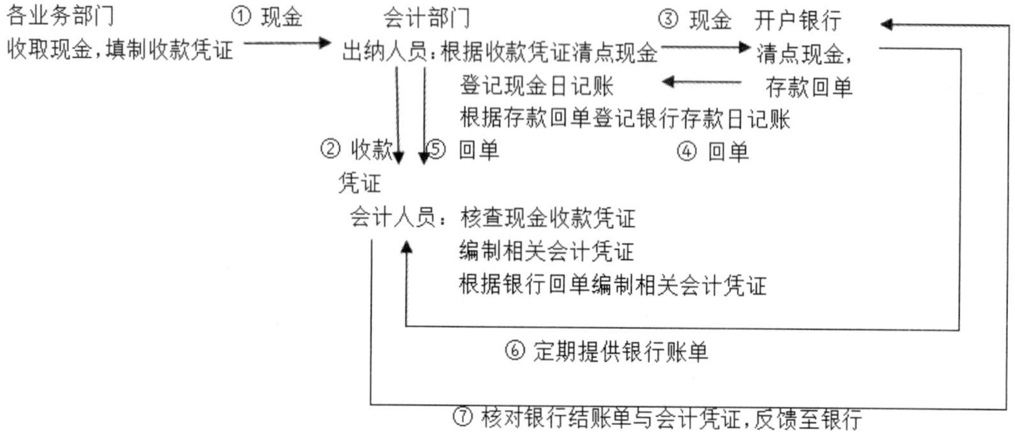

(二) 现金支出内部控制

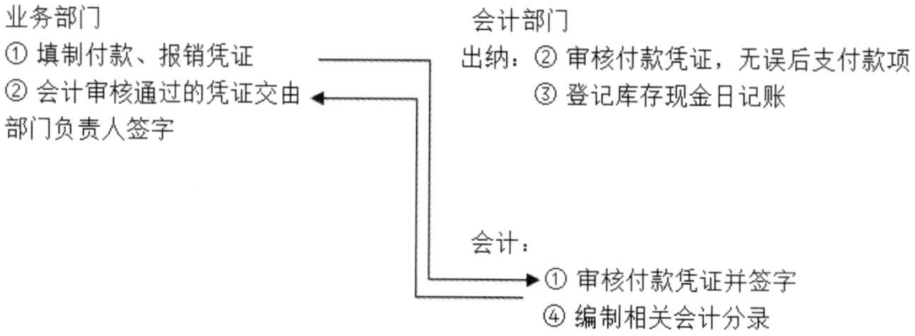

三、库存现金的核算

(一) 库存现金的账户设置

为了全面系统地反映企业库存现金的收入、支出和结存情况，强化库存现金的管理，企业应当同时设置库存现金日记账与库存现金总分类账。出纳人员保管与登记库存现金日记账，会计人员保管与登记库存现金总分类账，且两类账本要定期进行核对，做到账账相符。

(二) 库存现金日常活动会计处理

1) 现金收入业务会计处理

当企业收入现金时，企业现金增加，应借记“库存现金”科目，同时贷记相关科目。

例 2-1　希望公司 20×9 年 2 月 11 日开出现金支票向银行提取备用金 5000 元，以备日常开支所需。

借：库存现金 5000

  贷：银行存款 5000

2) 现金支出业务会计处理

当企业支付现金时，企业库存现金减少，应贷记“库存现金”科目，借记相关科目。

例 2-2 希望公司办公室报销本月办公室电话费 800 元。会计处理如下：

借：管理费用 800

  贷：库存现金 800

3) 现金清查相关会计处理

现金是企业流动性最强的资产，为了防止他人盗用和侵占企业的库存现金。企业应当定期或不定期对库存现金进行清查，一般企业进行现金清查的方式为实地盘存法。一是要求出纳人员每日营业终了对实际库存现金与当日现金日记账余额进行核对，以便能及早发现库存现金账实不符的情况；二是要求企业其他相关部门应当不定期联合财务部门对库存现金进行不定期清查。清查时既要检查实际库存现金与现金日记账余额是否一致，即进行账实核对，还要核对现金日记账余额与现金总分类账余额是否一致。

清查结果不外乎三种情况：一是实际库存现金大于账面余额，称为盘盈；二是实际库存现金小于账面余额，称为盘亏；三是实际库存现金等于账面余额，即账实相符。第三种情况会计上无需做任何处理，第一种和第二种情况称为现金的溢缺，需要通过“待处理财产损溢——待处理流动资产损溢”账户进行会计核算，待查明原因后，经批准予以转销，如果是属于记账差错的，要及时予以更正处理。

“待处理财产损溢——待处理流动资产损溢”账户属于资产类过渡科目，主要用于核算各类流动资产盘点过程中出现溢缺时，查明原因前用于过渡的科目。该科目借方表示盘亏的流动资产，贷方表示盘盈的流动资产。具体相关业务处理如下：

(1) 盘盈。企业发现库存现金盘盈时，应当先将盘盈现金入“待处理财产损溢——待处理流动资产损溢”账户进行核算，待查明现金盈余的原因后予以转销。转销时，应当根据现金盈余原因确定转销科目。如果是因为出纳人员在现金收付过程中多收了经办人员的现金，那么此时应当在“其他应付款”予以转销，将多余的现金退还至当事人。如果是无法查明原因的现金盈余，那么此时应当在“营业外收入”予以转销，计入当期损益。

例 2-3 20×9 年 2 月 10 日，希望公司进行现金盘点时，发现盘盈现金 200 元。

2 月 10 日的会计处理如下：

借：库存现金 200

  贷：待处理财产损溢——待处理流动资产损溢 200

2 月 14 日，经查，10 日盘盈的现金当中，有 80 元为客户计算错误多付款，有 120 元无法查明原因。

2 月 14 日的会计处理如下：

借：待处理财产损溢——待处理流动资产损溢 200

  贷：其他应付款——应付客户多付款 80

    营业外收入 120

(2) 盘亏。企业发现库存现金盘亏时，应当先将盘亏现金入“待处理财产损溢——待处理流动资产损溢”账户进行核算，待查明现金短缺的原因后予以转销。转销时，应当根据现金短缺原因确定转销科目。如果是因为出纳人员的工作失误少收取的现金造成的现金短缺，那么此时应当在“其他应收款”予以转销，短期的数额将由出纳人员进行贴补。如果是无法查明原因的现金短缺，那么此时应当在“管理费用”予以转销。

例 2-4 20×9 年 2 月 10 日，希望公司进行现金盘点时，发现盘亏现金 80 元。

2 月 10 日的会计处理如下：

借：待处理财产损溢——待处理流动资产损溢 80

贷：库存现金 80

2 月 14 日，经查，10 日盘亏的现金当中，有 20 元为出纳人员的工作失误而少收取的款项，有 60 元无法查明原因。

2 月 14 日的会计处理如下：

借：其他应收款 20

管理费用 60

贷：待处理财产损溢——待处理流动资产损溢 80

四、备用金的核算

备用金是企业、机关、事业单位或其他经济组织等拨付给非独立核算的内部单位或工作人员备作差旅费、零星采购、零星开支等用的款项。对于备用金的预借和报销，既要能保证企业各项经济业务的正常进行，又要建立完善的备用金管理制度。有关备用金的管理，其基本内容如下。

(一) 备用金的使用范围

(1) 采购员零星采购备用。

(2) 个人因公出差零星开支备用。

(3) 经常性的零星开支备用。

(4) 项目兼任财务人员备用。

(5) 其他备用。

(二) 备用金的额度

备用金额度管理方法一般有两种，一种是随借随用，事后报销制度，这种方法适用于不经常使用备用金的单位和个人。另一种是定额备用金制度，适用于经常使用备用金的单位和个人。定额备用金的特点是公司根据各业务部门的需要，对各业务部门的备用金定一个限额，当各业务部门实际发生支出时，财务部门以报销单据为依据进行报销，并给付现金，补足数额，使备用金保持原有的定额数。

对于定额备用金，其额度的确定应当考虑以下几个方面：

(1) 定额备用金的限额应当符合我国《现金管理暂行条例》对现金限额的规定。

(2) 定额备用金的限额应根据企业实际日常零星开支而定，这个额度既要保证企业各项日常零星开支正常使用，又要便于财务部门对备用金进行管理。

(3) 企业应当定期对备用金的定额进行复核，如果企业因生产经营所需，实际日常零星开支发生了变化，应当及时调整备用金的限额，保证企业各项经济业务顺利进行。

(三) 备用金借款与报销的管理

(1) 工作人员需临时借用备用金时，先到财务部索取“借款单”，财务人员根据实际需要向借款人发放“借款单”，借款人按规定的格式内容填写借款单，并按流程办理签字手续。财务人员审核签字后的“借款单”各项内容是否正确和完整，经审核无误后才能办理付款手续。

(2) 借款人员完成业务后应在规定的时间内到财务部索取“报销单”，填写好“报销单”的各项规定内容，财务人员根据财务制度规定认真审核无误，并经主管领导审批后，办理报销手续。

(3) 财务人员在办理备用金业务时，应建立“备用金”台账，记录工作人员借用备用金的时间、金额与借用用途等信息。当借款人办理报销手续时，财务人员应查阅“备用金”台账，查明报销人员原借款金额，对报销的超支款项，经核算批准后应及时付现退还本人，对报销后低于备用金金额款项的，应让其退回余额以结清原借款单所借账款。

(4) 因业务原因长期借用备用金的人员可由财务部根据实际情况核定，拨出一笔固定数额的现金并规定使用范围；使用部门必须设立专人经管定额备用金，备用金经管人员必须妥善保存支付备用金的收据、发票以及各种报销凭证，并设备用金登记簿，记录各种零星支出。经管人员必须按月定期向公司财务部申报备用金使用情况，前账未清，不得继续借款。对因特殊原因不能按时结算的，须提前向财务负责人说明原因，经财务负责人同意后，方可延期。

(四) 备用金的会计核算

备用金的核算，应设置“其他应收款”科目进行核算，并应当根据借款人或部门设置相应的二级科目。该科目用来核算企业除应收账款、应收票据、预付账款以外的其他各种应收、暂付款项，包括各种应收的赔款、押金、罚款、职工预借的款项等。对备用金使用比较频繁，金额较大，业务较多的企业，可以将备用金业务从“其他应收款”科目中划分出来，单独设置“备用金”科目进行核算。

1. 随借随用，事后报销

当工作人员预借备用金时，借记“其他应收款”或“备用金”，贷记“库存现金”；进行报销时，应根据实际支出计入相关费用，借记“管理费用/销售费用”，贷记“其他应收款”或“备用金”；对报销的超支款项，经核算批准后应及时付现退还本人，借记“其他应收款”或“备用金”，贷记“库存现金”；对报销后低于备用金金额款项的，应让其退回余额以结清原借款单所借账款，借记“库存现金”，贷记“其他应收款”或“备用金”。

例 2-5 希望公司行政管理部门职工小李，因公出差需借支备用金 1000 元。出差回来后，实际支出 900 元，经审核批准予以报销，剩余现金 100 元退回财务部门。

预借时，应根据审核无误的借款单编制付款凭证，会计分录为：

借：其他应收款——小李　　　　1000

　　贷：库存现金　　　　　　　　1000

报销时，应根据审核无误的各项单据填制转账凭证，会计分录如下：

借：管理费用 900

贷：其他应收款——小李 900

剩余现金退回财务，填制付款凭证，会计分录如下：

借：库存现金 100

贷：其他应收款——小李 100

2. 定额备用金

企业各业务部门如需领用定额备用金，应填写备用金申请单据，企业根据日常零星支出核定备用金的限额，财务部门根据审核批准的申请单据给付备用金，借记“备用金”，贷记“库存现金”；各业务部门报销时，财务部门根据实际发生的报销单据审核无误后，给付现金，以补足备用金数额，借记“管理费用”或“销售费用”等，贷记“库存现金”。

例 2-6　希望公司对销售部门实行定额备用金制度。根据销售部门日常零星开支需求，核定销售部门备用金定额为 2000 元。

根据已审核批准的销售部门定额备用金的申请，给付备用金，会计分录如下：

借：备用金——销售部门 2000

贷：库存现金 2000

例 2-7　销售部门持各项支付凭证来报销本月的备用金共 1500 元。财务部门经审核批准后，给付现金，补足定额，会计分录如下：

借：销售费用 1500

贷：库存现金 1500

第三节　银行存款

银行存款是企业存入开户银行或其他金融机构的各项存款。根据现金管理的相关规定，凡是独立核算的单位都必须在当地银行开设账户，企业的一切款项，除特殊情况经批准以外，都必须存入银行。企业的日常经营业务结算也都是通过银行进行办理的。企业主要的资金往来都是通过银行办理收付的，企业的银行存款就像人体的心脏一样，负责整个企业资金的交换与输送。因此，银行存款的管理是否高效安全，将直接对企业的资金运行状态产生影响。

一、银行存款的管理及内部控制

1. 银行存款开户管理

在我国，企业在银行开立人民币存款账户，必须遵守中国人民银行《人民币银行结算账户管理办法》及《人民币银行结算账户管理办法实施细则》的各项规定。企业开立账户，依其不同的用途可以分为基本存款账户、一般存款账户、专用存款账户和临时存款账户等。

(1) 基本存款账户是存款人因办理日常转账结算和现金收付需要开立的银行结算账户。基本存款账户是存款人的主办账户，存款人日常经营活动的资金收付及其工资、奖金和现金的支取，应通过该账户办理。单位银行卡账户的资金必须由其基本存款账户转账存入。

(2) 一般存款账户是存款人因借款或其他结算需要，在基本存款账户开户银行以外的银行营业机构开立的银行结算账户。一般存款账户用于办理存款人借款转存、借款归还和其他结算的资金收付，该账户可以办理现金缴存，但不得办理现金支取。

(3) 专用存款账户是存款人按照法律、行政法规和规章，对特定用途资金进行专项管理和使用而开立的银行结算账户。专用存款账户用于办理各项专用资金的收付，但不得办理现金收付业务。

(4) 临时存款账户是存款人因临时需要而开立的在规定期限内使用的银行结算账户。临时存款账户用于办理临时机构以及存款人临时经营活动发生的资金收付。临时存款账户的有效期最长不得超过2年。临时存款账户支取现金，应按照国家现金管理的规定办理。

中国人民银行对单位基本存款户、临时存款户(因注册验资和增资验资开立的除外)、预算单位专用存款账户、合格境外机构投资者在境内从事证券投资开立的人民币特殊账户和人民币结算资金账户(简称“QFI专用存款账户”)实核准制度。

2. 银行存款结算管理

(1) 支票管理。支票是企业用于支取企业存放于银行的款项的有价凭证，企业的开户银行必须在见票时无条件支付给持票人或指定收款人相应的款项。支票一般有现金支票和转账支票。

现金开支范围以外的各项款项收付，都必须通过银行办理转账结算，但不同国家和地区以及不同的经济业务，采用的转账结算方式是有差别的。在我国，企业办理转账结算必须遵守《中华人民共和国票据法》和中国人民银行《支付结算办法》的各项规定。账户内必须有足够的资金保证支付，必须以合法、有效的票据和结算凭证为依据。不准签发没有资金保证的票据或远期支票套取银行信用；不准签发、取得和转让没有真实交易和债权债务的票据套取银行及他人资金；不准无理由拒付款项而任意占用他人资金；不准违反规定开立和使用账户。必须遵守“恪守信用，履约付款；谁的钱进谁的账，由谁支配；银行不垫款”的支付结算原则。企业应根据业务特点，采用恰当的结算方式办理各种结算业务。

(2) 定期与银行对账。由于信息传递等原因，有时会导致银行方面与企业方面对各款项的收入与支出记账时间不同，导致银行处显示的银行存款余额与企业银行存款日记账余额不同。企业需要有专人负责定期将银行存款日记账与银行对账单进行核对，如有不符，要及时查找原因。

(3) 明晰责任。从事银行存款收付业务的相关人员必须职责分离，明确各自的责任范围。在企业中，应做到银行存款的审批人与出纳、支票保管员与支票印章保管员和记账员相分离；负责调整银行往来账的人员同现金收付、负责应收应付款的人员职责要分离。

二、银行存款的核算

(一) 银行存款的账户设置

由于银行存款结算方式多样，为了能够完整高效地反映企业银行存款的状况，银行存款的账户一般设置为银行存款日记账与银行存款总账，还应根据不同的结算方式设置不同的明细账户。为了核算存入银行或其他金融机构的存款以及从银行或其他金融机构支取的存款，企业应当设置“银行存款”科目。

(二) 银行存款日常活动会计处理

1. 银行存款收入的结算

企业将收到现金存入银行时，或者是企业在进行销售商品的过程中，购货方通过汇兑结算方式汇入公司账户资金时，应当根据银行的存款收款凭证回单或收账通知单，借记“银行存款”科目，贷记相关科目。

例 2-8　希望公司 20×9 年 4 月 11 日根据发生的银行存款业务，编制如下会计分录：

① 将超限额的库存现金 10000 元存入银行。

借：银行存款　　10000
　　贷：库存现金　　10000

② 收到超能公司上月购货款 50000 元，款项已汇入银行。

借：银行存款　　50000
　　贷：应收账款　　50000

③ 收到通达公司购货款 60000 元，销项税 7800 元，共 67800 元，款项已汇入银行。

借：银行存款　　67800
　　贷：主营业务收入　　60000
　　　　应交税费——应交增值税(销项税额)　　7800

2. 银行存款支付结算

企业通过银行存款进行支付结算时，银行存款减少，此时应当根据转账支票或现金支票的存根联或银行支付凭证，贷记“银行存款”，借记相关科目。

例 2-9　希望公司 2016 年 4 月 11 日根据发生的银行存款业务，编制如下会计分录：

① 从银行提取 8000 元库存现金。

借：库存现金　　8000
　　贷：银行存款　　8000

② 签发转账支票一张，支付文华公司上月购货款 32000 元，进项税额 4160 元。

借：应付账款——文华公司　　36160
　　贷：银行存款　　36160

③ 签发转账支票一张，用于向新宝公司购买一批原材料，取得增值税专用发票上显示价款 54000 元，进项税额 7020 元。

借：原材料　　54000
　　应交税费——应交增值税(进项税额)　　7020
　　贷：银行存款　　61020

3. 银行存款的对账

银行存款的对账即将银行存款日记账上余额与银行实际存款余额进行核对，以查明银行存款收付及余额是否正确。银行存款的对账主要包括三项内容：首先，将企业银行存款日记账与企业记账人员编制的与银行存款有关的会计凭证逐笔进行核对，以确保账证相符；其次，将企业银行存款日记账余额与银行存款总分类账余额进行核对，以确保账账相符；

最后，将银行存款日记账与银行对账单进行核对，以确保账实相符。尤其是最后一步，与银行对账单进行核对尤为重要，要定期与银行进行核对。如果银行对账单与企业银行存款日记账出现了数额不相符的情况，可能由于以下几种情况造成的：

① 企业方或者银行方，双方有一方由于记账错误造成的。这种情况造成不符应当及时查找错账原因，并予以更正。双方记账错误的具体原因见表 2-1。

表 2-1 银行存款日记账与银行对账单数据不相符的记账错误原因列表

银行记账错误	误收	如误将其他企业存款记入本企业账户
	误支	如误将其他企业支票由本企业账户支出
企业记账错误	收入金额记录错误	
	支出金额记录错误	

② 企业或者银行内部管控不严，由于人为因素导致企业银行存款日记账和存款被他人盗用、侵占所造成的数据不相符。这种情况应当及时上报上级有关领导，采取相关应急措施，将损失控制在最小范围内。

③ 企业和银行之间由于记账时间的差异造成的数据不相符。这种情况通常被称为存在未达账项。对于这种情况，应当通过一定方法，编制银行存款余额调节表，及时调整未达账项，保证最终达到账实相符。

企业与银行造成未达账项的原因具体见表 2-2。

表 2-2 未达账项形成的原因

企业已记账银行未记账	企业已记收入，但银行未记	如延时到款的汇款收入
	企业已记支出，但银行未记	如企业已签发了支票
银行已记账企业未记账	银行已记收入，但企业未记	如银行代收的款项，但还未通知企业
	银行已记支出，但企业未记	如银行代扣的利息

如果出现了未达账项的情况，应当编制银行存款余额调节表进行调节，以消除未达账项的影响，然后再次核对是否相符。

银行余额调节表的编制方法：

(1) 银行存款日记账余额+银行已记收入款项 – 银行已记支出款项；

(2) 银行对账单余额 + 企业已记收入款项 – 企业已记支出款项。

如果通过调节之后，(1)的余额等于(2)的余额，那么证明未达账项的影响已经被消除，此时银行存款日记账的余额应该等于银行对账单余额。

为了保证企业银行存款的安全性，银行存款余额调节表应当由与现金业务无关的人员进行编制。银行存款余额调节表的格式见表 2-3。

表 2-3 银行存款余额调节表

币种______ 开户银行____________ 账号_________ 日期_________

银行对账单	金额	银行存款日记账	金额
银行对账单余额		企业银行存款日记账余额	
加：企业已收，银行尚未入账金额		加：银行已收，企业尚未入账金额	
减：企业已付，银行尚未入账金额		减：银行已付，企业尚未入账金额	
调整后银行对账单余额		调整后企业银行存款日记账余额	

这里需要注意的是，未达账项不是错账、漏账，所以银行存款余额调节表不能作为记账凭证进行会计凭证的编制。但是，企业必须通过银行存款余额调节表才能及时地了解企业银行存款的实际可用数额，所以银行存款余额调节表仍然需要作为会计资料进行保存。

例 2-10　20×9 年 4 月 30 日，希望公司银行存款日记账余额为 46216 元，银行给出的希望公司的银行对账单余额为 60316 元。经过逐项核对，发现双方不符的原因有：

① 希望公司收到康乐公司货款为 5000 元的转账支票一张，委托银行办理托收，并根据银行送回的收款通知联进入账，但银行方面由于手续尚未办妥，还未入账。

② 希望公司 3 月 2 日向银行委托收款的兴隆公司的一笔货款 9600 元，银行于 4 月 26 日已经收款入账，但希望公司因未收到银行的收款通知而未入账。

③ 希望公司 4 月 30 日开出一张金额为 12000 元的转账支票，公司已根据支票存根进行记账，但持票人未到银行支取款项，银行未入账。

④ 银行从希望公司的账户中扣除结算的利息费用 2500 元，但是希望公司没有收到相关的凭证，所以没有入账。

根据上述原因，编制的希望公司 4 月 30 日银行存款余额调节表见表 2-4。

表 2-4　银行存款余额调节表

币种人民币　　开户银行工商银行某支行　　账号 123456789　　日期 2015.4.30

银行对账单	金额	银行存款日记账	金额
银行对账单余额	60316	公司银行存款日记账余额	46216
加：公司已收，银行尚未入账金额	5000	加：银行已收，公司尚未入账金额	9600
减：公司已付，银行尚未入账金额	12000	减：银行已付，公司尚未入账金额	2500
调整后银行对账单余额	53316	调整后公司银行存款日记账余额	53316

编好银行余额调节表后，调节后的余额 53316 元表示希望公司 4 月 30 日实际结存金额。如果双方余额相等，表示银行账务基本正确，公司不需要作账务调整；如果双方余额不等，表示银行账务还有错，需要进一步查明原因，及时纠正。

三、支票的使用与管理

支票，是指出票人签发的、委托办理支票存款业务的银行在见票时无条件支付确定的金额给收款人或者持票人的票据。支票分为现金支票、转账支票和普通支票。现金支票只能用于支取现金，不得背书转让；转账支票只能用于转账，不得支取现金；普通支票，既可以用于支取现金，也可用于转账。但在普通支票左上角划两条平行线，为划线支票，只能用于转账，不得支取现金。目前常用的支票有现金支票与转账支票。

(一) 支票的管理

根据我国《票据法》的相关规定，企业在使用支票进行现金的支取与转账时，所使用的支票必须记载下列事项：① 表明“支票”的字样；② 无条件支付的委托；③ 确定的金额；④ 付款人名称；⑤ 出票日期；⑥ 出票人签章。支票上未记载前款规定事项之一的，为无效支票。

其中，支票的金额与收款人名称，可以在支票使用前经出票人的授权，可以补记。但是未补记的支票不得使用。

出票人只能以企业实际存放银行的存款数额开具支票的金额，出票人签发的支票金额超过其付款时在付款人处实有的存款金额的，为空头支票。禁止签发空头支票。支票限于见票即付，不得另行记载付款日期。支票的持票人应当自出票日起10日内提示付款。

(二) 支票的填写

支票填写的注意事项有：① 出票日期要大写；② 收款人需写全称；③ 金额栏同时写大小写，且大小写金额要一致。小写金额前应加“￥”符号；大写金额前应加“人民币”；④ 用途栏要写明用途。

其中日期大写时要注意：① 日期大写是指中文汉字大写；② 日期为个位和整拾两种情况的，前面要加“零”；③ 日期从拾号以后，贰拾号以前的，前面要加“壹”。

金额大写时要注意：① 金额小写数字中有“0”的，大写时应当按照汉语语言规律、金额数字的构成和防止涂改的要求进行书写；② 中文大写金额到“元”或“角”位为止的，要在“元”或“角”的后面加“整”字；③ 中文大写金额到“分”位为止的，“分”后面不需要加“整”字。

第四节 其他货币资金

一、其他货币资金概述

为了合理组织结算，保证结算业务的准确、及时、安全，中国人民银行制定了统一的结算制度与结算方式。目前规范企事业单位结算的法律法规有《中华人民共和国票据法》和《票据管理实施办法》，中国人民银行总行对银行结算办法进行了全面修改、完善后形成的《支付结算办法》等。

根据上述规定，企业目前可以选用的支付结算方式主要包括外埠存款、银行汇票存款、银行本票存款、信用卡存款、信用保证金存款和存出投资款等。其中除了现金与银行存款之外的其他各种货币资金，如银行汇票存款、银行本票存款、信用证存款等都属于其他货币资金的范围。

企业在进行其他货币资金相关业务处理时，应当设置“其他货币资金”账户。该账户属于资产类账户，借方表示公司收到或存入的其他货币资金存款，贷方则表示企业支出可转出的其他货币资金存款。

二、其他货币资金和业务处理

(一) 外埠存款

外埠存款是指企业到外地进行临时和零星采购时，汇往采购地银行开立采购专户存款的款项。

例 2-11 4 月 10 日，希望公司将 300000 元委托当地银行汇往采购地开立专户时，应根据银行汇款单作相关会计处理：

借：其他货币资金——外埠存款　　300000

　　贷：银行存款　　300000

4 月 15 日，希望公司收到采购员交来发票账单等报销凭证，经审核汇总，报销金额为 275 000 元，应根据相关报销凭证作相关会计处理：

借：材料采购　　275000

　　贷：其他货币资金——外埠存款　　275000

4 月 20 日，采购地银行将多余的款项转回当地银行结算账户。应根据银行相关单据作相关会计处理：

借：银行存款　　25000

　　贷：其他货币资金——外埠存款　　25000

(二) 银行汇票存款

银行汇票存款是企业为取得银行汇票按规定存入银行的款项。

例 2-12 4 月 13 日，希望公司填写“银行汇票委托书”，连同 350000 元款项一同交存银行，并取得银行汇票，希望公司应当根据银行回单进行会计处理：

借：其他货币资金——银行汇票　　350000

　　贷：银行存款　　350000

4 月 15 日，希望公司用银行汇票支付新天公司货款 250000 元，收到银行转来的银行汇票等有关凭证，作会计处理：

借：库存商品　　250000

　　贷：其他货币资金——银行汇票　　250000

4 月 30 日，希望公司收到银行退回多余银行汇票款项。根据银行回单作会计处理：

借：银行存款　　100000

　　贷：其他货币资金——银行汇票　　100000

(三) 银行本票

银行本票存款指企业为取得银行本票按规定存入银行的款项。企业办理银行本票，需将款项交存开户银行。本票存款实行全额结算，本票存款额与结算金额的差额一般采用支票或其他方式结清。

银行本票的取得、使用及余额退回等相关账务处理与银行汇票存款相一致。

(四) 信用卡存款

信用卡存款是指企业为取得信用卡按照规定存入银行信用卡专户的款项。信用卡是可以存入现金的，但标准信用卡存款没有利息，且存进的钱再取出来需要缴纳手续费(这种情况叫做溢款领回)。但也有部分特殊卡种具有储蓄功能，所以在申请信用卡前必须多看条款，做到心中有数。

(五) 信用证保证金存款

信用证保证金存款，是指采用信用证结算方式的企业为取得信用证而按规定存入银行信用证保证金专户的款项。

(六) 存出投资款

存出投资款是指企业已存入证券公司但尚未进行短期投资(短期投资是指企业购入能够随时变现，并且持有时间不超过一年(含一年)的有价证券以及不超过一年(含一年)的其他投资，包括各种股票、债券、基金等)的现金。企业向证券公司划出的资金，应按照实际划出的金额，借记“存出投资款”科目，贷记“银行存款”科目；购买股票、债券等时，按实际发生的金额，借记“交易性金融资产”或“可供出售金融资产”科目，贷记“存出投资款”科目。

第五节 外 币 交 易

自 2015 年在博鳌亚洲论坛 2015 年年会上，习近平总书记呼吁各国积极参与“一带一路”建设，随后，中国政府发布《推动共建丝绸之路经济带和 21 世纪海上丝绸之路的愿景与行动》，目前已有 100 多个国家和国际组织参与到“一带一路”建设中来。中国的“一带一路”的发展，让中国企业更多参与到国际贸易当中。这是我国国内公司的新机遇，也是新挑战。由于更多地参与了国际贸易，那么外币交易就显得尤为重要，外币交易的概念、形式、种类以及相关会计处理都是需要学习的一个新篇章。

一、外币交易概述

(一) 外币交易概念

外币交易，是指以外币计价或者结算的交易，包括买入或者卖出以外币计价的商品或者劳务、借入或者借出外币资金和其他以外币计价或者结算的交易。

外币交易有多种形式，常见的外币交易有：

(1) 企业购买和销售或提供以外币标价的商品及劳务。

(2) 为融资目的将以外币标价的应收款或应付款进行互换的行为。

(3) 企业作为应履行的期汇合同的当事人。

(4) 企业基于其他原因取得或处理按外币计价的资产，承担或清偿以外币计价的负债。

(二) 外币交易的管理

企业对于发生的外币交易，应当将外币金额折算为记账本位币金额。外币交易应当在初始确认时，采用交易发生日的即期汇率将外币金额折算为记账本位币金额，也可以采用按照系统合理方法确定的、与交易发生日的即期汇率近似的汇率折算。

即期汇率通常是指当日中国人民银行公布的人民币外汇牌价的中间价。

企业发生的外币兑换业务或涉及外币兑换的交易事项，应当以交易实际采用的汇率，即银行买入价或卖出价折算。

即期汇率的近似汇率是按照系统合理方法确定的、与交易发生日的即期汇率近似的汇率，通常是指当期平均汇率或加权平均汇率等。通常情况下，企业应当采用即期汇率进行折算。汇率波动不大的，也可以采用按照系统合理方法确定的、与交易发生日的即期汇率近似的汇率折算，但前后各期应当采用相同的方法确定当期的近似汇率。

关于汇兑差额的会计处理，企业应在资产负债表日，按照下列规定对外币货币性项目和外币非货币性项目进行处理。

1．外币货币性项目

货币性项目，是指企业持有的货币资金和将以固定或可确定的金额收取的资产或者偿付的负债。货币性项目分为货币性资产和货币性负债。货币性资产包括现金、银行存款、应收账款、其他应收款、长期应收款等；货币性负债包括应付账款、其他应付款、长期应付款等。对于外币货币性项目，应当采用资产负债表日的即期汇率折算，因汇率波动而产生的汇兑差额作为财务费用，计入当期损益，同时调增或调减外币货币性项目的记账本位币金额，需要计提减值准备的，应当按资产负债表日的即期汇率折算后，再计提减值准备。

2．外币非货币性项目

非货币性项目，是货币性项目以外的项目，包括存货、长期股权投资、固定资产、无形资产、实收资本、资本公积等。

对于以历史成本计量的外币非货币性项目，除其外币价值发生变动外，已在交易发生日按当日即期汇率折算，资产负债表日不应改变其原记账本位币金额，不产生汇兑差额。

对于交易性金融资产等外币非货币性项目，其公允价值变动计入当期损益的，相应的汇率变动的影响也应当计入当期损益。

在税务处理上，应当注重以下几个方面：

(1) 根据《公司所得税法》第六条和《实施条例》第二十二条的规定，企业的汇兑收益，应计入收入总额中的其他收入，作为应税收入计算应纳税所得额。

(2) 根据《实施条例》第三十九条规定，企业在货币交易中产生的汇兑损失，在计算应纳税所得额时准予扣除。这些交易活动包括：公司买入或者卖出以外币计价的商品或者劳务，通常情况下指以外币买卖商品，或者以外币结算劳务合同，如以人民币为记账本位币的企业向国外出口商品，以美元结算货款；借入或者借出外币资金，如企业借入记账本位币以外的货币表示的资金、发行以外币计价或结算的债券；其他以外币计价或者结算的交易，如接受外币现金捐赠等。在这些交易活动中，由于交易发生与确认实现时的汇率变化，将会产生汇率差，可能产生的汇兑损失允许在税前扣除。

(3) 根据《实施条例》第三十九条规定，纳税年度终了时将人民币以外的货币性资产、负债按照期末即期人民币汇率中间价折算为人民币时产生的汇兑损失，在计算应纳税所得额时准予扣除。企业所拥有的货币性资产、负债，可能是以记账本位币以外的货币计量的，在纳税年度终了时，需要按照期末即期人民币汇率中间价为标准，折算为人民币计算纳税，此时期末即期人民币汇率中间价，若不同于企业取得货币性资产、负债的汇率时，就可能产生汇兑损失。这属于企业生产经营活动中发生的正常的、必要的支出，准予在税前扣除。

但税法只规定货币性资产、负债的汇兑损失允许在税前扣除，外币非货币性项目的汇兑损失没有规定允许在税前扣除，应作纳税调整。

(4) 根据《实施条例》第三十九条规定，已经计入有关资产成本以及与向所有者进行利润分配相关部分的汇兑损失，不允许在税前扣除。企业发生的汇兑损失，如果已经计入有关资产成本，那么这部分汇兑损失可以通过资产的折旧或者摊销等方式予以税前扣除，假如直接作为汇兑损失在税前扣除，就违背了税前扣除不得重复扣除的原则；如果发生的汇兑损失是由向所有者进行利润分配相关部分所产生的，这部分损失应由所有者负担，属于税后利润分配问题，故不允许在税前扣除。

二、外币交易会计处理

(一) 外币交易核算的基本程序

外币交易在核算时应先设置外币账户。公司应设置的外币账户主要包括外币现金、外币银行存款等货币资金账户，以及应收账款、应收票据、预付账款、短期借款、长期借款、应付账款、应付票据、应付职工薪酬、应付股利、预收账款等债权债务外币账户。注意，应付职工薪酬是可以设置外币账户的，但是应交税费不能设置外币账户。在外币业务核算中涉及的如原材料、固定资产、实收资本等账户，属于非外币账户。企业应在涉及外币业务的账户中按外币种类分别设置明细账户，详细反映外币账款的收付结存情况。

(二) 外币交易的核算

1. 外币交易的一般核算

根据相关规定，公司对于发生的外币交易，应当将外币金额折算为记账本位币金额。所以，在企业的外贸交易当中，最为重要的就是外币金额的折算。外币金额的折算应当在初始确认时，采用交易发生日的即期汇率将外币金额折算为记账本位币金额，也可以采用按照系统合理方法确定的、与交易发生日即期汇率近似的汇率折算。

一般将常见的外贸交易分为货币性交易与非货币性交易。

① 货币性交易。货币性项目，是指企业持有的货币资金和将以固定或可确定的金额收取的资产或者偿付的负债。货币性项目分为货币性资产和货币性负债。货币性资产包括现金、银行存款、应收账款、其他应收款、长期应收款等；货币性负债包括应付账款、其他应付款、长期应付款等。对于外币货币性项目，应当采用资产负债表日的即期汇率折算，因汇率波动而产生的汇兑差额作为财务费用，计入当期损益，同时调增或调减外币货币性项目的记账本位币金额，需要计提减值准备的，应当按资产负债表日的即期汇率折算后，再计提减值准备。

② 非货币性交易。非货币性项目，是货币性项目以外的项目，包括存货、长期股权投资、固定资产、无形资产、实收资本、资本公积等。

对于以历史成本计量的外币非货币性项目，除其外币价值发生变动外，已在交易发生日按当日即期汇率折算的，资产负债表日不应改变其原记账本位币金额，不产生汇兑差额。

对于交易性金融资产等外币非货币性项目，其公允价值变动计入当期损益的，相应的汇率变动的影响也应当计入当期损益。

例 2-13　国内希望公司的记账本位币为人民币。20×7 年 12 月 2 日以 30000 港元购入东业公司 H 股 10000 股作为交易性金融资产，当日汇率为 1 港元=1.2 元人民币，款项已付。20×7 年 12 月 31 日，由于市价变动，当月购入的东业公司 H 股变为 35000 港元，当日 1 港元=1 元人民币。

20×7 年 12 月 2 日，该公司应对上述交易作以下处理：

借：交易性金融资产——成本　　36000 (30000×1.2)

　　贷：银行存款　　36000 (30000×1.2)

2015 年 12 月 31 日，由于该交易性金融资产公允价值下降，该公司应对该交易性金融资产作以下处理：

借：公允价值变动损益　　10000(36000−35000×1)

　　贷：交易性金融资产　　10000(36000−35000×1)

2．外币兑换业务

外币兑换业务，包括企业把外币卖给银行、向银行结汇、购汇以及用一种外币向银行兑换成另一种外币等。

(1) 企业把外币卖给银行。企业把持有的外币卖给银行，银行按买入价将人民币兑付给公司。公司按实得人民币金额借记“银行存款(人民币户)”科目，按实际兑出的外币额与按企业选定的折算汇率(可以是交易日的即期汇率，也可以是与即期汇率相近似的汇率)折算的人民币金额贷记“银行存款(外币户)”科目，因银行买入价与折算汇率不一致而产生的汇兑损益，记入“财务费用”科目。

例 2-14　某企业将 1000 美元卖给银行，当天美元买入价为$1∶￥7.8，实收人民币 7800 元。企业采用的计账折算汇率为$1∶￥7.9。应作会计分录：

借：银行存款——人民币户　　7800(1000×7.8)

　　财务费用　　100

　　贷：银行存款——美元户　　7900 ($1000×7.9)

(2) 企业向银行购汇。企业向银行购入外汇时，银行按卖出价向企业收取人民币。企业实际支付的人民币金额与按企业选定的折算汇率折合的人民币之间的差额记入财务费用。

例 2-15　某企业从银行买入美元 5000 元，当天银行卖出价为$1∶￥8.0，企业实付人民币 40000 元。企业折算汇率采用当月 1 日汇率$1∶￥7.9。应作会计分录：

借：银行存款——美元户　　39500 (5000×7.9)

　　财务费用　　500

　　贷：银行存款——人民币户　　40000(5000×8)

(三) 借入或借出外币资金业务

企业借入外币资金时，按照借入外币时的市场汇率折算为记账本位币入账，同时按照借入外币的金额登记相关的外币账户。

例 2-16　某企业按业务发生当日市场汇率作为记账汇率。4 月 10 日企业从银行借入

50000 美元，当日市场汇率为$1:￥8.0。应作会计分录：

借：银行存款——美元户　　400000 (50000×8.0)

　　贷：短期借款——美元户　　400000 (50000×8.0)

若企业于 5 月 10 日归还这笔借款，当日市场汇率为$1:￥7.95。应作会计分录：

借：短期借款——美元户　　397500 (50000×7.95)

　　贷：银行存款——美元户　　397500 (50000×7.95)

“短期借款”科目借贷方差额在期末作为汇兑损益处理。短期借款的利息均记入“财务费用”科目。

(四) 买入或者卖出以外币计价的商品或者劳务

企业发生买入或者卖出以外币计价的商品或者劳务时，应按企业选定的折算汇率将外币金额折合为记账本位币入账。期末(月末或季末、年末)，对所有外币账户余额按期末市场汇率进行调整，调整后的差额记入“财务费用”科目。

(五) 外币投入资本

外币投入资本属于外币非货币性项目，企业收到投资者以外币投入的资本，应当采用交易日即期汇率折算，不得采用合同约定汇率和即期汇率的近似汇率折算，外币投入资本与相应的货币性项目的记账本位币金额之间不产生外币资本折算差额。

由于例 2-16 的交易性金融资产是从境外市场购入，以外币计价，在资产负债表日，不仅应考虑其港币市价的变动，还应一并考虑汇率变动的影响，比如交易性金融资产以资产负债表日的人民币 35000 元(即 35000×1)入账，与原账面价值 36000 元(即 30000×1.2)的差额为 1000 元人民币，应当计入公允价值变动损益。相应的会计分录为：

借：公允价值变动损益　　1000

　　贷：交易性金融资产——公允价值变动　　1000

1000 元人民币包含公司所购该股票的公允价值变动以及人民币与港币之间汇率变动的双重影响。

练　习　题

一、单项选择题

1. 公司现金清查中，经检查仍无法查明原因的现金短款，经过批准后应计入(　　)。

A. 管理费用　　B. 财务费用

C. 冲减营业外收入　　D. 营业外支出

2. 公司在现金清查时，查出现金盈余，并将盈余数记入“待处理财产损溢”科目。后经过进一步核查，无法查明原因，经批准后，对该现金盈余的会计处理方法是(　　)。

A. 将其从“待处理财产损溢”科目转入“财务费用”科目

B. 将其从“待处理财产损溢”科目转入“销售费用”科目

C. 将其从“待处理财产损溢”科目转入“管理费用”科目

D. 将其从“待处理财产损溢”科目转入“营业外收入”科目

3. 下列各项中，会使得企业银行存款日记账余额大于银行对账单余额的是(　　)。

A. 企业开出支票，对方未到银行兑现

B. 银行误将其他公司的存款计入本企业银行存款账户

C. 银行代扣水电费，企业尚未接到通知

D. 银行收到委托收款结算方式下结算款项，企业尚未收到通知

4. 下列各项不会引起其他货币资金发生变动的是(　　)。

A. 企业销售商品收到商业汇票

B. 企业用银行本票购买办公用品

C. 企业将款项汇往外地开立采购专业账户

D. 企业为购买基金将资金存入在证券公司指定的银行开立账户

5. 下列各项中，关于银行存款业务的表述，正确的是(　　)。

A. 企业单位信用卡存款账户可以存取现金

B. 企业信用证保证金存款余额不可以转存其他开户行结算存款

C. 企业银行汇票存款的收款人不得将其收到的银行汇票背书转让

D. 企业外埠存款除采购人员可以从中提取少量现金外，一律采用转账结算

6. 企业将款项汇往异地银行开立采购专户，编制该业务的会计分录时应当(　　)。

A. 借记“应收账款”科目，贷记“银行存款”科目

B. 借记“其他货币资金”科目，贷记“银行存款”科目

C. 借记“其他应收款”科目，贷记“银行存款”科目

D. 借记“材料采购”科目，贷记“其他货币资金”科目

7. 下列项目中，不属于货币资金的是(　　)。

A. 债权人持有的商业汇票　　B. 银行存款

C. 其他货币资金　　D. 库存现金

8. 对于银行已经收款而公司尚未入账的未达账项，企业应做的处理为(　　)。

A. 以“银行对账单”为原始记录将该业务入账

B. 待有关结算凭证到达后入账

C. 在编制“银行余额调节表”的同时入账

D. 根据“银行存款余额调节表”和“银行对账单”自制原始凭证入账

9. 公司存放在银行的银行汇票存款，应通过(　　)科目进行核算。

A. 应收票据　　B. 其他应收款

C. 其他货币资金　　D. 库存现金

10. 公司现金清查中，经检查仍无法查明原因的现金盈余，经过批准后应计入(　　)。

A. 销售费用　　B. 制造费用

C. 营业外支出　　D. 营业外收入

二、多项选择题

1. 下列各项中，属于其他货币资金的有(　　)。

A. 备用金　　B. 信用卡存款

C. 银行承兑汇票　　D. 银行汇票存款

2. 下列各项中，应确认为企业其他货币资金的有(　　)。

A. 企业持有的3个月内到期的债券投资

B. 企业为购买股票向证券公司划出的资金

C. 企业汇往外地建立临时采购专户的资金

D. 企业向银行申请银行本票时拨付的资金

3. 下列各项中属于未达账项的是(　　)。

A. 企业已开出，但银行尚未兑付的支票

B. 企业已收款入账，但银行尚未收款入账

C. 银行收到委托款项，但尚未通知企业

D. 银行划付电话费，但未将其通知单送达企业

4. 下列项目中，属于其他货币资金的是(　　)。

A. 存出保证金　　B. 银行承兑汇票

C. 信用证保证金存款　　D. 银行汇票存款

5. 下列各项中，通过“其他货币资金”账户核算的有(　　)。

A. 信用证保证金存款　　B. 银行汇票存款

C. 备用金　　D. 银行本票存款

三、业务处理题

甲公司2×18年12月份发生与银行存款有关的业务如下：

(Ⅰ) 12月28日，希望公司收到A公司开出的480万元的转账支票，交存银行。该笔款项系A公司违约支付的赔款，希望公司将其计入当期损益。

(Ⅱ) 12月29日，希望公司开出转账支票支付B公司咨询费360万元，并于当日交给B公司。

(Ⅲ) 12月31日，希望公司银行存款日记账余额为432万元，银行转来对账单余额为664万元。经过逐笔核对，发现以下未达账项：

① 希望公司已将12月28日收到的A公司赔款登记入账，但银行尚未记账。

② B公司尚未将12月29日收到的支票送存银行。

③ 希望公司委托银行代收C公司购货款384万元，银行已于12月30日收妥并已登记入账，但希望公司尚未收到收款通知。

④ 12月份希望公司发生借款利息32万元，银行已减少其存款，但希望公司尚未收到银行的付款通知。

要求：(1) 编制希望公司上述业务(Ⅰ)、(Ⅱ)的会计分录。

(2) 根据上述资料编制希望公司银行存款余额调节表。

四、问答题

1. 如何理解现金的概念和特征？

2. 现金控制的基本内容包括哪些？

3. 未达账项包括几种？在编制银行余额调节表时应当如何处理？

第三章 存 货

【学习目标】

- 理解存货的范围和确认条件；
- 掌握存货的初始计量的核算；
- 掌握存货发出的核算；
- 理解原材料的核算；
- 理解库存商品的核算；
- 掌握存货期末的核算。

【课前阅读】

海澜之家激进：门店破6千家存货95亿占营收一半

作为全国最大的服装品牌之一，海澜之家(600398.SH)最近因为董事长周建平在股东大会上狂怼小股东“火了一把”。

这把“火”源自服装行业普遍存在的库存问题。业绩报告显示，2018年海澜之家期末存货94.73亿元，较上年末的84.92亿元上升11.55%，存货周转天数为286天。

长江商报记者梳理发现，海澜之家连续五年的存货余额占营收比重近一半。受库存问题困扰多年的海澜之家试图用扩张门店来消化存货。数据显示，2018年底，海澜之家旗下所有门店达6673家，店柜数增长了近900家，增幅达15%。

加速开店的同时，海澜之家也遇到了增收不增利的尴尬。根据海澜之家年报，2018年全年实现营收190.1亿元，同比增长4.89%；净利润34.5亿元，同比增长3.78%；扣非净利润32.7亿元，同比下降0.63%。相比2017年，三项业务指标增速全线放缓。

一、业绩增速放缓

2014年，海澜之家借壳登陆A股。根据欧睿国际发布的2018年中国男装市场报告，海澜之家品牌以4.6%的市场占有率位列榜首，连续5年市场占有率第一。

值得一提的是，海澜之家的业绩虽然近年来一直呈现增长状态，但是趋势已经逐渐放缓，增长幅度越来越小。2014—2017年，海澜之家净利润分别为23.74亿元、29.53亿元、31.23亿元和33.28亿元；净利润增长率分别为75.83%、24.50%、5.74%和6.5%。

业绩公告称，整体业绩增长缓慢，与主品牌增速缓慢有关。2018年度，海澜之家主品牌营收为151.4亿元，同比仅微增2.62%。不过新品牌营收带动效应明显，除主品牌“海澜之家”外，2018年，爱居兔、圣凯诺营收分别同比增长22.68%、12.82%，其他品牌营收增长 25.78%。但新品牌目前显然还远未发展成熟，营收合计占 2018 年总营收比例仅约 20%。

4 月 19 日，面对小股东就持续存货提出的疑问，海澜之家掌门人周建平愤愤不平地回怼道，谁都不许质疑海澜的存货问题。

长江商报记者梳理发现，海澜之家连续五年的存货余额占营收比重近一半，2014 年—2018 年存货余额分别为 60.86 亿元、95.80 亿元、86.32 亿元、84.93 亿元及 94.74 亿元，占营收比重分别为 49.3%、60.5%、50.7%、46.6%、49.6%。平均一家门店存货近 150 万。

事实上，存货高企的问题已经困扰海澜之家多年。2015 年，海澜之家存货为 95.79 亿元，相比 2014 年的 60.86 亿元增加了近 35 亿元。而 2016 年，存货虽然下降到 86.32 亿元，但周转天数增加了 18 天。

经过两年的缓解后，2018 年，海澜之家存货再一次逼近 2015 年的最高时期，将近百亿。年报显示，海澜之家期末存货 94.74 亿元，较上年末 84.93 亿元上升 11.55%。海澜之家称，这主要是公司 OVV、海澜优选生活馆、AEX、男生女生等品牌备货增加所致。

库存风险源自创始人周建平自创了一种“海澜模式”：针对上游采取货品赊销制，将生产环节和销售渠道大部分外包，自身经营的重点放在品牌运营和供应链管理环节上；下游则采取财务加盟制，加盟商只需要投入资金，无需参与门店的具体经营管理事务。

这样的模式可以解决加盟商的后顾之忧，但是也会导致资金成本与采购成本不断增加。

二、线下门店突破 6 千家

产业时评人张书乐对长江商报记者表示，传统的线下模式必然带来较多的库存，而随着线上的压力逐步攀升，男装这种款式时间线较长的产品也难免形成挤压，进而成为整个品牌运转的“堰塞湖”，即既有的产品线在市场估量上的偏差，使得其在款式生命周期上，出现大量的积压，最终无从消化。库存高企的主因或许还在产品本身。加大研发投入，创造更多能满足年轻人个性需求的产品，可能才是长久之策。

海澜之家试图用扩张门店来消化存货。截至 2018 年末，旗下所有门店达 6673 家。据悉，海澜之家品牌的主要经营模式为直营和加盟商。报告期末，直营店为 175 家，加盟店及联营店达 4922 家。

从渠道来看，线下销售依然占据重要位置，营业收入占比为 93.86%，线上销售方面，营业收入占比为 6.14%，较 2017 年有所提升，且线上销售的退货率为 11.19%，同比下降 0.27%。截至报告期末，海澜之家线上会员总数达到 1384 万人，较去年同比增长 28%，全年线上实现营业收入 11.51 亿元，较去年同期增加 9.25%。

张书乐认为，开店扩张的目的一方面形成更多的流量接入口和进一步通过性价比向高端男装上寻求市场，依托的是价格优势；另一方面，三线以下城市的需求不明显，也加重了海澜之家希望通过渠道下沉的方式来获得更多的放量，在地缘优势上和电商男装抢市场，依托的是品牌之力。极速扩张的背后，可能会由于商圈的广告效益与门店收益不成正比，从而承担不住扩大门店的成本。

三、转型新零售未见成效

近两年，海澜之家集团搭上头部网综的顺风车，赞助冠名《蒙面唱将》等综艺节目，还联手东方梦工厂推出《马达加斯加》电影系列衍生产品，希望通过娱乐营销实现口碑品牌转型。还先后进驻云集、贝店、小红书、环球捕手等多个社交电商平台，增加品牌的认知及传播度。

2018 年 7 月，海澜之家正式入驻美团外卖。从此，用户下单后，将由美团外卖人员前往海澜之家线下门店取货，并在一小时内送达用户。

然而，该公司业绩报告显示，2018 年海澜之家线上实现营业收入 11.51 亿元，同比增加 9.25%，线上销售占比仅为 6.14%，比上年增长 0.23 个百分点。

大刀阔斧的改革需要真金白银的支持。据财报显示，2018 年海澜之家广告宣传费达 6.27 亿元，为同期七匹狼、九牧王等公司的 5～10 倍。与高昂的广告投入形成鲜明对比的是研发费用，去年该公司的研发投入仅为 0.49 亿，占营业收入比例约 0.26%。

根据海澜之家总集团财报显示，从 2015 年至 2017 年，包括广告费用在内的销售费用支出逐年上升，从 13.47 亿涨至 15.49 亿。

张书乐向长江商报记者表示，从目前看来，新零售并没有起到立竿见影的效果，大多数传统服饰品牌进击电商，都难以把握线上线下的左右互搏。在性价比上，传统品牌受制于品牌营销等众多成本压力，很难真正在电商市场上一较高下。

(文章来源：2019.5.6 长江商报)

第一节 存货的确认

存货是指企业在日常经营活动中持有的以备出售的产成品或商品、处在生产过程中的在产品、在生产过程或提供劳务过程中耗用的材料或物料等。存货是流动资产的重要组成部分，企业持有存货的目的是销售，存货是企业收入的主要来源。

一、存货的分类

1．按存货的经济用途分类

由于行业不同，企业的经济业务也不同，因而存货的构成也不尽相同。存货的具体内容和类别要依企业所处行业性质而定。一般来说，存货按经济用途可作如下分类：

(1) 原材料：指企业在生产过程中经加工改变其形态或性质并构成产品主要实体的各种原料及主要材料、辅助材料、燃料、修理用备料、包装材料、外购半成品等。

(2) 在产品：指企业尚未加工完成，需要进一步加工或者正在加工的产品。

(3) 半成品：指企业已完成一定生产过程的加工任务，已验收合格入库，但需要进一步加工的中间产品。

(4) 产成品：指企业已完成全部生产过程并验收合格入库，可以按照合同规定的条件送交订货单位，或可以作为商品对外销售的产品。

(5) 商品：指商品流通企业外购或委托加工完成验收入库而用于销售的各种产品。

(6) 周转材料：指企业能够多次使用、逐渐转移其价值仍保持原有形态，不确认为固定资产的材料，如包装物和低值易耗品。

(7) 委托代销商品：指企业委托其他单位代销的商品。

2．按存货的存放地点分类

在生产经营过程中，存货分布于供应、生产和销售的各个环节，因而按存货的存放地点，可作如下分类：

(1) 在途存货：指存货的所有权已归属企业但尚在运输途中或已抵达企业但还未验收入库的各种材料物资和商品。

(2) 在库存货：指已经购进或生产完工且已经验收入库的各种原材料、周转材料、半成品、产成品和商品。

(3) 在制存货：指正处于本企业生产加工制造环节中的在产品，和委托外单位加工但尚未完成的材料物资。

(4) 在售存货：指已经发往购货方但还不能完全满足收入确认条件，因而还应作为销货方存货的发出商品、委托代销商品等。

3．按存货的取得方式分类

按存货按取得方式，可分为外购的存货、自制的存货、委托加工存货、投资者投入的存货、接受捐赠的存货、投资者投入的存货、通过债务重组取得的存货、非货币性资产交换取得的存货、通过企业合并取得的存货、盘盈的存货等。

二、存货的确认条件

存货是指企业在日常活动中持有以备出售的产成品或商品、处在生产过程中的在产品、在生产过程中或提供劳务过程中耗用的材料和物资等，包括企业为产品生产和商品销售而持有的原材料、在产品成品、商品、周转材料等。存货通常在 1 年或超过 1 年的一个营业周期内被消耗或经出售转换为现金、银行存款或应收账款等，具有明显的流动性，属于流动资产。大多数制造业企业的存货在流动资产中占有很大比重，是流动资产的重要组成部分。

随着企业生产经营过程的进行，有的存货被耗用后形成了在产品成本、产成成本等；有的存货被销售后形成产品或商品的销售成本；有的存货以管理费用的形式被耗用；有的存货仍以原有形态存在。因此，存货的会计核算所生成的会计信息是否真实、可靠，不仅影响资产的价值是否准确，同时也影响损益的确定是否正确。

列示于资产负债表的存货，都应是为了进行正常生产经营而储存的流动资产；不是为了此种目的而储存的资产，都不能列为企业的存货。例如，特种储备的资产以及按有关部门的指令专项储备的资产，应列为其他资产；为购置和建造固定资产而储备的专用物资，应列为有关的长期资产等。

企业应以所有权的归属而不以物品的存放地点为依据来界定企业的存货范围，即在盘存日，法定所有权归属企业的一切存货，无论其存放于何处，都应作为企业的存货。依所有权的归属确定存货范围时，应特别注意以下四点：

(1) 商品所有权以及相应的风险和报酬已经转移的物品，即使暂时存放于本企业，也不能将其作为本企业的存货，如已售出的待运商品等。

(2) 未转移所有权以及风险和报酬的发出商品，即使未存放于本企业，也应将其作为本企业的存货，如委托其他单位代销的存货、未售的外出展销存货等。

(3) 所有权以及相应的风险和报酬已经归属于本企业的购入存货，即使未存放于本企业，也应作为本企业的存货列报，如已经购入而尚未收到的运输途中的货物等。

(4) 不属于本企业所有以及企业未控制的货物，即使存放于本企业，也不能作为本企业的存货，如受托代销的存货、收取加工费方式的受托加工存货等。

第二节 存货的初始计量

企业取得存货时入账价值的确定应遵循历史成本原则，以实际成本为基础进行初始计量。而企业取得存货可以是外购、自制、债务重组、非货币性资产交换等途径，由此得出存货成本主要包括采购成本、加工成本和使存货达到目前场所和状态发生的其他成本三部分。在会计实务中，因为存货的取得有多种方式，在不同的方式下，存货成本的具体构成是不一样的。

一、外购存货

外购存货的成本是指采购成本，一般包括买价、相关税费、运输费、装卸费、保险费和其他可归属于存货采购成本的费用。

买价，指所购货物发票上注明的金额，但不包括可抵扣的增值税进项税额；相关税费，指进口关税、消费税和不能抵扣的增值税进项税等；其他可归属于存货采购成本的费用是指存货采购过程中发生的上述各项费用以外的仓储费、包装费、运输途中的合理损耗、大宗物资的市内运杂费、入库前的挑选整理费用等。不过，市内零星货物的运杂费、采购人员的差旅费、采购机构的经费及供应部门的经费等一般不列入存货的采购成本当中。

企业外购的存货，因采购地点的距离不同、货款结算方式不同等原因造成存货验收入库和货款结算不同步；并且外购存货还可能采用预付货款、赊购等方式，因此外购存货应根据具体情况分别进行会计处理。

1. 存货验收入库和货款结算同步时的会计核算

这种情况下，企业在支付货款或开出承兑商业汇票，存货验收入库后，按发票账单等结算凭证确定的存货成本，借记“原材料”“周转材料”“库存商品”等科目，按增值税专用发票上注明的税额，借记“应交税费——应交增值税(进项税额)”科目，按实际支付的款项或应付票据面值，贷记“银行存款”“应付票据”等科目。

例 3-1 希望公司购入一批原材料，增值税专用发票上注明的材料价款为 100000 元，增值税税额为 13000 元。货款已通过银行存款支付，材料也已验收入库。

希望公司会计分录如下：

借：原材料 100000
　　应交税费——应交增值税(进项税额) 13000
　　贷：银行存款 113000

2. 货款已结算但存货尚在运输途中

这种情形下，企业在支付货款或开出承兑商业汇票时，借记“在途物资”“应交税费/应交增值税(进项税额)”科目，贷记“银行存款”“应付票据”等科目；待存货验收入库后，根据有关验货凭证，借记“原材料”“周转材料”“库存商品”等科目，贷记“在途物资”科目。

例 3-2 希望公司购入一批原材料，增值税专用发票上注明的材料价款为 500000 元，增值税税额为 65000 元。货款已通过银行存款支付，材料尚在运输途中。

希望公司会计分录如下：

① 运输途中时：

借：在途物资 500000

应交税费——应交增值税(进项税额) 65000

贷：银行存款 565000

② 原材料验收入库时：

借：原材料 500000

贷：在途物资 500000

3．存货已验收入库但货款尚未结算

存货已经到达企业并且已验收入库，但发票账单等结算凭证却未到达、货款也未结算。这种情况下，企业在收到存货时可先不进行会计处理。若是在本月内结算凭证能到达，那就等同于存货验收入库和货款结算同步完成的情形。

若是月末结算凭证还未到达，为全面反映资产及负债情况，应对收到的存货按暂估价值入账。即借记“原材料”等科目，贷记“应付账款——暂估应付账款”科目，在下月初编制相同的红字记账凭证冲销；待结算凭证到达时，按发票账单金额确定的存货成本，借记“原材料”等科目，按增值税税额，借记“应交税费——应交增值税(进项税额)”科目，按实际支付的款项贷记“银行存款”等科目。

例 3-3 2018 年 10 月 20 日，希望公司购入一批原材料，材料已经抵达公司并验收入库，但发票账单却还未到达。月末，该批货物的结算凭证仍然没到达，希望公司对该批材料估价 180000 元入账。11 月 5 日，结算凭证抵达公司，增值税专用发票注明金额 200000 元，税额 26000 元，货款通过银行存款支付。

希望公司会计分录如下：

① 10 月 20 日，暂不作会计处理。

② 10 月 31 日，结算凭证仍未到达，暂估入账：

借：原材料 180000

贷：应付账款——暂估应付账款 180000

③ 11 月 1 日，编制红字记账凭证冲回：

借：原材料 180000

贷：应付账款——暂估应付账款 180000

④ 11 月 5 日，收到结算凭证并付款：

借：原材料 200000

应交税费——应交增值税(进项税额) 26000

贷：银行存款 226000

4．采用预付货款方式购入存货

此种方式下购入存货，企业应在把预付货款打给对方企业时，按照实际预付的金额，借记“预付账款”科目，贷记“银行存款”科目；购入的材料验收入库时，按照发票账单确定的存货成本，借记“原材料”“周转材料”等科目，按增值税进项税额，借记“应交税费——应交增值税(进项税额)”科目，贷记“预付账款”科目。若预付的货款不足，需

要补付货款时，按照补付的金额，借记“预付账款”科目，贷记“银行存款”科目；若预付的货款多于货款金额，则供货方需要退回多付的货款，借记“银行存款”科目，贷记“预付账款”科目。

例 3-4 2018 年 11 月 10 日，希望公司向宏达公司预付货款 350000 元，采购一批原材料。宏达公司于 12 月 5 日交付，开出的增值税专用发票上注明材料价款 300000 元，增值税进项税额 39000 元。12 月 20 日，希望公司将应补付的 1000 元货款通过银行转账支付。

希望公司会计分录如下:

① 11 月 10 日，预付货款:

借：预付货款——宏达公司 350000
　　贷：银行存款 350000

② 12 月 5 日，材料验收入库:

借：原材料 300000
　　应交税费——应交增值税(进项税额) 39000
　　贷：预付货款——宏达公司 339000

③ 12 月 20 日补付货款:

借：预付货款——宏达公司 1000
　　贷：银行存款 1000

5. 采用赊购方式购入存货

此种方式下，企业在存货验收入库后，按照发票账单确定的存货成本，借记“原材料”“应交税费——应交增值税(进项税额)”等科目，按应付未付的货款，贷记“应付账款”科目；等款项支付或开出承兑汇票后，根据实际支付的金额或票据金额，借记“应付账款”科目，贷记“银行存款”“应付票据”等科目。

有时候赊销方为了能够早日收回货款，会在赊销时附有现金折扣条件，一般用 2/10，1/20，N/30 表示，意思是 10 天内支付货款，享有 2%的现金折扣，10～20 天内，享有 1%的折扣，20 天以上就没有折扣。为此，赊购方一般会为了享有折扣而早日支付货款。现金折扣在会计处理中有总价法和净价法两种方式。

总价法下，应付账款按实际金额入账，赊购方在现金折扣期限内付款，取得的现金折扣作为理财收入，冲减当期财务费用。

净价法下，应付账款按实际金额扣除现金折扣后的金额净额入账，如果赊购方没有在享有现金折扣的期限内付款，那么丧失的现金折扣视作超期付款支付的利息，计入当期财务费用。在我国会计实务中，现金折扣使用并不普遍，会计准则要求采用总价法进行会计处理。

例 3-5 希望公司 2018 年 11 月 5 日从宏达公司赊购一批原材料，增值税专用发票上注明价款 500000 元，进项税额为 65000 元。根据约定，希望公司需要在 2018 年 2 月份之前支付货款。

希望公司会计分录如下:

① 11 月 5 日，赊购材料:

借：原材料 500000
　　应交税费——应交增值税(进项税额) 65000

贷：应付账款——宏达公司 565000

② 12月28日，支付货款：

借：应付账款——宏达公司 565000

贷：银行存款 565000

例3-6 希望公司2018年11月10日从威远公司赊购一批原材料，增值税专用发票上注明价款2000000元，进项税额260000元。根据购货合同约定，“2/10,1/20,N/30”，折扣按货款价格(不包含增值税)，希望公司在11月18日支付货款，希望公司采用总价法的会计处理。

希望公司会计分录如下：

① 11月10日，赊购原材料：

借：原材料 2000000

应交税费——应交增值税(进项税额) 260000

贷：应付账款——威远公司 2260000

② 1月18日，支付货款：

18日支付货款没有超过10天，享有2%的折扣。

现金折扣 = 2000000×2%=40000(元)

实际支付金额 = 2260000−40000=2220000(元)

借：应付账款——威远公司 2260000

贷：银行存款 2220000

财务费用 40000

6. 外购存货发生短缺

在外购存货时，要是出现存货短缺、毁损等情况，应及时查明原因，不同原因有不同的会计处理方式：

(1) 属于运输途中的合理损耗，应计入有关存货的采购成本。

(2) 因供货单位或运输单位的原因造成的存货短缺，应由责任人补足存货或赔偿，不计入存货的采购成本。

(3) 因自然灾害或意外事故等非正常原因造成的存货毁损，先转入“待处理财产损溢”科目，经批准处理后，扣除保险公司和过失人赔款后的净损失，计入“营业外支出”。

(4) 尚待查明原因的存货短缺，先转入“待处理财产损溢”科目，待查明原因后再按要求进行会计处理。

以上存货短缺涉及增值税的，还应进行相应处理。

例3-7 希望公司从宏达公司购入原材料3000件，单价100元，增值税专用发票注明的进项税额为39000元。款项已通过银行支付，原材料还在运输途中。材料运达企业，验收时发现短缺50件。后经查明，其中20件为运输中合理损耗，30件为运输单位责任。运输单位也同意赔偿。

希望公司会计分录如下：

① 支付货款时：

借：在途物资 300000

应交税费——应交增值税(进项税额) 39000
贷：银行存款 339000

② 验收时发现材料短缺：

借：原材料 295000
待处理财产损溢 5000
贷：在途物资 300000

③ 合理损耗的会计处理：

借：原材料 2000
贷：待处理财产损溢 2000

④ 运输单位责任的处理：

借：其他应收款——某某运输单位 3390
贷：待处理财产损溢 3000
应交税费——应交增值税(进项税额转出) 390

收到赔款时：

借：银行存款 3390
贷：其他应收款——某某运输单位 3390

二、自制存货

自制存货的成本主要包括材料的采购成本、加工成本以及其他成本。

加工成本通常指生产成本中除直接材料以外的其他生产费用，如直接人工、制造费用等。直接人工一般是生产工人的薪酬；制造费用是企业为生产产品和提供劳务发生的各项间接费用。

存货的其他成本是指除采购成本和加工成本外，使存货达到目前场所和状态所发生的支出，比如为特定客户设计产品所发生的、可直接确定的设计费用；可直接归属于符合资本化条件的存货、应当予以资本化的借款费用等。符合借款费用资本化条件的存货，主要包括房地产开发企业开发的用于对外出售的房地产开发产品、企业制造的用于对外出售的大型机器设备等。这类存货通常需要经过相当长时间的建造或者生产过程，才能达到预定可销售状态。其中“相当长时间”，是指为资产的购建或者生产所必需的时间，通常为一年以上(含一年)。企业购入即可使用的资产，或者购入后需要安装但所需安装时间较短的资产，或者需要建造或者生产但所需建造或者生产时间较短的资产，均不属于符合资本化条件的资产。不符合资本化条件的借款费用和企业的一般产品的设计费用计入“当期损益”。

下列费用不计入“存货成本”，而在发生时直接计入“当期损益”：

(1) 非正常消耗的直接材料、直接人工和制造费用。如由于自然灾害而发生的直接材料、直接人工和制造费用，由于这些费用的发生无助于使该存货达到目前场所和状态，不应计入“存货成本”，而应确认为“当期损益”。

(2) 仓储费用，指企业在存货采购入库后发生的储存费用。但是，在生产过程中为达到下一个生产阶段所必需的仓储费用应计入“存货成本”。如某种酒类产品生产企业为使生产的酒达到规定的产品质量标准，而必须发生的仓储费用，应计入酒的成本。

(3) 不能归属于使存货达到目前场所和状态的其他支出。

企业自制并且已经验收入库的存货，按确定的实际成本，借记“周转材料”“库存商品”等科目，贷记“生产成本”科目。

例 3-8　希望公司的生产车间分别以 A 和 B 两种材料，生产甲和乙两种产品。材料投入和产品生产如下图所示(单位：元)。产品当月已全部完工。

	甲产品	乙产品
A 材料	100000	20000
B 材料	20000	80000
直接人工	30000	20000
合　计	150000	120000

希望公司会计分录如下：

借：库存商品——甲产品　　150000
　　　　　　——乙产品　　120000
　贷：生产成本——甲产品　　150000
　　　　　　——乙产品　　120000

三、委托加工存货

委托加工存货的成本，一般由加工过程中实际耗用的原材料或半成品成本、加工费、运输费、装卸费以及按规定应计入加工成本的税金等组成。

企业委托其他单位加工存货时，按发出材料物资的实际成本，借记“委托加工物资”科目，贷记“原材料”“库存商品”等科目；支付加工费和往返运杂费时，借记“委托加工物资”科目，贷记“银行存款”科目；支付增值税时，借记“应交税费——应交增值税(进项税额)”科目，贷记“银行存款”科目；需要交纳消费税的委托加工存货，由受托方代收代交的消费税，应分以下情况处理：

(1) 委托加工存货收回后直接用于销售的，主要是消费税的处理，受托方代收代交的消费税应计入委托加工成本，借记“委托加工物资”科目，贷记“银行存款”“应付账款”等科目。销售委托加工存货时，不再交纳消费税。

(2) 委托加工存货收回后用于连续生产应税消费品的，在消费税方面，受托方代收代交的消费税按规定准予抵扣的，借记“应交税费——应交消费税”科目，贷记“银行存款”“应付账款”等科目；待应税消费品完工销售时，从完工的应税消费品应纳消费税额中抵扣。

委托加工存货加工完成还有剩余物资的，按加工存货实际成本和剩余物资实际成本，借记“原材料”“库存商品”等科目，贷记“委托加工物资”科目。

例 3-9　希望公司委托朝阳公司加工一批化妆品(需要交纳消费税，消费税税率为 30%)。发出 A 材料的实际成本为 800000 元，支付加工费 180000 元，化妆品收回后希望公司用于连续生产。

希望公司会计分录如下：

(1) 发出化妆品 A 材料：

借：委托加工物资——朝阳公司　　800000

贷：原材料——A 材料 800000

(2) 支付加工费：

借：委托加工物资——朝阳公司 180000

贷：银行存款 180000

(3) 支付增值税和消费税：

应交增值税 $=180000\times13\%=23400$(元)

消费税组成计税价格 $=\dfrac{980000}{1-30\%}=1400000$(元)

应交消费税 $=1400000\times30\%=420000$(元)

借：应交税费——应交增值税(进项税额) 23400

——应交消费税 420000

贷：银行存款 443400

(4) 收回加工完成的化妆品：

化妆品实际成本 $=800000+180000=980000$(元)

借：库存商品——化妆品 980000

贷：委托加工物资——朝阳公司 980000

第三节 存货的发出核算

一、发出存货的计价方法

企业的存货是不断流动的，从理论上讲，存货成本流转顺序应当与实物流转顺序一致，即本期发出存货应按其入库时的实际成本结转，期末结存存货成本为期末结存存货的入库成本。如果存货的品种规格很少，或收发次数很少，或每批入库存货的单位成本相同，完全可以按照理论上的方法操作。但在实际工作中，企业的存货不仅品种繁多，而且由于存货购入的时间、产地不同或生产批次不同，使得相同存货的单位成本往往不一致，很难辨认出所发出存货的入库成本是多少。因此在计算发出和结存存货成本时需要对存货成本流转做一些假设，并以此为依据计算本期发出存货和期末结存存货的实际成本。采用某种存货成本流转的假设，在期末存货与发出存货之间分配成本，就产生了不同的存货成本分配方法，即发出存货的计价方法。我国《企业会计准则》规定："各种存货发出时，企业可以根据实际情况，选择使用先进先出法、加权平均法、移动加权平均法、个别计价法等方法确定其实际成本。"

(一) 先进先出法

先进先出法是以先购入的存货应先发出这一实物流转假设为前提，对发出存货进行计价的方法。采用这种方法，先购入的存货成本在后购入存货成本之前转出，据此确定发出存货和期末存货成本。

(二) 加权平均法

加权平均法主要包括两种：一次加权平均法和移动加权平均法。

1. 一次加权平均法

一次加权平均法又称全月一次加权平均法，是指以本月全部进货数量加月初存货数量作为权数，去除当月全部进货成本加本月初存货成本，计算出存货的加权单位成本，以此为基础计算当月发出存货的成本和期末存货成本的一种方法。

(1) 相关计算公式：

存货单位成本＝

$$\frac{\text{月初库存存货的实际成本}+\sum\text{本月各批进货的实际单位成本}\times\text{本月各批进货的数量}}{\text{月初库存存货数量}+\text{本月各批进货数量之和}}$$

$$\text{本月发出存货的成本}=\text{本月发出存货的数量}\times\text{存货单位成本}$$

$$\text{本月月末库存存货成本}=\text{月末库存存货的数量}\times\text{存货单位成本}$$

(2) 特点：只在月末一次计算加权平均单价，比较简单，有利于简化成本计算工作；但该法平时无法从账上提供发出和结存存货的单价及金额，因此不利于存货成本的日常管理与控制。

2. 移动加权平均法

移动加权平均法是指在每次进货以后，立即为存货计算出新的平均单位成本，作为下次发货计价基础的一种方法。

(1) 相关计算公式：

$$\text{存货单位成本}=\frac{\text{原有库存存货实际成本}+\text{本次进货实际成本}}{\text{原有库存存货数量}+\text{本次进货数量}}$$

$$\text{本次发出存货的成本}=\text{本次发出存货数量}\times\text{本次发货前存货的单位成本}$$

$$\text{本月月末库存存货成本}=\text{月末库存存货的数量}\times\text{本月月末存货单价}$$

(2) 特点：采用移动加权平均法能够使管理当局及时了解存货的结存情况，计算的平均单位成本及发出和结存的存货成本比较客观。但由于每次收货都要计算一次平均单价，计算工作量较大，对收发货较频繁的企业不适用。

(三) 个别计价法

个别计价法又称个别认定法、具体辨认法、分批实际法。采用这一方法是假设存货的成本流转与实物流转相一致，按照各种存货逐一辨认各批发出存货和期末存货所属的购进批别或生产批别，分别按其购入或生产时所确定的单位成本作为计算各批发出存货和期末存货成本的方法。

特点：采用这种方法，计算发出存货的成本和期末存货的成本比较合理、准确，但这种方法的前提是需要对发出和结存存货的批次进行具体认定，以辨别其所属的收入批次，所以实务操作的工作量繁重，困难较大。

该方法适用于容易识别、存货品种数量不多、单位成本较高的存货计价，如房产、船舶、飞机、重型设备、珠宝、名画等贵重物品。

例 3-10 希望公司 2017 年 3 月份 A 商品有关收、发、存情况如下：

① 3 月 1 日结存 300 件，单位成本为 2 万元。

② 3 月 8 日购入 200 件，单位成本为 2.2 万元。

③ 3 月 10 日发出 400 件。

④ 3 月 20 日购入 300 件，单位成本为 2.3 万元。

⑤ 3 月 28 日发出 200 件。

⑥ 3 月 31 日购入 200 件，单位成本为 2.5 万元。

要求：

① 采用先进先出法计算 A 商品 2013 年 3 月份发出存货的成本和 3 月 31 日结存存货的成本。

② 采用移动加权平均法计算 A 商品 2013 年 3 月份发出存货的成本和 3 月 31 日结存存货的成本。

③ 采用月末一次加权平均法计算 A 商品 2013 年 3 月份发出存货的成本和 3 月 31 日结存存货的成本。

采用先进先出法：

① 本月可供发出存货成本 $=300\times2+200\times2.2+300\times2.3+200\times2.5=2230$(万元)

本月发出存货成本 $=(300\times2+100\times2.2)+(100\times2.2+100\times2.3)=1270$(万元)

本月月末结存存货成本 $=2230-1270=960$(万元)

采用移动加权平均法：

② 3 月 8 日购货的加权平均单位成本 $=(300\times2+200\times2.2)\div(300+200)=2.08$(万元)

3 月 10 日发出存货的成本 $=400\times2.08=832$(万元)

3 月 20 日购货的加权平均单位成本 $=\dfrac{100\times2.08+300\times2.3}{100+300}=2.245$(万元)

3 月 28 日发出存货的成本 $=200\times2.245=449$(万元)

本月发出存货成本 $=832+449=1281$(万元)

本月月末结存存货成本 $=2230-1281=949$(万元)

采用月末一次加权平均法：

③ 加权平均单位成本 $=\dfrac{2230}{300+200+300+200}=2.23$(万元)

本月发出存货成本 $=(400+200)\times2.23=1338$(万元)

本月月末结存存货成本 $=2230-1338=892$(万元)

二、发出存货的核算

存货是为了满足企业生产经营的需要而存储的，是企业收入和利润的最重要来源。不过存货种类繁多，经济用途各异，消耗方式也各不相同。故而企业需要根据各类存货的用途及特点，选择适当的会计处理方法，对发出的存货进行会计处理。

(一) 原材料领用的核算

原材料在生产过程中被领用后，其原有实物形态会发生改变甚至消失，其成本也转化为产品成本或直接变为费用，或成为其他项目支出的一部分。根据原材料的消耗特点，企业应按发出原材料的用途，将其成本直接计入产品成本或当期费用，或作为有关项目支出。

1. 生产领用原材料

生产领用原材料应根据领用部门和用途，分别计入有关成本费用项目。领用时，按计算确定的实际成本，借记“生产成本”“制造费用”“委托加工物资”“销售费用”“管理费用”等科目，贷记“原材料”科目。

例 3-11　希望公司本月领用原材料的实际成本是 1000000 元，其中，基本生产领用 600000 元，辅助生产领用 150000 元，生产车间一般耗用 200000 元，管理部门领用 50000 元。

希望公司会计分录如下：

借：生产成本——基本生产成本　600000
　　　　　　——辅助生产成本　150000
　　制造费用　200000
　　管理费用　50000
　　贷：原材料　1000000

2. 出售原材料

出售原材料取得的销售收入作为其他业务收入，相应的原材料成本计入“其他业务成本”。出售时，按取得或应该取得的价款，借记“银行存款”“应收账款”等科目。按实现的销售收入，贷记“其他业务收入”科目，按增值税销项税额，贷记“应交税费——应交增值税(销项税额)”科目。同时，按出售原材料的实际成本结转销售成本，借记“其他业务成本”科目，贷记“原材料”科目。

例 3-12　希望公司销售一批原材料，售价 20000 元，增值税税额为 2600 元，原材料实际成本为 8000 元。款项已付。财务处理如下：

借：银行存款　22600
　　贷：其他业务收入　20000
　　　　应交税费——应交增值税(销项税额)　2600

同时结转成本：

借：其他业务成本　8000
　　贷：原材料　8000

3. 工程领用原材料

工程领用原材料，营改增后，建筑业也开始交增值税了，因此较以前有较大改动。购进工程物资用于在建工程时，借记“工程物资”“应交税费——应交增值税(进项税额)”等科目，贷记“银行存款”等科目。领用工程物资时，借记“在建工程”等科目，贷记“工程物资”等科目。如果自己购买的原材料用于在建工程，借记“原材料”“应交税费——应交增值税(进项税额)”等科目，贷记“银行存款”等科目。领用原材料时借记“在建工程”等科目，贷记“原材料”等科目。如果领用自产的产品用于在建工程，借记“在建工程”

科目，贷记“库存商品”等科目。

例 3-13 希望公司于 2018 年 11 月 10 日，为建造生产线购入 A 工程物资一批，收到的增值税专用发票上注明的价款为 2000000 元，增值税税额为 260000 元；为建造厂房购入 B 工程物资一批，收到的增值税专用发票上注明的价款为 1000000 元，增值税税额为 130000 元；款项已支付。财务处理如下：

借：工程物资——A 材料　　2000000
　　　　　　——B 材料　　1000000
　　应交税费——应交增值税(进项税额)　　390000
　　贷：银行存款　　3390000

(二) 原材料的实际成本法和计划成本法

企业对于各项存货的日常收、发，必须根据有关收、发凭证，在既有数量又有金额的明细账内，逐项逐笔进行登记。企业进行存货的日常核算有两种方法：一种是采用实际成本进行核算；一种是采用计划成本进行核算。

1. 实际成本法

采用实际成本进行核算的，一般适用于规模较小、存货品种简单、采购业务不多的企业。由于各种存货是分次购入或分批生产形成的，所以同一项目的存货，其单价或单位成本往往不同。要核算领用、发出存货的价值，就要选择一定的计量方法，只有正确地计算领用、发出存货的价值，才能真实地反映企业生产成本和销售成本，进而正确地确定企业的净利润。企业会计制度规定，企业领用或发出存货，按照实际成本核算的，可以根据实际情况选择采用先进先出法、加权平均法、移动平均法、个别计价法等确定其实际成本。这些方法都有自身的特点，企业应根据具体情况选用。

商品流通企业的商品存货的日常核算，对批发商品来说，一般应采用进价计算。各批进价不同时，售出或发出的商品进价，也可以在先进先出法、加权平均法、移动平均法、个别计价法等方法中选用一种进行核算。

2. 计划成本法

采用计划成本核算方法的，一般适用于存货品种繁多、收发频繁的企业。如大中型企业中的各种原材料、低值易耗品等。自制半成品、产成品品种繁多的，或者在管理上需要分别核算其计划成本和成本差异的，也可采用计划成本核算。

采用计划成本进行日常核算的企业，其基本方法如下：

首先，企业应先制定各种原材料的计划成本目录。规定原材料的分类、各种原材料的名称、规格、编号、计量单位和计划单位成本。计划单位成本在年度内一般不作调整。

其次，平时收到原材料时，应按计划单位成本计算出收入原材料的计划成本填入收料单内，并将实际成本与计划成本的差额，作为“材料成本差异”分类登记。

再次，平时领用、发出的原材料，都按计划成本计算，月份终了再将本月发出原材料应负担的成本差异进行分摊，随同本月发出原材料的计划成本记入有关账户，将发出原材料的计划成本调整为实际成本。发出材料应负担的成本差异，必须按月分摊，不得在季末或年末一次计算。

发出材料应负担的成本差异，除委托外部加工发出材料可按上月的差异率计算外，都应使用当月的实际差异率；如果上月的成本差异率与本月成本差异率相差不大，也可按上月的成本差异率计算。计算方法一经确定，不得任意变动。

(1) 材料成本差异率的计算公式。

成本差异率计算公式如下：

$$本月材料成本差异率=\frac{月初结存材料的成本差异+本月收入材料的成本差异}{月初结存材料的计划成本+本月收入材料的计划成本}\times 100\%$$

$$上月材料成本差异率=\frac{月初结存材料的成本差异}{月初结存材料的计划成本}\times 100\%$$

对存货日常核算采用何种方法，由企业根据实际情况自行确定，但要遵守前后一致的原则。在采用实际成本进行核算时，对于发出存货的实际成本的计算方法，以及在采用计划成本进行核算时，对于成本差异的分摊方法，一经确定，一般不应变更。

(2) 计划成本法的科目设置。

计划成本法只能对存货进行日常的会计核算。在会计期末，企业需要通过“材料成本差异”等账户，将发出的存货和期末结余的存货调整为实际成本。

下面以“原材料”为例，介绍如何运用“计划成本法”进行核算。其他存货的计划成本法核算与原材料的计划成本法相同。存货采用计划成本法核算，除需要设置“原材料”“包装物”“低值易耗品”等实际成本法核算运用的科目外，还需要增加“材料成本差异”科目，并将“在途物资”科目改为“材料采购”科目。

“材料采购”科目用来核算企业购入材料、商品等的采购成本。其借方登记已经付款的外购材料等存货的实际成本和结转已经验收入库实际成本小于计划成本的节约差额；贷方登记已经付款并验收入库的材料等存货的计划成本和结转实际成本大于计划成本的超支差额。期末余额在借方，表示已经付款但尚未入库的材料等存货(即在途货物)的实际成本。“材料采购”科目应按供应单位和物资品种设置明细账，进行明细核算。

“材料成本差异”科目用来核算企业各种材料的实际成本与计划成本的差异，以及调整发出材料应负担的成本差异。其借方登记验收入库材料成本的超支差异，贷方登记验收入库材料成本的节约差异以及发出材料应负担的成本差异(超支用蓝字，节约用红字)。期末余额在借方，反映企业库存材料拥有的超支差异；期末余额在贷方，反映企业库存材料拥有的节约差异。

“材料成本差异”科目应分“原材料”“包装物”“低值易耗品”等，按会计核算依照类别或品种进行明细核算，不能使用一个综合差异率。企业根据具体情况，可以单独设置本科目，也可以不设置本科目，而在“原材料”“包装物”“低值易耗品”等科目内分别设置“成本差异”明细科门核算。

在计划成本法下，材料明细账可以只记录收入、发出和结存的数量，将数量乘以计划单位成本，随时求得材料收、发、存的金额，通过“材料成本差异”科目计算和调整发出和结存材料的实际成本，简便易行。

计划成本法虽然强调的是“计划”下的成本，但它仍是适时地关注实际成本，与实际成本保持着密切的联系。在取得存货时，将实际成本与计划成本相对比得出存货的“材料成本差异”，表面上看只是一个简单的计算过程，其实质是控制和决策过程。

计划成本法下的会计处理：

购入材料时：

借：材料采购(实际成本)

　　应交税费——应交增值税(进项税额)

　　贷：银行存款

验收入库时：

借：原材料(计划成本)

　　[材料成本差异]……实际成本大于计划成本，超支

　　贷：材料采购(实际成本)

　　　　[材料成本差异]……实际成本小于计划成本，节约

领料出库时：

可以月末一次结转：

借：生产成本

　　制造费用

　　管理费用

　　[材料成本差异]……节约，材料成本差异率为负数

　　贷：原材料(计划成本)

　　　　[材料成本差异]……超支，材料成本差异率为正数

例 3-14　希望公司为一般纳税人，增值税税率为 13%，材料按计划成本核算。2018 年 6 月初有关账户余额如下：“材料采购”科目余额为 218 万元；“原材料”科目余额为 980 万元；“材料成本差异”科目余额为 20 万元(贷方余额)；材料计划单价每公斤为 5 万元。材料验收入库时，材料成本差异即时结转。

本月发生下列有关业务：

① 5 日购进材料 100 千克，价款为 500 万元、进项税税额为 65 万元；运杂费为 5 万元，材料已验收入库，货款已经支付。

借：材料采购　　505(500+5)

　　应交税费——应交增值税(进项税额)　　65

　　贷：银行存款　　570

借：原材料　　500

　　贷：材料采购　　500

实际成本 505－计划成本 500＝5(万元)超支差异

借：材料成本差异　　5

　　贷：材料采购　　5

② 10 日购进材料一批，账单已到，价款为 300 万元，增值税税额为 39 万元，签发并承兑商业汇票，票面金额为 351 万元，材料尚未到达。

借：材料采购　　300

　　应交税费——应交增值税(进项税额)　　39

　　贷：应付票据　　339

③ 15 日，购入材料 60 千克，已验收入库，当日未收到结算凭证。

(暂不作处理)

④ 20 日，月初在途材料全部到达，共计 44 千克，已验收入库。货款已于上月支付。

借：原材料 220(44×5)

　　贷：材料采购 220

实际成本 218－计划成本 220＝－2(万元)节约差异

借：材料采购 2

　　贷：材料成本差异 2

⑤ 30 日，根据领料凭证汇总表，共领用 320 千克，其中产品生产耗用 220 千克，车间一般耗用 100 千克。

借：生产成本 1100(220×5)

　　制造费用 500(100×5)

　　贷：原材料 1600

⑥ 30 日，本月 15 日购入 60 公斤材料，结算凭证仍未到达，按计划成本暂估料款入账。

借：原材料 300

　　贷：应付账款 300

⑦ 30 日，结转发出材料应负担的材料成本差异。

$$材料成本差异率 = \frac{-20+5-2}{980+500+220} \times 100\% = -1\%$$

(注意：分母不含暂估料款金额。)

借：材料成本差异 16

　　贷：生产成本 16

(三) 周转材料的核算

周转材料，是指企业能够多次使用、逐渐转移其价值但仍保持原有形态不确认为固定资产的材料，如包装物和低值易耗品；企业(建造承包商)的钢模板、木模板、脚手架和其他材料等；在建筑工程施工中可多次利用使用的材料，如钢架杆、扣件、模板、支架等。

周转材料具有以下特征：

(1) 与低值易耗品相类似。周转材料与低值易耗品一样，在施工过程中起着劳动手段的作用，能多次使用而逐渐转移其价值。

(2) 具有材料的通用性。周转材料一般都要安装后才能发挥其使用价值，未安装时形同材料，为避免混淆，一般应设专库保管。此外，周转材料种类繁多，用量较大，价值较低，使用期短，收发频繁，易于损耗，经常需要补充和更换，因此将其列入流动资产进行管理。在周转材料的管理与核算上，同低值易耗品一样，应采用固定资产和材料的管理与核算相结合的方法进行。

(3) 采用一次摊销法。一次摊销法是指在领用低值易耗品、周转材料、出租出借包装物等时，将其实际成本一次计入有关费用科目的一种方法。低值易耗品、周转材料、包装物虽都归属材料一类，但它们都与一般消耗材料不同，能使用较长时间，理应将其损耗价值分次摊作费用。但对价值较低、使用期较短、容易损坏的低值易耗品、周转材料和包装物，为了简化核算手续，往往采用一次转销方法，按其实际成本在领用时从“低值易耗品”“周转材料”“包装物”等科目一次转入有关费用科目，并不在账上反映其在用价值。采用这一方法时，虽对在用低值易耗品、周转材料和包装物价值在账上不加核算，仍应加强实物管理，对领用实物数量在领用时等进行登记，或采用以旧换新等办法，以防止丢失或挪用。

周转材料采用一次摊销法，在领用时直接摊销，计入相关成本、费用。一次摊销法体现了重要性原则。因为周转材料一般价值不高，不会对报表产生重大影响。

周转材料可按用途分别处理：

借：管理费用(管理部门)/制造费用(××车间)/销售费用(销售部门)

贷：周转材料

例 3-15 希望公司的基本生产车间领用易耗品一批，实际成本 1000 元，采用一次摊销法进行摊销。希望公司的会计处理如下：

购买的时候：

借：低值易耗品 1000

贷：银行存款 1000

领用的时候：

借：制造费用 1000

贷：低值易耗品 1000

(4) 采用五五摊销法。五五摊销法适用于使用期限较长、单位价值较高或一次领用数量较大的低值易耗品的摊销。在这种方法下，为了核算在用周转材料和周转材料的摊余价值，应在“周转材料”总账科目下，分设“周转材料——低值易耗品原值”“周转材料——低值易耗品摊销”科目。

领用时：

按其账面价格

借：低值易耗品——在用

贷：低值易耗品——在库

并摊销一半的账面价值

借：“销售费用”“管理费用”“生产成本”“其他业务成本”“工程施工”等科目

贷：低值易耗品——摊销

报废时：

摊销另一半的账面价值

借：“销售费用”“管理费用”“生产成本”“其他业务成本”“工程施工”等科目

贷：低值易耗品——摊销

并转销全部的周转材料已计提在用的摊销额

借：低值易耗品——摊销

贷：低值易耗品——在用

报废有残值时：

报废的周转材料的价值应冲减有关资本成本或当期损益，借记“原材料”“银行存款”等科目，贷记“销售费用”“管理费用”“生产成本”“其他业务成本”“工程施工”等科目。

例 3-16 希望公司的基本生产车间领用专用工具一批，实际成本 200000 元，采用五五

摊销法进行摊销。希望公司的会计处理如下:

① 领用专用工具时:

借: 周转材料——低值易耗品(在用) 200000

贷: 周转材料——低值易耗品(在库) 200000

② 摊销一半:

借: 制造费用 100000

贷: 周转材料——低值易耗品(摊销) 100000

③ 报废时:

借: 制造费用 100000

贷: 周转材料——低值易耗品(摊销) 100000

借: 周转材料——低值易耗品(摊销) 200000

贷: 周转材料——低值易耗品(在用) 200000

第四节 库存商品的核算

库存商品是指企业已完成全部生产过程并已验收入库，合乎标准规格和技术条件，可以按照合同规定的条件送交订货单位，或可以作为商品对外销售的产品以及外购或委托加工完成验收入库用于销售的各种产品。

“库存商品”科目，核算库存商品的增减变化及其结存情况。商品验收入库时，应由“生产成本”科目转入“库存商品”科目；对外销售库存商品时，根据不同的销售方式进行相应的账务处理；在建工程等领用库存商品时，应按其成本转账。

库存商品明细账应按企业库存商品的种类、品种和规格设置明细账。如有存放在本企业所属门市部准备出售的商品、送交展览会展出的商品，以及已发出尚未办理托收手续的商品，都应单独设置明细账进行核算。库存商品明细账一般采用数量金额式。

实行售价金额核算的商品零售企业，库存商品明细账按实物负责人设置。其格式一般要用三栏式，只记售价金额不记数量。由于库存商品按售价记账，为随时了解库存商品的实际价值，同时也便于月末各实物负责人核对已销商品进销差价，也可采用库存商品和商品进销差价明细分类账户相结合的方法，设置库存商品及进销差价明细账。

一、制造企业库存商品的核算

企业生产的产成品一般应按实际成本核算，产成品的入库和出库平时只记数量不记金额，期末计算入库产成品的实际成本。生产完成验收入库的产成品，按其实际成本，借记“库存商品”“农产品”等科目，贷记“生产成本”“消耗性生物资产”“农业生产成本”等科目。产品种类较多的，也可按计划成本进行日常核算，其实际成本与计划成本的差异，可以单独设置“产品成本差异”科目，比照“材料成本差异”科目核算。

采用实际成本进行产品日常核算的，发出产品的实际成本可以采用先进先出法、加权平均法或个别认定法计算确定。

对外销售的产成品(包括采用分期收款方式销售产成品)在结转销售成本时，借记“主营业务成本”科目，贷记“库存商品”科目。采用计划成本核算的，发出产品还应结转产品成本差异，将发出产品的计划成本调整为实际成本。

二、商品流通企业库存商品的核算

购入商品采用进价核算的，在商品到达验收入库后，按商品进价，借记“库存商品”科目，贷记“银行存款”“在途物资”等科目。委托外单位加工收回的商品，按商品进价，贷记“委托加工物资”科目。

购入商品采用售价核算的，在商品到达验收入库后，按商品售价，借记“库存商品”科目，按商品进价，贷记“银行存款”“在途物资”等科目，按商品售价与进价的差额，贷记“商品进销差价”科目。委托外单位加工收回的商品，按商品售价，借记“库存商品”科目，按委托加工商品的账面余额，贷记“委托加工物资”科目，按商品售价与进价的差额，贷记“商品进销差价”科目。

对外销售的商品(包括采用分期收款方式销售商品)在结转销售成本时，借记“主营业务成本”科目，贷记“库存商品”科目。采用进价进行商品日常核算的，发出商品的实际成本，可以采用先进先出法、加权平均法或个别认定法计算确定。采用售价核算的，还应结转应分摊的商品进销差价。

三、库存商品的核算方法

1. 毛利率法

毛利率法是指根据本期销售净额乘以上期实际(或本期计划)毛利率匡算本期销售毛利，并据以计算发出存货和期末结存存货成本的一种方法。

$$毛利率=\frac{销售毛利}{销售净额}\times 100\%$$

$$销售毛利=销售净额-销售成本$$

$$销售净额=商品销售收入-销售退回与折让$$

$$销售成本=买入价+为销售而产生的费用$$

$$期末结存存货成本=期初结存存货成本+本期购货成本-本期销售成本$$

这一方法常用于商品批发企业，用来计算本期商品销售成本和期末库存商品成本。商品流通企业由于商品种类多，一般来讲，其同类商品的毛利率大致相同，采用毛利率法能减轻工作量。

这种计算方法适用于经营品种较多，月度计算成本确有困难的企业。它是一种简化的成本计算方法，但是全部(或大类)商品的综合毛利率受影响的因素较多，计算结果往往不够精确。在采用该法时，一般只在季度的头两个月使用，季末则必须用“加权平均法”等其他成本计算方法来计算和调整，以便在一个季度范围内使商品销售成本和期末结存商品金额符合实际。

例 3-17　某商场月初存货 400000 元，本月购货 170000 元，本月销货 600000 元，销售退回 5000 元，上季度该商品毛利率为 25%，本月存货成本应为多少？

本月销售收入为 600000-5000=595000 元。

本月销售成本为 595000×(1−25%)=446250 元。

本月月末存货成本应为 400000＋170000−446250=123750 元。

2. 售价金额核算法

售价金额核算法又称“售价记账、实物负责制”，这是在建立实物负责制的基础上按售价对库存商品进行核算的方法，其主要特点如下：

(1) 建立实物负责制，企业将所经营的全部商品按品种、类别及管理的需要划分为若干实物负责小组，确定实物负责人，实行实物负责制度。实物负责人对其所经营的商品负全部经济责任。

(2) 售价记账、金额控制，库存商品总账和明细账都按商品的销售价格记账，库存商品明细账按实物负责人或小组分户，只记售价金额而不记实物数量。

(3) 设置“商品进销差价”科目，由于库存商品是按售价记账，对于库存商品售价与进价之间的差额应设置“商品进销差价”科目来核算，并在期末计算和分摊已售商品的进销差价。

(4) 定期实地盘点商品，实行售价金额核算必须加强商品的实地盘点制度，通过实地盘点，对库存商品的数量及价值进行核算，并对实物和负责人履行经济责任的情况进行检查。

售价金额核算法主要适用于零售企业。这种方法的优点是把大量按各种不同品种开设的库存商品明细账归并为按实物负责人来分户的少量的明细账，从而简化了核算工作。

$$\text{商品进销差价率}=\frac{\text{期初库存商品进销差价}+\text{本期购入商品进销差价}}{\text{期初库存商品售价}+\text{本期购入商品售价}}\times 100\%$$

本期销售商品应分摊的商品进销差价=本期商品销售收入×商品进销差价率

本期销售商品的成本=本期商品销售收入−本期已销售商品应分摊的商品进销差价

期末结存商品的成本=期初库存商品的进价成本+本期购进商品的进价成本−本期销售商品的成本

例 3-18　某商场本年度 8 月库存商品的进价成本为 100000 元，售价总额为 150000 元，本期购入该商品的进价成本为 200000 元，售价总额为 320000 元，本期销售收入为 250000 元，有关业务处理如下：

商品采购、入库时：

借：物资采购	200000	
应交税费——应交增值税(进项税额)	26000	
贷：银行存款		226000
借：库存商品	320000	
贷：物资采购		200000
商品进销差价		120000

确认本期收入时：

借：银行存款	282500	
贷：主营业务收入		250000
应交税费——应交增值税(销项税额)		32500

平时结转商品销售成本时:

借: 主营业务成本　　250000

　　贷: 库存商品　　250000

$$\text{进销差价率}=\frac{50000+120000}{150000+320000}=36.2\%$$

本期已销产品应分摊的进销差价=320000×36.2%=115840(元)

冲转销售成本:

借: 商品进销差价　　115840

　　贷: 主营业务成本　　115840

经过转账，本期已销商品成本调整为 204160 元(320000−115840)。

第五节　存货的期末核算

《企业会计准则第 1 号——存货》规定：企业存货的价值如果仍然按成本计价可能不能反映其实际价值。

一、成本与可变现净值孰低

长期以来，存货是按照历史成本计价的，而所谓历史成本，是指存货按取得的实际成本登记入账。企业采用历史成本计价主要有两个原因：一是过去我国是计划经济，商品的价格是稳定的，一般不会出现跌价现象；二是历史成本计价提供的数据是客观的、可查实的，且易于确定。随着市场经济的不断深化，存货的价格由市场决定，不再一成不变。特别是科技的迅猛发展，使得产品的更新速度越来越快，企业的许多存货面临跌价。如果仍以历史成本计价，显然不利于企业资金周转，不符合会计谨慎性原则。因为谨慎性原则要求估计可能发生的风险和损失。对存货计提跌价准备，不但可解决这些问题，还可以有效督促企业关注市场、以销定产、产销对路。从实际情况看，由于市场价格的变动、市场供需情况的变化等原因，企业存货的价值如果仍然按成本计价可能不能反映其实际所拥有的价值。

会计期末，为了客观、真实、准确地反映企业期末存货的实际价值，企业在编制资产负债表时，要确定期末存货的价值。企业期末存货的价值通常是以历史成本来确定的。但是，由于存货市价的下跌、存货陈旧、过时、毁损等原因，导致存货的价值减少，采用历史成本不能真实地反映存货的价值，因此，基于谨慎性原则，企业会计制度规定存货采用成本与可变现净值孰低来计价。

采用成本与可变现净值孰低法，主要是使存货符合资产的定义。当存货的可变现净值下跌至成本以下时，由此所形成的损失已不符合资产的定义，因而应将这部分损失从存货价值中扣除，计入当期损益。否则，当存货的可变现净值低于其成本价值时，如果仍然以其历史成本计价，就会出现虚夸资产的现象，导致会计信息失真。

企业会计制度规定：企业应当在期末对存货进行全面清查，如由于存货毁损、全部或部分陈旧过时或销售价值低于成本等原因，使存货成本高于可变现净值的，应按可变现净值低于存货成本部分，计提存货跌价准备。

二、可变现净值的确定

所谓成本与可变现净值孰低法，是指对期末存货按照成本与可变现净值两者中较低者计价的方法。即当成本低于可变现净值时，存货按成本计价；当可变现净值低于成本时，存货按可变现净值计价。这里所讲的成本，是指存货的历史成本。可变现净值是指企业在正常经营过程中，以预计售价减去预计完工成本及销售所必需的预计费用后的价值，并不是指存货的现行售价。预计可变现净值应以当期取得的最可靠的证据为基础预计，如果在期末时预计与价格及成本有关的期后事件可能会发生，则在预计时必须考虑与期后事件相关的价格及成本的波动。在预计可变现净值时，还应考虑持有存货的其他因素，例如，有合同约定的存货，通常按合同作为计算基础，如果公司持有存货的数量多于销售合同订购数量，存货超出部分的可变现净值应以一般销售价格为基础。

一般地，对于外观完好无损、保持原有的使用价值并处于适销对路状态的存货，可按存货市场销售价格确定；对于外观完好无损、保持原有的使用价值，但样式过时或质量降低的存货，在前一种情况确定的单位可变现的基础上，再适当给予折扣来确定；对于外观完好无损且需改变原有使用价值，但仍可以用于出售或生产的存货，应按其存货新的用途或使用价值来确定。

可变现净值=估计售价-预计完工成本-预计所需销售费用-相关税费

产成品的可变现净值=产成品估计售价-预计完工成本-预计销售费用及相关税费

三、存货减值迹象的判断

存货跌价准备应按单个存货项目的成本与可变现净值计量，如果某些存货具有类似用途并与在同一地区生产和销售的产品系列相关，且实际上难以将其与该产品系列的其他项目区别开来进行估价的存货，可以合并计量成本与可变现净值；对于数量繁多、单价较低的存货，可以按存货类别计量成本与可变现净值。

当存在以下一项或若干项情况时，应当将存货账面价值全部转入当期损益：

(1) 已霉烂变质的存货。

(2) 已过期且无转让价值的存货。

(3) 生产中已不再需要，并且已无使用价值和转让价值的存货。

(4) 其他足以证明已无使用价值和转让价值的存货。

当存在下列情况之一时，应当计提存货跌价准备：

(1) 市价持续下跌，并且在可预见的未来无回升的希望。

(2) 企业使用该项原材料生产的产品的成本大于产品的销售价格。

(3) 企业因产品更新换代，原有库存原材料已不适应新产品的需要，而该原材料的市场价格又低于其账面成本。

(4) 因企业所提供的商品或劳务过时或消费者偏好改变而使市场的需求发生变化，导致市场价格逐渐下跌。

(5) 其他足以证明该项存货实质上已经发生减值的情形。

需要提请注意的是，存货应按成本与可变现净值计价，是指期末存货的计价而言，存货取得时仍应按取得时发生的实际成本入账。

四、存货采用成本与可变现净值孰低计价时的会计处理

期末存货采用成本与可变现净值孰低计价时，如果成本低于可变现净值，则不计提跌价准备；如果可变现净值低于成本，应将成本降低至可变现净值，同时对于可变现净值部分低于成本的损失，在实务操作中设置“存货跌价准备”科目。期末，通过比较存货的成本与可变现净值，计算出应计提的存货跌价准备，然后与“存货跌价准备”科目的余额进行比较，如果应提数大于已提数，应予补提；如果已提数大于应提数，则应予冲销部分多提数。提取存货跌价准备时，借记“资产减值损失——计提的存货跌价准备”科目，贷记“存货跌价准备”科目。冲回时作相反的分录。

例 3-19　希望公司采用成本和可变现净值孰低法进行期末存货计价。2015 年年末，某存货的账面成本是 5000000 元，公司所提供的商品价格逐渐下跌，预计可变现净值为 4000000 元，应计提的存货跌价准备为 1000000 元。

借：资产减值损失——计提的存货跌价准备　　1000000
　　贷：存货跌价准备　　1000000

2016 年年末相同种类存货的成本是 6000000 元，存货的可变现净值是 3800000 元，应计提的存货跌价准备是 2200000 元，因为存货跌价准备科目已计提 1000000 元，故应补提 1200000 元。

借：资产减值损失——计提的存货跌价准备　　1200000
　　贷：存货跌价准备　　1200000

假设 2017 年年末此存货的账面成本为 7000000 元，由于以前导致存货价值减少的因素逐渐消失，存货价格有所上升，预计存货的可变现净值为 5500000 元，则应计提的存货跌价准备为 1500000 元，小于已计提的 2200000 元，应冲减存货跌价准备 700000 元。

借：存货跌价准备　　700000
　　贷：资产减值损失——计提的存货跌价准备　　700000

假设 2018 年年末此存货的账面成本为 6500000 元，存货的可变现净值为 6600000 元，按成本和可变现净值孰低原则，不需计提存货跌价准备，所以要冲减已计提的存货跌价准备 1500000 元。

借：存货跌价准备　　1500000
　　贷：资产减值损失——计提的存货跌价准备　　1500000

五、存货的盘点和盘盈、盘亏及毁损的处理

存货应当定期盘点，每年至少盘点一次。盘点结果如果与账面记录不符，应于期末前查明原因，并根据企业的管理权限，经股东大会或董事会，或经理(厂长)会议或类似机构批准后，在期末结账前处理完毕。存货的盘点，工作量相当大，企业要做好年度的全面盘点工作，必须组织力量，并做好充分准备。平时能轮流盘点的，要在平时及时清点。年终盘点时要将已收已发的数量全部登记入账。要事先准备盘点清册，抄列各项存货的编号、名称、规格和存放的地点；盘点时，要在清册上逐一记入账内结存数量、实有数量及其差额。发现损坏、变质、陈旧、失效的存货，要单独注明，写明盘点日期，并由盘点人签章。从实际盘点日期到 12 月 31 日止这段时间内的收发数量和金额要单独计算，并将实地盘点

的各类存货金额调整为年终应存的存货金额。

常用的盘存方法有永续盘存制和实地盘存制。

(一) 永续盘存制

永续盘存制能够随时反映某一存货在一定会计期间内收入、发出及结存的详细情况，有利于加强对存货的管理与控制。但是，相对于定期存制而言，永续盘存制下存货明细账的会计核算工作量较大，尤其是月末一次结转销售成本或耗用成本时，存货结存成本及销售或耗用成本的计算工作比较集中；采用这种方法需要将财产清查的结果同账面结存进行核对，在账实不符的情况下还需要对账面记录进行调整。

(二) 实地盘存制

实地盘存制又称定期盘存制，是以期末具体盘点实物的结果为依据来确定财产物资的结存数量的方法。该方法是在期末通过盘点实物来确定财产物资结存数量，并据以倒算出发出数量。具体做法是：平时只登记财产物资收入数，不登记财产物资发出数，期末通过实地盘点，确定结存数量，并倒挤发出数量及金额，完成账簿记录，使账实相符。在实地盘存制下，本期减少数的计算公式是：

$$期初结存数+本期增加数-期末结存数=本期减少数$$

实地盘存制的优点是核算工作比较简单，工作量较小；缺点是手续不够严密，不能通过账簿随时反映和监督各项财产物资的收、发、结存情况，不利于存货的管理，也不利于监督检查。因此，实地盘存制适应数量大、价值低、收发频繁的存货。

(三) 存货盘盈、盘亏的处理

企业存货清查盘点，以确定存货盘存的实际库存数并与存货的账面记录进行核对。实存数小于账存数的为盘亏；反之为盘盈。对于盘盈、盘亏的存货先记入“待处理财产损溢”科目，经过主管财政机关批准后才能处理，如果未经批准，就只能挂在账上；经机构批准后，在期末结账前处理完毕。如在期末结账前尚未批准的，应在对外提供财务会计报告时先进行处理，并在会计报表附注中作出说明，如果其后批准处理的金额与已处理的金额不一致，应按其差额调整会计报表相关项目的年初数。

例 3-20 希望公司为增值税一般纳税人，税率为 13%。公司于 20×8 年年末进行财产清查，通过实地盘点，确定甲材料的实际库存数量 49800 千克，而账存实存对比表中表明账面结存数量是 50000 千克，确定短缺 200 千克，甲材料的实际单位成本是 20 元。

批准前分录如下：

借：待处理财产损溢——待处理流动资产损溢　　4520

　　贷：原材料——甲材料　　4000

　　　　应交税费——应交增值税(进项税额转出)　　520

经审查，该盘亏材料中，属于自然损耗的是 50 千克，库管员周某管理不善造成的存货短缺 50 千克，还有 100 千克是不可抗力引起的损失。

借：管理费用　　1130

其他应收款——周某 1130

营业外支出 2260

贷：待处理财产损溢——待处理流动资产损溢 4520

练 习 题

一、单项选择题

1．下列各项与存货相关的支出中，不应计入存货成本的是(　　)。

A．非正常消耗的直接人工和制造费用

B．材料入库前发生的挑选整理费

C．在生产过程中为达到下一个生产阶段所必需的仓储费用

D．材料采购过程中发生的运输途中的合理损耗

2．某企业为增值税一般纳税人，适用的增值税税率为 13%。该企业委托其他单位(增值税一般纳税人)加工一批属于应税消费品的原材料(非金银首饰)，适用的消费税税率为10%。该批委托加工原材料收回后用于继续生产应税消费品。发出材料的成本为 180 万元，支付的不含增值税的加工费为 90 万元，支付的增值税税额为 11.7 万元。该批原材料加工完成并验收入库的成本为(　　)万元。

A．270　　B．280　　C．300　　D．315.3

3．下列关于存货可变现净值的表述中，正确的是(　　)。

A．可变现净值等于存货的市场销售价格

B．可变现净值等于销售存货产生的现金流入

C．可变现净值等于销售存货产生现金流入的现值

D．可变现净值是确认存货跌价准备的重要依据之一

4．甲公司与乙公司均为增值税一般纳税人，2018 年 9 月 3 日，甲公司与乙公司签订了一份不可撤销的销售合同，双方约定，2019 年 1 月 20 日，甲公司应按每台 52 万元的价格向乙公司提供 A 产品 6 台。2018 年 12 月 31 日，甲公司 A 产品的账面价值(成本)为 280 万元，数量为 5 台，单位成本为 56 万元。2018 年 12 月 31 日，A 产品的市场销售价格为 50 万元/台。销售 5 台 A 产品预计发生销售费用及税金为 10 万元。2018 年 12 月 31 日，甲公司结存的 5 台 A 产品的账面价值为(　　)万元。

A．280　　B．250　　C．260　　D．270

5．甲公司期末原材料的账面余额为 100 万元，数量为 10 吨，未计提过减值准备。该原材料专门用于生产与乙公司所签合同约定的 20 台 Y 产品。该合同约定：甲公司为乙公司提供 Y 产品 20 台，每台售价 10 万元(不含增值税，本题下同)。将该原材料加工成 20 台 Y 产品尚需加工成本总额为 95 万元。估计销售每台 Y 产品尚需发生相关税费 1 万元(不含增值税，本题下同)。本期期末市场上该原材料每吨售价为 9 万元，估计销售每吨原材料尚需发生相关税费 0.1 万元。该原材料期末的账面价值为(　　)万元。

A．85　　B．89　　C．100　　D．105

6．下列各种物资中，不应作为企业存货核算的是(　　)。

A. 包装物　　B. 低值易耗品　　C. 在产品　　D. 工程物资

7. 某企业为增值税一般纳税人，2019 年 4 月购入 A 材料 1000 千克，增值税专用发票上注明价款 30000 元，税 3900 元，该批材料在运输途中发生 1%的合理损耗，实际验收入库 990 千克，入库前发生挑选整理费用 300 元。该批入库 A 材料的实际总成本为(　　)元。

A. 29700　　B. 29997　　C. 30300　　D. 35400

8. 某商品流通企业(一般纳税人)采购甲商品 100 件，每件售价 2 万元，取得的增值税专用发票上注明的增值税为 26 万元，另支付采购费用 10 万元(金额较大)。该企业采购的该批商品的单位成本是(　　)万元。

A. 200　　B. 210　　C. 226　　D. 244

9. 某企业原材料按实际成本进行日常核算。2019 年 3 月 1 日结存甲材料 300 千克，每公斤实际成本为 20 元；3 月 15 日购入甲材料 280 千克，每公斤实际成本为 25 元；3 月 31 日发出甲材料 200 千克。如按先进先出法计算，3 月份发出甲材料的实际成本为(　　)元。

A. 400　　B. 500　　C. 4000　　D. 1400

10. 在物价不断上涨时期，一个企业可以选用的存货计价方法中，若要使会计报表中的净收益最高，可以采用的计价方法是(　　)。

A. 加权平均法　　B. 先进先出法　　C. 移动加权平均法　　D. 个别计价法

二、多项选择题

1. 下列项目中，作为增值税一般纳税人的企业一般应计入存货成本的有(　　)。

A. 购入存货支付的关税

B. 商品流通企业采购过程中发生的保险费

C. 企业提供劳务取得存货发生的从事劳务提供人员的直接人工

D. 自制存货生产过程中发生的直接费用

2. 下列各项中，企业在判断存货成本与可变现净值孰低时，可作为存货成本确凿证据的有(　　)。

A. 外来原始凭证　　B. 生产成本资料

C. 生产预算资料　　D. 生产成本账簿记录

3. 对于需要加工才能对外销售的在产品，下列各项中，属于在确定其可变现净值时应考虑的因素有(　　)。

A. 在产品已经发生的生产成本

B. 在产品加工成产成品后对外销售的预计销售价格

C. 在产品未来加工成产成品估计将要发生的加工成本

D. 在产品加工成产成品后对外销售预计发生的销售费用

4. 下列各项中，增值税一般纳税企业应计入收回委托加工物资成本的有(　　)。

A. 支付的加工费

B. 随同加工费支付的增值税

C. 支付的收回后继续加工的委托加工物资的消费税

D. 支付的收回后直接销售的委托加工物资的消费税

5. 下列关于存货会计处理的表述中，正确的有(　　)。

A．存货采购过程中发生的合理损耗计入存货采购成本

B．存货跌价准备通常应当按照单个存货项目计提，也可分类计提

C．债务人因债务重组转出存货时不结转已计提的相关存货跌价准备

D．发出原材料采用计划成本核算的应于资产负债表日调整为实际成本

6．下列有关可变现净值的表述中，正确的有(　　)。

A．无销售合同的库存商品以该库存商品的估计售价为基础

B．有销售合同的库存商品以该库存商品的合同价格为基础

C．用于出售的无销售合同的材料以该材料的市场价格为基础

D．用于生产有销售合同产品的材料以该材料的市场价格为基础

三、简答题

1．存货的定义是什么？

2．存货确认的条件是什么？

3．存货有哪些分类？

4．存货的计价方法有哪些？

5．计划成本法和实际成本法的优、缺点各是什么？

四、业务处理题

1．某一般纳税企业月初“原材料”账户期初余额为610000元，“材料成本差异”贷方余额3000元，本月购入原材料一批，价款200000元，增值税26000元，运杂费3000元，已入库，计划成本190000元，本月发出材料计划成本600000元。

要求：计算发出材料实际成本和结存材料实际成本。(材料成本差异率采用本期差异率)

2．甲企业为增值税一般纳税人，增值税税率为13%。原材料采用实际成本法核算，原材料发出采用月末一次加权平均法计价。运输费不考虑增值税。

2015年4月，与A材料相关的资料如下：

① 1日，“原材料——A材料”科目余额20000元(共2000千克，其中含3月末验收入库但因发票账单未到而以2000元暂估入账的A材料200千克)。

② 5日，收到3月末以暂估价入库A材料的发票账单，货款1800元，增值税税额234元，对方代垫运输费400元，全部款项已用转账支票付讫。

③ 8日，以汇兑结算方式购入A材料3000千克，发票账单已收到，货款36000元，增值税税额4180元，运输费用1000元。材料尚未到达，款项已由银行存款支付。

④ 11日，收到8日采购的A材料，验收时发现只有2950千克。经检查，短缺的50公斤确定为运输途中的合理损耗，A材料验收入库。

⑤ 18日，持银行汇票80000元购入A材料5000千克，增值税专用发票上注明的货款为49500元，增值税税额6435元，另支付运输费用2000元，材料已验收入库，剩余票款退回并存入银行。

⑥ 21日，基本生产车间自制A材料50千克验收入库，总成本为600元。

⑦ 30日，根据“发料凭证汇总表”的记录，4月份基本生产车间为生产产品领用A材料6000千克，车间管理部门领用A材料1000千克，企业管理部门领用A材料1000千克。

要求：

(1) 计算甲企业 4 月份发出 A 材料的单位成本。

(2) 根据上述资料，编制甲企业 4 月份与 A 材料有关的会计分录。

3．某企业为增值税一般纳税企业，材料按计划成本法核算。甲材料计划单位成本 10 元。该企业 2015 年 9 月份有关资料如下：

① “原材料”账户月初余额 40000 元，“材料成本差异”账户月初贷方余额 548 元，“材料采购”账户月初借方余额 10600 元(上述账户核算的均为甲材料)。

② 9 月 5 日，上月已付款的甲材料 1000 千克如数收到，已验收入库。

③ 9 月 15 日，从外地 A 公司购入甲材料 6000 千克，增值税专用发票注明价款 59000 元，增值税税额 7670 元，企业已用银行存款支付上述款项，材料尚未到达。

④ 9 月 20 日，从 A 公司购入的甲材料到达，验收入库时发现短缺 40 千克，属于定额内自然损耗。按实收数量验收入库。

⑤ 9 月 30 日，汇总本月发料凭证，本月共发出甲材料 7000 千克，全部用于生产。

要求：

(1) 编制会计分录。

(2) 计算本月材料成本差异率、本月发出材料应负担的成本差异及月末库存材料的实际成本。

第四章 金融资产

【学习目标】

- 了解金融资产的概念、性质以及主要类别；
- 理解金融资产的重分类；
- 掌握金融资产的取得、后续计量以及处置会计处理。

【课前阅读】

国网停牌重组，金融资产借道上市[1]

2019 年 3 月 18 日早间，置信电气发布公告称，正在筹划重大资产重组事项，国网英大国际控股集团有限公司(下称“国网英大”) 拟以信托、证券、期货业务相关资产与公司进行资产重组。

经初步考虑，涉及的重组标的包括国网英大所持英大国际信托有限责任公司股权(下称“英大信托”)和英大证券有限责任公司(下称“英大证券”)股权等资产。置信电气拟通过发行股份等方式购买上述标的资产，并募集配套资金。

置信电气自 3 月 18 日开市起开始停牌，预计停牌时间不超过 10 个交易日。

根据公告，双方将全力推进本次资产重组相关工作，根据尽职调查、审计评估、商务谈判、内外部审批情况确定最终重组标的及交易方式，并尽快签署重组框架协议。交易双方目前尚未签署正式交易协议，具体交易方案仍在商讨论证中，存在一定的不确定性。

国网英大是国家电网有限公司的全资子公司，注册资本 315.35 亿元。据国网英大官网，其于 2010 年 12 月 20 日由原国网资产管理有限公司更名组建，下辖中国电力财务有限公司、英大泰和财产保险股份有限公司、英大泰和人寿保险股份有限公司、英大信托、英大证券、英大长安保险经纪有限公司、国网国际融资租赁有限公司等企业，业务范围涵盖银行、保险、资产管理三大板块。

工商信息显示，英大信托成立于 1987 年 3 月，注册资本 40.29 亿元，共有国网英大、中国南方电网有限责任公司、中国电力财务有限公司等 7 家股东单位。

英大证券成立于 1996 年，注册资本 27 亿元。资料显示，2017 年，英大证券实现营业收入 6.58 亿元，归母净利润 1.38 亿元。

---

① 资料来源于中国财富网

公告显示，第一大股东国网电力科学研究院有限公司持有置信电气 31.57%股份。而国网电力科学研究院有限公司由国家电网有限公司 100%持股。

置信电气主要从事电气及新材料设备、电力运维业务，低碳节能与工程服务相关的研发、生产、销售和技术服务，涵盖电气及新材料设备制造、电力运维业务、低碳节能与工程服务等多个业务领域，是国内规模领先的专业化非晶变生产商、国内电网雷电监测与防护领域的行业龙头，也是较早涉足碳资产管理业务并且业务链完整的上市公司之一。

第一节　金融资产及其分类

金融工具是指形成一方的金融资产并形成其他方的金融负债或权益工具的合同。金融工具包括金融资产、金融负债和权益工具。

其中，合同的形式多种多样，可以是书面的，也可以不采用书面形式。实务中的金融工具合同通常采用书面形式。非合同的资产和负债不属于金融工具。例如，应交所得税是企业按照税收法规规定承担的义务，不是以合同为基础的义务，因此不符合金融工具的定义。

一、金融资产的定义

按照《企业会计准则第 22 号——金融工具确认和计量》(2017)限定的金融资产的范围，金融资产是指企业持有的货币资金、持有其他企业的权益工具，以及符合下列任一条件的资产：

(1) 从其他方收取现金或其他金融资产的权利。

(2) 在潜在有利条件下，与其他方交换金融资产或金融负债的合同权利。

(3) 将来须用或可用企业自身权益工具进行结算的非衍生工具合同，且企业根据该合同将收到可变数量的自身权益工具。

(4) 将来须用或可用企业自身权益工具进行结算的衍生工具合同(不包括以固定数量的自身权益工具交换固定金额的现金或其他金融资产的衍生工具合同)。

二、金融资产的分类

金融资产和金融负债的分类是确认和计量的基础。企业应当根据其管理金融资产的业务模式和金融资产的合同现金流量特征，对金融资产进行合理的分类。金融资产一般划分为以下三类：

(1) 以摊余成本计量的金融资产；

(2) 以公允价值计量且其变动计入其他综合收益的金融资产；

(3) 以公允价值计量且其变动计入当期损益的金融资产。

同时，企业应当结合自身业务特点和风险管理要求，对金融负债进行合理的分类。对金融资产和金融负债的分类一经确定，不得随意变更。

三、金融资产分类的计量

1. 以摊余成本计量的金融资产的重分类

(1) 企业将一项以摊余成本计量的金融资产重分类为以公允价值计量且其变动计入当

期损益的金融资产的，应当按照该资产在重分类日的公允价值进行计量。原账面价值与公允价值之间的差额计入当期损益。

(2) 企业将一项以摊余成本计量的金融资产重分类为以公允价值计量且其变动计入其他综合收益的金融资产的，应当按照该金融资产在重分类日的公允价值进行计量。原账面价值与公允价值之间的差额计入其他综合收益。该金融资产重分类不影响其实际利率和预期信用损失的计量。

2. 以公允价值计量且其变动计入其他综合收益的金融资产的重分类

(1) 企业将一项以公允价值计量其变动计入其他综合收益的金融资产重分类为以摊余成本计量的金融资产的，应当将之前计入其他综合收益的累计利得或损失转出，调整该金融资产在重分类日的公允价值，并以调整后的金额作为新的账面价值，即视同该金融资产一直以摊余成本计量。该金融资产重分类不影响其实际利率和预期信用损失的计量。

(2) 企业将一项以公允价值计量且其变动计入其他综合收益的金融资产重分类为以公允价值计量且其变动计入当期损益的金融资产的，应当继续以公允价值计量该金融资产。同时，企业应当将之前计入其他综合收益的累计利得或损失从其他综合收益转入当期损益。

3. 以公允价值计量且其变动计入当期损益的金融资产的重分类

(1) 企业将一项以公允价值计量且其变动计入当期损益的金融资产重分类为以摊余成本计量的金融资产的，应当以其在重分类日的公允价值作为新的账面余额。

(2) 企业将一项以公允价值计量且其变动计入当期损益的金融资产重分类为以公允价值计量且其变动计入其他综合收益的金融资产的，应当继续以公允价值计量该金融资产。对以公允价值计量且其变动计入当期损益的金融资产进行重分类的，企业应当根据该金融资产在重分类日的公允价值确定其实际利率。同时，企业应当自重分类日起对该金融资产适用金融资产减值的相关规定，并将重分类日视为初始确认日。

第二节　以摊余成本计量的金融资产——应收款项

应收款项主要包括应收票据、应收账款、其他应收款等。

一、应收票据

1. 应收票据及其初始入账价值

(1) 应收票据。从广义上讲，应收票据作为一种债权证，应包括企业持有的未到期或未兑现的各种票据，如汇票、本票和支票等。但在我国会计实务中，支票银行本票及银行汇票均为见票即付的票据，无需将其转列为应收票据予以处理。因此，在我国应收票据仅指企业持有的未到期或未兑的商业汇票。

在我国，商业汇票的期限一般不超过 6 个月，因而我国的应收票据是一种流动资产。在会计实务中，企业的应收票据是指收到的经承兑人承兑的商业汇票。

(2) 应收票据的分类。按照票据承兑人的不同，商业汇票分为银行承兑汇票和商业承兑汇票两种。承兑是指汇票付款人承诺在汇票到期日支付汇票金额的票据行为。商业汇票必须经承兑后方可生效。银行承兑汇票的承兑人是承兑申请人的开户银行，商业承兑汇票的承兑人是付款人。

按照票据是否带有追索权，商业汇票分为带追索权的商业汇票和不带追索权的商业汇票。追索权是指企业在转让应收款项时，接受应收款项转让方在应收款项遭受拒付或逾期未付时向该应收款项转让方索取应收金额的权利。在我国，商业票据可背书转让，持票人可以对背书人、出票人和票据的其他债务人行使追索权。

一般来说，不确定性负债称为或有负债,因此，转让应收款项而产生的具有不确定性的被追索权利也属于一种或有负债。在我国会计实务中，就应收票据贴现而言，银行承兑汇票的贴现一般不会使企业被追索，而商业承兑汇票的贴现会有被追索的可能。在这种情况下，企业也就会因汇票贴现产生或有负债。

按照我国企业会计准则，符合金融资产终止确认条件的(将金融资产所有权上几乎所有的风险和报酬转移给转入方)，应终止确认该金融资产(如银行承兑汇票的贴现)；不符合金资产终止确认条件的(如商业承兑汇票的贴现),作为取得短期借款处理。

(3) 应收票据的初始入账价值。应收票据按其有效期限是否在 1 年以内，可以分为短期应收票据和长期应收票据。应收票据初始入账价值的确定有两种方法，按票据面值入账和按票据到期值的现值入账。按票据面值入账比较简单实用；按票据到期值的现值入账比较科学合理。

在我国，长期应收票据尚不存在，短期应收票据又无需按现值计价。企业收到的商业汇票以票据面值入账。如果发生了长期应收票据业务，则应收票据应按其到期值的现值入账，并在资产负债表上作为非流动资产列示。

2. 应收票据到期日的确定

商业汇票自承兑日起生效，其到期日是由票据有效期限的长短决定的。在实务中，票据的期限一般有按月表示和按日表示两种。其中，按月表示的汇票付款期限自出票日起按月计算，按日表示的汇票付款期限自出票日起按日计算。

票据的期限不考虑各月份实际天数，统一按次月对应日为整月计算。如 3 月 2 日签发承兑的期限为 6 个月的商业汇票，其到期日为 9 月 2 日；1 月 31 日签发承兑的期限为 1 个月、2 个月、3 个月和 6 个月的商业汇票，其到期日分别为 2 月 28 日(闰年为 2 月 29 日)、3 月 31 日、4 月 30 日和 7 月 31 日。

票据期限按日表示时，票据的期限不考虑月数，统一按票据的实际天数计算。在票据承兑日和票据到期日这两天中，只计算其中的一天，如 3 月 2 日签发承兑的期限为 180 天的商业汇票，其到期日为 8 月 29 日；1 月 31 日(当年 2 月份为 28 天时)签发承兑的期限为 30 天、60 天、90 天的商业汇票，其到期日分别为 3 月 2 日、4 月 1 日、5 月 1 日。

3. 应收票据的取得

企业收到承兑的商业汇票时，应按票面金额借记“应收票据”科目，并根据不同的业务内容分别贷记“主营业务收入”“应交税费”“应收账款”等科目。

例 4-1 新希望集团根据发生的有关应收票据业务，编制相关会计分录如下：

① 向万达公司销售产品一批，价款 60000 元，增值税 7800 元，收到由万达公司承兑的商业承兑汇票一张，金额共计 67800 元。

借：应收票据　　67800

　　贷：主营业务收入　　60000

　　　　应交税费——应交增值税(销项税额)　　7800

② 原向康益公司销售产品应收货款共计56987元(其中，产品价款50431元，增值税6556元)，经双方协商，采用商业汇票方式结算，并收到银行承兑汇票一张。

借：应收票据　　56987

　　贷：应收账款　　56987

4. 应收票据持有期间的利息

有些商业汇票在票面上规定有利率，这类商业汇票是带息票据，票据到期时，除收票面款外，还同时收取一定的利息。

带息商业汇票到期之前，尽管利息尚未实际收到，但企业已经取得收取票据利息的权利。在会计核算上，应按权责发生制原则于会计期末反映这部分利息收入，同时将应收而未实际收到的利息作为应收债权记录，借记“应收票据”科目，贷记“财务费用”(或“利息收入”)科目。至于企业于月末、季末还是年末对企业持有的应收票据计提票据利息，则根据企业采取的会计政策而定。

一般地，如果应收票据的利息金额较大，对企业财务成果有较大影响，应按月计提利息；如果应收票据的利息金额不大，对企业财务成果的影响较小，可以于季末或年末计提应收票据的利息。但企业至少应于会计年末计提持有商业汇票的利息，以便正确计算企业的财务成果，除非应计利息金额极小。

例4-2　新希望集团20×8年9月1日采用商业汇票结算方式销售产品一批，发票上注明的销售收入为100 862元，增值税额为16138元，企业当即收到带息商业承兑汇票一张，期限为6个月，到期日为20×9年3月1日，票面利率为4%。按企业会计政策规定，企业于年末计提应收票据的利息。

该企业应编制有关会计分录如下：

① 20×8年9月1日收到商业承兑汇票时：

借：应收票据　　113974

　　贷：主营业务收入　　100862

　　　　应交税费——应交增值税(销项税额)　　13112

② 20×8年12月31日计提应收票据利息1520元(113974 × 4% × 4/12)。

借：应收票据　　1520

　　贷：财务费用　　1520

需要说明的是，在本例中，利息收入是资产负债表日按应收票据规定的利率(名义利率)计算确定的，未考虑票面利率与资本市场实际利率的差异。从理论上讲，如果应收票据名义利率与实际利率相差较大且利息金额较大，应按实际利率计算确定利息收入。从我国实际情况看，应收票据利息收入一般金额不大，而且应收票据多为短期债权，为简化核算手续，即使实际利率与名义利率有一定差距，一般也不再以实际利率计算利息收入。

5. 应收票据到期

企业对持有的即将到期的商业汇票，应计算划款时间，提前委托开户银行收款。一般来说，银行承兑汇票的票款能够及时收妥入账。商业承兑汇票的票款视付款人账户资金是否足额有两种可能：一是付款人足额支付票款，结清有关的债权债务；二是付款人账户资金不足，将托收的汇票退回，由收付款双方自商业汇票到期时，按商业汇票的到期值借记有关科目，按商业汇票的账面处理。

商业汇票到期时，应按商业汇票的到期值借记有关科目，按商业汇票的账面金额贷记“应收票据”科目，按两者的差额(未计提利息部分)贷记“财务费用”科目。

需要指出的是，根据《中华人民共和国票据法》的规定，汇票到期被拒绝付款的，持票人可以对有关债务人行使追索权。因此，到期未兑现的应收票据，应按汇票到期值反映企业的债权(包括应收票据面值和应收利息两部分)情况。

商业汇票到期值是指票据到期应收的票款额，对于不带息票据来说，到期值就是票据面值：对于带息票据来说，其到期值是票据面值与应收票据到期利息的合计金额。计算应收票据到期利息的公式如下：

$$\text{应收票据利息} = \text{应收票据面值} \times \text{利率} \times \text{时期}$$

式中，应收票据面值是指商业汇票票面记载的金额；时期是指票据的有效期限；利率是指票据所规定的利率(一般以年利率表示)。

当商业汇票的期限按月数表示时，应收票据到期利息的计算公式如下：

$$\text{应收票据利息} = \text{应收票据面值} \times \text{利率} \times \frac{\text{时期（月数）}}{12}$$

当商业汇票的期限按天数表示时，应收票据到期利息的计算公式是：

$$\text{应收票据利} = \text{应收票据面值} \times \text{利率} \times \frac{\text{时期（天数）}}{360}$$

例 4-3　新希望集团持有一张面值为 17000 元的商业汇票，年利率为 9.6%，票据的出票日(承兑生效日)为 3 月 31 日，票据期限为 4 个月，到期日为 7 月 31 日，则该商业汇票的到期值为多少？

到期值 $= 117000 + 117000 \times 9.6\% \times 4/12 = 120744$(元)

例 4-4　新希望集团持有一张面值为 40 000 元的商业汇票，年利率为 4.2%，出票日(承兑生效日)为 1 月 31 日，期限为 90 天，到期日为 5 月 1 日，则该商业汇票的到期值为多少？

$$\text{到期值} = 40000 + 40000 \times 4.2\% \times \frac{90}{360}$$

$$= 40420(\text{元})$$

一般地，应收票据利息应按月计算，但当应收票据利息金额不大或票据生效日和到期日在同一会计年度时，为了简化会计核算手续，也可以在票据到期收到票据本息时，再将利息收入记入“财务费用”科目贷方。如果应收票据利息金额较大，且票据生效日和到期日跨会计年度，会计期末应确认当期应收利息，借记“应收票据”科目，贷记“财务费用”科目。

应收票据到期时，如果收到票款，应按实际收到的金额，借记“银行存款”科目；按应收票据的账面金额，贷记“应收票据”科目；按其差额(即未计提利息部分)贷记“财务费用”科目。

应收票据到期时，如果因付款人无力支付票款，而收到由银行退回的商业承兑汇票、委托收款凭证、未付票款通知书或拒绝付款证明等单证，应将应收票据的账面价值转入“应收账款”科目，并将应收票据到期值中尚未计提的利息借记“应收账款”科且，贷记“财务费用”科目。将到期不能收回的带息应收票据价值转入应收账款，且未计利息转入应收票据后其原票据的计息期已结束，期末不应再对已经到期的应收票据计提利息。如果协议规定对已经到期而未能实际收到票款的债权继续计算利息的，其所包括的利息按照协议规定计算，于每个会计期末借记“应收账款”科目，贷记“财务费用”科目。

例 4-5 新希望集团对某票据利息收入采用会计期末和票据到期分别确认的处理方法。根据发生的有关商业汇票的经济业务，编制相关会计分录。

① 该企业于10月1日销售商品400000元(其中，价款353982元，增值税46018元)，并于当日签发承兑日为10月1日、面值为400000元、利率为4.8%、期限为6个月、到期日为第二年4月1日的银行承兑汇票。

借：应收票据 400000

贷：主营业务收入 353982

应交税费——应交增值税(销项税额) 46018

② 年末计提商业汇票的应计利息4800。

$$\text{当年应计利息} = 400000 \times 4.8\% \times \frac{3}{12} = 4800(\text{元})$$

借：应收票据 4800

贷：财务费用 4800

③ 第二年4月1日，上述票据到期，票款全部收妥入账，共计409600元。

借：银行存款 409600

贷：应收票据 404800

财务费用 4800

如果该票据为商业承兑汇票，票据到期时，付款人账户资金不足，由银行退票，则编制如下会计分录：

借：应收账款 409600

贷：应收票据 409600

6. 应收票据的转让

根据《银行支付结算办法》的有关规定，企业可以将有的应收票据进行背书转让，用以购买所需物资或偿还债务。这里仅就应收票据背书转让取得材料物资的会计处理进行说明。

企业将持有的应收票据背书转让，如为带息应收票据，既可以先将未计提的票据利息借记“应收票据”科目，贷记“财务费用”科目，然后再把应收票据金额作为转让金额，也可以将应提未提利息作为转让应收票据价值的一部分直接计入接受资产价值的构成。取得所需材料物资时，按应计入取得物资成本的价值，借记“材料采购”或“原材料”“库存商品”等科目；按专用发票上注明的可以抵扣的增值税进项税额，借记“应交税费”科目；按应收票据的账面余额贷记“应收票据”科目，按计提的利息贷记“应收利息”科目，按收到或补付的差价款借记或贷记“银行存款”科目。

例 4-6　新希望集团根据发生的有关应收票据背书转让业务，编制如下会计分录。

(1) 该企业采购一批材料，货款总计 11300 元(其中，材料价款 10000 元，增值税 1300 元)，将票据金额为 12000 元的不带息商业承兑汇票背书转让，以支付该批材料的货款，同时收到差额款 700 元存入银行。

借：原材料　10000
　　应交税费——应交增值税(进项税额)　1300
　　银行存款　700
　　贷：应收票据　12000

(2) 该企业采购一批材料，货款总计 226000 元(其中，材料价款 200000 元，增值税 26000 元)，将全额为 220000 元的带息应收票据背书转让，至转让日应收票据应计利息总额为 300 元(其中，上月末已经计提的利息为 280 元尚未入账的应计利息为 20 元)，同时以银行存款支付差额款 1700 元。

借：应收票据　20
　　贷：财务费用　20
借：原材料　200000
　　应交税费——应交增值税(进项税额　26000
　　贷：应收票据　220300
　　　　银行存款　5700

当应收票据的背书转让企业承担因付款方不能到期支付票款的连带责任时应收票据不符合金融资产终止确认条件。此时，转让应收票据实际上具有抵押性质，应收票据不能终止确认。因转让应收票据而购入的材料视为负债处理，并通过“应付账款”科目核算。

7. 应收票据的贴现

应收票据贴现是指企业以未到期应收票据向银行融通资金，银行按票据的应收金额扣除一定期间的贴现利息后将余额付给企业的筹资行为。企业可以持未到期的商业汇票向银行申请贴现。将商业汇票贴现后，企业可以从银行取得贴现款。贴现款的计算公式如下：

$$贴现款 = 票据到期值 - 贴现息$$

$$贴现息 = 票据到期值 \times 贴现率 \times \frac{贴现天数}{360}$$

贴现天数是指自贴现日起至票据到期前一日止的实际天数，贴现日和票据到期日只计算其中的一天。如果 2 月 10 日将 1 月 31 日(当年 2 月份为 28 天)签发承兑的期限为 30 天、60 天和 90 天(到期日分别为 3 月 2 日、4 月 1 日、5 月 1 日)的商业汇票贴现，则其贴现天数分别为 30 天、50 天和 80 天。在会计实务中，无论商业汇票的到期是按日表示还是按月表示，贴现期一般均按实际贴现天数计算。

在会计上，企业应根据贴现的商业汇票是否带有追索权分别采用不同的方法进行处理。

(1) 不带追索权的应收票据贴现。将不带追索权的应收票据贴现，企业在转让票据所有权的同时也将票据到期不能收回票款的风险一并转给了贴现银行，企业对票据到期无法收回的票款不承担连带责任，即符合金融资产终止确认的条件。因此，将不带追索权的商业汇票贴现时，企业应按实际收到的贴现款借记“银行存款”科目，按贴现票据的账面金额贷记“应收票据”科目，实际收到的贴现款与贴现的商业汇票的账面金额的差额借记(贴现款小于应收票据账面金额及已过提的利息时)或贷记(贴现款大于应收票据账面金额及已计提的利息时)“财务费用”科目。

在我国，企业将银行承兑汇票贴现基本上不存在到期不能收回票款的风险，企业应将银行承兑汇票贴现视为不带追索权的商业汇票贴现业务，按金融资产终止确认的原则处理。

例 4-7　新希望集团于 2 月 10 日(当年 2 月份为 28 天)持签发承兑日为 1 月 31 日、期限为 90 天、面值为 50000 元、利率为 4.8%、到期日为 5 月 1 日的银行承兑汇票到银行申请贴现，银行规定的月贴现率为 4.2‰。假定票据到期确认利息收入。

票据到期利息总额 $= 50000 \times 4.8\% \times \dfrac{90}{360}$ =6000(元)

票据到期值 = 500000 + 6000 = 506000(元)

贴现天数 = 80(天)

贴现息 $= 506000 \times 4.2‰ \times \dfrac{80}{30}$ = 5667.2(元)

贴现款 = 506000 − 5667.2 = 500332.8(元)

借：银行存款　　500332.8

　　贷：应收票据　　500000

　　　　财务费用　　332.8

(2) 带追索权的应收票据贴现。将带追索权的应收票据贴现，企业并未转嫁票据到期不能收回票据款的风险，贴现企业因背书而在法律上负有连带偿还责任，企业所承担的这种连带偿还责任是企业的一种或有负债，该债务直至贴现银行收到票据款后方可解除。因此，将带追索权的商业汇票贴现后，不符合金融资产终止确认的条件，不应冲销应收票据账户金额。

在我国，企业将商业汇票贴现，是一种典型的带追索权的票据贴现业务。企业将带追索权的票据贴现，不符合金融资产终止确认的条件，会计上不应冲销“应收票据”账户。此时，一般根据实际收到的贴现款借记“银行存款”科目，贷记“短期借款”科目。

例 4-8　以例 4-7 的资料为例，假设贴现的汇票为商业承兑汇票，则该企业应编制会计分录如下：

借：银行存款　　500332.80

　　贷：短期借款　　500332.80

票据到期时，无论票据付款人是否足额向贴现银行支付票款，贴现的票据均满足金融资产终止确认的条件，会计上应终止确认应收票据。

票据的付款人于汇票到期日将票款足额付给贴现银行，企业未收到有关追索债务的通知，则企业因票据贴现而产生的负债责任解除。这时应作为偿还短期借款对待，根据短期借款的账面价值，借记“短期借款”科目；根据应收票据的账面价值，贷记“应收票据”科目；根据两者差额，借记或贷记“财务费用”科目。

如果票据的付款人于汇票到期日未能向贴现银行足额支付票款，企业则成为实际的债务人。贴现票据的企业能够向贴现银行支付票款的，收到银行有关偿债通知后，根据票据到期值，借记“应收账款”科目；根据票据账面价值，贷记“应收票据”科目；差额借记或贷记“财务费用”科目。同时按照短期借款账面价值，借记“短期借款”科目；根据票据到期值，贷记“银行存款”科目；按照两者的差额，借记“财务费用”科目。贴现票据的企业若无力偿还票款，贴现银行将对无法偿还的票款做逾期贷款处理。

例 4-9 以例 4-8 的资料为例。票据到期时，票据付款人已足额向贴现银行支付票款，则到期日应编制会计分录如下：

借：短期借款 500332.80
　　贷：应收票据 500000.00
　　　　财务费用 332.80

若票据到期时，票据付款人无法向贴现银行支付票款，而该企业能够偿还票据款，则应编制如下会计分录：

借：应收账款 506000
　　贷：应收票据 500000
　　　　财务费用 6000
借：短期借款 500332.8
　　财务费用 5677.2
　　贷：银行存款 506000.00

若票据到期时，票据付款人无法向贴现银行支付票款，而该企业也无力偿还票据款，则应编制如下会计分录：

借：应收账款 506000
　　贷：应收票据 500000
　　　　财务费用 6000
借：短期借款 500332.80
　　财务费用 5667.20
　　贷：短期借款——逾期贷款 506000.00

8. 应收票据备查簿

企业应设置应收票据备查簿，逐笔记录每一应收票据的种类、号数和出票日期、票面金额、票面利率、交易合同和付款人、承兑人、背书人姓名或单位名称、到期日、背书转让日、贴现日期、贴现率和贴现净额、未计提的利息，以及收款日期和收回金额、退票情况等资料。应收票据到期结清票款或退票后，应在应收票据备查簿内逐笔注销。

二、应收账款及其构成范围

1. 应收账款

应收账款是企业因对外销售商品、产品、提供劳务等经营活动而应向客户收取的款项。应收账款一般属于应在 1 年(可跨年度)内收回的短期债权。在资产负债表上，应收账款应列为流动资产项目。

2. 应收账款的构成

在会计实务中，企业的应收账款主要包括因销售商品或产品、提供劳务而应向客户收取的商品价款，应收取的增值税销项税额及为客户代垫的运杂费等，不包括各种非经营活动发生的应收款项。存出的保证金和押金、购货的预付定金、对职工或股东的预付款、预付分公司款、应收认股款、与企业的经营活动无关的应收款项、超过 1 年的应收分期销货款以及采用商业汇票结算方式销售商品的债权等，均不属于会计上的应收账款。

三、应收账款的入账价值

一般来说，应收账款应按买卖双方成交时的实际发生额入账。但企业为了促进货物销售或及时回笼货款，在销售时往往实行商业折扣或现金折扣政策，其对应收账款入账价值的影响不同。

1. 商业折扣

商业折扣是指对商品价目单所列的价格给予一定的折扣，实际上是对商品报价进行的折扣。商业折扣一般用百分比来表示，如 5%、10%、20%等；也可用金额表示，如 100 元、200 元等。商品报价并不是企业对某一具体客户的应收款项，在会计上，应收客户款应以业务发生时的成交价入账。也就是说，企业发生销货、提供劳务等主要经营业务行为时，商业报价扣除商业折扣以后的实际成交价格才是应收账款的入账金额。由此可见，商业折扣对会计核算不产生任何影响。

例 4-10 新希望集团销售甲商品，商品价目单中所列示的价格(不含增值税)为 100 元件，现销售 20 件，并给予购货方 5%的商业折扣，则该企业销售甲商品的实际销售单价为 95 元/件(100 × (1 – 5%)，销售 20 件的价款共计 1900 元(95 × 20)，应收取的销项税额为 257 元，共计 2157 元。

借：应收账款　　2157
　　贷：主营业务收入　　1900
　　　　应交税费——应交增值税(销项税额)　　257

实际收到货款时：

借：银行存款　　2157
　　贷：应收账款　　2157

2. 现金折扣

现金折扣是指销货企业为了鼓励客户在一定期间内早日偿还货款，对应收货款总额所给予的一定比率的扣减。现金折扣一般用“2/10，1/20，n/30”等表示，其含义分别是：10 天内付款给予 2%的折扣，20 天内付款给予 1%的折扣，30 天内付款无折扣。现金折扣使得企业应收账款的实收数额在规定的付款期限内，随着顾客付款时间的推延而增加，因而对会计核算会产生影响。

现金折扣实质上是企业为了尽早收到销货款而采取的一种激励手段，并随时间推迟而变化，属于交易价格中的可变对价，在会计上一般作为对销售收入的调整。具体方法是：附有现金折扣条件的商品赊销时，将应收账款总额扣除估计的极有可能发生的现金折扣后的余额记入“应收账款”科目，将不含增值税的交易总价格扣除估计的现金折扣后的余额确认为主营业务收入，按照不扣除现金折扣的不含增值税的交易总价格和适用的增值税税率确定的增值税额记入“应交税费——应交增值税(销项税额)”科目。资产负债表日，重新估计可能收到的对价金额，如果实际收款时间晚于估计的收款时间，客户因此丧失的现金折扣额作为可变对价，调增应收账款和营业收入；如果实际收款时间早于估计的收款时间，客户享受了现金折扣，则按实际享受的现金折扣大于估计的现金折扣的金额减少应收账款和主营业务收入。

例 4-11　新希望集团根据发生的有关应收账款的经济业务，编制相关会计分录。

(1) 该企业赊销甲产品，合同规定的客户付款期为企业交付货物后 30 天内，付款条件为“2/20，n/30”。当日开出增值税专用发票，发票上注明的不含税价款为 50000 元，增值税税额为 6500 元，价税合计总额 56500 元。公司依客户以往付款情况的经验及客户现实经营状况，估计客户很可能在 20 天内结清全部款项，并很有可能得 1130 元(56500 × 2%)的现金折扣。

借：应收账款　　55370
　　贷：主营业务收入　　48870
　　　　应交税费——应交增值税(销项税额)　　6500

(2) 如果客户于 20 天内付款，则获得 1130 元的现金折扣，实际收到货款 55370 元存入银行。

借：银行存款　　55370
　　贷：应收账款　　55370

(3) 如果商品销售后 20 天内客户未能付款，则无法获得现金折扣。

借：应收账款　　1130
　　贷：主营业务收入　　1130

(4) 如果 30 天内客户仍未付款，则应将应收账款 56500 元作为逾期处理，并按公司会计政策及本章关于坏账的会计处理方法估计可能的坏账。

四、应收账款的抵借与让售

应收账款的抵借和让售又称保理安排或应收账款保理，是指应收账款转让方将收取应收账款的权利转让给第三方(保理人)以获取现金的交易事项。应收账款的抵借与让售是企业以应收账款保理业务获得融资并防范坏账的常用手段。

1．应收账款的抵借

应收账款的抵借又称为具有追索权的保理，是指对应收账款进行附带追索权的保理安排，应收账款转让方向保理人提供全部或部分追索权，并有义务根据追索权条款向保理人支付款项，或在特定情况下回购已出售的应收账款。这种情况下，追索权条款导致应收账款转让方几乎保留了应收账款所有的风险和报酬，应继续确认而不能终止确认被保理的应收账款，同时应收账款受让方(保理人)一般不能再转手出售保理的应收账款。

企业以应收账款抵借方式取得借款时，在抵借合同中主要规定借款限额和借款期限。借款限额是企业可以取得的最高借款额。应收账款中，借款限额以外的部分，主要是为应对销货折扣、销货退回、销货折让等事项，并用以支付部分或全部借款利息。一般情况下，企业在借款限额和借款期限内可随时取得借款。借款限额一般按应收账款金额的一定比率计算确定。比率的大小根据赊购方的信誉程度以及借款企业的财务状况等因素确定，一般在30%～80%不等。借款利息一般根据实际取得的借款额按日计算。

企业以应收账款作抵押取得借款，可只将应收账款作抵押，也可在将应收账款作抵押的同时以开具有关票据的方式作出还款承诺。无论采用哪种方式，取得的借款只是以应收账款作担保。应收账款抵借后并不改变应收账款的所有权，不需要通知赊购方，在会计上也不符合金融资产终止确认的条件，因此不需要冲减应收账款科目。待企业收到应收账款后再将取得的借款归还，并支付一定的利息。取得借款时，按借款额借记“银行存款”科目，贷记“短期借款”或“应付票据”科目。收到应收账款时，借记“银行存款”科目，贷记“应收账款”科目，同时按归还金融机构的借款本金借记“短期借款”或“应付票据”科目，按支付的利息借记“财务费用”科目，按支付的本息合计贷记“银行存款”科目。资产负债表日，需要将用于抵借的应收账款进行表外披露。

例 4-12　新希望集团根据发生的有关应收账款抵借的经济业务，编制相关会计分录。

(1) 20×8年5月16日该企业以应收账款1000元作为抵押，向某银行取得80%的借款，计8000元

借：银行存款　　8000

　　贷：短期借款　　8000

如果企业同时开出票据对借款的归还作出承诺，则

借：银行存款　　8000

　　贷：应付票据　　8000

(2) 20×8年6月20日收回现款9000元，发生销货退回1000元(其中，价款884元，增值税116元)。

借：银行存款　　9000

　　主营业务收入　　884

　　应交税费——应交增值税(销项税额)　　116

　　贷：应收账款　　10000

(3) 归还银行借款8000元，并按日利率0.3%支付利息。

利息 = 8000 × 35 × 0.3% = 84(元)

借：短期借款　　8000

　　财务费用　　84

　　贷：银行存款　　8084

2．应收账款的让售

应收账款的让售又称为无追索权的保理，是指对应收账款进行无追索权的保理安排，即应收账款的转让方不向受让方提供应收账款履约情况的担保，也就是说不论应收账款的收款时间长短和金额大小，转让方都无义务偿还让售应收账款的任何款项。这种情况下，应收账款的转让方几乎转移了应收账款所有的风险和报酬，应对应收账款整体予以终止确认，应收账款受让方(保理人)也可以出售保理的应收账款。

企业将应收账款让售后，应收账款的所有权发生改变，同时将应收账款可能带来的损

失和风险转移给了金融机构。因此，应收账款让售后，应立即告知赊购方，并通知其将账款直接付给金融机构。在会计上，企业的该笔应收已满足金融资产终止确认的条件，应冲销应收账款账面金额。

应收账款的抵借和让售是应收账款融通的两种方式，两者的性质截然不同。抵借的应收账款并不改变应收账款的所有权，只是一种抵押行为，不符合金融资产终止确认的条件，企业仍应对其计提坏账准备；应收账款的让售改变了其所有权，让售的应收账款已满足金融资产终止确认的条件，会计实务中一般也不再对应收金融机构款和应收扣留款计提坏账准备)。

五、其他应收款

其他应收款是指企业除应收票据、应收账款、预付账款、应收股利、应收利息、长期应收款、存出保证金等以外的各种应收及暂付款项，包括各种应收赔款、备用金、应收包装物租金、应收的各种赔款和罚款、应向职工收取的各种垫付款项等。

企业应设置“其他应收款”科目对其他应收款的收付业务进行核算，并应按其他应收款的项目以及债务人进行明细核算。

企业发生的拨出用于投资的各种款项，在尚未进行投资之前，属于企业的其他货币资金，该类款项一般通过“其他货币资金”科目进行核算，不属于其他应收款的范围。

例 4-13　新希望集团根据发生的有关其他应收款的经济业务，编制如下相关会计分录：

(1) 某职工预借差旅费 500 元，以现金支付。

借：其他应收款　　500

　　贷：库存现金　　500

(2) 某职工报销差旅费 530 元(其中包含准予抵扣的增值税进项税额 30 元)，原借 400 元，以现金补付 130 元。

借：管理费用　　500

　　应交税费——应交增值税(进项税额　　30

贷：其他应收款　　400

　　库存现金　　130

(3) 借入外单位包装物，支付包装物押金 800 元。

借：其他应收款　　800

　　贷：银行存款　　800

企业内各部门因经营业务需要，往往要准备一定数额的备用金。备用金是指企业内部各车间、部门、职能科室等周转使用的货币资金，主要包括预付给科室、车间及非独立核算的经营单位等用于日常开支的款项。会计上，企业一般以“其他应收款”科目核算备用金业务。如果企业发生的备用金业务较多，也可以单独设置“备用金”科目进行核算。无论备用金通过“其他应收款——备用金”科目核算，还是通过“备用金”科目核算，都应按用款单位详细记录备用金的具体情况。

根据预付方式的不同，备用金分为定额备用金和非定额备用金两种。不同形式备用金的会计处理方法也不一样。

定额备用金是指用款单位按定额持有的备用金。其具体方法是：根据用款单位的实际需要核定备用金定额，由财会部门按定额将备用金支付给用款部门，待用款部门实际支用后，经财会部门审核，凭有效单据报账领款，以补足用款单位定额备用金。这种方法便于企业对备用金的使用进行控制，一般用于有经常性费用开支的内部用款单位。由于用款单位报销领款后备用金数额仍按定额持有，因此报销费用时视同货币资金支付费用处理，借记“管理费用”等科目，贷记“银行存款”“库存现金”科目；在用款单位不再需要备用金时才将备用金收回，借记“库存现金”等科目，贷记“其他应收款——备用金”科目。

例 4-14 新希望集团根据发生的有关定额备用金的经济业务，编制如下相关会计分录：

(1) 开出现金支票，向总务部门支付定额备用金 400 元。

借：其他应收款——备用金——总务部 400

贷：银行存款 400

(2) 总务部门向财会部门报销日常办公用品费 200 元，财会部门以现金支付。

借：管理费用 200

贷：库存现金 200

(3) 总务部门不再需要备用金，将备用金 400 元退回。

借：库存现金 400

贷：其他应收款——备用金——总务部 400

非定额备用金是指用款单位不按固定额度持有的备用金。其一般做法是：根据实际需要由财会部门预付用款单位一定时期的备用金数额；用款单位支用备用金后向财会部门报账核销；备用金支用完毕，再根据需要由财会部门拨付下一时期的备用金。这种方法手续简单，但不便于对备用金的使用进行控制，一般适用于用款单位的非经常性开支。由于用款单位报账核销时财会部门并不以货币资金补充其备用金，而是作为债权收回处理，因此用款单位报销费用时，应借记“管理费用”等科目，贷记“其他应收款——备用金”科目。

例 4-15 新希望集团根据发生的有关非定额备用金的经济业务，编制如下相关会计分录：

(1) 以现金拨付销售科备用金 500 元。

借：其他应收款——备用金——销售科 500

贷：库存现金 500

(2) 用款单位报销销售产品的运费 440 元(其中准予抵扣的增值税进项税为 40 元)。

借：销售费用 400

应交税费——应交增值税(进项税额) 40

贷：其他应收款——备用金——销售科 440

六、预付账款

预付账款是指企业按照购货合同规定，预先以货币资金或以货币等价物支付供应单位的款项。

对于预付账款业务，企业一般设置“预付账款”科目进行核算，并按供应单位设置明细科目进行明细核算。

企业因购货而预付款项时，借记“预付账款”科目，贷记“银行存款”科目；收到所购货物时，按应计入物资采购成本的金额，借记“材料采购”或“原材料”“库存商品”

等科目，按专用发票注明的增值税，借记“应交税费——应交增值税(进项税额)”科目，按发票账单注明的应付金额，贷记“预付账款”科目；补付款项时，借记“预付账款”科目，贷记“银行存款”科目；收到退回的款项时，借记“银行存款”科目，贷记“预付账款”科目。

例 4-16 新希望集团根据发生的有关预付账款的经济业务，编制如下相关会计分录：

(1) 预付购买商品的定金 30000 元。

借：预付账款 30000
　　贷：银行存款 30000

(2) 收到商品的价款为 32000 元，增值税为 4160 元，共计 36160 元。

借：在途物资 32000
　　应交税费——应交增值税(进项税额) 4160
　　贷：预付账款 36160
借：库存商品 32000
　　贷：在途物资 32000

(3) 补付商品款 6160 元。

借：预付账款 6160
　　贷：银行存款 6160

在会计实务中，预付账款业务不多时，可以通过“应付账款”科目核算预付账款业务；企业的应付账款业务不多时，也可以通过“预付账款”科目核算应付账款业务。需要指出的是，为了便于反映企业对客户的债权债务关系，对同一客户发生购货往来业务时，只通过“应付账款”或只通过“预付账款”科目核算。会计期末，“应付账款”科目和“预付账款”科目所属的明细科目中，有的可能是借方余额，有的可能是贷方余额。其中，借方余额合计列示于资产负债表流动资产项下的“预付账款”项目，贷方余额合计列示于资产负债表流动负债项下的“应付账款”项目。

七、坏账及其确认条件

坏账是指企业无法收回的应收款项。一般地，符合下列条件之一即可认为发生了坏账：

(1) 债务人被依法宣告破产、撤销，其剩余财产确实不足清偿的应收款项。

(2) 债务人死亡或依法被宣告死亡、失踪，其财产或遗产确实不足清偿的应收账款款项。

(3) 债务人遭受重大自然灾害或意外事故，损失巨大，以其财产(包括保险赔偿)确实无法清偿的应收款项。

(4) 债务人逾期未履行偿债义务，经法院裁决，确实无法清偿的应收款项。

(5) 超过法定年限以上(一般为 3 年)仍未收回的应收款项。

(6) 法定机构批准可核销的应收款项。

八、核算坏账的方法

企业因坏账而发生的损失称为坏账损失，对应收款项估计的坏账损失称为坏账准备，其在会计上有两种核算方法：一是直接转销法；二是备抵法。

1. 直接转销法

直接转销法是在实际发生坏账时直接冲销有关的应收款项，并确认坏账损失，借记“信用减值损失”科目，贷记“应收账款”科目。在直接转销法下，若已经确认的坏账因债务人经济状况好转或其他原因又全部或部分收回时，为了通过应收账款等账簿记录反映债务人的偿债信誉，应首先按收回的金额冲销原确认坏账的会计分录，然后再反映应收款项的收回，即借记“应收账款”等科目，贷记“信用减值损失”科目；同时借记“银行存款”等科目，贷记“应收账款”等科目。

例 4-17 新希望集团根据发生的有关坏账的经济业务，编制相关会计分录：

(1) 应收瑞林公司的账款共计 35000 元，已确认无法收回。

借：信用减值损失 35000

贷：应收账款 35000

(2) 已经确认为坏账的应收瑞林公司账款中，又收到 2000 元。

借：应收账款 2000

贷：信用减值损失 2000

借：银行存款 2000

贷：应收账款 2000

采用直接转销法对坏账进行核算，只有在实际发生坏账时才作为损失计入当期损益，并冲减应收款项，其核算手续比较简单。但采用这种方法，由于在实际发生坏账时才确认坏账损失，从而导致日常核算的应收账款价值虚增，利润虚列，既不符合权责发生制和收入与费用的配比原则，又不符合谨慎性原则。在资产负债表上，只能提供应收账款的账面余额，无法提供关于应收账款可收回金额的会计信息，歪曲了企业期末的财务状况。除非企业发生的坏账极小，对企业财务状况和经营成果的影响极小，否则一般不采用直接转销法核算坏账。

2. 备抵法

备抵法是根据应收款项可收回金额按期估计坏账损失并形成坏账准备，在实际发生坏账时再冲销坏账准备的方法。

采用备抵法核算坏账，每期估计的坏账损失直接计入当期损益，体现了稳健性原则的要求；在资产负债表上能如实反映应收账款的净额，使报表使用者能够了解企业应收账款的可变现金额；同时，在利润表上也避免了因应收账款价值虚列而造成的利润虚增，避免了企业明盈实亏。我国企业会计准则规定企业应采用备抵法核算各应收款项的坏账。

在备抵法下，按期估计坏账损失时，借记“信用减值损失”科目，贷记“坏账准备”科目；实际发生坏账时，借记“坏账准备”科目，贷记“应收账款”等科目。在资产负债表上，各应收款项按该应收款项余额减去提取的坏账准备后的净额反映。

采用备抵法核算各应收款项的坏账，应采用一定的方法合理估计各会计期间坏账损失。按期估计坏账损失的方法主要有两种，即余额百分比法和账龄分析法。

1) 余额百分比法

余额百分比法是按应收款项余额的一定比例估计该应收款项坏账损失的方法。每期所估计的坏账损失，应根据坏账损失占应收款项余额的经验比例和该应收款项的余额确定。

采用余额百分比法对坏账进行会计处理，需注意以下几个要点：

(1) 企业首次计提坏账准备时，按各应收款项的余额和企业确定的该应收款项的坏账比例计算应提取的坏账准备，借记“信用减值损失”科目，贷记“坏账准备”科目。

(2) 发生坏账时，按实际发生的坏账金额，借记“坏账准备”科目，贷记“应收账款”“其他应收款”等科目。

(3) 已经确认的坏账又收回时，根据收回数额，借记“应收账款”“其他应收款”等科目，贷记“坏账准备”科目；同时借记“银行存款”等科目，贷记“应收账款”“其他应收款”等科目。

(4) 会计期末估计的坏账准备与“坏账准备”科目的余额有差异时，应对坏账准备”科目的余额进行调整，使调整后的“坏账准备”科目的贷方余额与估计的坏账数额一致。调整“坏账准备”科目贷方余额时，有以下三种情况：

① 调整前的“坏账准备”科目为借方余额时，该余额表明本期实际发生的坏账大于上期估计的坏账准备的差额。这时应按本期估计的坏账加上调整前“坏账准备”科目的借方余额之和作为计提坏账准备的数额，借记“信用减值损失”科目，贷记“坏账准备”科目。

② 调整前的“坏账准备”科目为贷方余额，而且该贷方余额小于本期估计的坏账准备额。这时应按“坏账准备”科目贷方余额小于本期估计坏账准备数额的差额作为计提坏账准备的数额，借记“信用减值损失”科目，贷记“坏账准备”科目。

③ 调整前的“坏账准备”科目为贷方余额，而且该贷方余额大于本期估计的坏账准备数额。这时应按“坏账准备”科目贷方余额大于本期估计的坏账数额的差额冲减坏账准备，借记“坏账准备”科目，贷记“信用减值损失”科目。

下面以应收账款为例，说明按余额百分比法计提坏账准备的会计处理方法。

例 4-18　新希望集团按应收账款余额的 5%计提坏账准备，根据发生的有关经济业务，编制会计分录：

(1) 20×8 年 12 月 31 日，首次计提坏账准备时，应收账款的年末余额为 200000 元。

估计坏账损失 = 200000 × 5% = 10000(元)

借：信用减值损失　　10000

　　贷：坏账准备　　10000

(2) 20×8 年 12 月 31 日，应收账款净额为 190000 元(200000 – 10000)，20×9 年实际发生坏账 6000 元。

借：坏账准备　　6000

　　贷：应收账款　　6000

(3) 20×9 年已经确认为坏账的 6000 元又收回了 4000 元。

借：应收账款　　4000

　　贷：坏账准备　　4000

借：银行存款　　4000

　　贷：应收账款　　4000

(4) 20×9 年 12 月 31 日，应收账款余额为 60000 元，估计的坏账准备为 3000 元(60000 × 5%)，应冲销多余的坏账准备 5000 元(8000 – 3000)。应收账款净额为 57000 元(60000 – 3000)。

借：坏账准备 5000

贷：信用减值损失 5000

(5) 如果20×9年发生坏账12000元，后又收回其中4000元，则收回已经确认为坏账的4000元应收账款后，“坏账准备”方余额为2000元(10000 − 12000 + 4000)，20×9年12月31日应补提坏账准备1000元(3000 − 2000)。

借：信用减值损失 1000

贷：坏账准备 1000

如果20×9年发生坏账1500元，后又收回其中的1000元，则“坏账准备”为借方余额4000元(10000 − 15000 + 1000)，20×9年12月31日应补提坏账准备7000元(3000 + 4000)。

借：信用减值损失 7000

贷：坏账准备 7000

2) 账龄分析法

账龄分析法是按各应收款项账龄的长短，根据以往经验确定坏账准备百分比，并据以估计坏账准备的方法。这里所指的账龄是指客户所欠账款的时间。虽然应收款项能否收回及其回收的程度与应收款项过期长短并无直接联系，但一般来说，账龄越长，账款不能收回的可能性就越大，因此企业可以按应收款项的账龄估计坏账准备。

以应收账款为例，账龄分析法下的应收账款账龄分析及坏账准备的计算见表4-1。

表 4-1 账龄分析表

20×9年12月31日 单位：元

项目账龄	20×8年12月31日		20×9年12月31日	
	应收账款金额	百分比/(%)	应收账款金额	百分比/(%)
未到期	25000	29.41	30000	37.5
过期1个月	20000	23.53	22000	27.5
过期2个月	15000	17.65	10000	12.5
过期3个月	10000	11.76	8000	10
过期4个月	8000	9.41	6000	7.5
过期5个月	5000	5.88	3000	3.75
破产或追诉中	2000	2.36	1000	1.25
合计	85000	100.00	80000	100

采用账龄分析法，各期估计的坏账准备应与账面上原有的坏账准备进行比较，并调整“坏账准备”科目余额，调整后的“坏账准备”科目余额应与估计的坏账准备数额一致，其核算原理与余额百分比法下的调整方法相同。下面以应收账款为例，说明期末对“坏账准备”科目的调整方法。

表 4-2　坏账准备计算表

20×9年12月31日　　单位：元

账龄	应收账款金额	估计损失百分比(%)	估计损失金额
未到期	25000	1	250
过期1个月	20000	3	600
过期2个月	15000	5	750
过期3个月	10000	7	700
过期4个月	8000	20	1600
过期5个月	5000	50	2500
破产或追诉中	2000	80	1600
合计	85000		8000

例 4-19　新希望集团采用账龄分析法估计坏账准备，根据发生的有关经济业务，编制相关会计分录。

① 20×8 年年末“坏账准备”科目的贷方余额为 7000 元，20×9 年实际发生坏账损失 4000 元。

借：坏账准备　　4000

　　贷：应收账款　　4000

② 20×9 年年末采用账龄分析法估计的坏账准备为 8000 元，应补提坏账准备 5000 元。

借：信用减值损失　　5000

　　贷：坏账准备　　5000

从以上分析可以看出，余额百分比法和账龄分析法实际上都是百分比法，只是估计坏账准备的基础不同而已，两者各有利弊。采用余额百分比法计提坏账准备不考虑账龄结构，实际上是对不同账龄的应收款项按一个综合比率计提坏账准备。采用账龄分析法按不同账龄分别以不同的比率计提坏账准备，但没有考虑同一账龄的应收账款存在风险的差异。

不同企业所处具体环境各不相同，世界上大多数国家一般既不规定企业计提坏账准备的方法，也不具体规定计提比例，但都要求企业应根据以往经验、债务单位实际财务状况和现金流量情况，以及其他有关信息合理估计。因而会计实务中，一个企业可能对不同的应收款项采用不同的计提方法，使用不同的比率计提坏账准备。

根据我国企业会计准则的有关规定，企业应对各项应收款项进行减值测试。一般企业应根据本单位的实际情况，对单项金额重大和单项金额非重大的应收款项分别采用不同的方式估计坏账准备。对于单项金额重大的应收款项，应当单独进行减值测试，当有客观证据表明其发生了减值时，应当根据其未来现金流量现值低于其账面价值的差额，确认减值损失，计提坏账准备。其他部分仍按余额百分比法或账龄分析法进行处理。

在会计实务中，企业应按规定列出目录，具体注明计提坏账准备的范围、提取方法、账龄的划分及提取比例等事项，按照管理权限，经股东大会或董事会或经理(厂长)会议或类似机构批准，并且按照法律、行政法规的规定报有关各方备案，并备置于公司所在地，以供投资者查阅。坏账准备提取方法一经确定，不得随意变更。如需变更，仍应按上述程序，经批准后报送有关各方备案，并在会计报表附注中予以说明。

已经计提坏账准备的应收账款在资产负债表上的列示方法有两种：一是将应收款项余额、已计提的坏账准备和应收款项净额同时反映；二是按应收款项账面余额扣除已经计提的坏账准备后的净额反映。按我国有关规定，企业应采用第二种方法，即按应收账款额(或称账面价值)列示于资产负债表的“应收账款”项目。以例 4-19 的资料为例，第二年年末应收账款列示方法如表 4-3 所示。

表 4-3　资产负债表

20×2年12月31　　　　单位：元

项目	期末余额	年初余额
应收账款	57000	190000

在以应收账款净额列示应收账款项目时，还应按应收账款账龄结构及客户类别披露应收账款总额的构成情况。披露格式见表 4-4 和表 4-5。

表 4-4　应收账款账龄结构

账龄结构	期末账面余额	年初账面余额
1年以内(含1年)		
1～2年(含2年)		
2～3年(含3年)		
3年以上		
合计		

表 4-5　应收账款客户类别信息

客户类别	期末账面余额	年初账面余额
客户1		
客户2		
……		
其他客户		
合计		

需要指出的是，应收票据、其他应收款、预付账款等也都分项列示于资产负债表中，并采用与应收账款基本一致的方法进行列报和披露。

第三节　以摊余成本计量的金融资产——债权投资

一、债权投资的相关概念

债权投资，是指债券购买人(投资人、债权人)以购买债券的形式投放资本，到期向债券发行人(借款人、债务人)收取固定的利息以及收回本金的一种投资方式。

1. 实际利率法

实际利率法是指计算金融资产或金融负债的摊余成本以及将利息收入或利息费用分摊

计入各会计期间的方法。

实际利率是指将金融资产或金融负债在预计存续期估计的未来现金流量，折现为该金融资产账面余额(不考虑减值)或该金融负债摊余成本所使用的利率。在确定实际利率时，应当在考虑金融资产或金融负债所有合同条款(如提前还款、展期、看涨期权或其他类似期权等)的基础上估计预期现金流量，但不应当考虑预期信用损失。合同各方之间支付或收取的、属于实际利率组成部分的各项费用、交易费用及溢价或折价等，应当在确定实际利率时予以考虑。

2. 摊余成本

金融资产或金融负债的摊余成本，应当以该金融资产或金融负债的初始确认金额经下列调整后的结果确定：

(1) 扣除已偿还的本金。

(2) 加上或减去采用实际利率法将该初始确认金额与到期日金额之间的差额形成的累计摊销额。

(3) 扣除计提的累计信用减值准备(仅适用于金融资产)。

二、债权投资的账户设置

(1) 债权投资：为了核算企业购入的固定利率债、浮动利率金融债券等的债券票面金额，企业应当设置“债权投资”科目进行核算。

企业应当根据债权投资所反映的不同内容，设置不同的明细科目，具体见表4-5。

表4-5　债权投资的明细科目设置

债权投资	债权投资——成本	核算持有至到期票面价值
	债权投资——应计利息	核算一次还本付息债券按票面利率计算的利息
	债权投资——利息调整	核算票面利率与实际利率之间的差额以及购入债权投资金融资产时，发生的交易费用

(2) 应收利息：为了核算分期付息债券，按票面利率计算的利息以及企业购入划分为债权投资债券时，支付的价款中包含的利息。

(3) 利息收入：为了核算企业持有债权投资期间所取得的利息收入，以债权投资期初摊余成本乘以实际利率确认企业的利息收入。

三、债券投资的账务处理

以摊余成本计量的金融资产的会计处理，主要包括该金融资产实际利率的计算、摊余成本的确定、持有期间的收益确认及将其处置时损益的处理。以摊余成本计量的金融资产所产生的利得或损失，应当在终止确认、按照规定重分类、按照实际利率法摊销或确认减值时，计入当期损益。

以摊余成本计量的债权投资相关的账务处理如下：

1. 取得

企业取得的以摊余成本计量的债权投资，应按该投资的面值，借记“债权投资——成本”科目，按支付的价款中包含的已宣告但尚未领取的利息，借记“应收利息”科目，按实际支付的金额，贷记“银行存款”等科目，按其差额，借记或贷记“债权投资——利息调整”科目。

2. 利息核算

资产负债表日，以摊余成本计量的债权投资为分期付息，一次还本债券投资的，应按票面利率计算确定的应收未收利息，借记“应收利息”科目，按该金融资产摊余成本和实际利率计算确定的利息收入，贷记“利息收入”科目，按其差额，借记或贷记“债权投资——利息调整”科目。以摊余成本计量的债权投资为一次还本付息债券投资的，应按票面利率计算确定的应收未收利息，借记“债权投资——应计利息”科目，按该金融资产摊余成本和实际利率计算确定的利息收入，贷记“利息收入”科目，按其差额，借记或贷记“债权投资——利息调整”科目。

3. 出售

出售以摊余成本计量的债权投资，应按实际收到的金额，借记“银行存款”等科目，按其账面余额，贷记“债权投资——成本、应计利息”科目，贷记或借记“债权投资——利息调整”科目，按其差额，贷记或借记“利息收入”科目。已计提信用减值准备的，还应同时结转信用减值准备。

企业持有的以摊余成本计量的应收款项、贷款等的账务处理原则，与债权投资大致相同，企业可使用“应收账款”“贷款”等科目进行核算。

例 4-20　20×3 年 1 月 1 日，甲公司支付价款 1000 万元(含交易费用)从公开市场购入乙公司同日发行的 5 年期公司债券 12500 份，债券票面价值总额为 1250 万元，票面年利率为 4.72%，于年末支付本年度债券利息(即每年利息为 59 万元)，本金在债券到期时一次性偿还。合同约定，该债券的发行方在遇到特定情况时可以将债券赎回且不需要为提前赎回支付额外款项。甲公司在购买该债券时，预计发行方不会提前赎回。甲公司根据其管理该债券的业务模式和该债券的合同现金流量特征，将该债券分类为以摊余成本计量的金融资产。

假定不考虑所得税、减值损失等因素，计算该债券的实际利率 r:

$$59\times(1+r)^{-1}+59\times(1+r)^{-2}+59\times(1+r)^{-3}+59\times(1+r)^{-4}+(59+1250)\times(1+r)^{-5}$$
$$=1000(\text{万元})$$

采用插值法，计算得出 r = 10%。

情形 1：根据表 4-6 中的数据，甲公司的有关账务处理如下。

表 4-6　甲公司摊余成本计算表　　单位：万元

年份	期初摊余成本 (A)	实际利息收入 (B = A × 10%)	现金流入 (C)	期末摊余成本 (D = A + B − C)
20×3	1000	100	59	1041
20×4	1041	104	59	1086
20×5	1086	109	59	1136
20×6	1136	114	59	1191
20×7	1191	*118	1309	0

*尾数调整 1250 + 59 − 1190 = 118(万元)。

(1) 20×3 年 1 月 1 日，购入乙公司债券。

借：债权投资——成本　12500000

　　贷：银行存款　10000000

　　　　债权投资——利息调整　2500000

(2) 20×3 年 12 月 31 日，确认乙公司债券实际利息收入、收到债券利息。

借：应收利息　590000

　　债权投资——利息调整　410000

　　贷：利息收入　1000000

借：银行存款　590000

　　贷：应收利息　590000

(3) 20×4 年 12 月 31 日，确认乙公司债券实际利息收入、收到债券利息。

借：应收利息　590000

　　债权投资——利息调整　450000

　　贷：利息收入　1040000

借：银行存款　590000

　　贷：应收利息　590000

(4) 20×5 年 12 月 31 日，确认乙公司债券实际利息收入、收到债券利息。

借：应收利息　590000

　　债权投资——利息调整　500000

　　贷：利息收入　1090000

借：银行存款　590000

　　贷：应收利息　590000

(5) 20×6 年 12 月 31 日，确认乙公司债券实际利息收入、收到债券利息。

借：应收利息　590000

　　债权投资——利息调整　550000

　　贷：利息收入　1140000

借：银行存款　590000

　　贷：应收利息　590000

(6) 20×7 年 12 月 31 日，确认乙公司债券实际利息收入、收到债券利息和本金。

借：应收利息　590000

　　债权投资——利息调整　590000

　　贷：利息收入　1180000

借：银行存款　590000

　　贷：应收利息　590000

借：银行存款　12500000

　　贷：债权投资——成本　12500000

情形 2：假定在 20×5 年 1 月 1 日，甲公司预计本金的一半(即 625 万元)将会在该年末收回，而其余的一半本金将于 20×7 年的年末付清。则甲公司应当调整 20×5 年初的摊余成本计入当期损益；调整时采用最初确定的实际利率。据此，调整表 4-6 中相关数据后如

表 4-7 所示。

表4-7 甲公司摊余成本计算表 单位：万元

年份	期初摊余成本 (A)	实际利息收入 (B = A × 10%)	现金流入 (C)	期末摊余成本 (D = A + B − C)
20×3	1000	100	59	1041
20×4	1041	104	59	1086
20×5	*1139	114	684	596
20×6	596	57	**30	596
20×7	596	***59	655	0

*$(625 + 59) \times (1 + 10\%)^{-1} + 30 \times (1 + 10\%)^{-2} + (625 + 30) \times (1 + 10\%)^{-3} = 1139$(万元)(四舍五入)；

**$625 \times 4.72\% = 30$(万元)(四舍五入)；

**$625 + 30 - 596 = 59$(万元)(尾数调整)。

根据上述调整，甲公司的账务处理如下：

(1) 20×5 年 1 月 1 日，调整期初账面余额。

借：债权投资——利息调整 530000
　　贷：投资收益 530000

(2) 20×5 年 12 月 31 日，确认实际利息、收回本金等。

借：应收利息 590000
　　债权投资——利息调整 550000
　　贷：利息收入 1140000

借：银行存款 590000
　　贷：应收利息 590000

借：银行存 6250000
　　贷：债券投资——成本 6250000

(3) 20×6 年 12 月 31 日，确认实际利息等。

借：应收利息 300000
　　债权投资——利息调整 270000
　　贷：利息收入 570000

借：银行存款 300000
　　贷：应收利息 300000

(4) 20×7 年 12 月 31 日，确认实际利息、收回本金等。

借：应收利息 300000
　　债权投资——利息调整 290000
　　贷：利息收入 590000

借：银行存款 300000
　　贷：应收利息 300000

借：银行存款 6250000
　　贷：债权投资——成本 6250000

情形 3：假定甲公司购买的乙公司债券不是分次付息，而是到期一次还本付息，且利息不以复利计算。此时，甲公司所购买乙公司债券的实际利率 r 计算如下：

$$(59+59+59+59+59+1250)\times(1+r)^{-5}=1000(万元)$$

由此计算得出 $r\approx9.05\%$。

据此，调整表 4-6 中相关数据后如表 4-8 所示。

表4-8 甲公司摊余成本计算表 单位：万元

年份	期初摊余成本 (A)	实际利息收入 (B = A × 9.05%)	现金流入 (C)	期末推余成本 D = (A + B − C)
20×3	1000	90.5	0	1090.5
20×4	1090.5	98.6	0	1189.19
20×5	1189.19	107.62	0	1296.81
20×6	1296.81	117.36	0	1414.17
20×7	1414.17	*130.83	1545	0

*尾数调整 1250 + 295 − 1414.17 = 130.83(万元)。

根据表 4-8 中的数据，甲公司的有关账务处理如下。

(1) 20×3 年 1 月 1 日，购入乙公司债券。

借：债权投资——成本　　12500000
　　贷：银行存款　　10000000
　　　　债权投资——利息调整　　2500000

(2) 20×3 年 12 月 31 日，确认乙公司债券实际利息收入。

借：债权投资——应计利息　　590000
　　利息调整　　315000
　　贷：利息收入　　905000

(3) 20×4 年 12 月 31 日，确认乙公司债券实际利息收入。

借：债权投资——应计利息　　590000
　　　　　　——利息调整　　396900
　　贷：利息收入　　986900

(4) 20×5 年 12 月 31 日，确认乙公司债券实际利息收入。

借：债券投资——应计利息　　590000
　　　　　　——利息调整　　486200
　　贷：利息收入　　10766200

(5) 20×6 年 12 月 31 日，确认乙公司债券实际利息收入。

借：债券投资——应计利息　　590000
　　　　　　——利息调整　　583600
　　贷：利息收入　　1173600

(6) 20×7 年 12 月 31 日，确认乙公司债券实际利息收入、收回债券本金和票面利息。

借：债权投资——应计利息　　590000
　　　　　　——利息调整　　718300

　　贷：利息收入　　　　　　　　　　1308300

借：银行存款　　　　　　　　　　15450000

　　贷：债券投资——成本　　　　　　12500000

　　　　　　　　——应计利息　　　　　2950000

第四节　以公允价值计量且其变动计入当期损益的金融资产

一、特点

前已述及，以公允价值计量且其变动计入当期损益的金融资产主要是按照企业会计准则的规定，除以摊余成本计量的金融资产和以公允价值计量且其变动计入其他综合收益的金融资产以外的金融资产。它主要包括以交易为目的的债券、股票、基金和权证等。

形成以公允价值计量且其变动计入当期损益的金融资产的方式主要有两种，一是购入；二是重分类，将一项以摊余成本计量的金融资产或以公允价值计量且其变动计入其他综合收益的金融资产重分类为以公允价值计量且其变动计入当期损益的金融资产。本部分仅就购入方式的会计处理进行说明，重分类暂不说明。

二、取得

企业会计准则要求，企业初始确认金融资产，应当按照公允价值计量。公允价值通常为相关金融资产或金融负债的交易价格。对于以公允价值计量且其变动计入当期损益的金融资产的相关交易费用应当直接计入当期损益；对于其他类别的金融资产，相关交易费用应当计入初始确认金额。交易费用主要是指可直接归于购买或处置该资产的增量费用。增量费用是指企业没有发生购买或处置该资产就不会发生的费用，主要包括支付给代理机构、咨询公司、券商、证券交易所、政府有关部门等的手续费、佣金、相关税费(如印花税等)以及其他必要支出。

在会计实务中，购入以公允价值计量且其变动计入当期损益的金融资产，其公允价值一般是指交易价格，即使交易价格中可能包括了已宣告发放但尚未支取的现金股利，也要按交易价格作为以公允价值计量且其变动计入当期损益的金融资产的初始确认金额。支付的不含增值税的交易费用，作为当期费用计入投资收益。实际收到股利时，确认投资收益。

在会计处理上，企业一般应设置“以公允价值计量且其变动计入当期损益的金融资产”总账科目，并设置“成本”和“公允价值变动”明细科目进行核算。为简化会计科目，本书以“交易性金融资产”代替“以公允价值计量且其变动计入当期损益的金融资产”。

例 4-21　新希望集团20×8年2月10日从A股市场购入S公司股票300股，每股购买价格10元，另支付交易手续费及印花税等计242元(其中包括准予抵扣的增值税进项税12元)，款项以存入证券公司投资款支付。

借：交易性金融资产——S公司股票——成本　　　300000

　　投资收益　　　　　　　　　　　　　　　　　　230

　　应交税费——应交增值税(进项税额)　　　　　　12

贷：其他货币资金存出投资款 30242

三、持有期间的收益

以公允价值计量且其变动计入当期损益的金融资产在持有期间可依法获得相关的股利或债券利息。按照会计准则的规定，企业同时满足三个条件时，才能确认股利收入并将股利收入计入当期损益。这三个条件是：① 企业收到股利的权利已经确立，比如发行股票的公司已经宣告发放的现金股利；② 与股利相关的经济利益很可能流入企业，也就是该股利很可能收到；③ 股利的金额能够可靠计量，也就是股利具有确定的金额。一般公司宣告发放股利即能满足这三个条件。企业应在上市公司宣告发放股利时根据股利分配方案确定本企业应收的股利金额。

需要说明的是，如果企业持有期间获得了股票股利，企业不作账务处理。但应于除权日注明所增加的股数，以反映股份变动及实际拥有股份的情况。

例 4-22 承例 4-21。S 公司于 2 月 28 日宣告发放股利，每股 1 元，股权登记日为 3 月 10 日，新希望集团持有 S 公司股票 3000 股，应收股利 3000 元，该股利于 3 月 15 日实际收到。

(1) 3 月 10 日。

借：应收股利——S 公司 3000

贷：投资收益 3000

(2) 3 月 15 日

借：其他货币资金 3000

贷：应收股利——S 公司 3000

四、期末计价

为了使以公允价值计量且其变动计入当期损益的金融资产能够反映其预计给企业带来的经济利益以及其预计获得价差的能力，在资产负债表日，应按当日各项以公允价值计量且其变动计入当期损益的金融资产的公允价值对其账面价值进行调整。

资产负债表日，如果其公允价值高于其账面价值，则两者之间的差额应增加账面价值，即一方面记录待实现收益的增加或待实现损失的减少，借记“交易性金融资产——公允价值变动”科目，另一方面反映其公允价值变动收益贷记“公允价值变动损益”科目。如果其公允价值低于其账面价值，则两者之间的差额应调减账面价值，即一方面记录待实现收益的减少或待实现损失的增加，另一方面反映其公允价值变动损失，做相反的会计分录。

例 4-23 承例 4-21 和例 4-22，20×8 年 12 月 31 日新希望集团持有的 S 公司股票，当日收盘价为每股 8 元，则这 3000 股股票当日公允价值为 24000 元，应调低该股票账面价值 6000 元。

借：公允价值变动损益 6000

贷：交易性金融资产——S 公司股票——公允价值变动 6000

五、出售

以公允价值计量且其变动计入当期损益的金融资产出售时，其损益已经实现。实现的损益由两部分构成：① 出售该金融资产时的出售收入与其账面价值的差额；② 原来已经作为待实现损益以公允价值变动损益入账的部分。实现的损益应通过“投资收益”账户反映。

出售以公允价值计量且其变动计入当期损益的金融资产时，按实际收到的金额借记“其他货币资金”等科目，按出售该资产的成本贷记“交易性金融资产——成本”科目，按出售部分分配的原计入公允价值变动的部分借记(原来记录的公允价值变动为贷方净额)或贷记(原来记录的公允价值变动为借方净额)“交易性金融资产——公允价值变动”科目，差额借记(出售收入小于账面价值的差额)或贷记(出售收入大于账面价值的差额)“投资收益”科目。为便于通过“投资收益”账户集中反映出售以公允价值计量且其变动计入当期损益的金融资产的损益实现情况，应同时将出售部分所分配的公允价值变动转为“投资收益”反映，即借记(原来记录的公允价值变动收益)“公允价值变动损益”科目，贷记“投资收益”科目，或借记“投资收益”科目，贷记(原来记录的公允价值变动损失)“公允价值变动损益”科目。

例 4-24 承例 4-21 至例 4-23。假设次年 3 月份新希望集团将其记录的持有的 S 公司 3000 股股票出售了 1000 股，收到款项 6100 元。出售时，新希望集团记录的持有 S 公司的 3000 股股票账面价值如下：

借方余额：交易性金融资产——S 公司股票——成本，30000 元

贷方余额：交易性金融资产——S 公司股票——公允价值变动，6000 元

账面价值：24000 元

新希望集团出售股票时：

借：其他货币资金	6100	
交易性金融资产——S 公司股票——公允价值变动	2000	
投资收益	1900	
贷：交易性金融资产——S 公司股票——成本		10000

同时，

借：投资收益	2000	
贷：公允价值变动损益		2000

对于原来作为公允价值变动计入当期损益而在本期实现的部分，从公允价值变动损益转为投资收益，可能发生在确认公允价值变动损益的以后年度，即确认公允价值变动损益和将公允价值变动损益转为投资收益可能发生在不同会计年度。这时“公允价值变动损益”账户已无余额，但无论借记还是贷记“公允价值变动损益”科目，都不会影响公允价值变动损益实现年度的经营利润。因为公允价值变动损益和投资收益都属于经营利润的组成部分。借记“投资收益”科目，贷记“公允价值变动损益”科目，或者借记“公允价值变动损益”科目，贷记“投资收益”科目，都不会使当年的经营利润发生变化，只不过要通过“投资收益”来反映实际实现的收益而已。

按照财务报表列报要求，会计报表上，以公允价值计量且其变动计入当期损益的金融资产以账面价值列报，该金融资产在列报期间的公允价值变动作为企业经营利润的构成项目单独反映，并将持有的以公允价值计量且其变动计入当期损益的金融资产在列报期间产生的公允价值变动损益以及出售该金融资产所产生的投资收益作为非经常性损益予以

披露。

以本节资料为例，假定新希望集团无其他以公允价值计量且其变动计入当期损益的金融资产和负债，也无其他业务产生的投资收益，则新希望集团以公允价值计量且其变动计入当期损益的金融资产在会计报表上的列示如表 4-9 和表 4-10 所示。

表4-9 新希望集团资产负债表 单位：元

资产	第一年	第二年
以公允价值计量且其变动计入当期损益的金融资产	24000	16000

表4-10 新希望集团利润表 单位：元

	第一年	第二年
一、营业收入		
减：营业成本		
……		
加：公允价值变动收益	−6000	2000
投资收益	2770	−3900
二、营业利润	−3230	−1900

第五节 以公允价值计量且其变动计入其他综合收益的金融资产

一、概述

以公允价值计量且其变动计入其他综合收益的金融资产是指同时符合下列条件的金融资产：

(1) 企业管理该金融资产的业务模式既以收取合同现金流量为目标，又以出售该金融资产为目标。

(2) 该金融资产的合同条款规定，在特定日期产生的现金流量，仅为对本金和以未偿付本金金额为基础的利息的支付。

在初始确认时，除符合上述条件的金融资产外，企业还可以将非交易性权益工具投资(如企业持有的限售股等)指定为以公允价值计量且其变动计入其他综合收益的金融资产，并确认股利收入。该指定一经做出，不得撤销。

以公允价值计量且其变动计入其他综合收益的金融资产主要包括其他债权投资和其他权益工具投资。

1) 其他债权投资

其他债权投资是指既可能持有至到期收取合同现金流量，也可能在到期之前出售的债券投资。企业取得其他债权投资时，应将其划分为以公允价值计量且其变动计入其他综合收益的金融资产。采用实际利率法计算的利息应当计入当期损益，计入各期损益的金融应当与长期权投资按摊余成本计量而计入各期损益的金额相等；该金融资产由于公允价值变动产生的所有利得或损失，应计入当期损益；该金融资产终止确认时，之前计入其他综合收益的累计利得或损失，应当从其他综合收益中转出，计入当期损益。

2) 其他权益工具投资

其他权益工具投资主要是指非交易性股票以及不具有控制、共同控制和重大影响的股权等。企业取得其他权益工具投资时，一般应指定为以公允价值计量且其变动计入其他综合收益的金融资产。例如企业持有的上市公司限售股，尽管在活跃市场上有报价，但由于出售受到限制，不能随时出售，可指定为以公允价值计量且其变动计入其他综合收益的金融资产。企业根据金融工具确认和计量准则规定将非交易性权益工具投资指定为以公允价值计量且其变动计入其他综合收益的金融资产；当该项金融资产终止确认时，之前计入其他综合收益的累计利得或损失应当从其他综合收益中转出，计入留存收益。其他权益工具投资不需要计提减值准备。

企业对权益工具的投资一般应当以公允价值计量。但在用以确定公允价值的近期信息不足或者公允价值的可能估计金额分布范围很广的情况下，如果成本能够在该分布范围内反映对公允价值的最佳估计，则该成本可代表其在该分布范围内对公允价值的恰当估计。例如，持有的在活跃市场没有报价且对被投资企业不存在控制、共同控制和重大影响的股权投资，无法随时出售，也应确认为以公允价值计量且其变动计入其他综合收益的金融资产。

二、其他债权投资

1. 其他债权投资核算的科目设置

为了反映其他债权投资的取得、处置、公允价值变动等情况，企业应当设置“其他债权投资”科目，并设置“债券面值”“利息调整”“应计利息”“公允价值变动”明细科目。

2. 其他债权投资的取得

企业取得的债券如划分为其他债权投资，应按该债券的公允价值和相关交易费用(不含可以抵扣的增值税进项税额)之和作为该金融资产的入账价值，分别借记“其他债权投资——债券面值”“其他债权投资——应计利息”“应收利息”“应交税费——应交增值税(进项税额)”科目，借记或贷记“其他债权投资——利息调整”科目；根据实际支付的价款，贷记“银行存款”等科目。

例 4-25　20×7 年 1 月 1 日，甲公司购入乙公司当天发行的三年期分期付息债券，面值为 80000 元，票面利率为 5%，每年 12 月 31 日付息，实际支付价款 77961.69 元(其中包含可以抵扣的增值税进项税额 100 元)；甲公司既可能将其持有至到期，也可能提前出售，将其确认为其他债权投资。实际利率为 6%。编制会计分录如下：

借：其他债权投资——债券面值	80000	
应交税费——应交增值税(进项税额)	100	
贷：其他债权投资——利息调整		2138.31
银行存款		77961.69

3. 其他债权投资的收益

企业将债权投资划分为其他债权投资，应按照债券的摊余成本和初始确认的实际利率确定投资收益，根据应收的票面利息，借记“其他债权投资——应计利息”或“应收利息”等科目；根据以实际利率计算的实际利息收入，贷记“投资收益”科目；根据两者的差额，借记或贷记“其他债权投资——利息调整”科目。

例 4-26　承例 4-24。甲公司各年末确认其他债权投资的投资收益，实际利率为 6%。为了简化举例，编制投资收益及利息调整贷差摊销表进行各期的会计处理，详见表 4-11。

表 4-11　投资收益及利息调整贷差摊销表(分期付息)　　单位：元

日期	实收票面利息	投资收益	利息调整贷差摊销	利息调整贷查余额	摊余成本
	(1) = 面值 × 5%	(2) = 期初(5) × 6%	(3)= (2) − (1)	(4)= 期初(4) − (3)	(5)= 期初(5) + (3)
20×7 年 1 月 1 日				2138.31	77861.69
20×7 年 12 月 31 日	4000	4671.70	671.70	1466.61	78533.39
20×8 年 12 月 31 日	4000	4712.00	712.00	754.61	79245.39
20×9 年 12 月 31 日	4000	*4754.61	754.61	0	80000.00

*含尾数调整。

20×7 年 12 月 31 日编制的会计分录如下：

借：银行存款　　4000

　　其他债权投资——利息调整　　671.70

　　贷：投资收益　　4671.70

其他年份依此类推。

4. 其他债权投资的期末计价

资产负债表日，其他债权投资应当按照公允价值计量。按照我国企业会计准则的规定，其他债权投资公允价值与账面价值的差额，即公允价值的变动，不得计入当期损益，而应作为所有者权益变动，计入其他综合收益，借记或贷记“其他债权投资——公允价值变动”科目，贷记或借记“其他综合收益——金融资产公允价值变动”科目。

例 4-27　承例 4-25。甲公司各年末持有的债券的公允价值见表 4-12。

表 4-12　公允价值变动计算表　　单位：元

日期	摊余成本 (1)	公允价值 (2)	累计公允价值变动 (3) = (2) − (1)	本期公允价值变动 (4) = (3) − 期初(3)
20×7 年 12 月 31 日	78533.39	78604.00	70.61	70.61
20×8 年 12 月 31 日	79245.39	79271.00	25.61	−45.00
20×9 年 12 月 31 日	80000.00	80000.00	0	−25.61

20×7 年 12 月 31 日编制的会计分录如下：

借：其他债权投资——公允价值变动　　70.61

　　贷：其他综合收益——金融资产公允价值变动　　70.61

其他年份依此类推。

5. 其他债权投资的出售

企业出售其他债权投资，应终止确认该金融资产，将实际收到的金额与其账面价值的差额确认为投资收益，同时，将原累计计入其他综合收益的公允价值变动转为投资收益。企业应根据实际收到的出售价款，借记“银行存款”等科目；根据其账面价值，贷记“其他债权投资”科目；根据其差额，贷记或借记“投资收益”科目。同时，根据累计公允价值变动原计入其他综合收益的金额，借记或贷记“其他综合收益——金融资产公允价值变动”科目，贷记或借记“投资收益”科目。

例 4-28　承例 4-27。假定 20×9 年 1 月 3 日，甲公司出售该债券，实际收到的价款为 79280 元；该债券的账面价值为 79271 元，其中，面值为 80000 元，利息调整贷差为 754.61 元，公允价值变动为 25.61 元。编制会计分录如下：

借：银行存款　　79280.00
　　其他债权投资——利息调整　　754.61
　　贷：其他债权投资——债券面值　　80000.00
　　　　　　　　　——公允价值变动　　25.61
　　　　投资收益　　9.00
借：其他综合收益——金融资产公允价值变动　　25.61
　　贷：投资收益　　25.61

6. 其他债权投资的减值

如果其他债权投资的公允价值预期发生信用损失，应当确认为减值损失，计提减值准备。

对于其他债权投资，企业应当在其他综合收益中确认其减值准备，并将减值损失或利得计入当期损益，而不应减少该金融资产在资产负债表中列示的账面价值。

为了反映该金融资产减值准备的计提和核销等情况，应在“其他综合收益”科目下设置“金融资产减值准备”明细科目，该明细科目贷方登记计提的其他债权投资减值准备，借方登记转回以及处置其他债权投资核销的减值准备，期末贷方余额表示尚未核销的其他债权投资减值准备。

企业确认的该金融资产减值损失，应根据减值的金额，借记“资产减值损失”科目，贷记“其他综合收益——金融资产减值准备”科目；不调整该金融资公产的账面价值。如果该金融资产的减值得以恢复，应编制相反的会计分录。

例 4-29　甲公司 20×7 年至 20×8 年根据发生的其他债权投资减值相关业务，编制会计分录如下：

(1) 20×7 年 1 月 1 日，以银行存款 808927 元购买了乙公司于当日发行的总面值为 80000 元，票面利率为 5%、5 年期的到期一次付息债券，确认为其他债权投资；还以银行存款支付了购买该债券发生的交易费用 13780 元(其中包含可以抵扣的增值税进项税额 780 元)；计算确定的实际利率为 4%。

入账价值 = 808927 + 13780 − 780 = 821927(元)

利息调整借差 = 821927 − 80000 = 21927(元)

借：其他债权投资——债券面值 800000
——利息调整 21927
应交税费——应交增值税(进项税额) 780
贷：银行存款 822707

(2) 20×7 年 12 月 31 日，采用实际利率法确认投资收益；当日该债券的公允价值为 850000 元，甲公司预计到期时该债券的现金流量现值为 830000 元，且逆转的可能性较小，确认资产减值。

① 确认投资收益及利息调整摊销。

票面利息 = 800000 × 5% = 40000(元)

投资收益 = 821927 × 4% = 32877(元)

利息调整借差摊销 = 40000 − 32877 = 7123(元)

借：其他债权投资——应计利息 40000
贷：其他债权投资——利息调整 7123
投资收益 32877

该债券摊余成本 = 821927 + 40000 − 7123 = 854804(元)

② 确认公允价值变动。

公允价值变动 = 850000 − 854804 = −4804(元)

借：其他综合收益——金融资产公允价值变动 4804
贷：其他债权投资——公允价值变动 4804

(3) 确认减值损失。

减值损失 = 850000 − 830000 = 20000(元)

借：资产减值损失 20000
贷：其他综合收益——金融资产减值准备 20000

20×7 年 12 月 31 日，在资产负债表上，该金融资产以其账面价值(即公允价值) 850000 元列示，资产减值不影响其列示金额。

(3) 20×8 年 12 月 31 日，采用实际利率法确认投资收益；当日该债券的公允价值为 885000 元，甲公司预计到期时该债券的现金流量现值为 870000 元。

① 确认投资收益及利息调整摊销。

票面利息 = 800000 × 5% = 40000(元)

投资收益 = 854804 × 4% = 34192(元)

利息调整借差摊销 = 40000 − 34192 = 5808(元)

借：其他债权投资——应计利息 40000
贷：其他债权投资——利息调整 5808
投资收益 34192

该债券摊余成本 = 854804 + 40000 − 5808 = 888996(元)

② 确认公允价值变动。

公允价值变动 = 885000 − 888996 − (− 4804) = 808(元)

借：其他债权投资——公允价值变动 808
贷：其他综合收益——金融资产公允价值变动 808

③ 确认减值损失。

减值损失＝885000－870000－20000＝－5000(元)

借：其他综合收益——金融资产减值准备　　5000

　　贷：资产减值损失　　　　　　　　　　　5000

20×8 年 12 月 31 日，在资产负债表上，该金融资产以其账面价值(即公允价值)885 000 元列示，资产减值不影响其列示金额。

三、其他权益工具投资

1. 其他权益工具投资核算的科目设置

为了反映其他权益工具投资的取得、处置、公允价值变动等情况，企业应当设置“其他权益工具投资”科目，并设置“成本”和“公允价值变动”明细科目。

2. 其他权益工具投资的取得

企业取得的股权如果划分为其他权益工具投资，应按该股权的公允价值和相关交易费用(不含可以抵扣的增值税进项税额)之和作为初始投资成本，借记“其他权益工具投资——成本”科目；按照可以抵扣的增值税进项税额，借记“应交税费——应交增值税(进项税额)”科目，贷记“银行存款”等科目。如果支付的价款中包含已宣告但未发放的现金股利，应确认为应收项目，借记“应收股利”科目。

例 4-30　甲公司 20×7 年 4 月 1 日购入 A 公司股票 10000 股，每股市价为 20 元，实际支付价款 200000 元，另支付交易费用 1060 元(其中可以抵扣的增值税进项税额为 60 元)，该股票在一年内不得出售，甲公司将其确认为其他权益工具投资。编制会计分录如下：

借：其他权益工具投资——成本　　　　201000

　　应交税费——应交增值税(进项税额)　　60

　　贷：银行存款　　　　　　　　　　　　201060

3. 其他权益工具投资的收益

企业将股权投资划分为其他权益工具投资，对于收到的属于取得该股权支付价款中包含的已宣告发放的现金股利，应视为该债权的收回，借记“银行存款”等科目，贷记“应收股利”科目；在该股权持有期间被投资单位宣告发放的现金股利，应将其确认为投资收益，宣告日应借记“应收股利”科目，贷记“投资收益”科目；收到现金股利时，应借记“银行存款”等科目，贷记“应收股利”科目。

例 4-31　承例 4-30。20×7 年 5 月 10 日，A 公司宣告分派现金股利 0.20 元/股，5 月 30 日 A 公司实际发放现金股利。甲公司编制会计分录如下：

(1) A 公司 5 月 10 日宣告发放现金股利。

甲公司应收现金股利＝0.20×10000＝2000(元)

借：应收股利　　　　2000

　　贷：投资收益　　　　2000

(2) 5 月 30 日甲公司收到现金股利。

借：银行存款　　　　2000

　　贷：应收股利　　　　2000

4. 其他权益工具投资的期末计价

资产负债表日，其他权益工具投资应当按照公允价值计量。按照我国企业会计准则的规定，其他权益工具投资的公允价值与账面价值的差额，即公允价值的变动，不得计入当期损益，而应作为所有者权益变动，计入其他综合收益，借记或贷记“其他权益工具投资——公允价值变动”科目，贷记或借记“其他综合收益——金融资产公允价值变动”科目。

例 4-32 承例 4-30。20×7 年 12 月 31 日，甲公司持有的 A 公司股票的账面价值为 201000 元，公允价值为 190000 元，公允价值下跌 11000 元。编制会计分录如下：

借：其他综合收益——金融资产公允价值变动 11000

　　贷：其他权益工具投资——公允价值变动 11000

5. 其他权益工具投资的出售

企业出售其他权益工具投资，应将实际收到的价款与其账面价值的差额，计入其他综合收益；同时将累计确认的其他综合收益转为留存收益，不计入当期损益。企业应根据实际收到的出售价款，借记“银行存款”等科目；根据其账面价值，贷记“其他权益工具投资”科目；根据其差额，贷记或借记“其他综合收益——金融资产公允价值变动”科目。同时，根据累计公允价值变动原计入其他综合收益的金额，借记或贷记“其他综合收益——金融资产公允价值变动”科目，贷记或借记“利润分配——未分配利润”科目。

例 4-33 承例 4-31。20×8 年 3 月 5 日，甲公司将持有的 A 公司股票全部出售，收取价款 188000 元；A 公司股票的账面价值为 190000 元，其中，初始投资成本为 201000 元，公允价值变动为−11000 元。编制会计分录如下：

(1) 出售 A 公司股票。

借：银行存款 188000

　　其他综合收益——金融资产公允价值变动 2000

　　其他权益工具投资——公允价值变动 11000

　　贷：其他权益工具投资——成本 201000

(2) 结转累计其他综合收益变动。

累计其他综合收益变动 = −11000 − 2 000 = −13000(元)

借：利润分配——未分配利润 13000

　　贷：其他综合收益——金融资产公允价值变动 13000

练 习 题

一、单项选择题

1. 甲公司有一个债券和权益工具的投资组合，正式的书面投资和风险管理规定要求该组合中权益工具所占的价值比重应限定在投资组合总价值的 25%至 40%之间；甲公司授权相关投资管理部门根据这一比例规定，购买或出售债券和权益工具以平衡该投资组合。如果该投资组合的管理部门被授权购买和出售金融资产以平衡投资组合中的风险，则不存在交易意图，且以往也没有为短期获利进行交易的说法。该组合中的债券和权益工具应分类为(　　)。

A. 以公允价值计量且其变动计入当期损益的金融资产　　B. 债权投资

C. 以公允价值计量且其变动计入其他综合收益的金融资产　　D. 应收款项

2．甲公司在销售中通常会给予客户一定期间的信用期。为了盘活存量资产，提高资金使用效率，甲公司与银行签订应收账款无追索权保理总协议，银行向甲公司一次性授信10亿元人民币，甲公司可以在需要时随时向银行出售应收账款。历史上甲公司频繁向银行出售应收账款，且出售金额重大，上述出售满足金融资产终止确认的规定。甲公司应将该应收账款分类为(　　)。

A. 以摊余成本计量的金融资产

B. 以公允价值计量且其变动计入当期损益的金融资产

C. 以公允价值计量且其变动计入其他综合收益的金融资产

D. 衍生金融资产

3．2017年1月1日，甲公司自证券市场购入面值总额为2000万元的债券，购入时实际支付价款293万元，另支付交易费用10万元。该债券发行日为2017年1月1日，系分期付息、到期还本债券，期限为5年，票面年利率为5%，实际年利率为4%，每年12月31日支付当年利息。甲公司将该债券作为以摊余成本计量的金融资产核算。假定不考虑其他因素，甲公司持有该债券投资，2018年应确认的利息收入为(　　)万元。

A. 100　　B. 82.90　　C. 72　　D. 82.50

4．2018年1月1日，甲公司以银行存款1100万元购入乙公司当日发行的面值为1000万元的5年期不可赎回债券，将其划分为以公允价值计量且其变动计入其他综合收益的金融资产。该债券票面年利率为10%，每年付息一次，实际年利率为7.53%。2018年12月31日，该债券的公允价值为1090万元。假定不考虑其他因素，2018年12月31日甲公司该债券投资的账面价值为(　　)万元。

A. 1070　　B. 1090　　C. 1182.53　　D. 1200

5．2017年6月9日，甲公司支付价款855万元(含交易费用5万元)购入乙公司股票100万股，占乙公司有表决权股份的2%，指定为以公允价值计量且其变动计入其他综合收益的金融资产核算。2017年12月31日，该股票市场价格为每股9元。2018年2月5日，乙公司宣告发放现金股利1000万元，甲公司应按持股比例确认现金股利。2018年8月21日，甲公司以每股8元的价格将乙公司股票全部转让。不考虑其他因素，甲公司2018年利润表中因该项金融资产应确认的投资收益为(　　)万元。

A. −35　　B. −80　　C. −100　　D. −20

6．甲公司2017年5月10日以每股5.8元的价格购进乙公司股票100万股作为以公允价值计量且其变动计入当期损益的金融资产核算，另支付相关交易费用0.12万元。2017年12月31日，该股票收盘价格为每股8元。2018年5月15日，甲公司以每股9元的价格将该股票全部售出，另支付交易费用0.2万元。2018年5月15日，甲公司出售该金融资产时影响营业利润的金额为(　　)万元。

A. 99.8　　B. 319.68　　C. 319.8　　D. 100

7．甲股份有限公司于2018年1月1日以19900元购入一项3年期、到期还按年付息的某公司债券，发行方每年1月支付上年度利息。该公司债券票面年利率为5%，面值总额为20000万元。该债券实际利率(　　)。

A. 等于 5%　　B. 大于 5%　　C. 小于 5%　　D. 等于 0

8. 某股份有限公司于 2018 年 1 月 1 日发行 3 年期，于次年起每年 1 月 1 日付息、到期一次还本的公司债券，债券面值总额为 800 万元，票面年利率为 5%，实际年利率为 6%，发行价格为 778.62 万元。按实际利率法确认利息费用。假定不考虑其他相关税费，该债券 2018 年度确认的利息费用为(　　)万元。

A. 38.94　　B. 48　　C. 46.72　　D. 40

9. 2018 年 1 月 1 日，甲公司发行分期付息、到期一次还本的 3 年期公司债券，实际收到的款项为 1027.23 万元，该债券面值总额为 1000 万元，票面年利率为 6%，实际年利率为 5%。利息于每年年末支付，不考虑其他因素的影响。2018 年 12 月 31 日，甲公司该项应付债券的摊余成本为(　　)万元。

A. 1000　　B. 1027.23　　C. 1018.59　　D. 1038.96

10. 甲公司 2018 年 1 月 1 日按面值发行分期付息、到期还本的一般公司债券 100 万张，另支付发行手续费 25 万元。该债券每张面值为 100 元，期限为 5 年，票面年利率为 4%。下列会计处理中正确的是(　　)。

A. 发行公司债券时支付的手续费直接计入财务费用

B. 应付债券初始确认金额为 9975 万元

C. 2018 年应确认的利息费用为 400 万元

D. 发行的公司债券按面值总额确认为负债

二、多项选择题

1. 下列项目中，属于金融资产的有(　　)。

A. 企业购入的看涨期权　　B. 企业购入的看跌期权

C. 持有的其他方的权益工具　　D. 预付账款

2. 关于金融资产的合同现金流量特征，下列表述中正确的有(　　)。

A. 本金是指金融资产在初始确认时的公允价值，在金融资产的存续期内不会发生变动

B. 利息包括对货币时间价值、与特定时期未偿付本金金额相关的信用风险以及其他基本借贷风险、成本和利润的对价

C. 企业应当使用金融资产的计价货币来评估金融资产的合同现金流量特征

D. 如果一项贷款具有完全追索权并有抵押品作为担保，该事实并不影响企业对其合同现金流量特征的评估

3. 下列投资产品中，投资方应当分类为以公允价值计量且其变动计入当期损益的金融资产的有(　　)。

A. 未通过合同现金流量测试的金融资产

B. 具有重大影响的股票投资

C. 投资于动态管理的资产组合的基金

D. 被投资方发行可转换债券

4. 关于金融资产的分类，下列项目中正确的有(　　)。

A. 企业管理金融资产的业务模式是以收取合同现金流量为目标的，则应分类为以摊余成本计量的金融资产

B. 企业管理金融资产的业务模式是短期内出售为目标的，则应分类为以公允价值计量且其变动计入当期损益的金融资产

C. 企业管理金融资产的业务模式既以收取合同现金流量为目标，又以出售该金融资产为目标，并且该金融资产的合同条款规定，在特定日期产生的现金流量，仅为对本金和以未偿付本金金额为基础的利息的支付，则应分类为以公允价值计量且其变动计入其他综合收益的金融资产

D. 对债务工具投资，分类为以摊余成本计量的金融资产和分类为以公允价值计量且其变动计入当期损益的金融资产之外的金融资产，企业应当将其分类为以公允价值计量且其变动计入其他综合收益的金融资产

5. 对以公允价值计量且其变动计入其他综合收益的权益工具投资，下列项目中错误的有(　　)。

A. 符合条件的股利收入应计入其他综合收益

B. 当该金融资产终止确认时，之前计入其他综合收益的累计利得或损失应当从其他综合收益中转出，计入留存收益

C. 当该金融资产终止确认时，之前计入其他综合收益的累计利得或损失应当从其他综合收益中转出，计入投资收益

D. 确认的预期损失准备计入当期损益

三、判断题

1. 企业应当根据金融资产的合同现金流量特征，对金融资产进行合理的分类。(　　)

2. 在以收取合同现金流量为目标的业务模式下，企业管理金融资产旨在通过在金融资产存续期内收取合同付款来实现现金流量，而不是通过持有并出售金融资产产生整体回报。(　　)

3. 应收账款不能分类为以摊余成本计量的金融资产。(　　)

4. 企业管理金融资产的业务模式既以收取合同现金流量为目标，又以出售该金融资产为目标，则该金融资产应分类为以公允价值计量且其变动计入其他综合收益的金融资产。(　　)

5. 企业持有的基金通常应当分类为以公允价值计量且其变动计入当期损益的金融资产。(　　)

6. 企业只有在金融资产不存在市场活动或者市场活动很少，导致相关可观察输入值无法取得或取得不切实可行的情况下，才能使用第三层次输入值，即不可观察输入值。(　　)

7. 企业对金融资产进行重分类，应当采用追溯调整法进行会计处理。(　　)

8. 未满足对本金和以未偿付本金金额为基础的利息的支付的条件，分类为以公允价值计量且其变动计入当期损益的金融资产可以重分类为以公允价值计量且其变动计入其他综合收益的金融资产。(　　)

9. 企业将一项以公允价值计量且其变动计入其他综合收益的金融资产重分类为以摊余成本计量的金融资产的，该金融资产重分类不影响其实际利率和预期信用损失的计量。(　　)

10. 企业将一项以公允价值计量且其变动计入当期损益的金融资产重分类为以摊余成

本计量的金融资产的，应当将之前计入公允价值变动损益的累计利得或损失转出，调整该金融资产在重分类日的公允价值，并以调整后的金额作为新的账面价值，即视同该金融资产一直以摊余成本计量。(　　)

四、业务处理题

2018 年 1 月 1 日，甲公司自证券市场购入乙公司同日发行的面值总额为 2000 万元的债券，购入时实际支付价款 2078.98 万元，另支付交易费用 10 万元。该债券系分期付息、到期还本债券，期限为 5 年，票面年利率为 5%，实际年利率为 4%，每年 12 月 31 日支付当年利息。甲公司将该债券分类为以公允价值计量且其变动计入其他综合收益的金融资产，至 2018 年 12 月 31 日，甲公司确认的预期信用损失准备余额为 20 万元，其公允价值为 2080 万元。甲公司于 2019 年 1 月 1 日变更了债券管理的业务模式，将其重分类为以摊余成本计量的金融资产，至 2019 年 12 月 31 日，甲公司确认的预期信用损失准备余额为 50 万元。假定本题利息收入根据金融资产账面余额乘以实际利率计算确定，不考虑其他因素。

要求：

(1) 编制甲公司 2018 年 1 月 1 日购入乙公司债券的会计分录。

(2) 计算甲公司 2018 年应确认的利息收入，并编制相关会计分录。

(3) 编制甲公司 2018 年 12 月 31 日公允价值变动及确认预期信用损失的会计分录。

(4) 编制甲公司 2019 年 1 月 1 日重分类时的会计分录。

(5) 计算甲公司 2019 年应确认的利息收入，并编制相关会计分录。

(6) 编制甲公司 2019 年 12 月 31 日确认预期信用损失的会计分录。

第五章 固定资产

【学习目标】

- 固定资产的含义、确认条件及初始计量；
- 固定资产折旧的各种计算方法；
- 固定资产的后续支出以及固定资产的处置。

【课前阅读】

美多公司固定资产更新

对于一个经营良好的公司来说，时常关注市场上出现的新的机会是必需的。美多印刷公司的管理者们正在考虑一个设备更新方案，他们打算购买新型高产的激光印刷机来代替现在使用的设备。现在用的设备的账面净值为 2 200 万元，如果不替换的话，还可以再使用 10 年。购买激光印刷机的成本是 130 万元，预计使用年限同样是 10 年。使用激光印刷机能够降低公司的营运成本，增加公司的营业收入，从而增加每年的现金流量。苏同是美多印刷公司的会计主任，编制了年现金流量预计表，给出使用激光印刷机对每年收益和现金流量的预计影响。

年现金流量预计增加额

(缴纳所得税前) 单位：万元

增加的收入	140 000	
节约的成本(扣除折旧因素)	110 000	250 000
年折旧费用减少额		
现用设备的折旧	220 000	
激光印刷机的折旧	103 000	90 000
缴纳所得税前预计收益增加额	340 000	
年缴纳所得税增加额(40%)	136 000	
年净收益预计增加额	204 000	
年净现金流量预计增加额 (250 000—136 000)	114 000	

现存旧设备的账面价值	2200000
预计市场价格(扣除清理费用的净值)	200000

缴纳所得税前预计出售损失	2000000
作为损失抵减本年度所得税额(40%)	800000
出售现有设备的净损失(考虑节税后)	1200000

唐刚是美多印刷公司的一位董事，提出了自己的看法："这些预计数字看上去不错，但现在的问题是要使用新的激光印刷机，我们就得出售现在使用的旧设备，我们是否应考虑一下公司会因此而蒙受的损失呢？既然现在发明了激光印刷机，我怀疑我们的旧设备能卖多少钱。"为了回答唐刚先生的质疑，苏同又给出了以下资料，来说明出售现有的旧设备可能会发生的损失。

唐刚禁不住跳起来："我们的损失竟然跟激光印刷的成本差不多，激光印刷机的成本是130万元，加上这120万元的损失，那么如果我们要使用新设备就得投入250万元。130万元的成本我们还可以接受，但250万元无论如何也不行。"

第一节　固定资产的确认和初始计量

一、固定资产的定义与确认条件

(一) 固定资产的含义

固定资产是指同时具有下列特征的有形资产：

(1) 为生产商品、提供劳务、出租或经营管理而持有的。

(2) 使用寿命超过一个会计年度。

从固定资产的定义来看，固定资产具有以下三个特征：

1. 为生产商品、提供劳务、出租或经营管理而持有

企业持有固定资产的目的是用于生产商品、提供劳务、出租或经营管理，而不像存货是为了对外出售。这一特征是固定资产区别于存货等流动资产的重要标志。其中，出租是指以经营租赁方式出租的机器设备等，以经营租赁方式出租的建筑物属于企业的投资性房地产，不属于固定资产。

2. 使用寿命超过一个会计年度

企业使用固定资产的期限较长，使用寿命一般超过一个会计年度。该特征使固定资产明显区别于流动资产。固定资产的使用寿命，是指企业使用固定资产的预计期间，或者该固定资产所能生产产品或提供劳务的数量。通常情况下，固定资产的使用寿命是指使用固定资产的预计使用期间，某些机器设备或运输设备等固定资产的使用寿命，也可以以该固定资产所能生产产品或提供劳务的数量来表示，例如，汽车或飞机等，按其预计行驶或飞行里程估计使用寿命。

3. 固定资产必须是有形资产

该特征将固定资产与无形资产区别开来。有些无形资产可能同时符合固定资产的其他特征，如无形资产是为生产商品、提供劳务而持有的，使用寿命超过一个会计年度，但是

由于其没有实物形态，所以不属于固定资产。

(二) 固定资产的确认条件

一项资产如要作为固定资产加以确认，固定资产在符合定义的前提下，应当同时满足以下两个条件，才能加以确认。

1. 与该固定资产有关的经济利益很可能流入企业

资产最重要的特征是预期会给企业带来经济利益。企业在确认固定资产时，需要判断与该项固定资产有关的经济利益是否很可能流入企业。实务中，固定资产主要是通过判断与该固定资产所有权相关的风险和报酬是否转移到了企业来确定的。

通常情况下，取得固定资产所有权是判断与固定资产所有权有关的风险和报酬是否转移到企业的一个重要标志。凡是所有权已属于企业，无论企业是否收到或拥有该固定资产，均可作为企业的固定资产；反之，如果没有取得所有权，即使存放在企业，也不能作为企业的固定资产。但是所有权是否转移不是判断的唯一标准。在有些情况下，某项固定资产的所有权虽然不属于企业，但是，企业能够控制与该项固定资产有关的经济利益流入企业，在这种情况下，企业应将该固定资产予以确认。例如，融资租赁方式下租入的固定资产，企业(承租人)虽然不拥有该项固定资产的所有权，但企业能够控制与该固定资产有关的经济利益流入企业，与该固定资产所有权相关的风险和报酬实质上已转移到了企业，因此，符合固定资产确认的第一个条件。

2. 该固定资产的成本能够可靠地计量

成本能够可靠地计量是资产确认的一项基本条件。要确认固定资产，企业取得该固定资产所发生的支出必须能够可靠地计量。企业在确定固定资产成本时必须取得确凿证据，但是，有时需要根据所获得的最新资料，对固定资产的成本进行合理的估计。比如，对于已经达到预定可使用状态但尚未办理竣工决算的固定资产，需要根据工程预算、工程造价或者工程实际发生的成本等资料，按估计价值确定其成本，办理竣工结算后，再按照实际成本调整原来的暂估价值。

(三) 固定资产确认条件的特殊情况

企业由于安全或环保的要求购入设备等，虽然不能直接给企业带来经济利益，但有助于企业从其他相关资产的使用获得未来经济利益或者获得更多的未来经济利益，也应确认为固定资产。例如，为净化环境或者满足国家有关排污标准的需要购置的环保设备，这些设备的使用虽然不能为企业带来直接的经济利益，但却有助于企业提高对废水、废气、废渣的处理能力，有利于净化环境，企业为此将减少未来由于污染环境而需支付的环境治理费或者罚款，因此，企业应将这些设备确认为固定资产。

固定资产的各组成部分，如果具有不同使用寿命或者以不同方式为企业提供经济利益，由此适用不同折旧率或折旧方法的，表明这些组成部分实际上是以独立的方式为企业提供经济利益，因此，企业应当将各组成部分确认为单项固定资产。例如，飞机的引擎，如果其与飞机机身具有不同的使用寿命，适用不同折旧率和折旧方法，则企业应当将其单独确认为一项固定资产。

二、固定资产的初始计量

固定资产的初始计量是指确定固定资产的取得成本；取得成本包括企业为购建某项固定资产达到预定可使用状态前所发生的一切合理的、必要的支出。这些支出包括直接发生的价款、相关税费、运杂费、包装费和安装成本等，也包括间接发生的，如应承担的借款利息、外币借款折算差额以及应分摊的其他间接费用。

在实务中，企业取得固定资产的方式是多种多样的，包括外购、自行建造、投资者投入以及非货币性资产交换、债务重组、企业合并和融资租赁等，取得的方式不同，其成本的具体构成内容及确定方法也不尽相同。

(一) 外购固定资产

企业外购固定资产的成本，包括购买价款、相关税费(关税、契税、车购税等)、使固定资产达到预定可使用状态前所发生的可归属于该项资产的运输费、装卸费、安装费和专业人员服务费等，但不包括员工培训费和可抵扣的增值税进项税额；另外，购进固定资产支付的运输费，取得运输业增值税专用发票的，运输费的10%可以作为进项税额抵扣。

外购固定资产是否达到预定可使用状态，需要根据具体情况进行分析判断。如果购入不需安装的固定资产，购入后即可发挥作用，则购入后即可达到预定可使用状态。如果购入需安装的固定资产，只有在安装调试后达到设计要求或合同规定的标准，才达到预定可使用状态。

企业购入的固定资产分为不需要安装的固定资产和需要安装的固定资产两种情形。前者的取得成本为企业实际支付的购买价款、包装费、运杂费、保险费、专业人员服务费和相关税费(不含可抵扣的增值税进项税额)等，其账务处理为，按应计入固定资产成本的金额，借记“固定资产”科目，贷记“银行存款”“其他应付款”“应付票据”等科目；后者的取得成本是在前者取得成本的基础上，加上安装调试成本等，其账务处理为，按应计入固定资产成本的金额，先计入“在建工程”科目，安装完毕交付使用时再转入“固定资产”科目。

【知识拓展】

1. 外购环节的增值税问题

对于外购固定资产增值税抵扣问题也值得注意：

<table>
<tr><td colspan="2">价款匹配的进项税额和运费匹配的进项税额通常可以抵扣。</td></tr>
<tr><td>安装固定资产挪用原材料</td><td>(1) 原材料的进项税通常可以抵扣，分录如下：
借：在建工程
　　贷：原材料
(2) 如果是集体福利设施的安装挪用原材料，则进项税不予抵扣：
借：在建工程
　　贷：原材料
　　　应交税费——应交增值税(进项税额转出)</td></tr>
</table>

续表

安装固定资产领用产品时	(1) 通常不视同销售处理： 借：在建工程 　　贷：库存商品 　　　　应交税费——应交消费税 (2) 如果集体福利设施的安装领用产品时，则视同销售处理： 借：在建工程 　　贷：库存商品 　　　　应交税费——应交增值税(销项税额) 　　　　　　　——应交消费税

对于外购固定资产的初始计量，不仅要注意因外购环节而产生的增值税问题，还要注意以下外购固定资产的几种特殊情况。

2．外购固定资产特殊情况

外购固定资产的几种特殊情况如下：

特殊情况	一笔款项同时购入多项固定资产时	如不单独标价，则按各项固定资产公允价值的比例对总成本进行分配。如果多项资产中还包括其他资产，按类似方法予以处理
	分期付款购买且超过正常信用条件时	该类购货合同实质上具有融资性质，购入固定资产的成本不能以各期付款额之和确定，而应以各期付款额的现值之和确定

例 5-1　(单选题)2019 年 2 月 1 日，希望公司购入一套新设备用于安装生产线。该设备购买价格为 1000 万元，增值税税额为 160 万元，运输费用为 22 万元(含税，增值税税率为 10%)，支付保险费和装卸费用 50 万元。该生产线在安装期间，领用生产用原材料的实际成本为 100 万元，发生安装工人工资等费用 10 万元。支付为达到正常运转而发生的测试费 20 万元，外聘专业人员服务费 20 万元，员工培训费 1 万元，上述款项均以银行存款支付。假定希望公司为一般纳税人企业，增值税税率为 13%，该生产线已经达到预定可使用状态，其入账价值为(　　)万元。

A. 1222.2　　B. 1221　　C. 1220　　D. 1200

正确答案：C

答案解析：

$$计入入账价值的运费=\frac{22}{1+10\%}=20(万元)$$

入账价值=1000+20+50+100+10+20+20=1220(万元)

例 5-2　希望公司为增值税一般纳税人，2×19 年 4 月 1 日用银行存款购入一台需要安装的设备，增值税专用发票上注明的价款为 200000 元，增值税税额为 26000 元，支付安装费 40000 元。则希望公司应编制如下会计分录。

① 购入进行安装时：

借：在建工程　　200000
　　应交税费——应交增值税(进项税额)　　26000
　　贷：银行存款　　226000

② 支付安装费时：

借：在建工程　　40000
　　贷：银行存款　　40000

③ 设备安装完毕交付使用时：

该设备的成本 = 200000 + 40000 = 240000(元)

借：固定资产　　240000
　　贷：在建工程　　240000

例 5-3　20×9 年 4 月 21 日，希望公司向乙公司一次性购入 3 套不同型号且具有不同生产能力的设备 A、B 和 C。希望公司为该批设备共支付货款 5000000 元，增值税进项税额 800000 元，保险费 17000 元，装卸费 3000 元，全部以银行转账支付；假定 A、B 和 C 设备分别满足固定资产确认条件，公允价值分别为 1560000 元、2340000 元和 1300000 元。假定不考虑其他相关税费，希望公司的账务处理如下。

① 确定应计入固定资产成本的金额，包括购买价款、保险费、装卸费等，即

5000000 + 17000 +3000 = 5020000(元)

② 确定 A、B 和 C 的价值分配比例：

A 设备应分配的固定资产价值比例为

1560000 ÷ (1560000 + 2340000 + 1300000) × 100% = 30%

B 设备应分配的固定资产价值比例为

2340000 ÷ (1560000 + 2340000 + 1300000) × 100% = 45%

C 设备应分配的固定资产价值比例为

1300000 ÷ (1560000 +2340000 + 1300000) × 100% = 25%

③ 确定 A、B 和 C 设备各自的成本：

A 设备的成本 = 5020000 × 30% = 1506000(元)

B 设备的成本 = 5020000 × 45% = 2259000(元)

C 设备的成本 = 5020000 × 25% = 1255000(元)

④ 会计分录：

借：固定资产——A　　1506000
　　　　　　——B　　2259000
　　　　　　——C　　1255000
　　贷：银行存款　　5020000

(二) 自行建造固定资产

自行建造的固定资产，其成本由建造该项资产达到预定可使用状态前所发生的必要支出构成，包括工程用物资成本、人工成本、交纳的相关税费、应予资本化的借款费用以及应分摊的间接费用等。企业自行建造固定资产包括自营和出包两种方式。无论采用何种方

式，所建工程都应当按照实际发生的支出确定其工程成本并单独核算。

1. 自营方式建造固定资产

企业以自营方式建造固定资产，是指企业自行组织工程物资采购、自行组织施工人员施工的建筑工程和安装工程。施工完成固定资产建造后，其成本应当按照实际发生的材料、人工、机械施工费等计量。

企业为建造固定资产准备的各种物资，应当按照实际支付的买价、运输费、保险费等相关税费作为实际成本，并按照各种专项物资的种类进行明细核算。工程完工后，剩余的工程物资转为本企业存货的，按其实际成本或计划成本进行结转。盘盈、盘亏、报废、毁损的工程物资，减去残料价值以及保险公司、过失人等赔款后的差额，计入当期损益。

所建造的固定资产已达到预定可使用状态但尚未办理竣工结算的，应当自达到预定可使用状态之日起，根据工程预算、造价或者工程实际成本等，按暂估价值转入固定资产，并按有关计提固定资产折旧的规定，计提固定资产折旧；待办理竣工结算手续后再调整原来的暂估价值，但不需要调整已计提的折旧额。

例 5-4 希望公司自建仓库一幢，购入为工程准备的各种物资共 500000 元，增值税专用发票上注明的增值税税额为 65000 元，全部用于工程建设。领用本企业生产的水泥一批，实际成本为 80000 元，税务部门确定的计税价格为 100000 元，增值税税率为 13%。工程人员应计工资 100000 元，支付的其他费用 30000 元。工程完工并达到预定可使用状态。希望公司应编制如下的会计分录。

① 购入工程物资时：

借：工程物资　　500000
　　应交税费——应交增值税(进项税额)　　65000
　　贷：银行存款　　565000

② 工程领用工程物资时：

借：在建工程　　500000
　　贷：工程物资　　500000

③ 工程领用本企业生产的水泥时：

借：在建工程　　80000
　　贷：库存商品　　80000

④ 分配工程人员物资时：

借：在建工程　　100000
　　贷：应付职工薪酬　　100000

⑤ 支付工程发生的其他费用时：

借：在建工程　　30000
　　贷：银行存款　　30000

⑥ 工程完工转入固定资产的成本 = 500000 + 80000 + 100000 + 30000 = 710000(元)

借：固定资产　　710000
　　贷：在建工程　　710000

2. 出包方式建造固定资产

采用出包方式建造固定资产，企业要与建造承包商签订建造合同。企业的新建、改建、扩建等建设项目，通常均采用出包方式。

企业以出包方式建造固定资产，其成本由建造该项固定资产达到预定可使用状态前所发生的必要支出构成，包括发生的建筑工程支出、安装工程支出，以及需分摊计入的待摊支出。待摊支出是指在建设期间发生的、不能直接计入某项固定资产价值而应由所建造固定资产共同负担的相关费用，包括为建造工程发生的管理费、可行性研究费、临时设施费、公证费、监理费、应负担的税金、符合资本化条件的借款费用、建设期间发生的工程物资盘亏、报废及毁损净损失，以及负荷联合试车费等。

以出包方式建造固定资产的具体支出，由建造承包商核算，“在建工程”科目实际成为企业与建造承包商的结算科目，企业将与建造承包商结算的工程价款作为工程成本，统一通过“在建工程”科目进行核算。

企业采用出包方式建造固定资产发生的，需分摊计入固定资产价值的待摊支出，应按下列公式进行分摊：

$$待摊支出分摊率=\frac{累计发生的待摊支出}{建筑工程支出+安装工程支出}\times 100\%$$

××工程应分摊的待摊支出＝(××工程的建筑工程支出＋××工程的安装工程支出)×待摊支出分摊率

例 5-5 希望集团所属的希望公司是一家化工企业，20×9 年 1 月经批准启动硅酸钠项目建设工程，整个工程包括建造新厂房和冷却循环系统以及安装生产设备等 3 个单项工程。20×9 年 2 月 1 日，希望公司与乙公司签订合同，将该项目出包给乙公司承建。根据双方签订的合同，建造新厂房的价款为 6000000 元，建造冷却循环系统的价款为 4000000 元，安装生产设备需支付安装费用 500000 元。建造期间发生的有关经济业务如下：

① 20×9 年 2 月 10 日，希望公司按合同约定向乙公司预付 10%的备料款 1000000 元，其中用于建造厂房 600000 元、冷却循环系统 400000 元。

② 20×9 年 8 月 2 日，建造厂房和冷却循环系统的工程进度达到 50%，希望公司与乙公司办理工程价款结算 5000000 元，其中用于建造厂房 3000000 元、冷却循环系统 2000000 元。希望公司抵扣了预付备料款后，将余款通过银行转账付讫。

③ 20×9 年 10 月 8 日，希望公司购入需安装的设备，取得的增值税专用发票上注明的价款为 4500000 元，增值税税额为 585000 元，已通过银行转账支付。

④ 2×10 年 3 月 10 日，建筑工程主体已完工，希望公司与乙公司办理工程价款结算 5000000 元，其中，厂房 3000000 元、冷却循环系统 2000000 元，款项已通过银行转账支付。

⑤ 2×10 年 4 月 1 日，希望公司将生产设备运抵现场，交乙公司安装。

⑥ 2×10 年 5 月 10 日，生产设备安装到位，希望公司与乙公司办理设备安装价款结算 500000 元，款项已通过银行转账支付。

⑦ 整个工程项目发生管理费、可行性研究费、监理费共计 300000 元，已通过银行转账支付。

⑧ 2×10 年 6 月 1 日，完成验收，各项指标达到设计要求。

假定不考虑其他相关税费，希望公司的账务处理如下：

① 20×9 年 2 月 10 日，预付备料款：

借：预付账款——乙公司 1000000

贷：银行存款 1000000

② 20×9 年 8 月 2 日，办理工程价款结算：

借：在建工程——公司——建筑工程——厂房 3000000

——冷却循环系统 2000000

贷：银行存款 4000000

预付账款——乙公司 1000000

③ 20×9 年 10 月 8 日，购入设备：

借：工程物资——××设备 4500000

应交税费——应交增值税(进项税额) 585000

贷：银行存款 5085000

④ 2×10 年 3 月 10 日，办理建筑工程价款结算：

借：在建工程——乙公司——建筑工程——厂房 3000000

——冷却循环系统 2000000

贷：银行存款 5000000

⑤ 2×10 年 4 月 1 日，将设备交乙公司安装：

借：在建工程——乙公司——安装工程——××设备 4500000

贷：工程物资——××设备 4500000

⑥ 2×10 年 5 月 10 日，办理安装工程价款结算：

借：在建工程——乙公司——安装工程——××设备 500000

贷：银行存款 500000

⑦ 支付工程发生的管理费、可行性研究费、监理费：

借：在建工程——乙公司——待摊支出 300000

贷：银行存款 300000

⑧ 结转固定资产。

a. 计算分摊待摊支出：

$$待摊支出分摊率 = \frac{300000}{6000000+4000000+4500000+500000} \times 100\% = 2\%$$

厂房应分摊的待摊支出 = 6000000 × 2% = 120000(元)

冷却循环系统应分摊的待摊支出 = 4000000 × 2% = 80000(元)

安装工程应分摊的待摊支出 = (4500000 + 500 000) × 2% = 100000(元)

借：在建工程——乙公司——建筑工程——厂房 120000

——冷却循环系统 80000

——安装工程——××设备 100000

贷：在建工程——乙公司——待摊支出 300000

b. 计算完工固定资产的成本：

厂房的成本 = 6000000 + 120000 = 6120000(元)

冷却循环系统的成本＝4000000＋80000＝4080000(元)

生产设备的成本＝(4500000＋500000)＋100000＝5100000(元)

借：固定资产——厂房　6120000
　　——冷却循环系统　4080000
　　——××设备　5100000
　贷：在建工程——乙公司——建筑工程——厂房　6120000
　　——冷却循环系统　4080000
　　——安装工程——××设备　5100000

第二节　固定资产的后续计量

固定资产的后续计量主要包括固定资产折旧的计提、减值损失的确定，以及后续支出的计量。

一、固定资产折旧

固定资产折旧是指在固定资产使用寿命内，按照确定的方法对应计折旧额进行系统分摊。其中，应计折旧额是指应当计提折旧的固定资产的原价扣除其预计净残值后的金额；已计提减值准备的固定资产，还应当扣除已计提的固定资产减值准备累计金额。预计净残值是指假定固定资产预计使用寿命已满并处于使用寿命终了时的预期状态，企业目前从该项资产处置中获得的扣除预计处置费用后的金额。

企业应当根据固定资产的性质和使用情况，合理确定固定资产的使用寿命和预计净残值。固定资产的使用寿命、预计净残值一经确定，不得随意变更。

(一) 固定资产折旧范围

《企业会计准则第 4 号——固定资产》规定，企业应对所有的固定资产计提折旧；但是，已提足折旧仍继续使用的固定资产和单独计价入账的土地除外。在确定计提折旧的范围时，我们还需要重点关注以下几点：

(1) 固定资产应按月计提折旧，并根据用途计入相关资产的成本或者当期损益。固定资产应自达到预定可使用状态时开始计提折旧，终止确认时或划分为持有待售非流动资产时停止计提折旧。为了核算简便，当月增加的固定资产，当月不计提折旧，从下月起计提折旧；当月减少的固定资产，当月仍计提折旧，从下月起不计提折旧。

(2) 固定资产提足折旧后，不论能否继续使用，均不再计提折旧。提前报废的固定资产也不再补提折旧。提足折旧是指已经提足该项固定资产的应计折旧额。

(3) 已达到预定可使用状态但尚未办理竣工决算的固定资产，应当按照估计价值确定其成本，并计提折旧；待办理竣工决算后再按实际成本调整原来的暂估价值，但不需要调整原已计提的折旧额。

(4) 处于更新改造过程停止使用的固定资产，应将其账面价值转入在建工程，不再计提折旧。更新改造项目达到预定可使用状态转为固定资产后，再按照重新确定的折旧方法和该项固定资产尚可使用年限计提折旧。

(5) 融资租入固定资产，应当采用与自有应计提折旧资产相一致的折旧政策。确定租赁资产的折旧期间应依租赁合同而定。能够合理确定租赁期届满时将会取得租赁资产所有权的，应以租赁期开始日租赁资产的使用寿命作为折旧期间；无法合理确定租赁期届满后承租人是否能够取得租赁资产所有权的，应当以租赁期与租赁资产使用寿命两者中较短者作为折旧期间。

(二) 固定资产折旧方法

企业应当根据与固定资产有关的经济利益的预期实现方式，合理选择折旧方法。固定资产折旧方法包括年限平均法、工作量法、双倍余额递减法和年数总和法等。企业选用不同的固定资产折旧方法，将影响固定资产使用寿命期间内不同时期的折旧费用，因此，固定资产的折旧方法一经确定，不得随意变更。如需变更，应当符合固定资产准则的规定，至少于每年年度终了对固定资产的使用寿命、预计净残值和折旧方法进行复核时，按复核的结果进行处理。

1. 年限平均法

年限平均法又称直线法，是指将固定资产的应计折旧额均衡地分摊到固定资产预计使用寿命内的一种方法。采用这种方法计算的每期折旧额相等。计算公式如下：

$$年折旧率=\frac{1-预计净残值率}{预计使用寿命(年)}\times 100\%$$

$$月折旧率=\frac{年折旧率}{12}$$

$$月折旧额=固定资产原价\times 月折旧率$$

例 5-6　希望公司有一幢厂房，原价为 500000 元，预计可使用 20 年，预计报废时的净残值率为 2%。该厂房的折旧率和折旧额的计算如下：

$$年折旧率=\frac{1-2\%}{20}\times 100\%=4.9\%$$

$$月折旧率=\frac{4.9\%}{12}=0.41\%$$

$$月折旧额=5000000\times 41\%=20\,500(元)$$

2. 工作量法

工作量法是根据实际工作量计算每期应提折旧额的一种方法。计算公式如下：

$$单位工作量折旧额=固定资产原价\times\frac{1-预计净残值}{预计总工作量}$$

$$某项固定资产月折旧额=该项固定资产当月工作量\times 单位工作量折旧额$$

例 5-7　希望公司的一辆运货卡车的原价为 600000 元，预计总行驶里程为 500000 千米，预计报废时的净残值率为 5%，本月行驶 4000 千米。该辆汽车的月折旧额计算如下：

$$单位里程折旧额=\frac{600000\times(1-5\%)}{500000}=114\ (元/千米)$$

本月折旧额＝4000×1.14＝4560(元)

3. 双倍余额递减法

双倍余额递减法是指在不考虑固定资产预计净残值的情况下，根据每期期初固定资产原价减去累计折旧后的金额和双倍的直线法折旧率计算固定资产折旧的一种方法。应用这种方法计算折旧额时，由于每年年初固定资产净值没有扣除预计净残值，所以在计算固定资产折旧额时，应在其折旧年限到期前两年内，将固定资产净值扣除预计净残值后的余额平均摊销。计算公式如下：

$$年折旧率=\frac{2}{预计使用寿命(年)}\times 100\%$$

$$月折旧率=\frac{年折旧率}{12}$$

$$月折旧额=(固定资产原价-累计折旧)\times 月折旧率$$

例 5-8　希望公司某项设备原价为 120 万元，预计使用寿命为 5 年，预计净残值率为 4%；假设希望公司没有对该机器设备计提减值准备。希望公司按双倍余额递减法计提折旧，每年折旧额计算如下：

年折旧率 = 2/5 × 100% = 40%

第一年应提的折旧额 = 120 × 40% = 48(万元)

第二年应提的折旧额 = (120 − 48) × 40% = 288(万元)

第三年应提的折旧额 = (120 − 48 − 28.8) × 40% = 17.28(万元)

从第四年起改按年限平均法(直线法)计提折旧：

$$第四年、第五年应提的折旧额=\frac{120-48-28.8-17.28-120\times 4\%}{2}=10.56(万元)$$

4. 年数总和法

年数总和法又称年限合计法，是指将固定资产的原价减去预计净残值后的余额，乘以一个以固定资产尚可使用的寿命为分子、以预计使用寿命逐年数字之和为分母的逐年递减的分数计算每年的折旧额。计算公式如下：

$$年折旧率=\frac{尚可使用寿命}{预计使用寿命的年数总和}\times 100\%$$

$$月折旧率=\frac{年折旧率}{12}$$

月折旧额＝(固定资产原价－预计净残值)×月折旧率

例 5-9　希望公司有一台设备，原值 15.2 万元，预计使用年限 5 年，预计净残值为 0.2 万元。采用年数总和法：

$$第一年折旧额=(15.2-0.2)\times\frac{5}{15}=5(万元)$$

$$第二年折旧额=(15.2-0.2)\times\frac{4}{15}=4(万元)$$

第三年折旧额 $=(15.2-0.2)\times\frac{3}{15}=3$(万元)

第四年折旧额 $=(15.2-0.2)\times\frac{2}{15}=2$(万元)

第五年折旧额 $=(15.2-0.2)\times\frac{1}{15}=1$(万元)

企业计提的固定资产折旧，应当根据用途计入相关资产的成本或者当期损益。例如，基本生产车间使用的固定资产，其计提的折旧应计入制造费用；管理部门使用的固定资产，计提的折旧应计入管理费用；销售部门使用的固定资产，计提的折旧应计入销售费用；未使用的固定资产，其计提的折旧应计入管理费用等。

(三) 固定资产使用寿命、预计净残值和折旧方法的复核

《企业会计准则第 4 号——固定资产》规定，企业至少应当于每年年度终了，对固定资产的使用寿命、预计净残值和折旧方法进行复核。

在固定资产使用过程中，其所处的经济环境、技术环境以及其他环境有可能对固定资产使用寿命和预计净残值产生较大影响。例如，固定资产使用强度比正常情况大大加强，致使固定资产使用寿命大大缩短；替代该项固定资产的新产品的出现致使其实际使用寿命缩短，预计净残值减少等。此时，如果不对固定资产使用寿命和预计净残值进行调整，必然不能准确反映其实际情况，也不能真实反映其为企业提供经济利益的期间及每期实际的资产消耗。因此，企业至少应当于每年年度终了，对固定资产使用寿命和预计净残值进行复核。如有确凿证据表明：固定资产使用寿命预计数与原先估计数有差异的，应当调整固定资产使用寿命；固定资产预计净残值预计数与原先估计数有差异的，应当调整预计净残值。

在固定资产使用过程中，与其有关的经济利益预期实现方式也可能发生重大变化，在这种情况下，企业也应相应改变固定资产折旧方法。例如，某采掘企业各期产量相对稳定，原来采用年限平均法计提固定资产折旧。年度复核中发现，由于该企业使用了先进技术，产量大幅增加，可采储量逐年减少，该项固定资产给企业带来经济利益的预期实现方式已发生重大改变，需要将年限平均法改为产量法。

固定资产使用寿命、预计净残值和折旧方法的改变按照会计估计变更的有关规定进行处理。

二、固定资产的后续支出

固定资产的后续支出是指固定资产使用过程中发生的更新改造支出、修理费用等。企业的固定资产在投入使用后，为了适应新技术发展的需要，或者为维护或提高固定资产的使用效能，往往需要对现有固定资产进行维护、改建、扩建或者改良。

后续支出的处理原则为：符合固定资产确认条件的，应当计入固定资产成本，同时将被替换部分的账面价值扣除；不符合固定资产确认条件的，应当计入当期损益。

(一) 资本化的后续支出

固定资产发生可资本化的后续支出时，企业一般应将该固定资产的原价、已计提的累计折旧和减值准备转销，将其账面价值转入在建工程，并停止计提折旧。发生的可资本化的后续支出，通过“在建工程”科目核算。在固定资产发生的后续支出完工并达到预定可使用状态时，再从在建工程转为固定资产，并按重新确定的使用寿命、预计净残值和折旧方法计提折旧。

例 5-10　希望公司是一家饮料生产企业，有关业务资料如下：

① 20×9 年 12 月，该公司自行建成了一条饮料生产线并投入使用，建造成本为 600000 元；采用年限平均法计提折旧；预计净残值率为固定资产原价的 3%，预计使用年限为 6 年。

② 2×11 年 12 月 31 日，由于生产的产品适销对路，现有的这条饮料生产线的生产能力已难以满足公司生产发展的需要，但若新建生产线，成本过高，周期过长，于是公司决定对现有生产线进行改扩建，以提高其生产能力。假定该生产线未发生过减值。

③ 至 2×12 年 4 月 30 日，完成了对这条生产线的改扩建工程，达到预定可使用状态。改扩建过程中发生以下支出：用银行存款购买工程物资一批，增值税专用发票上注明的价款为 210000 元，增值税税额为 27300 元，已全部用于改扩建工程；发生有关人员薪酬 84000 元。

④ 该生产线改扩建工程达到预定可使用状态后，大大提高了生产能力，预计尚可使用年限为 7 年。假定改扩建后的生产线的预计净残值率为改扩建后其账面价值的 4%；折旧方法仍为年限平均法。

假定希望公司按年度计提固定资产折旧，为简化计算过程，整个过程不考虑其他相关税费，希望公司的账务处理如下：

① 本例中，饮料生产线改扩建后生产能力大大提高，能够为企业带来更多的经济利益，改扩建的支出金额也能可靠计量，因此该后续支出符合固定资产的确认条件，应计入固定资产的成本。

固定资产后续支出发生前，该条饮料生产线的应计折旧额 $= 600000 \times (1 - 3\%)$
$= 582000$(元)

$$年折旧额 = \frac{582000}{6} = 97000(元)$$

2×10 年 1 月 1 日至 2×11 月 12 月 31 日两年间，各年计提固定资产折旧为

借：制造费用　　97000

　　贷：累计折旧　　97000

② 2×11 年 12 月 31 日，将该生产线的账面价值 406 000 元(600 000 − 97 000 × 2)转入在建工程：

借：在建工程——饮料生产线　　406000

　　累计折旧　　194000

　　贷：固定资产——饮料生产线　　600000

③ 发生改扩建工程支出：

借：工程物资　　210000

　　应交税费——应交增值税(进项税额)　　27300

贷：银行存款　　　　237300

借：在建工程——饮料生产线　　　　294000

贷：工程物资　　　　210000

应付职工薪酬　　　　84000

④ 2×12 年 4 月 30 日，生产线改扩建工程达到预定可使用状态，转为固定资产：

借：固定资产——饮料生产线　　　　700000

贷：在建工程——饮料生产线　　　　700000

⑤ 2×12 年 4 月 30 日，转为固定资产后，按重新确定的使用寿命、预计净残值和折旧方法计提折旧：

应计折旧额 $= 700000 \times (1 - 4\%) = 672000$(元)

月折旧额 $= \dfrac{672000}{7 \times 12} = 8000$(元)

2×12 年应计提的折旧额为 64000 元(8000×8)，会计分录为

借：制造费用　　　　64000

贷：累计折旧　　　　64000

2×13 年至 2×18 年每年应计提的折旧额为 96000 元(8000×12)，会计分录为

借：制造费用　　　　96000

贷：累计折旧　　　　96000

2×19 年应计提的折旧额为 32000 元(8000×4)，会计分录为

借：制造费用　　　　32000

贷：累计折旧　　　　32000

企业发生的一些固定资产后续支出可能涉及替换原固定资产的某组成部分。如对某项机器设备进行检测时，发现其中的电机(未单独确认为一项固定资产)出现难以修复的故障，将其拆除，重新安装了一个新电机。在这种情况下，当发生的后续支出符合固定资产确认条件时，应将其计入固定资产成本，同时将被替换部分的账面价值扣除，以避免将替换部分的成本和被替换部分的成本同时计入固定资产成本，导致固定资产成本重复计算。

例 5-11　20×9 年 6 月 30 日，希望公司一台生产用升降机械出现故障，经检修发现其中的电动机磨损严重，需要更换。该升降机购买于 20×5 年 6 月 30 日，希望公司已将其整体作为一项固定资产进行了确认，原价 400000 元(其中的电动机在 20×5 年 6 月 30 日的市场价格为 85000 元)，预计净残值为 0，预计使用年限为 10 年，采用年限平均法计提折旧。为继续使用该升降机械并提高工作效率，希望公司决定对其进行改造，为此购买了一台更大功率的电动机代替原电动机。新购置电动机的价款为 82000 元，增值税税额为 10660 元，款项已通过银行转账支付；在改造过程中，辅助生产车间提供了劳务支出 15000 元。

假定原电动机磨损严重，没有任何价值。不考虑其他相关税费，希望公司的账务处理如下：

① 固定资产转入在建工程。

本例中的更新改造支出符合固定资产的确认条件，应予资本化；同时应终止确认原电动机价值。20×9 年 6 月 30 日，原电动机的价值为

$$85000-\frac{85000}{10}\times4=51000(元)$$

借：营业外支出——处置非流动资产损失　51000
　　在建工程——升降机械　189000
　　累计折旧——升降机械 $\left(\frac{400000}{10}\times4\right)$　160000
　　贷：固定资产——升降机械　400000

② 更新改造支出：

借：工程物资——新电动机　82000
　　应交税费——应交增值税(进项税额)　10660
　　贷：银行存款　92660

借：在建工程——升降机械　97000
　　贷：工程物资——新电动机　82000
　　　　生产成本——辅助生产成本　15000

③ 在建工程转回固定资产：

借：固定资产——升降机械　286000
　　贷：在建工程——升降机械　286000

企业对固定资产进行定期检查发生的大修理费用，符合资本化条件的，可以计入固定资产成本；不符合资本化条件的，计入当期损益。

(二) 费用化的后续支出

一般情况下，固定资产投入使用之后，由于固定资产磨损、各组成部分耐用程度不同，可能导致固定资产的局部损坏，为了维护固定资产的正常运转和使用，充分发挥其使用效能，企业会对固定资产进行必要的维护。

固定资产的日常维护支出通常不满足固定资产的确认条件，应在发生时直接计入当期损益。企业生产车间和行政管理部门等发生的固定资产修理费用等后续支出计入管理费用；企业专设销售机构的，其发生的与专设销售机构相关的固定资产修理费用等后续支出，计入销售费用。固定资产更新改造支出不满足固定资产确认条件的，也应在发生时直接计入当期损益。

融资租入固定资产发生的固定资产后续支出，比照上述原则处理。经营租入固定资产发生的改良支出，应通过"长期待摊费用"科目核算，并在剩余租赁期与租赁资产尚可使用年限两者中较短的期间内，采用合理的方法进行摊销。

第三节　固定资产的处置

固定资产处置包括固定资产的出售、转让、报废或毁损、对外投资、非货币性资产交换、债务重组等。

一、固定资产终止确认的条件

固定资产满足下列条件之一的，应当予以终止确认：

(1) 该固定资产处于处置状态。处于处置状态的固定资产不再用于生产商品、提供劳务、出租或经营管理，因此不再符合固定资产的定义，应予终止确认。

(2) 该固定资产预期通过使用或处置不能产生经济利益。固定资产的确认条件之一是“与该固定资产有关的经济利益很可能流入企业”，如果一项固定资产预期通过使用或处置不能产生经济利益，就不再符合固定资产的定义和确认条件，应予终止确认。

二、固定资产处置的会计处理

企业出售、转让、报废固定资产或发生固定资产毁损，应当将处置收入扣除账面价值和相关税费后的金额计入当期损益。固定资产的账面价值是固定资产成本扣减累计折旧和累计减值准备后的金额。固定资产处置一般通过“固定资产清理”科目进行核算。处置固定资产时，其会计处理一般经过以下几个步骤：

1. 固定资产转入清理

固定资产转入清理时，按固定资产账面价值，借记“固定资产清理”科目，按已计提的累计折旧，借记“累计折旧”科目，按已计提的减值准备，借记“固定资产减值准备”科目，按固定资产账面余额，贷记“固定资产”科目。

2. 发生的清理费用

企业在固定资产清理过程中发生的相关税费及其他费用，应借记“固定资产清理”科目，贷记“银行存款”“应交税费”等科目。

3. 出售收入、残料等的处理

企业收回出售固定资产的价款、残料价值和变价收入等，应冲减清理支出，借记“银行存款”“原材料”等科目，贷记“固定资产清理”“应交税费——应交增值税”等科目。

4. 保险赔款的处理

企业计算或收到的应由保险公司或过失人赔偿的损失，应借记“其他应收款”“银行存款”等科目，贷记“固定资产清理”科目。

5. 清理净损益的处理

固定资产清理完成后，属于生产经营期间正常的处理净损失，借记“营业外支出——处置非流动资产损失”科目，贷记“固定资产清理”科目；属于生产经营期间由于自然灾害等非正常原因造成的，借记“营业外支出——非正常损失”科目，贷记“固定资产清理”科目。固定资产清理完成后的净收益，借记“固定资产清理”科目，贷记“营业外收入——处置非流动资产利得”科目。

例 5-12　希望公司现有一台设备，由于性能等原因决定提前报废，原价为 5000000 元，已计提折旧 450000 元，未计提减值准备。报废时的残值变价收入为 20000 元，报废清理过程中发生清理费用 3500 元。有关收入和支出均通过银行办理结算。假定不考虑相关税费的影响。希望公司应编制的会计分录如下：

① 将报废固定资产转入清理时:

借: 固定资产清理　　4550000
　　累计折旧　　　　450000
　　贷: 固定资产　　　5000000

② 收回残料变价收入时:

借: 银行存款　　　20000
　　贷: 固定资产清理　　20000

③ 支付清理费用时:

借: 固定资产清理　　3500
　　贷: 银行存款　　　3500

④ 结转报废固定资产发生的净损失时:

借: 营业外支出——处置非流动资产损失　　33500
　　贷: 固定资产清理　　　　　　　　　　33500

其他方式减少的固定资产，如以固定资产清偿债务、投资转出固定资产、以非货币性资产交换换出固定资产等，分别按照债务重组、非货币性资产交换等的处理原则进行核算。

三、固定资产清查的会计处理

企业应当定期或者至少于每年年末对固定资产进行清查盘点，以保证固定资产核算的真实性，充分挖掘企业现有固定资产的潜力。在固定资产清查过程中，如果发现盘盈、盘亏的固定资产，应当填制固定资产盘盈盘亏报告表。清查固定资产的损益，应当及时查明原因，并按照规定程序报批处理。

(一) 固定资产盘盈的会计处理

企业在财产清查中盘盈的固定资产，作为前期差错处理。企业在财产清查中盘盈的固定资产，在按管理权限报经批准处理前应先通过“以前年度损益调整”科目核算。盘盈的固定资产，应按重置成本确定其入账价值，借记“固定资产”科目，贷记“以前年度损益调整”科目。

例 5-13　20×9 年 1 月 8 日，希望公司在财产清查过程中发现 20×4 年 12 月份购入的一台设备尚未入账，重置成本为 30000 元(假定与计税基础不存在差异)。假定希望公司按净利润的 10%提取法定盈余公积，不考虑相关税费及其他因素的影响。希望公司应编制的会计分录如下:

① 盘盈固定资产时:

借: 固定资产　　　　　　30000
　　贷: 以前年度损益调整　　30000

② 结转为留存收益时:

借: 以前年度损益调整　　30000
　　贷: 盈余公积——法定盈余公积　　3000
　　　　利润分配——未分配利润　　27000

(二) 固定资产盘亏的会计处理

企业在财产清查中盘亏的固定资产，按盘亏固定资产的账面价值，借记“待处理财产损溢——待处理固定资产损溢”科目；按已计提的累计折旧，借记 “累计折旧”科目；按已计提的减值准备，借记 “固定资产减值准备”科目；按固定资产原价，贷记“固定资产”科目。按管理权限报经批准后处理时，按可收回的保险赔偿或过失人赔偿，借记“其他应收款”科目，按应计入营业外支出的金额，借记“营业外支出”科目，贷记“待处理财产损溢”科目。

例 5-14　20×9 年 8 月 14 日，希望公司在财产清查过程中发现短缺一台笔记本电脑，原价为 5800 元，已计提折旧 3800 元。希望公司应编制的会计分录如下：

① 盘亏固定资产时：

借：待处理财产损溢——待处理固定资产损溢　2000
　　累计折旧　3800
　　贷：固定资产　5800

② 报经批准转销时：

借：营业外支出　2000
　　贷：待处理财产损溢　2000

四、固定资产的减值

固定资产的初始入账价值是历史成本，由于固定资产使用年限较长，市场条件和经营环境的变化、科学技术的进步以及企业经营管理不善等原因，都可能导致固定资产创造未来经济利益的能力大大下降。因此，固定资产的真实价值有可能低于账面价值，在期末必须对固定资产减值损失进行确认。

固定资产在资产负债表日存在可能发生减值的迹象时，其可收回金额低于账面价值。企业应当将该固定资产的账面价值减记至可收回金额，减记的金额确认为减值损失，计入当期损益，同时计提相应的资产减值准备，借记“资产减值损失——计提的固定资产减值准备”科目，贷记“固定资产减值准备”科目。固定资产减值损失一经确认，在以后会计期间不得转回。

例 5-15　希望公司系增值税一般纳税人，20×6 年至 20×9 年与固定资产业务相关的资料如下：

资料一：20×6 年 12 月 5 日，希望公司以银行存款购入一套不需安装的大型生产设备，取得的增值税专用发票上注明的价款为 5000 万元，增值税税额为 650 万元。编制希望公司 20×6 年 12 月 5 日购入该设备的会计分录。

20×6 年 12 月 5 日：

借：固定资产　5000
　　应交税费——应交增值税(进项税额)　650
　　贷：银行存款　5650

资料二：20×6 年 12 月 31 日，该设备投入使用，预计使用年限为 5 年，净残值为 50 万元，采用年数总和法按年计提折旧。分别计算希望公司 20×7 年度和 20×8 年度对该设备应计提的折旧金额。

希望公司 20×7 年应计提的折旧 $=(5000-50)\times\frac{5}{15}=1650$(万元)

希望公司 20×8 年应计提的折旧 $=(5000-50)\times\frac{4}{15}=1320$(万元)

资料三：20×8 年 12 月 31 日，该设备出现减值迹象。预计未来现金流量的现值为 1500 万元，公允价值减去处置费用后的净额为 1800 万元，希望公司对该设备计提减值准备后，根据新获得的信息预计其剩余使用年限仍为 3 年，净残值为 30 万元，仍采用年数总和法按年计提折旧。计算希望公司 2014 年 12 月 31 日对该设备计提减值准备的金额，并编制相关会计分录。

20×8 年 12 月 31 日，固定资产的账面价值=5000－50－1320=2030(万元)，可收回金额为未来现金流量的现值 1500 万元和公允价值减去处置费用后的净额 1800 万元中的较高者，所以是 1800 万元，因此计提的减值准备=2030－1800=230(万元)，分录如下：

借：资产减值损失　230

　　贷：固定资产减值准备　230

资料四：20×9 年 12 月 31 日，希望公司售出该设备，开具的增值税专用发票上注明的价款为 900 万元，增值税税额为 117 万元，款项已收存银行，另以银行存款支付清理费用 2 万元。

(1) 计算希望公司 20×9 年度对该设备应计提的折旧金额，编制相关会计分录。

20×9 年，固定资产应计提的折旧 $=(1800-30)\times\frac{3}{6}-885$(万元)。

借：制造费用　885

　　贷：累计折旧　885

(2) 编制希望公司 20×9 年 12 月 31 日处置该设备的会计分录。假定不考虑其他因素。

借：固定资产清理	915	
累计折旧	3855	
固定资产减值准备	230	
贷：固定资产		5000
借：固定资产清理	2	
贷：银行存款		2
借：银行存款	1017	
贷：固定资产清理		900
应交税费——应交增值税(销项税额)		117
借：资产处置损益	17	
贷：固定资产清理		17

练 习 题

一、单项选择题

1. 下列各项中，属于企业固定资产的是(　　)。

A. 工业企业外购价值很低的生产工具　　B. 房地产开发企业开发待售的商品房
C. 商贸企业销售的电脑　　D. 4S店自用小汽车

2. 下列各项中，不属于固定资产折旧方法的是(　)。
A. 生产总量法　　B. 年限平均法
C. 双倍余额递减法　　D. 工作量法

3. 下列关于固定资产折旧的表述中不正确的是(　　)。
A. 车间管理用固定资产折旧计入制造费用中
B. 生产车间闲置固定资产折旧计入制造费用中
C. 工程用固定资产折旧计入在建工程中
D. 售后部门固定资产折旧计入销售费用中

4. 2017年3月9日甲公司(增值税一般纳税人)外购不需安装的生产用设备一台，取得增值税专用发票上注明的价款为120万元，增值税税额为19.2万元，支付保险费取得增值税专用发票注明保险费1万元，增值税税额为0.06万元，取得运输增值税专用发票注明的运输费为6万元，增值税税额为0.6万元。则甲公司购入该固定资产的入账价值为(　)万元。
A. 127.72　　B. 127　　C. 121　　D. 148.06

5. 甲公司为增值税一般纳税人，2017年2月4日购入需安装的生产用机器设备一台，支付价款100万元，增值税16万元。安装过程中领用本公司自产产品一批，该批产品成本为5万元，公允价值为8万元。2017年2月24日安装结束，固定资产达到预定可使用状态。则甲公司该固定资产的入账金额为(　　)万元。
A. 105.85　　B. 106.36　　C. 105　　D. 109.36

6. 甲公司2017年1月1日购入一台不需安装的生产用机器设备，取得增值税专用发票注明的金额为234万元，增值税税额为37.44万元，支付运费取得增值税专用发票注明的运费为22万元，增值税税额为2.2万元，取得增值税普通发票注明包装费价税合计为2万元。甲公司对此设备采用年限平均法计提折旧，预计净残值率为5%，预计使用5年。则甲公司2017年该机器设备应当计提折旧的金额为(　　)万元。
A. 44.94　　B. 49.02　　C. 48.08　　D. 43.33

7. 甲公司2016年11月1日购入一项固定资产，原价为100万元，预计使用年限为5年，预计净残值率为5%。甲公司对该固定资产采用双倍余额递减法计提折旧，则2017年应当计提的折旧为(　)万元。
A. 40　　B. 36.67　　C. 38.67　　D. 42

二、多项选择题

1. 下列关于工业企业取得固定资产的会计核算，表述正确的是(　　)。
A. 企业应当按照取得固定资产的实际成本加相关费用作为固定资产的取得成本
B. 一般纳税人外购生产用动产设备负担的增值税不需计入取得成本
C. 外购需安装才能使用的固定资产需通过在建工程归集相关成本
D. 企业以一笔款项购入多项没有单独标价的固定资产，应按各项固定资产公允价值的比例对总成本进行分配

2. 下列关于固定资产计提折旧的表述中，正确的是(　　)。

A. 提前报废的固定资产不再补提折旧

B. 固定资产折旧方法一经确定，不得改变

C. 已提足折旧但仍继续使用的固定资产不再计提折旧

D. 自行建造的固定资产应自办理竣工决算时开始计提折旧

3. 企业处置固定资产需通过“固定资产清理”科目核算，下列各项中应计入“固定资产清理”科目借方核算的是(　　)。

A. 结转清理的净收益

B. 残料作价收入

C. 发生的清理费用

D. 应收取的保险公司赔款

4. 下列各项中属于投资性房地产的是(　　)。

A. 已出租的土地使用权

B. 持有并准备增值后转让的土地使用权

C. 房地产企业准备增值后转让的建筑物

D. 经营租入后转租的建筑物

三、简答题

1. 什么是固定资产？固定资产具有哪些特征？

2. 固定资产的确认条件是什么？如何理解这些确认条件？

四、业务处理题

1. 甲公司系增值税一般纳税人，不动产适用的增值税税率为10%，2018年8月1日购入一栋办公楼，取得的增值税专用发票上注明的价款为10000万元，增值税税额为1000万元，税法规定，上述进项税额中，60%的部分于取得扣税凭证的当期从销项税额中抵扣；40%的部分为待抵扣进项税额，于取得扣税凭证的当月起第13个月从销项税额中抵扣。货款已经支付，不考虑其他因素。

要求：根据上述业务编制2018年8月与2019年8月的会计分录。

2. 甲公司为增值税一般纳税人。20×9年2月28日，甲公司购入一台需安装的设备，以银行存款支付设备价款120万元，增值税进项税额为15.6万元。3月6日，甲公司以银行存款支付装卸费0.6万元。4月10日，设备开始安装，在安装过程中，甲公司发生安装人员工资0.8万元；领用原材料一批，该批原材料的成本为6万元，相应的增值税进项税额为0.78万元，市场价格(不含增值税)为6.3万元。设备于20×9年6月20日完成安装，达到预定可使用状态。该设备预计使用10年，预计净残值为零，甲公司采用年限平均法计提折旧。

要求：(1) 计算该设备的入账价值。

(2) 20×9年应计提的折旧。

第六章　投资性房地产

【学习目标】

- 了解投资性房地产的界定及入账成本的确认；
- 掌握投资性房地产的两种后续计量模式在选择标准上、会计处理上和计量模式的转化；
- 掌握投资性房地产的转换及处置。

【课前阅读】

某税务检查组对一家多年从事房地产开发的K公司进行了检查。当检查到商品房销售情况时，检查员小王很自然地询问公司有多少空余商品房没有销售，并请K公司销售部提供未实现销售房屋的台账。从台账可以看出，K公司近3年开发的项目几乎每期都有未实现销售的房屋，但从这些未销售房屋的种类和分布上，小王发现了一些疑点。于是，小王提出将销售台账与未销售房屋的钥匙进行核对。K公司很不情愿地拿出了钥匙，并解释因有部分房屋的钥匙在销售人员手中，需要给客户开门看房，所以钥匙不全。对此，小王并未提出不同意见，而是请K公司将有钥匙和没有钥匙的房屋分别统计。待K公司统计完毕后，小王重点抽查了没有钥匙的房屋。抽查的结果正如小王所料，所谓没有钥匙的房屋，实际上是K公司用于对外经营租赁的，但K公司辩解是销售人员私下将房屋用于出租。随后，小王走访了一些前期开发项目的店面房和配套房，不仅获取了由K公司投资人另外投资成立的物业公司开具的收取房租的收款收据，而且了解到由K公司销售部负责人个人(K公司投资人的弟弟)收取房租没有开具发票的情况。对此，K公司称这些房屋都已由其个人购买，由其本人收取房租。情况果真如此？经验丰富的小王请K公司和当事人分别拿出销售和购买房屋的发票，K公司和当事人均无言以对。在事实面前，K公司只好说出了事实。

原来，K公司将其开发的一些低层配套设施(有不少是违章建筑)及少数未销售的房屋用于经营租赁收取租金，将一小部分租金计入K公司账户，大部分租金收入则留在了物业公司。但在物业公司账面上反映的也仅是少部分，大部分直接计入了小金库。这部分计入小金库的收入主要是对外出租违章建筑收取的，K公司早已将这部分违章建筑的成本随相关开发项目的销售成本一并结转完毕，使得这部分违章建筑因没有账面成本而游离于账外。K公司遂以销售部经理个人的名义对外出租，并将租金计入小金库，用于发放公司领导层奖金、员工福利以及公司无法获取发票的业务活动开支，从而偷逃了营业税、房产税、企业所得税、个人所得税等相关税款。

第一节 投资性房地产概述

一、投资性房地产的定义与特征

投资性房地产是指为赚取租金或资本增值，或者两者兼有而持有的房地产。投资性房地产应当能够单独计量和出售。

投资性房地产具有以下特征：

(1) 投资性房地产是一种经营活动。投资性房地产的主要形式是出租建筑物、出租土地使用权，这实质上属于一种让渡资产使用权行为。房地产租金就是让渡资产使用权取得的使用费收入，是企业为完成其经营目标所从事的经营性活动以及与之相关的其他活动形成的经济利益总流入。投资性房地产的另一种形式是持有并准备增值后转让的土地使用权，尽管其增值收益通常与市场供求、经济发展等因素相关，但目的是增值后转让以赚取增值收益，也是企业为完成其经营目标所从事的经营性活动以及与之相关的其他活动形成的经济利益总流入。

(2) 投资性房地产在用途、状态、目的等方面区别于作为生产经营场所的房地产和用于销售的房地产。企业持有的房地产除了用作自身管理、生产经营活动场所和对外销售之外，出现了将房地产用于赚取租金或增值收益的活动，甚至成为个别企业的主营业务。这就需要将投资性房地产单独作为一项资产核算和反映，与自用的厂房、办公楼等房地产和作为存货(已完工商品房)的房地产加以区别，从而更加清晰地反映企业所持有房地产的构成情况和盈利能力。

二、投资性房地产的范围

投资性房地产主要包括已出租的土地使用权、持有并准备增值后转让的土地使用权和已出租的建筑物。

(一) 属于投资性房地产的项目

1. 已出租的土地使用权

已出租的土地使用权是指企业通过出让或转让方式取得并以经营租赁方式出租的土地使用权。企业计划用于出租但尚未出租的土地使用权，不属于此类。对于以经营租赁方式租入土地使用权再转租给其他单位的，不能确认为投资性房地产。

例 6-1 20×9 年 5 月 10 日，甲公司与乙公司签订了一项经营租赁合同，约定自 20×9 年 6 月 1 日起，甲公司以年租金 8000000 元租赁使用乙公司拥有的一块 400000 平方米的场地，租赁期为 8 年。20×9 年 7 月 1 日，甲公司又将这块场地转租给丙公司，以赚取租金差价，租赁期为 5 年。以上交易假设不违反国家有关规定。

本例中，对于甲公司而言，这项土地使用权不能予以确认，也不属于其投资性房地产。对于乙公司而言，自租赁期开始日(20×9 年 6 月 1 日)起，这项土地使用权属于投资性房地产。

2. 持有并准备增值后转让的土地使用权

持有并准备增值后转让的土地使用权是指企业通过出让或转让方式取得并准备增值后转让的土地使用权。但是，按照国家有关规定认定的闲置土地，不属于持有并准备增值的土地使用权。

3. 已出租的建筑物

已出租的建筑物是指企业拥有产权并以经营租赁方式出租的房屋等建筑物，包括自行建造或开发活动完成后用于出租的建筑物。

企业在判断和确认已出租的建筑物时，应当把握以下要点：

(1) 用于出租的建筑物是指企业拥有产权的建筑物，企业以经营租赁方式租入再转租的建筑物不属于投资性房地产。

(2) 已出租的建筑物是企业已经与其他方签订了租赁协议，约定以经营租赁方式出租的建筑物。一般应自租赁协议规定的租赁期开始日起，经营租出的建筑物才属于已出租的建筑物。

(3) 企业将建筑物出租，按租赁协议向承租人提供的相关辅助服务在整个协议中不重大的，应当将该建筑物确认为投资性房地产。例如，企业将其办公楼出租，同时向承租人提供维护、保安等日常辅助服务，企业应当将其确认为投资性房地产。

(二) 不属于投资性房地产的项目

下列房地产不属于投资性房地产：

1. 自用房地产

自用房地产，即为生产商品、提供劳务或者经营管理而持有的房地产，包括自用建筑物(固定资产)和自用土地使用权(无形资产)。

2. 作为存货的房地产

作为存货的房地产，通常指房地产开发企业在正常经营过程中销售的或为销售而正在开发的商品房和土地。

如果某项房地产部分用于赚取租金或资本增值、部分自用(即用于生产商品、提供劳务或经营管理)，能够单独计量和出售的、用于赚取租金或资本增值的部分，应当确认为投资性房地产；不能够单独计量和出售的、用于赚取租金或资本增值的部分，不确认为投资性房地产。该项房地产自用的部分，以及不能够单独计量和出售的、用于赚取租金或资本增值的部分，应当确认为固定资产或无形资产。

第二节　投资性房地产的确认和初始计量

一、投资性房地产的确认

投资性房地产只有在符合定义，并同时满足下列条件时，才能予以确认：

(1) 与该投资性房地产有关的经济利益很可能流入企业。

(2) 该投资性房地产的成本能够可靠地计量。

投资性房地产初始计量时，应当按照成本进行计量。

投资性房地产的确认时点：

(1) 用于出租的投资性房地产，以租赁开始日为确认日。

(2) 持有以备经营出租的空置建筑物，以企业管理当局就该事项作出正式书面决议的日期为准。

(3) 持有以备增值后转让的土地使用权，以企业将自用土地使用权停止自用，准备增值后转让的日期为准。

二、不同取得渠道下投资性房地产的确认与初始计量

(一) 外购投资性房地产的确认和初始计量

企业外购的房地产，只有在购入的同时开始对外出租或用于资本增值，才能作为投资性房地产加以确认。

企业购入房地产，自用一段时间之后再改为出租或用于资本增值的，应当先将外购的房地产确认为固定资产或无形资产，自租赁期开始日或用于资本增值之日起，才能从固定资产或无形资产转换为投资性房地产。

企业外购投资性房地产时，应当按照取得时的实际成本进行初始计量。取得时的实际成本，包括购买价款、相关税费和可直接归属于该资产的其他支出。采用成本模式进行后续计量的，企业应当在购入投资性房地产时，借记“投资性房地产”科目，贷记“银行存款”等科目；采用公允价值模式进行后续计量的，企业应当在购入投资性房地产时，借记“投资性房地产——成本”科目，贷记“银行存款”等科目。

(二) 自行建造投资性房地产的确认和初始计量

企业自行建造的房地产，只有在自行建造活动完成(即达到预定可使用状态)的同时开始对外出租或用于资本增值，才能将自行建造的房地产确认为投资性房地产。自行建造投资性房地产的成本，由建造该项房地产达到预定可使用状态前发生的必要支出构成。

企业自行建造房地产达到预定可使用状态后一段时间才对外出租或用于资本增值的，应当先将自行建造的房地产确认为固定资产、无形资产或存货，自租赁期开始日或用于资本增值之日开始，从固定资产、无形资产或存货转换为投资性房地产。

自行建造投资性房地产，其成本由建造该项资产达到预定可使用状态前发生的必要支出构成，包括土地开发费、建筑成本、安装成本、应予资本化的借款费用、支付的其他费用和分摊的间接费用等。采用成本模式进行后续计量的，应按照确定的自行建造投资性房地产成本，借记“投资性房地产”科目，贷记“在建工程”或“开发产品”科目。采用公允价值模式进行后续计量的，应按照确定的自行建造投资性房地产成本，借记“投资性房地产——成本”科目，贷记“在建工程”或“开发产品”科目。

例 6-2　20×9 年 2 月，甲公司从其他单位购入一块土地，并在这块土地上开始自行建造两栋厂房。20×9 年 11 月，甲公司预计厂房即将完工，与乙公司签订了经营租赁合同，

将其中的一栋厂房租赁给乙公司使用。租赁合同约定，该厂房于完工时开始起租。20×9年12月5日，两栋厂房同时完工。该块土地使用权的成本为9000000元；两栋厂房的实际造价均为12000000元，能够单独出售。假设甲公司采用成本模式进行后续计量。

甲公司的账务处理如下：

$$土地使用权中的对应部分同时转换为投资性房地产 = 9000000 \times \frac{12000000}{24000000} = 4500000(元)$$

借：固定资产——厂房　　12000000

　　投资性房地产——厂房　　12000000

　　贷：在建工程——厂房　　24000000

借：投资性房地产——已出租土地使用权　　4500000

　　贷：无形资产——土地使用权 $\frac{9000000}{2}$　　4500000

（三）非投资性房地产转换为投资性房地产的确认和初始计量

非投资性房地产转换为投资性房地产，实质上是因房地产用途发生改变而对房地产进行的重新分类。如果投资性房地产采用成本模式计量，则按照该项房地产在转换日的账面价值入账；如果投资性房地产采用公允价值模式计量，则按该项房地产在转换日的公允价值入账。

三、与投资性房地产有关的后续支出

(一) 资本化的后续支出

与投资性房地产有关的后续支出，满足投资性房地产确认条件的，应当计入投资性房地产成本。例如，企业为了提高投资性房地产的使用效能，往往需要对投资性房地产进行改建、扩建而使其更加坚固耐用，或者通过装修而改善其室内装潢，改扩建或装修支出满足确认条件的，应当将其资本化。

采用成本模式计量的，投资性房地产进入改扩建或装修阶段后，应当将其账面价值转入改扩建工程，借记“投资性房地产——在建”“投资性房地产累计折旧”等科目，贷记“投资性房地产”科目。发生资本化的改良或装修支出，通过“投资性房地产——在建”科目归集，借记“投资性房地产——在建”科目，贷记“银行存款”“应付账款”等科目。改扩建或装修完成后，借记“投资性房地产”科目，贷记“投资性房地产——在建”科目。

采用公允价值模式计量的，投资性房地产进入改扩建或装修阶段，借记“投资性房地产——在建”科目，贷记“投资性房地产——成本”“投资性房地产——公允价值变动”等科目；在改扩建或装修完成后，借记“投资性房地产——成本”科目，贷记“投资性房地产——在建”科目。

企业对某项投资性房地产进行改扩建等再开发且将来仍作为投资性房地产的，再开发期间应继续将其作为投资性房地产，再开发期间不计提折旧或摊销。

例6-3　20×9年5月，甲公司与乙公司的一项厂房经营租赁合同即将到期。该厂房原价为 50000000 元，已计提折旧 10000000 元。为了提高厂房的租金收入，甲公司决定在租赁期满后对该厂房进行改扩建，并与丙公司签订了经营租赁合同，约定自改扩建完工时将该厂房出租给丙公司。20×9 年 5 月 31 日，与乙公司的租赁合同到期，该厂房随即进入改扩建工程。20×9 年 12 月 31 日，该厂房改扩建工程完工，共发生支出 5000000 元，均已支付，即日按照租赁合同出租给丙公司。假定甲公司采用成本计量模式。

本例中，改扩建支出属于后续支出，假定符合《企业会计准则第 3 号——投资性房地产》第六条的规定，应当计入投资性房地产的成本。

甲公司的账务处理如下：

(1) 20×9 年 5 月 31 日，投资性房地产转入改扩建工程：

借：投资性房地产——厂房——在建　　40000000
　　投资性房地产累计折旧　　10000000
　　贷：投资性房地产——厂房　　50000000

(2) 20×9 年 5 月 31 日至 20×9 年 12 月 31 日，发生改扩建支出：

借：投资性房地产——厂房——在建　　5000000
　　贷：银行存款　　5000000

(3) 20×9 年 12 月 31 日，改扩建工程完工：

借：投资性房地产——厂房　　45000000
　　贷：投资性房地产——厂房——在建　　45000000

例 6-4　20×9 年 5 月，甲公司与乙公司的一项厂房经营租赁合同即将到期。为了提高厂房的租金收入，甲公司决定在租赁期满后对该厂房进行改扩建，并与丙公司签订了经营租赁合同，约定自改扩建完工时将该厂房出租给丙公司。20×9 年 5 月 31 日，与乙公司的租赁合同到期，该厂房随即进入改扩建工程。20×9 年 5 月 31 日，该厂房账面余额为 20000000 元，其中成本 16000000 元，累计公允价值变动 4000000 元。20×9 年 11 月 30 日该厂房改扩建工程完工，共发生支出 3000000 元，均已支付，即日按照租赁合同出租给丙公司。假定甲公司采用公允价值计量模式。

甲公司的账务处理如下：

(1) 20×9 年 5 月 31 日，投资性房地产转入改扩建工程：

借：投资性房地产——房——在建　　20000000
　　贷：投资性房地产——厂房——成本　　16000000
　　　　　　　　　　　　　——公允价值变动　　4000000

(2) 20×9 年 5 月 31 日至 20×9 年 11 月 30 日，发生改扩建支出：

借：投资性房地产——厂房——在建　　3000000
　　贷：银行存款　　3000000

(3) 20×9 年 11 月 30 日，改扩建工程完工：

借：投资性房地产——厂房——成本　　23000000
　　贷：投资性房地产——厂房——在建　　23000000

(二) 费用化的后续支出

与投资性房地产有关的后续支出，不满足投资性房地产确认条件的，如企业对投资性房地产进行日常维护所发生的支出，应当在发生时计入当期损益，借记“其他业务成本”等科目，贷记“银行存款”等科目。

第三节 投资性房地产的后续计量

投资性房地产的后续计量有成本和公允价值两种模式，通常应当采用成本模式计量，满足特定条件时也可以采用公允价值模式计量。但是，同一企业只能采用一种模式对所有投资性房地产进行后续计量，不得同时采用两种计量模式。

在极少数情况下，采用公允价值对投资性房地产进行后续计量的企业，有证据表明，当企业首次取得某项投资性房地产(或某项现有房地产在完成建造或开发活动或改变用途后首次成为投资性房地产)时，该投资性房地产的公允价值不能持续可靠取得的，应当对该投资性房地产采用成本模式计量直至处置，并且假设无残值。但是，采用成本模式对投资性房地产进行后续计量的企业，即使有证据表明，企业首次取得某项投资性房地产时，该投资性房地产的公允价值能够持续可靠取得的，该企业仍应对该投资性房地产采用成本模式进行后续计量。

一、采用成本模式计量的投资性房地产

企业通常应当采用成本模式对投资性房地产进行后续计量。采用成本模式进行后续计量的投资性房地产，应当遵循以下会计处理规定：

(1) 按照固定资产或无形资产的有关规定，按期(月)计提折旧或摊销，借记“其他业务成本”等科目，贷记“投资性房地产累计折旧(摊销)”科目。

(2) 取得的租金收入，借记“银行存款”等科目，贷记“其他业务收入”等科目。

(3) 投资性房地产存在减值迹象的，适用资产减值的有关规定。经减值测试后确定发生减值的，应当计提减值准备，借记“资产减值损失”科目，贷记“投资性房地产减值准备”科目。已经计提减值准备的投资性房地产，其减值损失在以后的会计期间不得转回。

例 6-5 甲公司将移一栋写字楼出租给乙公司使用，确认为投资性房地产，采用成本模式进行后续计量，假设这栋办公楼的成本为 72000000 元，按照年限平均法计提折旧，使用寿命为 20 年，预计净残值为零。经营租赁合同约定，乙公司每月等额支付甲公司租金 400000 元。

甲公司的账务处理如下：

(1) 每月计提折旧：

每月计提的折旧 = (72000000 ÷ 20) ÷ 12 = 300000(元)

借：其他业务成本——出租写字楼折旧　　300000

　　贷：投资性房地产累计折旧　　300000

(2) 每月确认租金收入：

借：银行存款(或其他应收款)　　400000

　　贷：其他业务收入——出租写字楼租金收入　　400000

二、采用公允价值模式计量的投资性房地产

只有存在确凿证据表明投资性房地产的公允价值能够持续可靠取得的情况下，企业才可以采用公允价值模式对投资性房地产进行后续计量。企业一旦选择采用公允价值计量模式，就应当对其所有投资性房地产均采用公允价值模式进行后续计量。

(一) 采用公允价值模式进行后续计量的投资性房地产的满足条件

采用公允价值模式进行后续计量的投资性房地产，应当同时满足以下两个条件：

(1) 投资性房地产所在地有活跃的房地产交易市场。

所在地，通常指投资性房地产所在的城市。对于大中型城市，应当为投资性房地产所在的城区。

(2) 企业能够从活跃的房地产交易市场上取得同类或类似房地产的市场价格及其他相关信息，从而对投资性房地产的公允价值作出合理的估计。

同类或类似的房地产，对建筑物而言，是指所处地理位置和地理环境相同、性质相同、结构类型相同或相近、新旧程度相同或相近、可使用状况相同或相近的建筑物；对土地使用权而言，是指同一位置区域、所处地理环境相同或相近、可使用状况相同或相近的土地。

投资性房地产的公允价值是指在公平交易中，熟悉情况的当事人之间自愿进行房地产交换的价格。确定投资性房地产的公允价值时，应当参照活跃市场上同类或类似房地产的现行市场价格(市场公开报价)；无法取得同类或类似房地产现行市场价格的，应当参照活跃市场上同类或类似房地产的最近交易价格，并考虑交易情况、交易日期、所在区域等因素，从而对投资性房地产的公允价值作出合理的估计；也可以基于预计未来获得的租金收益和相关现金流量予以计量。

(二) 采用公允价值模式进行后续计量的投资性房地产会计处理

采用公允价值模式进行后续计量的投资性房地产，应当遵循以下会计处理规定：

(1) 不对投资性房地产计提折旧或摊销。企业应当以资产负债表日投资性房地产的公允价值为基础调整其账面价值，公允价值与原账面价值之间的差额计入当期损益。

资产负债表日，投资性房地产的公允价值高于原账面价值的差额，借记“投资性房地产——公允价值变动”科目，贷记“公允价值变动损益”科目；公允价值低于原账面价值的差额，作相反的账务处理。

(2) 取得的租金收入，借记“银行存款”等科目，贷记“其他业务收入”等科目。

例 6-6　20×9 年 9 月，甲公司与乙公司签订租赁协议，约定将甲公司新建造的一栋写字楼租赁给乙公司使用，租赁期为 10 年。

20×9 年 12 月 1 日，该写字楼开始起租，写字楼的工程造价为 80000000 元，公允价值也为相同金额。该写字楼所在区域有活跃的房地产交易市场，而且能够从房地产交易市场上取得同类房地产的市场报价，甲公司决定采用公允价值模式对该项出租的房地产进行后续计量。

在确定该投资性房地产的公允价值时，甲公司选取了与该处房产所处地区相近、结构

及用途相同的房地产，参照公司所在地房地产交易市场上平均销售价格，结合周边市场信息和自有房产的特点。20×9 年 12 月 31 日，该写字楼的公允价值为 84000000 元。

甲公司的账务处理如下：

(1) 20×9 年 12 月 1 日，甲公司出租写字楼：

借：投资性房地产——写字楼——成本　　80000000

　　贷：固定资产——写字楼　　80000000

(2) 20×9 年 12 月 31 日，按照公允价值调整其账面价值，公允价值与原账面价值之间的差额计入当期损益：

借：投资性房地产——写字楼——公允价值变动　　4000000

　　贷：公允价值变动损益——投资性房地产　　4000000

三、投资性房地产后续计量模式的变更

为保证会计信息的可比性，企业对投资性房地产的计量模式一经确定，不得随意变更。只有在房地产市场比较成熟、能够满足采用公允价值模式条件的情况下，才允许企业对投资性房地产从成本模式计量变更为公允价值模式计量。成本模式转换为公允价值模式的，应当作为会计政策变更处理，将计量模式变更时公允价值与账面价值的差额，调整期初留存收益。企业变更投资性房地产计量模式，符合《企业会计准则第 3 号——投资性房地产》规定的，应当按照计量模式变更日投资性房地产的公允价值，借记“投资性房地产——成本”科目，按照已计提的折旧或摊销，借记“投资性房地产累计折旧(摊销)”科目，原已计提减值准备的，借记“投资性房地产减值准备”科目，按照原账面余额，贷记“投资性房地产”科目，按照公允价值与其账面价值之间的差额，贷记或借记“利润分配——未分配利润”“盈余公积”等科目。

已采用公允价值模式计量的投资性房地产，不得从公允价值模式转换为成本模式。

第四节　投资性房地产的转换和处置

一、投资性房地产的转换

房地产的转换是指房地产用途的变更。企业有确凿证据表明房地产用途发生改变，满足下列条件之一的，应当将投资性房地产转换为其他资产或者将其他资产转换为投资性房地产：

(1) 投资性房地产开始自用，即将投资性房地产转换为自用房地产。在此种情况下，转换日为房地产达到自用状态，企业开始将其用于生产商品、提供劳务或者经营管理的日期。

(2) 作为存货的房地产，改为出租，通常是指房地产开发企业将其持有的开发产品以经营租赁的方式出租，存货相应地转换为投资性房地产。在此种情况下，转换日为房地产的租赁期开始日。租赁期开始日，是指承租人有权行使其使用租赁资产权利的日期。

(3) 自用建筑物停止自用，改为出租，即企业将原本用于生产商品、提供劳务或者经营管理的房地产改用于出租，固定资产相应地转换为投资性房地产。在此种情况下，转换

日为租赁期开始日。

(4) 自用土地使用权停止自用，改用于赚取租金或资本增值，即企业将原本用于生产商品、提供劳务或者经营管理的土地使用权改用于赚取租金或资本增值，该土地使用权相应地转换为投资性房地产。在此种情况下，转换日为自用土地使用权停止自用后，确定用于赚取租金或资本增值的日期。

(5) 房地产企业将用于经营出租的房地产重新开发用于对外销售，从投资性房地产转为存货。在这种情况下，转换日为租赁期满，企业董事会或类似机构作出书面决议，明确表示将其重新开发用于对外销售的日期。

以上所指确凿证据包括两个方面：一是企业董事会或类似机构应当就改变房地产用途形成正式的书面决议；二是房地产因用途改变而发生实际状态上的改变，如从自用状态改为出租状态。

二、投资性房地产转换的会计处理

(一) 成本模式下的转换

1. 投资性房地产转换为自用房地产

企业将采用成本模式计量的投资性房地产转换为自用房地产时，应当按该项投资性房地产在转换日的账面余额、累计折旧、减值准备等，分别转入“固定资产”“累计折旧”“固定资产减值准备”等科目；按其账面余额，借记“固定资产”或“无形资产”科目，贷记“投资性房地产”科目；按已计提的折旧或摊销，借记“投资性房地产累计折旧(摊销)”科目；贷记“累计折旧”或“累计摊销”科目，原已计提减值准备的，借记“投资性房地产减值准备”科目，贷记“固定资产减值准备”或“无形资产减值准备”科目。

例 6-7　20×9 年 8 月 31 日，租赁期满，甲公司将出租在外的厂房收回，公司董事会就将该厂房用于本公司生产产品并形成了书面决议，20×9 年 9 月 1 日开始用于本公司生产产品。该项房地产在转换前采用成本模式计量，截至 20×9 年 8 月 31 日，账面价值为 45000000 元，其中，原价 60000000 元，累计已提折旧 15000000 元。

甲公司的账务处理如下：

20×9 年 9 月 1 日：

借：固定资产——厂房　60000000

　　投资性房地产累计折旧　15000000

　　贷：投资性房地产——厂房　60000000

　　　　累计折旧——厂房　15000000

2. 投资性房地产转换为存货

企业将采用成本模式计量的投资性房地产转换为存货时，应当按照该项房地产在转换日的账面价值，借记“开发产品”科目；按照已计提的折旧或摊销，借记“投资性房地产累计折旧(摊销)”科目；原已计提减值准备的，借记“投资性房地产减值准备”科目；按其账面余额，贷记“投资性房地产”科目。

3. 自用房地产转换为投资性房地产

企业将自用土地使用权或建筑物转换为采用成本模式计量的投资性房地产时，应当按该项建筑物或土地使用权在转换日的原价、累计折旧、减值准备等，分别转入“投资性房地产”“投资性房地产累计折旧(摊销)”“投资性房地产减值准备”科目；按其账面余额，借记“投资性房地产”科目，贷记“固定资产”或“无形资产”科目；按已计提的折旧或摊销，借记“累计折旧”或“累计摊销”科目，贷记“投资性房地产累计折旧(摊销)”科目；原已计提减值准备的，借记“固定资产减值准备”或“无形资产减值准备”科目，贷记“投资性房地产减值准备”科目。

例 6-8 甲公司拥有一栋本公司总部办公使用的办公楼，公司董事会就将该栋办公楼用于出租并形成了书面决议。20×9 年 4 月 10 日，甲公司与乙公司签订了经营租赁协议，将这栋办公楼整体出租给乙公司使用，租赁期开始日为 20×9 年 5 月 1 日，租期为 5 年。20×9 年 5 月 1 日，这栋办公楼的账面余额为 500000000 元，已计提折旧 5000000 元。假设甲公司所在城市不存在活跃的房地产交易市场。

甲公司的账务处理如下:

20×9 年 5 月 1 日:

借：投资性房地产——办公楼	500000000	
累计折旧	5000000	
贷：固定资产——办公楼		500000000
投资性房地产累计折旧		5000000

4. 作为存货的房地产转换为投资性房地产

企业将作为存货的房地产转换为采用成本模式计量的投资性房地产时，应当按该项存货在转换日的账面价值，借记“投资性房地产”科目，原已计提跌价准备的，借记“存货跌价准备”，按其账面余额，贷记“开发产品”等科目。

例 6-9 甲公司是从事房地产开发的企业，20×9 年 4 月 10 日，甲公司董事会就将其开发的一栋写字楼不再出售，改用作出租并形成了书面决议。甲公司遂与乙公司签订了租赁协议，将此写字楼整体出租给乙公司使用，租赁期开始日为 20×9 年 5 月 1 日，租赁期为 5 年。20×9 年 5 月 1 日，该写字楼的账面余额为 500000000 元，未计提存货跌价准备，转换后采用成本模式进行后续计量。

甲公司的账务处理如下:

20×9 年 5 月 1 日:

借：投资性房地产——写字楼	500000000	
贷：开发产品		500000000

(二) 公允价值模式下的转换

1. 投资性房地产转换为自用房地产

企业将采用公允价值模式计量的投资性房地产转换为自用房地产时，应当以其转换当日的公允价值作为自用房地产的账面价值，公允价值与原账面价值的差额计入当期损益。转换日，按该项投资性房地产的公允价值，借记“固定资产”或“无形资产”科目；按该项投资性房地产的成本，贷记“投资性房地产——成本”科目；按该项投资性房地产的累计公允价值变动，贷记或借记“投资性房地产——公允价值变动”科目；按其差额，贷记或借记“公允价值变动损益”科目。

例 6-10　20×9 年 11 月 1 日，租赁期满，甲公司将出租的写字楼收回，公司董事会就将该写字楼作为办公楼用于本公司的行政管理并形成了书面决议。20×9 年 11 月 1 日，该写字楼正式开始自用，相应由投资性房地产转换为自用房地产，当日的公允价值为 72000000 元。该项房地产在转换前采用公允价值模式计量，原账面价值为 70000000 元，其中，成本为 67000000 元，公允价值变动为增值 3000000 元。

甲公司的账务处理如下：

借：固定资产——写字楼　　72000000
　贷：投资性房地产——写字楼——成本　　67000000
　　　　　　　　　　　　　　——公允价值变动　　3000000
　　公允价值变动损益——投资性房地产　　2000000

2．投资性房地产转换为存货

企业将采用公允价值模式计量的投资性房地产转换为存货时，应当以其转换当日的公允价值作为存货的账面价值，公允价值与原账面价值的差额计入当期损益。

转换日，按该项投资性房地产的公允价值，借记“开发产品”等科目，按该项投资性房地产的成本，贷记“投资性房地产——成本”科目；按该项投资性房地产的累计公允价值变动，贷记或借记“投资性房地产——公允价值变动”科目；按其差额，贷记或借记“公允价值变动损益”科目。

3．自用房地产转换为投资性房地产

企业将自用土地使用权或建筑物转换为采用公允价值模式计量的投资性房地产时，应当按该项土地使用权或建筑物在转换日的公允价值，借记“投资性房地产——成本”科目；按已计提的累计摊销或累计折旧，借记“累计摊销”或“累计折旧”科目；原已计提减值准备的，借记“无形资产减值准备”“固定资产减值准备”科目；按其账面余额，贷记“无形资产”或“固定资产”科目。同时，转换日的公允价值小于账面价值的，按其差额，借记“公允价值变动损益”科目；转换日的公允价值大于账面价值的，按其差额，贷记“其他综合收益”科目。待该项投资性房地产处置时，因转换计入资本公积的部分应转入当期损益。

例 6-11　20×9 年 8 月，甲公司打算搬迁至新建办公楼，由于原办公楼处于商业繁华地段，甲公司准备将其出租，以赚取租金收入，经公司董事会批准已形成书面决议。20×9 年 12 月底，甲公司完成了搬迁工作，原办公楼停止自用。2×10 年 1 月 1 日，甲公司与乙公司签订了租赁协议，租赁期为 3 年。

在该例中，甲公司应当于租赁期开始日(2×10 年 1 月 1 日)，将自用房地产转换为投资性房地产。该办公楼所在地房地产交易活跃，公司能够从市场上取得同类或类似房地产的市场价格及其他相关信息，假设甲公司对出租的该办公楼采用公允价值模式计量。假设 2×10 年 1 月 1 日，该办公楼的公允价值为 380000000 元，其原价为 550000000 元，已提折旧 150000000 元。

甲公司的账务处理如下:

2×10 年 1 月 1 日:

借: 投资性房地产——办公楼——成本　　380000000

　　公允价值变动损益——投资性房地产　　20000000

　　累计折旧　　150000000

　　贷: 固定资产　　550000000

4. 作为存货的房地产转换为投资性房地产

企业将作为存货的房地产转换为采用公允价值模式计量的投资性房地产时，应当按该项房地产在转换日的公允价值，借记“投资性房地产——成本”科目；原已计提跌价准备的，借记“存货跌价准备”科目；按其账面余额，贷记“开发产品”等科目。同时，转换日的公允价值小于账面价值的，按其差额，借记“公允价值变动损益”科目；转换日的公允价值大于账面价值的，按其差额，贷记“其他综合收益”科目。待该项投资性房地产处置时，因转换计入资本公积的部分应转入当期损益。

例 6-12　20×9 年 4 月 15 日，甲房地产开发公司董事会形成书面决议，将其开发的一栋写字楼用于出租。甲公司遂与乙公司签订了租赁协议，租赁期开始日为 20×9 年 5 月 1 日，租赁期为 5 年。20×9 年 5 月 1 日，该写字楼的账面余额为 400000000 元，公允价值为 430000000 元。

甲公司的账务处理如下:

20×9 年 5 月 1 日:

借: 投资性房地产——写字楼——成本　　430000000

　　贷: 开发产品　　400000000

　　　　其他综合收益　　30000000

三、投资性房地产的处置

当投资性房地产被处置，或者永久退出使用且预计不能从其处置中取得经济利益时，应当终止确认该项投资性房地产。企业出售、转让、报废投资性房地产或者发生投资性房地产毁损时，应当将处置收入扣除其账面价值和相关税费后的金额计入当期损益。此外，企业因其他原因，如非货币性资产交换等而减少投资性房地产，也属于投资性房地产的处置。

(一) 成本模式计量的投资性房地产的处置

处置采用成本模式计量的投资性房地产时，应当按实际收到的金额，借记“银行存款”等科目，贷记“其他业务收入”科目；按该项投资性房地产的账面价值，借记“其他业务成本”科目，按其账面余额，贷记“投资性房地产”科目，按照已计提的折旧或摊销，借记“投资性房地产累计折旧(摊销)”科目，原已计提减值准备的，借记“投资性房地产减值准备”科目。

例 6-13　甲公司将其出租的一栋写字楼确认为投资性房地产。租赁期届满后，甲公司将该栋写字楼出售给乙公司，合同价款为 200000000 元，乙公司已用银行存款付清。假设这栋写字楼原采用成本模式计量。出售时，该栋写字楼的成本为 180000000 元，已计提折旧 20000000 元，不考虑相关税费。

甲公司的账务处理如下：

借：银行存款　　200000000

　　贷：其他业务收入　　200000000

借：其他业务成本　　160000000

　　投资性房地产累计折旧　　20000000

　　贷：投资性房地产——写字楼　　180000000

(二) 公允价值模式计量的投资性房地产的处置

处置采用公允价值模式计量的投资性房地产时，应当按实际收到的金额，借记“银行存款”等科目，贷记“其他业务收入”科目；按该项投资性房地产的账面余额，借记“其他业务成本”科目，按其成本，贷记“投资性房地产——成本”科目，按其累计公允价值变动，贷记或借记“投资性房地产——公允价值变动”科目。同时结转投资性房地产累计公允价值变动。若存在原转换日计入资本公积的金额，也一并结转。

练　习　题

一、单项选择题

1．关于成本模式计量的投资性房地产，下列说法正确的是(　　)。

A．租金收入通过“其他业务收入”等科目核算

B．折旧或摊销金额应记入“管理费用”等科目

C．期末的公允价值变动应确认为公允价值变动损益

D．一旦确定采用成本模式，则不能再转换为公允价值模式进行后续计量

2．下列各项中，不影响企业当期损益的是(　　)。

A．采用成本模式计量的投资性房地产，期末可收回金额低于账面价值

B．自用房地产转换为采用公允价值模式计量的投资性房地产时，转换日房地产的公允价值小于账面价值

C．采用公允价值模式计量的投资性房地产，期末公允价值低于账面价值

D．自用房地产转换为采用公允价值模式计量的投资性房地产时，转换日房地产的公允价值大于账面价值

3. A 公司于 2019 年 1 月 30 日将采用公允价值模式计量的投资性房地产转为自用办公楼。该房地产在 2018 年年末的公允价值为 2000 万元，转换日的公允价值为 2070 万元，预计尚可使用年限为 15 年。转换后采用年限平均法计提折旧，预计净残值为零，不考虑其他因素，则 A 公司在 2019 年对该项房地产应计提的折旧额为(　　)万元。

A．126　　B．126.5　　C．125　　D．124.5

4．2018 年 12 月 31 日，甲公司外购一幢建筑物，支付价款 2000 万元。预计使用年限为 20 年，预计净残值为零。甲公司于购入当日将其以经营租赁方式对外出租，年租金为

200万元，每年年末收取租金，第1期租金于2019年末收取。2019年12月31日，该建筑物的公允价值为2150万元。2019年甲公司为该幢建筑物发生日常维护支出10万元。甲公司对投资性房地产采用公允价值模式进行后续计量。不考虑所得税等其他因素，则该项房地产对甲公司2019年度损益的影响金额为(　　)万元。

A. 340　　B. 350　　C. 240　　D. 90

5. 投资性房地产由成本模式计量转为公允价值模式计量时，不考虑所得税影响，则转换时公允价值与原账面价值的差额应计入(　　)。

A. 资本公积　　B. 公允价值变动损益

C. 留存收益　　D. 投资收益

6. A公司对投资性房地产采用成本模式进行后续计量。A公司的投资性房地产为一栋已出租的写字楼，2019年1月1日，由于该写字楼所在的房地产交易市场比较成熟，A公司决定对投资性房地产从成本模式变更为公允价值模式计量。该写字楼的原价为6000万元，已计提折旧1500万元，未计提减值准备。当日该写字楼的公允价值为5500万元。A公司按净利润的10%计提盈余公积。不考虑所得税影响，则该事项对A公司资产负债表上留存收益的影响金额为(　　)万元。

A. 1000　　B. 900　　C. 1500　　D. 0

7. 甲公司2018年12月将采用成本模式计量的投资性房地产转为自用固定资产，转换日该固定资产的公允价值为20000万元，转换日之前“投资性房地产”科目余额为20300万元，“投资性房地产累计折旧”科目金额为2000万元，则转换日会计处理中，不正确的是(　　)。

A. 固定资产的入账价值为20300万元，同时冲减投资性房地产20300万元

B. 冲减投资性房地产累计折旧2000万元，同时增加累计折旧2000万元

C. 不确认转换损益

D. 确认转换损益1700万元

8. 2019年7月1日，甲公司将一项按照成本模式进行后续计量的投资性房地产转换为固定资产。该资产在转换前的账面原价为4000万元，已计提折旧200万元，已计提减值准备100万元，转换日的公允价值为3850万元，假定不考虑其他因素，转换日甲公司应借记“固定资产”科目的金额为(　　)万元。

A. 3700　　B. 3800　　C. 3850　　D. 4000

9. A房地产开发公司对投资性房地产采用成本模式计量。2019年1月1日，将开发的一栋写字楼用于出租。该开发产品的账面余额为260万元，已计提存货跌价准备20万元。则转换日投资性房地产的入账价值为(　　)万元。

A. 240　　B. 180　　C. 260　　D. 200

10. 大华公司采用公允价值模式对投资性房地产进行后续计量，2019年3月10日将达到预定可使用状态的自行建造的办公楼对外出租，该办公楼建造成本为3700万元，预计使用年限为30年，预计净残值为100万元。在采用年限平均法计提折旧的情况下，2019年该办公楼应计提的折旧额为(　　)万元。

A. 90　　B. 120　　C. 0　　D. 100

11. 丁公司于2017年1月1日外购一栋建筑物，不含税价款为1200万元，该建筑物

购入后立即用于经营出租，年租金为 60 万元，每年年初收取。丁公司采用公允价值模式对投资性房地产进行后续计量。2017 年 12 月 31 日，该建筑物的公允价值为 1400 万元；2018 年 12 月 31 日，该建筑物的公允价值为 1380 万元；2019 年 1 月 1 日，丁公司出售该建筑物，售价为 1500 万元。不考虑其他因素，丁公司处置该建筑物时计入其他业务成本的金额合计是(　　)万元。

A．1200　　B．1680　　C．1500　　D．1740

12．投资性房地产的后续支出，不满足资本化条件的，应当在发生时计入(　　)。

A．管理费用　　B．其他业务成本　　C．营业外支出　　D．销售费用

二、多项选择题

1．下列有关投资性房地产的表述中，不正确的有(　　)。

A．成本模式下，当月增加的房屋当月不计提折旧

B．公允价值模式下，当月增加的房屋下月开始计提折旧

C．成本模式下，当月增加的土地使用权当月进行摊销

D．成本模式下，当月增加的土地使用权当月不进行摊销

2．下列关于投资性房地产转换日的确定方法，正确的有(　　)。

A．投资性房地产转为自用房地产，其转换日为房地产达到自用状态，企业开始将房地产用于生产商品、提供劳务或者经营管理的日期

B．作为存货的房地产改为出租，其转换日为租赁期开始日

C．作为自用建筑物停止自用改为出租，其转换日为租赁期开始日

D．自用土地使用权停止自用，改用于资本增值，其转换日为自用土地使用权停止自用后确定用于资本增值的日期

3．下列关于投资性房地产的会计处理中，表述正确的有(　　)。

A．采用公允价值模式计量的投资性房地产转换为非投资性房地产时，转换日公允价值与原账面价值之间只要有差额，就会影响当期损益

B．非投资性房地产转换为采用公允价值模式计量的投资性房地产时，转换日公允价值与原账面价值之间只要有差额，就会影响当期损益

C．非投资性房地产转换为采用成本模式计量的投资性房地产，不会影响当期损益

D．处置投资性房地产时，按累计的公允价值变动金额，将“公允价值变动损益”转入“其他业务成本”的处理不影响当期损益净额

4．下列关于采用公允价值模式计量的投资性房地产转换为自用房地产的会计处理，表述正确的有(　　)。

A．转换日公允价值大于账面价值的差额计入其他综合收益

B．转换日公允价值大于账面价值的差额计入公允价值变动损益

C．转换日公允价值小于账面价值的差额计入留存收益

D．转换日公允价值小于账面价值的差额计入公允价值变动损益

5．下列关于投资性房地产的表述，正确的有(　　)。

A．按照国家有关规定认定的闲置土地不属于持有并准备增值后转让的土地使用权

B．企业将某项房地产部分用于出租、部分自用，如果出租部分能单独计量和出售的，

企业应将出租部分确认为投资性房地产

C．企业将某项房地产部分用于出租、部分自用，即使出租部分能单独计量和出售，企业也不得将该部分房地产确认为投资性房地产

D．企业将某项房地产整体对外经营出租，并负责提供日常维护、保安服务，企业应将其确认为投资性房地产

6．下列有关投资性房地产的说法中，正确的有(　　)。

A．公允价值模式下，投资性房地产不计提折旧或摊销

B．将建筑物停止自用改为出租时，其转换日为租赁期开始日

C．成本模式下，将建筑物停止自用改为出租，应确认转换损益

D．将自用房地产转换为采用公允价值模式计量的投资性房地产，不会影响当期损益

7．下列说法中正确的有(　　)。

A．对企业持有以备经营出租的空置建筑物，只要董事会或类似机构作出正式书面决议，明确表示将其用于经营出租且持有意图短期内不再发生变化的，即使尚未签订租赁协议，也可视为投资性房地产

B．外购投资性房地产的成本，包括购买价款、相关税费和可直接归属于该资产的其他支出

C．自行建造投资性房地产的成本，由建造该项资产达到预定可使用状态前所发生的必要支出构成

D．与投资性房地产有关的经济利益基本确定能流入企业，就应确认为投资性房地产

8．下列关于投资性房地产后续计量模式的变更，表述正确的有(　　)。

A．投资性房地产后续计量模式变更时公允价值大于账面价值的差额，计入其他综合收益

B．已经采用成本模式计量的投资性房地产，符合条件的可以从成本模式转为公允价值模式

C．投资性房地产后续计量模式变更时公允价值与账面价值的差额，计入公允价值变动损益

D．投资性房地产后续计量模式变更时的处理，一般不影响当期损益

9．下列事项中，不影响企业其他综合收益金额的有(　　)。

A．公允价值计量模式下，投资性房地产公允价值大于其账面价值的差额

B．自用房地产转为公允价值计量模式下的投资性房地产时，公允价值大于账面价值

C．自用房地产转为公允价值计量模式下的投资性房地产时，公允价值小于账面价值

D．公允价值计量模式下，投资性房地产转为自用房地产时，公允价值大于账面价值

10．处置采用公允价值模式计量的投资性房地产时，下列说法不正确的有(　　)。

A．应按累计公允价值变动金额，将公允价值变动损益转入其他业务成本

B．实际收到的金额与该投资性房地产账面价值之间的差额，应计入营业外支出或营业外收入

C．实际收到的金额与该投资性房地产账面价值之间的差额，应计入投资收益

D．对于投资性房地产的累计公允价值变动金额，在处置时不需要进行会计处理

11．下列关于投资性房地产后续计量的会计处理中，表述正确的有(　　)。

A．企业通常应当采用成本模式对投资性房地产进行后续计量，也可采用公允价值模式对投资性房地产进行后续计量

B．企业选择采用公允价值模式对投资性房地产进行后续计量的，以后期间也可采用成本模式对投资性房地产进行后续计量

C．投资性房地产的后续计量模式一经确定，不得随意变更

D．企业只能采用公允价值模式对投资性房地产进行后续计量

三、判断题

1．企业通常应当采用成本模式对投资性房地产进行后续计量。(　　)

2．处置采用成本模式计量的投资性房地产时，与处置固定资产和无形资产的核算方法相同，其处置损益均计入资产处置损益。(　　)

3．自用房地产或存货转换为采用公允价值模式计量的投资性房地产时，投资性房地产应当按照转换当日的公允价值计量，公允价值与原账面价值的差额计入所有者权益。(　　)

4．企业出售、转让、报废投资性房地产或者发生投资性房地产毁损时，应当将处置收入扣除其账面价值和相关税费后的金额计入当期损益即投资收益。(　　)

5．投资性房地产不论在成本模式下，还是在公允价值模式下，其取得的租金收入，均确认为其他业务收入。(　　)

6．自行建造投资性房地产期间，发生的土地开发费、建筑成本、安装成本等都计入投资性房地产成本。(　　)

7．投资性房地产采用公允价值模式进行后续计量的，不需计提折旧或摊销，但应于每期期末进行减值测试，如果可收回金额小于账面价值，应计提减值准备。(　　)

8．只有能够单独计量和出售的房地产，才可能划分为投资性房地产。(　　)

9．与投资性房地产有关的后续支出，满足投资性房地产确认条件的，应当计入投资性房地产的成本。(　　)

10．采用成本模式计量的投资性房地产转为公允价值模式时，按照会计估计变更处理。(　　)

四、业务处理题

1．A公司采用公允价值模式计量投资性房地产，有关资料如下：

(1) 2016年11月10日A公司与B公司签订协议，将自用的办公楼出租给B公司，租期为3年，每年租金为500万元，于每年年末收取，2017年1月1日为租赁期开始日，2019年12月31日到期。2017年1月1日该办公楼的公允价值为9000万元，账面原价值为30000万元，已计提的累计折旧为20000万元，未计提减值准备。各年年末均收到租金。

(2) 2017年12月31日该办公楼的公允价值为12000万元。

(3) 2018年12月31日该办公楼的公允价值为18000万元。

(4) 2019年12月31日租赁协议到期，A公司将办公楼出售，取得价款30000万元。

要求：

(1) 编制A公司转换日转换房地产的有关会计分录。

(2) 编制A公司2017年收到租金、2017年12月31日调整投资性房地产账面价值的会计分录，同时计算影响2017年营业利润的金额。

(3) 编制 A 公司 2018 年 12 月 31 日调整投资性房地产账面价值的会计分录，说明 2018 年 12 月 31 日资产负债表中“投资性房地产”项目的列示金额。

(4) 编制 A 公司 2019 年 12 月 31 日处置投资性房地产的相关会计分录，并计算出售投资性房地产时影响营业利润的金额。

2．A 房地产开发公司适用的所得税税率为 25%，所得税采用资产负债表债务法核算。A 公司对投资性房地产采用公允价值计量模式，有关房地产的相关业务资料如下：

(1) 20×6 年 12 月，A 公司与 B 公司签订租赁协议，约定将 A 公司开发的一栋写字楼于开发完成的同时开始租赁给 B 公司使用，租期为 2 年，每年收取租金 400 万元，租金于每年年末收取。

(2) 20×7 年 1 月 1 日，该写字楼开发完成并开始起租，写字楼的造价为 6000 万元。

(3) 20×7 年 12 月 31 日，该写字楼的公允价值为 6600 万元。

(4) 20×8 年 12 月 31 日，该写字楼的公允价值为 6300 万元。

(5) 20×9 年 1 月 1 日，租赁期届满，A 公司收回该项投资性房地产。为了提高该写字楼的租金收入，A 公司决定于当日起对该写字楼进行装修改良。

(6) 20×9 年 12 月 31 日，该写字楼改良工程完工，共发生支出 600 万元，以银行存款支付完毕，即日按照租赁合同出租给 C 公司。

(7) 对于该项房地产，税法规定采用直线法计提折旧，预计使用年限为 30 年，预计净残值为零。

税法规定资产在持有期间的公允价值变动不计入应纳税所得额，待处置时一并计算确定应计入应纳税所得额的金额。

(8) 各期租金均已按期收到。假定不考虑除所得税以外的其他税费；假定投资性房地产改良期间税法上不计提折旧或摊销。

要求：

(1) 编制 A 公司 20×8 年与该项投资性房地产有关的分录。

(2) 编制 A 公司 20×9 年与该项投资性房地产有关的分录。

(3) 编制 A 公司 20×7 年与该项投资性房地产有关的分录。

3．甲公司适用的所得税税率为 25%，按净利润的 10%计提盈余公积。甲公司采用成本模式对投资性房地产进行后续计量。有关资料如下：

(1) 2×18 年 12 月 17 日甲公司与乙公司签订租赁合同，甲公司将一栋办公楼整体出租给乙公司，租期为 3 年，年租金为 400 万元，每年年末支付。2×18 年 12 月 31 日为租赁期开始日。该办公楼原值为 10000 万元(不含土地使用权价值)，办公楼预计使用年限为 40 年，已计提固定资产折旧 250 万元。办公楼的预计净残值为零，均采用直线法计提折旧。

(2) 2×19 年支付办公楼的修理费用 2.6 万元。

(3) 假定 2×21 年 12 月 31 日租赁期满后将其直接对外出售，售价为 12000 万元，当日收到价款，并办理产权转移手续。

(4) 假定 2×21 年 12 月 31 日租赁期满后收回，为了提高办公楼的租金收入，决定在租赁期满后对办公楼进行改扩建，并与丙公司签订了经营租赁合同，约定自改扩建完工时将办公楼出租给丙公司，随即进入改扩建工程。2×22 年 3 月 31 日，办公楼改扩建工程完工，共发生支出 400 万元，均以银行存款支付；同时出租给丙公司。

(5) 假定 2×20 年 1 月 1 日，甲公司认为，出租给乙公司使用的办公楼，其所在地的房地产交易市场比较成熟，具备了采用公允价值模式计量的条件，决定对该项投资性房地产从成本模式变更为公允价值模式计量。2×19 年 12 月 31 日，该办公楼的公允价值为 12000 万元。

(1) 编制 2×18 年 12 月 31 日将办公楼转为投资性房地产的会计分录，编制收到租金及按年对投资性房地产计提折旧的会计分录，并计算 2×19 年资产负债表“投资性房地产”列示金额。

(2) 编制 2×19 年支付办公楼修理费用的会计分录。假定 2×21 年 12 月 31 日租赁期满后收回，当日达到自用状态。编制有关租赁期满后将投资性房地产转为自用办公楼的会计分录。

(3) 编制有关租赁期满后将办公楼出售的会计分录。

(4) 编制 2×21 年 12 月 31 日至 2×22 年 3 月 31 日有关改扩建的会计分录(不需要考虑租金、折旧的处理)。

(5) 编制 2×20 年 1 月 1 日追溯调整的会计分录。

第七章 长期股权投资

【学习目标】

• 掌握长期股权投资的子公司投资、合营企业投资、联营企业投资的含义；企业合并形成的长期股权投资的会计处理；

• 理解以非企业合并方式取得长期股权投资的会计处理，处置长期股权投资的会计处理；

• 掌握企业长期股权投资的成本法、长期股权投资的权益法；

• 掌握权益法下对被投资单位账面净损益的调整方法，长期股权投资的转换。

【课前阅读】

没吃上“馅饼”反掉入“陷阱” 宁波东力并购踩雷后患无穷

雪中送炭变雪上加霜，宁波东力高溢价并购踩雷的后遗症正逐步显现。近日，该公司以一纸公告，揭开了重组标的年富供应链从两年承诺盈利 5.4 亿元，到实际亏损 15 亿元的巨大窟窿。深受其累，宁波东力 2018 年年报也十分惨淡，2018 年净利润亏损 28 亿元，超过公司上市以来的盈利总和。

与此同时，年富供应链相关人员涉嫌合同诈骗被公安机关立案侦查、宁波东力涉嫌信披违规被证监会立案调查等一系列事件的影响还在进一步发酵。据悉，若公司被认定存在重大信息披露违法行为，则公司股票存在被暂停上市的风险。另外，由于上述案件均未有定论，加之公司对年富供应链的对外担保损失尚不确定，因而公司 2018 年的财务报告被审计机构出具了有保留意见的审计报告。

欲解困却“遭劫”

宁波东力在年报中，用“遭受了前所未有的劫难”来形容其 2018 年的境遇：巨亏 28 亿元，财报被出具保留意见，公司被证监会立案调查并存在被暂停上市的风险。这一切皆源于一起并购。

2018 年，宁波东力发现年富供应链原股东富裕控股的李文国等涉嫌在重大资产重组过程中进行合同诈骗和财务造假，随即向公安机关报案，并于当年 6 月收到了《立案告知书》。2 个月后，年富供应链相关负责人因涉嫌合同诈骗罪、违规披露和不披露重要信息罪被批捕。

2018 年 12 月 27 日，宁波东力收到民事裁定书和决定书，称法院已受理对年富供应链的破产清算申请。自此，年富供应链不再纳入公司合并报表范围。而这距离公司当时“风光迎娶”年富供应链，尚不过两年。

回溯公告可见，2016 年 6 月，宁波东力发布收购预案修订稿，拟以发行股份和支付现金方式，作价 21.60 亿元购买年富供应链 100%股权。据披露，标的股东作出承诺，年富供应链 2017 年至 2019 年扣非后净利润分别不低于 2.2 亿元、3.2 亿元和 4 亿元。

在此之前，宁波东力已连续四年扣非后净利润为负。在装备制造业整体下滑的背景下，公司于 2014 年被“披星戴帽”。对于彼时的宁波东力而言，年富供应链无异于一根“救命稻草”，为其勾画了一幅“装备制造业+供应链管理服务业”双主业发展的新蓝图。

随着 2017 年 7 月并购的完成，双方曾有过一段“蜜月期”。据年报披露，宁波东力 2017 年实现营收 128.70 亿元，同比增长 2399.84%；归属于上市公司股东的净利润为 1.59 亿元，同比增长 1277.33%。其中，年富供应链 2017 年 8 月至 12 月的营收高达 121.24 亿元，占上市公司合并报表的 94.20%；实现净利润 1.49 亿元，占合并报表的 93.71%，成为宁波东力 2017 年利润的主要贡献方。业绩承诺自不在话下，2017 年年富供应链扣非后净利润为 2.26 亿元，业绩完成率为 102.63%。

业内人士表示，这一并购案曾被视为跨界成功的典型，标的并表后仅 4 个月，就给上市公司当年盈利带来了质的提升。

然而，宁波东力近日发布的公告显示，年富供应链 2018 年扣非后归母净利润亏损 17.26 亿元，与该年 3.2 亿元的业绩承诺数相去甚远。

截至 2018 年 12 月 28 日，相关责任人的应补偿金额已大幅超过 21.6 亿元的补偿上限，且年富供应链经法院裁定后进入破产清算程序，丧失持续盈利能力，故补偿金额最终确定为 21.6 亿元。

并购风险敞露

事实上，“爆雷”并非无迹可寻。

并购年富供应链后，宁波东力的部分财务指标早已显现出“受累”的态势。据 2017 年年报披露，宁波东力 2017 年末应收账款为 40.01 亿元，比期初增加 1402.20%；预付款项比期初增长逾 106 倍；应付账款比期初增加 1689.44%；短期借款比期初增加 2004.14%，主因均系年富供应链并表所致。宁波东力的资产负债率也由 2016 年的 36.49%，飙升至 2017 年的 79.12%。而这些异常情况，当时均被归咎于年富供应链所处行业的商业模式和业务特点。

踩雷引发的一系列后遗症，还在持续发酵。宁波东力 2018 年归母净利润亏损 28 亿元，主因系年富供应链经营亏损，资不抵债。另外，公司对持有的年富供应链长期股权投资 23.6 亿元全额计提了减值准备，并预提了担保损失 3.31 亿元。更使宁波东力左支右绌的是，公司 2018 年 8 月收到了证监会的调查通知书。一旦公司后续被监管认定存在重大信息披露违法行为，公司股票存在被暂停上市的风险。

曾欲借“双轮驱动”驶离泥淖的宁波东力，在并购标的“爆雷”后，能否凭旧业重回正轨？2018 年年报显示，剔除供应链业务后，公司 2018 年实现营收 9.7 亿元，同比增长 29.76%。在 2019 年一季报中，公司预计今年上半年有望扭亏为盈，实现净利润 5000 万元至 7500 万元，并将其归功于装备制造业市场的拓展，及销售利润的同比上升。

“尽管宁波东力可以算是此次并购的‘受害者’，但它在尽调上应该存在着一定不足。

高溢价并购形成的高商誉、高业绩承诺等，对上市公司而言都是隐性的高风险，因而需要慎之又慎。”有市场人士认为。

第一节 长期股权投资的初始计量

一、长期股权投资及其初始计量原则

（一）长期股权投资的内容

长期股权投资，是指投资企业对被投资单位实施控制、重大影响的权益性投资，以及对其合营企业的权益性投资。除此之外，其他的权益性投资，包括为交易目的持有的权益性投资及投资企业对被投资单位不具有控制、共同控制或重大影响，在活跃市场中有报价，公允价值能够可靠计量的权益性投资，不作为长期股权投资进行核算，而应当按照《企业会计准则第 22 号——金融工具确认和计量》的规定，在初始确认时划分为以公允价值计量且其变动计入当期损益的金融资产或者以公允价值计量且其变动计入其他综合收益的金融资产。

投资企业能够对被投资单位实施控制的，被投资单位为本企业的子公司。投资方应当将其子公司纳入合并财务报表的合并范围。控制，是指投资方拥有被投资方的权利，通过参与被投资方的相关活动而享有可变回报，并且有能力运用对被投资方的权利影响其回报金额。

投资企业与其他合营方一同对被投资单位实施共同控制的，被投资单位为本企业的合营企业。共同控制，是指按照相关约定对某项安排所共有的控制，并且该安排的相关活动必须经过分享控制权的参与方一致同意后才能决策。

投资企业能够对被投资单位施加重大影响的，被投资单位为本企业的联营企业。重大影响，是指投资企业对被投资单位的财务和经营政策有参与决策的权利，但并不能够控制或者与其他方一起共同控制这些政策的制定。一般我们可以这样认为：投资企业直接或通过其子公司间接拥有被投资单位 20%以上但低于 50%表决权股份，但未形成控制或者共同控制的，此时投资企业对被投资单位具有重大影响，除非有确凿的证据表明投资企业不能参与被投资单位的生产经营决策，不能对被投资单位施加重大影响。在确定能否对被投资单位施加重大影响时，应当考虑投资企业和其他方持有的被投资单位当期可转换公司债券、当期可执行认股权证等潜在表决权因素。投资企业通常可以通过以下一种或几种情形来判断是否对被投资单位具有重大影响：

(1) 在被投资单位的董事会或类似权力机构中派有代表。这种情况下，并享有实质性的参与决策权，投资方可以通过该代表参与被投资单位经营决策的制定，达到对被投资单位施加重大影响的目的。

(2) 参与被投资单位财务和经营政策制定过程，包括股利分配政策等的制定。这种情况下，因可以参与被投资单位的政策制定过程，在政策制定过程中可以为其自身利益提出建议和意见，从而对被投资单位施加重大影响。

(3) 与被投资单位之间发生重大交易。有关的交易因对被投资单位的日常经营具有重要性，一定程度上可以影响被投资单位的生产经营决策。

(4) 向被投资单位派出管理人员。这种情况下，通过投资方对被投资单位派出管理人员，管理人员有权负责被投资单位的财务和经营活动，从而能够对被投资单位施加重大影响。

(5) 向被投资单位提供关键技术资料。因被投资单位的生产经营需要依赖投资方的技术或技术资料，表明投资方对被投资单位具有重大影响。

【知识拓展】

判断重大影响时应该把握的关键点

对重大影响判断的核心是分析投资方是否有实质性的参与决策权而不是决定权，即强调的是“有没有参与权”，与“权利实施的结果如何”以及 “是不是正在实际行使参与权力”均无关。但是，如果有证据表明，被投资单位存在积极反对投资方欲对其施加重大影响的意图和事实，且投资方欲取得董事会席位、参与董事会、及时从被投资单位取得满足权益法核算的必要财务信息等均无法满足的情况下，则不能认定对被投资单位具有重大影响。

(二) 长期股权投资初始计量的原则

(1) 企业在取得长期股权投资时，应按初始投资成本入账。长期股权投资可以通过企业合并取得，也可以通过企业合并方式以外的其他方式取得，在不同的取得方式下，初始投资成本的确定方法有所不同。企业应当分企业合并和非企业合并两种情况确定长期股权投资的初始投资成本。

(2) 企业在取得长期股权投资时，如果实际支付的价款或其他对价中包含已宣告但尚未发放的现金股利或利润，则该现金股利或利润在性质上属于暂付应收款项，应作为应收项目单独入账，不构成长期股权投资的初始投资成本。

二、企业合并形成的长期股权投资初始计量

企业合并指将两个或两个以上的企业合并形成一个报告主体的交易或事项。企业合并形成的长期股权投资，初始投资成本的确定应遵循《企业会计准则第 20 号——企业合并》的相关原则，即应区分企业合并的类型，分为同一控制下控股合并与非同一控制下控股合并，确定形成长期股权投资的成本。

(一) 同一控制下的企业合并

(1) 合并方以支付现金、转让非现金资产或承担债务方式作为合并对价的，应当在合并日按照取得被合并方所有者权益账面价值的份额作为长期股权投资的初始投资成本。长期股权投资的初始投资成本与支付的现金、转让的非现金资产及所承担债务账面价值之间的差额，应当调整资本公积；资本公积不足冲减的，调整留存收益；合并方以发行权益性

证券作为合并对价的，应按发行股份的面值总额作为股本，长期股权投资初始投资成本与所发行股份面值总额之间的差额，应当调整资本公积；资本公积不足冲减的，调整留存收益。

合并方的一般分录如下：

借：长期股权投资(合并当日最终控制方认可的被投资方账面净资产×合并方取得的股份比例)

① 资本公积(转让资产或代偿负债的账面价值高于长期股权投资初始成本的差额先冲资本公积)

② 盈余公积

③ 利润分配——未分配利润(当资本公积不够冲时再冲盈余公积，如果仍不够抵，最后冲未分配利润)

贷：转让的资产或代偿的负债(账面价值)

应交税费——应交增值税(销项税额)

——应交消费税

(2) 合并方在合并日按取得被合并方所有者权益账面价值的份额，借记“长期股权投资”科目，按应享有被投资单位已宣告但尚未发放的现金股利或利润，借记“应收股利”科目，按支付的合并对价的账面价值，贷记有关资产或负债科目，按其差额，贷记“资本公积——资本溢价或股本溢价”科目；如为借方差额，应借记“资本公积——资本溢价或股本溢价”科目，资本公积(资本溢价或股本溢价)不足冲减的，借记“盈余公积”“利润分配——未分配利润”科目。上述业务如以发行权益性证券方式进行的，应按发行权益性证券的面值总额，贷记“股本”科目。

合并方的一般会计分录如下：

借：长期股权投资(合并当日最终控制方认可的被投资方账面净资产×合并方取得的股份比例)

贷：股本或实收资本(发行股份的面值或新增的实收资本)

资本公积——股本溢价或资本溢价(当长期股权投资的入账成本大于股份面值时挤入贷方，反之挤入借方；如果资本公积不够冲减的，则调减留存收益)

如果采取定增股票方式，另行支付股票发行费时：

借：资本公积——股本溢价

贷：银行存款

在确定同一控制下企业合并形成的长期股权投资时，应注意企业合并前合并方与被合并方适用的会计政策不同的，在以被合并方的账面价值为基础确定形成的长期股权投资成本时，首先应基于重要性原则，统一合并方与被合并方的会计政策。在按照合并方的会计政策对被合并方资产、负债的账面价值进行调整的基础上，计算确定长期股权投资的初始投资成本。

例 7-1　20×9 年 6 月 30 日，A 公司向其母公司 P 发行 1000 万股普通股(每股面值为 1 元，市价为 4.34 元)，取得母公司 P 拥有对 S 公司 100%的股权，并于当日起能够对 S 公司实施控制。合并后 S 公司仍维持其独立法人地位，继续经营。20×9 年 6 月 30 日 S 公司净资产的账面价值为 40020000 元。假定 A 公司和 S 公司在企业合并前采用的会计政策相同。合并日，A 公司与 S 公司所有者权益的构成如表 7-1 所示。

表 7-1　20×9 年 6 月 30 日　　单位：元

	A 公司	S 公司
实收资本	30000000	10000000
资本公积	20000000	6000000
盈余公积	20000000	20000000
未分配利润	23550000	4020000
合　计	93550000	40020000

S 公司在合并后维持其法人资格继续经营，合并日 A 公司在其账簿及个别财务报表中应确认对 S 公司的长期股权投资，其成本为合并日享有 S 公司账面所有者权益的份额，账务处理如下：

借：长期股权投资——S 公司　　40020000

　贷：股本　　10000000

　　资本公积——股本溢价　　30020000

(二) 非同一控制下的企业合并

购买方应当按照确定的企业合并成本作为长期股权投资的初始投资成本。非同一控制下的控股合并中，是将合并行为看作一方购买另一方的交易，购买方应当以付出的资产、发生或承担的负债以及发行的权益性证券的公允价值，作为长期股权投资的成本。企业合并发生的审计费用、法律服务费用、咨询费用和评估费列入合并方的管理费用(同一控制下也是这样处理)。债券的发行费用追加折价或冲减溢价，权益性证券的发行费用在溢价发行前提下冲抵溢价，如果溢价不够抵或面值发行的应冲减盈余公积和未分配利润(同一控制下也是这样处理)。其中，支付非货币性资产为对价的，所支付非货币性资产在购买日的公允价值与其账面价值的差额应作为资产处置损益，计入企业合并当期的利润表。

注意，无论是同一控制下的企业合并还是非同一控制下的企业合并形成的长期股权投资，实际支付的价款或对价中包含的已宣告但尚未发放的现金股利或利润，应作为应收项目处理。

一般会计分录如下：

① 如果换出的是无形资产，按正常转让方式处理：

借：长期股权投资(无形资产的公允价税)

　累计摊销

　无形资产减值准备

　贷：无形资产

　　应交税费——应交增值税

　　资产处置损益(损失则借记)

注：专利技术、非专利技术免征增值税，商标、著作权及特许经营权需按照 6%计列销项税，土地使用权转让的增值税税率为 10%。

② 如果换出的是固定资产，按正常转让固定资产处理：

借：固定资产清理

累计折旧

固定资产减值准备

贷：固定资产

借：长期股权投资(固定资产的公允价值+增值税)

贷：固定资产清理

应交税费——应交增值税

借：固定资产清理

贷：资产处置损益

或

借：资产处置损益

贷：固定资产清理

③ 如果换出的是存货，则按正常销售处理：

借：长期股权投资(存货的公允价税)

贷：主营业务收入

应交税费——应交增值税(销项税额)

借：主营业务成本

存货跌价准备

贷：库存商品

借：税金及附加

贷：应交税费——应交消费税

④ 如果是换股合并方式，则应作如下处理：

借：长期股权投资(按股份的公允价值入账)

贷：股本(按股票面值入账)

资本公积——股本溢价(倒挤)

在另付发行费用时：

借：资本公积——股本溢价

贷：银行存款

例 7-2 A 公司于 20×9 年 3 月 31 日取得了 B 公司 70%的股权。合并中，A 公司支付的有关资产在购买日的账面价值与公允价值如表 7-2 所示。合并中，A 公司为核实 B 公司的资产价值，聘请专业资产评估机构对 B 公司的资产进行评估，支付评估费用 1000000 元。本例中假定合并前 A 公司与 B 公司及其股东不存在任何关联方关系。

表 7-2 20×9 年 3 月 31 日 单位：元

项 目	账面价值	公允价值
土地使用权	20000000 (成本为 30000000，累计摊销 10000000)	32000000
专利技术	8000000 (成本为 10000000，累计摊销 2000000)	10000000
银行存款	8000000	8000000
合 计	36000000	50000000

分析：

本例中因 A 公司与 B 公司及其股东在合并前不存在任何关联方关系，应作为非同一控制下的企业合并处理。

A 公司对于合并形成的对 B 公司的长期股权投资，应按支付对价的公允价值确定其初始投资成本。A 公司应进行的账务处理如下：

借：长期股权投资　50000000
　　累计摊销　12000000
　　管理费用　1000000
　　贷：无形资产　40000000
　　　　银行存款　9000000
　　　　营业外收入　14000000

除了通过一次性的交换交易实现的企业合并外，如果企业合并中通过多次交换交易，分别取得股权最终形成企业合并的，在达到企业合并时点的合并成本为每一单项交换交易的成本之和。其中：形成企业合并前企业对持有的对被购买方长期股权投资采用成本法核算的，其长期股权投资在购买日的成本应为原账面价值加上购买日为取得进一步的股份支付的对价公允价值之和；形成企业合并前企业对持有的对被购买方长期股权投资采用权益法核算的，在购买日应对权益法下长期股权投资的账面价值进行调整，调整至其最初取得成本，在此基础上加上购买日新支付对价的公允价值作为购买日长期股权投资的成本。

例 7-3　A 公司于 20×8 年 3 月 1 日以 40000000 元取得 B 公司 30%的股权，因能够派人参与 B 公司的财务和生产经营决策，对所取得的长期股权投资按照权益法核算并于 20×8 年确认对 B 公司的投资收益 1500000 元。20×9 年 1 月 2 日，A 公司又以 50000000 元现金取得 B 公司 30%的股权。本例中假定 A 公司在取得对 B 公司的长期股权投资以后，B 公司并未分派现金股利或利润。A 公司按净利润的 10%计提盈余公积。

分析：本例中 A 公司是通过分步购买最终取得对 B 公司的控制权，形成企业合并。

在购买日，A 公司应进行以下账务处理：

借：盈余公积　150000
　　利润分配——分配利润　1350000
　　贷：长期股权投资——B 公司——损益调整　1500000
借：长期股权投资——B 公司——成本　50000000
　　贷：银行存款　50000000

三、非企业合并形成的长期股权投资的初始计量

(1) 以支付现金取得的长期股权投资，应当按照实际支付的购买价款作为初始投资成本。初始投资成本包括与取得长期股权投资直接相关的费用、税金及其他必要支出。企业取得长期股权投资，实际支付的价款或对价中包含的已宣告但尚未发放的现金股利或利润，应作为应收项目处理。

一般分录如下：

借：长期股权投资——某公司
　　(应收股利)

贷：银行存款

例 7-4 甲公司于20×9年2月10日，自公开市场中买入乙公司20%的股份，实际支付价款80000000元。在购买过程中支付手续费等相关费用1000000元。该股份取得后能够对乙公司施加重大影响。

甲公司应当按照实际支付的购买价款作为取得长期股权投资的成本，其账务处理如下：

借：长期股权投资——乙公司——成本　　81000000

　贷：银行存款　　81000000

(2) 以发行权益性证券方式取得的长期股权投资，其成本为所发行权益性证券的公允价值。为发行权益性证券支付的手续费、佣金等应自权益性证券的溢价发行收入中扣除，溢价收入不足的，应冲减盈余公积和未分配利润。

借：长期股权投资

　贷：股本

　　资本公积——股本溢价

例 7-5 20×9年3月，A公司通过增发30000000股(每股面值1元)的本企业普通股为对价取得对B公司20%的股权。按照增发前一定时期的平均股价计算，该30000000股普通股的公允价值为52000000元。为增发该部分普通股，A公司支付了2000000元的佣金和手续费。取得B公司该部分股权后，A公司能够对B公司施加重大影响。

本例中A公司应当以所发行股份的公允价值作为取得长期股权投资的成本。

借：长期股权投资——B公司——成本　　52000000

　贷：股本　　30000000

　　资本公积——股本溢价　　22000000

借：资本公积——股本溢价　　2000000

　贷：银行存款　　2000000

(3) 投资者投入的长期股权投资，应当按照投资合同或协议约定的价值作为初始投资成本，但合同或协议约定价值不公允的除外。

投资者投入的长期股权投资，是指投资者以其持有的对第三方的投资作为出资投入企业，接受投资的企业在确定所取得的长期股权投资的成本时，原则上应按照投资各方在投资合同或协议中约定的价值作为其初始投资成本。例外的情况是，如果投资各方在投资合同或协议中约定的价值明显高于或低于该项投资公允价值的，应以公允价值作为长期股权投资的初始投资成本，由该项出资构成实收资本(或股本)的部分与确认的长期股权投资初始投资成本之间的差额，相应调整资本公积(资本溢价)。

例 7-6 A公司以其持有的对B公司的长期股权投资作为出资，在C股份公司增资扩股的过程中投入C公司，取得C公司10000000股普通股(每股面值为1元)。该项对B公司的投资本身不存在活跃的市场，无法取得其公允价值信息，但根据C公司股票在增资扩股后的价格判断，该项作为出资的长期股权投资的公允价值，约为40000000元。C公司取得B公司股权后，无法对B公司实施控制、共同控制或是施加重大影响，也无法通过合理的方式确定其公允价值。

C公司应进行的账务处理如下：

借：长期股权投资——B公司——成本　　40000000

贷：股本　10000000

　　资本公积——股本溢价　30000000

(4) 以非货币性资产交换、债务重组等方式取得的长期股权投资的初始投资成本的确定，分别参见本书其他章节的相关内容。

四、投资成本中包含的已宣告尚未发放现金股利或利润的处理

企业无论是以何种方式取得长期股权投资，取得投资时，对于被投资单位已经宣告发放的现金股利或利润应作为应收项目单独核算，不构成长期股权投资成本。

例 7-7　沿用例 7-4 中有关资料，假定在甲公司取得该项投资时，乙公司已经宣告发放现金股利或利润，甲公司按其持股比例计算确定可分得 300000 元，则甲公司在确定该长期股权投资成本时，不应包括被投资单位已经宣告发放的现金股利。

借：长期股权投资——乙公司——成本　80700000

　　应收股利　300000

　　贷：银行存款　81000000

第二节　长期股权投资的后续计量

企业取得的长期股权投资，在确定其初始投资成本后，持续持有期间，视对被投资单位的影响程度等情况的不同，应分别采用成本法及权益法进行核算。

一、成本法及权益法核算的范围

投资企业对被投资单位具有共同控制或重大影响的长期股权投资，应当采用权益法核算。投资企业持有的对子公司投资，在母公司个别财务报表中按成本法核算。除此之外，投资企业持有的对被投资单位不具有控制、共同控制或重大影响，并且在活跃市场中没有报价、公允价值不能可靠计量的长期股权投资，也应采用成本法进行核算。

二、长期股权投资的成本法

成本法，是指投资按成本计价的方法。长期股权投资的成本法适用于企业持有的、能够对被投资单位实施控制的长期股权投资。

采用成本法核算的长期股权投资，初始投资或追加投资时，按照初始投资或追加投资时的成本增加长期股权投资的账面价值，同一控制下的控股合并形成的长期股权投资初始投资成本为合并日取得被合并方账面所有者权益的份额。

采用成本法核算的长期股权投资的会计处理原则是：① 在追加投资时，按照追加投资支付的成本的公允价值及发生的相关交易费用增加长期股权投资的账面价值。② 被投资单位宣告分派现金股利或利润的，投资方根据应享有的部分确认当期投资收益。③ 企业按照上述规定确认自被投资单位应分得的现金股利或利润后，应当考虑长期股权投资是否发生减值。

注意成本法下收到现金股利的会计处理：

1) 原则规定

成本法核算的长期股权投资，除取得投资时实际支付的价款或对价中包含的已宣告但尚未发放的现金股利或利润外，投资企业应当按照享有被投资单位宣告发放的现金股利或利润确认投资收益，不再划分是否属于投资前和投资后被投资单位实现的净利润。

企业按照上述规定确认自被投资单位应分得的现金股利或利润后，应当考虑长期股权投资是否发生减值。在判断该类长期股权投资是否存在减值迹象时，应当关注长期股权投资的账面价值是否大于享有被投资单位净资产(包括相关商誉)账面价值的份额等类似情况。出现类似情况时，企业应当按照《企业会计准则第 8 号——资产减值》对长期股权投资进行减值测试，可收回金额低于长期股权投资账面价值的，应当计提减值准备。

子公司将未分配利润或盈余公积转增股本(实收资本)，且未向投资方提供等值现金股利或利润的选择权时，投资方并没有获得收取现金或者利润的权力，该项交易通常属于子公司自身权益结构的重分类，投资方不应确认相关的投资收益。

2) 被投资方分配现金股利。

① 宣告时：

借：应收股利
　　贷：投资收益

② 发放时：

借：银行存款
　　贷：应收股利

例 7-8　甲公司于 20×8 年 4 月 10 日取得乙公司 6%的股权，成本为 12000000 元。20×9 年 2 月 6 日，乙公司宣告分派利润，甲公司按照持股比例可取得 100000 元。假定甲公司在取得乙公司股权后，对乙公司的财务和经营决策不具有控制、共同控制或重大影响，且该投资不存在活跃的交易市场、公允价值无法可靠取得。乙公司于 20×9 年 2 月 12 日实际分派利润。

甲公司应进行的账务处理如下：

借：长期股权投资——乙公司　　12000000
　　贷：银行存款　　12000000
借：应收股利　　100000
　　贷：投资收益　　100000
借：银行存款　　100000
　　贷：应收股利　　100000

三、长期股权投资的权益法

投资企业对被投资单位具有共同控制或重大影响的长期股权投资，应当采用权益法核算。在确定能否对被投资单位实施共同控制或重大影响时，应当考虑投资企业和其他方持有的被投资单位当期可转换公司债券、当期可执行认股权证等潜在表决权因素的影响。

“共同控制”是指按照合同约定对某项经济活动共有的控制。其特点是，合营各方均受到合营合同的限制和约束，任何一个合营方均不能单独控制合营企业的生产经营活动，涉及合营企业基本经营活动的决策需要各合营方一致同意。投资企业与其他合营方一同对被投资单位实施共同控制的，被投资单位为投资企业的合营企业。

“重大影响”是指对一个企业的财务和经营政策有参与决策的权力，但并不能够控制或与其他方一起共同控制这些政策的制定。重大影响通常体现为在被投资单位的董事会或类似权力机构中派有代表、参与被投资单位的政策制定过程、与被投资单位之间发生重要交易、向被投资单位派出管理人员或是向被投资单位提供关键技术资料等。投资企业能够对被投资单位施加重大影响的情况下，被投资单位为其联营企业。

采用权益法核算的长期股权投资，一般的核算程序如下：

一是初始投资或追加投资时，按照初始投资成本或追加投资的成本，增加长期股权投资的账面价值。

二是比较初始投资成本与投资时应享有被投资单位可辨认净资产公允价值的份额，对于初始投资成本大于应享有被投资单位可辨认净资产公允价值份额的，不要求调整长期股权投资的成本；对于初始投资成本小于应享有被投资单位可辨认净资产公允价值份额的，应对长期股权投资的成本进行调整，并计入取得当期的损益。

三是持有投资期间，随着被投资单位所有者权益的变动相应增加或减少长期股权投资的账面价值，并分情况处理：对属于因被投资单位实现净损益产生的所有者权益的变动，投资企业按照持股比例计算应享有的份额，增加或减少长期股权投资的账面价值，同时确认为当期投资损益；对被投资单位除净损益以外其他因素导致的所有者权益变动，在持股比例不变的情况下，按照持股比例计算应享有或应分担的份额，增加或减少长期股权投资的账面价值，同时确认为资本公积(其他资本公积)。

四是被投资单位宣告分派现金股利或利润时，投资企业按持股比例计算应分得的部分，一般应冲减长期股权投资的账面价值。

(一) 初始投资成本的调整

投资企业取得对联营企业或合营企业的投资以后，对于取得投资时点上投资成本与应享有被投资单位可辨认净资产公允价值份额之间的差额，应区别以下情况处理：

(1) 投资成本大于取得投资时应享有被投资单位可辨认净资产公允价值份额的，该部分差额体现为投资企业在购入该项投资过程中通过作价体现出的与所取得股权份额相对应的商誉。该部分差额不要求调整长期股权投资的成本。

(2) 投资成本小于取得投资时应享有被投资单位可辨认净资产公允价值份额的，两者之间的差额体现为交易双方在作价过程中转让方对投资企业给予的让步或是出于其他方面的考虑给予投资企业的无偿经济利益流入，应计入取得投资当期的损益。

例 7-9　A 公司于 20×9 年 1 月 1 日取得 B 公司 30%的股权，实际支付价款 30000000 元。取得投资时被投资单位账面所有者权益的构成如下(假定该时点被投资单位各项可辨认资产、负债的公允价值与其账面价值相同，单位：元)：

实收资本	30000000
资本公积	24000000
盈余公积	6000000

未分配利润 15000000

所有者权益总额 75000000

假定在B公司的董事会中，所有股东均以其持股比例行使表决权。A公司在取得对B公司的股权后，派人参与了B公司的财务和生产经营决策。因能够对B公司的生产经营决策施加重大影响，A公司对该项投资采用权益法核算。取得投资时，A公司应进行的账务处理如下：

借：长期股权投资——B公司——成本 30000000

　贷：银行存款 30000000

长期股权投资的成本30000000元大于取得投资时应享有B公司可辨认净资产公允价值的份额22500000元(75 000000 × 30%)，不对其初始投资成本进行调整。

假定上例中取得投资时B公司可辨认净资产公允价值为120000000元，A公司按持股比例30%计算确定应享有36000000元，则初始投资成本与应享有B公司可辨认净资产公允价值份额之间的差额6000000元应计入取得投资当期的损益。

借：长期股权投资——B公司——成本 36000000

　贷：银行存款 30000000

　　营业外收入 6000000

(二) 投资损益的确定

1. 一般原则

(1) 在确认应享有或应分担被投资单位的净利润或净亏损时，取得投资时被投资单位各项资产、负债的公允价值与其账面价值不同的，投资企业在计算确定投资收益时，不能完全以被投资单位自身核算的净利润与持股比例计算确定，而是需要在被投资单位实现净利润的基础上经过适当调整后确定。

在确认应享有被投资单位的净利润或净亏损时，主要应考虑以下因素对被投资单位净利润的影响：

一是以取得投资时被投资单位固定资产、无形资产的公允价值为基础计提的折旧额或摊销额对被投资单位净利润的影响。如取得投资时被投资单位固定资产公允价值高于账面价值，对于投资企业来讲，相关固定资产的折旧额应以取得投资时该固定资产的公允价值为基础确定，并根据被投资单位已计提的折旧额与对于投资企业来讲应计提的折旧额之间的差额，对被投资单位的净利润进行调整。

二是被投资单位有关长期资产以投资企业取得投资时的公允价值为基础计算确定的减值准备金额对被投资单位净利润的影响。

三是被投资单位采用的会计政策和会计期间与投资企业不一致时，应按投资企业的会计政策和会计期间对被投资单位的财务报表进行调整，以调整后的净利润为基础计算确认投资损益。

投资企业无法合理确定取得投资时被投资单位各项可辨认资产公允价值的，或者投资时被投资单位可辨认资产的公允价值与账面价值相比，两者之间的差额不具重要性的，或是无法取得对被投资单位净利润进行调整所需资料的，可以按照被投资单位的账面净利润与持股比例计算的结果直接确认为投资损益。

例 7-10　沿用例 7-9，假定 A 公司长期股权投资的成本大于取得投资时 B 公司可辨认净资产公允价值份额的情况下，20×9 年 B 公司实现净利润 8000000 元。A 公司、B 公司均以公历年度作为会计年度，采用相同的会计政策。由于投资时 B 公司各项资产、负债的账面价值与其公允价值相同，不需要对 B 公司的净利润进行调整，A 公司应确认的投资收益为 2400000 元(8000000 × 30%)，一方面增加长期股权投资的账面价值，另一方面作为利润表中的投资收益确认。

A 公司的会计处理如下：

借：长期股权投资——B 公司——损益调整　　2400000

　　贷：投资收益——B 公司　　2400000

例 7-11　甲公司于 20×9 年 1 月 2 日购入乙公司 30%的股份，购买价款为 20000000 元，并自取得股份之日起派人参与乙公司的生产经营决策。取得投资日，乙公司可辨认净资产公允价值为 60000000 元，除下列项目外，其他资产、负债的公允价值与账面价值相同(单位：元)。

	账面原价	已提折旧	公允价值	原预计使用年限	剩余使用年限
存　货	5000000		7000000		
固定资产	10000000	2000000	12000000	20	16
无形资产	6000000	1200000	8000000	10	8
小　计	21000000	3200000	27000000		

假定乙公司 20×9 年实现净利润 6000000 元，其中在甲公司取得投资时的账面存货 5000000 元中有 80%对外出售。甲公司与乙公司的会计年度和采用的会计政策相同。

甲公司在确定其应享有乙公司 20×9 年的投资收益时，应在乙公司实现净利润的基础上，根据取得投资时有关资产的账面价值与其公允价值差额的影响进行调整(假定不考虑所得税影响)：

$$
\begin{aligned}
\text{调整后的净利润} &= 6000000 - (7000000 - 5000000) \times 80\% \\
&\quad - (12000000 \div 16 - 10000000 \div 20) - (8000000 \div 8 - 6000000 \div 10) \\
&= 3750000(\text{元})
\end{aligned}
$$

$$\text{甲公司应享有份额} = 3750000 \times 30\% = 1125000(\text{元})$$

借：长期股权投资——公司——损益调整　　1125000

　　贷：投资收益　　1125000

(2) 在确认投资收益时，除考虑有关资产、负债的公允价值与账面价值差异的调整外，对于投资企业与其联营企业和合营企业之间发生的未实现内部交易损益也应予以抵销。即投资企业与联营企业及合营企业之间发生的未实现内部交易损益按照持股比例计算归属于投资企业的部分应当予以抵销，在此基础上确认投资损益。投资企业与被投资单位发生的内部交易损失，按照《企业会计准则第 8 号——资产减值》等规定属于资产减值损失的，应当全额确认。投资企业对于纳入其合并范围的子公司与其联营企业及合营企业之间发生的内部交易损益，也应当按照上述原则进行抵销，在此基础上确认投资损益。

应当注意的是，该未实现内部交易损益的抵销既包括顺流交易也包括逆流交易，其中，顺流交易是指投资企业向其联营企业或合营企业出售资产的交易，逆流交易是指联营企业或合营企业向投资企业出售资产的交易。当该未实现内部交易损益体现在投资企业或其联营企业、合营企业持有的资产账面价值中时，相关的损益在计算确认投资损益时应予抵销。

① 对于联营企业或合营企业向投资企业出售资产的逆流交易，在该交易存在未实现内部交易损益的情况下(即有关资产未对外部独立第三方出售)，投资企业在采用权益法计算确认应享有联营企业或合营企业的投资损益时，应抵销该未实现内部交易损益的影响。当投资企业自其联营企业或合营企业购买资产时，在将该资产出售给外部独立的第三方之前，不应确认联营企业或合营企业因该交易产生的损益中本企业应享有的部分。

因逆流交易产生的未实现内部交易损益，在未对外部独立第三方出售之前，体现在投资企业持有资产的账面价值中。投资企业对外编制合并财务报表的，应在合并财务报表中对长期股权投资及包含未实现内部交易损益的资产账面价值进行调整，抵销有关资产账面价值中包含的未实现内部交易损益，并相应调整对联营企业或合营企业的长期股权投资。

例 7-12　甲公司于 20×9 年 1 月 1 日取得乙公司 20%有表决权股份，能够对乙公司施加重大影响。甲公司取得该项投资时，乙公司各项可辨认资产、负债的公允价值与其账面价值相同。20×9 年 8 月，乙公司将其成本为 9000000 元的某商品以 15000000 元的价格出售给甲公司，甲公司将取得的商品作为存货。至 20×9 年 12 月 31 日，甲公司仍未对外出售该存货。乙公司 20×9 年实现净利润 48000000 元。假定不考虑所得税因素。

甲公司在按照权益法确认应享有乙公司 20×9 年净损益时，应进行以下账务处理：

借：长期股权投资——乙公司——损益调整　　8400000[(48000000 − 6000000)×20%]

　　贷：投资收益　　8400000

进行上述处理后，甲公司如需要编制合并财务报表，在合并财务报表中，因该未实现内部交易损益体现在甲公司持有存货的账面价值当中，应在合并财务报表中进行以下调整：

借：长期股权投资——乙公司——损益调整 1200000 [(15000000 − 9000000) × 20%]

　　贷：存货　　1200000

假定 2×10 年，甲公司将该商品以 18000000 元对外部独立第三方出售，因该部分内部交易损益已经实现，甲公司在确认应享有乙公司 2×10 年净损益时，应考虑将原来未确认的该部分内部交易损益计入投资损益，即应在考虑其他因素计算确定的投资损益的基础上调整增加 1200000 元。假定乙公司 2×10 年实现的净利润为 30000000 元。甲公司的账务处理如下：

借：长期股权投资——乙公司——损益调整　7200000[(30000000 + 6000000) × 20%]

　　贷：投资收益　　7200000

② 对于投资企业向联营企业或合营企业出售资产的顺流交易，在该交易存在未实现内部交易损益的情况下(即有关资产未对外部独立第三方出售)，投资企业在采用权益法计算确认应享有联营企业或合营企业的投资损益时，应抵销该未实现内部交易损益的影响，同时调整对联营企业或合营企业长期股权投资的账面价值。

例 7-13　甲公司持有乙公司 20%有表决权股份，能够对乙公司施加重大影响。20×9 年，甲公司将其账面价值为 9000000 元的商品以 15000000 元的价格出售给乙公司。至 20×9 年 12 月 31 日，乙公司未将该批商品对外部独立第三方出售。甲公司取得该项投资时，乙公司各项可辨认资产、负债的公允价值与其账面价值相同，两者在以前期间未发生过内部交易。乙公司 20×9 年实现净利润 30000000 元。假定不考虑所得税因素。

甲公司在该项交易中实现净利润 6000000 元，其中的 1200000 元是针对本公司持有的对联营企业的权益份额，在采用权益法计算确认投资损益时应予抵销，即甲公司应当进行如下账务处理：

借：长期股权投资——乙公司——损益调整 4800000 [(30000000 − 6000000) × 20%]

　　贷：投资收益　　4800000

甲公司如需编制合并财务报表，在合并财务报表中对该未实现内部交易损益应进行以下调整：

借：营业收入　　3000000(15000000 × 20%)

　　贷：营业成本　　1800000(9000000 × 20%)

　　　　投资收益　　1200000

应当说明的是，投资企业与其联营企业及合营企业之间发生的无论是顺流交易还是逆流交易产生的未实现内部交易损失，属于所转让资产发生减值损失的，有关的未实现内部交易损失不应予以抵销。

③ 合营方向合营企业投出非货币性资产产生损益的处理。

合营方向合营企业投出或出售非货币性资产的相关损益，应当按照以下原则处理：

符合下列情况之一的，合营方不应确认该类交易的损益：与投出非货币性资产所有权有关的重大风险和报酬没有转移给合营企业；投出非货币性资产的损益无法可靠计量；投出非货币性资产交易不具有商业实质。

合营方转移了与投出非货币性资产所有权有关的重大风险和报酬并且投出资产留给合营企业使用的，应在该项交易中确认归属于合营企业其他合营方的利得和损失。交易表明投出或出售的非货币性资产发生减值损失的，合营方应当全额确认该部分损失。

在投出非货币性资产的过程中，合营方除了取得合营企业的长期股权投资外，还取得了其他货币性或非货币性资产的，应当确认该项交易中与所取得其他货币性、非货币性资产相关的损益。

2. 取得现金股利或利润的处理

采用权益法核算的长期股权投资，投资企业自被投资单位取得的现金股利或利润，应冲减长期股权投资的账面价值。在被投资单位宣告分派现金股利或利润时，借记“应收股利”科目，贷记“长期股权投资——损益调整”科目；自被投资单位取得的现金股利或利润超过已确认损益调整的部分应视同投资成本的收回，冲减长期股权投资的账面价值，贷记“长期股权投资——成本”科目。

3. 超额亏损的确认

权益法下，投资企业确认应分担被投资单位发生的损失，原则上应以长期股权投资及其他实质上构成长期权益的项目减记至零为限，投资企业负有承担额外损失义务的除外。这里所讲“其他实质上构成长期权益的项目”主要是指长期性的应收项目等，应收被投资单位的长期债权从目前来看没有明确的清偿计划并且在可预见的未来期间也不可能进行清偿的，从实质上来看，即构成长期权益。

采用权益法核算的情况下，投资企业在确认应分担被投资单位发生的亏损时，应按照以下顺序处理：

(1) 减记长期股权投资的账面价值。

(2) 在长期股权投资的账面价值减记至零的情况下，考虑是否有其他构成长期权益的项目，如果有，则以其他实质上构成对被投资单位长期权益的账面价值为限，继续减记。

(3) 在有关其他实质上构成对被投资单位长期权益的价值也减记至零的情况下，如果按照投资合同或协议约定，投资企业需要承担额外义务的，则需按预计将承担责任的金额确认相关的损失。

除按上述顺序已确认的损失以外仍有额外损失的，应在账外作备查登记，不再予以确认。

在确认了有关投资损失以后，被投资单位于以后期间实现盈利的，应按以上相反顺序恢复其他实质上构成对被投资单位净投资的长期权益及长期股权投资的账面价值。

例 7-14　甲公司持有乙公司 40%的股权，20×8 年 12 月 31 日的账面价值为 20000000 元，包括投资成本以及因乙公司实现净利润而确认的投资收益。乙公司 20×9 年由于一项主要经营业务市场条件发生骤变，当年度发生亏损 30000000 元。假定甲公司在取得投资时，乙公司各项可辨认资产、负债的公允价值与其账面价值相同，采用的会计政策和会计期间也相同，则甲公司 20×9 年应确认的投资损失为 12000000 元。确认上述投资损失后，长期股权投资的账面价值变为 8000000 元。

如果乙公司 20×9 年的亏损额为 60000000 元，则甲公司按其持股比例确认应分担的损失为 24000000 元(60000000 × 40%)，但期初长期股权投资的账面价值仅为 20000000 元，如果没有其他实质上构成对被投资单位净投资的长期权益项目，则甲公司应确认的投资损失仅为 20000000 元，超额损失在账外进行备查登记；如果在确认了 20000000 元的投资损失后，甲公司账上仍有应收乙公司的长期应收款 8000000 元(实质上构成对乙公司净投资)，则在长期应收款的账面价值大于 4000000 元的情况下，应进一步确认投资损失 4000000 元。甲公司应进行的账务处理如下：

借：投资收益	24000000	
贷：长期股权投资——乙公司——成本、损益调整		20000000
长期应收款——公司——超额亏损		4000000

(三) 被投资单位除净损益外所有者权益的其他变动

采用权益法核算的情况下，投资企业对于被投资单位除净损益外所有者权益的其他变动，在持股比例不变的情况下，应按照持股比例与被投资单位除净损益以外的所有者权益的其他变动中归属于本企业的部分，相应调整长期股权投资的账面价值，同时增加或减少资本公积(其他资本公积)。

例 7-15　A 公司持有 B 公司 30%的股份，当期 B 公司因持有的可供出售金融资产公允价值的变动计入资本公积的金额为 6000000 元，除该事项外，B 公司当期实现的净利润为 32000000 元。假定 A 公司与 B 公司采用的会计政策、会计期间相同，投资时 B 公司有关资产的公允价值与其账面价值亦相同，无其他内部交易。

A 公司在确认应享有 B 公司所有者权益的变动时：

借：长期股权投资——B 公司—损益调整　　9600000(32000000×30%)

　　　　　　　　——其他权益变动　　1800000(6000000 × 30%)

　贷：投资收益　　9600000

　　　资本公积——其他资本公积——B 公司　　1800000

四、长期股权投资核算方法的转换

长期股权投资在持有期间，因各方面情况的变化，可能导致其核算需要由一种方法转换为另外的方法，或者某种情况下因出售股权等原因对被投资单位丧失了控制、共同控制或重大影响。

(一) 成本法转换为权益法

因处置投资导致对被投资单位的影响能力下降，由控制转为具有重大影响，或是与其他投资方一起实施共同控制的情况下，在投资企业的个别财务报表中，首先应按处置或回收投资的比例结转应终止确认的长期股权投资成本。在此基础上，将剩余的长期股权投资转为采用权益法核算，即应当比较剩余的长期股权投资成本与按剩余持股比例计算原投资时应享有被投资单位可辨认净资产公允价值的份额，属于长期股权投资作价中体现的商誉部分，不调整长期股权投资的账面价值；属于长期股权投资成本小于应享有被投资单位可辨认净资产公允价值份额的，在调整长期股权投资成本的同时，应该调整留存收益。对于原取得投资后至转变为权益法核算之间被投资单位实现的净损益应享有的份额，一方面调整长期股权投资的账面价值，同时对于原取得投资时至处置当期期初被投资单位实现的净损益(扣除已发放及已宣告发放的现金股利及利润)中享有的份额，调整留存收益，对于处置投资当期期初至处置投资之日被投资单位实现的净损益中应享有的份额，调整当期损益；其他原因导致被投资单位所有者权益变动应享有的份额，在调整长期股权投资账面价值的同时，应当计入“其他综合收益”或“资本公积——其他资本公积”。

例 7-16　A 公司原持有 B 公司 60%的股权，其账面余额为 30000000 元，未计提减值准备。20×9 年 5 月 3 日，A 公司将其持有的对 B 公司长期股权投资中的 1/3 出售给某企业。出售取得价款 18000000 元，当日被投资单位可辨认净资产公允价值总额为 80000000 元。A 公司取得 B 公司 60%股权时，B 公司可辨认净资产公允价值总额为 45000000 元(假定公允价值与账面价值相同)。自 A 公司取得对 B 公司长期股权投资后至部分处置投资前，B 公司实现净利润 25000000 元，其中，自 A 公司取得投资日至 20×9 年年初实现净利润 20000000 元。假定 B 公司一直未进行利润分配。除所实现净利润外，B 公司未发生其他计入资本公积的交易或事项。本例中 A 公司按净利润的 10%提取盈余公积。

在出售 20%的股权后，A 公司对 B 公司的持股比例为 40%，在被投资单位董事会中派有代表，但不能对 B 公司生产经营决策实施控制。对 B 公司长期股权投资应由成本法改为按照权益法核算。

(1) 确认长期股权投资处置损益：

借：银行存款　　18000000

贷：长期股权投资——B公司　　10000000

投资收益　　8000000

(2) 调整长期股权投资账面价值：

剩余长期股权投资的账面价值为20000000元，与原投资时应享有被投资单位可辨认净资产公允价值份额之间的差额2000000元(20000000－4500000×40%)为商誉，该部分商誉的价值不需要对长期股权投资的成本进行调整。

处置投资以后按照持股比例计算享有被投资单位自购买日至处置投资日期间实现的净利润为10000000元(25000000×40%)，应调整增加长期股权投资的账面价值，同时调整留存收益和当期损益。A公司应进行以下账务处理：

借：长期股权投资——B公司——损益调整　　18000000

贷：盈余公积　　800000

利润分配——未分配利润　　7200000

投资收益　　2000000

(二) 权益法转换为成本法

能够对同一控制下的被投资单位实施控制的：① 确定合并日长期股权投资的初始投资成本；② 合并日长期股权投资的初始投资成本与达到合并前的股权投资账面价值加上合并日进一步取得股份新支付对价的账面价值之和的差额，调整资本公积(溢价)，资本公积不足冲减的，冲减留存收益；③ 合并日之前持有的股权投资，因采用权益法核算而确认的其他综合收益和其他权益变动，暂不处理。

能够对非同一控制下的被投资单位实施控制的：① 应按照原持有股权投资的账面价值加上新增投资成本之和作为改按成本法核算的初始投资成本；② 原权益法下形成的其他综合收益和因被投资单位除净损益、其他综合收益和利润分配以外的其他所有者权益变动而确认的所有者权益，应当在处置该项投资时，再作处理。

五、长期股权投资的减值

作为长期股权投资核算的权益性投资，在按照《企业会计准则第2号——长期股权投资》规定进行核算确定的账面价值基础上，对存在减值迹象的，应当按照相关准则的规定计提减值准备。其中，对子公司、联营企业及合营企业的投资，应当按照本书第九章的相关内容计提减值准备；企业持有的对被投资单位不具有控制、共同控制或重大影响、在活跃市场中没有报价、公允价值不能可靠计量的长期股权投资，应当按照本书第五章的相关内容计提减值准备。

六、长期股权投资的处置

企业处置长期股权投资时，应相应结转与所售股权相对应的长期股权投资的账面价值，出售所得价款与处置长期股权投资账面价值之间的差额，应确认为处置损益。

采用权益法核算的长期股权投资，原计入资本公积的金额，在处置时亦应进行结转，将与所出售股权相对应的部分在处置时自资本公积转入当期损益。

例 7-17　A 公司原持有 B 公司 40%的股权，20×9 年 11 月 30 日，A 公司出售所持有 B 公司股权中的 25%，出售时 A 公司账面上对 B 公司长期股权投资的构成为：投资成本 36000000 元，损益调整为 9600000 元，其他权益变动 6000000 元，出售取得价款 14100000 元。

(1) A 公司确认处置损益的账务处理如下：

借：银行存款	14100000	
贷：长期股权投资——B 公司——成本		9000000
——损益调整		2400000
——其他权益变动		1500000
投资收益		1200000

(2) 除应将实际取得价款与出售长期股权投资的账面价值进行结转，确认为处置当期损益外，还应将原计入资本公积的部分按比例转入当期损益。

借：资本公积——其他资本公积——B 公司	1500000	
贷：投资收益		1500000

第三节　共同控制经营和共同控制资产

某些情况下，企业可能与其他方约定，各自投入一定的资产进行某项经营活动，而不是通过出资设立一个被投资单位的方式来实现，即为共同控制经营；或者是不同的企业按照合同或协议约定对若干项资产实施共同控制，构成共同控制资产。

一、共同控制经营

共同控制经营，是指企业使用本企业的资产或其他经济资源与其他合营方共同进行某项经济活动(该经济活动不构成独立的会计主体)，并且按照合同或协议约定对该项经济活动实施共同控制。通过共同控制经营获取收益是共同控制经营的显著特征，每一合营者负担合营活动中本企业发生的费用，并按照合同约定确认本企业在合营产品销售收入中享有的份额。

在共同控制经营的情况下，合营方应作如下处理：

(1) 确认其所控制的用于共同控制经营的资产及发生的负债。

在共同控制经营的情况下，合营方通常是通过运用本企业的资产或其他经济资源为共同控制经营提供必要的生产条件。按照合营合同或协议约定，合营方将本企业资产用于共同经营，合营期结束后合营方将该资产不再用于共同控制经营的，则合营方应将该资产作为本企业的资产确认。

(2) 确认与共同控制经营有关的成本费用及共同控制经营产生的收入中本企业享有的份额。

合营方运用本企业的资产及其他经济资源进行合营活动，视共同控制经营的情况，应当对发生的与共同控制经营有关的支出进行归集。例如，在各合营方一起进行飞机制造的情况下，合营方应在生产成本中归集合营中发生的费用支出，借记“生产成本——同控制经营”科目，贷记“库存现金”或“银行存款”等科目，对于合营中发生的某些支出需要各合营方共同负担的，合营方应将本企业应承担的份额计入生产成本。共同控制经营生产的产品对外出售时，所产生的收入中应由本企业享有的部分，应借记“库存现金”或“银行存款”等科目，贷记“主营业务收入”“其他业务收入”等科目，同时应结转售出产品的成本，借记“主营业务成本”“其他业务成本”等科目，贷记“库存商品”等科目。

二、共同控制资产

共同控制资产，是指企业与其他合营方共同投入或出资购买一项或多项资产，按照合同或协议约定对有关的资产实施共同控制的情况。通过控制的资产获取收益是共同控制资产的显著特征。每一合营者按照合营合同的约定享有共同控制资产中的一定份额并据此确认为本企业的资产，享有该部分资产带来的未来经济利益。

存在共同控制资产的情况下，作为合营方的企业应在自身的账簿及报表中确认共同控制的资产中本企业享有的份额，同时确认发生的负债、费用，或与有关合营方共同承担的负债、费用中应由本企业负担的份额。

(1) 根据共同控制资产的性质，如固定资产、无形资产等，按合同或协议中所约定的份额将本企业享有的部分确认为固定资产或无形资产等。该部分资产在由实施共同控制的各方共同使用的情况下，并不改变相关资产的使用状态，不构成投资，合营方不应将其作为投资处理。

(2) 确认与其他合营方共同承担的负债中应由本企业负担的部分以及本企业直接承担的与共同控制资产相关的负债。

本企业为共同控制资产发生的负债或共同控制资产在经营、使用过程中发生的负债，按照合同或协议约定应由本企业承担的部分，应作为本企业负债确认。

(3) 确认共同控制资产产生的收入中应由本企业享有的部分。因各合营方共同拥有有关的资产，按照合营合同或协议的规定应分享有关资产产生的收益。如两个企业共同控制一栋出租的房屋，每一合营方均享有该房屋出租收入的一定份额，则各合营方在利润表中应确认为本企业享有的收入份额。

(4) 确认与其他合营方共同发生的费用中应由本企业负担的部分以及本企业直接发生的与共同控制资产相关的费用。对于共同控制资产在经营、使用过程中发生的费用，包括有关直接费用以及应由本企业承担的共同控制资产发生的折旧费用、借款利息费用等，合营各方应当按照合同或协议的约定确定应由本企业承担的部分，作为本企业的费用。

练 习 题

一、单项选择题

1. 非同一控制下企业合并取得的长期股权投资，初始投资成本应当是(　　)。

A. 支付合并对价的账面价值

B. 支付合并对价的公允价值

C. 支付合并对价的账面价值加直接合并费用

D. 支付合并对价的公允价值加直接合并费用

2. 非同一控制下企业合并取得的长期股权投资，初始投资成本小于投资时应享有被投资方可辨认净资产公允价值份额的差额，应当(　　)。

A. 计入营业外收入　　B. 计入投资收益

C. 计入公允价值变动损益　　D. 不作会计处理

3. 同一控制下企业合并取得的长期股权投资，初始投资成本是指(　　)。

A. 股权投资的公允价值　　B. 支付合并对价的账面价值

C. 支付合并对价的公允价值　　D. 占被合并方所有者权益的份额

4. 某企业采用成本法核算长期股权投资，被投资单位宣告发放现金股利时，投资企业应按所得股份份额进行的会计处理，正确的是(　　)。

A. 冲减投资收益　　B. 增加资本公积

C. 增加投资收益　　D. 冲减长期股权投资

5. 合并方或购买方为进行企业合并而发生各项直接相关费用，如审计费用、评估费用、法律服务费用等，应当于发生时(　　)。

A. 计入投资收益　　B. 计入管理费用

C. 计入初始投资成本　　D. 冲减资本公积

6. 某企业年末长期股权投资明细科目如下："投资成本"明细科目的借方余额为 3000 万元，"损益调整"明细科目的借方余额为 1500 万元，"其他综合收益"明细科目的借方余额为 500 万元。不考虑其他因素，年末该企业长期股权投资账面价值为(　　)万元。

A. 2000　　B. 4500　　C. 5000　　D. 3000

7. 权益法下核算的长期股权投资，会导致企业投资收益发生增减变动的是(　　)。

A. 被投资单位实现净利润　　B. 被投资单位提取盈余公积

C. 收到被投资单位分配现金股利　　D. 收到被投资单位分配股票股利

8. 企业以产成品换入长期股权投资，换出的产成品应作为销售处理，按其公允价值确认收入，计入(　　)。

A. 主营业务收入　　B. 营业外收入

C. 投资收益　　D. 公允价值变动损益

9. 2018 年 1 月 5 日，A 公司取得乙公司股票作为长期股权投资，投资成本为 50000 万元，采用成本法核算。2018 年 4 月 25 日，乙公司宣告分派现金股利，A 公司应享有 2000 万元。2018 年 12 月 31 日，A 公司为乙公司股票计提减值准备 6000 万元。计提减值准备后，乙公司股票的账面价值为(　　)万元。

A. 42000　　B. 44000　　C. 48000　　D. 50000

10. 长期股权投资采用权益法核算，如果被投资方发生亏损，投资方对应负担的亏损额的会计处理是(　　)。

A. 冲减投资账面价值　　B. 冲减资本公积

C. 计入营业外支出　　D. 不作会计处理

二、多项选择题

1. 按长期股权投资准则规定，下列事项中，投资企业应采用权益法核算的有(　　)。

A. 对子公司投资　　　　B. 对合营企业投资　　　C. 对联营企业投资

D. 对被投资单位的影响程度在重大影响以下的权益性投资

2. 下列关于长期股权投资会计处理的表述中，正确的有(　　)。

A. 对子公司长期投资应采用成本法核算

B. 处置长期股权投资时应结转其已计提的减值准备

C. 成本法下，按被投资方实现净利润应享有的份额确认投资收益

D. 成本法下，按被投资方宣告发放现金股利应享有的份额确认投资收益

3. 采用成本法核算长期股权投资，下列各项中不会导致长期股权投资账面价值发生增减变动的有(　　)。

A. 长期股权投资发生减值损失

B. 持有长期股权投资持有期间被投资企业实现净利润

C. 被投资企业除净损益、其他综合收益和利润分配以外的所有者权益其他变动

D. 被投资企业宣告分派属于投资企业投资后实现的现金股利

4. 下列各项中，权益法下会导致长期股权投资账面价值发生增减变动的(　　)。

A. 确认长期股权投资减值损失

B. 投资持有期间被投资单位实现净利润

C. 投资持有期间被投资单位提取盈余公积

D. 投资持有期间被投资单位宣告发放现金股利

5. 长期股权投资采用权益法核算，“长期股权投资”科目下应设置的明细科为(　　)。

A. 投资成本

B. 损益调整

C. 其他综合收益

D. 其他权益变动

三、简答题

1. 企业持有的哪些权益性投资应划分为长期股权投资？

2. 什么是成本法？其适用范围是什么？

3. 什么是权益法？其适用范围是什么？

四、业务处理题

1. 希望制造公司和D公司为两个互不关联的独立企业，合并之前不存在任何的关联方关系。根据希望制造公司和D公司达成的合并协议，希望制造公司以发行的权益性证券作为合并对价，取得D公司100%的股权。希望制造公司增发的权益性证券为每股面值1元的普通股股票，共增发2500万股，每股公允价值为3元；希望制造公司另以银行存款支付直接合并费用60万元。

要求：编制希望制造公司通过非同一控制下的企业合并取得长期股权投资的会计分录。

2. 希望制造公司和B公司为同一母公司所属的两个子公司。希望制造公司和B公司达成合并协议，约定希望制造公司以固定资产和银行存款作为合并对价，取得B公司60%的股权。希望制造公司透出固定资产的账面原价为2500万元，已计提折旧600万元，未计提固定资产减值准备；投出银行存款1500万元。企业合并日，B公司所有者权益在最终控制

方合并财务报表中的账面价值总额为6000万元，假定不考虑相关税费。

要求：编制希望制造公司通过同一控制下的企业合并取得长期股权投资的下列会计分录。

(1) 将参与合并的固定资产转入清理。

(2) 确认企业合并取得的长期股权投资。

3. 2019年2月20日。希望制造公司以15100万元的价款(包括相关税费)购入A公司每股面值1元的普通股10000万股，股票的购买价款中包括每股0.10元已宣告但尚未支付的现金股利，该现金股利于2016年3月25日派发。取得该项投资后，希望制造公司对A公司能产生重大影响，希望制造公司将其划分为长期股权投资。

要求：编制希望制造公司取得长期股权投资的下列会计分录。

(1) 2019年2月20日，购入股票。

(2) 2019年3月25日，收到现金股利。

4. 2015年6月10日，希望制造公司以5600万元的价款(包括相关税费)取得C公司普通股股票2000万股，该项投资占C公司普通股股份的60%，希望制造公司将其划分为长期股权投资并采用成本法核算。2015年度，C公司实现净利润950万元，当年未进行股利分配；2016年度，C公司实现净利润1360万元；2014年3月5日，C公司宣告2016年度股利分配方案，每股分派现金股利0.20元；2017年度，C公司发生亏损200万元，当年未进行股利分配；2018年度，C公司实现净利润780万元；2019年4月5日，C公司宣告2018年度股利分配方案，每股分派现金股利0.10元。

要求：编制希望制造公司有关该项长期股权投资的下列会计分录。

(1) 2015年6月10日，取得C公司股票。

(2) 2017年3月5日，C公司宣告2016年度股利分配方案。

(3) 2019年4月5日，C公司宣告2018年度股利分配方案。

5. 2017年1月1日，希望制造公司购入E公司股票2000万股，占E公司普通股股份的30%。希望制造公司在取得股份后，派人参与了E公司的生产经营决策，因能够对E公司施加重大影响，希望制造公司将该项投资划分为长期股权投资并采用权益法核算。假定投资当时，E公司各项可辨认资产、负债的公允价值与其账面价值相同，希望制造公司与E公司的会计年度及采用的会计政策相同，双方未发生任何内部交易，希望制造公司按照E公司的账面净损益和持股比例计算确认投资损益。2017年度，E公司报告净收益1500万元，2018年3月10日，E公司宣告2017年度利润分配方案，每股分派现金股利0.15元；2018年度，E公司报告净亏损600万元，当年未进行利润分配。

要求：编制希望制造公司持有该项股权投资期间的下列会计分录：

(1) 确认2017年度的投资收益。

(2) 2018年3月10日，确认应收股利。

(3) 确认2018年度的投资损失。

第八章 无形资产

【学习目标】

- 了解无形资产的概念特征及确认条件；
- 掌握不同来源无形资产的初始计量；
- 掌握无形资产摊销、减值准备计提和无形资产处置等相关会计处理。

【课前阅读】

泸州老窖入选2019中国品牌价值评价信息百强榜单

2019年5月9日，由新华社、经济日报社、中国国际贸易促进委员会、中国品牌建设促进会、中国资产评估协会等单位联合举办的“2019中国品牌价值评价信息发布”活动在上海举行。2019年参与评价的品牌数量达1293家，发布品牌数量为598个，发布的总品牌价值达74185亿元，泸州老窖以426.60亿元的品牌价值入选2019中国品牌价值评价信息百强榜单。

位于川南的泸州市自古就有“酒城”的美誉，酿酒历史自秦汉以来已有千年。泸州老窖是在明清36家古老酿酒作坊群的基础上发展起来的国有大型骨干酿酒企业。

近年来，泸州老窖成功构建了“双品牌、三品系、五大单品”的品牌体系。“浓香国酒”国窖1573稳居中国三大超高端白酒品牌之一；泸州老窖特曲“浓香正宗，中国味道”以及窖龄酒“商务精英第一用酒”的品牌地位深入人心；头曲和二曲按照“大众消费第一品牌”的定位，正迅速将公司的品牌影响力向更深层次、更广范围市场传播；养生酒和创新酒类品牌破茧而出，打开了泸州老窖长远发展的新天地。

泸州老窖党委副书记、常务副总经理王洪波认为，品牌口碑源于以品质为基础的口口相传。中国白酒产业底蕴深厚、技艺独具一格，完全具备走向世界的实力。如何与国际接轨，统一标准标识，提炼整理出能突出展示中国白酒等中国制造的品质优势，或许是树立中国品牌的关键点之一。

品牌评价是全球对知名品牌进行培育、宣传的主流方式，是企业形成品牌影响力、拓展市场的重要举措。随着品牌国际化竞争愈演愈烈，王洪波强调，作为中国优秀传统文化有机载体的中国白酒，其核心的价值理念就是对中国优秀传统文化的传承创新。

2018年，国窖1573成为澳大利亚网球公开赛官方唯一指定白酒，在每场“胜利时刻”都能吸引全世界的目光。此外，泸州老窖还在纽约、莫斯科、多伦多、布鲁塞尔等地举办“让世界品味中国之旅”，主力品牌在“一带一路”高峰论坛、金砖国家工商论坛、俄罗斯世界杯等重量级活动中频频亮相。这些活动的举行，都旨在传承中国白酒文化的同时，担起民族品牌的重任，以文化先行、匠心传承，开拓优秀传统文化传播的全新格局。

第一节　无形资产的确认和初始计量

一、无形资产的特征及分类

(一) 无形资产的特证

无形资产是指企业拥有或控制的没有实物形态的可辨认非货币性资产，主要包括专利权、非专利技术、商标权、著作权、特许权等。无形资产没有实物形态，这是它与其他有形资产相区别的一个显著的标志，同时无形资产必须是可辨认的。判断无形资产是否具有可辨认性，有两个标准，一是无形资产能够从企业中分离或划分出来，并能单独或者与相关合同、资产或负债一起用于出售、转移、授予许可、租赁或交换；二是无形资产源自合同性权利或其他法定权利，不论这些权利是否可以从企业或其他权利和义务中转移或分离。过去包括在无形资产中的商誉，由于其存在无法与企业相分离而不具有可辨认性，因此不构成无形资产的组成部分。无形资产具有的特征，主要表现为以下几个方面：

(1) 无形资产不具有实物形态。

无形资产所代表的是企业拥有的某些特殊权利或优势，虽然没有实物形态，但却能使企业获得高于一般盈利水平的额外经济利益，具有极大的潜在价值。无形资产通常表现为某种权利、技术或某种获取超额利润的综合能力，不具有实物形态。例如，土地使用权、非专利技术等。企业的有形资产能为企业带来经济利益，但其为企业带来经济利益的方式与无形资产不同，实物资产是通过实物的磨损和价值转移为企业带来经济利益的，而无形资产在很大程度上是通过自身所具有的技术等优势为企业带来经济利益的。另外，有些无形资产的存在依赖于实物作载体，如计算机软件，若其不是相关硬件必不可少的组成部分，就属于无形资产，这并不改变无形资产不具有实物形态这一特征。

应当注意，无形资产不具有实物形态，但不具有实物形态的资产还有很多，如作为投资性房地产的土地使用权、企业合并中形成的商誉、应收账款等，都不是无形资产。

(2) 无形资产将在长时期内为企业提供经济利益，提供的经济利益有很大的不确定性。

无形资产所代表的特殊权利或优势一般可以在较长时期内存在，不会很快消失，企业可以长期受益，但除了法律规定的年限之外，很难准确判断无形资产的经济年限。

无形资产能否为企业提供未来的经济利益以及提供多大的经济利益在很大程度上受到企业外部因素的影响，如技术进步、市场需求变化、同行业竞争等，使得其预期的获利能力具有高度的不确定性，可能分布在零到很大的金额范围内。同时，无形资产通常都不能单独获利，需借助于有形资产才能发挥其作用，因而企业的收益中究竟有多少来自无形资产是很难辨认的。此外，无形资产的取得成本与其能为企业带来的未来经济利益之间并无内在联系，因而很难对其未来的获利能力作出合理的估计。

(3) 无形资产具有可辨认性。

无形资产的可辨认性包括：第一，无形资产能够从企业中分离出来或划分出来，并能单独用于出售或转让，不需要同时处置在同一获利活动中的其他资产；第二，无形资产产生于合同性权利或其他法定权利，无论这些权利是否可以从企业或其他权利或义务中转移或者分离。例如，企业通过法定程序申请取得的专利权、商标权等。

(4) 无形资产属于非货币性资产。

非货币性资产是指企业持有的货币资金和将以固定或可确定的金额收取的资产以外的其他资产。无形资产由于没有发达的交易市场，一般不轻易转化为现金，在持有过程中为企业带来未来经济利益的情况不确定，不属于以固定或可确定的金额收取的资产，因而，无形资产属于非货币性资产。

(二) 无形资产的分类

无形资产对企业具有重要的意义，在知识经济条件下，其作用更加突出。因此，企业必须加强对无形资产的管理与核算。从不同的角度采取科学的方法对无形资产进行合理的分类，是做好无形资产管理和核算的基础工作。无形资产的分类如下：

1. 按取得来源分类

无形资产按取得来源不同，可分为购入的无形资产、自行开发的无形资产、投资者投入的无形资产、企业合并取得的无形资产、债务重组取得的无形资产、以非货币性资产交换取得的无形资产以及政府补助取得的无形资产等。这种分类的目的主要是使无形资产的初始计量更加准确和合理。因为不同来源取得的无形资产，其初始成本的确定方法以及所包括的经济内容是不同的。

2. 按使用寿命期限分类

无形资产按使用寿命期限是否有限，可分为有期限无形资产和无期限无形资产。无形资产的使用寿命是否有期限限制应在企业取得无形资产时就加以分析和判断。这种分类的目的主要是正确地将无形资产的应摊销金额在无形资产的使用寿命内系统而合理地进行摊销。按照《企业会计准则》的规定，使用寿命有限的无形资产存在价值的摊销问题，使用寿命不能确定的无形资产，其价值不能进行摊销。

3. 按内容分类

按内容分类，无形资产通常包括专利权、非专利技术、商标权、著作权、特许权、土地使用权等。

(1) 专利权。专利权是指国家专利主管机关依法授予发明创造专利申请人，对其发明创造在法定期限内所享有的专有权利，包括发明专利权、实用新型专利权和外观设计专利权。专利权的主体是依据专利法被授予专利权的个人或单位，专利权的客体是受专利法保护的专利范围。应当注意，并不是所有的专利权都能给企业带来经济利益，有的专利可能没有经济价值或者经济价值较小；有的专利则会被更有经济价值的专利所淘汰。

(2) 非专利技术。非专利技术也称专有技术，是指不为外界所知、在生产经营活动中已采用了的、不享有法律保护的、可以为企业带来经济效益的各种技术。非专利技术一般包括工业专有技术、商业贸易专有技术、管理专有技术等。由于非专利技术未经公开也未申请专利，所以不受法律保护，但事实上具有专利权的效用。非专利技术具有以下几个特征：第一，经济性。非专利技术在生产经营中，能够提高企业的生产能力和生产水平，给企业带来较高的经济效益。第二，机密性。非专利技术是采用保密手段控制、独占和垄断的技术，不受法律保护，一旦公开，就失去了它的经济价值。第三，动态性。非专利技术是企业或技术人员经过长期的研究和经验积累而形成的，而且是不断发展的。

(3) 商标权。商标是用来辨认特定的商品或劳务的标记。商标权是指专门在某类指定的商品或产品上使用特定的名称或图案的权利。根据我国《商标法》的规定，经商标局核准注册的商标为注册商标，商标注册人享有商标专用权，受法律保护。商标权的内容包括独占使用权和禁止使用权。商标权的价值在于它能使企业获取较高的获利能力。我国《商标法》还规定，商标权的有效期限为 10 年，期满前可继续申请续展注册期。

(4) 著作权。著作权又称版权，指作者对其创作的文学、科学和艺术作品依法享有的某些特殊权利。著作权包括署名权、发表权、修改权和保护作品完整权，还包括复制权、发行权、出租权、信息网络传播权、展览权、表演权、摄制权、改编权、翻译权、汇编权以及应当由著作权人享有的其他权利。

(5) 特许权。特许权又称经营特许权、专营权，是指企业在某一地区经营或销售某种特定商品的权利或是一家企业接受另一家企业使用其商标、商号、技术秘密等的权利。特许权通常有两种形式，一种是由政府机构授权，准许企业使用或在一定地区享有经营某种业务的特权，如水、电、邮电通信等专营权、烟草专卖权等等；另一种指企业间依照签订的合同，有限期或无限期使用另一家企业的某些权利。

(6) 土地使用权。土地使用权是指国家准许企业在一定期间内对固有土地享有开发、利用、经营的权利。根据我国《土地管理法》的规定，我国土地实行公有制，任何单位和个人不得侵占、买卖或者以其他形式非法转让。企业取得土地使用权的方式主要包括行政划拨取得、外购取得及投资者投资取得等。

二、无形资产的确认

(一) 无形资产确认的一般条件

无形资产没有实物形态，需要同时满足以下三个条件，才能将其确认为无形资产。

(1) 符合无形资产的定义。无形资产既需要满足资产一般属性的要求即由企业拥有或控制，同时也要满足无形资产没有实物形态和可辨认性的特殊要求。

(2) 与该无形资产相关的预计未来经济利益很可能流入企业，企业能够控制无形资产所产生的经济利益。

例如，企业拥有无形资产的法定所有权，或企业与他人签订了协议，使得企业的相关权利受到法律的保护，这样可以保证无形资产预计的未来经济利益能够流入企业。在判断无形资产产生的经济利益是再可能流入企业时，企业管理部门应对无形资产在预计使用年限内存在的各种因素作出可靠的估计。

(3) 无形资产的成本能够可靠地计量。无形资产的入账价值需要根据其取得的成本确定，如果成本无法可靠地计量，无形资产的计价就无从谈起。企业购入的无形资产、通过非货币性资产交换取得的无形资产、投资者投入的无形资产、通过债务重组取得的无形资产，以及自行开发并依法申请取得的无形资产，如果同时满足上述第二和第三个条件的要求，都应确认作为企业的无形资产。企业自创的商誉以及企业内部产生的品牌、报刊名等，因其发生的成本无法明确区分，因而不确认为企业的无形资产。

(二) 无形资产确认的应用

1. 土地使用权确认为无形资产

企业取得的土地使用权通常应确认为无形资产。土地使用权用于自行开发建造厂房等地上建筑物时，土地使用权的账面价值不与地上建筑物合并计算其成本，而应单独作为无形资产进行核算，土地使用权与地上建筑物分别进行摊销和提取折旧，但下列情况除外：

(1) 房地产开发企业取得的土地使用权用于建造对外出售的房屋建筑物，相关的土地使用权应计入所建造的房屋建筑物成本。

(2) 企业外购的房屋建筑物，实际支付的价款中包括土地以及建筑物的价值，则应当对支付的价款按照一定标准在土地和地上建筑物之间进行分配；如果确实无法在地上建筑物与土地使用权之间进行合理分配的，应当全部作为固定资产核算。

(3) 企业改变土地使用权的用途，将其作为用于出租或增值目的时，应将其转为投资性房地产。

2. 企业合并中取得的无形资产

按照《企业会计准则》规定，非同一控制下的企业合并中，购买方取得的无形资产应以其在购买日的公允价值计量，而且合并中确认的无形资产并不仅限于被购买方原已确认的无形资产，只要该无形资产的公允价值能够可靠计量，购买方就应在购买日将其独立于商誉确认为一项无形资产，具体分为以下情况：

(1) 企业合并中取得的无形资产，其公允价值能够可靠计量的，则应单独确认为无形资产。有关公允价值的取得，若无形资产存在活跃市场，则市场报价可作为无形资产公允价值的最可靠的估计，也可以类似交易的最近价格为基础来估计公允价值；若无形资产不存在活跃市场，则其公允价值应按照购买日从购买方可获得的信息为基础，在熟悉情况并自愿的当事人之间进行的公平交易中，为取得该资产所支付的金额，如对无形资产预计产生的未来现金流量进行折现等。

(2) 企业合并中取得的无形资产本身可能是可以单独辨认的，但其计量或处置与有形的或无形的资产一并作价，如天然矿泉水的商标可能与特定的泉眼有关，所以不能独立于该泉眼出售。在这种情况下，如果该无形资产及与其相关的资产各自的公允价值不能可靠计量，则应将该资产组独立于商誉确认为相关资产。

3. 自行开发的无形资产

企业自行开发的无形资产，分为研究阶段与开发阶段。研究阶段的支出，不能资本化，而是在发生时全部计入当期损益。对于开发阶段的支出，应该满足一定的条件才能予以资本化，计入无形资产的价值，待完成后确认为企业的无形资产。这些条件包括：

(1) 完成该无形资产以使其能够使用或出售，在技术上具有可行性。

(2) 具有完成该无形资产并使用或出售的意图。

(3) 无形资产产生经济利益的方式，应当证明其有用性。

(4) 有足够的技术、财务资源和其他资源支持完成该无形资产的开发，并有能力使用或出售该无形资产。

(5) 归属于该无形资产开发阶段的支出能够可靠地计量。

三、无形资产的初始计量

这里的计量是指企业初始取得无形资产时入账价值的确定。无形资产通常按实际成本计量，即以取得无形资产并使之达到预定用途而发生的全部支出作为无形资产的成本。对于不同来源取得的无形资产，其成本构成也不相同。

无形资产通常按实际成本计量，即以取得无形资产并使之达到预定用途而发生的全部支出作为无形资产成本。为了核算无形资产的成本、摊销、减值准备等情况，企业应当设置以下会计科目：

“无形资产”科目，用以核算企业持有的无形资产成本，借方登记取得无形资产的成本，贷方登记处置无形资产时转出的无形资产账面余额。期末借方余额，反映企业无形资产的成本科目应按无形资产项目设置明细账，进行明细核算。

“累计摊销”科目，属于“无形资产”的备抵科目，核算企业对使用寿命有限的无形资产计提的累计摊销，贷方登记企业计提的无形资产摊销，借方登记处置无形资产时转出的累计摊销。期末贷方余额，反映企业无形资产的累计摊销额。

“无形资产减值准备”科目，以核算企业无形资产的减值准备。资产负债表日，无形资产发生减值的，按减记的金额，记入本科目的贷方；处置无形资产时还应同时结转的减值准备，记入本科目借方。本科目期末余额，反映企业已计提但尚未转销的无形资产减值准备。

企业取得无形资产的主要方式有外购、自行研究与开发等。对不同来源取得的无形资产，其初始成本构成内容也有所差别。

(一) 外购无形资产

外购无形资产的成本包括购买价款、相关税费(不含可抵扣的增值税进项税额)以及直接归属于使该项资产达到预定用途所发生的其他支出。其中，直接归属于使该项无形资产达到预定用途所发生的其他支出，包括使无形资产达到预定用途所发生的专业服务费用、测试无形资产使其能够正常发挥作用的费用，但不包括为引入新产品进行宣传而发生的广告费、管理费及其他间接费用，也不包括在无形资产已经达到预定用途后发生的费用，这些费用一般应于发生时计入当期损益。购买无形资产的价款超过正常信用条件延期支付(如付款期在 3 年以上)，实质上具有融资性质的，无形资产的初始成本应以购买价款的现值为基础确定。实际支付的价款与购买价款的现值之间的差额，除按规定应予资本化的以外，应当在信用期间内进行摊销，计入当期损益。

属于“营改增”试点范围的外购专利权、非专利技术、商标权和著作权所支付增值税进项税额符合抵扣条件的不计入无形资产成本。无形资产达到预定用途后所发生的支出，不构成无形资产的成本。

外购的无形资产，按应计入无形资产成本的金额，借记“无形资产”、支付的增值税进项税额，借记“应交税费——应交增值税(进项税额)”科目，贷记“银行存款”等科目。

例 8-1　20×9 年 1 月 1 日，希望制造公司购入一项商标权，取得增值税专用发票上注明的价款 1000000 元，增值税进项税额 60000 元，款项通过银行支付。希望制造公司账务处理如下：

借：无形资产——商标权	1000000	
应交税费——应交增值税(进项税额)	60000	
贷：银行存款		1060000

无形资产购买价款超过现值的部分应作为未确认的融资费用，通过“未确认融资费用”科目核算，在延期付款期内按实际利率法进行摊销计入财务费用。

(二) 自行研究与开发的无形资产

一个有远见的企业，每年需要在新产品、新工艺、新技术等方面的研究开发上投入一定数量的资金，以保持和取得技术及服务上的领先地位。企业可以通过研究与开发活动取得专利权或非专利技术。自创专利发生的成本包括研究阶段发生的研究费用、开发阶段发生的开发费用，以及开发成功后依法申请专利过程中所发生的费用；非专利技术发生的成本主要是研究与开发过程中所发生的费用。研究与开发活动发生的费用是否确认为无形资产，各国的做法不完全一致，我国的做法基本与国际会计准则一致。

我国企业会计准则对企业自行研究与开发的项目分为研究阶段与开发阶段分别进行核算。

研究阶段是指为获取新的技术和知识等进行的有计划的调查。研究阶段是探索性的，是为进一步开发活动收集资料及进行相关方面的准备，比如为获取知识而进行的活动，研究成果或其他知识的应用研究、评价和最终选择，材料、设备、产品、工序、系统或服务替代品的研究，新的或经改进的材料、设备、产品、工序、系统或服务的可能替代品的配制、设计、评价和最终选择等活动。该阶段是否能在未来形成成果，即在开发活动后是否会形成无形资产有很大的不确定性，企业也无法证明其研究活动一定能带来未来经济利益，因此，研究阶段的支出不予以资本化，有关支出在发生时应当费用化计入当期损益。

开发阶段是指在进行商业性生产和使用前，将研究成果或其他知识应用于某项计划或设计，以生产出新的或具有实质性改进的材料、装置、产品等。例如，生产前或使用前的原型和模型的设计、建造和测试；含新技术的工具、夹具、模具和冲模的设计；不具有商业性生产经济规模的试生产设施的设计、建造和运营；新的或经改造的材料、设备、产品、工序、系统或服务所选定的替代品的设计、建造和测试等活动。进入开发阶段的研究项目往往以研究阶段为基础，对项目的开发具有针对性，形成成果的可能性较大。对于开发阶段的支出，企业能证明满足无形资产的定义及相关确认条件的，才能予以资本化，计入无形资产的成本。

内部开发无形资产的成本仅包括在满足资本化条件的时点至无形资产达到预定用途之前发生的支出总和。对于同一项无形资产在开发过程中直到资本化之前已经费用化计入当期损益的支出不再进行调整。也就是说，企业内部研究和开发无形资产，其在研究阶段的支出全部费用化，计入当期损益；开发阶段的支出，满足条件的资本化，不满足条件的计入当期损益。如果确实无法区分研究阶段的支出和开发阶段的支出，应将其全部费用化计入当期损益。

为了正确计算研究阶段和开发阶段的支出及自行开发无形资产的成本，企业应设置“研发支出”科目，以核算企业在研究与开发过程中发生的各项支出。“研发支出”科目可按研究开发项目，区别“费用化支出”与“资本化支出”进行明细核算。

企业自行开发无形资产发生的研发支出，不满足资本化条件的，借记“研发支出——费用化支出”科目；满足资本化条件的，借记“研发支出——资本化支出”科目，贷记“原材料”“银行存款”“应付职工薪酬”等科目。研究开发项目达到预定用途形成无形资产的，应按“研发支出——资本化支出”科目的余额，借记“无形资产”科目，贷记“研发支出——资本化支出”科目。期(月)末，应将“研发支出——费用化支出”科目归集的金额转入“管理费用”科目，借记“管理费用”科目，贷记“研发支出——费用化支出”科目。本科目期末借方余额，反映企业正在进行的研究开发项目中满足资本化条件的支出。

自行开发的无形资产，其成本由可直接归属于该无形资产的创造、生产并使该无形资产能够以管理层预定的方式运作的所有必要支出组成。可直接归属于该资产的成本包括开发该无形资产时耗费的材料、劳务成本、注册费、在开发该无形资产过程中使用的其他专利权和特许权的摊销以及按规定应予资本化的利息支出，以及为使该无形资产达到预定用途前所发生的其他费用。在开发无形资产过程中发生的除上述可直接归属于无形资产开发活动的其他销售费用、管理费用等间接费用、无形资产达到预定用途前发生的可辨认的无效和初始运作损失、为运行该无形资产发生的培训支出等不构成无形资产的开发成本。

例 8-2 希望制造公司自行研究、开发一项专有技术，组织人员进行一项技术开发活动。在研发过程中发生材料费 530000 元，应付研发人员薪酬 100000 元，使用固定资产需要计提的折旧 6000 元。根据我国会计准则的规定，上述各项支出应予以资本化的部分是 484000 元，应予以费用化的部分是 152000 元。另外，该项技术申请了国家专利，在申请专利过程中发生注册费 25000 元，支付律师费 5800 元。希望制造公司的账务处理如下：

① 发生研发支出：

借：研发支出——费用化支出	152000	
——资本化支出	514800	
贷：原材料		530000
应付职工薪酬		100000
累计折旧		6000
银行存款		30800

② 研发项目达到预定用途形成无形资产：

借：无形资产	514800	
贷：研发支出——资本化支出		514800

③ 不满足资本化的研发支出结转管理费用：

借：管理费用	152000	
贷：研发支出——费用化支出		152000

(三) 投资者投入的无形资产

投资者投入无形资产的成本，应当按照投资合同或协议约定的价值确定，在投资合同或协议约定价值不公允的情况下，应按无形资产的公允价值入账。

例 8-3 希望制造公司与甲公司商定，甲公司以一项商标权投资于希望制造公司。双方约定该商标价值(与公允价值相等)为 3500000 元。取得甲公司开具的增值税专用发票上价款 3500000 元、增值税进项税额 210000 元。希望制造公司另支付印花税等相关税费 8000 元，款项已通过银行转账支付。希望制造公司账务处理如下：

借：无形资产	3508000	
应交税费——应交增值税(进项税)	210000	
贷：股本		3710000
银行存款		8000

(四) 土地使用权

企业取得的土地使用权，通常应按取得时所支付的价款及相关税费确认为无形资产。企业通过出让或转让方式取得的土地使用权并在该地块上自行开发建造厂房等建筑物的，以及外购房屋建筑物所支付的价款中包括土地及建筑物的价值的，其土地使用权是否单独确认为无形资产，按以下方法进行处理：

(1) 土地使用权用于自行开发建造厂房等地上建筑物时，土地使用权的账面价值不与地上建筑物合并计算成本，而仍作为无形资产核算，土地使用权与地上建筑物分别进行摊销和计提折旧。

(2) 企业外购房屋建筑物，实际支付的价款中包括土地及建筑物的价值，应当对支付的价款按照合理的方法(如公允价值比例)在地上建筑物与土地使用权之间进行分配；如果确实无法进行合理分配的，应当全部作为固定资产，按照固定资产的确认与计量的规定进行处理。

(3) 房地产开发企业取得的土地使用权用于建造对外出售的房屋建筑物，相关的土地使用权应当计入所建造的房屋建筑物成本。

(4) 企业改变土地使用权的用途，将其用于出租或增值目的时，应将其转为投资性房地产。

例 8-4 20×9 年 1 月 1 日，阳光公司购入一块土地的使用权，以银行存款转账支付 7000 万元，并在该地块上自行建造厂房，发生工程材料支出 (工程物资)9000 万元，工资费用 6000 万元，计提折旧 30 万元，支付其他相关费用 8000 万元。该工程于 20×9 年 12 月 31 日完工并达到预定可使用状态。假设土地使用权使用年限为 50 年，该厂房的使用年限为 20 年，两者都没有净残值，均采用年限平均法进行摊销和计提折旧。希望制造公司的账务处理如下：

① 支付转让的地价款：

借：无形资产——土地使用权	70000000	
贷：银行存款		70000000

② 在土地上自行建造厂房发生的工程支出：

借：在建工程 230300000

贷：工程物资 90000000

应付职工薪酬 60000000

累计折旧 300000

银行存款 80000000

③ 厂房达到预定可使用状态，结转工程成本：

借：固定资产 230300000

贷：在建工程 230300000

④ 每年分期摊销土地使用权并对厂房计提折旧：

借：管理费用 1400000

制造费用 11515000

贷：累计摊销 1400000

累计折旧 11515000

(五) 非货币性资产交换取得的无形资产的处理

非货币性资产交换取得的无形资产应分两种情况进行处理：

第一，以非货币性资产进行交换的业务具有商业实质，而且换入资产或换出资产公允价值能够可靠计量时，换入的无形资产应当以公允价值和应支付的相关税费作为换入无形资产成本(入账价值)，公允价值与换出资产账面价值的差额作为换出的非货币性资产交换损失或利得计入当期损益。非货币性资产交换具有商业实质应满足两个条件，即换入资产的未来现金流量在风险、时间和金额方面与换出资产显著不同；换入资产与换出资产预计未来现金流量的现值不同，且其差额与换入资产和换出资产的公允价值相比是重大的。如果在非货币性资产交换过程中涉及一定金额补价的，如为支付补价的，则换入无形资产成本与换出资产账面价值加支付补价、应支付相关税费之和的差额，计入当期损益；如为收到补价的，换入无形资产成本加收到补价之和与换出资产账面价值加应支付相关税费之和的差额，计入当期损益。

第二，以非货币性资产进行交换的业务不具有商业实质，而且换入资产或换出资产公允价值不能够可靠计量时，应当以换出资产的账面价值和应支付的相关税费作为换入无形资产的成本，不确认损益。在非货币性资产交换过程中涉及补价时，如为支付补价的，换入无形资产成本应当以换出资产的账面价值加支付的补价、应支付的相关税费来确定，不确认损益；如为收到补价的，换入无形资产成本应当以换出资产账面价值，减去收到的补价，并加应支付的相关税费来确定，也不确认损益。

(六) 债务重组取得的无形资产

企业通过债务重组取得的无形资产，其入账价值应按受让无形资产的公允价值加上应支付的相关税费来确定。重组债权的账面价值与取得的无形资产公允价值之间的差额计入当期损益，借记“营业外支出”账户。如果在债务重组的过程中，债权人在受让无形资产的同时，又受让债务人的部分现金资产，重组债权的账面价值首先应冲减受让的现金资产，然后通过余额与受让的无形资产公允价值进行比较，确定的差额作为债务重组损失或利得，借记“营业外支出”账户。

(七) 政府补助取得的无形资产

企业通过政府补助方式取得的无形资产应当按照公允价值计量，具体分以下几种情况进行处理：如果企业取得的无形资产附带有关文件、协议、发票、报关单等凭证，在这些凭证注明的价值与公允价值相差不大时，应当以有关凭据中注明的价值作为公允价值；没有注明价值或注明价值与公允价值差异较大，但有活跃交易市场的，应当根据有确凿证据表明的同类或类似市场交易价格作为公允价值；如没有注明价值，且没有活跃交易市场、不能可靠取得公允价值的，应当按照名义金额计量，名义金额即为 1 元人民币。

第二节　内部研究开发费用的确认和计量

内部研究开发形成的无形资产也称为自行开发无形资产。一般而言，内部研究开发项目所发生的支出应当区分研究阶段与开发阶段分别进行核算，并非全部计入无形资产成本中。

一、研究阶段

该阶段的主要特点是探索性的，是为进一步的开发活动进行资料及相关方面的准备，已经进行的研究活动将来是否会转入开发、开发后是否会形成无形资产等具有较大的不确定性。在研究阶段不会形成阶段性成果，因此，企业内部研究开发项目研究阶段的支出，应当全部费用化，于发生时计入当期损益(管理费用)。

二、开发阶段

开发阶段相对研究阶段而言，应当是完成了研究阶段的工作，在很大程度上形成一项新产品或新技术的基本条件已经具备。因此，开发阶段的支出如能同时满足资本化条件的，应当确认为无形资产。

为加强内部研究开发支出的核算，企业应设置“研发支出”科目，下设“费用化支出”和“资本化支出”明细，核算研究与开发无形资产过程中发生的各项支出。该科目为成本类，借方登记实际发生的研发支出，贷方登记转为无形资产和管理费用的金额，期末借方余额反映企业正在进行无形资产研究开发项目满足资本化条件的支出。

例 8-5　希望制造公司自行研究开发一项新产品专利技术，在研究开发过程中发生材料费 40000000 元、人工工资 10000000 元，以及其他费用 30000000 元，总计 80000000 元，其中，符合资本化条件的支出为 50000000 元，期末，该专利技术已经达到预定用途。假定不考虑相关税费。会计处理如下：

① 发生研发支出：

借：研发支出——费用化支出　　　　30000000

　　——资本化支出　　　　　　　50000000
　贷：原材料　　　　　　　　　　　40000000
　　　应付职工薪酬　　　　　　　　10000000
　　　银行存款　　　　　　　　　　30000000

② 期末，该项专利技术已经达到预定用途：

借：无形资产　　　　　　　　　50000000
　　管理费用　　　　　　　　　30000000
　贷：研发支出——费用化支出　　　30000000
　　　　　　　——资本化支出　　　50000000

第三节　无形资产的后续计量

无形资产取得后，在使用该项无形资产期间应按成本减去累计摊销额和累计减值损失后的余额计量，要确定无形资产在使用过程中的累计摊销额，主要涉及使用寿命的估计和摊销方法的选择。我国企业会计准则规定，使用寿命有限的无形资产需要在估计的使用寿命内采用系统合理的方法进行摊梢，使用寿命不确定的无形资产不需要摊销。无形资产的使用寿命包括法定寿命和经济寿命两个方面。法定寿命是指无形资产的使用寿命由法律、规章和合同规定或约定的有效年限，如我国法律规定商标权的有效年限为 10 年。经济寿命是指无形资产可以为企业带来经济利益的年限。由于受技术进步、市场竞争等因素的影响，无形资产的经济寿命往往短于法定寿命。因此，企业应当取得无形资产时分析判断其使用寿命。

一、无形资产使用寿命的估计

企业应当于取得无形资产时分析判断其使用寿命。无形资产的使用寿命有限的，应当估计该使用寿命的年限或者构成使用寿命的产量等类似计量单位数量；无法预见无形资产为企业带来经济利益期限的，应当视为使用寿命不确定的无形资产。

(一) 估计无形资产使用寿命应当考虑的因素

估计无形资产使用寿命应当考虑的因素有：该资产通常的产品寿命周期、可获得的类似资产使用寿命的信息；技术、工艺等方面的现实情况及对未来发展的估计；以该资产生产的产品或服务的市场需求情况；现在或潜在的竞争者预期采取的行动；为维持该资产产生未来经济利益的能力预期的维护支出，以及企业预计支付有关支出的能力；对该资产的控制期限，使用的法律或类似限制，如特许使用期间、租赁期间等；与企业持有的其他资产使用寿命的关联性等等。

(二) 无形资产使用寿命的确定

企业持有的无形资产，通常来源于合同性权利或是其他法定权利，而且合同或法律规定有明确的使用年限。来源于合同性权利或其他法定权利的无形资产，其使用寿命不应超过合同性权利或其他法定权利的期限；合同性权利或其他法定权利能够在到期时因续约等延续，且有证据表明企业续约不需付出大额成本的，续约期应当计入使用寿命。

合同或法律没有规定使用寿命的，企业应当综合各方情况，聘请相关专家先行论证，或与同行业的情况进行比较，以及参考历史经验等，确定无形资产为企业带来未来经济利益的期限。

经过上述努力仍无法合理确定无形资产为企业带来经济利益期限的，才能将其作为使用寿命不确定的无形资产。

(三) 无形资产使用寿命的复核

企业应当至少于每年年度终了，对使用寿命有限的无形资产的使用寿命及摊销方法进行复核。如果有证据表明无形资产的预计使用寿命及摊销方法与以前估计不同，就应当改变摊销期限和摊销方法并按照《企业会计准则第 28 号——会计政策、会计估计变更和差错更正》进行处理。如果无形资产计提了减值准备，则无形资产减值准备金额要从应摊销金额中扣除，以后每年的摊销金额要重新调整计算，对于使用寿命不确立的无形资产；如果有证据表明其使用寿命是有限的，则应视为会计估计变更，应当估计其使用寿命并按照使用寿命有限的无形资产的处置原则进行处理。

二、使用寿命有限的无形资产的摊销

无形资产是一项资本性支出，其价值补偿是通过摊销的形式进行的。使用寿命有限的无形资产，应在其预计的使用寿命内采用系统合理的方法对应摊销金额进行摊销，使用寿命不确定的无形资产不应摊销。无形资产摊销的影响因素主要有应摊销金额、摊销期和摊销方法。

(一) 应摊销金额

应摊销金额是无形资产成本扣除预计残值后的金额。已计提减值准备的无形资产，还应扣除已计提的无形资产减值准备累计金额。使用寿命有限的无形资产，其残值应当视为零，但下列情况除外：

(1) 有第三方承诺在无形资产使用寿命结束时购买该项无形资产。

(2) 可以根据活跃的市场得到预计净残值信息，并且该市场在无形资产使用寿命结束时很可能存在。

无形资产的残值意味着在其经济寿命结束之前企业预计将会处置该无形资产，并且从该处置中取得利益。估计无形资产的残值应以资产处置时的可收回金额为基础，此时的可收回金额是指在预计出售日，出售一项使用寿命已满且处于类似使用状况下同类无形资产预计的处置价格(扣除相关税费)。残值确定以后，在持有无形资产的期间，至少应于每年年末进行复核，预计其残值与原估计金额不同的，应按照会计估计变更进行处理。如果无形资产的残值重新估计以后高于其账面价值，无形资产不再摊销，直至残值降至低于账面价值时再恢复摊销。

(二) 摊销期

使用寿命有限的无形资产，其应摊销金额应当在使用寿命内系统而合理地摊销。企业摊销无形资产，应当自无形资产可供使用(即其达到预定用途)时起，至不再作为无形资产确认时止；即当月增加的无形资产当月开始摊销，当月减少的无形资产当月不再摊销。

(三) 摊销方法

在无形资产的使用寿命内系统地分摊其应摊销金额存在多种方法，包括直线法、产量法等。企业选择的无形资产摊销方法，应当反映与该项无形资产有关的经济利益的预期实现方式，并应用于各个会计期间。例如，受技术陈旧因素影响较大的专利权和专有技术等无形资产，可采用类似固定资产加速折旧的方法进行摊销；有特定产量限制的特许经营权或专利权，应采用产量法进行摊销。无法可靠确定其预期实现方式的，应当采用直线法进行摊销。

(四) 会计处理

为了核算企业对使用寿命有限的无形资产的摊销，应设置“累计摊销”科目，该科目是“无形资产”科目的备抵科目。贷方登记无形资产摊销额；借方登记因出售、报废转销无形资产成本时已计提的累计摊销额；余额在贷方，反映企业在用无形资产的累计摊销额。

无形资产的摊销金额一般应当计入当期损益。例如，摊销自用的无形资产价值时，借记“管理费用——无形资产摊销”科目，贷记“累计摊销”科目；企业摊销出租无形资产的成本时，借记“其他业务成本”科目，贷记“累计摊销”科目。若某项无形资产是专门用于生产某种产品或者其他资产，其所包含的经济利益是通过转入到所生产的产品或其他资产中实现的，则无形资产的摊销金额应当计入相关资产的成本。例如，某项专门用于生产过程中的无形资产，其摊销金额构成所生产产品成本的一部分，借记“制造费用”科目，贷记“累计摊销”科目。持有待售的无形资产不进行摊销，按照账面价值与公允价值减去处置费用后的净额进行计量。

例 8-6　希望制造公司从外单位购得一项商标权，支付价款 30000000 元，增值税进项税额为 1800000 元，款项已支付，该商标权的使用寿命为 10 年，不考虑残值等因素。会计处理如下：

① 取得商标权：

借：无形资产——商标权　30000000

　　应交税费——应交增值税(进项税额)　1800000

　　贷：银行存款　31800000

② 每年摊销商标权：

每年摊销额 = 30000000 ÷ 10 = 3000000(元)

借：管理费用　30000000

　　贷：累计摊销　30000000

三、无形资产减值

根据《企业会计准则第 8 号——资产减值》的规定，企业应当在资产负债表日判断无形资产是否存在可能发生减值的迹象。有确凿证据表明无形资产存在减值迹象的，应当进行价值测试。特别需要说明的是，对于使用寿命不确定的无形资产，在持有期间内不需要摊销，如果期末重新复核后仍为不确定的，应当在每个会计期间进行减值测试。减值测试时，按照无形资产公允价值减去处置费用后的净额与无形资产预计未来现金流量的现值孰高的原则估计无形资产的可收回金额，在此基础上，对比可收回金额与无形资产的账面价值，以判断其是否发生减值。如经减值测试表明已发生减值，则需要计提相应的减值准备，其相关的账务处理为：借记“资产减值损失”科目，贷记“无形资产减值准备”科目。

需要强调的是，已计提减值损失的使用寿命有限的无形资产，在以后期间的应摊销额应按照其账面价值重新计算。无形资产减值损失一经确认，在以后会计期间不得转回。

例 8-7 2×14 年 7 月 1 日，希望制造公司以银行存款 3000000 元购入一项无形资产(不考虑相关税费)，该无形资产的预计使用年限为 10 年，残值为零，直线法摊销。2×19 年 12 月 31 日，预计该无形资产的可收回金额为 1600000 元，该无形资产发生减值后，预计使用年限变更为 8.5 年。相关会计处理如下：

① 2×14 年 7 月购入无形资产：

借：无形资产 3000000

　　贷：银行存款 3000000

② 2×14 年年末摊销无形资产：

2×14 年摊销额 = 3000000 ÷ 10 × 6 ÷ 12 = 150000(元)

借：管理费用 150000

　　贷：累计摊销 150000

③ 2×15 年—2×19 年摊销无形资产：

年摊销额 = 3000000 ÷ 10 = 300000(元)

借：管理费用 300000

　　贷：累计摊销 300000

④ 2×19 年年末，判断无形资产是否发生减值：

2015 年年末无形资产账面价值 = 3000000 − 150000 − 300000 × 4

= 1650000(元)

由于可收回金额 1600000 元小于无形资产账面价值 1650000 元，无形资产发生减值，减值损失为 50000 元。

借：资产减值损失 50000

　　贷：无形资产减值准备 50000

⑤ 2×19 年—2×21 年摊销无形资产：

年摊销额 = 1600000 ÷ 4 = 400000(元)

借：管理费用 400000

　　贷：累计摊销 400000

第四节 无形资产的处置

一、无形资产的处置

无形资产的处置，主要是指无形资产转让和对外捐赠等活动。就无形资产的转让而言，其转让方式有两种：一是转让其所有权，即无形资产出售；二是转让其使用权，即无形资产出租。两者的会计处理有所区别。此外，无形资产的处置还包括：当无形资产无法为企业带来未来经济利益时，应予转销并终止确认。

(一) 无形资产的出售

企业出售无形资产，取得处置收入，同时，应将无形资产的摊余价值予以转销。如果出售的无形资产原已计提了减值准备，则应予以转出。另外，按“营改增”的有关税收法规的规定，转让专利技术、非专利技术、著作权等无形资产应按实际取得的转让收入(不含增值税)计算应交增值税。转让其他无形资产的按实际取得的转让收入计算应交营业税，出售无形资产的净损益作为处置利得或损失计入当期损益(营业外收入或营业外支出)。

出售无形资产时，应按实际收到的金额，借记“银行存款” 等科目，按原已计提的累计摊销金额，借记“累计摊销”科目，原已计提减值准备的，借记“无形资产减值准备”科目；按应支付的相关税费，贷记“应交税费”等科目，按其账面余额，贷记“无形资产”科目，按其差额， 借记或贷记“资产处置损益”科目。

例 8-8 希望制造公司将其自创的一项专利技术转让给 B 公司，取得转让收入 1850000 元、增值税 111000 元，款项已存入银行。该专利技术的成本为 2800000 元，已摊销 1220000 元，已提减值准备 150000 万元。希望制造公司账务处理如下：

借：银行存款	1961000	
累计摊销	1220000	
无形资产减值准备	150000	
贷：无形资产		2800000
应交税费——应交增值税(销项税额)		111000
资产处置损益		420000

(二) 无形资产的出租

企业在将拥有的无形资产的使用权让渡给其他单位时，仍保留对该无形资产的所有权，不需要转销无形资产的账面成本，仍按规定分期摊销。但是，让渡无形资产使用权并收取的租金，在满足收入确认的条件时，应确认相关的收入及成本。出租无形资产取得收入时，借记“银行存款”等科目，贷记“其他业务收入”“应交税费——应交增值税”科目；摊销无形资产的成本并发生与转让有关的各种费用时，借记“其他业务成本”科目，贷记“累计摊销”“银行存款”等科目；按规定需要营业税的，按应缴纳的相关税费借记“营业税金及附加”科目，贷记 “应交税费”科目。

例 8-9 希望制造公司将拥有的商标权的使用权转让给 C 公司，该项商标权的账面余额为 200 万元，摊销年限为 10 年，已摊销 3 年，无残值。合同约定，希望制造公司每年向 C 公司收取该商标权使用费 35 万元(不含增值税)，增值税税率为 6%。希望制造公司的账务处理如下：

① 按年取得该项商标权使用费：

借：银行存款 371000

贷：其他业务收入 350000

应交税费——应交增值税(销项税额) 21000

② 按年对该项商标权进行摊销：

借：其他业务成本 200000

贷：累计摊销 200000

(三) 无形资产的报废

如果一项无形资产已被其他新技术所替代或超过法律保护期等，使得该项无形资产预期不能为企业带来经济利益，则应将该项无形资产转入报废处理，无形资产的账面价值作为非流动资产处置损失予以转销，计入营业外支出。

例 8-10 希望制造公司拥有的某项专利权，由于生产技术的快速发展，导致此项专利权已被新技术替代，不能再给企业带来经济利益，公司按规定将其作报废处理。报废时，该项专利技术账面余额为 1200000 元，原计提的累计摊销额为 800000 元，累计已提减值准备 200000 元。假定不考虑其他因素。希望制造公司账务处理如下：

报废时该项专利权的账面价值 = 1200000 − 800000 − 200000 = 200000(元)

借：累计摊销 800000

无形资产减值准备 200000

资产处置损益 200000

贷：无形资产 1200000

二、无形资产的期末披露

企业应当按照无形资产的类别在附注中披露与无形资产有关的下列信息：

(1) 无形资产的期初和期末账面余额、累计摊销额及累计减值损失金额。

(2) 使用寿命有限的无形资产，其使用寿命的估计情况；使用寿命不确定的无形资产，其使用寿命不确定的判断依据。

(3) 无形资产摊销方法。

(4) 作为抵押的无形资产账面价值、当期摊销额等情况。

企业应当披露当期确认为费用的研究开发支出总额。

第五节 商 誉

一、商誉的概念

商誉是指企业具有获得超过同行业一般利润水平的能力而形成的一种价值。形成商誉的主要原因是：企业所处地理位置优越；企业信誉好而获得了客户信任；企业组织得当，生产经营效益高；企业技术进步，掌握了生产诀窍；等等。商誉可以是自创的，也可以是外购的。

商誉具有以下三个特点：

(1) 商誉与整个企业结合在一起，不能离开企业可辨认的各种资产分开出售，因而不具有可辨认性。

(2) 组成商誉的个别因素不能用任何方法或公式进行单独计价，必须综合各种因素按总额确定企业商誉的整体价值。

(3) 商誉的存在未必一定有其发生的成本，因而，在确认商誉未来利益时，不一定考虑它同建立商誉过程中所发生的成本的关系。

商誉有理论概念和法定概念之分。商誉的理论概念，是从商誉本质属性上界定的概念。商誉是获取超额利润的一种能力，是不可辨认的无形资产。商誉的法定概念，是从法律规章制度上定义的商誉概念。我国《企业会计准则第20号——企业合并》应用指南定义的商誉概念是：商誉是非同一控制下“企业合并成本大于合并中取得的被购买方可辨认净资产公允价值份额的差额”。

《企业会计准则第6号——无形资产》应用指南规定：“商誉的存在无法与企业自身分离，不具有可辨认性，不在本准则所规范”。商誉这个法定概念的基本含义有以下五点：

(1) 商誉是在企业合并时产生的。投资方合并被投资方取得股权有两种情况，一是同一控制下的企业合并取得股权，如企业集团内的企业合并；二是非同一控制下的企业合并取得股权。《企业会计准则——应用指南》附录中“会计科目和主要账务处理”规定：企业要设置“商誉”一级会计科目。该科目核算“非同一控制下”“企业合并中取得的商誉价值”。因此，商誉是在非同一控制下企业合并时产生的。

(2) 商誉的确认是指“正商誉”，不包括“负商誉”，即“企业合并成本大于合并中取得的被购买方可辨认净资产公允价值份额的差额”作为商誉(正商誉)处理；如果企业合并成本小于合并中取得的被购买方可辨认净资产公允价值份额的差额——负商誉，控股合并的一方在购买日调整盈余公积和未分配利润。

(3) 商誉的确认以“公允价值”为基础。

(4) 商誉与企业自身不可分离，不具有可辨认性。

(5) 商誉不属于《企业会计准则第6号——无形资产》规范的内容。商誉按《企业会计准则第20号——企业合并》和《企业会计准则第33号——合并财务报表》的规定进行处理。

二、商誉核算的范围

商誉确认核算范围与合并方式及长期股权投资核算方法密切相关。

(一) 企业对外投资时不确认商誉的情况

(1) 企业采用“非合并”方式取得长期股权投资达不到控股情况时不产生商誉。这种“非合并”方式不论是采用“成本法”核算，还是采用“权益法”核算，都不产生商誉。

首先，就“非合并”下的“成本法”进行分析。企业对外投资时对被投资单位不具有共同控制或重大影响，且在活跃市场中没有报价、公允价值不能可靠计量的权益性投资，采用成本法核算，不涉及合并“份额”，则不产生商誉。

其次，就“非合并”下的“权益法”进行分析。企业对外投资时对被投资单位具有共同控制或重大影响的(形成合营企业或联营企业)，采用“权益法”核算，虽然确认投资“份额”，但由于不合并账户金额、不编制合并报表，初始投资计量时不确认商誉。

(2) 企业在“同一控制下”进行合并取得长期股权投资不产生商誉。这是因为合并双方都受同一方控制，不具独立的市场交换主体地位，不能产生自愿的、公平的“公允价值”，会计核算按账面价值计价，所以不产生商誉。

(3) 企业在“非同一控制下”进行控股合并，被合并方仍保持独立法人资格，控股方采用“成本法”核算的，当合并成本小于股权投资“份额”而产生“负商誉”时，不列入“商誉”科目核算，而是计入当期损益，这种投资实质上也不产生商誉。

(二) 企业对外投资确认商誉的情况

企业对外投资确认商誉的情况分为确认“合并报表商誉”和“入账核算商誉”两种情况：

(1) “非同一控制下”企业控股合并，采用“成本法”进行日常核算，采用“权益法”编制合并报表的，当合并日控股方合并成本大于股权投资“份额”，并在合并日编制合并报表，则合并报表中产生“合并报表商誉”。

(2) “非同一控制下”企业新设合并，如果有控股方在合并日需要编制合并报表的，也有可能产生“合并报表商誉”。

(3) “非同一控制下”企业吸收合并，被合并方独立法人资格注销，合并方拥有被合并方全部净资产，被合并方各项资产、负债纳入合并方账簿体系中。当合并日合并方合并成本大于被合并方可辨认净资产公允价值时，合并方要确认所产生的商誉，记入“商誉”账户进行详细核算，这是“入账核算商誉”。

(4) 企业采用“非合并”方式取得长期股权达到控股情况时，期末编制合并报表有可能产生“合并报表商誉”。

三、商誉核算举例

《企业会计准则第 20 号——企业合并》应用指南规定：非同一控制下的控股合并，“企业合并成本大于合并中取得的被购买方可辨认净资产公允价值份额的差额，可确认为合并资产负债表中的商誉。企业合并成本小于合并中取得的被购买方可辨认净资产公允价值份额的差额，在购买日合并资产负债表中调整盈余公积和未分配利润。”下面举例予以说明：

(一) 货币性资产控股收购时产生的商誉核算

例 8-11　希望公司 20×9 年 1 月 1 日，采用“控股合并”(非同一控制下的企业合并)方式花 2000 万元存款收购了 B 公司 85%的股权。购买日，B 公司可辨认资产账面价值 3800 万元，公允价值 4000 万元；可辨认负债账面价值 1600 万元，公允价值 1700 万元。希望公司购买日进行如下计算和处理：

① B 公司可辨认净资产的公允价值 =4000 − 1700 = 2300(万元)。

② 希望公司购买日确定的投资额 =2300 × 85% = 1955(万元)。

③ 希望公司购买日计算的合并商誉 = 2000 − 1955 = 45(万元)。

④ 希望公司购买日作会计分录如下：

借：长期股权投资——其他股权投资　　2000

　　贷：银行存款　　2000

⑤ 希望公司购买日编制“合并资产负债表”计算属于希望公司股权投资产生的商誉为 45 万元(希望公司“长期股权投资”2000 − 希望公司在 B 公司确认的可辨认净资产公允价值份额 1955)，计算属于少数股东 15%的股权投资产生的商誉为 7.94 万元(45 ÷ 85% − 45)商誉合计为 52.94 万元。

(二) 非货币性资产控股收购时产生的商誉核算

例 8-12　甲公司用一台设备向乙公司进行投资(控股合并)，拥有乙公司 60% 的股权(甲和乙为非同一方控制)。换出设备的账面原始价值 400 万元，已提折旧 80 万元，该设备换出时的公允价值为 290 万元，计算增值税销项税 46.4 万元。乙公司在被甲公司合并时可辨认净资产公允价值为 440 万元。甲公司投资时的会计分录如下：

① 将固定资产转入清理时：

借：固定资产清理　　320

　　累计折旧　　80

　　贷：固定资产　　400

反映投出设备增值税销项税时：

借：固定资产清理　　46.4

　　贷：应交税费——应交增值税(销项税额)　　46.4

② 确认长期股权初始投资额：

借：长期股权投资——其他股权投资　　290

　　营业外支出(366.4 − 290)　　76.4

　　贷：固定资产清理　　366.4

③ 甲公司合并日编制“合并资产负债表”中列示的属于甲公司股权产生的商誉价值为 26 万元(290 − 440 × 60%)；属于少数股东 40%的股权投资产生的商誉为 17.33 万元(26 ÷ 60% − 26)。

(三) 非同一控制下吸收合并产生的商誉核算

《企业会计准则第 20 号——企业合并》应用指南规定："非同一控制下的吸收合并，购买方在购买日应当按照合并中取得的被购买方各项可辨认资产、负债的公允价值确定其入账价值，确定的企业合并成本与取得被购买方可辨认净资产公允价值的差额，应确认为商誉或计入当期损益。"

例 8-13 乙企业在 1 月 1 日以 900 万元吸收合并了丙企业，拥有丙企业 100%的股权。丙企业可辨认各项资产的公允价值为 2000 万元，各项负债的公允价值为 500 万元。乙企业收购时会计分录如下：

借：各项资产账户 2000
　　商誉 400
　　贷：各项负债账户 500
　　　　银行存款 1900

如果上例乙企业不是以 1900 万元而是以 1300 万元收购了丙企业，小于丙企业可辨认净资产公允价值，为 1500 万元(2000－500)，应贷记"营业外收入"科目。

四、期末商誉的报表列示

根据《企业会计准则第 30 号——财务报表列报》应用指南和《企业会计准则第 33 号——合并财务报表》应用指南规定，会计期末，商誉在资产负债表中单独设立"商誉"项目予以反映。一方面，资产负债表日企业根据"商誉"账户期末余额直接填入资产负债表中"商誉"项目；另一方面，资产负债表日控股企业编制合并会计报表时产生的商誉(原称"合并价差")填入合并资产负债表中"商誉"项目。

练 习 题

一、单项选择题

1．下列项目中不属于企业无形资产的有(　　)。

A．商标权　B．著作权　C．非专利技术　D．商誉

2．某企业研制一项新技术，该企业在此项研究过程中发生研究费用 50000 元，开发阶段的支出为 30000 元，其中符合资本化条件的有 20000 元，该项专利权的入账价值为(　　)元。

A．50000　B．20000　C．30000　D．80000

3．接受投资者投入的无形资产，应按(　　)入账。

A．同类无形资产的价格　B．投资各方合同或协议约定的价值

C．投资方无形资产账面价值　D．该无形资产可能带来的未来现金流量之和

4．下列项目中属于企业无形资产的有(　　)。

A．开办费　B．开发新技术过程中发生的研究费

C．品牌　D．为获得土地使用权支付的土地出让金

5．关于企业自行研究开发项目的支出，下列说法中不正确的是(　　)。
A．企业自行研究开发项目的支出，应当区分研究阶段支出和开发阶段支出
B．企业自行研究开发项目研究阶段的支出，应当于发生时记入当期损益
C．企业自行研究开发项目开发阶段的支出，可能确认为无形资产也可能确认为费用
D．企业自行研究开发项目开发阶段的支出，均应确认为无形资产
6．关于无形资产的摊销，下列说法不正确的是(　　)。
A．使用寿命有限的无形资产，其应摊销的金额应当在使用寿命内系统而合理地摊销
B．使用寿命有限的无形资产一定无残值
C．对于使用寿命不确定的无形资产，不需要摊销
D．企业摊销无形资产，应当自无形资产，可供使用时起至不再作为无形资产确认为止
7．关于无形资产的内容，下列说法中不正确的有(　　)。
A．无形资产具有可辨认性
B．无形资产属于非货币性资产
C．合并中产生的商誉不作为无形资产
D．无形资产的使用寿命一定是确定的
8．企业计提无形资产摊销时，贷方应记的科目是(　　)。
A．管理费用　　B．其他业务成本　　C．累计摊销　　D．无形资产
9．企业出售一项 3 年前取得的专利权，该项专利取得时的成本为 20 万元，采用直线法按 10 年摊销，出售时取得收入 40 万元，增值税为 2.4 万元，则应该计入当期损益的金额为(　　)。
A．24　　B．15　　C．26　　D．16
10．企业出租无形资产，发生的相关支出应该记入(　　)。
A．营业外支出　　B．管理费用　　C．其他业务成本　　D．销售费用

二、多项选择题

1．下列项目中属于企业无形资产的有(　　)。
A．商标权　　B．品牌　　C．非专利技术　　D．自创商誉
2．企业取得无形资产的方式通常有(　　)。
A．自行研究开发　　B．投资者投入　　C．外购　　D．非货币性交换
3．下列各项中，不会引起无形资产账面价值发生增减变动的有(　　)。
A．转让无形资产所有权
B．转让无形资产使用权
C．企业内部研究开发项目研究阶段的支出
D．企业内部研究开发项目开发阶段的支出不满足无形资产确认条件的部分
4．下列有关无形资产会计处理的表述中，正确的有(　　)。
A．自用的土地使用权应确认为无形资产
B．企业内部研究开发项目研究阶段的支出不应确认为无形资产
C．无形资产均应确定预计使用年限并分期摊销

D．使用寿命不确定的无形资产不需要摊销

5．无形资产摊销进行会计处理时，可能用到的会计科目有(　　)。

A．管理费用　　B．营业外收入　　C．其他业务成本　　D．累计摊销

三、简答题

1. 各项无形资产的取得成本如何确定？

2. 内部研究开发无形资产应如何进行会计处理？

3. 我国对商誉的会计处理是如何规定的？

四、业务处理题

某公司将一项专利技术出租给另外一个企业使用，该专利技术账面余额为 50000 元，摊销期限为 5 年，出租合同规定每年专利技术使用费为 20000，租期为 5 年。假设没有其他相关税费。请编制 有关业务的会计分录。

五、案例分析题

某企业持有一项商标，该商标的账面余额为 10000 元，累计摊销额为 5000 元。企业将其出售，取得收入 20000 元。企业出售无形资产时，应将所取得的价款与该无形资产账面价值的差额计入当期损益，记入“其他业务收入”科目。请问该企业的会计处理是否正确？为什么？

第九章 流 动 负 债

【学习目标】

- 掌握附现金折扣的应付账款的核算、应付职工薪酬的核算；
- 掌握应交税费的计提、缴纳和会计处理；
- 掌握应交增值税的几种情况的账务处理；
- 掌握生产应交消费品的消费税和账务处理。

【课前阅读】

财政部 税务总局 海关总署 关于深化增值税改革有关政策的公告
(财政部 税务总局 海关总署公告 2019 年第 39 号)

为贯彻落实党中央、国务院决策部署，推进增值税实质性减税，现将 2019 年增值税改革有关事项公告如下:

一、增值税一般纳税人(以下称纳税人)发生增值税应税销售行为或者进口货物，原适用 16%税率的，税率调整为 13%；原适用 10%税率的，税率调整为 9%。

二、纳税人购进农产品，原适用 10%扣除率的，扣除率调整为 9%。纳税人购进用于生产或者委托加工 13%税率货物的农产品，按照 10%的扣除率计算进项税额。

三、原适用 16%税率且出口退税率为 16%的出口货物劳务，出口退税率调整为 13%；原适用 10%税率且出口退税率为 10%的出口货物、跨境应税行为，出口退税率调整为 9%。

2019 年 6 月 30 日前(含 2019 年 4 月 1 日前)，纳税人出口前款所涉货物劳务、发生前款所涉跨境应税行为，适用增值税免退税办法的，购进时已按调整前税率征收增值税的，执行调整前的出口退税率，购进时已按调整后税率征收增值税的，执行调整后的出口退税率；适用增值税免抵退税办法的，执行调整前的出口退税率，在计算免抵退税时，适用税率低于出口退税率的，适用税率与出口退税率之差视为零参与免抵退税计算。

出口退税率的执行时间及出口货物劳务、发生跨境应税行为的时间，按照以下规定执行：报关出口的货物劳务(保税区及经保税区出口除外)，以海关出口报关单上注明的出口日期为准；非报关出口的货物劳务、跨境应税行为，以出口发票或普通发票的开具时间为准；保税区及经保税区出口的货物，以货物离境时海关出具的出境货物备案清单上注明的出口日期为准。

四、适用 13%税率的境外旅客购物离境退税物品，退税率为 11%；适用 9%税率的境外旅客购物离境退税物品，退税率为 8%。

2019年6月30日前，按调整前税率征收增值税的，执行调整前的退税率；按调整后税率征收增值税的，执行调整后的退税率。

退税率的执行时间，以退税物品增值税普通发票的开具日期为准。

五、自2019年4月1日起，《营业税改征增值税试点有关事项的规定》(财税〔2016〕36号印发)第一条第(四)项第1点、第二条第(一)项第1点停止执行，纳税人取得不动产或者不动产在建工程的进项税额不再分2年抵扣。此前按照上述规定尚未抵扣完毕的待抵扣进项税额，可自2019年4月税款所属期起从销项税额中抵扣。

六、纳税人购进国内旅客运输服务，其进项税额允许从销项税额中抵扣。

(一) 纳税人未取得增值税专用发票的，暂按照以下规定确定进项税额：

1. 取得增值税电子普通发票的，为发票上注明的税额；

2. 取得注明旅客身份信息的航空运输电子客票行程单的，为按照下列公式计算的进项税额：

航空旅客运输进项税额＝(票价＋燃油附加费)÷(1＋9%)×9%

3. 取得注明旅客身份信息的铁路车票的，为按照下列公式计算的进项税额：

铁路旅客运输进项税额＝票面金额÷(1＋9%)×9%

4. 取得注明旅客身份信息的公路、水路等其他客票的，按照下列公式计算进项税额：

公路、水路等其他旅客运输进项税额=票面金额÷(1+3%)×3%

(二) 《营业税改征增值税试点实施办法》(财税〔2016〕36号印发)第二十七条第(六)项和《营业税改征增值税试点有关事项的规定》(财税〔2016〕36号印发)第二条第(一)项第5点中“购进的旅客运输服务、贷款服务、餐饮服务、居民日常服务和娱乐服务”修改为“购进的贷款服务、餐饮服务、居民日常服务和娱乐服务”。

七、自2019年4月1日至2021年12月31日，允许生产、生活性服务业纳税人按照当期可抵扣进项税额加计10%，抵减应纳税额(以下称加计抵减政策)。

(一) 本公告所称生产、生活性服务业纳税人，是指提供邮政服务、电信服务、现代服务、生活服务(以下称四项服务)取得的销售额占全部销售额的比重超过50%的纳税人。四项服务的具体范围按照《销售服务、无形资产、不动产注释》(财税〔2016〕36号印发)执行。

2019年3月31日前设立的纳税人，自2018年4月至2019年3月期间的销售额(经营期不满12个月的，按照实际经营期的销售额)符合上述规定条件的，自2019年4月1日起适用加计抵减政策。

2019年4月1日后设立的纳税人，自设立之日起3个月的销售额符合上述规定条件的，自登记为一般纳税人之日起适用加计抵减政策。

纳税人确定适用加计抵减政策后，当年内不再调整，以后年度是否适用，根据上年度销售额计算确定。

纳税人可计提但未计提的加计抵减额，可在确定适用加计抵减政策当期一并计提。

(二) 纳税人应按照当期可抵扣进项税额的10%计提当期加计抵减额。按照现行规定不得从销项税额中抵扣的进项税额，不得计提加计抵减额；已计提加计抵减额的进项税额，按规定作进项税额转出的，应在进项税额转出当期，相应调减加计抵减额。计算公式如下：

当期计提加计抵减额＝当期可抵扣进项税额×10%

当期可抵减加计抵减额 = 上期末加计抵减额余额 + 当期计提加计抵减额
− 当期调减加计抵减额

(三) 纳税人应按照现行规定计算一般计税方法下的应纳税额(以下称抵减前的应纳税额)后，区分以下情形加计抵减：

1. 抵减前的应纳税额等于零的，当期可抵减加计抵减额全部结转下期抵减；

2. 抵减前的应纳税额大于零，且大于当期可抵减加计抵减额的，当期可抵减加计抵减额全额从抵减前的应纳税额中抵减；

3. 抵减前的应纳税额大于零，且小于或等于当期可抵减加计抵减额的，以当期可抵减加计抵减额抵减应纳税额至零。未抵减完的当期可抵减加计抵减额，结转下期继续抵减。

(四) 纳税人出口货物劳务、发生跨境应税行为不适用加计抵减政策的，其对应的进项税额不得计提加计抵减额。

纳税人兼营出口货物劳务、发生跨境应税行为且无法划分不得计提加计抵减额的进项税额，按照以下公式计算：

不得计提加计抵减额的进项税额 = 当期无法划分的全部进项税额
× 当期出口货物劳务和发生跨境应税行为的销售额
÷ 当期全部销售额

(五) 纳税人应单独核算加计抵减额的计提、抵减、调减、结余等变动情况。骗取适用加计抵减政策或虚增加计抵减额的，按照《中华人民共和国税收征收管理法》等有关规定处理。

(六) 加计抵减政策执行到期后，纳税人不再计提加计抵减额，结余的加计抵减额停止抵减。

八、自 2019 年 4 月 1 日起，试行增值税期末留抵税额退税制度。

(一) 同时符合以下条件的纳税人，可以向主管税务机关申请退还增量留抵税额：

1. 自 2019 年 4 月税款所属期起，连续六个月(按季纳税的，连续两个季度)增量留抵税额均大于零，且第六个月增量留抵税额不低于 50 万元；

2. 纳税信用等级为 A 级或者 B 级；

3. 申请退税前 36 个月未发生骗取留抵退税、出口退税或虚开增值税专用发票情形的；

4. 申请退税前 36 个月未因偷税被税务机关处罚两次及以上的；

5. 自 2019 年 4 月 1 日起未享受即征即退、先征后返(退)政策的。

(二) 本公告所称增量留抵税额，是指与 2019 年 3 月底相比新增加的期末留抵税额。

(三) 纳税人当期允许退还的增量留抵税额，按照以下公式计算：

允许退还的增量留抵税额=增量留抵税额 × 进项构成比例 × 60%

进项构成比例，为 2019 年 4 月至申请退税前一税款所属期内已抵扣的增值税专用发票(含税控机动车销售统一发票)、海关进口增值税专用缴款书、解缴税款完税凭证注明的增值税额占同期全部已抵扣进项税额的比重。

(四) 纳税人应在增值税纳税申报期内，向主管税务机关申请退还留抵税额。

(五) 纳税人出口货物劳务、发生跨境应税行为，适用免抵退税办法的，办理免抵退税后，仍符合本公告规定条件的，可以申请退还留抵税额；适用免退税办法的，相关进项税额不得用于退还留抵税额。

(六) 纳税人取得退还的留抵税额后，应相应调减当期留抵税额。按照本条规定再次满足退税条件的，可以继续向主管税务机关申请退还留抵税额，但本条第(一)项第 1 点规定的连续期间，不得重复计算。

(七) 以虚增进项、虚假申报或其他欺骗手段，骗取留抵退税款的，由税务机关追缴其骗取的退税款，并按照《中华人民共和国税收征收管理法》等有关规定处理。

(八) 退还的增量留抵税额中央、地方分担机制另行通知。

九、本公告自 2019 年 4 月 1 日起执行。

第一节　流动负债概述

一、负债的定义

负债是指企业过去的交易或者事项形成的、预期会导致经济利益流出企业的现时义务。根据负债的定义，负债的三个基本特征是：① 负债是基于企业过去的交易或事项而产生的；② 负债是企业承担的现时义务，一般是由具有约束力的合同或因法定要求等而产生的；③ 负债的清偿预期会导致经济利益流出企业。负债按其流动性进行划分，可以分为流动负债和非流动负债。

二、流动负债的概念及特点

1. 流动负债的概念

流动负债也叫短期负债，是指将在 1 年(含 1 年)或者超过 1 年的一个营业周期内偿还的债务，包括短期借款、应付票据、应付账款、预收账款、应付工资、应付福利费、应付股利、应交税金、其他暂收应付款项、预提费用和 1 年内到期的长期借款等。

流动负债的四个基本特征是：

(1) 预计在一个正常营业周期中清偿，如企业采用商业信用赊销的方式购买固定资产的应付账款。

(2) 主要为交易目的而持有，如银行为近期回购而发行的短期票据。

(3) 自资产负债表日起 1 年内(含 1 年)到期应予以清偿，如企业以前期间发行的将在资产负债表日起一年内偿还的债务。

(4) 企业无权自主地将清偿推迟至资产负债表日后 1 年以上，如企业购买原材料时开出的应付票据，企业无权要求延长付款期限。

2. 流动负债的特点

流动负债具有以下特点：

(1) 偿还期限短。

(2) 到期必须用企业资产、提供劳务或者举借新的负债来偿还。

(3) 企业举借流动负债的目的一般是满足生产经营资金周转的需要。

(4) 流动负债中的各项负债项目的数额与长期负债相比，数额一般较小。

第二节 短期借款

一、短期借款的概念

短期借款是指企业向银行或其他金融机构等借入的，偿还期在 1 年以内(含 1 年)的各种借款。企业为了维持正常的生产经营活动的需要或为了抵偿债权，通常会向银行或其他金融机构等外单位借入资金。而银行等金融机构会根据企业的生产经营情况和资信状况给予企业一定的信用额度，企业可以在需要资金时从银行账户的信用额度内提取现金，并在约定的期限内偿还本息，这样就形成了企业的短期借款。

二、短期借款的种类

企业短期借款的种类也有很多，一般包括以下几类：生产周转借款、临时借款、结算借款、卖方信贷、票据贴现借款、专项储备借款。

(1) 生产周转借款，也叫经营周转借款或商品周转借款，指企业因流动资金不能满足正常生产经营需要，而向银行或其他金融机构取得的借款。办理该项借款时，企业应按有关规定向银行提出年度、季度借款计划，经银行核定后，在借款计划中根据借款借据办理借款。

(2) 临时借款，指企业因季节性和临时性的客观原因，导致正常周转的资金不能满足需要，超过生产周转或商品周转款额划入的短期借款。临时借款实行“逐笔核贷”的办法，借款期限一般为 3 至 6 个月，按规定用途使用，并按核算期限归还。

(3) 结算借款，指企业在采用托收承付结算方式办理销售货款结算后，为了解决商品发出后至收到托收货款前所需要的在途资金而借入的款项。企业在发货后的规定期间(一般为 3 天，特殊情况最长不超过 7 天)内向银行托收的、可申请托收承付结算的借款。借款金额通常按托收金额和商定的折扣率进行计算，大致相当于发出商品销售成本加代垫运杂费。企业的货款收回后，银行将自行扣回其借款。

(4) 卖方信贷，指生产的产品列入国家计划，质量在全国处于领先地位的企业，经批准采取分期收款销售而引起了生产经营资金不足，因此向银行申请取得的借款。这种借款应按货款收回的进度分次归还，期限一般为 1 至 2 年。

(5) 票据贴现借款，指企业持有银行承兑汇票或商业承兑汇票的，在发生经营周转困难时，申请票据贴现的借款，期限一般不超过 3 个月。借款额一般是票据的票面金额扣除贴现息后的金额，贴现借款的利息即为票据贴现息，由银行办理贴现时先进行扣除。

(6) 专项储备借款，指从事商业批发的企业向银行借入用于特种储备商品的款项，且必须是经国家批准的储备商品所需资金；企业向银行借入的款项必须实行专款专用，借款期限根据批准的储备期确定。

三、短期借款的核算

短期借款的核算主要包括三个方面的内容：

第一，借款取得的核算；

第二，借款利息的核算；

第三，归还借款的核算。

短期借款一般期限不长，通常在取得借款的当日，按取得的实际金额入账。短期借款的利息支出，是企业生产经营活动中为筹集资金而发生的耗费，应作为一项财务费用计入当期损益。由于利息支付的方式不同，其会计核算也不完全一样。短期借款的利息可按月收取，或一次性还本付息。如果企业的短期借款利息是按月支付的，或者是短期银行借款的利息数额不大的，根据会计的重要性原则，可以实际支付，或者收到银行的计息通知时，直接计入“财务费用”科目；如果短期银行借款利息是按季支付的，或者是在借款到期时连本金一起归还，并且利息数额较大的，为了正确计算各期盈亏，应按照预提的方法，按月预提，计入损益。

四、短期借款的会计处理

企业所发生的短期借款业务，应设置“短期借款”科目。该科目的贷方登记取得的借款本金，借方登记借款本金的偿还，期末贷方余额表示期末尚未偿还的借款本金，列示在资产负债表负债方的流动负债项下。该科目应按照债权人和短期借款的种类设置明细科目，进行明细分类核算。对短期借款的利息，应设置“财务费用”科目。该科目的借方登记利息费用的发生，贷方登记期末结转至“本年利润”科目的金额。短期借款方式下的会计处理方法主要包括借入时、利息提取及支付、偿还本金三个环节的处理。

1. 短期借款取得时的会计处理

企业设置“短期借款”科目，核算企业从银行实际取得和归还短期借款的经济业务，企业取得一项短期借款时，借方登记“银行存款”等会计科目，贷方登记“短期借款”科目。

借：银行存款等

　　贷：短期借款

2. 短期借款利息的会计处理

如果企业短期借款的利息是按月支付，且数额较小的，可以简化核算方法，在实际支付或收到银行计息通知时直接计入当期损益。

借：财务费用

　　贷：银行存款

如果企业短期借款的利息是按期支付的(按季、按半年)，或者是利息在借款到期时连同本金一并偿还，并且数额较大的，为了正确体现支出与收入的相互配比，可以采用预提的方式，按月预提借款利息。

月末预提时：

借：财务费用

　　贷：应付利息

实际支付时：

借：应付利息(已经预提的利息金额)

财务费用(差额)

贷：银行存款(实际支付的利息金额)

3. 短期借款偿还的会计处理

企业应于短期借款到期日偿还短期借款本金以及尚未支付的利息，借记“短期借款”“应付利息”“财务费用”等科目，贷记“银行存款”等科目。

例 9-1　希望公司 20×9 年 1 月 1 日向银行借入一笔生产经营用的短期借款，共计 120000 元，借款合同规定借款期限为 9 个月，年利率为 5%，根据与银行签署的借款协议，该项借款的本金到期后一次偿还；利息分月预提，季末支付。

希望公司对于该项短期借款的有关账务处理如下：

① 20×9 年 1 月 1 日，希望公司实际取得借款时，应编制分录：

借：银行存款　　120000

　　贷：短期借款　　120000

② 20×9 年 1 月 31 日，希望公司计提借款利息时，应编制分录：

每月利息 = 120000 × 5% ÷ 12 = 500(元)

借：财务费用　　500

　　贷：应付利息　　500

③ 20×9 年 2 月 28 日，希望公司计提借款利息时，与 1 月份相同，应编制分录：

借：财务费用　　500

　　贷：应付利息　　500

④ 20×9 年 3 月 31 日，希望公司支付第一季度借款利息时，应编制分录：

借：财务费用　　500

　　应付利息　　1000

贷：银行存款　　1500

⑤ 第二、三季度利息的会计处理同上。

⑥ 20×9 年 10 月 1 日，希望公司偿还本金时，应编制分录：

借：短期借款　　120000

　　贷：银行存款　　120000

⑦ 如果借款期限改为 8 个月，则到期日是 9 月 1 日，8 月末之前的会计处理与上述处理相同。9 月 1 日偿还借款本金时，同时支付 7 月份和 8 月份已提未付利息，应编制分录：

借：短期借款　　120000

　　应付利息　　1000

贷：银行存款　　121000

第三节　应 付 票 据

一、应付票据的概念

应付票据是指企业在商品购销活动中和接受劳务过程中采用商业汇票结算方式而发生

的商业汇票，由出票人出票，委托付款人在指定日期无条件支付确定的金额给收款人或者票据的持票人。商业汇票包括商业承兑汇票和银行承兑汇票。在我国，商业汇票的付款期限最长为 6 个月，因而应付票据即属于流动负债。

二、应付票据的分类

应付票据是由出票人出票，委托付款人在指定日期无条件支付确定的金额给收款人或持票人的票据。应付票据也是委托付款人允诺在一定时期内支付一定款额的书面证明。在我国应付票据是在采用商业汇票结算方式下发生的。

商业汇票按承兑人不同分为商业承兑汇票和银行承兑汇票。若承兑人是银行的票据，则必须由银行承兑，但银行承兑的票据，只是为收款人按期收回债权提供了信用保证。因此，在商业汇票尚未到期之前，企业应将其视为一笔负债，期末反映在资产负债表的应付票据科目中。若承兑人为购货单位的票据，必须经付款方(购买单位)承兑，则为商业承兑汇票。商业汇票按是否带息，分为带息票据和不带息票据。带息票据是指按票据上表明的利率，在票据票面金额上加上利息的票据，所以，到期承兑时，除支付票面金额外，还要支付利息。不带息票据是指票据到期时按面值支付，票据上无利息的规定。目前我国常用的是不带息票据。

三、应付票据的核算

企业开出承兑的应付票据应设置“应付票据”账户进行核算。开出票据时，按票面实际金额记入贷方，到期承付时，按票面金额记入借方，期末余额在贷方，表示尚未到期的应付票据数额。应付票据的明细核算按照其收款人的姓名和收款单位设置，并应设置“应付票据备查簿”，详细登记每一笔应付票据的种类、号数、签发日期、到期日、票面金额、合同交易号、收款人姓名或收款人单位名称、以及付款日期和金额等。到期付款时，应在备查账簿内逐笔注销。

四、应付票据的会计处理

企业设置“应付票据”账户，如以存款支付，则贷记“银行存款”账户；若重新开出票据时则贷记“应付票据”账户。开出并承兑的商业汇票不能如期支付的，应在票据到期并未签发新的票据时，将“应付票据”的账面余额转入“应付账款”账户，在支付款项时再按不同的付款方式做相应的账务处理。如果银行承兑汇票到期，企业无力支付到期票款，则承兑银行凭票在向持票人无条件付款时，对出票人尚未支付的票款金额转作逾期贷款处理。开出汇票的企业到期无力支付银行承兑汇票，在接到银行转来的有关凭证时，应借记“应付票据”，贷记“短期借款”。

(1) 应付票据发生时的会计核算。企业在购买材料、商品和接受劳务并以商业汇票的形式结算时，应以商业票据的实际金额借记“原材料”“库存商品”“应交税费——应交增值税(进项税额)”等科目，贷记“应付票据”科目。支付的手续费部分，直接计入当期损益。

借：原材料

　　应交税费——应交增值税

贷：应付票据

借：财务费用(手续费)

贷：银行存款

(2) 应付票据到期时的会计核算。企业应于票据到期日按照商业汇票的票面实际金额偿还应付票据，对于带息的商业汇票还要按照票据的票面金额和票面利率计算并支付相应的利息。企业于票据到期日付款时，借记“应付票据”“财务费用”等科目，贷记“银行存款”等科目。

借：应付票据(票据账面余额)

财务费用(应计未计的利息)

贷：银行存款(实际支付的金额)

(3) 应付票据到期，如无力支付票款，属于商业承兑汇票的，应按应付票据账面余额转为应付账款，

借：应付票据

贷：应付账款

属于银行承兑汇票的，应按应付票据账面余额转为短期借款。

借：应付票据

贷：短期借款

例 9-2 希望公司的存货按实际成本计价核算，有关应付票据的部分经济业务及相应的账务处理如下：

① 20×9 年 1 月 1 日，希望公司向甲公司购进原材料一批，取得增值税专用发票上注明的原材料价款为 100000 元，增值税税额为 13000 元，发票等结算凭证单据已收到。采用商业汇票结算方式，按协议开出并承兑为期 1 个月不带息的商业承兑汇票 113000 元连同解讫通知交给了甲公司。材料尚未验收入库，应编制分录如下：

借：在途物资 100000

应交税金——应交增值税(进项税额) 13000

贷：应付票据 113000

② 20×9 年 2 月 1 日，希望公司开出并到开户银行承兑为期 5 个月带息的银行承兑汇票 180000 元，连同解讫通知交给乙公司，以抵付上月购料所欠乙公司的货款，汇票票面年利率为 4.8%。同时，以银行存款支付承兑汇票的手续费 180 元(按票面金额 1‰计算)，应编制分录如下：

借：应付账款——乙公司 180000

贷：应付票据 180000

借：财务费用 180

贷：银行存款 180

③ 20×9 年 2 月 1 日，收到银行支付到期商业汇票的付款通知，上月开出的不带息的商业承兑汇票 113000 元已到期并如数支付票款，应编制分录如下：

借：应付票据 113000

贷：银行存款 113000

④ 20×9 年 2 月 28 日，计提带息商业汇票的应付利息 720 元(180000 × 4.8% ÷ 12)，应

编制分录如下：

借：财务费用　　720

　贷：应付利息　　720

⑤ 20×9年3月31日，4月30日应付利息的处理同上。

⑥ 20×9年5月1日，5个月开出的带息的银行承兑汇票已到期，因本企业无力支付而转作逾期贷款183600(票面金额180000元及5个月利息3600元)，根据银行转来的有关凭证，作账务处理，应编制分录如下：

借：应付票据　　180000

　财务费用　　720(5月份的利息)

　应付利息　　2 880[180000 × 4.8% × (4 ÷ 12)](1～4月份利息)

　贷：短期借款　　183600

第四节　应付及预收账款

一、应付账款

(一) 应付账款的概念

应付账款是指企业因购买材料、商品或接受劳务供应等应支付的款项，通常是企业因购买材料、商品或接受劳务供应等而发生的债务，这是买卖双方在购销活动过程中由于取得物资与支付贷款在时间上的不一致而产生的负债。在实际工作中，应区别两种不同的情况：

(1) 在物资和发票账单同时到达的情况下，如果物资验收入库的同时支付货款金额，则不需要通过“应付账款”科目核算，按照发票金额直接借记“原材料”“库存商品”等科目；如果物资验收入库后仍未付款，则按发票账单登记入账，确认应付账款。

(2) 在物资和发票不能同时到达的情况下，如果发票账单已到，物资未到，应直接根据发票账单注明的物资总价款和运杂费等，记入有关物资的成本和“应付账款”科目；如果物资已到，但发票账单未到，也无法确定实际成本，在月度终了，为了反映企业的负债情况，需要将所购物资和相关的应付账款暂估入账，待下月初再作红字分录予以冲回。

应付账款通常按发票账单上载明的应付金额(包括价、税)入账。如果购入的资产在形成一笔应付账款时带有现金折扣，应付账款的入账金额仍按发票上应付金额的总额入账。

(二) 应付账款的核算

为了反映和监督企业应付账款的发生和偿还情况，应设置“应付账款”科目。该科目的贷方登记企业因购买材料、物资及接受劳务供应时发生的应付而未付的款项；借方登记已经偿还的应付账款，期末贷方余额表示应付但尚未支付的应付款项。该科目应按照供应单位要求设置明细账，以进行明细分类核算。

企业购入材料或商品等验收入库，但货款尚未支付时应根据有关凭证(发票账单、随货同行发票上记载的实际价款或暂估价值)，借记“原材料”“库存商品”“应交税金——应交增值税(进项税额)”等科目，贷记“应付账款”科目；企业接受供应单位提供劳务而发生的应付但尚未支付的款项，应根据供应单位的发票账单，借记“制造费用”“管理费用”等有关成本费用科目，贷记“应付账款”科目；企业偿付应付账款时，借记“应付账款”科目，贷记“银行存款”或相关科目；企业开出承兑商业汇票抵付购货款时，借记“应付账款”科目，贷记“应付票据”科目；企业的应付账款，因对方企业发生变故确实无法支付时，报经有关部门批准后，可视同企业经营业务以外的一项额外收入，借记“应付账款”科目，贷记“营业外收入”科目。

(三) 应付账款的会计处理

(1) 企业购入材料、商品等验收入库，但货款尚未支付，根据有关凭证(发票账单、随货同行发票上记载的实际价款或暂估价值)，借记“原材料”“库存商品”等科目，按可抵扣的增值税额，借记“应交税费——应交增值税(进项税额)”等科目，按应付的价款，贷记本科目。

借：原材料

　　应交税费——应交增值税(进项税额)

　　贷：应付账款

企业购入材料、商品时，因供货方发货时少付货物而出现的损失，由供货方补足少付的货物时，应借方记“应付账款”科目，贷方转出“待处理财产损益”中的相应的金额。

(2) 接受供应单位提供劳务而发生的应付但未付的款项，根据供应单位的发票账单，借记“生产成本”“管理费用”等科目，贷记本科目。支付时款项，借记本科目，贷记“银行存款”等科目。

借：“生产成本”等

　　贷：应付账款

借：应付账款

　　贷：银行存款等

(3) 以非现金资产清偿债务的，债务人应当将重组债务的账面价值与转让的非现金资产公允价值之间的差额，作为债务重组利得，计入当期损益，若抵债资产需缴纳增值税，在增值税不单独结算的情况下，债务重组利得 = 应付债务账面价值 – (抵债资产公允价值+增值税销项税额)；转让的非现金资产公允价值与其账面价值之间的差额，作为处置资产损益，计入当期损益。

非现金资产公允价值与账面价值的差额，不同情况应当分别进行处理:

① 非现金资产为存货的，应当视同销售处理，根据《企业会计准则第 14 号——收入》相关规定，按存货的公允价值确认销售商品收入，同时按账面价值结转相应的成本。

② 非现金资产为固定资产、无形资产的，其公允价值和账面价值的差额，计入资产处置损益。

③ 非现金资产为长期股权投资等投资性资产的，其公允价值与账面价值的差额，计入投资收益。

(4) 企业应付账款附有现金折扣的，应按应付金额总值，借记有关科目，贷记“应付账款”科目；待实际发生现金折扣时，借记“应付账款”科目，贷记“银行存款”“财务费用”科目。

(5) 企业如有将应付账款划转出去或者确实无法支付的应付账款，应按其账面余额，借记本科目，贷记“营业外收入”科目。本科目期末贷方余额，反映企业尚未支付的应付账款，本科目期末余额也可以在借方，反映预付的款项。

例 9-3 希望制造厂(存货采用实际成本法计价)20×9 年 3 月发生的经济业务如下:

① 20×9 年 3 月 1 日，希望制造厂从甲公司购买一批原材料，收到增值税专用发票上注明价款为 60000 元，增值税为 7800 元。材料已经验收入库，款项尚未支付，应编制分录如下:

借：原材料 60000
　　应交税费——应交增值税(进项税额) 7800
　　贷：应付账款 67800

② 20×9 年 3 月 3 日，希望制造厂从乙公司购买一批原材料，收到增值税专用发票上注明价款为 50000 元，增值税为 6500 元。材料尚未收到，款项尚未支付，应编制分录如下:

借：在途物资 50000
　　应交税费——应交增值税(进项税额) 6500
　　贷：应付账款 56500

③ 20×9 年 3 月 8 日，希望制造厂从丙公司购买一批原材料，材料已经验收入库，但是月末尚未收到发票账单，已知该批材料的计划成本为 85000 元，应编制分录如下:

借：原材料 85000
　　贷：应付账款 85000

并在 4 月 1 日，冲销上月暂估的该批材料应付账款价值:

借：应付账款 85000
　　贷：原材料 85000

④ 20×9 年 3 月 12 日，希望制造厂从乙公司购买一批原材料，材料价款为 38000 元，增值税为 4940 元，材料已经验收入库，货款尚未支付。乙公司为鼓励希望制造厂提前付款，给甲公司开出的现金折扣条件为“2/10,1/10,N/30”，假设折扣不考虑增值税。

首先按照材料的总价和相关税费确定应付账款的入账价值，应编制分录如下:

借：原材料 38000
　　应交税费——应交增值税(进项税额) 4940
　　贷：应付账款 42940

假设希望制造厂在 3 月 22 日之前支付货款，希望制造厂享有的现金折扣为 760 元(38000 × 2%)，实际支付乙公司 42180 元(38000 – 760 + 4940)，应编制分录如下:

借：应付账款 42490
　　贷：银行存款 42180
　　　　财务费用 760

假设希望制造厂在 4 月 1 日之前支付货款，希望制造厂享有的现金折扣为 380 元(38000 × 12%)，实际支付乙公司 42560 元(38000 – 380 + 4940)，应编制分录，

借：应付账款　　　　　　　　　　　　42490

　　贷：银行存款　　　　　　　　　　　　42560

　　　　财务费用　　　　　　　　　　　　380

假设希望制造厂在4月11日之前支付货款，希望制造厂不享有现金折扣，实际支付乙公司44600元，应编制分录如下：

借：应付账款　　　　　　　　　　　　42490

　　贷：银行存款　　　　　　　　　　　　42490

二、预收账款

(一) 预收账款的概念

预收账款是指企业按照合同规定向购货单位预收的款项。预收账款科目核算企业按照合同规定或交易双方之间的约定，向购买单位或接受劳务的单位在未发出商品或提供劳务时所预收的款项。一般包括预收的货款、预收的购货定金等。企业在收到这笔款项时，商品或劳务的销售合同尚未履行，因而不能作为收入入账，只能确认为一项负债。如果企业不设置“预收账款”科目，可以将发生的预收账款记入“应收账款”的贷方。

(二) 预收账款的核算

企业在收到预收款项时，按照实际收到的金额，借记“银行存款”科目，贷记“预收账款”科目，企业按合同规定提供商品或劳务后，再根据合同的履行情况，将未实现收入转变为已实现收入，即借记“预收账款”科目，贷记有关收入科目。预收账款的期限一般不超过1年，通常应作为一项流动负债反映在各期末的资产负债表上，若款项期限超过1年(预收在1年以上提供商品或劳务)，则称为“递延贷项”，单独列示在资产负债表的负债与所有者权益之间。

(三) 预收账款的会计处理

例9-4　希望制造厂为增值税一般纳税人，20××年7月1日与乙公司签订供货合同，向其销售货物一批，价款为60000元，增值税税额为7800元；根据购货合同规定，乙公司在合同签订的10天内，应向甲公司预付货款40000元，剩余货款在希望制造厂交货时付清；20××年7月8日希望制造厂收到乙公司交来的预付款并存入银行，7月30日甲公司开出增值税专用发票，销售该批货物，乙公司收到货物验收合格后付清了剩余货款。希望制造厂应作会计分录如下：

① 20××年7月8日收到预收货款时：

借：银行存款　　　　　　　　　　　　40000

　　贷：预收账款——乙公司　　　　　　　　40000

② 20××年7月30日发出货物并收到剩余货款时：

借：预收账款　　　　　　　　　　　　67800

　　贷：主营业务收入　　　　　　　　　　60000

　　　　应交税费——应交增值税(销项税额)　　　　　7800
　借：银行存款　　　　　　　　　　　　　　　　27800
　　　贷：预收账款　　　　　　　　　　　　　　　　27800

第五节 应交税费

应交税费是指企业根据在一定时期内取得的营业收入、实现的利润等，按照现行税法规定，采用一定的计税方法计提的应缴纳的各种税费。企业必须按照国家规定履行纳税义务，对其经营所得依法缴税。这些应交税费应按照权责发生制原则进行确认、计提，在尚未缴纳之前暂时留在企业，形成一项负债。企业按税法规定应缴纳的各种税费包括增值税、消费税、所得税、城市维护建设税、资源税、土地使用税、房产税、车船使用税、土地增值税、教育费附加、矿产资源补偿费等。

一、增值税

增值税是以商品(含货物、加工修理修配劳务、服务、无形资产或不动产，以下统称商品)在流转过程中产生的增值税额作为计税依据而征收的一种流转税。按照增值的有关规定，企业购入商品支付的增值税(即进项税)可以从销售商品按规定收取的增值税(即销项税额)中抵扣。我国于 2016 年 5 月 1 日起推开营改增试点，扩大试点行业范围，其中，建筑业和房地产适用 11%的税率，金融业、生活服务业适用 6%的税率。同时，继上一轮增值税转型改革将企业购进机器设备纳入抵扣范围之后，将不动业纳入抵扣范围，在符合税法规定情况下，新增不动产所支付的增值税从销项税额中扣除，不再计入相关资产成本。需要注意的是，根据《营业税改征增值税试点实施办法》的纳税人，2016 年 5 月 1 日后取得并在会计制度上按固定资产核算的不动产或者 2016 年 5 月 1 日后取得的不动产在建工程，其进项税额自取得之日起分 2 年从销项税额中抵扣，第一年抵扣比例为 60%，第二年抵扣比例为 40%。

2018 年 4 月 4 日财政部和国家税务总局联合发布《财税〔2018〕32 号》文，为完善增值税制度，对增值税税率进行了调整：纳税人发生增值税应税销售行为或者进口货物，原适用 17%和 11%税率的，税率分别调整为 16%、10%。纳税人购进农产品，原适用 11%扣除率的，扣除率调整为 10%。纳税人购进用于生产销售或委托加工 16%税率货物的农产品，按照 12%的扣除率计算进项税额。原适用 17%税率且出口退税率为 17%的出口货物，出口退税率调整至 16%。原适用 11%税率且出口退税率为 11%的出口货物、跨境应税行为，出口退税率调整至 10%。外贸企业 2018 年 7 月 31 日前出口的第四条所涉货物、销售的第四条所涉跨境应税行为，购进时已按调整前税率征收增值税的，执行调整前的出口退税率；购进时已按调整后税率征收增值税的，执行调整后的出口退税率。生产企业 2018 年 7 月 31 日前出口的第四条所涉货物、销售的第四条所涉跨境应税行为，执行调整前的出口退税率。调整出口货物退税率的执行时间及出口货物的时间，以出口货物报关单上注明的出口日期为准，调整跨境应税行为退税率的执行时间及销售跨境应税行为的时间，以出口发票的开具日期为准。规定自 2018 年 5 月 1 日起执行。此前有关规定与本通知规定的增值税税率、扣除率、出口退税率不一致的，以本规定为准。

2019 年 3 月 21 日财政部、税务总局、海关总署联合发布《关于深化增值税改革有关政策的公告〔2019〕29 号》公告：增值税一般纳税人(以下称纳税人)发生增值税应税销售行为或者进口货物，原适用 16%税率的，税率调整为 13%；原适用 10%税率的，税率调整为 9%。纳税人购进农产品，原适用 10%扣除率的，扣除率调整为 9%。纳税人购进用于生产或者委托加工 13%税率货物的农产品，按照 10%的扣除率计算进项税额。原适用 16%税率且出口退税率为 16%的出口货物劳务，出口退税率调整为 13%；原适用 10%税率且出口退税率为 10%的出口货物、跨境应税行为，出口退税率调整为 9%。适用 13%税率的境外旅客购物离境退税物品，退税率为 11%；适用 9%税率的境外旅客购物离境退税物品，退税率为 8%。2019 年 6 月 30 日前，按调整前税率征收增值税的，执行调整前的退税率；按调整后税率征收增值税的，执行调整后的退税率。退税率的执行时间，以退税物品增值税普通发票的开具日期为准等，至此我国增值税改革又向前迈进一步，关于公告的具体规定可以参考课前阅读。

1. 购销业务的会计处理

增值税一般纳税企业发生的应税行为适用一般计税方法。在这种方法下，采购等业务进项税额允许抵扣销项税额。在购进阶段，会计处理时实行价与税的分离，属于价款部分，计入购入商品的成本；属于增值税税额部分，按规定计入进项税额。在销售阶段，销售价格中不再含税，如果定价时含税，应还原为不含税价格作为销售收入，向购买方收取的增值税作为销项税额。

一般纳税人应当在“应交税费”科目下设置“应交增值税”“未交增值税”“预交增值税”“待抵扣进项税额”等明细科目进行核算。“应交税费——应交增值税” 明细科目下设置“进项税额"“销项税额抵减”“已交税金”“转出未交增值税”“减免税款”“销项税额”“出口退税”“进项税额转出”“转出多交增值税”等专栏。其中，一般纳税企业发生的应税行为适用简易计税方法的，销售商品时应交纳的增值税额在“简易计税”明细科目核算。

例 9-5　希望公司为增值税一般纳税人，本期从房地产开发企业购入不动产作为行政办公场所，按固定资产核算。希望公司为购置该项不动产共支付价款和相关税费 8000000 元，其中含增值税 3300000 元。根据现行增值税制度规定， 希望公司应作会计分录如下：

取得不动产时：

借：固定资产	76700000	
应交税费——应交增值税(进项税额)	1980000	
应交税费——待抵扣进项税额	1320000	
贷：银行存款		8000000

第二年允许抵扣剩余的增值税时：

借：应交税费——应交增值税(进项税额)	1320000	
贷：应交税费——待抵扣进项税额		1320000

2．小规模纳税企业发生的应税行为适用简易计税方法

在购买商品时，其支付的增值税税额均不计入进项税额，不得由销项税额抵扣，应计

入相关成本费用。销售商品时按照销售额和增值税征收率计算增值税额，不得抵扣进项税额。简易计税方法的销售额不包括其应交税额，纳税人采用销售额和应纳税额合并定价方法的，按照公式“销售额 = 含税销售额 ÷ (1 + 征收率)”还原为不含税销售额计算。小规模纳税企业“应交税费——应交增值税”科目，应采用三栏式账户。

例 9-6 希望公司所属的远志公司核定为小规模纳税人，本期购入原材料，按照增值税专用发票上记载的原材料价款为 1000000 元，支付的增值税税额为 130000 元，企业开出承兑的商业汇票，材料已到达并验收入库(材料按实际成本核算)。该企业本期销售产品，销售价格总额为 900000 元(含税)，假定符合收入确认条件，货款尚未收到，该企业适用的增值税税率为 3%。根据上述经济业务，企业的会计分录如下：

购进货物时：

借：原材料　　　　1130000

　　贷：应付票据　　　　1130000

销售货物时：

不含税价格 = 900000 ÷ (1+3%) = 873786(元)

应交增值税 = 873786 × 3% = 26214(元)

借：应收账款　　　　900000

　　贷：主营业务收入　　　　873786

　　　　应交税费——应交增值税　　26214

3. 视同销售的会计处理

按照增值税有关规定，对于企业将自产、委托加工或购买的货物分配给股东或投资者，将自产、委托加工的货物用于集体福利或个人消费等行为，视同销售货物，需计算交纳增值税。对于税法上某些视同销售的行为，如以自产产品对外投资，从会计角度看属于非货币性资产交换。因此，无论会计上如何处理，只要税法规定需要交纳增值税的，应当计算交纳增值税销项税额，并计入“应交税费——应交增值税”“销项税额”专栏。

4. 进项税额不予抵扣的情况及抵扣情况发生变化的会计处理

按照增值税有关规定，一般纳税人购进货物、加工修理修配劳务、服务、无形资产或不动产，用于简易计税方法计税项目、免征增值税项目、集体福利或个人消费等，其进项税额不得从销项税额中抵扣的，应计入相关成本费用，不通过“应交税费——应交增值税(进项税额)”科目核算。

因发生非正常损失或改变用途等，导致原已计入进项税额但按现行增值税制度规定不得从销项税额抵扣的，应当将进项税额转出，借记“带处理财产损益”“应付职工薪酬”等科目，贷记“应交税费——应交增值税(进项税额转出)”科目。一般纳税人购进时已全额抵扣进项税的货物或服务等转用于不动产在建工程的，其已抵扣进项税额 40%的部分应于转用当期转出，借记“应交税费待抵扣进项税额”科目，贷记“应交税费——应交增值税(进项税额转出)”科目。原不得抵扣且本抵扣进项税额的固定资产、无形资产等，因改变用途等用于允许抵扣进项税额的应税项目的，应当在用途改变的次月调整相关资产科目账面价值，按允许抵扣的进项税额，借记“应交税费——应交增值税(进项税额)”，贷记“固定资产”“无形资产”等科目，并按调整后的账面价值计提折旧或摊销。

例 9-7　希望公司为增值税一般纳税人，本期购入一批材料，增值税专用发票上注明的增值税税额为 156000 万元，材料价款为 1200000 元。材料已入库，货款已经支付(材料采用实际成本法核算)。材料入库后，该公司将该批材料全部用于发放职工福利。根据该项经济业务，会计分录如下：

材料入库时：

借：原材料　　1200000

　　应交税费——应交增值税(进项税额)　　156000

　　贷：银行存款　　1356000

用于发放职工福利时：

借：应付职工薪酬　　1356000

　　贷：应交税费——应交增值税(进项税额)　　156000

　　　　原材料　　1200000

例 9-8　承接例 9-7，材料入库后，该公司将该批材料全部用于办公楼工程建设项目，会计分录如下：

材料入库时：

借：原材料　　1200000

　　应交税费——应交增值税(进项税额)　　156000

　　贷：银行存款　　1356000

工程领用材料时：

借：在建工程　　1200000

　　贷：原材料　　1200000

借：应交税费——待抵扣进项税额　　62400

　　贷：应交税费——应交增值税(进项税额转出)　　62400

允许抵扣剩余的增值税时：

借：应交税费——应交增值税(进项税额)　　93600

　　贷：应交税费——待抵扣进项税额　　93600

5. 差额征税的会计处理

一般纳税人提供纳税服务，按照增值税有关规定允许从销售额中扣除其支付给其他单位或个人价款的，在收入采用总额法确认的情况下，减少的销项税额应借记“应交税费——应交增值税(销项税额抵减)”科目，同理，小规模纳税人企业应借记“应交税费——应交增值税”科目；在收入采用净额法确认的条件下，按照增值税有关规定确定的销售额计算增值税销项税额并计入“应交税费——应交增值税(销项税额)”。

例 9-9　某客运场站为增值税一般纳税人，为客运公司提供客源组织、售票、检票、发票，运费结算等服务。该企业采用差额征税的方式，以其取得的全部价款和价外费用，扣除支付给承运方运费后的余额为销售额。本期该企业向旅客收取车票款项 530000 元作为销售额，应向客运公司支付 477000 元，剩下的 530000 元中，50000 元作为销售额、3000 元为增值税销项扣税额。根据该项经济业务，会计分录如下：

借：银行存款　　530000

贷：主营业务收入 50000

应交税费——应交增值税(销项税额) 3000

应付账款 477000

借：主营业务成本 400000

应交税费——应交增值税(销项税额抵减) 24000

贷：应付账款 424000

6. 转出多交增值税和未交增值税的会计处理

为了分别反映增值税一般纳税人欠交增值税税款和待抵扣增值税的情况，确保企业及时足额上交增值税，避免出现企业用以前月份欠交增值税抵扣以后月份未抵扣的增值税的情况，企业应在“应交税费”科目下设置“未交增值税”明细科目，核算企业月份终了从“应交税费——应交增值税”明细科目转入的当月未交或多交的增值税；同时，在“应交税费——应交增值税”科目下设置“转出未交增值税”和“转出多交增值税”专栏。月份终了，企业计算出当月应交未交的增值税，借记“应交税费——应交增值税(转出未交增值税)”科目，贷记“应交税费未交增值税”科目当月多交的增税，借记“应交税费——未交增值税”科目，贷记“应交税费——应交增值税(转出多交增值税)”。经过结转后，月份终了，“应交税费——应交增值税”科目的余额，反映企业尚未抵扣的增值税税额。企业当月缴纳当月的增值税，仍然通过“应交税费——应交增值税——已交税金”科目核算；当月交纳以前各月未交的增值税，通过“应交税费——未交增值税”科目核算，不通过“应交税费——应交增值税——已交税金”科目核算。

7. 交纳增值税的会计处理

企业当月交纳当月的增值税，通过“应交税费——应交值税(已交税金)”科目核算，借记“应交税费——应交增值税(已交税金)”科目，(小规模纳税人应借记“应交税费——应交增值税”科目)，贷记“银行存款”科目；当月交纳以前各期未交的增值税，通过“应交税费——未交增值税”科目，借记“应交税费——未交增值税”科目，贷记“银行存款”科目。

企业预交增值税，借记“应交税费——预交增值税”科目，贷记“银行存款”科目。企业应将“预交增值税”明细科目余额转入“未交增值税”明细科目，借记“应交税费——预交增值税”科目，贷记“应交税费——预交增值税”科目。

例 9-10 希望房地产开发企业为增值税一般纳税人。企业 20×8 年预售房地产项目收取的总价款为 14100000 元，该项目预计 20×9 年 9 月交房，企业按照 5%的预征率在不动产所在地预缴税款。当月，该企业向购房者交付其认购的另一房地产项目，交房项目的总价款为 22650000 元(其中，销项税额为 1650000 元，已预缴 1132500 元)，购房者已于 20×7 年 7 月预交了房款且该企业预缴了增值税。根据该项经济业务，会计分录如下：

预售房地产项目时：

借：银行存款 14100000

贷：预收账款 14100000

借：应交税费——预交增值税 705000

贷：银行存款 705000

交付房地产项目时：

借：预收账款 22650000

　　贷：主营业务收入 21000000

　　　　应交税费——应交增值税(销项税额) 1650000

借：应交税费——应交增值税(销项税额) 1132500

　　贷：应交税费——未交增值税 1132500

8. 增值税税控系统专用设备和技术维护费用抵减增值税额的会计处理

按照增值税有关规定，初次购买增值税税控系统专用设备支付的费用以及缴纳的技术维护费允许在增值税应纳税额中全额抵减。企业购入增值税税控系统专用设备，按实际支付或应付的金额，借记“固定资产”科目，贷记“银行存款”“应付账款”科目；按规定抵减的增值税应纳税额，借记“应交税费——应交增值税(减免税款)”科目(小规模纳税人借记“应交税费——应交增值税”科目)，贷记“管理费用”科目。

企业发生技术维护费，按照实际支付或应付的金额，借记“管理费用”等科目，贷记“银行存款”等科目；按规定抵减的增值税应纳税额，借记“应交税费——应交增值税(减免税款)”科目，(小规模纳税人借记“应交税费——应交增值税”科目)，贷记“管理费用”等科目。

二、应交消费税

1. 应交消费税的概念

消费税是对我国境内从事生产、委托加工和进口应税消费品的单位和个人，按其流转额交纳的一种税。消费税采用从价定率和从量定额两种征收方法。从价定率方法征收的消费税：以不含增值税的销售额为税基，按照税法规定的税率计算。企业的销售收入中包含增值税的，应将其换算为不含增值税的销售额。计算公式为

$$应税消费品的销售额 = 含增值税的销售额 \div (1 + 增值税税率或征收率)$$

从量定额计征的消费税：按税法确定的企业应税消费品的数量和单位应税消费品应交纳的消费税计算确定。属于销售应税消费品的，计算应税消费品的销售数量；属于自产自用应税消费品的，计算应税消费品的移送使用数量；属于委托加工应税消费品的，计算纳税人收回的应税消费品数量；属于进口的应税消费品，计算海关核定的应税消费品进口征税数量。

2. 应交消费税的会计核算

企业销售应税消费品，计算应交消费税时，应借记“营业税金及附加”，贷记“应交税费——应交消费税”。企业将自产的应税消费品用于在建工程、职工集体福利等的，应视同销售交纳消费税，借记“在建工程”“应付职工薪酬”“营业外支出”等科目，贷记“库存商品”“应交税费——应交消费税”科目。

例 9-11　某公司在建工程领用了自产材料，价值 50000 元，应交纳增值税 6500 元，应交纳消费税 6000 元。请编制会计分录。

借：在建工程 62500

　　贷：原材料 50000

应交税费——应交增值税(销项税额)　　6500
　　　　——应交消费税　　6000

企业委托加工应税消费品，委托方提供原材料和主要材料，受托方只收取加工费和代垫部分辅助材料加工费。委托加工收回的应税消费品，直接用于对外销售的，不再征收消费税。在这种情况下，委托方应将代收代交的消费税计入委托加工应税消费品的成本，借记“委托加工物资”，贷记“应付账款”“银行存款”等科目。委托加工收回的应税消费品，用于连续生产应税消费品的，其已纳税款准予按照规定抵扣。在这种情况下，委托方应将代收代交的消费税计入“应交税费——应交消费税”科目，委托方应代收代交的消费税款，借记“应交税费——应交消费税”科目，贷记“应付账款”“银行存款”等科目。待用委托加工的应税消费品生产出应交纳消费税的产品销售时，再交纳消费税。

三、其他应交税费

其他应交税费是指除上述应交税费以外的应交税费，包括应交资源税，应交城市维护建设税，应交教育费附加，应交土地增值税，应交房产税、土地使用税、车船税和矿产资源补偿费，应交个人所得税等。

1. 应交资源税

资源税是对在我国境内从事开采矿产品或者生产盐的单位和个人征收的税。资源税按照应税产品的课税数量和规定的单位税额计算。开采或生产应税产品对外销售的，以销售数量为课税数量；开采或生产应税产品自用的，以自用数量为课税数量。

企业销售应税产品时，按规定应交纳的资源税，借记“税金及附加”，贷记“应交税费——应交资源税”；企业自产自用应税产品时，按规定应交纳的资源税，借记“生产成本”“制造费用”等，贷记“应交税费——应交资源税”；企业实际交纳资源税时，借记“应交税费——应交资源税”，贷记“银行存款”。

例 9-12　某铁矿 20××年 10 月销售铁矿石 30000 吨，另外自用 50000 吨，该铁矿石适用 15 元/吨的资源税单位税额，请计算并用银行存款交纳本月应交的资源税。

销售铁矿石应交的资源税 = 30000 × 15 = 450000(元)

自用铁矿石应交的资源税 = 50000 × 15 = 750000(元)

借：税金及附加　　450000
　　生产成本　　750000
　　贷：应交税费——应交资源税　　1200000
借：应交税费——应交资源税　　1200000
　　贷：银行存款　　1200000

2. 应交城市维护建设税

城市维护建设税是以增值税、消费税、营业税为计税依据征收的一种税。这是国家为了加强城市的维护建设，扩大和稳定城市维护建设的资金来源而开征的税种。城市维护建设税的纳税人为交纳增值税、消费税、营业税的单位和个人，税率因纳税人所在地不同从1%到 7%不等。城市维护建设税应纳税额的大小是由纳税人应交纳的增值税、消费税、营业税税额决定的，其计算公式为

应交城市维护建设税 = (本期应交的增值税 + 消费税 + 营业税) × 适用税率

企业按规定计算出应交纳的城市维护建设税时，借记“税金及附加”“固定资产清理”等，贷记“应交税费——应交城市维护建设税”；实际交纳的城市维护建设税，借记“应交税费——应交城市维护建设税”，贷记“银行存款”。

例 9-13　甲企业本月实际应上交增值税 400000 元，消费税 241000 元，适用的城市维护建设税税率为 7%。请编制会计分录。

应交的城市维护建设税 = (400000 + 241000) × 7% = 44870(元)

甲企业应作会计分录如下：

借：税金及附加　　44870
　　贷：应交税费——应交城市维护建设税　　44870
借：应交税费——应交城市维护建设税　　44870
　　贷：银行存款　　44870

3. 应交教育费附加

教育费附加是为了发展教育事业而向企业征收的附加费用，企业按应交流转税的一定比例计算交纳。企业按规定计算出应交的教育费附加，借记“税金及附加”，贷记“应交税费——应交教育费附加”。

例 9-14　A 企业按税法规定计算 20×7 年第四季度应交纳的教育费附加为 50000 元，款项已用银行存款支付。请编制会计分录。

A 企业应作会计分录如下：

计算应交纳教育费附加时：

借：税金及附加　　50000
　　贷：应交税费——应交教育费附加　　50000

实际交纳教育费附加时：

借：应交税费——应交教育费附加　　50000
　　贷：银行存款　　50000

4. 应交土地增值税

土地增值税是指对在我国境内有偿转让土地使用权、地上建筑物及其附着物并取得收入的单位和个人征收的税种。开征土地增值税，主要是对房地产交易中的过高利润进行适当的调节。企业转让国有土地使用权连同地上建筑物及其附着物时，按转让时应交纳的土地增值税，借记“固定资产”“在建工程”等，贷记“应交税费——应交土地增值税”；企业实际交纳土地增值税时，借记“应交税费——应交土地增值税”，贷记“银行存款”。

例 9-15　甲企业对外转让一栋厂房，根据税法规定计算的应交土地增值税为 60000 元。请编制甲企业会计分录。

计算应交纳的土地增值税时：

借：固定资产清理　　60000
　　贷：应交税费——应交土地增值税　　60000

实际交纳土地增值税时：

借：应交税费——应交土地增值税　　60000
　　贷：银行存款　　60000

5. 应交房产税、土地使用税、车船税和矿产资源补偿费

房产税是国家对在城市、县城、建制镇和工矿区征收的由产权所有人交纳的税种。土地使用税是国家为了合理利用城镇土地，调节土地级差收入，提高土地使用效益，加强土地管理而开征的税种。

车船税是由拥有并使用车船的单位和个人交纳的税种。矿产资源补偿费是对我国领域和管辖海域开采矿产资源而征收的费用。

企业按规定计算应交的房产税、土地使用税、车船税、矿产资源补偿费时，按转让时应交纳的土地增值税，借记“税金及附加”，贷记“应交税费——应交房产税”“应交税费——应交土地使用税”“应交税费——应交车船税”“应交税费——应交矿产资源补偿费”；企业实际交纳时，借记“应交税费——应交土地增值税”等，贷记“银行存款”。

6. 应交个人所得税

按照个人所得税的征收管理办法，个人所得税采用自行申报交纳和代扣代交交纳两种办法，除实行查账核实征收的个体工商户取得的应税所得自行申报交纳后需要会计核算外，一般的个人取得的收入自行申报交纳后，不必进行会计核算。但是，履行代扣代交义务的单位和个人代扣代交税款时，必须进行有关账务处理。

企业按规定计算代扣代交的职工个人所得税时，借记“应付职工薪酬”，贷记“应交税费——应交个人所得税”；企业实际交纳时，借记“应交税费——应交个人所得税”，贷记“银行存款”。

例 9-16　甲企业 2007 年 4 月应支付职工工资总额 400000 元，根据有关规定，代扣职工个人所得税 8000 元，实发工资 392000 元。请编制甲企业会计分录。

发放工资，结转代扣代交的个人所得税时：

借：应付职工薪酬——工资　　8000

　　贷：应交税费——应交个人所得税　　8000

以银行存款交纳个人所得税时：

借：应交税费——应交个人所得税　　8000

　　贷：银行存款　　8000

第六节　应付股利和应付利息

一、应付股利

1. 应付股利概述

应付股利是指企业根据股东大会或类似机构审议批准的利润分配方案确定分配给投资者的现金股利或利润。应付股利是在每月企业实现经营利润后就形成了，由于董事会宣布发放现金股利的日期和正式开始发放的日期之间有一定的相隔天数，所以，在尚未支付以前，暂时留在企业，形成企业的一项流动负债。

2. 应付股利的会计核算

企业根据股东大会或类似机构审议批准的利润分配方案，确认应付给投资者的现金股

利或利润时，借记“利润分配——应付现金股利或利润”，贷记“应付股利”；向投资者实际支付现金股利或利润时，借记“应付股利”，贷记“银行存款”。

例 9-17　A 公司经股东大会表决通过，20×9 年度的利润分配方案为：每 10 股送 2 股，并派 0.2 元/股的现金股利，A 公司总股本为 6000 万股。请编制 A 公司会计分录。

宣告发放现金股利时：

借：利润分配——应付股利　　12000000

　　贷：应付股利　　12000000

以银行存款发放现金股利时：

借：应付股利　　12000000

　　贷：银行存款　　12000000

二、应付利息

1. 应付股利概述

应付利息核算企业按照合同约定应支付的利息，包括分期付息到期还本的长期借款、企业债券等应支付的利息。

2. 应付股利的会计核算

企业采用合同约定的名义利率计算确定利息费用时，应按合同约定的名义利率计算确定的应付利息金额，借记“财务费用”等，贷记“应付利息”；实际支付利息时，借记“应付利息”，贷记“银行存款”。

例 9-18　甲企业借入 3 年期到期还本每年付息的长期借款 6000000 元，借款合同约定借款利率为 3%，假设该笔借款不符合资本化条件。请编制甲企业会计分录。

每年计算确定利息费用时：

每年应支付的利息 = 6000000 × 3% = 180000(元)

借：财务费用　　180000

　　贷：应付利息　　180000

每年实际支付利息时：

借：应付利息　　180000

　　贷：银行存款　　180000

第七节　应付职工薪酬及其他应付款

一、应付职工薪酬

(一) 应付职工薪酬概念

应付职工薪酬是指企业为获得职工提供的服务而给予各种形式的报酬以及其他相关支出。

从广义上讲，职工薪酬是企业必须付出的人力成本，是吸引和激励职工的重要手段，也就是说，职工薪酬既是职工对企业投入劳动获得的报酬，也是企业的成本费用。职工薪酬在尚未支付给职工之前形成企业的一项负债。

(二) 应付职工薪酬的核算

1. 货币性职工薪酬的确认

(1) 应由生产产品、提供劳务负担的职工薪酬，借记“生产成本”“制造费用”“劳务成本”等科目。

(2) 应由在建工程、无形资产负担的职工薪酬，借记“在建工程”“无形资产”等科目。

(3) 管理部门人员、销售人员的职工薪酬，借记“管理费用”或“销售费用”科目。

(4) 外商投资企业按规定从净利润中提取的职工奖励及福利基金，借记“利润分配——提取的职工奖励及福利基金”科目。

例 9-19　A 企业本月应付工资总额 529000 元，工资费用分配表中列示的产品生产人员工资 330000 元，车间管理人员工资 100000 元，企业行政管理人员工资 80400 元，销售人员工资 18600 元。A 企业的有关会计处理如下：

借：生产成本——基本生产成本	330000	
制造费用	100000	
管理费用	80400	
销售费用	18600	
贷：应付职工薪酬——工资		529000

2. 非货币性职工薪酬的确认

(1) 企业以自产产品作为非货币福利发放给职工的，应当根据受益对象，按照该产品的公允价值和视同销售计算的相关税费确定应付职工薪酬金额，计入相关资产成本或当期损益，同时确认应付职工薪酬，借记“管理费用”“生产成本”“制造费用”等，贷记“应付职工薪酬——非货币性福利”。

(2) 企业无偿向职工提供住房等固定资产使用的，应当根据受益对象，将该固定资产每期应计提的折旧计入相关资产成本或当期损益，同时确认应付职工薪酬，借记“管理费用”“生产成本”“制造费用”等，贷记“应付职工薪酬——非货币性福利”，同时，借记“应付职工薪酬——非货币性福利”，贷记“累计折旧”。

(3) 租赁住房等资产供职工无偿使用的，应当根据受益对象，将每期应付的租金计入相关资产成本或当期损益，并确认应付职工薪酬，借记“管理费用”“生产成本”“制造费用”等，贷记“应付职工薪酬——非货币性福利”。

(4) 难以认定受益对象的非货币性福利，直接计入当期损益和应付职工薪酬。

3. 发放职工薪酬

(1) 货币性职工薪酬。企业按照有关规定向职工支付工资、奖金、津贴等，借记“应付职工薪酬——工资”，贷记“银行存款”等。企业从应付职工薪酬中扣还的各种款项(代垫的家属药费、个人所得税等)，借记“应付职工薪酬——工资”，贷记“银行存款”“其他应收款”“应交税费——应交个人所得税”等。

在会计实务中，企业一般在每月发放工资前，根据“工资结算汇总表”中的“实发金额”栏的合计数向开户银行提取现金，借记“库存现金”，贷记“银行存款”，然后再向职工发放。

例 9-20　A 企业根据“工资结算汇总表”结算本月应付职工工资总额为 662000 元，代扣职工房租 45000 元，企业代垫职工家属医药费 3000 元，实发工资 614000 元。A 企业当月的有关会计处理如下：

① 向银行提取现金：

借：库存现金　　614000

　　贷：银行存款　　614000

② 发放工资，支付现金：

借：应付职工薪酬——工资　　614000

　　贷：库存现金　　614000

③ 代扣款项：

借：应付职工薪酬——工资　　48000

　　贷：其他应收款——职工房租　　45000

　　　　——代垫医药费　　3000

企业支付职工福利费，支付工会经费和职工教育经费用于工会运作和职工培训，或按照国家有关规定缴纳社会保险费或住房公积金时，借记“应付职工薪酬——职工福利”，贷记“银行存款”等。

(2) 发放非货币性职工薪酬。企业以自产产品作为职工薪酬发放给职工时，应确认主营业务收入，借记“应付职工薪酬——非货币性福利”，贷记“主营业务收入”“应交税费——应交增值税(销项税额)”，同时结转相关成本。自产产品属于应税消费品的，还应按计算的应纳消费税费，借记“营业税金及附加”，贷记“应交税费——应交消费税”；企业支付租赁住房等资产供职工无偿使用所发生的租金，借记“应付职工薪酬——非货币性福利”，贷记“银行存款”等。

例 9-21　某高档白酒生产企业，共有职工 200 名，20××年 12 月，该企业以其生产的每套成本为 600 元的高档白酒作为春节福利发给公司每名职工。该高档白酒的市场售价为每套 1200 元，乙公司适用的增值税税率为 13%，乙公司向职工发放高档白酒作为福利，同时要根据相关税收规定，视同销售计算增值税销项税额和消费税额。该高档白酒适用的消费税率为 20%。该企业的有关会计处理如下：

借：应付职工薪酬——非货币性福利　　271200

　　贷：主营业务收入(200 × 1200)　　240000

　　　　应交税费——应交增值税(销项税额)　　31200

借：主营业务成本　(200 × 600)　　120000

　　贷：库存商品——白酒　　120000

借：税金及附加　　48000

　　贷：应交税费——应交消费税　　48000(240000 × 20%)

二、其他应付款

其他应付款是指与企业购销业务没有直接关系的一切暂收、应付款项，包括应付租入固定资产或周转材料的租金、存入保证金、职工未按期领取的工资等。

例 9-22 结转本月车间应付租入固定资产的租金 6000 元，企业应根据有关原始凭证，编制会计分录如下：

借：制造费用　　6000

　　贷：其他应付款——应付租金　　6000

练习题

一、单项选择题

1. 企业对确实无法支付的应付账款，应转入的会计科目是(　　)。

A. 其他业务收入　B. 资本公积　C. 盈余公积　D. 营业外收入

2. 企业确认的辞退福利，应计入的会计科目是(　　)。

A. 生产成本　B. 制造费用　C. 管理费用　D. 营业外支出

3. 某一般纳税企业月初欠交增值税 20 万元，无尚未抵扣增值税。本月发生进项税额 40 万元，销项税额 65 万元，进项税额转出 3 万元，交纳本月增值税 15 万元，则月末结转前，“应交税费——应交增值税”科目的余额为(　　)万元。

A. 33　B. 13　C. 28　D. 30

4. 下列项目中，不应通过“应交税费”科目核算的是(　　)。

A. 应交的土地使用税　B. 应交的教育费附加

C. 应交的矿产资源补偿费　D. 耕地占用税

5. 甲企业为小规模纳税人(适用税率 6%)，11 月初欠交增值税 1000 元，本月购进材料成本为 10000 元，支付的增值税为 1300 元，本月销售产品，取得含税销售收入 1060000 元，则甲企业本月月末应交增值税为(　　)元。

A. 60000　B. 61000　C. 58300　D. 59300

6. 下列税金中，与企业计算损益无关的是(　　)。

A. 消费税　B. 增值税　C. 所得税　D. 城市建设维护税

7. 下列项目中，不属于流动负债的是(　　)。

A. 应交税费　B. 应付票据　C. 预付账款　D. 预收账款

8. 短期借款所发生的利息，一般应计入(　　)。

A. 管理费用　B. 营业外支出　C. 财务费用　D. 投资收益

二、多项选择题

1. 下列项目中，属于职工薪酬的有(　　)。

A. 职工福利费　B. 住房公积金

C. 以权益结算的股份支付　D. 职工子女赡养福利

E. 因解除与职工的劳动关系给予的补偿

2. 下列项目中，应通过“应付职工薪酬”科目核算的有(　　)。

A. 工会经费　　B. 职工教育经费　　C. 职工补充养老保险

D. 向职工提供企业支付了补贴的商品　　E. 以自产的产品作为福利发放给职工

3. 下列事项涉及的增值税中，应计入“应交税费——应交增值税(进项税额转出)”科目的有(　　)。

A. 将原材料用于生产性质的在建工程(动产)　　B. 将原材料用于对外投资

C. 将产成品用于在建工程(不动产)　　D. 管理不善造成已完工产品发生损失

E. 管理不善导致原材料发生盘亏

4. 下列各项增值税中，应计入有关资产成本的有(　　)。

A. 以产成品对外投资应交的增值税

B. 在建工程(不动产)使用本企业生产的产品应交的增值税

C. 小规模纳税企业购入商品已交的增值税

D. 一般纳税企业用于生产产品的进口材料所支付的增值税

E. 购入生产用固定资产(动产)已交的增值税

5. 企业所发生的下列税费中，可以记入“税金及附加”科目的有(　　)。

A. 教育费附加　　B. 房产税 C. 土地使用税　　D. 营业税　　E. 资源税

6. 下列项目中，应通过“其他应付款”科目核算的有(　　)。

A. 应付租入包装物的租金　　B. 应付经营租入固定资产的租金

C. 应付融资租入固定资产的租赁费　D. 企业采用售后回购方式融入的资金

E. 应付职工未按期领取的工资

三、业务处理题

1. 乙公司为一家生产彩电的企业，共有职工 100 名，20××年 12 月，公司以其生产的成本为 5 000 元的液晶彩电和外购的每台不含税价格为 500 元的电暖气作为春节福利发放给公司职工。该型号液晶彩电的售价为每台 7 000 元，乙公司适用的增值税税率为 13%；乙公司购买电暖气开具了增值税专用发票，增值税税率为 13%。假定 100 名职工中 85 名为直接参加生产的职工，15 名为总部管理人员。

请对上述业务作出相应的会计处理。

2. A 公司为增值税一般纳税人，适用的增值税税率为 13%，消费税税率为 10%，库存材料按照实际成本核算。本月发生以下业务，请作出相应的会计处理：

(1) 购进甲材料一批，该批材料价款为 100000 元，材料验收入库款项用银行存款支付。

(2) 购进乙材料 30 吨，该材料购进价格为 1000 元/吨(不含增值税)，款项尚未支付，开出一张不带息的商业承兑汇票，材料尚未收到。

(3) 本月在建工程领用甲材料一批，价值 50000 元，承担的增值税为 8500 元。

(4) 本月销售应税消费品 A 产品 300 件，取得销售收入 30 万元，款项收到。

(5) 请计算本月应交增值税、应交消费税。

第十章 非流动负债

【学习目标】

- 理解非流动负债的概念和特点；
- 掌握非流动资产的确认和计量及其应用；
- 掌握应付债券的发行、利息的计提、债券偿还的账务处理；
- 掌握借款费用的内容和资本化的会计处理；
- 理解长期应付款的会计核算；
- 理解借款费用的资本化的核算。

【课前阅读】

银行首次开售地方债 投资门槛最低100元

2019年3月25日起，个人和中小机构可以在银行(通过电子渠道或银行网点)购买地方债了。当日，宁波市、浙江省根据《财政部关于开展通过商业银行柜台市场发行地方政府债券工作的通知》，开始通过商业银行柜台市场发行地方债券，标志着地方债券柜台发行成功推出。

"地方债券柜台发行成功推出后，个人和中小机构可以通过商业银行柜台网点或网上银行、手机银行等渠道认购地方债券，起投金额100元，交易门槛低。"财政部国库司有关负责人昨日表示，投资者认购地方债券，既可以持有到期，享受稳定利息收入，支持家乡建设；也可以在需要资金时随时向承办银行卖出或开展质押融资，流动性好。

有关负责人表示，地方债券柜台发行，在现行通过银行间和交易所债券市场主要面向商业银行等大型机构投资者发行的基础上，进一步拓宽了地方债券发行渠道，丰富了投资者群体；也有利于更好满足个人和中小机构低风险投资需求，拓宽财产性收入渠道，促进城乡居民增收，增强人民的获得感。

当日发行的宁波债券为土地储备专项债券，期限3年，招标确定的发行利率为3.04%，柜台销售额度3亿元；浙江债券为棚改专项债券，期限5年，招标确定的发行利率为3.32%，柜台销售额度11亿元。

宁波市财政局国库局局长单继诚表示，对地方债券市场建设而言，柜台发行将有效推动地方债投资主体多元化，有助于进一步丰富债券投资者结构，更好地促进未来地方债市场发展。

根据财政部统一部署，近日，宁波、浙江、四川、陕西、山东、北京六个省市财政厅(局)

将作为首批试点在柜台市场发行地方政府债。

3月26日至28日期间，四川省将发行5年期土地储备专项债券59.29亿元，其中，15亿元债券将通过商业银行柜台面向个人和中小投资者发售。

四川省财政厅相关负责人表示，开放商业银行柜台市场发行地方政府债，标志着地方政府债券市场一二级市场完全面向个人及中小投资者开放，可促进地方政府债券市场持续健康发展。

陕西省将于3月27日通过商业银行柜台发行9亿元政府债券。在3月28日、3月29日和4月1日，个人投资者可通过银行柜台进行购买。

据中国工商银行陕西省分行工作人员介绍，以往地方债主要通过全国银行间债券市场、证券交易所债券市场发行，以银行间市场为主，投资主体主要是银行、券商、保险公司、基金公司等机构投资者。此次地方债通过商业银行柜台市场发售，则是首次面向中小投资者开放。本次陕西省发行的地方政府债券信用评级为 AAA 级，信用风险低，满足低风险偏好投资者需求。根据地方债票面利率计算规则，其利率将高于记账式国债，产品持有到期可以获得稳定的利息收入。而且利息收入免征所得税与增值税，对于企业客户来说，其免税效应可以为投资者带来一定附加收益。

值得一提的是，今年以来地方债发行提速，规模已突破1万亿元。3月24日，财政部部长刘昆在中国发展高层论坛2019年年会上表示，加快地方政府债券发行使用，争取9月底前将全年新增地方政府债务限额3.08万亿元发行完毕。

(资料来源：联合资信的财富号 2019-03-26 17:22)

第一节 非流动负债概述

一、非流动负债的概念

非流动负债又叫长期负债，是指偿还期限在1年以上或超过1年的一个营业周期以上的债务。企业举借非流动负债的目的，主要是弥补企业营运资金不足和扩大企业经营规模。

与流动负债相比，非流动负债具有偿还期限长、债务金额大、可以分期偿还的特点。

由于非流动负债的偿还期限较长且金额较大，未来的现金流出量(未来支付的利息与本金)与其现值之间的差额较大。因而，从理论上讲，非流动负债应按现值入账，而不应按其未来应偿付金额入账。由于非流动负债的偿还期限较长，其利息可能是分期支付，也可能是到期偿还本金时一次支付。因此，非流动负债的应付未付的利息部分，可能是流动负债，也可能是非流动负债。

常见的非流动负债主要包括长期借款、应付债券(不包含应付短期债券)和长期应付款等。非流动负债按筹措资金方式的不同分为长期借款、应付债券和长期应付款等；非流动负债按偿还和付息方式的不同分为定期偿还的非流动负债和分期偿还的非流动负债。

二、非流动负债的意义

企业为了扩大生产经营规模和对外进行长期投资，往往需要取得大量长期资金，这些资金仅依靠企业拥有的经营资金通常是无法满足需要的，若等待企业积累足够的留存收益则有可能丧失机遇，所以企业为了其发展需要向外界筹集长期资金。企业筹措长期资金主要有两种方式：一是通过投资者投入新的资本；二是通过各种形式举借非流动负债。

举借非流动负债与增加投资者投入资本相比其意义在于：

(1) 举借非流动负债可以保持企业投资者原有的投资比例，股权结构不变，有利于保持原有股东对企业的控制权。

(2) 举借非流动负债可以利用借入资金获取杠杆收益，增加股东的收益。

(3) 举借非流动负债的利息费用，一般可以直接计入当期损益，成为所得税前的一个扣减项目，具有抵税功能。

但是，举借非流动负债也会给企业带来较大的财务风险，非流动负债一般都有明确的到期日，须按协议的约定到期偿还，如果企业无力及时支付利息或按期偿还本金，债权人有权要求企业进行破产清算。因此，企业举借非流动负债必须合理谨慎，规模适度，举借程度应与企业的资本结构和偿债能力相适应。

第二节 长期借款

一、长期借款的概念与分类

1. 长期借款的概念

长期借款指的是企业从银行或其他金融机构借入的期限在 1 年以上(不含 1 年)的各项借款。

企业申请长期借款必须具备一定的条件。首先，会计主体应是具有法人资格的经济实体；其次，要有一定的偿还能力，企业收益水平较高，并有一定的财产和物资保障，提供担保的单位也要具有相应的经济实力；最后，企业的经营方向和业务范围要符合国家的方针、政策，借款的用途在银行贷款办法规定的范围之内，而且企业要在有关借入部门开立账户、办理结算。企业向金融部门申请借款，应严格履行借款的审批手续，签订借款合同，企业按照借款合同的规定按期清偿贷款本息。

2. 长期借款的分类

长期借款按照借款是否附有抵押物，分为有抵押的借款和无抵押的借款。有抵押的借款是指借款企业将其特定资产的合法产权转让给贷款人作为贷款的抵押品。借款人按期偿还借款的全部本息后，抵押品的产权方可归还给借款人。无抵押的借款是指借款人借款时没有提供抵押物。

长期借款按照借款的用途，分为一般借款和专门借款。一般借款指的是在借入时其用途没有指定用于企业购建或生产的具体项目的借款。专门借款是指为购建或者生产符合资本化条件的而专门借入的款项。通常应当具有标明购建或者生产符合资本化条件的资产用途的借款合同。

二、长期借款的会计处理

企业设置“长期借款”账户，核算和监督长期借款取得、计息和归还情况。该账户属于负债类账户，借方登记归还的本金，贷方登记取得的长期借款本金，余额在贷方反映企业尚未偿还的长期借款本金部分。

企业借入长期借款，应按实际收到的现金净额，借记“银行存款”科目，贷记“长期借款——本金”科目，按其差额，借记“长期借款——利息调整”科目。

资产负债表日，应按摊余成本和实际利率计算确定的长期借款的利息费用，借记“在建工程”“制造费用”“财务费用”“研发支出”等科目，按借款本金合同约定的名义利率计算确定的应付利息金额，贷记“长期借款——应计利息”科目或“应付利息”科目，按其差额，贷记“长期借款——利息调整”科目。实际利率与合同约定的名义利率差异很小的，也可以采用合同约定的名义利率计算确定利息费用。

企业归还长期借款时，按归还长期借款本金，借记“长期借款——本金”科目，按转销的利息调整金额，贷记“长期借款——利息调整”科目，按实际归还的款项，贷记“银行存款”科目，按借贷双方之间的差额，借记 “在建工程”“制造费用”“财务费用”“研发支出”等科目。

例 10-1　希望公司为建造一幢办公楼，于 20×8 年 1 月 1 日借入期限为两年的长期专门借款 2000000 元，款项已存入银行。借款利率为 6%，每年付息一次，期满后一次还清本金。20×8 年 1 月 3 日，以银行存款支付工程价款共计 800000 元；20×8 年 1 月 5 日以银行存款支付工程款 500000 元。该厂房于 20×9 年 10 月底完工，达到预定可使用状态。假定不考虑闲置专门借款资金存款的利息收入或者投资收益。

希望公司会计业务处理如下：

① 20×8 年 1 月 1 日，取得借款时：

借：银行存款　　2000000

　　贷：长期借款　　2000000

② 20×8 年 1 月 3 日，支付工程款时：

借：在建工程　　800000

　　贷：银行存款　　800000

③ 20×8 年 12 月 31 日，计算 2018 年应计入工程成本的利息时：

借：在建工程　　120000

　　贷：应付利息　　120000

④ 20×8 年 12 月 31 日，支付借款利息时：

借：应付利息　　120000

　　贷：银行存款　　120000

⑤ 20×9 年 1 月 5 日，支付工程款时：

借：在建工程　　500000

　　贷：银行存款　　500000

⑥ 20×9 年 10 月底，达到预定可使用状态：

$$\text{该期应计入工程成本的利息} = \frac{2000000 \times 6\%}{12} \times 10 = 100000(\text{元})$$

借：在建工程　　100000

　　贷：应付利息　　100000

同时：

借：固定资产 1520000

贷：在建工程 1520000

⑦ 20×9年12月31日，计算20×9年11月、12月应计入财务费用的利息：

$$利息费用=\frac{2000000\times 6\%}{12}\times 2=20000(元)$$

借：财务费用 20000

贷：应付利息 20000

⑧ 20×9年12月31日支付利息时：

借：应付利息 120000

贷：银行存款 120000

⑨ 20×0年1月1日到期还本时：

借：长期借款 2000000

贷：银行存款 2000000

第三节 应付债券

一、应付债券概述

1. 应付债券的概念与分类

债券是依照法定程序发行的、约定在一定期限内还本付息的一种有价证券。企业可以依照法定程序，以对外发行债券的形式筹集资金，由企业发行的债券叫做企业债券或公司债券。应付债券是企业因筹措资金而发行债券因此形成的一种非流动负债。

按照《公司法》的规定，公司债券有以下几种：

(1) 按债券是否记名，分为记名债券和无记名债券。

(2) 按偿还本金的方式，分为一次还本债券和分期还本债券。

(3) 按支付利息的方式，分为到期一次付息债券和分期付息债券。

(4) 按债券是否能转换为股票，分为可转换债券和不可转换债券。

(5) 按债券是否有财产抵押，分为抵押债券和信用债券。

2. 债券的发行价格

债券的发行价格与债券的面值可能一致也可能不一致，是债券原始投资者购入债券时应支付的市场价格。理论上，债券发行价格是债券的面值和要支付的年利息按发行当时的市场利率折现所得到的现值。

由此可见，债券票面利率和市场利率的关系影响到债券的发行价格。当债券票面利率等于市场利率时，债券发行价格等于面值；当债券票面利率低于市场利率时，债券发行价格低于面值，属于折价发行；当债券票面利率高于市场利率时，企业仍以面值发行就会增加发行成本，故一般要溢价发行。

无论发行价格和债券面值是否相等，企业日后实际支付的债券利息均按照票面利率计算。折价发行表明企业将日后少付的利息提前补偿给投资者，溢价发行表明企业将日后各期多付的利息提前向投资者收回。债券的溢价或折价实质上是发行债券企业在债券存续期内对利息费用的一种调整。

从资金时间价值来考虑，债券的发行价格由债券到期还本面额的现值与债券各期利息的年金现值两部分组成。其计算公式如下：

$$\text{债券售价}=\frac{\text{债券面值}}{(1+\text{市场利率})^{\text{年数}}}+\sum\frac{\text{债券面值}\times\text{债券利率}}{(1+\text{市场利率})^{\text{年数}}}$$

上述公式计算的发行价格一般只是确定实际发行价格的基础。在实际工作中，债券的发行价格受很多因素的影响。就公司内部而言，除了债券的面值、期限、票面利率、利息支付方式外，还受发行企业自身的信誉状况、资本结构等的影响。就企业外部来看，资本市场的利率水平、供求关系等，也是影响债券发行价格的重要因素。

二、应付债券的会计处理

为了反映和监督企业为筹集资金而发行债券的本金和利息，企业应设置“应付债券”账户进行账务处理，应付债券账户属于负债类，贷方登记发行债券的面值及溢价金额，借方登记发行债券的折价金额、一次付息债券应计提的利息以及到期偿还的本金利息，贷方余额反映企业尚未偿还的债券摊余成本。为了方便与管理，可以在“应付债券”科目下设置“面值”“利息调整”“应计利息”等明细分类科目。如果企业发行分次付息一次还本债券，计提的利息应通过“应付利息”账户核算。

1．发行债券时的会计处理

企业发行债券时，无论是面值发行还是溢价或折价发行，均按实际收到的款项，借记“银行存款”等科目，按债券票面价值，贷记“应付债券——面值”科目，按实际收到的款项与票面价值之间的差额，贷记或借记“应付债券——利息调整”科目。

债券发行过程中涉及的交易费用，如手续费、佣金、印刷费、律师费等，应计入应付债券的初始确认金额中，即计入“应付债券——利息调整”科目中。

例 10-2 希望公司经批准于 2019 年 12 月 31 日发行债券 10000 张，每张面值 100 元，票面利率 6%，期限 5 年，到期一次还本付息。债券发行相关的交易费用为 20000 元，从发行债券所收到的款项中扣除，发行债券当时的市场利率为 6%。希望公司的会计业务处理如下：

借：银行存款　　980000
　　应付债券——利息调整　　20000
　　贷：应付债券——面值　　1000000

假设希望公司发行债券当时的市场利率为 7%，该公司的会计业务处理如下：

债券的发行价格＝(100×10000＋100×10000×6%×5)×(P/F，7%，5)
　　＝1300000×0.713＝926882(元)

借：银行存款　　926882
　　应付债券——利息调整　　73118
　　贷：应付债券——面值　　1000000

假设希望公司发行债券当时的市场利率为 5%，希望公司的会计业务处理如下：

债券的发行价格＝(100×10000＋100×10000×6%×5)×(P/F，5%，5)

＝1300000×0.7835＝1018550(元)

借：银行存款　　1008550

　　贷：应付债券——面值　　1000000

　　　　应付债券——利息调整　　8550

2. 债券利息及溢(折)价的摊销的会计处理

企业发行债券，意味着除了承担到期按面值支付款项的义务外，还要承担基于票面利率分期或到期一次支付利息的义务。

企业应按期计提利息，但按票面利率计算的应支付利息并不一定就是企业发行债券应承担的利息费用。在溢价发行的情况下，企业每期要按高于市场利率的票面利率支付债券利息，债券发行企业收到的溢价额实质上是在债券到期前对各期多付利息的补偿，是对债券利息费用的一种调整，因而在各个付息期，需要对溢价额进行摊销，逐期冲减各期的利息费用。在折价发行的情况下，企业每期要按低于市场利率的票面利率支付债券利息，债券发行企业少收的折价额实质上是预先付给债券持有者的利息，持有者可以从以后各期少付利息中获得补偿，是对债券利息费用的一种调整，因而在各个付息期，需要对折价额进行摊销，逐期增加各期的利息费用。

从利息费用的确定来看，企业发行债券应承担的利息费用应是发行债券的账面价值与债券发行的实际利率的乘积。而按照票面利率计算支付的利息与承担的利息费用两者之间的差额，恰好是债券的溢价或折价对利息费用的一种调整。按照这种方法确定的各期利息费用会随着债券账面价值的变动而变动，并与债券的账面价值保持同方向的固定比例关系。这种方法就是实际利率法。

实际利率法指的是按照应付债券的实际利率计算其摊余成本及各期利息费用的方法。实际利率，是指将应付债券在债券存续期间的未来现金流量，折现为该债券当前账面价值所使用的利率。在会计实务中，债券溢价或折价的摊销应按实际利率法进行核算。

资产负债表日，对于分期付息、一次还本的债券，企业应按应付债券的摊余成本和实际利率计算确定的债券利息费用，借记“在建工程”“制造费用”“财务费用”等科目，按票面利率计算确定的应付未付利息，贷记“应付利息”科目，按其差额，借记或贷记“应付债券——利息调整”科目。对于一次还本付息的债券，应于资产负债表日按摊余成本和实际利率计算确定的债券利息费用，借记“在建工程”“制造费用”“财务费用”等科目，按票面利率计算确定的应付未付利息，贷记“应付债券——应计利息”科目，按其差额，借记或贷记“应付债券——利息调整”科目。

例 10-3　20×8 年 12 月 31 日，希望公司经批准发行 5 年期一次还本、分期付息的公司债券 10000000 元，每年 12 月 31 日支付债券利息，票面利率为 6%。假定债券发行时的市场利率为 5%。

希望公司的会计业务处理如下：

希望公司债券实际发行价格＝10000000×(P/F,5%,5)＋10000000×6%×(P/A,5%,5)

＝10000000×0.7835＋10000000×6%×4.3295

＝10432700(元)

根据上述资料，采用实际利率法和摊余成本计算确定的利息费用，见表 10-1。

表 10-1 利息费用及溢价摊销表 单位：元

计息日期	支付利息	利息费用	利息调整	债券摊余成本
20×7 年 12 月 31 日				10432700.00
20×8 年 12 月 31 日	600000	521635.00	78365.00	10354335.00
20×9 年 12 月 31 日	600000	517716.75	82283.25	10272051.75
20×0 年 12 月 31 日	600000	513602.59	86397.41	10185654.34
20×1 年 12 月 31 日	600000	509282.72	90717.28	10094937.06
20×2 年 12 月 31 日	600000	*505062.94	94937.06	10000000.00
合 计	3000000	—	432700.00	—

*尾数调整。

① 20×8 年 12 月 31 日发行债券时：

借：银行存款　　10432700

　贷：应付债券——面值　　10000000

　　　　　　——利息调整　　432700

② 20×9 年 12 月 31 日计算利息费用时：

借：财务费用(或在建工程等)　　521635

　　应付债券——利息调整　　78365

　　贷：应付利息　　600000

20×0 年、20×1 年、20×2 年确认利息费用的会计处理类同。

例 10-4　希望公司发行公司债券为建造专用生产线筹集资金，2018 年 12 月 31 日委托证券公司以 7755 万元的价格发行 3 年期分期付息公司债券，该债券面值为 8000 万元，票面年利率为 4.5%，实际年利率为 5.64%，每年付息一次，到期后按面值偿还，支付的发行费用与发行期间冻结资金产生的利息收入相等。2020 年 12 月 31 日所建造生产线达到预定可使用状态。假定各年度利息的实际支付日期均为下年度的 1 月 15 日，2022 年 1 月 15 日支付 2021 年度利息，并一并偿付面值本金部分。希望公司的会计处理如下：

根据上述资料，采用实际利率法和摊余成本计算确定的利息费用，见表 10-2。

表 10-2 利息费用及折价摊销表 单位：元

计息日期	支付利息	利息费用	利息调整	债券摊余成本
2018 年 12 月 31 日				77550000
2019 年 12 月 31 日	3600000	4373820	773820	78323820
2020 年 12 月 31 日	3600000	4417463.45	817463.45	79141283.45
2021 年 12 月 31 日	3600000	4458716.55	858716.55	80000000
合 计	10800000	—	2450000	—

① 2018 年 12 月 31 日发行债券时：

借：银行存款　　77550000

　　应付债券——利息调整　　2450000

　　贷：应付债券——面值　　80000000

② 2019年12月31日计算利息费用时:

借: 在建工程 4373820

贷: 应付利息 3600000

应付债券——利息调整 773820

③ 2020年1月15日支付利息:

借: 应付利息 3600000

贷: 银行存款 3600000

④ 2020年12月31日计算利息费用时:

借: 在建工程 4417463.45

贷: 应付利息 3600000

应付债券——利息调整 817463.45

⑤ 2021年1月15日支付利息:

借: 应付利息 3600000

贷: 银行存款 3600000

⑥ 2022年12月31日计算利息费用时:

借: 财务费用 4458716.55

贷: 应付利息 3600000

应付债券——利息调整 858716.55

在实际利率法下，随着溢价额的摊销，每期的利息费用逐期递减，但每期支付的利息相等，则每期摊销的溢价是递增的，因此，债券的摊余成本(面值+未摊销溢价)逐期递减；相反，随着折价额的摊销，每期的利息费用逐期递增，但每期支付的利息相等，则每期摊销的折价是递增的，因此，债券的摊余成本(面值－未摊销折价)逐期递增。所以，实际利率法下，各期确认的利息费用不相同，能较正确地显示出长期负债与利息费用的关系。

3. 债券清偿的会计处理

债券到期，支付债券本息时，借记“应付债券——面值”“应付债券——应计利息”或“应付利息”科目，贷记“银行存款”科目。

接例10-3，2022年1月15日支付2021年度利息，且一并偿付债券面值。希望公司的会计业务处理如下:

借: 应付债券——面值 80000000

应付利息 3600000

贷: 银行存款 83600000

第四节 长期应付款

一、长期应付款的概念

长期应付款是指企业除长期借款和应付债券以外的其他各种长期应付账款，包括应付融资租入固定资产的租赁费、以分期付款方式购入固定资产发生的应付账款、采用补偿贸易方式引进国外设备发生的应付账款等。通常长期应付款都是企业使用资产在前，款项支付在后，而且期限较长，从而构成了企业的一项非流动负债。为了反映和监督应付融资租入固定资产的租赁费、以分期付款方式购入固定资产发生的应付账款、采用补偿贸易方式引进国外设备发生的应付账款的取得及偿还情况，设置“长期应付款”账户，该账户属于负债类，贷方登记长期应付款的取得，借方登记每期支付的金额，贷方余额反映企业应付未付的长期应付款。

二、应付融资租入固定资产租赁费

1. 融资租赁的概念及特征

融资租赁，又称金融租赁或财务租赁，是指出租人根据承租人对供货人和租赁标的物的选择，由出租人向供货人购买租赁标的物，然后租给承租人使用。融资租入的固定资产是指承租人采用融资租赁的方式租入的固定资产。

融资租赁具有以下特征：

(1) 租赁标的物由承租人决定，出租人出资购买并租赁给承租人使用，并且在租赁期间内只能租给一个企业使用。

(2) 固定资产的租赁期较长，一般占租赁资产使用寿命的大部分。通常情况下，租赁期占租赁开始日租赁资产使用寿命的 75%以上。

(3) 承租人负责检查验收制造商所提供的设备，对该设备的质量与技术条件出租人不向承租人做出担保。租赁的固定资产由承租人负责维修、保养、提取折旧、保险等。持有固定资产的一切风险实际由承租人负担。

(4) 承租人按合同规定，分期向出租人支付租金。

(5) 租赁合同一经签订，在租赁期间任何一方均无权单方面撤销合同。

(6) 租期结束后，承租人一般对设备有留购、续租和退租三种选择。若要留购，一般以名义价格留购。

2. 融资租入固定资产租赁费的会计处理

根据《企业会计准则》规定，融资租入的固定资产，在租赁期内应作为企业自有固定资产进行管理与核算。融资租入固定资产的入账价值，按租赁期开始日租赁资产的公允价值与最低租赁付款额的现值两者中的较低者，加上初始直接费用来确定，长期应付款按最低付款额入账核算，以上两者的差额作为未确认的融资费用。未确认融资费用应当在租赁期内各个期间进行分摊。承租人应当采用实际利率法计算确认当期的融资费用。

最低租赁付款额是指在租赁期内，承租企业应支付或可能被要求支付的各种款项(不包括或有租金和履约成本)，加上由承租企业或与其有关的第三方担保的资产余值。承租人有购买租赁资产选择权，所订立的购买价款预计将远低于行使选择权时租赁资产的公允价值，因而在租赁开始日就可以合理确定承租人将会行使这种选择权的，购买价款应当计入最低租赁付款额。或有租金，是指金额不固定、以时间长短以外的其他因素(如销售量、使用量、物价指数等)为依据计算的租金。履约成本，是指租赁期内为租赁资产支付的各种使用费用，如技术咨询和服务费、人员培训费、维修费、保险费等。

初始直接费用是指在租赁谈判和签订租赁合同的过程中发生的可直接归属于租赁项目

的费用。承租人发生的初始直接费用通常有印花税、佣金、律师费、差旅费、谈判发生的费用等。

承租人在计算最低租赁付款额的现值时，能够取得出租人租赁内含利率的，应当采用租赁内含利率作为折现率；否则，应当采用租赁合同规定的利率作为折现率。承租人无法取得出租人的租赁内含利率且租赁合同没有规定利率的，应当采用同期银行贷款利率作为折现率。租赁内含利率，是指在租赁开始日，使最低租赁收款额的现值与未担保余值的现值之和等于租赁资产公允价值与出租人的初始直接费用之和的折现率。

企业采用融资租赁方式租入固定资产时，应在租赁开始日，将租赁资产的公允价值与最低租赁付款额的现值两者中的较低者，加上初始直接费用，作为租入固定资产的入账价值，借记“固定资产”“在建工程”等科目；按照最低租赁付款额，贷记“长期应付款——应付融资租赁费”科目；按发生的初始直接费用，贷记“银行存款”科目；按其差额，贷记“未确认融资费用”科目。企业在按合同约定的付款日支付租金时，借记“长期应付款——应付融资租赁费”科目，贷记“银行存款”等科目。

三、以分期付款方式购入资产发生的应付账款

如果在购买固定资产、无形资产或存货过程中，企业延期支付的购买价款超过正常信用条件，实质上就具有了融资性质。企业应当按照未来分期付款的现值，借记“固定资产”“无形资产”“原材料”等科目，按照未来分期付款的总额贷记“长期应付款”科目，按差额，借记“未确认融资费用”科目。企业在按照合同约定的付款日支付价款时，借记“长期应付款”科目，贷记“银行存款”科目。

四、应付补偿贸易引进设备款

补偿贸易是指企业从国外引进设备，再用该设备生产的产品归还设备价款的贸易方式和筹资方式。企业采用补偿贸易方式引进国外设备时，应按设备、工具、零配件等的价款以及国外运杂费的外币金额和规定的汇率折合为人民币确认长期应付款。

企业引进设备时，应按照设备、工具、零配件等价款以及发生在国外的运杂费的外币金额和规定的汇率折算为人民币金额入账，借记“固定资产”或“在建工程”“原材料”“周转材料”等科目，贷记“长期应付款”科目；企业用产品归还引进设备款时，借记“长期应付款”科目，贷记“应收账款”或“银行存款”等科目。

例 10-5　希望公司 20×9 年 2 月 10 日与境外某公司开展补偿贸易业务，合同规定，境外某公司提供化妆品生产线设备，到岸价格为 200000 美元，假定当日汇率为 \$1∶6.8，该设备的关税税率为 20%，增值税税率为 13%；相关税金及设备运达企业后发生的安装费 50000 元已用银行存款支付。2017 年 12 月 31 日，该生产设备已安装调试完毕并交付使用。20×0 年 3 月 31 日生产出第一批合格产品 100 件，单位售价 80 美元，单位成本为 300 元，假定当日汇率为 \$1∶6.5，销售价款全部用于归还设备价款。希望公司的会计业务处理如下：

① 引进生产线时：

借：在建工程——生产线设备　　1360000

　　贷：长期应付款——应付引进设备款　　1360000

② 确认发生的增值税和消费税时：

借：在建工程——生产线设备　　272000
　　应交税费——应交增值税(进项税额)　　176800
　　贷：银行存款　　204000

③ 生产线投入安装并支付安装费时：

借：在建工程——生产设备　　50000
　　贷：银行存款　　50000

④ 安装完毕投入使用：

借：固定资产——生产线设备　　1682000
　　贷：在建工程　　1682000

⑤ 产品销售用于归还设备价款：

借：应收账款　　58760
　　贷：主营业务收入　　52000
　　　　应交税费——应交增值税(销项税额)　　6760

借：主营业务成本　　30000
　　贷：库存商品　　30000

借：长期应付款——应付引进设备款　　58760
　　贷：应收账款　　58760

第五节 借款费用

一、借款费用的概念与分类

1. 借款费用的概念

借款费用指的是企业因借款而发生的利息及其他相关成本，是企业因借入资金所付出的代价，包括借款利息、折价或者溢价的摊销、辅助费用以及因外币借款而发生的汇兑差额等。企业对外借款、承担债务要发生一定的借款费用。

2. 借款费用的分类

借款费用，包括借款利息、债券折价或溢价的摊销、辅助费用以及因外币借款而发生的汇兑差额等。

借款利息，包括企业向银行或者其他金融机构等借入资金发生的利息、发行公司债券发生的利息，以及为购建或者生产符合资本化条件的资产而发生的带息债务所承担的利息等。

折价或者溢价的摊销，包括发行公司债券等所发生的折价或者溢价在每期的摊销金额。

辅助费用，包括企业在借款过程中发生的诸如手续费、佣金、印刷费等交易费用。

因外币借款而发生的汇兑差额，是指由于汇率变动导致市场汇率与账面汇率出现差异，从而对外币借款本金及其利息的记账本位币金额所产生的影响金额。

根据《企业会计准则》的规定，借款费用确认的基本原则是：企业发生的借款费用，可直接归属于符合资本化条件的资产的购建或者生产的，应当予以资本化，计入相关资产成本；其他借款费用，应当在发生时根据其发生额确认为费用，计入当期损益。企业举借长期借款往往是为了取得某项长期资产，其借款费用与所取得的资产有紧密的联系，它与构成资产成本的其他要素并无本质区别，因而应将借款费用计入所取得的资产成本。

《企业会计准则》中定义的符合资本化条件的资产，是指需要经过相当长时间的购建或生产活动才能达到预定可使用或者可销售状态，包括固定资产、投资性房地产和存货等资产。

二、借款费用的会计处理方法

借款费用的确认主要解决的是将每期发生的借款费用资本化、计入相关资产的成本，还是将有关借款费用费用化、计入当期损益的问题。从理论上讲，企业举借长期借款往往是为了取得某项长期资产，其借款费用与所取得的资产有紧密的联系，它与构成资产成本的其他要素并无本质区别，因而应将借款费用计入所取得的资产成本。根据《企业会计准则第 17 号——借款费用》的规定，借款费用确认的基本原则是：企业发生的借款费用，可直接归属于符合资本化条件的资产的购建或者生产的，应当予以资本化，计入相关资产成本；其他借款费用，应当在发生时根据其发生额确认为费用，计入当期损益。

借款费用计入相关资产的成本，意味着借款费用与未来期间的收入相配比，而不是与借款期间的收入相配比，符合收入与费用的配比原则。而借款费用计入当期损益，却不会导致同类资产因筹资方式不同而形成不同的账面价值，企业利用借款费用调整利润的空间较小，因而会使会计报告提供的信息更为可比。

(一) 借款费用资本化的条件

(1) 借款费用同时满足下列条件的，才能开始资本化：

① 资产支出已经发生，资产支出包括为购建或者生产符合资本化条件的资产而以支付现金、转移非现金资产或者承担带息债务形式发生的支出。

② 借款费用已经发生。

③ 为使资产达到预定可使用或者可销售状态所必要的购建或者生产活动已经开始。

(2) 借款费用发生下列现象，应暂停资本化：

① 购建或者生产活动发生非正常中断。

② 购建或者生产活动中断时间连续超过 3 个月。

(3) 借款费用发生下列现象，应停止资本化：

① 实体构造或者生产工作已经全部完成或实质已经完成。

② 与设计要求、合同规定或者生产要求相符或者基本相符。

③ 继续发生的支出金额很少或者几乎不再发生。

(二) 借款费用资本化的范围

借款费用资本化的范围包括应予以资本化的借款范围和资本化的资产范围两部分。

应予资本化的借款范围包括专门借款和一般借款；应予资本化的资产范围即符合资本化条件的资产，是指需要经过相当长时间的购建或生产活动才能达到预定可使用或者可销售状态，包括固定资产、投资性房地产和存货等资产。

符合资本化条件的存货，主要包括房地产开发企业开发的用于对外出售的房地产开发产品、企业制造的用于对外出售的大型机械设备等。这类存货通常需要经过相当长时间(应当是指为资产的购建或生产所必要的时间，通常为一年以上(含一年))的建造或者生产过程，才能达到预定的可销售状态。

假设某公司于20×9年4月1日，用银行借款开工建设一栋简易厂房，厂房于当月28日完工，并达到预定可使用状态。尽管公司借款的目的是固定资产的建造，但是由于该固定资产建造的时间较短，不符合需要经过“相当长时间”的构建才能达到预定可使用状态的资产这一条件，因此，所发生的相关借款费用不应予以资本化计入在建工程成本，而应当将所发生的相关借款费用计入当期财务费用。

在实际工作中，如果由于人为或者故意等非正常因素导致资产的构建或生产时间相当长，该资产不属于符合资本化条件的资产。

(三) 借款费用资本化期间的确定

企业只有发生在资本化期间内的有关借款费用，才允许资本化，资本化期间的确定是借款费用确认和计量的重要前提。借款费用资本化期间，是指从借款费用开始资本化时点到停止资本化时点的期间，但不包括借款费用暂停资本化的期间。

1. 借款费用开始资本化的起点

借款费用允许开始资本化必须同时满足以下三个条件：

(1) 资本支出已经发生，是指企业已经发生了支付现金、转移非现金资产或者承担带息债务形式所发生的支出。比如，某公司因建设工程所需，于20×9年7月1日购买一批工程物资，已开出一张30万元的带息商业承兑汇票，期限为6个月，票面年利率为6%。尽管公司没有为工程建设直接支付现金，但承担了带息债务，所以，20×9年7月1日就发生了资产支出，应当将30万元的购买工程物资款作为资产支出。

(2) 借款费用已经发生，是指企业为购建或生产符合资本化条件的资产项目而专门借入款项，或占用一般借款。一般而言，借款日即为借款费用发生日。比如，某公司于20×9年1月1日为建造办公楼从银行专门借入3000万元，当日开始计息。则20×9年1月1日应当认为借款费用已经发生。

(3) 为使资产达到预定可使用或者可销售状态所必要的购建或者生产活动已经开始，是指符合资本化条件的资产的实体建造或生产工作已经开始，即工程正式开工日。比如，某公司为建造办公楼购置了建筑用地，但是尚未开工建造，有关房屋实体的建造活动也没有开始，在这种情况下，即使企业为购置建筑用地已经发生了支出，也不应当将其认为为使资产达到预定可使用状态所必要的购建活动已经开始。

需要注意的是，借款费用开始资本化的时间应选择上述三个时间的最晚时间点。

2. 借款费用暂停资本化的时间

符合资本化条件的资产在购建或生产过程中发生非正常中断且中断时间连续超过三个月的，应当暂停借款费用的资本化。比如，企业因与施工方发生了质量纠纷，或者工程、生产用料没有及时供应，或者资金周转发生了困难，或者施工、生产发生了安全事故，或者发生了与资产购建、生产有关的劳动纠纷等原因，导致资产购建或者生产活动发生中断，均属于非正常中断。而正常中断通常仅限于因购建或者生产符合资本化条件的资产达到预定可使用状态或者可销售状态所必要的程序，或者事先可预见的不可抗力因素导致的中断。比如，工程建设期间所进行的质量或者安全检查，北方工程施工期间的冰冻季节，这类中断是在施工期前可以预见的，是工程建造期间必须经过的程序，属于正常中断。正常中断期间所发生的借款费用可以继续资本化，计入相关资产的成本。

在实际工作中，企业应当遵循“实质重于形式”的原则来判断借款费用是否要暂停资本化。

3. 借款费用停止资本化的时间

购建或者生产符合资本化条件的资产达到预定可使用或者可销售状态时，借款费用应当停止资本化，以后发生的借款费用应当于发生当期确认为费用。

一般而言，具备以下条件之一的即可停止资本化：

(1) 符合资本化条件的资产的实体建造(包括安装)或者生产工作已经全部完成或实质上已经全部完成。

(2) 所购建或生产的符合资本化条件的资产与设计要求基本相符，即使有极个别与设计或者合同要求不相符的，但不影响其正常使用或销售。

(3) 继续发生在所购建或生产的符合资本化条件的资产上的支出金额很少或者几乎不再发生。

需要注意的是，对于分批完工的要按以下原则来认定停止资本化的时点：

(1) 分批完工，分别投入使用的，则分别停止资本化。比如，某企业利用借入资金建造由若干栋厂房组成的生产车间，每栋厂房完工时间不一样，但每栋厂房在其他厂房继续建造期间均可单独使用，在这种情况下，当其中的一栋厂房完工并达到预定可使用状态时，企业应当停止该栋厂房相关借款费用的资本化。

(2) 分批完工，最终一次投入使用的，则最终完工时认定停止资本化点。比如，某企业正在建造涉及数项工程的石油化工装置，只有在每项工程都建造完毕后，才能达到生产和设计要求，整个化工装置才能正式运转，所以每一个单项工程完工后不应确认为资产已经达到了预定可使用状态，企业只有等到整个化工装置全部完工，达到预定可使用状态时，才能停止借款费用的资本化。

(四) 借款费用资本化金额的确定

1. 专门借款利息费用资本化金额的确定

为购建或者生产符合资本化条件的资产而借入专门借款的，应当以专门借款当期实际发生的利息费用，减去将尚未动用的专门借款资金存入银行取得的利息收入或进行暂时性投资取得的投资收益后的金额确定。

专门借款利息资本化金额的计算公式为：

专门借款利息资本化金额＝资本化期间的实际的利息费用
－资本化期间的存款利息收入

例 10-6　希望公司为建造一条汽车零配件生产线，于 20×9 年 1 月 1 日借入一笔专门借款，本金为3000万元，年利率为8%，期限为5年，每年末支付利息，到期还本。工程采用出包方式，于20×9年1月1日开工，工程期为2年，20×9年相关资产支出如下：1月1日支付工程预付款1400万元；7月1日支付工程进度款300万元；8月1日因工程事故一直停工至12月1日，12月1日支付了工程进度款100万元。闲置资金因购买国债可取得0.3%的月收益。

希望公司的会计业务处理如下：

① 20×9年1～7月份和12月为资本化期间；

② 20×9年专门借款资本化期间的利息费用＝3000×8%×8/12＝160(万元)；

③ 20×9年专门借款资本化期间投资国债的投资收益

$$=1600\times0.3\%\times6+1300\times0.3\%\times1+1200\times0.3\%\times1=36.3(\text{万元});$$

④ 20×9年专门借款利息费用资本化金额＝160－36.3＝123.7(万元)；

⑤ 20×9年暂停资本化期间的利息费用$=3000\times8\%\times\dfrac{4}{12}=80$(万元)；

⑥ 20×9年专门借款暂停资本化期间投资国债的投资收益＝1300×0.3%×4＝15.6(万元)；

⑦ 20×9年专门借款利息费用不予资本化金额＝80－15.6＝64.4(万元)。

20×9年借款费用资本化的会计分录：

发生专项借款利息时：

借：在建工程	1600000	
贷：应付利息		1600000

确认收到国债收益，冲减在建工程时：

借：应收利息(或银行存款)	363000	
贷：在建工程		363000

将以上两个会计分录合并，即

借：在建工程	1237000	
应收利息(或银行存款)	363000	
贷：应付利息		1600000

20×9年借款费用不予资本化的会计分录：

借：财务费用	644000	
应收利息(或银行存款)	156000	
贷：应付利息		800000

2．一般借款利息费用资本化金额的确定

实务中可能会出现企业为购建或者生产符合资本化条件的资产而借入的专门借款不足，或企业还没有为购建或者生产符合资本化条件的资产而借入专门借款，因此需要占用一般借款。企业应当根据累计资产支出超过专门借款部分的资产支出加权平均数，乘以所占用一般借款的资本化率，计算确定一般借款应予资本化的利息金额。一般借款利息资本化金额的计算公式：

一般借款利息资本化金额＝累计资产支出超过专门借款部分的资产支出加权平均数×所占用一般借款的资本化率

其中：资产支出加权平均数=

$$\sum\frac{\text{所占用每笔一般借款本金}\times\text{每笔一般借款在当期所占用的天数}}{\text{当期天数}}$$

所占用一般借款的资本化率=所占用一般借款加权平均利率

$$=\frac{\text{所占用一般借款当期实际发生的利息之和}}{\text{所占用一般借款本金加权平均数}}$$

例 10-7　希望公司 2019 年 1 月 1 日正式动工兴建一幢办公楼，工期预计为 1 年零 6 个月，为建造办公楼没有申请专门借款，占用了两笔一般借款如下：

① 期限为 2019 年 12 月 1 日至 2022 年 12 月 1 日，向 A 银行长期贷款 2000 万元，年利率为 6%，按年支付利息。

② 2019 年 1 月 1 日按面值发行的公司债券 1 亿元，期限为 5 年，年利率为 8%，按年支付利息。

假定这两笔一般借款除了用于办公楼建设外，没有用于其他符合资本化条件的资产的购建或者生产活动。工程采用出包方式，为建造该办公楼的支出金额见表 10-3。

表 10-3　建造办公楼的支出金额　　单位：万元

日　期	每期资产支出金额	累计资产支出金额	闲置借款资金用于短期投资金额
2019 年 1 月 1 日	1500	1500	500
2019 年 7 月 1 日	2500	4000	2000
2010 年 1 月 1 日	1500	5500	500
总　计	5500		

希望公司的会计业务处理如下：

① 计算累计资产支出加权平均数：

$$2019\text{ 年累计资产支出加权平均数}=\frac{1500\times360}{360}+\frac{2500\times180}{360}=2750(\text{万元})$$

$$2020\text{ 年累计资产支出加权平均数}=\frac{(4000+1500)\times180}{360}=2750(\text{万元})$$

② 计算所占用一般借款资本化利率(年)：

$$\text{一般借款资本化利率}=\frac{2000\times6\%+10000\times8\%}{2000+10000}=7.67\%$$

③ 计算每期利息资本化金额：

2019 年为建造办公楼的利息资本化金额 $=2750\times7.67\%=210.93$(万元)

2019 年实际发生的一般借款利息费用 $=2000\times6\%+10000\times8\%=920$(万元)

2020 年为建造办公楼的利息资本化金额 $=2750\times7.67\%=210.93$(万元)

$$2020\text{ 年半年发生的一般借款利息费用}=\frac{2000\times6\%\times180}{360}+\frac{10000\times8\%\times180}{360}=460(\text{万元})$$

④ 根据上述计算结果，会计分录如下：

2019 年 12 月 31 日：

借：在建工程 2109300

　　财务费用 7090700

　　贷：应付利息 9200000

20×0 年 6 月 30 日：

借：在建工程 2109300

　　财务费用 2490700

　　贷：应付利息 4600000

需要注意的是，在资本化期间内，每一会计期间的利息资本化金额，不应当超过当期相关借款实际发生的利息金额。

练 习 题

一、单项选择题

1. 某公司于 20×9 年 1 月 1 日发行面值 1000 万元，票面利率 5%，4 年期，分期付息，一次还本债券。债券发行实际收入 965 万元，不考虑相关税费，经计算实际利率 6%。20×0 年 12 月 31 日，就该项应付债券应确认的利息费用为(　　)万元。(计算结果保留两位小数)

A. 57.9　　B. 58.37　　C. 50　　D. 8.37

2. 20×9 年 1 月 1 日，甲公司取得专门借款 2000 万元直接用于当日开工建造的厂房，20×0 年累计建造支出 1800 万元。20×0 年 1 月 1 日，该企业取得一般借款 500 万元年利率为 6%，当天发生建造支出 300 万元，以借入款项支付(甲企业无其他一般借款)。不考虑其他因素，甲企业按季计算利息费用资本化金额。20×0 年第一季度该企业应予以资本化的一般借款利息费用为(　　)万元。

A. 1.5　　B. 3　　C. 4.5　　D. 7.5

3. 20×7 年 1 月 1 日，乙公司从银行取得 3 年期专门借款开工兴建一栋厂房。20×9 年 6 月 30 日该厂房达到可使用状态并投入使用，7 月 31 日验收合格，8 月 5 日办理竣工决算，8 月 31 日完成资产移交手续。乙公司该项专门借款借款费用在 20×9 年停止资本化的时点为(　　)。

A. 6 月 30 日　　B. 7 月 31 日　　C. 8 月 5 日　　D. 8 月 31 日

4. 某公司 20×9 年 1 月 1 日从银行借入 3 年期一次还本付息借款 100 万元，合同利率 3%，实际利率 4%，为取得借款发生手续费 30990 元。20×9 年年末，“长期借款”科目的余额为(　　)元。

A. 1007770.4　　B. 1072229.6　　C. 977770.4　　D. 972253

5. 企业购建固定资产过程中发生非正常中断且时间较长(超过 3 个月)，在此期间发生的借款费用应计入(　　)。

A. 固定资产成本　　B. 当期损益　　C. 在建工程　　D. 开办费

6. 按照我国现行企业会计准则规定，企业用于对外投资长期负债的费用应(　　)。

A. 计入财务费用　　B. 冲减投资收益

C. 列作递延资产损失　　D. 计入长期投资成本

7. 某公司20×8年7月1日发行5年期面值为600万元的债券，债券票面利率为10%，每半年付息一次，到期还本。债券发行价格为700万元(不考虑债券发行费用，溢价假定采用直线法摊销)，20×9年12月31日，该应付债券的账面价值为(　　)。

A. 600万元　　B. 700万元　　C. 760万元　　D. 670万元

8. 某公司20×8年7月1日发行5年期面值为600万元的债券，债券票面利率为10%，每半年付息一次，到期还本。债券发行价格为700万元(不考虑债券发行费用，溢价假定采用直线法摊销)，20×9年12月31日，该应付债券的摊余成本为(　　)。

A. 600万元　　B. 700万元　　C. 760万元　　D. 670万元

9. 某公司20×8年7月1日发行5年期面值为600万元的债券，债券票面利率为10%，每半年计息一次，到期一次还本付息。债券发行价格为700万元(不考虑债券发行费用，溢价假定采用直线法摊销)，20×9年12月31日，该应付债券的账面价值为(　　)。

A. 600万元　　B. 700万元　　C. 760万元　　D. 670万元

10. 某公司20×8年7月1日发行5年期面值为600万元的债券，债券票面利率为10%，每半年计息一次，到期一次还本付息。债券发行价格为700万元(不考虑债券发行费用，溢价假定采用直线法摊销)，20×9年12月31日，该应付债券的摊余成本为(　　)。

A. 600万元　　B. 700万元　　C. 760万元　　D. 670万元

二、多项选择题

1. 下列项目中，属于非流动负债的有(　　)。

A. 长期借款　　B. 应付票据　　C. 应付债券　　D. 长期应付款

2. 企业发生的各种借款费用，根据不同情况，可能借记的会计科目有(　　)。

A. 财务费用　　B. 在建工程　　C. 长期待摊费用　　D. 开发支出

3. 按照现行会计准则规定，下列属于资产负债表“非流动负债”类项目的有(　　)。

A. 长期借款　　B. 专项应付款　　C. 应付引进设备款　　D. 长期应付款

4. 借款费用包括(　　)。

A. 借款利息　　B. 外币借款的汇兑差额

C. 溢价或折价的摊销　　D. 溢价或折价

5. 下列各项中，属于融资租赁标准的有(　　)。

A. 租赁期占租赁资产使用寿命的大部分

B. 在租赁期届满时，租赁资产的所有权转移给承租人

C. 租赁资产性质特殊，如不作较大改造，只有承租人才能使用

D. 承租人有购买租赁资产的选择权，购买价格预计远低于行使选择权时租赁资产的公允价值

6. 下列关于借款费用的表述中，不正确的有(　　)。

A. 符合资本化条件的资产，是指需要经过1年以上时间的购建或生产活动才能达到预定使用或可销售状态的资产

B. 为无形资产研发而发生的借款费用，应当在发生时直接计入财务费用

C. 可直接归属于符合资本化条件的资产的购建或生产的借款费用，应当予以资本化，计入相关资产成本

D. 购入后需要安装的资产，属于符合资本化条件的资产

7. 下列各项中，不应暂停借款费用资本化的有(　　)。

A. 因重大安全事故导致固定资产建造活动连续中断超过 3 个月

B. 因事先无法预见的不可抗力因素导致固定资产建造活动连续中断超过 3 个月

C. 因施工质量例行检查导致固定资产建造活动连续中断超过 3 个月

D. 因可预见的不可抗力因素导致固定资产建造活动连续中断超过 3 个月

8. 下列关于企业发行可转换公司债券会计处理的表述中，正确的有(　　)。

A. 将负债成分确认为应付债券

B. 将权益成分确认为资本公积

C. 按债券面值计量负债成分初始确认金额

D. 按公允价值计量负债成分初始确认金额

9. 下列关于借款费用资本化的表述中，正确的有(　　)。

A. 所建造购建固定资产的支出基本不再发生，应停止借款费用的资本化

B. 固定资产建造中发生正常中断且连续超过 3 个月的，应暂停借款费用资本化

C. 固定资产建造中发生非正常中断且连续超过 1 个月的，应暂停借款费用资本化

D. 所建造固定资产基本达到设计要求，不影响正常使用，应停止借款费用资本化

10. 下列项目中，属于借款费用予以资本化的资产范围的有(　　)。

A. 需要经过 2 年的建造才能达到可使用状态的投资性房地产

B. 需要经过 2 年的生产活动才能达到可销售状态的存货

C. 经营性租赁租入的生产设备

D. 经过 2 个月的建造即可达到使用状态的生产设备

三、业务处理题

1. 某企业 2019 年 1 月 1 日，发行 5 年期、票面利率 10%的公司债券 100 万元，每年年末付息一次到期还本。实际利率 7%。

要求(假定发行债券与长期资产无关)：编制债券发行、第一个资产负债表日计息、第一个付息日及债券到期日的会计分录。

2. 某企业 2019 年 4 月 1 日，向银行借款 1000000 元，用于自行建造固定资产一项，借款期限 2 年，利率 10%，到期一次还本付息。固定资产建造工程于当日开工。购进固定资产在建工程所需设备物资，取得增值税专用发票计价款 700000 元，增值税率 13%支付运杂费 30000 元；工程领用原材料一批，实际成本 100000 元，增值税率 13%；工程人员工资 54000 元；其他费用 75000 元。2019 年 12 月 31 日工程竣工，办理决算并交付使用。2021 年 4 月 1 日，借款到期，如期还本付息。全部款项均通过银行结算。

要求：根据上述资料，编制相关会计分录。

第十一章 所有者权益

【学习目标】

- 掌握所有者权益的概念、构成内容、分类及特点；
- 了解企业按组织形式的分类以及各种类型企业的特点；
- 熟知不同企业组织形式下投入资本的不同点、资本公积的内容、留存收益的组成及作用等。

【课前阅读】

心意足套路少 沪市公司分红“礼包”更实在

每股14.54元！贵州茅台2019年3月29日披露的2018年度分红方案，刷新了A股分红新纪录，也在当日助推其股价攀上新高峰。但分红并非只有茅台“一枝独秀”，沪市已经掀起分红“百花齐放”的春景：一批公司在单项表现上脱颖而出、长期高分红公司群体小成气候、曾经“看上去很美”的高送转基本难觅踪迹——2018年经营压力之下，沪市公司不改慷慨回报之心，2018年度的分红“礼包”更实在了。

截至2019年3月29日，沪市共有434家公司披露了2018年年报，其中有派现方案的366家，合计分红金额达5434亿元。其中，分红比例在30%以上的有274家，50%以上的有78家，平均分红比例高达40.98%，高于2017年度沪市整体37.92%的派现水平。经历了“不平凡”的2018年，沪市公司依然能有如此水准的分红礼包，不仅显示其实力过硬，也体现出对投资者的十足诚意。

尽管贵州茅台在每股派现额上独领风骚，但从目前的2018年度派现总额看，工商银行以年度893亿元的现金分红总额独占鳌头。建设银行、农业银行、中国石化等公司分红额都在500亿元以上，其中中国石化分红额为508.5亿元，占2018年全年净利润比例高达82.52%。紧随其后，中国石油、中国平安、中国神华、招商银行等沪市蓝筹公司的中流砥柱，一直都是分红“大户”，2018年度的分红额度都在百亿级以上。

“分红之星”也不乏优质民企，它们不仅在业绩上领军行业，在回馈投资者和履行社会责任方面也堪为表率。例如每股分红指标的“黑马”养元饮品，于2017年新上市，2018年度每股派现3元的水平仅次于贵州茅台，也是沪深两市每股现金分红的“翘楚”，且2018年度的分红比例超过84%，成为饮料业上市公司的分红“新星”。海螺水泥作为全球最大的水泥企业，近两年扣非后净利润复合增长率接近100%，好业绩体现为好的股东回报：继2017年度每股派1.2元创下近年新高，公司2018年度现金分红更上层楼，达到每股1.69元。用友网络2018年利润同比增长57%，每股现金分红0.25元，较上年度0.15元的增幅已经超过同比业绩增速，且公司分红稳定性可圈可点，近三年比例对应为96%、56%、78%。公司还积极履行社会责任，2018年度对外捐赠超过510万元，还促进教育科学文化事业发展，支持公益活动。

进一步分析上述高分红企业数据可以发现，一批稳定高比例派现的优质公司已经小成气候。经统计，沪市最近5年连续派现比例超过30%的公司有107家，其中13家公司更是连续5年派现比例都在50%以上。这些公司平时不因概念炒作频繁“露脸”，甚至因为“过于透明”缺乏市场偏爱的“朦胧美”，但却连续多年给投资者“稳稳的幸福”。

上述13家公司都是行业内的标杆企业，从绝对金额上看，这些公司分红也颇为可观。例如，乳制品行业龙头伊利股份2016年度分红金额为36.5亿元，2017年度、2018年度均为42.5亿元，分别占净利润比重为64.4%、70.9%和66%，较2014年度和2015年度59%的分红水平又上台阶，近3年分红总额达到121.6亿元。

调味品行业龙头企业海天味业和汽车玻璃产业领军企业福耀玻璃经营稳健，近3年分红总额分别为67.8亿元和66.5亿元。海天味业近3年分红额逐年攀升，分别为18.4亿元、23亿元和26.5亿元，分红比例一直稳定保持在60%以上。福耀玻璃分红额从2016年度、2017年度的18.8亿元，至2018年度一举跃升为28.8亿元，分红比例从接近60%升至70%。

上市公司分红“礼包”之所以更实在，有一个不容忽视的政策背景：今年年报季是“史上最严”高送转指引实施的首年。从目前沪市上市公司发布的年度分红情况看，在监管引导和推动下，纷繁嘈杂的“高送转”少了，实实在在的现金分红多了；投资者的迷惑少了，长期投资的信心更坚定了。

沪市公司股东回报生态的优化和改善离不开多年来证监会和上交所的持续大力推动。早在2013年，上交所就专门出台《现金分红指引》，首次提出“30%分红比例”的指导性标准，对于分红不达30%的公司要求其充分披露原因，并通过召开投资者说明会等形式与投资者进行充分沟通。多年来，这一标准已经逐渐被市场广泛接受，越来越多上市公司将该标准写入公司章程，上市公司的股东回报意识不断提高。

同时，对于一些打着“高送转”名义进行概念炒作、铺路减持的乱象，上交所也施以重拳监管。2018年11月，上交所发布《高送转信息披露指引》，将10送转5股以上的“高送转”行为与公司业绩增长幅度挂钩，同时针对性地制定了与高送转相关的减持、限售股解禁安排措施，让公司送转股回归本源，真实反映公司的经营业绩和实际股本扩张需求。市场分析人士认为，股东回报生态的优化，压缩了一些“不务正业”公司的灰色运作空间，督促其回归并专注主业，上市公司得以通过实在的经营取得扎实的业绩，用真金白银回馈投资者，从而增加股东的获得感，这也是上市公司质量提升的重要体现。

第一节 所有者权益概述

一、企业组织形式

企业可以按照不同的标准进行分类，但与所有者权益核算密切相关的是按组织形式的分类。从会计核算的角度来看，在不同组织形式的企业里，资产、负债、收入、费用和利润的核算一般并无不同，但是所有者权益的核算却差别很大。企业按组织形式，通常分为非公司制企业和公司制企业。非公司制企业包括独资企业和合伙企业两种类型。公司制企业包括有限责任公司和股份有限公司两种类型。

(一) 非公司制企业

1. 独资企业

独资企业是指由单个出资者出资设立的企业。它是企业最简单、最原始的组织形式。在独资企业，出资者对企业全部财产和经营收益享有所有权，即企业所有者权益归出资人一人所有；同时，出资者对企业的债务也单独承担无限清偿责任。企业采用独资的组织形式，具有企业内部结构简单，在经营上制约因素较少，业主可以充分发挥积极性，经营灵活，便于筹建、转向和解散等优点；但是这类企业往往很难取得大量的资金，从而限制了企业的发展，而且企业一旦经营失败，出资者将负无限清偿责任。独资企业的寿命，往往随着创办人的死亡而终止。这种类型的企业不具有法人资格，业主对企业的债务承担无限的清偿责任。从法律上讲，独资企业所拥有的资产和负债与业主个人另外所拥有的资产和负债没有本质的区别。

2. 合伙企业

合伙企业是指 2 人以上按照协议投资、共同经营、共负盈亏的企业。合伙企业的出资人成为合伙人。合伙企业的设立首先应签订共同经营合同，确定各出资人所承担的责任和利润分配方式。与独资企业一样，合伙企业一般也不是法人。合伙人对企业的负债负有连带无限责任。与独资企业相比，合伙企业能在一定程度上弥补独资企业的缺点，如能扩大企业规模，分散经营风险，发挥合伙人各自的优势。但是，合伙企业的所有者往往也是企业的经营者，当合伙人之间的意见不一致时，如果处理不当，会影响企业经营决策的及时作出，进而影响企业的生存和发展，而且，合伙企业这种组织形式本身也不利于广泛吸收社会资金，会使企业的规模受到较大的限制。

(二) 公司制企业

公司是指由 2 个或者 2 个以上的股东出资设立的、从事营利性经济活动的企业法人。公司是当今社会的主要组织形式，它是适应社会生产力的发展，从独资或合伙企业的基础上发展起来的。公司有如下特征：

第一，公司具有营利性，公司是以营利为目的的经营组织，设立公司的目的在于获取利润并为此而从事连续的经营活动。

第二，公司具有社团性，即公司是一种联合体，是由以人为成员而组织的社团。

第三，公司具有法人性，即公司是依法设立、有独立财产、能够独立承担民事责任的企业法人。

1. 有限责任公司

有限责任公司是指由一定数量的股东共同出资组成，股东仅就自己的出资额对公司的债务承担有限责任的公司。有限责任公司的股东不限于自然人，也可以是法人和政府(但其股东的数量有最高上限，有限责任公司的股东应在 50 个以下)。有限责任公司对公司的资本不分为等额股份，不对外公开募集股份，不能发行股票。

2. 股份有限公司

股份有限公司是指公司资本为股份所组成的公司，股东以其认购的股份为限对公司承担责任的企业法人。设立股份有限公司，应当由 2 人以上 200 以下为发起人，注册资本的最低限额为人民币 500 万元。

股东以其出资比例，享受公司权利，承担公司义务。公司股东以其出资额承担有限责任，并享受相应的权益。公司股份的转让有严格的限制，如需转让，应在其他股东同意的条件下方可进行。公司彻底实现了所有权与经营权的分离。因此，股份有限公司具有筹资便利、风险分散、资本具有充分的流动性等优点。由于股份有限公司资本雄厚，实力强大，所以，在发达国家整个国民经济中占统治地位。它适合从事较大规模的生产经营活动。

公司制企业，尤其是股份有限公司，已是当今世界上最为广泛采用的企业组织形式。它具有独资企业和合伙企业所不具备的生命力和优越性，在资本结构和筹资方式上更具灵活性。因此，本章以下各节将主要介绍公司制企业所有者权益各项内容的核算。

二、所有者权益的定义及内容

(一) 所有者权益的定义

所有者权益是指所有者在企业资产中所享有的经济利益，是企业资产扣除负债后，由所有者享有的剩余权利，也称为净资产。因此，所有者权益是体现在净资产中的权益，是所有者对净资产的要求权。在所有者权益的确认上，主要依赖于资产和负债两大会计要素的确认，其金额的确定也主要取决于资产和负债的计量。

所有者权益同会计报表其他五大要素(资产、负债、收入、费用、利润)都有着密切的联系。首先，所有者拥有对企业净资产的要求权，是建立在其投资多少的基础之上的，恰恰是所有者投入的资本形成了企业赖以生产经营的最基础的启动资产。其次，企业为了扩大生产经营规模，或是为了支付有关费用，或为了满足企业生产经营的其他需要而向社会举债，这种负债经营的性质、范围和数额大小，要视所有者权益的状况及企业经营的需要由董事会讨论决定。另外，企业费用的支出、收入的取得、利润的赚取以及股利的分派，无不与所有者权益的情况相联系。因此，所有者权益与企业会计报表中的有关指标相联系，能产生许多有价值的指标，对分析判断企业的经营成绩和财务状况有着重要作用。

(二) 所有者权益的内容及特征

所有者权益作为企业所有者对企业净资产的要求权，它的数量和来源随着企业经营的性质及生产规模的变化而变动。所有者对企业的经营活动承担着最终的风险，与此同时，也享有最终的权益。如果企业在经营中获利，所有者权益将随之增长；反之，所有者权益将随之缩减。任何企业的所有者权益都是由企业的投资者投入资本及其增值所构成的。

所有者权益的来源包括所有者投入的资本、直接计入所有者权益的利得和损失、留存收益等。直接计入所有者权益的利得和损失，是指不应计入当期损益、会导致所有者权益发生增减变动的、与所有者投入资本或者向所有者分配利润无关的利得或者损失。其中，利得是指由企业非日常活动所形成的、会导致所有者权益增加的、与所有者投入资本无关的经济利益的流入，分为直接计入所有者权益的利得和直接计入当期利润的利得；损失是指由企业非日常活动所发生的、会导致所有者权益减少的、与所有者分配利润无关的经济利益的流出，分为直接计入所有者权益的损失和直接计入当期利润的损失。

所有者权益按来源的不同可分为实收资本、资本公积、盈余公积和未分配利润等部分。其中，盈余公积和未分配利润统称留存利润。

所有者权益一般包含以下四个基本特征。

(1) 所有者权益在企业经营期内可供企业长期、持续地使用，企业不必向投资人返还资本金，而负债则须按期返还给债权人，成为企业的负担。

(2) 企业投资者凭其对企业投入的资本，享受分配税后利润的权利。所有者权益是企业分配税后净利润的主要依据，而债权人除按规定取得股息外，无权分配企业的盈利。

(3) 企业所有人有权行使企业的经营管理权，或者授权管理人员行使经营管理权，但债权人并没有经营管理权。

(4) 企业的所有者对企业的债务和亏损负有无限的责任或有限的责任，而债权人对企业的其他债务不发生关系，一般也不承担企业的亏损。

第二节　实收资本

我国有关法律规定，投资者设立公司，首先必须投入资本。投入资本由实收资本和资本公积两部分构成。实收资本是指投入资本中属于公司注册资本部分的金额，超过注册资本部分的金额，则为资本公积。所谓注册资本，是指公司在设立时向工商行政管理部门登记的资本总额，也就是全部出资者设定的出资额之和。

企业的实收资本是投资者按照企业章程，或合同、协议的约定，实际投入企业的资本。实收资本的构成比例即投资者的出资比例或股权比例，是确定所有者在企业所有者权益中份额的基础，也是企业进行利润分配或股利分配的主要依据。所有者向企业投入的资本，在一般情况下无需偿还，可以长期周转使用。

实收资本是所有者在企业注册资本的范围内实际投入的资本。企业收到投资者投入企业的资本时，必须聘请注册会计师进行验资并由其出具验资报告，由企业签发所有者出资证明书。投资者在投资过程中应按投资合同或协议约定，如期缴足约定额，如期缴足出资额，如果在投资过程中违反投资合同或协议约定，企业可以依法追究投资者的违约责任。投资者向企业投入的资本，在企业持续经营期内，除依法转让外，不得以任何形式抽回。

注册资本是企业在设立时向工商管理部门登记的资本总额，也就是全部出资者设定的出资额之和。它是公司的法定资本，是公司对社会承担责任的基础和最低限额。《公司法》对各类公司的注册资本的最低限额有明确规定：有限责任公司注册资本的最低限额为人民币 3 万元，法律、行政法规对有限责任公司注册资本的最低限额有较高规定的，从其规定；股份有限公司注册资本的最低限额为人民币 500 万元，法律、行政法规对股份有限公司注册资本的最低限额有较高规定的。从其规定。我国目前实行的是注册资本制度，要求公司的实收资本与注册资本相一致。在生产经营过程中，公司增加或者减少注册资本，应当依法向公司登记机关申请变更登记。

一、实收资本确认和计量的基本要求

企业应当设置“实收资本”科目，核算企业接受投资者投入的实收资本。股份有限公司应将该科目改为“股本”。投资者可以用现金投资，也可以用现金以外的其他有形资产投资，符合同家规定比例的，还可以用无形资产投资。企业收到投资时，一般应作如下会计处理：收到投资人投入的现金，应在实际收到或者存入企业开户银行时，按实际收到的金额，借记“银行存款”科目；以实物资产投资的，应在办理实物产权转移手续时，借记有关资产科目；以无形资产投资的，应在按照合同、协议或公司章程的规定移交有关凭证时，借记“无形资产”科目，按投入资本在注册资本或股本中所占份额，贷记“实收资本”或“股本”科目，按其差额，贷记“资本公积——资本溢价”或“资本公积——股本溢价”等科目。

例 11-1　甲、乙、丙共同出资设立 A 有限责任公司，公司注册资本为 20000000 元，甲、乙、丙的持股比例分别为 50%、30%和 20%。20×9 年 1 月 5 日，A 有限责任公司如期收到各投资者一次性缴足的款项。A 有限责任公司的账务处理如下：

借：银行存款	20000000	
贷：实收资本——甲		10000000
——乙		6000000
——丙		4000000

例 11-2　B 股份有限公司发行普通股 20000000 股，每股面值 1 元，发行价格 6 元。股款 120000000 元已经全部收到，发行过程中发生相关税费 70000 元。B 股份有限公司的账务处理如下：

计入股本的金额 = 20000000 × 1 = 20000000(元)

计入资本公积的金额 = (6 − 1) × 20000000 − 70 000 = 99930000(元)

借：银行存款	119930000	
贷：股本		20000000
资本公积——股本溢价		99930000

按照《中华人民共和国公司法》(以下简称《公司法》)的规定，有限责任公司的股东可以用货币出资，也可以用实物、知识产权、土地使用权等可以用货币估价并可以依法转让的非货币财产作价出资，但是，法律、行政法规规定不得作为出资的财产除外。作为出资的非货币财产应当评估作价，核实财产，不得高估或者低估作价。法律、行政法规对评估作价有规定的，从其规定。全体股东的货币出资金额不得低于有限责任公司注册资本的 30%。

初建有限责任公司时，各投资者按照合同、协议或公司章程投入企业的资本，应全部记入“实收资本”科目，注册资本为在公司登记机关登记的全体股东认缴的出资额。在企业增资时，如有新投资者介入，新介入的投资者交纳的出资额大于其按约定比例计算的其在注册资本中所占份额部分，不记入“实收资本”科目，而作为资本公积，记入“资本公积”科目。

股份有限公司是指全部资本由等额股份构成并通过发行股票筹集资本，股东以其认购的股份为限对公司承担责任，公司以其全部资产对公司债务承担责任的企业法人。股份有限公司的设立有两种方式，即发起式和募集式。发起式设立的特点是公司的股份全部向发起人认购，不向发起人之外的任何人募集股份；募集式设立的特点是公司的股份除发起人认购外，还可以采用向其他法人或自然人发行股票的方式进行募集。公司的设立方式不同，筹集资本的风险也不同。发起式设立，公司所需资本由发起人一次认足，一般不会发生设立公司失败的情况，因此，其筹资风险小。社会募集股份，其筹资对象广泛，在资本市场不景气或股票的发行价格不恰当的情况下，有发行失败(即股票未被全部认购)的可能，因此，其筹资风险大。按照有关规定，发行失败的损失由发起人负担，包括承担筹建费用、公司筹建过程中的债务和对认股人已交纳的股款支付银行同期存款利息等责任。

与其他企业相比较，股份有限公司最显著的特点就是将企业的全部资本分为等额股份，并通过发行股票的方式来筹集资本。股东以其所认购股份对公司承担有限责任。股份是很重要的指标。股票的面值与股份总数的乘积为股本，股本应等于企业的注册资本，所以，股本也是很重要的指标。为了直观地反映这一指标，在会计处理上，股份有限公司应设置“股本”科目。

“股本”科目核算股东投入股份有限公司的股本。企业应将核定的股本总额、股份总数、每股面值在股本科目中作备查记录。为提供企业股份的构成情况，企业可在“股本”科目下按股东单位或姓名设置明细账。企业的股本应在核定的股本总额范围内发行股票取得，但值得注意的是，企业发行股票取得的收入与股本总额往往不一致。公司发行股票取得的收入大于股本总额的，称为溢价发行；小于股本总额的，称为折价发行；等于股本总额的，称为面值发行。我国不允许企业折价发行股票。

二、实收资本增减变动的会计处理

《中华人民共和国公司登记管理条例》规定，公司增加注册资本的，有限责任公司股东认缴新增资本的出资和股份有限公司的股东认购新股，均应分别依照《公司法》设立有限责任公司交纳出资和设立股份有限公司交纳股款的有关规定执行。公司法定公积金转增为注册资本的，验资证明应当载明留存的该项公积金不少于转增前公司注册资本的25%。公司减少注册资本的，应当自公告之日起45日后申请变更登记，并应当提交公司在报纸上登载公司减少注册资本公告的有关证明和公司债务清偿或者债务担保情况的说明。公司减资后的注册资本不得低于法定的最低限额。公司变更实收资本的，应当提交依法设立的验资机构出具的验资证明，并应当按照公司章程载明的出资时间、出资方式交纳出资。公司应当自足额交纳出资或者股款之日起30日内申请变更登记。

(一) 实收资本增加的会计处理

1. 企业增加资本的一般途径

企业增加资本的途径一般有如下三条：

(1) 将资本公积转为实收资本或者股本，会计上应借记“资本公积——资本溢价”或“资本公积——股本溢价”科目，贷记“实收资本”或“股本”科目。

(2) 将盈余公积转为实收资本，会计上应借记“盈余公积”科目，贷记“实收资本”或“股本”科目。这里要注意的是，资本公积和盈余公积均属所有者权益。在转为实收资本或者股本时，企业如为独资企业，核算比较简单，直接结转即可；如为股份有限公司或有限责任公司，应按原投资者所持股份同比增加各股东的股权。

(3) 所有者(包括原企业所有者和新投资者)投入。企业接受投资者投入的资本，借记“银行存款”“固定资产”“无形资产”“长期股权投资”等科目，贷记“实收资本”或“股本”等科目。

例 11-3　A 有限责任公司由甲、乙二人共同投资设立，原注册资本为 20000000 元，甲、乙出资分别为 15000000 元和 5000000 元。为了扩大经营规模，经批准，A 有限责任公司按照原出资比例将资本公积 6000000 元转增资本。A 有限责任公司的账务处理如下：

借：资本公积	6000000	
贷：实收资本——甲		4500000
——乙		1500000

2. 股份有限公司发放股票股利

股份有限公司采用发放股票股利实现增资的，在发放股票股利时，按照股东原来持有的股数分配。股东所持股份按比例分配的股利不足 1 股时，应采用恰当的方法处理。例如，经股东会决议通过按股票面额的 10%发放股票股利时(假定新股发行价格及面额与原股相同)，对于所持股票不足 10 股的股东，将会发生不能领取 1 股的情况。在这种情况下，有两种方法可供选择：

(1) 将不足 1 股的股票股利改为现金股利，用现金支付。

(2) 由股东相互转让，凑为整股。

按照股东大会批准的利润分配方案分派的股票股利，应在办理增资手续后，借记“利润分配”科目，贷记“股本”科目。

3. 可转换公司债券持有人行使转换权利

可转换公司债券持有人行使转换权利，将其持有的债券转换为股票，按可转换公司债券的余额，借记“应付债券——可转换公司债券(面值、利息调整)”科目，按其权益成分的金额，借记“资本公积——其他资本公积”科目，按股票面值和转换的股数计算股票面值总额，贷记“股本”科目，按其差额，贷记“资本公积”科目。

4. 企业将重组债务转为资本

企业将重组债务转为资本的，应按重组债务的账面余额，借记“应付账款”等科目，按债权人因放弃债权而享有本企业股份的面值总额，贷记“实收资本”或“股本”科目，按股份的公允价值总额与相应的实收资本或股本之间的差额，贷记或借记“资本公积——资本溢价”或“资本公积——股本溢价”科目，按其差额，贷记“营业外收入——债务重组利得”科目。

5. 以权益结算股份支付的行权

以权益结算的股份支付换取职工或其他方提供服务的，应在行权日按根据实际行权情况确定的金额，借记“资本公积——其他资本公积”科目，按应计入实收资本或股本的金额，贷记“实收资本”或“股本”科目。

(二) 实收资本减少的会计处理

企业实收资本减少的原因大体有两种：

(1) 资本过剩。

(2) 企业发生重大亏损。

企业因资本过剩而减资，一般要发还股款。有限责任公司和一般企业发还投资的会计处理比较简单，按法定程序报经批准减少注册资本的，借记“实收资本”科目，贷记“库存现金”“银行存款”等科目。

股份有限公司如采用发行股票的方式筹集股本，发还股款时，则要回购发行的股票，发行股票的价格与股票面值可能不同，回购股票的价格也可能与发行价格不同，会计处理较为复杂。股份有限公司为减少注册资本而回购本公司股份，应按实际支付金额，借记“库存股”科目，贷记“银行存款”等科目。注销库存股时，应按股票面值和注销股数计算的股票面值总额，借记“股本”科目，按注销库存股的账面余额，贷记“库存股”科目，按其差额，冲减股票发行时原记入资本公积的溢价部分，借记“资本公积——股本溢价”科目，回购价格超过上述冲减“股本”及“资本公积——股本溢价”科目的部分，应依次借记“盈余公积”“利润分配——未分配利润”等科目；如回购价格低于回购股份所对应的股本，所注销库存股的账面余额与所冲减股本的差额作为增加股东溢价处理，按回购股份所对应的股本面值，借记“股本”科目，按注销库存股的账面余额，贷记“库存股”科目，按其差额，贷记“资本公积——股本溢价”科目。

例 11-4 B 股份有限公司截至 20×9 年 12 月 31 日共发行股票 30000000 股，股票面值 1 元，资本公积(股本溢价)6000000 元，盈余公积 4000000 元。经股东大会批准，B 股份有限公司以现金回购本公司股票 3000000 股并注销。假定 B 公司按照每股 5 元的价格回购股票，不考虑其他因素，B 股份有限公司的账务处理如下：

库存股的成本 = 3000000 × 5 = 15000000(元)

借：库存股　　15000000
　　贷：银行存款　　15000000

借：股本　　3000000
　　资本公积——股本溢价　　6000000
　　盈余公积　　4000000
　　利润分配——未分配利润　　2000000
　　贷：库存股　　15000000

例 11-5 沿用例 11-4 资料，假定 B 股份有限公司以每股 0.9 元的价格回购股票，其他条件不变。B 股份有限公司的账务处理如下：

库存股的成本 = 3000000 × 0.9 = 2700000(元)

借：库存股　　2700000
　　贷：银行存款　　2700000

借：股本　　3000000

贷：库存股　　　　　　　　　2700000
　　资本公积——股本溢价　　　300000

由于 B 股份有限公司以低于面值的价格回购股票，股本与库存股成本的差额 300000 元应作为增加资本公积处理。

第三节　其他权益工具

企业发行的除普通股(作为实收资本或股本)以外，按照金融负债和权益工具区分原则分类为权益工具的其他权益工具，按照以下原则进行会计处理。

一、其他权益工具会计处理的基本原则

企业发行的金融工具应当按照金融工具准则进行初始确认和计量；其后，于每个资产负债表日计提利息或分派股利，按照相关具体企业会计准则进行处理，即企业应当以所发行金融工具的分类为基础，确定该工具利息支出或股利分配等的会计处理。对于归类为权益工具的金融工具，无论其名称中是否包含“债”，其利息支出或股利分配都应当作为发行企业的利润分配，其回购、注销等作为权益的变动处理；对于归类为金融负值的金融工具，无论其名称中是否包含“股”其利息支出或股利分配原则上按照借款费用进行处理，其回购或赎回产生的利得或损失等计入当期损益。

企业(发行方)发行金融工具，其发生的手续费、佣金等交易费用，如分类为债务工具且以摊会成本计量的，应当计入所发行工具的初始计量金额；如分类为权益工具的，应当从权益(其他权益工具)中扣除。

二、科目设置

金融工具发行方应当设置下列会计科目，对发行的金融工具进行会计核算：

(1) 发行方对于归类为金融负债的金融工具在“应付债券”科目核算。“应付债券”科目应当按照发行的金融工具种类进行明细核算，并在各类工具中按“面值”“利息调整”“应计利息”设置明细账，进行明细核算(发行方发行的符合流动负债特征并归类为流动负债的金融工具，以相关流动性质的负债类科目进行核算，本规定在账务处理部分均以“应付债券”科目为例)。

对于需要拆分且形成衍生金融负债或衍生金融资产的，应将拆分的衍生金融负债或衍生金融资产按照其公允价值在“衍生工具”科目核算。对于发行的且嵌入了非紧密相关的衍生金融资产或衍生金融负债的金融工具，如果发行方选择将其整体指定为以公允价值计量且其变动计入当期损益的，则应将发行的金融工具的整体在以公允价值计量且其变动计入当期损益的金融负债等科目核算。

(2) 在所有者权益类科目中设置其他权益工具科目，核算企业发行的除普通股以外的归类为权益工具的各种金融工具。“其他权益工具” 科目应按发行金融工具的种类等进行明细核算。

三、主要账务处理

(一) 发行方的账务处理

(1) 发行方发行的金融工具归类为债务工具并以摊余成本计量的，应按实际收到的金额，借记“银行存款”等科目，按债务工具的面值，贷记“应付债券——优先股、永续债等(面值)”科目，按其差额，贷记或借记“应付债券——优先股、永续债等(利息调整)”科目。

在该工具存续期间，计提利息并对账面的利息调整进行调整等的会计处理，按照金融工具确认和计量准则中有关金融负债按摊余成本后续计量的规定进行会计处理。

(2) 发行方发行的金融工具归类为权益工具的，应按实际收到的金额，借记“银行存款”等科目，贷记“其他权益工具——优先股、永续债等”科目。

分类为权益工具的金融工具，在存续期间分派股利(含分类为权益工具的工具所产生的利息，下同)的，作为利润分配处理。发行方应根据经批准的股利分配方案，按应分配给金融工具持有者的股利金额，借记“利润分配——应付优先股股利、应付永续债利息等”科目，贷记“应付股利优先股股利、永续债利息等”科目。

(3) 发行方发行的金融工具为复合金融工具的，应按实际收到的金额，借记“银行存款”等科目，按金融工具的面值，贷记“应付债券——优先股、永续债(面值)”科目，按负债成分的公允价值与金融工具面值之间的差额，借记或贷记“应付债券——优先股、永续债等(利息调整)”科目，按实际收到的金额扣除负债成分的公允价值，贷记“其他权益工具——优先股、永续债”等科目。

发行复合金融工具发生的交易费用，应当在负债成分和权益成分之间按照发行价款的比例进行分摊。与多项交易相关的共同交易费用，应当在合理的基础上，采用与其他类似交易一致的方法，在各项交易之间进行分摊。

(4) 发行的金融工具本身是或内嵌了金融负债或衍生金融资产的，按照金融工具确认和计量准则中有关衍生工具的规定进行处理。

(5) 由于发行的金融工具原合同条款约定的条件或事项随着时间的推移或经济环境的改变而发生变化，导致原归类为权益工具的金融工具重分类为金融负债的，应当于重分类日，按该工具的账面价值，借记“其他权益工具——优先股、永续债”等科目，按该工具的面值，贷记“应付债券优先股、永续债等(面值)”科目，按该工具的公允价值与面值之间的差额，借记或贷记“应付债券优先股、永续债等(利息调整)”科目，按该工具的公允价值与账面价值的差额，贷记或借记“资本公积——资本溢价(或股本溢价)”科目，如资本公积不够冲减的，依次冲减盈余公积和未分配利润。发行方以重分类日计算的实际利率作为应付债券后续计量利息调整等的基础。

(6) 发行方按合同条款约定赎回所发行的除普通股以外的分类为权益工具的金融工具，按赎回价格，借记“库存股——其他权益工具”科目；贷记“银行存款”等科目；注销所购回的金融工具，按该工具对应的其他权益工具的账面价值，借记“其他权益工具”科目，按该工具的赎回价格，贷记“库存股——其他权益工具” 科目，按其差额，借记或贷记“资本公积——资本溢价(或股本溢价)”科目，如资本公积不够冲减的，依次冲减盈余公积和未分配利润。

发行方按合同条款约定赎回所发行的分类为金融负债的金融工具，按该工具赎回日的账面价值，借记“应付债券”等科目，按赎回价格，贷记“银行存款”等科目，按其差额，借记或贷记“财务费用”科目。

(7) 发行方按合同条款约定将发行的除普通股以外的金融工具转换为普通股的，按该工具对应的金融负债或其他权益工具的账面价值，借记“应付债券”“其他权益工具”等科目，按普通股的面值，贷记“实收资本(或股本)”科目，按其差额，贷记“资本公积——资本溢价(或股本溢价)”科目(如转股时金融工具的账面价值不足转换为 1 股普通股而以现金或其他金融资产支付的，还需按支付的现金或其他金融资产的金额，贷记“银行存款”等科目)。

(二) 投资方的账务处理

金融工具投资方(持有人)考虑持有的金融工具或其组成部分是权益工具还是债务工具投资时，应当遵循金融工具确认和计量准则的相关要求，通常应当与发行方对金融工具的权益或负债属性的分类保持一致。例如，对于发行方归类为权益工具的非衍生金融工具，投资方通常应当将其归类为权益工具投资。

如果投资方因持有发行方发行的金融工具而对发行方拥有控制、共同控制或重大影响的，按照《企业会计准则第 2 号——长期股权投资》和《企业会计准则第 20 号——企业合并》进行确认和计量；投资方需编制合并财务报表的，按照《企业会计准则第 33 号——合并财务报表》的规定编制合并财务报表。

第四节 资本公积

一、资本公积概述

资本公积是指企业收到投资者的超出其在企业注册资本(或股本)中所占份额的投资，以及直接计入所有者权益的利得和损失等。资本公积是股东权益的重要组成部分，是归全体股东享有的由非收益转化而形成的资本。资本公积包括资本溢价(或股本溢价) 和直接计入所有者权益的利得和损失等。

资本溢价(或股本溢价)是企业收到投资者的超出其在企业注册资本(或股本)中所占份额的投资。形成资本溢价(或股本溢价)的原因有溢价发行股票、投资者超额缴入资本等。

直接计入所有者权益的利得和损失是指不应计入当期损益、会导致所有者权益发生增减变动的、与所有者投入资本或者向所有者分配利润无关的利得或损失。

利得是指由企业非日常活动所形成的、会导致所有者权益增加的、与所有者投入资本无关的经济利益的流入。损失是指由企业非日常活动所形成的、会导致所有者权益减少的、与向所有者分配利润无关的经济利益的流出。

资本溢价(或股本溢价)，以及直接计入所有者权益的利得和损失，通过“资本公积”账户核算。

“资本公积”账户用来核算企业资本公积的增减变动情况。该账户贷方登记增加的资本公积；借方登记减少的资本公积；期末余额在贷方，表示企业拥有的资本公积。该账户应当分别按“资本溢价(股本溢价)”“其他资本公积”进行明细核算。

其他资本公积是指除净损益、其他综合收益和利润分配以外所有者权益的其他变动。

二、资本公积的确认和计量

(一) 资本溢价和股本益价的会计处理

1. 资本溢价的会计处理

资本溢价是指企业收到投资者的超出其在企业注册资本中所占份额的差额。一般来说，有限责任公司初创时，股东按照其在企业注册资本中所占的份额出资，不会出现资本溢价。但在有新的投资者加入时，新股东的出资额往往会大于其在企业注册资本中所占的份额，主要有两个原因：一是原股东出资时与新股东出资时的资本利润率不同。企业初创时，资本利润率一般较低，而在企业经营一段时间以后，资本利润率会有所提高，这表明企业的原有资本已经增值。二是原股东的出资额与其实际占有的资本不同。企业在经营一段时间以后，可能会形成一部分资本公积和留存收益。这部分资本公积和留存收益虽未转入实收资本，但归原股东所共有。

投资者经营的企业(不含股份有限公司)，投资者依其出资份额对企业经营决策享有表决权，依其所认缴的出资额对企业承担有限责任。明确记录投资者认缴的出资额，真实地反映各投资者对企业享有的权利与承担的义务，是会计处理应注意的问题。为此，会计上应设置 “实收资本”科目，核算企业投资者按照公司章程所规定的出资比例实际缴付的出资额。在企业创立时，出资者认缴的出资额全部记入“实收资本”科目。

在企业重组并有新的投资者加入时，为了维护原投资者的权益，新加入的投资者的出资额并不一定全部作为实收资本处理，这是因为在企业正常经营过程中投入的资金虽然与企业创立时投入的资金在数量上一致，其获利能力却不一致。企业创立时，要经过筹建、试生产经营、为产品寻找市场、开辟市场等过程，从投入资金到取得投资回报，中间需要许多时间，并且这种投资具有风险性，这个过程的资本利润率很低。正常情况下，企业在正常生产经营过程中的资本利润率要高于初创阶段，由于这高于初创阶段的资本利润率是初创时必要的垫支资本带来的，企业创办者为此付出了代价，因此，相同数量的投资，出资时间不同，其对企业影响程度就不同，由此带给投资者的权利也不同。往往早期出资带给投资者的权利要大于后期出资带给投资者的权利。所以，新加入的投资者要付出大于原投资者的出资额，才能取得与原投资者相同的投资比例。另外，原投资者原有投资在质量上发生了变化，在数量上也可能发生变化，这是因为企业经营过程中实现利润的一部分留在企业，形成留存收益，而留存收益也属于投资者权益，但其未转入实收资本。新加入的投资者如与原投资者共享这部分留存收益，也要求其付出大于原投资者的出资额，才能取得与原投资者相同的投资比例。投资者投入的资本中按其投资比例计算的出资额应当记入“实收资本”科目，大于部分应记入“资本公积”科目。

例如，某有限责任公司同甲、乙、丙三位股东各自出资 100 万元设立。设立时的实收资本为 300 万元。经过 3 年的经营，该企业的留存收益为 150 万元。这时，又有丁投资者有意参股该企业，并表示愿意出资 180 万元，而仅占该企业股份的 25%。在会计处理时，将丁股东投入资金中的 100 万元记入“实收资本”科目，其余 80 万元记入“资本公积”科目。

2. 股本溢价的会计处理

股份有限公司是以发行股票的方式筹集股本的。股票是企业签发的证明股东按其所持股份享有权利和承担义务的书面证明。由于股东按其所持企业股份享有权利和承担义务，为了反映和便于计算各股东所持股份占企业全部股本的比例，企业的股本总额应按股票的面值与股份总数的乘积计算。国家规定，实收股本总额应与注册资本相等。因此，为提供企业股本总额及其构成与注册资本等信息，在采用与股票面值相同的价格发行股票的情况下，企业发行股票取得的收入应全部记入“股本”科目；采用溢价发行股票的情况下，企业发行股票取得的收入相当于股票面值的部分记入“股本”科目，超出股票面值的溢价收入记入“资本公积——股本溢价”科目。因委托证券商代理发行股票而支付的手续费、佣金等，应从溢价发行收入中扣除，应按扣除手续费、佣金后的数额记入“资本公积——股本溢价”科目。

例 11-6 A 公司委托 B 证券公司代理发行普通股 2000000 股，每股面值 1 元，按每股 1.5 元的价格发行。公司与受托单位约定，按发行收入的 3%收取手续费，从发行收入中扣除。假如收到的股款已存入银行。A 公司的账务处理如下：

公司收到委托单位交来的现金 = 2000000 × 1.5 × (1 − 3%) = 2910000(元)

应计入“资本公积”科目的金额 = 溢价收入 − 发行手续费

= 2000000 × (1.5 − 1) − 2000 000 × 1.5 × 3%

= 910000(元)

借：银行存款	2910000	
贷：股本		2000000
资本公积——股本溢价		910000

(二) 其他资本公积的会计处理

其他资本公积是指除资本溢价(或股本溢价)项目以外所形成的资本公积，其中主要包括直接计入所有者权益的利得和损失。直接计入所有者权益的利得和损失主要由以下交易或事项引起：

(1) 采用权益法核算的长期股权投资。长期股权投资采用权益法核算的，在持股比例不变的情况下，被投资单位除净损益、利润分配和其他综合收益以外所有者权益的其他变动，投资企业按持股比例计算应享有的份额，如果是利得，应当增加长期股权投资的账面价值，同时增加资本公积(其他资本公积)；如果是损失，应当作相反的会计分录。

(2) 以权益结算的股份支付。以权益结算的股份支付换取职工或其他方提供服务的，企业应在等待期内的每个资产负债表日，按照确定的金额，借记有关成本费用账户，贷记资本公积(其他资本公积)账户。在行权日，应按实际行权的权益工具数量计算确定的金额，借记“资本公积——其他资本公积”账户，按计入股本的金额，贷记“股本”账户，并将其差额记入“资本公积——股本溢价”账户。

(三) 资本公积转增资本的会计处理

按照《公司法》的规定，法定公积金(资本公积和盈余公积) 转为资本时，所留存的该项公积金不得少于转增前公司注册资本的 25%。经股东大会或类似机构决议通过，用资本公积转增资本时，应冲减资本公积，同时按照转增前的实收资本(或股本)的结构或比例，将转增的金额记入“实收资本”(或“股本”)科目下各所有者的明细分类账。

三、其他综合收益确认与计量及会计处理

其他综合收益，是指企业根据其他会计准则规定未在当期损益中确认的各项利得和损失，包括以后会计期间不能重分类进损益的其他综合收益和以后会计期间满足规定条件时将重分类进损益的其他综合收益两类。为了反映企业其他综合收益的增减变动情况，企业可以设置“其他综合收益”账户。该账户贷方登记增加的其他综合收益，借方登记减少的其他综合收益；该账户期末余额在贷方，表示企业拥有的其他综合收益。该账户应当按照其他综合收益的核算内容设置明细账户，进行明细核算。其他综合收益的内容主要有：

(一) 以后会计期间不能重分类进损益的其他综合收益项目

(1) 重新计量设定受益计划净负债或净资产导致的变动。

(2) 按照权益法核算因被投资单位重新计量设定受益计划净负债或净资产变动导致的权益变动，投资企业按持股比例计算确认的该部分其他综合收益项目。

(3) 以公允价值计量且其变动计入其他综合收益的金融资产(权益工具)公允价值变动及外汇利得和损失。

(二) 以后会计期间满足规定条件时将重分类进损益的其他综合收益项目

(1) 以公允价值计量且其变动计入其他综合收益的金融资产(债务工具)产生的其他综合收益。

(2) 按照金融工具准则规定，对金融资产重分类按规定可以将原计入其他综合收益的利得或损失转入当期损益的部分。

(3) 采用权益法核算的长期股权投资。

① 被投资单位其他综合收益增加，投资方按持股比例计算应享有的份额：

借：长期股权投资——其他综合收益

　　贷：其他综合收益

被投资单位其他综合收益减少作相反的会计分录。

② 处置采用权益法核算的长期股权投资时：

借：其他综合收益(可转损益的其他综合收益)

　　贷：投资收益(或相反分录)

(4) 存货或自用房地产转换为投资性房地产。

① 企业将作为存货的房地产转为采用公允价值模式计量的投资性房地产，转换日其公允价值大于账面价值：

借：投资性房地产成本(转换日的公允价值)

存货跌价准备(如涉及)

贷：开发产品等

其他综合收益(差额)

② 企业将自用房地产转为采用公允价值模式计量的投资性房地产，转换日其公允价值大于账面价值：

借：投资性房地产——成本(转换日的公允价值)

累计折旧

固定资产减值准备

贷：固定资产

其他综合收益(差额)

③ 处置该项投资性房地产时，因转换计入其他综合收益的金额应转入当期其他业务成本：

借：其他综合收益

贷：其他业务成本

(5) 现金流量套期工具产生的利得或损失中属于有效套期的部分，直接确认为其他综合收益。

(6) 外币财务报表折算差额。按照外币折算的要求，企业在处置境外经营的当期，将已列入合并财务报表所有者权益的外币报表折算差额中与该境外经营相关部分，自其他综合收益项目转入处置当期损益。如果是部分处置境外经营，应当按处置的比例计算处置部分的外币报表折算差额，转入处置当期损益。

(7) 其他。除上述内容外，其他综合收益核算见其他相关内容。

第五节 留存收益

一、盈余公积概述

盈余公积是企业来源于生产经营活动的、从净利润中提取的各种积累资金，是具有特定用途的留存收益。根据《公司法》的规定，公司制企业的盈余公积包括法定盈余公积和任意盈余公积两部分。因我国有关外商投资企业在法律上有特别规定，所以外商投资企业的盈余公积的组成内容与一般企业和股份有限公司有所不同，由储备基金、企业发展基金和利润归还投资等构成。

(一) 盈余公积的有关规定

根据《公司法》等有关法规的规定，企业当年实现的净利润，一般应当按照如下顺序进行分配：

(1) 提取法定盈余公积金。公司制企业的法定盈余公积金按照税后利润的 10%提取(非公司制企业也可按照超过 10%的比例提取)，在计算提取法定盈余公积金的基数时，不应包括企业年初未分配利润。公司法定盈余公积金累计额为公司注册资本的 50%以上时，可以不再提取法定盈余公积金。

(2) 提取任意盈余公积金。公司从税后利润中提取法定盈余公积金后，经股东会或者股东大会决议通过，还可以从税后利润中提取任意盈余公积金。非公司制企业经类似权力机构批准也可提取任意盈余公积金。

(3) 向投资者分配利润或股利。公司弥补亏损和提取公积金后所余税后利润，有限责任公司股东按照实缴的出资比例分取红利，但全体股东约定不按照出资比例分取红利的除外；股份有限公司按照股东持有的股份比例分配，但股份有限公司章程规定不按持股比例分配的除外。

盈余公积是指企业按照规定从净利润中提取的各种积累资金。公司制企业的盈余公积分为法定盈余公积和任意盈余公积。两者的区别就在于其各自计提的依据不同。前者以国家的法律或行政规章为依据提取；后者则由企业自行决定提取。

企业提取盈余公积主要可以用于以下几个方面：

(1) 弥补亏损。企业发生亏损时，应由企业自行弥补。弥补亏损的渠道主要有三种：① 用以后年度税前利润弥补。按照现行制度规定，企业发生亏损时，可以用以后 5 年内实现的税前利润弥补，即税前利润弥补亏损的期间为 5 年。② 用以后年度税后利润弥补。企业发生的亏损经过 5 年期间未弥补足额的，尚未弥补的亏损应用所得税后利润弥补。③ 以盈余公积弥补亏损。企业以提取的盈余公积弥补亏损时，应当由公司董事会提议，并经股东大会批准。

(2) 转增资本。企业将盈余公积转增资本时，必须经股东大会决议通过。在实际将盈余公积转增资本时，要按股东原有持股比例进行结转。企业提取的盈余公积，无论是用于弥补亏损，还是用于转增资本，都只不过是在企业所有者权益内部作结构上的调整。比如，企业以盈余公积弥补亏损时，实际是减少盈余公积留存的数额，以此抵补未弥补亏损的数额，并不引起企业所有者权益总额的变动；企业以盈余公积转增资本时，也只是减少盈余公积结存的数额，但同时增加企业实收资本或股本的数额，也并不引起所有者权益总额的变动。

(3) 扩大企业生产经营。盈余公积的用途，并不是指其实际占用形态，提取盈余公积也并不是单独将这部分资金从企业资金周转过程中抽出。企业盈余公积的结存数，实际上只表现为企业所有者权益的组成部分，表明企业生产经营资金的一个来源而已。其形成的资金可能表现为一定的货币资金，也可能表现为一定的实物资产，如存货和固定资产等随同企业的其他来源所形成的资金进行循环周转，用于企业的生产经营。

(二) 盈余公积的确认和计量

1. 科目设置

为了总括反映企业各项盈余公积的形成及使用情况，企业应设置“盈余公积”总账科目。该科目属于所有者权益类，贷方登记提取的公积金的数额，借方登记盈余公积减少的数额，期末贷方余额表示实有的盈余公积金数额。本科目应分别按“法定盈余公积”“任意盈余公积”进行明细核算。外商投资企业还应分别按“储备基金”“企业发展基金”进行明细核算。中外合作经营企业在合作期间归还投资者的投资，应在本科目设置“利润归还投资”明细科自进行核算。

2. 盈余公积增加的核算

企业盈余公积的增加表现为税后利润分配中提取法定盈余公积和任意盈余公积。

公司制企业按规定提取盈余公积时，借记“利润分配——提取法定盈余公积、提取任意盈余公积”科目，贷记“盈余公积——法定盈余公积、任意盈余公积”科目。外商投资企业提取储备基金、企业发展基金、职工奖励及福利基金，借记“利润分配——提取储备基金、提取企业发展基金、提取职工奖励及福利基金”科目，贷记“盈余公积——储备基金、企业发展基金”“应付职工薪酬”科目。中外合作经营企业根据合同规定在合作期间归还投资者的投资，应当按实际归还投资的金额，借记“实收资本——已归还投资”科目，贷记“银行存款”等科目；同时，借记“利润分配——利润归还投资”科目，贷记“盈余公积——利润归还投资”科目。

例 11-7　希望制造公司本年实现净利润 2000000 元，按净利润的 10%提取法定盈余公积 200000 元，经股东大会决议按净利润的 4%提取任意盈余公积 80000 元。编制会计分录如下：

借：利润分配——提取法定盈余公积　　200000
　　　　　　——提取任意盈余公积　　80000
　贷：盈余公积——法定盈余公积　　200000
　　　　　　——任意盈余公积　　80000

(三) 盈余公积减少的核算

企业盈余公积减少表现为盈余公积的使用，具体表现为三个方面：

1. 盈余公积弥补亏损

公司制企业经股东大会或类似机构决议，用盈余公积弥补亏损时，应借记“盈余公积”科目，贷记“利润分配——盈余公积补亏”科目。

例 11-8　希望制造公司以前年度累计未弥补亏损 200000 元，按规定已超过用税后利润弥补的期限，本年经公司董事会提议，并经股东大会批准，用盈余公积弥补以前年度未弥补亏损。编制会计分录如下：

借：盈余公积　　200000
　贷：利润分配——盈余公积补亏　　200000

外商投资企业在特殊情况下，经批准用储备基金弥补亏损时应借记“盈余公积——储备基金”科目，贷记“利润分配——其他转入”科目。

2. 盈余公积转增资本(股本)

经股东大会或类似机构决议，公司制企业用盈余公积转增资本，应当按照转增资本前的实收资本(或股本)结构比例，将盈余公积转增资本的数额计入“实收资本(或股本)”科目下各所有者的明细账，相应增加各所有者对企业的资本投资。外商投资企业经批准将储备基金用于转增资本时，应当借记“盈余公积——储备基金”科目，贷记“实收资本”科目；

外商投资企业用企业发展基金转增资本时，应当借记“盈余公积——企业发展基金”科目，贷记“实收资本”科目。

例 11-9　希望制造公司经股东会批准同意，在本期将盈余公积 200000 元转增资本。编制会计分录如下：

借：盈余公积　　　　200000
　　贷：实收资本　　　　200000

股份有限公司经股东大会决议，用盈余公积派送新股时，按派送新股计算的金额，借记“盈余公积”科目；按股票面值和派送股票数计算的金额，贷记“股本”科目；二者的差额，贷记“资本公积”科目。需要注意的是，企业用法定盈余公积转增资本后，其法定盈余公积不得低于注册资本的 25%。

例 11-10　希望制造公司按有关规定将法定盈余公积 500000 派送新股 400000，每股面值 1 元。编制会计分录如下：

借：盈余公积——法定盈余公积　　　　500000
　　贷：股本　　　　　　　　　　　　　400000
　　　　资本公积——股本溢价　　　　　100000

3. 盈余公积分配现金股利或利润

公司制企业在用盈余公积弥补亏损后，如果仍有结余，经股东大会或类似机构决议，用于发放现金股利或利润时，应借记“盈余公积”科目，贷记“应付股利”科目。

例 11-11　希望制造公司本年经营状况不佳，发生少量亏损。考虑到公司前景和股票信誉，经股东大会决议，决定按股票面值的 4%分配股利，由结存的任意盈余公积列支。假设该公司发行在外普通股 1500 万股，每股面值为 1 元，则本次用于发放股利的盈余公积为 600000 元(1 × 4% × 1500)。编制会计分录如下：

借：盈余公积——任意盈余公积　　　　600000
　　贷：应付股利　　　　　　　　　　　600000

二、未分配利润

(一) 未分配利润概述

未分配利润是指截至本年度累计未分配的利润，是企业留待以后年度进行分配的结存利润，包括企业以前年度积存的留待以后年度分配的净利润和当年待分配的净利润，是企业所有者权益的组成部分。未分配利润与盈余公积统称为留存收益。

相对于所有者权益的其他部分来讲，企业对未分配利润的使用分配有较大的自主权。从数量上来讲，未分配利润是期初未分配利润，加上本期实现的净利润，减去提取的各种盈余公积和分配的股利或利润后的余额。未分配利润有两层含义：一是留待以后年度处理的利润；二是未指定特定用途的利润。

(二) 未分配利润的核算

未分配利润是在“利润分配”科目下，设置“未分配利润”明细科目进行核算。

1. 分配股利或利润的会计处理

经股东大会或类似机构决议，分配给股东或投资者的现金股利或利润，借记“利润分配——应付现金股利或利润”科目，贷记“应付股利”科目。经股东大会或类似机构决议，分配给股东的股票股利，应在办理增资手续后，借记“利润分配——转作股本的股利”科目，贷记“股本”科目。

2. 期末结转的会计处理

企业期(月)末结转利润时，应将各损益类科目的金额转入“本年利润”科目，结平各损益类科目。结转后，“本年利润”的贷方余额为当期实现的净利润，借方余额为当期发生的净亏损。

“未分配利润”明细科目的贷方反映从本年利润中转入的企业实际净利润，借方反映从本年利润转入的企业净亏损。年度终了，再将“利润分配”科目下的其他明细科目(提取法定盈余公积、提取任意盈余公积、应付现金股利或利润、转作股本的股利、盈余公积补亏的余额)，转入“未分配利润”明细科目。结转后，“未分配利润”明细科目的贷方余额，就是未分配利润的数额；若出现借方余额，则表示未弥补亏损的数额。“利润分配”科目所属的其他明细科目应无余额。

3. 弥补亏损的会计处理

企业在生产经营过程中可能获得盈利，也可能出现亏损。企业在当年发生亏损的情况下，应当将本年发生的亏损自“本年利润”科目的贷方，转入“利润分配——未分配利润”科目的借方，借记“利润分配——未分配利润”科目，贷记“本年利润”科目。结转后，“利润分配”科目的借方余额即为未弥补亏损的数额，通过“利润分配”科目核算有关亏损的弥补情况。

根据《中华人民共和国企业所得税法》，企业纳税年度发生的亏损，准予向以后年度结转，用以后年度的所得弥补，但结转年限最长不得超过 5 年。企业在用以后年度实现的税前利润弥补以前年度亏损的情况下，将本年实现的利润结转到“利润分配——未分配利润”科目的贷方，其贷方发生额与“利润分配——未分配利润”的借方余额自然抵补。因此，用当年实现净利润弥补以前年度结转的未弥补亏损时，不需要进行专门的账务处理。

例 11-12 希望制造公司 2×10 年发生亏损 600000 元。在年度终了时，企业应当结转本年度发生的亏损。编制会计分录如下：

借：利润分配——未分配利润 600000

　　贷：本年利润 600000

(三) 以前年度损益调整

与未分配利润核算密切相关的还有涉及以前年度损益调整事项的处理。根据《企业会计准则第 28 号——会计政策、会计估计变更和差错更正》《企业会计准则第 29 号——资产负债表日后事项》等的规定，对于企业在本年度发现的重要前期差错更正涉及调整以前年度损益的事项，以及年度资产负债表日至财务会计报告批准报出日之间发生的需要调整报告损益的事项，应通过“以前年度损益调整”科目进行核算，并将其余额转入“利润分配——未分配利润”科目。

具体而言，企业调整增加的以前年度利润或调整减少的以前年度亏损，应借记有关科目，贷记“以前年度损益调整”科目；企业调整减少的以前年度利润或调整增加的以前年度亏损，应借记“以前年度损益调整”科目，贷记有关科目。经过上述调整后，应将“以前年度损益调整”科目的余额转入“利润分配——未分配利润”科目，结转后，“以前年度损益调整”科目应无余额。本科目如为贷方余额，借记本科目，贷记“利润分配——未分配利润”科目；如为借方余额，作相反的会计分录。

企业在年度资产负债表日至财务会计报告批准报出日之间发生的需要调整报告年度损益的事项，应当调整资产负债表日已编制的财务报表。对于发生的、影响损益的重要前期差错，应将其对损益的影响数调整，发现当期的期初留存收益，财务报表其他相关项目的期初数也应一并调整。在编制比较财务报表时，对于比较财务报表期间的重要的前期差错，应调整各该期间的净损益和其他相关项目，视同该差错在产生的当期已经更正；对于比较财务报表期间以前的重要的前期差错，应调整比较财务报表最早期间的期初留存收益，财务报表其他相关项目的数字也应一并调整。

练 习 题

一、单项选择题

1．下列各项，能够引起企业所有者权益减少的是(　　)。

A．股东大会宣告派发现金股利　　B．以资本公积转增资本

C．提取法定盈余公积　　D．提取任意盈余公积

2．20×9 年 1 月 1 日某企业所有者权益情况如下：实收资本 200 万元，资本公积 17 万元，盈余公积 38 万元，未分配利润 32 万元。则该企业留存收益为(　　)万元。

A．32　　B．38　　C．70　　D．87

3．下列各项中，会引起留存收益总额发生增减变动的是(　　)。

A．盈余公积转增资本　　B．盈余公积补亏

C．资本公积转增资本　　D．用税后利润补亏

4．企业增资扩股时，投资者实际缴纳的出资额大于其按约定比例计算的在注册资本中所占的份额部分应作为(　　)。

A．资本溢价　　B．实收资本　　C．盈余公积　　D．营业外收入

5．以法定盈余公积转增股本时，转增后的盈余公积以不少于注册资本的(　　)为限。

A．50%　　B．30%　　C．25%　　D．30%

6．某公司委托证券公司发行股票 1 000 万股，每股面值 1 元，每股发行价格 8 元，向证券公司支付佣金 50 万元。该公司应贷记“资本公积——资本溢价”科目的金额为(　　)元。

A．6900　　B．7050　　C．6950　　D．7000

7．股份有限公司采用收购本公司股票方式实现减资，按照注销股票的面值总额减少股本，购回股票支付的价款超过面值总额的部分，应冲减的顺序依次是(　　)。

A．资本公积、盈余公积、未分配利润　　B．未分配利润、盈余公积、资本公积

C．盈余公积、资本公积、未分配利润　　D．盈余公积、未分配利润、资本公积

8．下列各项中，能同时引起资产和所有者权益发生增减变化的有(　　)。

A．分配股票股利　　B．接受现金捐赠

C．用盈余公积弥补亏损　　D．投资者投入的现金

9．下列各项中，能够引起所有者权益总额变化的是(　　)。

A．以资本公积转增资本　　B．增发新股

C．向股东支付已宣告分派的现金股利　　D．以盈余公积弥补亏损

10．乙公司2×18年成立，成立当年发生亏损120万元，2×19～2×20年分别实现税前利润10万元、20万元、15万元、30万元、35万和50万元。公司适用的所得税税率为25%。假定不考虑其他纳税调整事项，则 2×20 年末，乙公司的未分配利润余额应为(　　)万元。

A．40　　B．27.5　　C．160　　D．50

二、多项选择题

1．下列项目中，属于资本公积核算内容的有(　　)。

A．企业收到投资者出资额超出其在注册资本或股本中所占份额的部分

B．直接计入所有者权益的利得

C．直接计入所有者权益的损失

D．企业收到投资者的出资额

2．下列各项中，属于企业留存收益的有(　　)。

A．法定盈余公积　　B．任意盈余公积

C．资本公积　　D．未分配利润

3．下列各项中，仅影响所有者权益结构发生变动的有(　　)。

A．用盈余公积弥补亏损　　B．用盈余公积转增资本

C．宣告分配现金股利　　D．分配股票股利

4．下列各项中，能同时引起资产和利润减少的项目有(　　)。

A．计提短期借款的利息　　B．计提行政管理部门固定资产折旧

C．支付超标的业务招待费　　D．无形资产摊销

5．盈余公积可用于(　　)。

A．派送新股　　B．转增资本　　C．弥补亏损　　D．发放工资

三、简答题

1. 试说明资本公积金的内容和核算方法。

2. 试说明盈余公积金的用途及核算要点。

3. 未分配利润的核算内容包括哪些？

四、业务处理题

甲公司原由投资者 A 和投资者 B 共同出资成立，每人出资 200000 元，各占 50%的股份。经营两年后，A 和 B 投资者决定增加公司资本，此时有一新的投资者 C 要求加入甲公司。经有关部门批准后，甲公司实施增资，将实收资本增加到 900000 元。经三方协商，一致同意完成下述投入后，三方投资者各拥有甲公司 300000 元实收资本，并各占甲公司 1/3 的股份。各投资者的出资情况如下：

① 投资者A以一台设备投入甲公司作为增资，该设备原价180000元，已提折旧95000元，评估确认原价180000元，评估确认净值126000元。

② 投资者B以一批原材料投入甲公司作为增资，该批材料账面价值105000元，评估确认价值110000元，税务部门认定应交增值税税额为14300元。投资者B已开具了增值税专用发票。

③ 投资者C以银行存款投入甲公司390000元。

要求：根据以上资料，分别编制甲公司接受投资者A和B增资时以及投资者C初次出资时的会计分录。

五、案例分析题

资料：诚信会计师事务所的注册会计师在审计希望制造公司20×9年度会计报表时，发现以下问题：

① 公司在20×9年度实收资本有异常，验资报告显示公司20×9年4月将资本公积200万元转增资本，公司截至转增资本之日报表累计亏损为100万元。

② 20×9年7月份，公司账面净资产2000万元，为扩大企业规模，该企业将历年形成的账外财产进行价值评估，将评估后的价值800万元作为主管部门对该公司的投资入账。但按照公司的账外财产数量、价值明细表列示的价值显示为700万元。

要求：分析希望制造公司的会计处理存在哪些问题?

第十二章　收入、费用和利润

【学习目标】

- 理解收入、费用和利润的含义、内容和基本特点；
- 掌握收入和费用的确认，计量的基本原理及其方法；
- 理解收入、费用和利润相关的会计业务核算。

【课前阅读】

9 家上市车企去年成绩单出炉　谁是赚钱“王者”

对在国内车市“摸爬滚打”的车企们来说，2018 年并不轻松。尤其是到了一年一度财报季，大家又开始“攀比”起来。

从目前已经发布财报的上市车企“成绩单”来看，吉利汽车(00175，HK)、上汽集团(600104，SH)实现销量和净利润双增长。但江铃汽车(000550，SZ)、一汽轿车(000800，SZ)却没有那么幸运，销量和净利润出现同比双下滑。

粗略统计，已经披露 2018 年财报的整车类上市公司共有 9 家。那么，谁才是 2018 年的赚钱“王者”？

长城、吉利赚得钵满盆满

作为去年自主品牌销量冠亚军车企，吉利汽车和长城汽车(601633，SH)2018 年赚了个钵满盆满。

数据显示，2018 年，吉利汽车营业收入约为 1065.95 亿元，同比增长 15%；归属股东净利润约为 125.53 亿元，同比增长 18.05%。与吉利汽车相比，长城汽车营业收入约为 992.30 亿元，同比下滑 1.92%，但净利润却实现了同比增长。2018 年，长城汽车归属于母公司净利润约为 52.07 亿元，同比增长 3.58%。

吉利、长城财报亮眼背后，与其销量表现密不可分。2018 年，吉利汽车累计销量约为 150.08 万辆(含领克品牌)，同比增长 20%。长城汽车的皮卡、轿车销量，均实现同比正增长，但由于受销量同比下滑 4.3%的 SUV 车型拖累，2018 年长城汽车销量约为 104.3 万辆，同比下滑 1.63%。

虽然两家企业的发展策略不同，但是面对新的发展形势，今年两家车企都将加大新车型的投入并对企业发展策略进行相应调整。

长城汽车董事长魏建军表示，“汽车产业已迈入品牌向上，高品质发展的阶段。未来，长城汽车将逐步淘汰更多低端产品，并逐步增加新推出车型的比例。”吉利控股集团总裁、吉利汽车集团总裁、CEO安聪慧也认为，2019年是市场环境非常不确定的一年，如何在存量市场提高市场占有率是吉利汽车接下来的主要工作。

根据规划，2019年，吉利将推出首款MPV嘉际、全新纯电动轿车GE11、首款基于CMA架构打造的运动SUV星越等6款全新车型，以及近10款改款车型。

江铃、一汽轿车唱起“凉凉”

不是每家车企都能当“锦鲤”，2018年更多车企需要面对的现实是：销量下降、利润下滑。

如江铃汽车2018年营业收入约为282.49亿元，同比下降9.88%；归属于上市公司股东的净利润约为0.92亿元，同比下降86.71%。

和江铃汽车同样遭遇“双降”的还有一汽集团旗下两家上市公司一汽轿车和一汽夏利(000927，SZ)。其中，一汽轿车2018年全年营收约为262.44亿元，同比下滑5.94%；归属于上市公司股东的净利润约为1.55亿元，同比下滑44.88%，接近腰斩。

与一汽轿车相比，一汽夏利虽然有盈利，但主要靠出售“利润奶牛”一汽丰田股权所获。2018年，一汽夏利营收约为11.25亿元，同比下降22.50%；净利润约为3730.84万元，同比增长102.27%。若扣除非经常性损益，一汽夏利2018年的净亏损达12.63亿元。

上述车企均表示其业绩下滑与当前车市增速下滑相关。一汽轿车表示，2018年中国汽车市场整体销量呈现负增长，竞争异常激烈和残酷，公司发展面临诸多挑战。江铃汽车也在财报中称，造车新势力的加入，以及传统竞争对手的价格竞争策略，使得行业竞争日益激烈，公司为应对激烈的市场竞争造成了促销费用上升及销售结构变化。

与江铃汽车、一汽轿车和一汽夏利情况稍有不同，比亚迪2018年营收约为1300.55亿元，同比增长22.79%，但归属于上市公司股东的净利润为27.8亿元，同比下降31.63%。比亚迪认为，净利下滑是补贴退坡影响及研发费用上升所致。

2019年，伴随着新能源汽车补贴进一步退坡、行业竞争态势继续加剧，车企将面临更多挑战。如何在存量时代保持盈利能力，成为上述车企接下来必须要思考的问题。

(来源：每日经济新闻)

第一节　收　　入

一、收入的定义及其分类

收入是指企业在日常活动中形成的、会导致所有者权益增加的、与所有者投入资本无关的经济利益的总流入。其中，日常活动是指企业为完成其经营目标所从事的经常性活动以及与之相关的其他活动。工业企业制造并销售产品、商品流通企业销售商品，咨询公司提供咨询服务，软件公司为客户开发软件，安装公司提供安装服务，建筑企业提供建造服务等，均属于企业的日常活动。企业按照本章确认收入的方式应当反映其向客户转让商品(或提供服务，以下简称转让商品)的模式，收入的金额应当反映企业因转让这些商品(或服务，以下简称商品)而预期有权收取的对价金额。

本章不涉及企业对外出租资产收取的租金、进行债权投资收取的利息、进行股权投资取得的现金股利、保险合同取得的保费收入等。企业以存货换取客户的存货、固定资产、无形资产以及长期股权投资等，按照本章进行会计处理；其他非货币性资产交换，按照非货币性资产交换的规定进行会计处理。企业处置固定资产、无形资产等的，在确定处置时点以及计量处置损益时，按照本节的有关规定进行处理。

二、收入的确认和计量

收入确认和计量大致分为五步：

第一步，识别与客户订立的合同；

第二步，识别合同中的单项履约义务；

第三步，确定交易价格；

第四步，将交易价格分摊至各单项履约义务；

第五步，履行各单项履约义务时确认收入。

其中，第一步、第二步和第五步主要与收入的确认有关，第三步和第四步主要与收入的计量有关。

(一) 识别与客户订立的合同

本节所称合同，是指双方或多方之间订立有法律约束力的权利义务的协议，包括书面形式、口头形式以及其他可验证的形式(如隐含于商业惯例或企业以往的习惯做法中等)。

1. 收入确认的原则

企业应当在履行了合同中的义务，即在客户取得相关商品控制权时确认收入。取得相关商品控制权，是指能够主导该商品的使用并从中获得几乎全部的经济利益，也包括有能力阻止其他方主导该商品的使用，并从中获得经济利益。取得商品控制权包括以下三个要素：

一是能力，即客户必须拥有现时权利，能够主导该商品的使用并从中获得几乎全部经济利益。如果客户只能在未来的某一期间主导该商品的使用并从中获益，则表明其尚未取得该商品的控制权。

二是主导该商品的使用。客户有能力主导该商品的使用，是指客户有权使用该商品，或者能够允许或阻止其他方使用该商品。

三是能够获得几乎全部的经济利益。商品的经济利益，是指该商品的潜在现金流量，既包括现金流入的增加，也包括现金流出的减少。客户可以通过很多方式直接或间接地获得商品的经济利益，例如使用、消耗、出售或持有该商品、使用该商品提升其他资产的价值，以及将该商品用于清偿债务、支付费用或抵押等。

2. 收入确认的前提条件

企业与客户之间的合同同时满足下列条件的，企业应当在客户取得相关商品控制权时确认收入：

(1) 合同各方已批准该合同并承诺将履行各自义务；

(2) 该合同明确了合同各方与所转让的商品(或提供的服务，以下简称转让的商品)相关的权利和义务；

(3) 该合同有明确的与所转让的商品相关的支付条款；

(4) 该合同具有商业实质，即履行该合同将改变企业未来现金流量的风险、时间分布或金额；

(5) 企业因向客户转让商品而有权取得的对价很可能收回。

在进行上述判断时，需要注意以下三点：

第一，合同约定的权利和义务是否具有法律约束力，需要根据企业所处的法律环境和实务操作进行判断，包括合同订立的方式和流程、具有法律约束力的权利和义务的时间等。对于合同各方均有权单方面终止完全未执行的合同，且无需对合同其他方作出补偿的，企业应当视为该合同不存在。其中，完全未执行的合同，是指企业尚未向客户转让任何合同中承诺的商品，也尚未收取且尚未有权收取已承诺商品的任何对价的合同。

第二，合同具有商业实质，是指履行该合同将改变企业未来现金流量的风险、时间分布或金额。关于商业实质，应按照非货币性资产交换中有关商业实质说明进行判断。

第三，企业在评估其因向客户转让商品而有权取得的对价是否很可能收回时，仅应考虑客户到期时支付对价的能力和意图(即客户的信用风险)。企业在进行判断时，应当考虑是否存在价格折让。存在价格折让的，应当在估计交易价格时进行考虑。企业预期很可能无法收回全部合同对价时，应当判断其原因是客户的信用风险还是企业向客户提供了价格折让所致。

实务中，企业可能存在一组类似的合同，企业在对该组合同中的每一份合同进行评估时，均认为其合同对价很可能收回，但是根据历史经验，企业预计可能无法收回该组合同的全部对价。在这种情况下，企业应当认为这些合同满足“因向客户转让商品而有权取得的对价很可能收回”这一条件，并以此为基础估计交易价格。与此同时，企业应当考虑这些合同下确认的合同资产或应收款项是否存在减值。

例 12-1 甲房地产开发公司与乙公司签订合同，向其销售一栋建筑物，合同价款为 100 万元。该建筑物的成本为 60 万元，乙公司在合同开始日即取得了该建筑物的控制权。根据合同约定，乙公司在合同开始日支付 5%的保证金 5 万元，并就剩余 95％的价款与甲公司签订了不附追索权的长期融资协议，如果乙公司违约，甲公司可重新拥有该建筑物，即使收回的建筑物不能涵盖所欠款项的总额，甲公司也不能向乙公司索取进一步的赔偿。乙公司计划在该建筑物内开设一家餐馆。在该建筑物所在的地区，餐饮行业面临激烈的竞争，但乙公司缺乏餐饮行业的经营经验。

本例中，乙公司计划以该餐馆产生的收益偿还甲公司的欠款，除此之外并无其他的经济来源，乙公司也未对该笔欠款设定任何担保。如果乙公司违约，甲公司虽然可重新拥有该建筑物，但即使收回的建筑物不能涵盖所欠款项的总额，甲公司也不能向乙公司索取进一步的赔偿。因此，甲公司对乙公司还款的能力和意图存在疑虑，认为该合同不满足合同价款很可能收回的条件。甲公司应当将收到的 5 万元确认为一项负债。

对于不能同时满足上述收入确认的五个条件的合同，企业只有在不再负有向客户转让商品的剩余义务(例如，合同已完成或取消)，且已向客户收取的对价(包括全部或部分对价)无需退回时，才能将已收取的对价确认为收入；否则，应当将已收取的对价作为负债进行会计处理。其中，企业向客户收取无需退回的对价的，应当在已经将该部分对价所对应的商品的控制权转移给客户，并且已不再向客户转让额外的商品且不再负有此类义务时，将该部分对价确认为收入；或者，在相关合同已经终止时将该部分对价确认为收入。

对于在合同开始日即满足上述收入确认条件的合同，企业在后续期间无需对其进行重新评估，除非有迹象表明相关事实和情况发生重大变化。对于不满足上述收入确认条件的合同，企业应当在后续期间对其进行持续评估，以判断其能否满足这些条件。企业如果在合同满足相关条件之前已经向客户转移了部分商品，当该合同在后续期间满足相关条件时，企业应当将在此之前已经转移的商品所分摊的交易价格确认为收入。通常情况下，合同开始日，是指合同开始赋予合同各方具有法律约束力的权利和义务的日期，即合同生效。

需要说明的是，没有商业实质的非货币性资产交换，无论何时，均不应确认收入。从事相同业务经营的企业之间，为便于向客户或潜在客户销售而进行的非货币性资产交换(例如，两家石油公司之间相互交换石油，以便及时满足各自不同地点客户的需求，不应确认收入。

例 12-2 甲公司与乙公司签订合同，将一项专利技术授权给乙公司使用，并按其使用情况收取特许权使用费。甲公司评估认为，该合同在合同开始日满足本节合同确认收入的五个条件。该专利技术在合同开始日即授权给乙公司使用。在合同开始日后的第一年内，乙公司每季度向甲公司提供该专利技术的使用情况报告，并在约定的期间内支付特许权使用费。在合同开始日后的第二年，乙公司继续使用该专利技术，但是乙公司的财务状况下滑，融资能力下降，可用现金不足，因此，乙公司仅按合同支付了当年第一季度的特许权使用费，而后三个季度仅按名义金额付款。在合同开始日后的第三年，乙公司继续使用甲公司的专利技术，但是，甲公司得知，乙公司已经完全丧失了融资能力，且流失了大部分客户，因此，乙公司的付款能力进一步恶化，信用风险显著升高。

本例中，该合同在合同开始日满足收入确认的前提条件，因此，甲公司在乙公司使用该专利技术的行为发生时，按照约定的特许权使用费确认收入。合同开始日后的第二年，由于乙公司的信用风险升高，甲公司在确认收入的同时，按照金融资产减值的要求对乙公司的应收款项进行减值测试。合同开始日后的第三年，由于乙公司的财务状况恶化，信用风险显著升高，甲公司对该合同进行了重新评估，认为“企业因向客户转让商品而有权取得的对价很可能收回”这一条件不再满足，因此甲公司不再确认特许权使用费收入，同时对现有应收款项是否发生减值继续进行评估。

本节有关企业与客户之间合同的会计处理是以单个合同为基础的，为了便于实务操作，企业可以将本节要求应用于具有类似特征的合同组合，前提是企业能够合理预计，在该组合层面或者在该组合中的每一个合同层面应用本节进行会计处理，将不会对企业的财务报表产生显著不同的影响。对于具有类似特征的合同组合，企业也可以在确定退货率、坏账率、合同存续期间等方面运用组合法进行估计。

企业与同一客户(或该客户的关联方)同时订立或在相近时间内先后订立的两份或多份合同，在满足下列条件之一时，应当合并为一份合同进行会计处理：

(1) 该两份或多份合同基于同一商业目的而订立并构成一揽子交易，如一份合同在不考虑另一份合同的对价的情况下将会发生亏损。

(2) 该两份或多份合同中的一份合同的对价金额取决于其他合同的定价或履行情况，如一份合同如果发生违约，将会影响另一份合同的对价金额。

(3) 该两份或多份合同中所承诺的商品(或每份合同中所承诺的部分商品)构成本节后

文所述的单项履约义务。两份或多份合同合并为一份合同进行会计处理的，仍然需要区分该一份合同中包含的各单项履约义务。

3. 合同变更

本节所称合同变更，是指经合同各方同意对原合同范围或价格(或两者)作出的变更。企业应当区分下列三种情形对合同变更分别进行会计处理：

(1) 合同变更部分作为单独合同进行会计处理的情形。合同变更增加了可明确区分的商品及合同价款，且新增合同价款反映了新增商品单独售价的，应当将该合同变更作为一份单独的合同进行会计处理。判断新增合同价款是否反映了新增商品的单独售价时，应当考虑为反映该特定合同的具体情况而对新增商品价格所做的适当调整。例如，在合同变更时，企业由于无需发生为发展新客户等所需发生的相关销售费用，可能会向客户提供一定的折扣，从而在新增商品单独售价的基础上予以适当调整。

(2) 合同变更作为原合同终止及新合同订立进行会计处理的情形。合同变更不属于上述第(1)种情形，且在合同变更日已转让商品与未转让商品之间可明确区分的，应当视为原合同终止，同时，将原合同未履约部分与合同变更部分合并为新合同进行会计处理。新合同的交易价格应当为下列两项金额之和：一是原合同交易价格中尚未确认为收入的部分(包括已从客户收取的金额)；二是合同变更中客户已承诺的对价金额。

例 12-3　A 公司与客户签订合同，每周为客户的办公楼提供保洁服务，合同期限为三年，客户每年向 A 公司支付服务费 10 万元(假定该价格反映了合同开始日该项服务的单独售价。在第二年末，合同双方对合同进行了变更，将第三年的服务费调整为 8 万元(假定该价格反映了合同变更日该项服务的单独售价)，同时以 20 万元的价格将合同期限延长三年(假定该价格不反映合同变更日该三年服务的单独售价)，即每年的服务费为 6.67 万元，于每年年初支付。上述价格均不包含增值税。

本例中，在合同开始日，A 公司认为其每周为客户提供的保洁服务是可明确区分的，但由于 A 公司向客户转让的是一系列实质相同且转让模式相同的、可明确区分的服务，因此将其作为单项履约义务(见后文所述)。在合同开始的前两年，即合同变更之前，A 公司每年确认收入 10 万元。在合同变更日，由于新增的三年保洁服务的价格不能反映该项服务在合同变更时的单独售价，因此，该合同变更不能作为单独的合同进行会计处理，由于在剩余合同期间需提供的服务与已提供的服务是可明确区分的，A 公司应当将该合同变更作为原合同终止，同时，将原合同中未履约的部分与合同变更合并为一份新合同进行会计处理。该新合同的合同期限为 4 年，对价为 28 万元，即原合同下尚未确认收入的对价 8 万元与新增的三年服务相应的对价 20 万元之和，新合同中 A 公司每年确认的收入为 7 万元(28 万元 ÷ 4 年)。

(3) 合同变更部分作为原合同的组成部分进行会计处理的情形。合同变更不属于上述第(1)种情形，且在合同变更日已转让商品与未转让商品之间不可明确区分的，应当将该合同变更部分作为原合同的组成部分，在合同变更日重新计算履约进度，并调整当期收入和相应成本等。

例 12-4　20×9 年 1 月 15 日，乙建筑公司和客户签订了一项总金额为 1000 万元的固定造价合同，在客户自有土地上建造一幢办公楼，预计合同总成本为 700 万元。假定该建造服务属于在某一时段内履行的履约义务，并根据累计发生的合同成本占合同预计总成本的比例确定履约进度。截至 20×9 年末，乙公司累计已发生成本 420 万元，履约进度为 60%(420 万元 ÷ 700 万元)。因此，乙公司在 20×9 年确认收入 600 万元(1000 万元×60%)。20×9 年初，合同双方同意更改该办公楼屋顶的设计，合同价格和预计总成本因此而分别增加 200 万元和 120 万元。

在本例中，由于合同变更后拟提供的剩余服务与在合同变更日或之前已提供的服务不可明确区分(即该合同仍为单项履约义务)，因此，乙公司应当将合同变更作为原合同的组成部分进行会计处理。合同变更的交易价格为 1200 万元(10 00 万元 + 200 万元)，乙公司重新估计的履约进度为 51.2% [420 万元 ÷ (700 万元 + 120 万元)]，乙公司在合同变更日应额外确认收入 14.4 万元(51.2% × 1200 万元 − 600 万元)，如果在合同变更日未转让商品为上述第(2)和第(3)种情形的组合，企业应当按照上述第(2)或第(3)种情形中更为恰当的一种方式对合同变更后尚未转让(或部分未转让)商品进行会计处理。

(二) 识别合同中的单项履约义务

合同开始日，企业应当对合同进行评估，识别该合同所包含的各单项履约义务，并确定各单项履约义务是在某一时段内履行，还是在某一时点履行，然后，在履行了各单项履约义务时分别确认收入。履约义务，是指合同中企业向客户转让可明确区分商品的承诺。企业应当将下列向客户转让商品的承诺作为单项履约义务：

1. 企业向客户转让可明确区分商品(或者商品或服务的组合)的承诺

企业向客户承诺的商品同时满足下列条件的，应当作为可明确区分商品：一是客户能够从该商品本身或者从该商品与其他易于获得的资源一起使用中受益，即该商品能够明确区分；二是企业向客户转让该商品的承诺与合同中其他承诺可单独区分，即转让该商品的承诺在合同中是可明确区分的。表明客户能够从某项商品本身或者将其与其他易于获得的资源一起使用获益的因素有很多，例如企业通常会单独销售该商品等。需要特别指出的是，在评估某项商品是否能够明确区分时，应当基于该商品自身的特征，而与客户可能使用该商品的方式无关。因此，企业无需考虑合同中可能存在的阻止客户从其他来源取得相关资源的限制性条款。

企业确定了商品本身能够明确区分后，还应当在合同层面继续评估转让该商品(或提供该服务，以下简称转让该商品)的承诺是否与合同中其他承诺彼此之间可明确区分。下列情形通常表明企业向客户转让该商品的承诺与合同中的其他承诺不可明确区分：

第一，企业需提供重大的服务以将该商品与合同中承诺的其他商品进行整合，形成合同约定的某个或某些组合产出转让给客户。例如，企业为客户建造写字楼的合同中，企业向客户提供的砖头、水泥、人工等都能够使客户获益，但是，在该合同下，企业对客户承诺的是为其建造一栋写字楼，而并非提供这些砖头、水泥和人工等，企业需提供重大的服务将这些商品或服务进行整合，以形成合同约定的一项组合产出(即写字楼)转让给客户。因此，在该合同中，砖头、水泥和人工等商品或服务彼此之间不能单独区分。

第二，该商品将对合同中承诺的其他商品予以重大修改或定制。例如，企业承诺向客户提供其开发的一款现有软件，并提供安装服务，虽然该软件无需更新或技术支持也可直接使用，但是企业在安装过程中需要在该软件现有基础上对其进行定制化的重大修改，以使其能够与客户现有的信息系统相兼容。此时，转让软件的承诺与提供定制化重大修改的承诺在合同层面是不可明确区分的。

第三，该商品与合同中承诺的其他商品具有高度关联性。也就是说，合同中承诺的每一单项商品均受到合同中其他商品的重大影响。例如，企业承诺为客户设计一种新产品并负责生产 10 个样品，企业在生产和测试样品的过程中需要对产品的设计进行不断的修正，导致已生产的样品均可能需要进行不同程度的返工。此时，企业提供的设计服务和生产样品的服务是不断交替反复进行的，二者高度关联，因此，在合同层面是不可明确区分的。

需要说明的是，企业向客户销售商品时，往往约定企业需要将商品运送至客户指定的地点。通常情况下，商品控制权转移给客户之前发生的运输活动不构成单项履约义务；相反，商品控制权转移给客户之后发生的运输活动可能表明企业向客户提供了一项运输服务，企业应当考虑该项服务是否构成单项履约义务。

2. 企业向客户转让一系列实质相同且转让模式相同的、可明确区分商品的承诺

企业应当将实质相同且转让模式相同的一系列商品作为单项履约义务，即使这些商品可明确区分。其中，转让模式相同，是指每一项可明确区分商品均满足本节在某一时段内履行履约义务的条件，且采用相同方法确定其履约进度。如，每天为客户提供保洁服务的长期劳务合同等。企业在判断所转让的一系列商品是否实质相同时，应当考虑合同中承诺的性质，如果企业承诺的是提供确定数量的商品，那么需要考虑这些商品本身是否实质相同；如果企业承诺的是在某一期间内随时向客户提供某项服务，则需要考虑企业在该期间内的各个时间段(如每天或每小时)的承诺是否相同，而并非具体的服务行为本身，例如，企业向客户提供 2 年的酒店管理服务，具体包括保洁、维修、安保等，但没有具体的服务次数或时间的要求，尽管企业每天提供的具体服务不一定相同，但是企业每天对于客户的承诺都是相同的，因此，该服务符合“实质相同”的条件。

企业为履行合同而应开展的初始活动，通常不构成履约义务，除非该活动向客户转让了承诺的商品。例如，某俱乐部为注册会员建立档案，该活动并未向会员转让承诺的商品，因此不构成单项履约义务。

(三) 确定交易价格

交易价格，是指企业因向客户转让商品而预期有权收取的对价金额。企业代第三方收取的款项(例如增值税)以及企业预期将退还给客户的款项，应当作为负债进行会计处理，不计入交易价格。合同标价并不一定代表交易价格，企业应当根据合同条款，并结合以往的习惯做法等确定交易价格。企业在确定交易价格时，应当假定将按照现有合同的约定向客户转让商品，且该合同不会被取消、续约或变更。

1. 可变对价

企业与客户的合同中约定的对价金额可能会因折扣、价格折让、返利、退款、奖励积分、激励措施、业绩奖金、索赔等因素而变化。此外，根据一项或多项或有事项的发生而收取不同对价金额的合同，也属于可变对价的情形。企业在判断合同中是否存在可变对价时，不仅应当考虑合同条款的约定，还应当考虑下列情况：一是根据企业已公开宣布的政

策、特定声明或者以往的习惯做法等，客户能够合理预期企业将会接受低于合同约定的对价金额，即企业会以折扣、返利等形式提供价格折让；二是其他相关事实和情况表明企业在与客户签订合同时即意图向客户提供价格折让。合同中存在可变对价的，企业应当对计入交易价格的可变对价进行估计。

(1) 可变对价最佳估计数的确定。企业应当按照期望值或最可能发生金额确定可变对价的最佳估计数。企业所选择的方法应当能够更好地预测其有权收取的对价金额，并且对于类似的合同，应当采用相同的方法进行估计。对于某一事项的不确定性对可变对价金额的影响，企业应当在整个合同期间一致地采用同一种方法进行估计。但是，当存在多个不确定性事项均会影响可变对价金额时，企业可以采用不同的方法对其进行估计。期望值是按照各种可能发生的对价金额及相关概率计算确定的金额。如果企业拥有大量具有类似特征的合同，并估计可能产生多个结果时，通常按照期望值估计可变对价金额。

最可能发生金额是一系列可能发生的对价金额中最可能发生的单一金额，即合同最可能产生的单一结果。当合同仅有两个可能结果时，通常按照最可能发生金额估计可变对价金额。

(2) 计入交易价格的可变对价金额的限制。企业按照期望值或最可能发生金额确定可变对价金额之后，计入交易价格的可变对价金额还应该满足限制条件，即包含可变对价的交易价格，应当不超过在相关不确定性消除时，累计已确认的收入极可能不会发生重大转回的金额。企业在评估是否极可能不会发生重大转回时，应当同时考虑收入转回的可能性及其比重。其中，“极可能”发生的概率应远高于“很可能(即可能性超过 50%)”，但不要求达到“基本确定(即可能性超过 95%)”，其目的是避免因为一些不确定性因素的发生导致之前已经确认的收入发生转回；在评估收入转回金额的比重时，应同时考虑合同中包含的固定对价和可变对价，即可能发生的收入转回金额相对于合同总对价(包括固定对价和可变对价)的比重。企业应当将满足上述限制条件的可变对价的金额，计入交易价格。需要说明的是，将可变对价计入交易价格的限制条件不适用于企业向客户授予知识产权许可并约定按客户实际销售或使用情况收取特许权使用费的情况。每一资产负债表日，企业应当重新估计应计入交易价格的可变对价金额，包括重新评估将估计的可变对价计入交易价格是否受到限制，以如实反映报告期末存在的情况以及报告期内发生的情况变化。

例 12-5　20×9 年 10 月 1 日，甲公司签订合同，为一只股票型基金提供资产管理服务，合同期限为 3 年。甲公司所能获得的报酬包括两部分：一是每季度按照季度末该基金净值的 1%收取管理费，该管理费不会因基金净值的后续变化而调整或被要求退回；二是该基金在三年内的累计回报如果超过 10%，则乙公司可以获得超额回报部分的 20%作为业绩奖励。在 20×9 年 12 月 31 日，该基金的净值为 5 亿元。假定不考虑相关税费影响。

本例中，甲公司在该项合同中收取的管理费和业绩奖励均为可变对价，其金额极易受到股票价格波动的影响，这是在甲公司影响范围之外的，虽然甲公司过往有类似合同的经验，但是该经验在确定未来市场表现方面并不具有预测价值。因此，在合同开始日，甲公司无法对其能够收取的管理费和业绩奖励进行估计，不满足累计已确认的收入金额极可能不会发生重大转回的条件。

20×9 年 12 月 31 日，甲公司重新估计该合同的交易价格时，影响该季度管理费收入金额的不确定性已经消除，甲公司确认管理费收入 500 万元(5 亿元 × 1%)。甲公司未确认业绩奖励收入，这是因为，该业绩奖励仍然会受到基金未来累计回报的影响，有关将可变对价计入交易价格的限制条件仍然没有得到满足。甲公司应当在后续的每一资产负债表日，估计业绩奖励是否满足上述条件，以确定其收入金额。

2. 合同中存在的重大融资成分

当合同各方以在合同中(或者以隐含的方式)约定的付款时间为客户或企业就该交易提供了重大融资利益时，合同中即包含了重大融资成分。例如企业以赊销的方式销售商品等。合同中存在重大融资成分的，企业应当按照假定客户在取得商品控制权时即以现金支付的应付金额(即现销价格)确定交易价格。在评估合同中是否存在融资成分以及该融资成分对于该合同而言是否重大时，企业应当考虑所有相关的事实和情况，包括① 已承诺的对价金额与已承诺商品的现销价格之间的差额；② 下列两项的共同影响：一是企业将承诺的商品转让给客户与客户支付相关款项之间的预计时间间隔，二是相关市场的现行利率。

表明企业与客户之间的合同未包含重大融资成分的情形有：一是客户就商品支付了预付款，且可以自行决定这些商品的转让时间(例如，企业向客户出售其发行的储值卡，客户可随时到该企业持卡购物；企业向客户授予奖励积分，客户可随时到该企业兑换这些积分等)；二是客户承诺支付的对价中有相当大的部分是可变的，该对价金额或付款时间取决于某一未来事项是否发生，且该事项实质上不受客户或企业控制(例如，按照实际销量收取的特许权使用费)；三是合同承诺的对价金额与现销价格之间的差额是由于向客户或企业提供融资利益以外的其他原因所导致的，且这一差额与产生该差额的原因是相称的(例如，合同约定的支付条款目的是向企业或客户提供保护，以防止另一方未能依照合同充分履行其部分或全部义务)。

需要说明的是，企业应当在单个合同层面考虑融资成分是否重大，而不应在合同组合层面考虑。合同中存在重大融资成分的，企业在确定该重大融资成分的金额时，应使用将合同对价的名义金额折现为商品的现销价格的折现率。该折现率一经确定，不得因后续市场利率或客户信用风险等情况的变化而变更。企业确定的交易价格与合同承诺的对价金额之间的差额，应当在合同期间内采用实际利率法摊销。为简化实务操作，如果在合同开始日，企业预计客户取得商品控制权与客户支付价款间隔不超过一年的，可以不考虑合同中存在的重大融资成分。企业应当对类似情形下的类似合同一致地应用这一简化处理方法。

3. 非现金对价

非现金对价包括实物资产、无形资产、股权、客户提供的广告服务等。客户支付非现金对价的，通常情况下，企业应当按照非现金对价在合同开始日的公允价值确定交易价格。非现金对价公允价值不能合理估计的，企业应当参照其承诺向客户转让商品的单独售价间接确定交易价格。非现金对价的公允价值可能会因对价的形式而发生变动(例如，企业有权向客户收取的对价是股票，股票本身的价格会发生变动)，也可能会因为其形式以外的原因而发生变动。合同开始日后，非现金对价的公允价值因对价形式以外的原因而发生变动的，应当作为可变对价，按照与计入交易价格的可变对价金额的限制条件相关的规定进行处理；合同开始日后，非现金对价的公允价值因对价形式而发生变动的，该变动金额不应计入交易价格。

4. 应付客户对价

企业存在应付客户对价的，应当将该应付对价冲减交易价格，但应付客户对价是为了自客户取得其他可明确区分商品的除外。企业应付客户对价是为了向客户取得其他可明确区分商品的，应当采用与企业其他采购相一致的方式确认所购买的商品。企业应付客户对价超过向客户取得可明确区分商品公允价值的，超过金额应当冲减交易价格。向客户取得的可明确区分商品公允价值不能合理估计的，企业应当将应付客户对价全额冲减交易价格。在将应付客户对价冲减交易价格处理时，企业应当在确认相关收入与支付(或承诺支付)客户对价二者孰晚的时点冲减当期收入。

(四) 将交易价格分摊至各单项履约义务

当合同中包含两项或多项履约义务时，为了使企业分摊至每一单项履约义务的交易价格能够反映其因向客户转让已承诺的相关商品(或提供已承诺的相关服务)而预期有权收取的对价金额，企业应当在合同开始日，按照各单项履约义务所承诺商品的单独售价的相对比例，将交易价格分摊至各单项履约义务。单独售价，是指企业向客户单独销售商品的价格。单独售价无法直接观察的，企业应当综合考虑其能够合理取得的全部相关信息，采用市场调整法、成本加成法、余值法等方法合理估计单独售价。市场调整法，是指企业根据某商品或类似商品的市场售价，考虑本企业的成本和毛利等进行适当调整后，确定其单独售价的方法。成本加成法，是指企业根据某商品的预计成本加上其合理毛利后的价格，确定其单独售价的方法。余值法，是指企业根据合同交易价格减去合同中其他商品可观察的单独售价后的余值，确定某商品单独售价的方法。企业应当最大限度地采用可观察的输入值，并对类似的情况采用一致的估计方法。

企业在商品近期售价波动幅度巨大，或者因未定价且未曾单独销售而使售价无法可靠确定时，可采用余值法估计其单独售价。

例 12-6　20×9 年 3 月 1 日，甲公司与客户签订合同，向其销售 A、B 两项商品，A 商品的单独售价为 6000 元；B 商品的单独售价为 24000 元，合同价款为 25000 元。合同约定，A 商品于合同开始日交付，B 商品在一个月之后交付，只有当两项商品全部交付之后，甲公司才有权收取 25000 元的合同对价。假定 A 商品和 B 商品分别构成单项履约义务，其控制权在交付时转移给客户。上述价格均不包含增值税，且假定不考虑相关税费影响。本例中，分摊至 A 商品的合同价款为 5000[6000 ÷ (6000+24000) × 25000]元，分摊至 B 商品的合同价款为 20000[24000 ÷ (6000 + 24000) × 25000]元。甲公司的账务处理如下：

(1) 交付 A 商品时：

借：合同资产　　5000
　　贷：主营业务收入　　5000

(2) 交付 B 商品时：

借：应收账款　　25000
　　贷：合同资产　　5000
　　　　主营业务收入　　20000

合同资产，是指企业已向客户转让商品而有权收取对价的权利，且该权利取决于时间流逝之外的其他因素。应收款项是企业无条件收取合同对价的权利，该权利应当作为应收款项单独列示。二者的区别在于，应收款项代表的是无条件收取合同对价的权利，即企业仅仅随着时间的流逝即可收款，而合同资产并不是一项无条件收款权，该权利除了时间流逝之外，还取决于其他条件(例如，履行合同中的其他履约义务)才能收取相应的合同对价。因此，与合同资产和应收款项相关的风险是不同的，应收款项仅承担信用风险，而合同资产除信用风险之外，还可能承担其他风险，如履约风险等。合同资产的减值的计量、列报和披露应当按照相关金融工具准则的要求进行会计处理。

1. 分摊合同折扣

合同折扣，是指合同中各单项履约义务所承诺商品的单独售价之和高于合同交易价格的金额。对于合同折扣，企业应当在各单项履约义务之间按比例分摊。有确凿证据表明合同折扣仅与合同中一项或多项(而非全部)履约义务相关的，企业应当将该合同折扣分摊至相关一项或多项履约义务。

同时满足下列条件时，企业应当将合同折扣全部分摊至合同中的一项或多项(而非全部)履约义务：① 企业经常将该合同中的各项可明确区分的商品单独销售或者以组合的方式单独销售；② 企业也经常将其中部分可明确区分的商品以组合的方式按折扣价格单独销售；③ 上述第②项中的折扣与该合同中的折扣基本相同，且针对每一组合中的商品的分析为将该合同的全部折扣归属于某一项或多项履约义务提供了可观察的证据。有确凿证据表明合同折扣仅与合同中的一项或多项(而非全部)履约义务相关，且企业采用余值法估计单独售价的，企业应当首先在该一项或多项(而非全部)履约义务之间分摊合同折扣，然后再采用余值法估计单独售价。

例 12-7 甲公司与客户签订合同，向其销售 A、B、C 三种产品，合同总价款为 120 万元，这三种产品构成 3 个单项履约义务。企业经常单独出售 A 产品，其可直接观察的单独售价为 50 万元；B 产品和 C 产品的单独售价不可直接观察，企业采用市场调整法估计 B 产品的单独售价为 25 万元，采用成本加成法估计 C 产品的单独售价为 75 万元。甲公司经常以 50 万元的价格单独销售 A 产品，并且经常将 B 产品和 C 产品组合在一起以 70 万元的价格销售。假定上述价格均不包含增值税。

本例中，这三种产品的单独售价合计为 150 万元，而该合同的价格为 120 万元，因此该合同的折扣为 30 万元。由于甲公司经常将 B 产品和 C 产品组合在一起以 70 万元的价格销售，该价格与其单独售价的差额为 30 万元，与该合同的折扣一致，而 A 产品单独销售的价格与其单独售价一致，证明该合同的折扣仅应归属于 B 产品和 C 产品。因此，在该合同下，分摊至 A 产品的交易价格为 50 万元，分摊至 B 产品和 C 产品的交易价格合计为 70 万元，甲公司应当进一步按照 B 产品和 C 产品的单独售价的相对比例将该价格在二者之间进行分摊。因此，各产品分摊的交易价格分别为：A 产品为 50 万元，B 产品为 17.5 $(25 \div 100 \times 70)$万元，C 产品为 52.5$(75 \div 100 \times 70)$万元。

2. 分摊可变对价

合同中包含可变对价的，该可变对价可能与整个合同相关，也可能仅与合同中的某一特定组成部分有关，后者包括两种情形：一是可变对价可能与合同中的一项或多项(而非全部)履约义务有关；二是可变对价可能与企业向客户转让的构成单项履约义务的一系列可明确区分商品中的一项或多项(而非全部)商品有关。

同时满足下列条件的，企业应当将可变对价及可变对价的后续变动额全部分摊至与之相关的某项履约义务，或者构成单项履约义务的一系列可明确区分商品中的某项商品：

(1) 可变对价的条款专门针对企业为履行该项履约义务或转让该项可明确区分商品所作的努力(或者是履行该项履约义务或转让该项可明确区分商品所导致的特定结果)；

(2) 企业在考虑了合同中的全部履约义务及支付条款后，将合同对价中的可变金额全部分摊至该项履约义务或该项可明确区分商品符合分摊交易价格的目标。对于不满足上述条件的可变对价及可变对价的后续变动额，以及可变对价及其后续变动额中未满足上述条件的剩余部分，企业应当按照分摊交易价格的一般原则，将其分摊至合同中的各单项履约义务。对于已履行的履约义务，其分摊的可变对价后续变动额应当调整变动当期的收入。

例 12-8　甲公司与乙公司签订合同，将其拥有的两项专利技术 X 和 Y 授权给乙公司使用。假定两项授权均构成单项履约义务，且都属于在某一时点履行的履约义务。合同约定，授权使用 X 的价格为 80 万元，授权使用 Y 的价格为乙公司使用该专利技术所生产的产品销售额的 3%。X 和 Y 的单独售价分别为 80 万元和 100 万元。甲公司估计其就授权使用 Y 而有权收取的特许权使用费为 100 万元。假定上述价格均不包含增值税。

本例中，该合同中包含固定对价和可变对价，其中，授权使用 X 的价格为固定对价，且与其单独售价一致，授权使用 Y 的价格为乙公司使用该专利技术所生产的产品销售额的 3%，属于可变对价，该可变对价全部与授权使用 Y 能够收取的对价有关，且甲公司估计基于实际销售情况收取的特许权使用费的金额接近 Y 的单独售价。因此，甲公司将可变对价部分的特许权使用费金额全部由 Y 承担符合交易价格的分摊目标。

3. 交易价格的后续变动

交易价格发生后续变动的，企业应当按照在合同开始日所采用的基础将该后续变动金额分摊至合同中的履约义务。企业不得因合同开始日之后单独售价的变动而重新分摊交易价格。对于合同变更导致的交易价格后续变动，应当按照本节有关合同变更的要求进行会计处理。合同变更之后发生可变对价后续变动的，企业应当区分下列三种情形分别进行会计处理：

(1) 合同变更属于本节合同变更第(1)规定情形的，企业应当判断可变对价后续变动与哪一项合同相关，并按照分摊可变对价的相关规定进行会计处理。

(2) 合同变更属于本节合同变更第(2)规定情形，且可变对价后续变动与合同变更前已承诺可变对价相关的，企业应当首先将该可变对价后续变动额以原合同开始日确定的单独售价为基础进行分摊，然后将分摊至合同变更日尚未履行履约义务的该可变对价后续变动额以新合同开始日确定的基础进行二次分摊。

(3) 合同变更之后发生除上述第(1) 和(2)种情形以外的可变对价后续变动的，企业应当将该可变对价后续变动额分摊至合同变更日尚未履行(或部分未履行)的履约义务。

例 12-9　20×9 年 9 月 1 日，甲公司与乙公司签订合同，向其销售 A 产品和 B 产品。A 产品和 B 产品均为可明确区分商品，其单独售价相同，且均属于在某一时点履行的履约义务。合同约定，A 产品和 B 产品分别于 20×9 年 11 月 1 日和 20×9 年 3 月 3 日交付给乙公司。合同约定的对价包括 1000 元的固定对价和估计金额为 200 元的可变对价。假定甲公司将 200 元的可变对价计入交易价格，满足本节有关将可变对价金额计入交易价格的限制条件。因此，该合同的交易价格为 1200 元。假定上述价格均不包含增值税。

20×9 年 12 月 1 日，双方对合同范围进行了变更，乙公司向甲公司额外采购 C 产品，合同价格增加 300 元，C 产品与 A、B 两种产品可明确区分，但该增加的价格不反映 C 产品的单独售价。C 产品的单独售价与 A 产品和 B 产品相同。C 产品将于 20×9 年 6 月 30 日交付给乙公司。

20×9 年 12 月 31 日，企业预计有权收取的可变对价的估计金额由 200 元变更为 240 元，该金额符合计入交易价格的条件。因此，合同的交易价格增加了 40 元，且甲公司认为该增加额与合同变更前已承诺的可变对价相关。

假定上述三种产品的控制权均随产品交付而转移给乙公司。

本例中，在合同开始日，该合同包含两个单项履约义务，甲公司应当将估计的交易价格分摊至这两项履约义务。由于两种产品的单独售价相同，且可变对价不符合分摊至其中一项履约义务的条件，因此，甲公司将交易价格 1200 元平均分摊至 A 产品和 B 产品，即 A 产品和 B 产品各自分摊的交易价格均为 600 元。

20×9 年 11 月 1 日，当 A 产品交付给客户时，甲公司相应确认收入 600 元。20×9 年 12 月 1 日，双方进行了合同变更。该合同变更属于本节合同变更的第(2)种情形，即合同变更为原合同终止新合同订立的情形，因此该合同变更应当作为原合同终止，并将原合同的未履约部分与合同变更部分合并为新合同进行会计处理。在该新合同下，合同的交易价格为 900 元(600 元+300 元)，由于 B 产品和 C 产品的单独售价相同，分摊至 B 产品和 C 产品的交易价格的金额均为 450 元。

20×9 年 12 月 31 日，甲公司重新估计可变对价，增加了交易价格 40 元。由于该增加额与合同变更前已承诺的可变对价相关，因此应首先将该增加额分摊给 A 产品和 B 产品，之后再将分摊给 B 产品的部分在 B 产品和 C 产品形成的新合同中进行二次分摊。

在本例中，由于 A、B 和 C 产品的单独售价相同，在将 40 元的可变对价后续变动分摊至 A 产品和 B 产品时，各自分摊的金额为 20 元。由于甲公司已经转让了 A 产品，在交易价格发生变动的当期即应将分摊至 A 产品的 20 元确认为收入。之后，甲公司将分摊至 B 产品的 20 元平均分摊至 B 产品和 C 产品，即各自分摊的金额为 10 元，经过上述分摊后，B 产品和 C 产品的交易价格金额均为 460 元(450 元+10 元)。因此，甲公司分别在 B 产品和 C 产品控制权转移时确认收入 460 元。

(五) 履行每一单项履约义务时确认收入

企业应当在履行了合同中的履约义务，即客户取得相关商品控制权时确认收入。企业应当根据实际情况，首先判断履约义务是否满足在某一时段内履行的条件，如不满足，则该履约义务属于在某一时点履行的履约义务。对于在某一时段内履行的履约义务，企业应当选取恰当的方法来确定履约进度；对于在某一时点履行的履约义务，企业应当综合分析控制权转移的迹象，判断其转移时点。

1. 在某一时段内履行的履约义务的收入确认条件

满足下列条件之一的，属于在某一时段内履行的履约义务，相关收入应当在该履约义务履行的期间内确认：

(1) 客户在企业履约的同时即取得并消耗企业履约所带来的经济利益。企业在履约过程中是持续地向客户转移该服务的控制权的，该履约义务属于在某一时段内履行的履约义务，企业应当在提供该服务的期间内确认收入。企业在进行判断时，可以假定在企业履约的过程中更换为其他企业继续履行剩余履约义务，如果该继续履行合同的企业实质上无需重新执行企业累计至今已经完成的工作，则表明客户在企业履约的同时即取得并消耗了企业履约所带来的经济利益。例如，企业承诺将客户的一批货物从 A 市运送到 B 市，假定该批货物在途经 C 市时，由另外一家运输公司接替企业继续提供该运输服务，由于 A 市到 C 市之间的运输服务是无需重新执行的，因此，表明客户在企业履约的同时，即取得并消耗了企业履约所带来的经济利益，因此，企业提供的运输服务属于在某一时段内履行的履约义务。企业在判断其他企业是否实质上无需重新执行企业累计至今已经完成的工作时，应当基于以下两个前提：一是不考虑可能会使企业无法将剩余履约义务转移给其他企业的潜在限制，包括合同限制或实际可行性限制；二是假设继续履行剩余履约义务的其他企业将不会享有企业目前已控制的任何资产的利益，也不会享有剩余履约义务转移后企业仍然控制的任何资产的利益。

(2) 客户能够控制企业履约过程中在建的商品，企业在履约过程中创建的商品包括在产品、在建工程、尚未完成的研发项目、正在进行的服务等，如果客户在企业创建该商品的过程中就能够控制这些商品，应当认为企业提供该商品的履约义务属于在某一时段内履行的履约义务。

例 12-10　企业与客户签订合同，在客户拥有的土地上按照客户的设计 要求为其建造厂房。在建造过程中客户有权修改厂房设计，并与企业重新协商设计变更后的合同价款。客户每月末按当月工程进度向企业支付工程款。如果客户终止合同，已完成建造部分的厂房归客户所有。

本例中，企北为客户建造厂房，该厂房位于客户的土地上，客户终止合同时， 已建造的厂房归客户所有。这些均表明客户在该厂房建造的过程中就能够控制该在建的厂房。因此，企业提供的该建造服务属于在某一时段内履行的履约义务，企业应当在提供该服务的期间内确认收入。

(3) 企业履约过程中所产出的商品具有不可替代用途，且该企业在整个合同期间内有权就累计至今已完成的履约部分收取款项。

① 商品具有不可替代用途。在判断商品是否具有不可替代用途时，企业既应当考虑合同限制，也应当考虑实际可行性限制，但无需考虑合同被终止的可能性。企业在判断商品是否具有不可替代用途时，需要注意以下四点：

一是企业应当在合同开始日判断所承诺的商品是否具有不可替代用途。在此之后，除非发生合同变更，且该变更显著改变了原合同约定的履约义务，否则，企业无需重新进行评估。

二是合同中是否存在实质性限制条款，导致企业不能将合同约定的商品用于其他用途。保护性条款也不应被视为实质性限制条款。

三是是否存在实际可行性限制，例如，虽然合同中没有限制，但是企业将合同中约定的商品用作其他用途，将遭受重大的经济损失或发生重大的返工成本。

四是企业应当根据最终转移给客户的商品的特征判断其是否具有不可替代用途。例如，某商品在生产的前期可以满足多种用途需要的，从某一时点或某一流程开始，才进入定制化阶段，此时，企业应当根据该商品在最终转移给客户时的特征来判断其是否满足“具有不可替代用途”的条件。

② 企业在整个合同期间内有权就累计至今已完成的履约部分收取款项。有权就累计至今已完成的履约部分收取款项，是指在由于客户或其他方原因终止合同的情况下，企业有权就累计至今已完成的履约部分收取能够补偿其已发生成本和合理利润的款项，并且该权利具有法律约束力。需要强调的是，合同终止必须是由于客户或其他方(即由于企业未按照合同承诺履约之外的其他原因)而非企业自身的原因所致，在整个合同期间内的任一时点，企业均应当拥有此项权利。企业在进行判断时，需要注意以下五点：

一是企业有权就累计至今已完成的履约部分收取的款项应当大致相当于累计至今已经转移给客户的商品的售价，即该金额应当能够补偿企业已经发生的成本和合理利润。其中，合理的利润补偿并非一定是该合同的整体毛利水平，以下两种情形都属于合理的利润补偿：第一，根据合同终止前的履约进度对该合同的毛利水平进行调整后确定的金额作为利润补偿金额；第二，如果该合同的毛利水平高于企业同类合同的毛利水平，以企业从同类合同中能够获取的合理资本回报或者经营毛利作为利润补偿金额。

二是企业有权就累计至今已完成的履约部分收取款项，并不意味着企业拥有随时可行使的无条件收款权。当合同约定客户在约定的某一时点、重要事项完成的时点或者整个合同完成之后才支付合同价款时，企业并没有取得收款的权利。在判断其是否满足本要求时，应当考虑，在整个合同期间内的任一时点，假设由于客户或其他方原因导致合同提前终止时，企业是否有权主张该收款权利，即有权要求客户补偿其截至目前已完成的履约部分应收取的款项。

三是当客户只有在某些特定时点才能要求终止合同，或者根本无权终止合同时终止了合同(包括客户没有按照合同约定履行其义务)时，如果合同条款或法律法规赋予了企业继续执行合同(即企业继续向客户转移合同中承诺的商品并要求客户支付对价)的权利，则表明企业有权就累计至今已完成的履约部分收取款项。

四是企业在进行相关判断时，不仅要考虑合同条款的约定，还应当充分考虑所处的法律环境(包括适用的法律法规、以往的司法实践以及类似案例的结果等)是否对合同条款形成了补充，或者会凌驾于合同条款之上。例如，在合同没有明确约定的情况下，相关的法律法规等是否支持企业主张相关的收款权利；以往的司法实践是否表明合同中的某些条款没有法律约束力；在以往的类似合同中，企业虽然拥有此类权利，却在考虑了各种因素之后没有行使该权利，这是否会导致企业主张该权利的要求在当前的法律环境下不被支持等。

五是企业和客户在合同中约定的具体付款时间表并不一定意味着，企业有权就累计至今已完成的履约部分收取款项。企业需要进一步评估，合同中约定的付款时间表，是否使企业在整个合同期间内的任一时点，在由于除企业自身未按照合同承诺履约之外的其他原因导致合同终止的情况下，均有权就累计至今已完成的履约部分收取能够补偿其成本和合理利润的款项。

例 12-11 甲公司是一家造船企业，与乙公司签订了一份船舶建造合同，按照乙公司的具体要求设计和建造船舶。甲公司在自己的厂区内完成该船舶的建造，乙公司无法控制在建过程中的船舶。甲公司如果想把该船舶出售给其他客户，需要发生重大的改造成本。双方约定，如果乙公司单方面解约，乙公司需向甲公司支付相当于合同总价 30%的违约金，且建造中的船舶归甲公司所有。假定该合同仅包含一项履约义务，即设计和建造船舶。

本例中，船舶是按照乙公司的具体要求进行设计和建造的，甲公司需要发生重大的改造成本，将该船舶改造之后才能出售给其他客户，因此，该船舶具有不可替代用途。然而，如果乙公司单方面解约，仅需向甲公司支付相当于合同总价 30%的违约金，表明甲公司无法在整个合同期间内都有权就累计至今已完成的履约部分收取能够补偿其已发生成本和合理利润的款项。因此，甲公司为乙公司设计和建造船舶不属于在某一时段内履行的履约义务。

2．在某一时段内履行的履约义务的收入确认方法

对于在某一时段内履行的履约义务，企业应当在该段时间内按照履约进度确认收入，履约进度不能合理确定的除外。企业应当采用恰当的方法确定履约进度，以使其如实反映企业向客户转让商品的履约情况。

企业应当考虑商品的性质，采用产出法或投入法确定恰当的履约进度，并且在确定履约进度时应当扣除那些控制权尚未转移给客户的商品和服务。

(1) 产出法。产出法主要是根据已转移给客户的商品对于客户的价值确定履约进度，主要包括按照实际测量的完工进度、评估已实现的结果、已达到的里程碑、时间进度、已完工或交付的产品等确定履约进度的方法。企业在评估是否采用产出法确定履约进度时，应当考虑所选择的产出指标是否能够如实地反映向客户转移商品的进度。

例 12-12　甲公司与客户签订合同，为该客户拥有的一条铁路更换 100 根铁轨，合同价格 10 万元(不含税价)截至 20×9 年 12 月 31 日，甲公司共更换铁轨 60 根，剩余部分预计在 20×9 年 3 月 31 日之前完成。该合同仅包含一项履约义务，且该履约义务满足在某一时段内履行的条件。假定不考虑其他情况。

本例中，甲公司提供的更换铁轨的服务属于在某一时段内履行的履约义务，甲公司按照已完成的工作量确定履约进度。因此，截至 20×9 年 12 月 31 日，该合同的履约进度为 60%(60 ÷ 100)，甲公司应确认的收入为 6 万元(10 万元 × 60%)。产出法是直接计量已完成的产出，一般能够客观地反映履约进度。当产出法所需要的信息可能无法直接通过观察获得，或者为获得这些信息需要花费很高的成本时，可采用投入法。

(2) 投入法。投入法主要是根据企业履行履约义务的投入确定履约进度，主要包括以投入的材料数量、花费的人工工时或机器工时、发生的成本和时间进度等投入指标确定履约进度。当企业从事的工作或发生的投入是在整个履约期间内平均发生时，按照直线法确认收入是合适的。由于企业的投入与向客户转移商品的控制权之间未必存在直接的对应关系，因此，企业在采用投入法时，应当扣除那些虽然已经发生但是未导致向客户转移商品的投入。实务中，企业通常按照累计实际发生的成本占预计总成本的比例(即成本法)确定履约进度，累计实际发生的成本包括企业向客户转移商品过程中所发生的直接成本和间接成本，如直接人工、直接材料、分包成本以及其他与合同相关的成本。企业在采用成本法确定履约进度时，可能需要对已发生的成本进行适当调整的情形有：

① 已发生的成本并未反映企业履行其履约义务的进度，如因企业生产效率低下等原因而导致的非正常消耗，包括非正常消耗的直接材料、直接人工及制造费用等，除非企业和

客户在订立合同时已经预见会发生这些成本并将其包括在合同价款中。

② 已发生的成本与企业履行其履约义务的进度不成比例。如果企业已发生的成本与履约进度不成比例，企业在采用成本法时需要进行适当调整。当企业在合同开始日就能够预期满足下列所有条件时，企业在采用成本法时不应包括该商品的成本，而是应当按照其成本金额确认收入：一是该商品不构成单项履约义务；二是客户先取得该商品的控制权，之后才接受与之相关的服务；三是该商品的成本占预计总成本的比重较大；四是企业自第三方采购该商品，且未深入参与其设计和制造，对于包含该商品的履约义务而言，企业是主要责任人。

例 12-13 20×9 年 10 月，甲公司与客户签订合同，为客户装修一栋办公楼并安装一部电梯，合同总金额为 100 万元。甲公司预计的合同总成本为 80 万元，其中包括电杆的采购成本 3 万元。20×9 年 12 月，甲公司将电梯运达施工现场并经过客户验收，客户已取得对电梯的控制权，但是根据装修进度，预计到 20×9 年 2 月才会安装该电梯。截至 20×9 年 12 月，甲公司累计发生成本 40 万元，其中包括支付给电梯供应商的采购成本 30 万元以及因采购电梯发生的运输和人工等相关成本 5 万元。假定该装修服务(包括安装电梯)构成单项履约义务，并属于在某一时段内履行的履约义务，甲公司是主要责任人，但不参与电梯的设计和制造；甲公司采用成本法确定履约进度。上述金额均不含增值税。

本例中，截至 20×9 年 12 月，甲公司发生成本 40 万元(包括电梯采购成本 30 万元以及因采购电梯发生的运输和人工等相关成本 5 万元)，甲公司认为其已发生的成本和履约进度不成比例，因此需要对履约进度的计算作出调整，将电梯的采购成本排除在已发生成本和预计总成本之外。在该合同中，该电梯不构成单项履约义务，其成本相对于预计总成本而言是重大的，甲公司是主要责任人，但是未参与该电梯的设计和制造，客户先取得了电梯的控制权，随后才接受与之相关的安装服务，因此，甲公司在客户取得该电梯控制权时，按照该电梯采购成本的金额确认转让电梯产生的收入。

因此，20×9 年 12 月，该合同的履约进度为 20% [(40 − 30) ÷ (80 − 30) × 100%]，应确认的收入和成本金额分别为 44 万元[(100 − 30) × 20% + 30]和 40 万元[(80 − 30) × 20% + 30]，对于每一项履约义务，企业只能采用一种方法来确定其履约进度，并加以一贯运用。对于类似情况下的类似履约义务，企业应当采用相同的方法确定履约进度。资产负债表日，企业应当在按照合同的交易价格总额乘以履约进度扣除以前会计期间累计已确认的收入后的金额，确认为当期收入。当履约进度不能合理确定时，企业已经发生的成本预计能够得到补偿的，应当按照已经发生的成本金额确认收入，直到履约进度能够合理确定为止。每一资产负债表日，企业应当对履约进度进行重新估计。当客观环境发生变化时，企业也需要重新评估履约进度是否发生变化，以确保履约进度能够反映履约情况的变化，该变化应当作为会计估计变更进行会计处理。

3. 在某一时点履行的履约义务

当一项履约义务不属于在某一时段内履行的履约义务时，应当属于在某一时点履行的履约义务。对于在某一时点履行的履约义务，企业应当在客户取得相关商品控制权时确认收入。在判断客户是否已取得商品控制权时，企业应当考虑下列迹象：

(1) 企业就该商品享有现时收款权利，即客户就该商品负有现时付款义务。如果企业就该商品享有现时的收款权利，则可能表明客户已经有能力主导该商品的使用并从中获得几乎全部的经济利益。

(2) 企业已将该商品的法定所有权转移给客户，即客户已拥有该商品的法定所有权。客户如果取得了商品的法定所有权，则可能表明其已经有能力主导该商品的使用并从中获得几乎全部的经济利益，或者能够阻止其他企业获得这些经济利益。如果企业仅仅是为了确保到期收回货款而保留商品的法定所有权，那么企业所保留的这项权利通常不会对客户取得对该商品的控制权构成障碍。

(3) 企业已将该商品实物转移给客户，即客户已占有该商品实物。客户如果已经占有商品实物，则可能表明其有能力主导该商品的使用并从中获得其几乎全部的经济利益，或者使其他企业无法获得这些利益。需要说明的是，客户占有了某项商品的实物并不意味着其就一定取得了该商品的控制权，反之亦然。例如，采用支付手续费方式的委托代销安排下，虽然企业作为委托方已将商品发送给受托方，但是受托方并未取得该商品的控制权，因此，企业不应在向受托方发货时确认销售商品的收入，而仍然应当根据控制权是否转移来判断何时确认收入，通常应当在受托方售出商品时确认销售商品收入；受托方应当在商品销售后，按合同或协议约定的方法计算确定的手续费确认收入。表明一项安排是委托代销安排的迹象如：① 在特定事件发生之前(例如，向最终客户出售产品或指定期间到期之前)，企业拥有对商品的控制权；② 企业能够要求将委托代销的商品退回或者将其销售给其他方(如其他经销商)；③ 尽管经销商可能被要求向企业支付一定金额的押金，但是其并没有承担对这些商品无条件付款的义务。实务中，企业有时根据合同已经就销售的商品向客户收款或取得了收款权利，但是，由于客户因缺乏足够的仓储空间或生产进度延迟等原因，直到在未来某一时点将该商品交付给客户之前，企业仍然继续持有该商品实物，这种情况通常称为“售后代管商品”安排。此时，企业除了考虑客户是否取得商品控制权的迹象之外，还应当同时满足下列条件，才表明客户取得了该商品的控制权：① 该安排必须具有商业实质，例如该安排是应客户的要求而订立的；② 属于客户的商品必须能够单独识别，例如将属于客户的商品单独存放在指定地点；③ 该商品可以随时交付给客户；④ 企业不能自行使用该商品或将该商品提供给其他客户。企业根据上述条件对尚未发货的商品确认了收入的，还应当考虑是否还承担了其他履约义务，例如向客户提供保管服务等，从而应当将部分交易价格分摊至该其他履约义务。一般越是通用的、可以和其他商品互相替换的商品，可能越难满足上述条件。

例 12-14 20×9 年 1 月 1 日，甲公司与乙公司签订合同，向其销售一台设备和专用零部件。该设备和零部件的制造期为 2 年。甲公司在完成设备和零部件的生产之后，能够证明其符合合同约定的规格。假定企业向客户转让设备和零部件为两个单项履约义务，且都属于在某一时点履行的履约义务。

20×9 年 12 月 31 日，乙公司支付了该设备和零部件的合同价款，并对其进行了验收。乙公司运走了设备，但是考虑到其自身的仓储能力有限，且其工厂紧邻甲公司的仓库，因此要求将零部件存放于甲公司的仓库中，并且要求甲公司按照其指令随时安排发货。乙公司已拥有零部件的法定所有权，且这些零部件可明确识别为属于乙公司的物品。

甲公司在其仓库内的单独区域内存放这些零部件，并且应乙公司的要求可随时发货，但甲公司不能使用这些零部件，也不能将其提供给其他客户使用。

本例中，20×9 年 12 月 31 日，该设备的控制权转移给乙公司；对于零部件而言，甲公司已经收取合同价款，但是应乙公司的要求尚未发货，乙公司已拥有零部件的法定所有权并且对其进行了验收，虽然这些零部件实物尚由甲公司持有，但是其满足在“售后代管商品”的安排下客户取得商品控制权的条件，这些零部件的控制权也已经转移给了乙公司。因此，甲公司应当确认销售设备和零部件的相关收入。除销售设备和零部件之外，甲公司还为乙公司提供了仓储保管服务，该服务与设备和零部件可明确区分，构成单项履约义务，甲公司需要将部分交易价格分摊至该项服务，并在提供该项服务的期间确认收入。

例 12-15　A 公司生产并销售笔记本电脑。20×9 年，A 公司与零售商 B 公司签订销售合同，向其销售 1 万台电脑。由于 B 公司的仓储能力有限，无法在 20×9 年底之前接收该批电脑，双方约定 A 公司在 20×9 年按照 B 公司的指令按时发货，并将电脑运送至 B 公司指定的地点。20×9 年 12 月 31 日，A 公司共有上述电脑库存 1.2 万台，其中包括 1 万台将要销售给 B 公司的电脑。然而，这 1 万台电脑和其余 2000 台电脑一起存放并统一管理，并且彼此之间可以互相替换。

本例中，尽管是由于 B 公司没有足够的仓储空间才要求 A 公司暂不发货，并按照其指定的时间发货，但是由于这 1 万台电脑与 A 公司的其他产品可以互相替换，且未单独存放保管，A 公司在向 B 公司交付这些电脑之前，能够将其提供给其他客户或者自行使用。因此，这 1 万台电脑在 20×9 年 12 月 31 日不满足“售后代管商品”安排下确认收入的条件。

(4) 企业已将该商品所有权上的主要风险和报酬转移给客户，即客户已取得该商品所有权上的主要风险和报酬。企业在判断时，不应当考虑保留了除转让商品之外产生其他履约义务的风险的情形。例如，企业将产品销售给客户，并承诺提供后续维护服务，销售产品和维护服务均构成单项履约义务，企业保留的因维护服务而产生的风险并不影响企业有关主要风险和报酬转移的判断。

(5) 客户已接受该商品。企业在判断是否已经将商品的控制权转移给客户时，应当考虑客户是否已接受该商品，特别是客户的验收是否仅仅是一个形式。如果企业能够客观地确定其已经按照合同约定的标准和条件将商品的控制权转移给客户，那么客户验收可能只是一个形式，并不会影响企业判断客户取得该商品控制权的时点。实务中，企业应当考虑，在过去执行类似合同的过程中已经积累的经验以及客户验收的结果，以证明其所提供的商品是否能够满足合同约定的具体条件。如果在取得客户验收之前已经确认了收入，企业应当考虑是否还存在剩余的履约义务，例如设备安装、运输等，并且评估是否应当对其单独进行核算。相反地，如果企业无法客观地确定其向客户转让商品是否符合合同规定的条件，那么在客户验收之前，企业不能认为已经将该商品的控制权转移给了客户。例如，客户主要基于主观判断进行验收时，在验收完成之前，企业无法确定其商品是否能够满足客户的主观标准，因此，企业应当在客户完成验收接受该商品时才能确认收入。实务中，定制化程度越高的商品，可能越难证明客户验收仅仅是一个形式。此外，如果企业将商品发送给客户供其试用或者测评，且客户并未承诺在试用期结束前支付任何对价，则在客户接受该商品或者在试用期结束之前，该商品的控制权并未转移给客户。

(6) 其他表明客户已取得商品控制权的迹象。

需要强调的是，在上述迹象中，并没有哪一个或哪几个迹象是决定性的，企业应当根据合同条款和交易实质进行分析，综合判断其是否以及何时将商品的控制权转移给客户，从而确定收入确认的时点。此外，企业应当从客户的角度进行评估，而不应当仅考虑企业自身的看法。

三、关于合同成本

(一) 合同履约成本

企业为履行合同可能会发生各种成本，企业在确认收入的同时应当对这些成本进行分析，属于存货、固定资产、无形资产等规范范围的，应当按照相关章节进行会计处理；不属于其他章节规范范围且同时满足下列条件的，应当作为合同履约成本确认为一项资产：

一是该成本与一份当前或预期取得的合同直接相关。预期取得的合同应当是企业能够明确识别的合同，例如，现有合同续约后的合同、尚未获得批准的特定合同等。与合同直接相关的成本包括直接人工(如支付给直接为客户提供所承诺服务的人员的工资、奖金等)、直接材料(如为履行合同耗用的原材料、辅助材料、构配件、零件、半成品的成本和周转材料的摊销及租赁费用等)、制造费用或类似费用(如与组织和管理生产、施工、服务等活动发生的费用，包括管理人员的职工薪酬、劳动保护费、固定资产折旧费及修理费、物料消耗、取暖费、水电费、办公费、差旅费、财产保险费、工程保修费、排污费、临时设施摊销费等)、明确由客户承担的成本以及仅因该合同而发生的其他成本(如支付给分包商的成本、机械使用费、设计和技术援助费用、施工现场二次搬运费、生产工具和用具使用费、检验试验费、工程定位复测费、工程点交费，场地清理费等)。

二是该成本增加了企业未来用于履行(或持续履行)履约义务的资源。

三是该成本预期能够收回。

企业应当在下列支出发生时，将其计入当期损益：一是管理费用，除非这些费用明确由客户承担；二是非正常消耗的直接材料、直接人工和制造费用(或类似费用)，这些支出为履行合同发生，但未反映在合同价格中；三是与履约义务中已履行(包括已全部履行或部分履行)部分相关的支出，即该支出与企业过去的履约活动相关；四是无法在尚未履行的与已履行(或已部分履行)的履约义务之间区分的相关支出。

例 12-16　甲公司与乙公司签订合同，为其信息中心提供管理服务，合同期限为 5 年。在向乙公司提供服务之前，甲公司设计并搭建了一个信息技术平台供其内部使用，该信息技术平台由相关的硬件和软件组成。甲公司需要提供设计方案，将该信息技术平台与乙公司现有的信息系统对接，并进行相关测试。该平台并不会转让给乙公司，但是将用于向乙公司提供服务。甲公司承担该平台的设计、购买硬件和软件以及信息中心测试发生的成本。除此之外，甲公司专门指派两名员工，负责向乙公司提供服务。

本例中，甲公司为履行合同发生的上述成本中，购买硬件和软件的成本应当分别按照固定资产和无形资产进行会计处理；设计服务成本和信息中心的测试成本不属于其他章节的规范范围，但是这些成本与履行该合同直接相关，并且增加了甲公司未来用于履行履约义务(即提供管理服务)的资源，如果甲公司预期该成本可通过未来提供服务收取的对价收回，则甲公司应当将这些成本确认为一项资产。甲公司向两名负责该项目的员工支付的工资费用，虽然与向乙公司提供服务有关，但是由于其并未增加企业未来用于履行履约义务的资源，因此，应当于发生时计入当期损益。

(二) 合同取得成本

企业为取得合同发生的增量成本预期能够收回的，应当作为合同取得成本确认为一项资产。增量成本，是指企业不取得合同就不会发生的成本，例如销售佣金等。为简化实务操作，该资产摊销期限不超过一年的，可以在发生时计入当期损益。企业采用该简化处理方法的，应当对所有类似合同一致采用。企业为取得合同发生的、除预期能够收回的增量成本之外的其他支出，例如，无论是否取得合同均会发生的差旅费、投标费、为准备投标资料发生的相关费用等，应当在发生时计入当期损益，除非这些支出明确由客户承担。

例 12-17　甲公司是一家咨询公司，其通过竞标赢得了一个新客户，为取得和该客户的合同，甲公司发生下列支出：① 聘请外部律师进行尽职调查的支出为 15000 元；② 因投标发生的差旅费为 10000 元；③ 销售人员佣金为 5000 元，甲公司预期这些支出未来能够收回。此外，甲公司根据其年度销售目标、整体盈利情况及个人业绩等，向销售部门经理支付年度奖金 10000 元。

本例中甲公司向销售人员支付的佣金属于为取得合同发生的增量成本，应当将其作为合同取得成本确认为一项资产。甲公司聘请外部律师进行尽职调查发生的支出、为投标发生的差旅费，无论是否取得合同都会发生，不属于增量成本，因此，应当于发生时直接计入当期损益。甲公司向销售部门经理支付的年度奖金也不是为取得合同发生的增量成本，这是因为该奖金发放与否以及发放金额还取决于其他因素(包括公司的盈利情况和个人业绩)，其并不能直接归属于可识别的合同。实务中，涉及合同取得成本的安排可能会比较复杂，例如，合同续约或合同变更时需要支付额外的佣金，企业支付的佣金金额取决于客户未来的履约情况或者取决于累计取得的合同数量或金额等，企业需要运用判断，对发生的合同取得成本进行恰当的会计处理。企业因现有合同续约或发生合同变更需要支付的额外佣金，也属于为取得合同发生的增量成本。

例 12-18　甲公司相关政策规定，销售部门的员工每取得一份新的合同，可以获得提成 100 元，现有合同每续约一次，员工可以获得提成 60 元。甲公司预期上述提成均能够收回。

本例中，甲公司为取得新合同支付给员工的提成 100 元，属于为取得合同发生的增量成本，且预期能够收回，因此，应当确认为一项资产。同样的，甲公司为现有合同续约支付给员工的提成 60 元，也属于为取得合同发生的增量成本，这是因为如果不发生合同续约，就不会支付相应的提成，由于该提成预期能够收回，甲公司应当在每次续约时将应支付的相关提成确认为一项资产。

除上述规定外，甲公司相关政策规定，当合同变更时，如果客户在原合同的基础上，向甲公司支付额外的对价以购买额外的商品，甲公司需根据该新增的合同金额向销售人员支付一定的提成，此时，无论相关合同变更属于本节合同变更的哪一种情形，甲公司均应当将应支付的提成视同为取得合同(变更后的合同)发生的增量成本进行会计处理。

(三) 与合同履约成本和合同取得成本有关的资产的摊销和减值

1. 摊销

对于确认为资产的合同履约成本和合同取得成本，企业应当采用与该资产相关的商品收入确认相同的基础(即在履约义务履行的时点或按照履约义务的履约进度)进行摊销，计入当期损益。

在确定与合同履约成本和合同取得成本有关的资产的摊销期限和方式时，如果该资产与一份预期将要取得的合同(如续约后的合同)相关，则在确定相关摊销期限和方式时，应当考虑该预期将要取得的合同的影响。但是，对于合同取得成本而言，如果合同续约时，企业仍需要支付与取得原合同相当的佣金，这表明取得原合同时支付的佣金与预期将要取得的合同无关，该佣金只能在原合同的期限内进行摊销。企业为合同续约仍需支付的佣金是否与原合同相当，需要根据具体情况进行判断。例如，如果两份合同的佣金按照各自合同金额的相同比例计算，通常表明这两份合同的佣金水平是相当的。

企业应当根据预期向客户转让与上述资产相关的商品的时间，对资产的摊销情况进行复核并更新，以反映该预期时间的重大变化。此类变化应当作为会计估计变更进行会计处理。

2. 减值

合同履约成本和合同取得成本的账面价值高于下列两项的差额的，超出部分应当计提减值准备，并确认为资产减值损失：

(1) 企业因转让与该资产相关的商品预期能够取得的剩余对价。

(2) 为转让该相关商品估计将要发生的成本。估计将要发生的成本主要包括直接人工、直接材料、制造费用(或类似费用)、明确由客户承担的成本以及仅因该合同而发生的其他成本(例如，支付给分包商的成本)等。以前期间减值的因素之后发生变化，使得前款(1)减(2)的差额高于该资产账面价值的，应当转回原已计提的资产减值准备，并计入当期损益，但转回后的资产账面价值不应超过假定不计提减值准备情况下该资产在转回日的账面价值。在确定合同履约成本和合同取得成本的减值损失时，企业应当首先确定其他资产减值损失；然后，按照本节的要求确定合同履约成本和合同取得成本的减值损失。企业按照金融资产减值测试相关资产组的减值情况时，应当将按照上述规定确定上述资产减值后的新账面价值计入相关资产组的账面价值。

四、关于特定交易的会计处理

(一) 附有销售退回条款的销售

对于附有销售退回条款的销售，企业应当在客户取得相关商品控制权时，按照因向客户转让商品而预期有权收取的对价金额(即不包含预期因销售退回将退还的金额)确认收入，按照预期因销售退回将退还的金额确认负债；同时，按照预期将退回商品转让时的账面价值，扣除收回该商品预计发生的成本(包括退回商品的价减损)后的余额，确认为一项资产，按照所转让商品转让时的账面价值，扣除上述资产成本的净额结转成本。

每一资产负债表日，企业应当重新估计未来销售退回情况，如有变化，应当作为会计估计变更进行会计处理。

例 12-19　甲公司是一家健身器材销售公司，20×9 年 11 月 1 日，甲公司向乙公司销售 5 000 件健身器材，单位销售价格为 500 元，单位成本为 400 元，开出的增值税专用发票上注明的销售价格为250万元，增值税额为32.5万元。健身器材已经发出但款项尚未收到。根据协议约定，乙公司应于20×9年12月31日之前支付货款，在20×9年3月31日之前有权退还健身器材。甲公司根据过去的经验，估计该批健身器材的退货率约为20%。在20×9年12月31日，甲公司对退货率进行了重新评估，认为只有10%的健身器材会被退回。甲公司为增值税一般纳税人，健身器材发出时纳税义务已经发生，实际发生退回时取得税务机关开具的红字增值税专用发票。假定健身器材发出时控制权转移给乙公司。甲公司的账务处理如下：

① 20×9年11月1日发出健身器材时：

借：应收账款	2825000	
贷：主营业务收入		2000000
应交税费——应交增值税(销项税额)		325000
预计负债——应付退货款		500000
借：主营业务成本	1600000	
应收退货成本	400000	
贷：库存商品		2000000

② 20×9年12月31日前收到货款时：

借：银行存款	2825000	
贷：应收账款		2825000

③ 20×0年2月31日，甲公司对退货率进行重新评估：

借：预计负债——应付退货款	250000	
贷：主营业务收入		250000
借：主营业务成本	200000	
贷：应收退货成本		200000

④ 20×0年3月31日发生销售退回，实际退货量为400件，退货款项已经支付。

借：库存商品	160000	
应交税费——应交增值税(销项税類)	26000	
预计负债——应付退货款	250000	
贷：应收退货成本		160000
主营业务收入		50000
银行存款		226000
借：主营业务成本	40000	
贷：应收退货成本		40000

(二) 附有质量保证条款的销售

对于附有质量保证条款的销售，企业应当评估该质量保证是否在向客户保证所销售商品符合既定标准之外提供了一项单独的服务。企业提供额外服务的，应当作为单项履约义务，按照本节进行会计处理；否则，质量保证责任应当按照或有事项的要求进行会计处理。在评估质量保证是否在向客户保证所销售商品符合既定标准之外提供了一项单独的服务时，企业应当考虑该质量保证是否为法定要求、质量保证期限以及企业承诺履行任务的性质等因素。客户能够选择单独购买质量保证的，该质量保证构成单项履约义务。法定要求通常是为了保护客户避免其购买瑕疵或缺陷商品的风险，而并非为客户提供一项单独的质量保证服务。质量保证期限越长，越有可能是单项履约义务。如果企业必须履行某些特定的任务以保证所转让的商品符合既定标准(例如，企业负责运输被客户退回的瑕疵商品)，则这些特定的任务可能不构成单项履约义务。企业提供的质量保证同时包含上述两类的，应当分别对其进行会计处理，无法合理区分的，应当将这两类质量保证一起作为单项履约义务进行会计处理。

例 12-20　甲公司与客户签订合同，销售一部手机。该手机自售出起一年内如果发生质量问题，甲公司负责提供质量保证服务。此外，在此期间内，由于客户使用不当(例如手机进水)等原因造成的产品故障，甲公司也免费提供维修服务。该维修服务不能单独购买。

本例中，甲公司的承诺包括销售手机、提供质量保证服务以及维修服务。甲公司针对产品的质量问题提供的质量保证服务是为了向客户保证所销售商品符合既定标准，因此不构成单项履约义务；甲公司对由于客户使用不当而导致的产品故障提供的免费维修服务，属于在向客户保证所销售商品符合既定标准之外提供的单独服务，尽管其没有单独销售，该服务与手机可明确区分，应该作为单项履约义务。因此，在该合同下，甲公司的履约义务有两项：销售手机和提供维修服务，甲公司应当按照其各自单独售价的相对比例，将交易价格分摊至这两项履约义务，并在各项履约义务履行时分别确认收入。甲公司提供的质量保证服务，应当按照第十三章的要求进行会计处理。

(三) 主要责任人和代理人

企业应当根据其在向客户转让商品前是否拥有对该商品的控制权，来判断其从事交易时的身份是主要责任人还是代理人。企业在向客户转让商品前能够控制该商品的，该企业为主要责任人，应当按照已收或应收对价总额确认收入；否则，该企业为代理人，应当按照预期有权收取的佣金或手续费的金额确认收入，该金额应当按照已收或应收对价总额扣除应支付给其他相关方的价款后的净额，或者按照既定的佣金金额或比例等确定。企业与客户订立的包含多项可明确区分商品的合同中，企业需要分别判断其在这不同履约义务中的身份是主要责任人还是代理人。

当存在第三方参与企业向客户提供商品时，企业向客户转让特定商品之前能够控制该商品，从而应当作为主要责任人的情形包括：一是企业自该第三方取得商品或其他资产控制权后，再转让给客户，此时，企业应当考虑该权利是仅在转让给客户时才产生，还是在转让给客户之前就已经存在，且企业一直能够主导其使用，如果该权利在转让给客户之前并不存在，表明企业实质上并不能在该权利转让给客户之前控制该权利。二是企业能够主导该第三方代表本企业向客户提供服务，说明企业在相关服务提供给客户之前能够控制该相关服务。三是企业自该第三方取得商品控制权后，通过提供重大的服务将该商品与其他商品整合成合同约定的某组合产出转让给客户，此时，企业承诺提供的特定商品就是合同约定的组合产出，企业应首先获得为生产该组合产出所需要的投入的控制权，然后才能够将这些投入加工整合为合同约定的组合产出。

如果企业仅仅是在特定商品的法定所有权转移给客户之前，暂时性地获得该特定商品的法定所有权，这并不意味着企业一定控制了该商品。实务中，企业在判断其在向客户转让特定商品之前是否已经拥有对该商品的控制权时，不应仅局限于合同的法律形式，而应当综合考虑所有相关事实和情况进行判断，这些事实和情况包括：

(1) 企业承担向客户转让商品的主要责任。企业在判断其是否承担向客户转让商品的主要责任时，应当从客户的角度进行评估，即客户认为哪一方承担了主要责任，例如客户认为谁对商品的质量或性能负责、谁负责提供售后服务、谁负责解决客户投诉等。

(2) 企业在转让商品之前或之后承担了该商品的存货风险。其中，存货风险主要是指存货可能发生减值、毁损或灭失等形成的损失。例如，如果企业在与客户订立合同之前已经购买或者承诺将自行购买特定商品，这可能表明企业在将该特定商品转让给客户之前，承担了该特定商品的存货风险，企业有能力主导特定商品的使用并从中取得几乎全部的经济利益；又如，在附有销售退回条款的销售中，企业将商品销售给客户之后，客户有权要求向该企业退货，这可能表明企业在转让商品之后仍然承担了该商品的存货风险。

(3) 企业有权自主决定所交易商品的价格。企业有权决定客户为取得特定商品所需支付的价格，可能表明企业有能力主导有关商品的使用并从中获得几乎全部的经济利益。然而，在某些情况下，代理人可能在一定程度上也拥有定价权(例如，在主要责任人规定的某一价格范围内决定价格)，以便其在代表主要责任人向客户提供商品时，能够吸引更多的客户，从而赚取更多的收入。此时，即使代理人有一定的定价能力，也并不表明在与最终客户的交易中其身份是主要责任人，代理人只是放弃了一部分自己应当赚取的佣金或手续费而已。

(4) 其他相关事实和情况。

需要强调的是，企业在判断其是主要责任人还是代理人时，应当以该企业在特定商品转让给客户之前是否能够控制这些商品为原则。上述相关事实和情况不能凌驾于控制权的判断之上，也不构成一项单独或额外的评估，而只是帮助企业在难以评估特定商品转让给客户之前是否能够控制这些商品的情况下进行相关判断。此外，这些事实和情况并无权重之分，也不能被孤立地用于支持某一结论。企业应当根据相关商品的性质、合同条款的约定以及其他具体情况，综合进行判断。

例 12-21　20×9 年 1 月，甲旅行社从 A 航空公司购买了一定数量的折扣机票，并对外销售。甲旅行社向旅客销售机票时，可自行决定机票的价格等，未售出的机票不能退还给 A 航空公司。

本例中，甲旅行社向客户提供的特定商品为机票，并在确定特定客户之前已经预先从航空公司购买了机票，因此，该权利在转让给客户之前已经存在。甲旅行社从 A 航空公司购入机票后，可以自行决定该机票的价格、向哪些客户销售等，甲旅行社有能力主导该机票的使用并且能够获得其几乎全部的经济利益。因此，甲旅行社在将机票销售给客户之前，能够控制该机票，甲旅行社的身份是主要责任人。

例 12-22　甲公司经营购物网站，在该网站购物的消费者可以明确获知在该网站上销售的商品均为其他零售商直接销售的商品，这些零售商负责发货以及售后服务等。甲公司与零售商签订的合同约定，该网站所售商品的采购、定价、发货以及售后服务等均由零售商自行负责，甲公司仅负责协助零售商和消费者结算货款，并按照每笔交易的实际销售额收取 5%的佣金。

本例中，甲公司经营的购物网站是一个购物平台，零售商在该平台发布所销售商品信息，消费者可以从该平台购买零售商销售的商品。消费者在该网站购物时，向其提供的特定商品为零售商在网站上销售的商品，除此之外，甲公司并未提供任何其他的商品或服务。这些特定商品在转移给消费者之前，甲公司从未有能力主导这些商品的使用，例如，甲公司不能将这些商品提供给购买该商品的消费者之外的其他方，也不能阻止零售商向该消费者转移这些商品，甲公司不能控制零售商用于完成该网站订单的相关存货。因此，消费者在该网站购物时，在相关商品转移给消费者之前，甲公司并未控制这些商品，甲公司的履约义务是安排零售商向消费者提供相关商品，而并未自行提供这些商品，甲公司在该交易中的身份是代理人。

(四) 附有客户额外购买选择权的销售

对于附有客户额外购买选择权的销售，企业应当评估该选择权是否向客户提供了一项重大权利。企业提供重大权利的，应该作为单项履约义务，按照本节有关交易价格分摊的要求将交易价格分摊至该履约义务，在客户未来行使购买选择权取得相关商品控制权时，或者该选择权失效时，确认相应的收入。客户额外购买选择权的单独售价无法直接观察的，企业应当综合考虑客户行使和不行使该选择权所能获得的折扣的差异、客户行使该选择权的可能性等全部相关信息后，予以合理估计；额外购买选择权的情况包括销售激励、客户奖励积分、未来购买商品的折扣券以及合同续约选择权等。对于附有客户额外购买选择权的销售，企业应当评估该选择权是否向客户提供了一项重大权利。如果客户只有在订立了一项合同的前提下才取得了额外购买选择权，并且客户行使该选择权购买额外商品时，能够享受到超过该地区或该市场中其他同类客户所能够享有的折扣，则通常认为该选择权向客户提供了一项重大权利。该选择权向客户提供了重大权利的，应当作为单项履约义务。在考虑授予客户的该项权利是否重大时，应根据其金额和性质综合进行判断。客户虽然有额外购买商品选择权，但客户行使该选择权购买商品时的价格反映了这些商品单独售价的，不应被视为企业向该客户提供了一项重大权利。为简化实务操作，当客户行使该权利购买的额外商品与原合同下购买的商品类似，且企业将按照原合同条款提供该额外的商品时，例如，企业向客户提供续约选择权，企业可以无需估计该选择权的单独售价，而是直接把其预计将提供的额外商品的数量以及预计将收取的相应对价金额纳入原合同，并进行相应的会计处理。

例 12-23　20×9 年 1 月 1 日，甲公司开始推行一项奖励积分计划。根据该计划，客户在甲公司每消费 10 元可获得 1 个积分，每个积分从次月开始在购物时可以抵减 1 元。截至 20×9 年 1 月 31 日，客户共消费 100000 元，可获得 10000 个积分，根据历史经验，甲公司估计该积分的兑换率为 95%。假定上述金额均不包含增值税等的影响。本例中，甲公司认为其授予客户的积分为客户提供了一项重大权利，应当作为一项单独的履约义务。客户购买商品的单独售价合计为 100000 元，考虑积分的兑换率，甲公司估计积分的单独售价为 9500 元(1 元 × 10000 个积分 × 95%)。甲公司按照商品和积分单独售价的相对比例对交易价格进行分摊，具体如下:

分摊至商品的交易价格 = [100000 ÷ (100000 + 9500)] × 100000 = 91324(元)

分摊至积分的交易价格 = [9500 ÷ (100000 + 9500)] × 100000 = 8676 (元)

因此，甲公司应当在商品的控制权转移时确认收入 91324 元，同时确认合同负债 8676 元。

借：银行存款　　100000

　　贷：主营业务收入　　91324

　　　　合同负债　　8676

截至 20×9 年 12 月 31 日，客户共兑换了 4500 个积分，甲公司对该积分的兑换率进行了重新估计，仍然预计客户总共将会兑换 9500 个积分。因此，甲公司以客户兑换的积分数占预期将兑换的积分总数的比例为基础确认收入。积分应当确认的收入 = 4500 + 9500 × 8676 = 4110(元)；剩余未兑换的积分 = 8676 − 4110 = 4566(元)，仍然作为合同负债。

借：合同负债　　4110

　　贷：主营业务收入　　4110

截至 20×9 年 12 月 31 日，客户累计兑换了 8500 个积分。甲公司对该积分的兑换率进行了重新估计，预计客户总共将会兑换 9700 个积分，积分应当确认的收入 = 8500 + 9700 × 8676 − 4110 = 3493(元)，剩余未兑换的积分 = 8676 − 4110 − 3493 = 1073(元)，仍然作为合同负债。企业在向客户转让商品之前，如果客户已经支付了合同对价或企业已经取得了无条件收取合同对价的权利，则企业应当在客户实际支付款项与到期应支付款项孰早时点，将该已收或应收的款项列示为合同负债。合同负债，是指企业已收或应收客户对价而应向客户转让商品的义务。合同资产和合同负债应当在资产负债表中单独列示，并按流动性分别列示为“合同资产”或“其他非流动资产”以及“合同负债”或“其他非流动负债”。同一合同下的合同资产和合同负债应当以净额列示，不同合同下的合同资产和合同负债不能互相抵销。

(五) 授予知识产权许可

企业向客户授予的知识产权，常见的包括软件和技术、影视和音乐等的版权、特许经营权以及专利权、商标权和其他版权等。企业向客户授予知识产权许可的，应当按照本节要求评估该知识产权许可是否构成单项履约义务。对于不构成单项履约义务的，企业应当将该知识产权许可和其他商品一起作为一项履约义务进行会计处理。授予知识产权许可不构成单项履约义务的情形包括：一是该知识产权许可构成有形商品的组成部分并且对于该商品的正常使用不可或缺，例如，企业向客户销售设备和相关软件，该软件内嵌于设备之中，该设备必须安装了该软件之后才能正常使用；二是客户只有将该知识产权许可和相关服务一起使用才能够从中获益，例如，客户取得授权许可，但是只有通过企业提供的在线服务才能访问相关内容。对于构成单项履约义务的，应当进一步确定其是在某一时段内履行还是在某一时点履行，同时满足下列条件时，应当作为在某一时段内履行的履约义务确认相关收入；否则，应当作为在某一时点履行的履约义务确认相关收入：

(1) 合同要求或客户能够合理预期企业将从事对该项知识产权有重大影响的活动。企业从事的下列活动均会对该项知识产权有重大影响：

一是这些活动预期将显著改变该项知识产权的形式或者功能(例如知识产权的设计、内容、功能性等)。

二是客户从该项知识产权中获益的能力在很大程度上来源于或者取决于这些活动，即这些活动会改变该项知识产权的价值，例如，企业向客户授权使用其品牌，客户从该品牌获益的能力取决于该品牌价值，而企业所从事的活动为维护或提升其品牌价值提供了支持。如果该项知识产权具有重大的独立功能，且该项知识产权绝大部分的经济利益来源于该项功能，客户从该项知识产权中获益的能力则可能不会受到企业从事的相关活动的重大影响，除非这些活动显著改变了该项知识产权的形式或者功能。具有重大独立功能的知识产权主要包括软件、生物合成物或药物处方以及已完成的媒体内容(例如电影、电视节目以及音乐录音)版权等。

(2) 该活动对客户将产生有利或不利影响。当企业从事的后续活动并不影响授予客户的知识产权许可时，企业的后续活动只是在改变其自己拥有的资产。

(3) 该活动不会导致向客户转让商品。当企业从事的后续活动本身构成单项履约义务时，企业在评估授予知识产权许可是否属于在某一时段履行的履约义务时应当不予考虑。企业向客户授予知识产权许可不能同时满足上述条件的，则属于在某一时点履行的履约义务，并在该时点确认收入。在客户能够使用某项知识产权许可并开始从中获益之前，企业不能对此类知识产权许可确认收入。例如，企业授权客户在一定期间内使用软件，但是在企业向客户提供该软件的密钥之前，客户都无法使用该软件，不应确认收入。值得注意的是，在判断某项知识产权许可是属于在某一时段内履行的履约义务还是在某一时点履行的履约义务时，企业不应考虑下列因素：一是，该许可在时间、地域或使用方面的限制；二是，企业就其拥有的知识产权的有效性以及防止未经授权使用该知识产权许可所提供的保证。

例 12-24 甲公司是一家设计制作连环漫画的公司。甲公司授权乙公司可在 4 年内使用其 3 部连环漫画中的角色形象和名称。甲公司的每部连环漫画都有相应的主要角色。但是，甲公司会定期创造新的角色，且角色的形象也会随时演变。乙公司是一家大型游轮的运营商，乙公司可以以不同的方式(例如，展览或演出)使用这些漫画中的角色。合同要求乙公司必须使用最新的角色形象。在授权期内，甲公司每年向乙公司收取 1000 万元。

本例中，甲公司除了授予知识产权许可外不存在其他履约义务。也就是说，与知识产权许可相关的额外活动并未向客户提供其他商品或服务，因为这些活动是企业授予知识产权许可承诺的一部分，且实际上改变了客户享有知识产权许可的内容。甲公司需要评估该知识产权许可相关的收入应当在某一时段内确认还是在某一时点确认。甲公司考虑了下列因素：一是乙公司合理预期(根据甲公司以往的习惯做法)，甲公司将实施对该知识产权许可产生重大影响的活动，包括创作角色及出版包含这些角色的连环漫画等；二是这些活动直接对乙公司产生的有利或不利影响，这是因为合同要求乙公司必须使用甲公司创作的最新角色，这些角色塑造得成功与否，会直接对乙公司产生影响；三是尽管乙公司可以通过该知识产权许可从这些活动中获益，但在这些活动发生时并没有导致向乙公司转让任何商品或服务。因此，甲公司授予该知识产权许可的相关收入应当在某一时段内确认。由于合同规定乙公司在一段固定期间内可无限制地使用其取得授权许可的角色，因此，甲公司按照时间进度确定履约进度可能是最恰当的方法。

企业向客户授予知识产权许可，并约定按客户实际销售或使用情况收取特许权使用费的，应当在下列两项孰晚的时点确认收入：

一是客户后续销售或使用行为实际发生；

二是企业履行相关履约义务。这是估计可变对价的例外规定，该例外规定只有在下列两种情形下才能使用：一是特许权使用费仅与知识产权许可相关；二是特许权使用费可能与合同中的知识产权许可和其他商品都相关，但是与知识产权许可相关的部分占有主导地位。企业使用该例外规定时，应当对特许权使用费整体采用该规定，而不应当将特许权使用费进行分拆。如果与授予知识产权许可相关的对价同时包含固定金额和按客户实际销售或使用情况收取的变动金额两部分，则只有后者能采用该例外规定，而前者应当在相关履约义务履行的时点或期间内确认收入。对于不适用该例外规定的特许权使用费，应当按照估计可变对价的一般原则进行处理。

例 12-25　甲公司是一家著名的足球俱乐部。甲公司授权乙公司在其设计生产的服装、帽子、水杯以及毛巾等产品上使用甲公司球队的名称和图标，授权期间为 2 年。合同约定，甲公司收取的合同对价由两部分组成：一是 200 万元固定金额的使用费；二是按照乙公司销售上述商品所取得销售额的 5%计算的提成。乙公司预期甲公司会继续参加当地了顶级联赛，并取得优异的成绩。

本例中，该合同权包括一项履约义务，即授予使用权许可，甲公司继续参加比赛并取得优异成绩等活动是该许可的组成部分，而并未向客户转让任何可明确区分的商品或服务。由于乙公司能够合理预期甲公司将继续参加比赛，甲公司的成绩将会对其品牌(包括名称和图标等)的价值产生重大影响，而该品牌价值可能会进一步影响乙公司产品的销量，甲公司从事的上述活动并未向乙公司转让任何可明确区分的商品，因此，甲公司授予的该使用权许可，属于在某一时段内履行的履约义务。甲公司收取的 200 元固定金额的使用费应当在 2 年内平均确认收入，按照乙公司销售相关商品所取得销售额的 5%计算的提成应当在乙公司的销售实际完成时确认收入。

(六) 售后回购

售后回购，是指企业销售商品的同时承诺或有权选择日后再将该商品(包括相同或几乎相同的商品，或以该商品作为组成部分的商品)购回的销售方式。对于不同类型的售后回购交易，企业应当区分下列两种情形分别进行会计处理：

(1) 企业因存在与客户的远期安排而负有回购义务或企业享有回购权利的，表明客户在销售时点并未取得相关商品控制权，企业应当作为租赁交易或融资交易进行相应的会计处理。其中，回购价格低于原售价的，应当视为租赁交易；按照租赁交易准则进行会计处理；回购价格不低于原售价的，应当视为融资交易，在收到客户款项时确认金融负债，并将该款项和回购价格的差额在回购期间内确认为利息费用等。企业到期未行使回购权利的，应当在该回购权利到期时终止确认金融负债，同时确认收入。

例 12-26　甲公司向乙公司销售一台设备，销售价格为 200 万元，同时双方约定 2 年之后，甲公司将以 120 万元的价格回购该设备。假定不考虑货币时间价值等其他因素影响。

本例中，根据合同有关甲公司在两年后回购该设备的确定，乙公司并未取得该设备的控制权。不考虑货币时间价值等影响，该交易的实质是乙公司支付 80 万元(200 万元 – 120 万元)

的对价取得了该设备2年的使用权。因此，甲公司应当将该交易作为租赁交易进行会计处理。

(2) 企业负有应客户要求回购商品义务的，应当在合同开始日评估客户是否具有行使该要求权的重大经济动因。客户具有行使该要求权重大经济动因的，企业应当将售后回购作为租赁交易或融资交易，按照上述第(1)种情形进行会计处理；否则，企业应当将其作为附有销售退回条款的销售交易进行会计处理。在判断客户是否具有行权的重大经济动因时，企业应当综合考虑各种相关因素，包括回购价格与预计回购时市场价格之间的比较，以及权利的到期日等。例如，如果回购价格明显高于该资产回购时的市场价值，则表明客户有行权的重大经济动因。

例 12-27 甲公司向乙公司销售其生产的一台设备，销售价格为2000万元，双方约定，乙公司在5年后有权要求甲公司以1500万元的价格回购该设备。甲公司预计该设备在回购时的市场价值将远低于1500万元。

本例中，假定不考虑时间价值的影响，甲公司的回购价格低于原售价，但远高于该设备在回购时的市场价值，甲公司判断乙公司有重大的经济动因行使其权利要求甲公司回购该设备。因此，甲公司应当将该交易作为租赁交易进行会计处理。

(七) 客户未行使的权利

企业向客户预收销售商品款项的，应当首先将该款项确认为负债，待履行了相关履约义务时再转为收入。当企业预收款项无需退回，且客户可能会放弃其全部或部分合同权利时，例如，放弃储值卡的使用等，企业预期将有权获得与客户所放弃的合同权利相关的金额的，应当按照客户行使合同权利的模式按比例将上述金额确认为收入；否则，企业只有在客户要求其履行剩余履约义务的可能性极低时，才能将上述负债的相关余额转为收入。企业在确定其是否预期将有权获得与客户所放弃的合同权利相关的金额时，应当考虑将估计的可变对价计入交易价格的限制要求。如果有相关法律规定，企业所收取的与客户未行使权利相关的款项须转交给其他方的 (例如，法律规定无人认领的财产需上交政府)，企业不应将其确认为收入。

例 12-28 甲公司经营连锁面包店。2×19年，甲公司向客户销售了5000张储值卡，每张卡的面值为200元，总额为1000000元。客户可在甲公司经营的任何一家门店使用该储值卡进行消费。根据历史经验，甲公司预期客户购买的储值卡中将有大约相当于储值卡面值金额5%(即50000元)的部分不会被消费。截至2×19年12月31日，客户使用该储值卡消费的金额为400000元。甲公司为增值税一般纳税人，在客户使用该储值卡消费时发生增值税纳税义务。

本例中，甲公司预期将有权获得与客户未行使的合同权利相关的金额为50000元，该金额应当按照客户行使合同权利的模式按比例确认为收入。

因此，甲公司在2×19年销售的储值卡应当确认的收入金额为372613元[(400000 + 50000 × 400000 ÷ 950000) ÷ (1+13%)]。甲公司的账务处理如下：

(1) 销售储值卡：

借：库存现金 1000000

贷：合同负债 887931

应交税费——待转销项税额 112069

(2) 根据储值卡的消费金额确认收入，同时将对应的待转销项税额确认为销项税额：

借：合同负债 372613

应交税费——待转销项税额 48440

贷：主营业务收入 372613

应交税费——应交增值税 (销项税额) 48440

(八) 无需退回的初始费

企业在合同开始(或接近合同开始) 日向客户收取的无需退回的初始费(如俱乐部的入会费等)应当计入交易价格。企业应当评估该初始费是否与向客户转让已承诺的商品相关。该初始费与向客户转让已承诺的商品相关，并且该商品构成单项履约义务的，企业应当在转让该商品时，按照分摊至该商品的交易价格确认收入；该初始费与向客户转让已承诺的商品相关，但该商品不构成单项履约义务的，企业应当在包含该商品的单项履约义务履行时，按照分摊至该单项履约义务的交易价格确认收入；该初始费与向客户转让已承诺的商品不相关的，该初始费应当作为未来将转让商品的预收款，在未来转让该商品时确认为收入。

企业收取了无需退回的初始费且为履行合同应开展初始活动，但这些活动本身并没有向客户转让已承诺的商品的，例如，企业为履行会员健身合同开展了一些行政管理性质的准备工作，该初始费与未来将转让的已承诺商品相关，应当在未来转让该商品时确认为收入，企业在确定履约进度时不应考虑这些初始活动；企业为该初始活动发生的支出应按照本节合同成本部分的要求确认为一项资产或计入当期损益。

例 12-29 甲公司经营一家会员制健身俱乐部。甲公司与客户签订了为期 2 年的合同，客户入会之后可以随时在该俱乐部健身。除俱乐部的年费 2000 元之外，甲公司还向客户收取了 50 元的入会费，用于补偿俱乐部为客户进行注册登记、准备会籍资料以及制作会员卡等初始活动所花费的成本。甲公司收的入会费和年费均无需返还。

本例中，甲公司承诺的服务是向客户提供健身服务，而甲公司为会员入会所进行的初始活动并未向客户提供其所承诺的服务，而只是一些内部行政管理性质的工作。因此，甲公司虽然为补偿这些初始活动向客户收取了 50 元入会费，但是该入会费实质上是客户为健身服务所支付的对价的一部分，故应当作为健身服务的预收款，与收取的年费一起在 2 年内分摊确认为收入。

第二节 费　用

一、费用的确认

费用是指企业在日常活动中发生的、会导致所有者权益减少的、与向所有者分配利润无关的经济利益的总流出。

费用有狭义和广义之分。广义的费用泛指企业各种日常活动发生的所有耗费；狭义的费用仅指与本期营业收入相配比的那部分耗费。费用应按照权责发生制和配比原则确认，凡应属于本期发生的费用，不论其款项是否支付，均确认为本期费用；反之，不属于本期发生的费用，即使其款项已在本期支付，也不确认为本期费用。

在确认费用时，首先应当划分生产费用与非生产费用的界限。生产费用是指与企业日常生产经营活动有关的费用，如生产产品所发生的原材料费用、人工费用等；非生产费用是指不属于生产费用的费用，如用于购建固定资产所发生的费用，不属于生产费用。其次，应当分清生产费用与产品成本的界限。生产费用与一定的期间相联系，而与生产的产品无关；产品成本与一定品种和数量的产品相联系，而不论发生在哪一期。第三，应当分清生产费用与期间费用的界限。生产费用应当计入产品成本；而期间费用直接计入当期损益。

在确认费用时，对于确认为期间费用的费用，必须进一步划分为管理费用，销售费用和财务费用。对于确认为生产费用的费用，必须根据该费用发生的实际情况，分别不同的费用性质，将其确认为不同产品所负担的费用；对于几种产品共同发生的费用，必须按受益原则，采用一定方法和程序将其分配计入相关产品的生产成本。本节主要讲述期间费用。

二、期间费用

期间费用是企业当期发生的费用中的重要组成部分，是指本期发生的、不能直接或间接归入某种产品成本的、直接计入损益的各项费用，包括管理费用、销售费用和财务费用。

(一) 管理费用

管理费用是指企业为组织和管理企业生产经营所发生的管理费用，包括企业在筹建期间内发生的开办费、董事会和行政管理部门在企业的经营管理中发生的或者应由企业统一负担的公司经费(包括行政管理部门职工工资及福利费、物料消耗、低值易耗品摊销、办公费和差旅费等)、工会经费、董事会费(包括董事会成员津贴、会议费和差旅费等)、聘请中介机构费、咨询费(含顾问费)、诉讼费、业务招待费、技术转让费、矿产资源补偿费、研究费用、排污费以及企业生产车间(部门)和行政管理部门等发生的固定资产修理费用等。

企业发生的管理费用，在“管理费用”科目核算，并在“管理费用”科目中按费用项目设置明细账，进行明细核算。期末，“管理费用”科目的余额结转“本年利润”科目后无余额。

(二) 销售费用

销售费用是指企业在销售商品和材料、提供劳务的过程中发生的各种费用，包括企业在销售商品过程中发生的保险费、包装费、展览费和广告费、商品维修费、装卸费等以及为销售本企业商品而专设的销售机构(含销售网点、售后服务网点等)的职工薪酬、业务费、折旧费、固定资产修理费用等费用。

企业发生的销售费用，在“销售费用”科目核算，并在“销售费用”科目中按费用项目设置明细账，进行明细核算。期末，“销售费用”科目的余额结转“本年利润”科目后无余额。

企业(金融)应将“销售费用”科目改为“业务及管理费”科目，核算企业 (金融)在业务经营和管理过程中所发生的各项费用，包括折旧费、业务宣传费、业务招待费、电子设备运转费、钞币运送费、安全防范费、邮电费、劳动保护费、外事费、印刷费、低值易耗品摊销、职工工资及福利费、差旅费、水电费、职工教育经费、工会经费、会议费、诉讼费、公证费、咨询费、无形资产摊销、长期待摊费用摊销、取暖降温费、聘请中介机构费、技术转让费、绿化费、董事会费、财产保险费、劳动保险费、待业保险费、住房公积金、物业管理费、研究费用、提取保险保障基金等。

(三) 财务费用

财务费用是指企业为筹集生产经营所需资金等而发生的筹资费用，包括利息支出(减利息收入)、汇兑损益以及相关的手续费、企业发生的现金折扣或收到的现金折扣等。

企业发生的财务费用，在“财务费用”科目核算，并在“财务费用”科目中按费用项目设置明细账，进行明细核算。期末，“财务费用”科目的余额结转“本年利润”科目后无余额。

第三节 利 润

一、利润的构成

企业作为独立的经济实体，应当以自己的经营收入抵补其成本费用，并且实现盈利。企业盈利的大小在很大程度上反映企业生产经营的经济效益，表明企业在每一会计期间的最终经营成果。

利润是指企业在一定会计期间的经营成果。利润包括收入减去费用后的净额、直接计入当期利润的利得和损失等。直接计入当期的利得和损失，是指应当计入当期损益、会导致所有者权益发生增减变动的、与所有者投入资本或者向所有者分配利润无关的利得或者损失。

利润相关算公式如下：

(一) 营业利润

营业利润 = 营业收入 – 营业成本 – 税金及附加 – 销售费用 – 管理费用 – 财务费用 – 资产减值损失+公允价值变动收益(– 公允价值变动损失) + 投资收益(– 投资损失)

其中，营业收入是指企业经营业务所实现的收入总额，包括主营业务收入和其他业务收入。营业成本是指企业经营业务所发生的实际成本总额，包括主营业务成本和其他业务成本。资产减值损失是指企业计提各项资产减值准备所形成的损失。公允价值变动收益(或损失)是指企业交易性金融资产等公允价值变动形成的应计入当期损益的利得(或损失)。投资收益(或损失)是指企业以各种方式对外投资所取得的收益(或发生的损失)。

(二) 利润总额

利润总额 = 营业利润 + 营业外收入 – 营业外支出

其中，营业外收入(或支出)是指企业发生的与日常活动无直接关系的各项利得(或损失)。

(三) 净利润

净利润 = 利润总额 – 所得税费用

其中，所得税费用是指企业确认的应从当期利润总额中扣除的所得税费用。

二、营业外收支的会计处理

营业外收支是指企业发生的与日常活动无直接关系的各项收支。营业外收支虽然与企业生产经营活动没有多大的关系，但从企业主体来考虑，同样带来收入或形成企业的支出，也是增加或减少利润的因素，对企业的利润总额及净利润产生较大的影响。

(一) 营业外收入

营业外收入是指企业发生的营业利润以外的收益。营业外收入并不是由企业经营资金耗费所产生的，不需要企业付出代价，实际上是一种纯收入，不可能也不需要与有关费用进行配比。因此，在会计处理上，应当严格区分营业外收入与营业收入的界限。营业外收入主要包括非流动资产毁损报废利得、债务重组利得、与企业日常活动无关的政府补助、盘盈利得、捐赠利得等。

非流动资产毁损报废损失，指因自然灾害等发生毁损、已丧失使用功能而报废非流动资产所产生的清理产生的收益。

债务重组利得，指重组债务的账面价值超过清偿债务的现金、非现金资产的公允价值、所转股份的公允价值，或者重组后债务账面价值之间的差额。

盘盈利得，指企业对于现金等资产清查盘点中盘盈的资产，报经批准后计入营业外收入的金额。

政府补助，指与企业日常活动无关的、从政府无偿取得货币性资产或非货币性资产形成的利得。

捐赠利得，指企业接受捐赠产生的利得。企业接受的捐赠和债务豁免，按照会计准则规定符合确认条件的，通常应当确认为当期收益。但是，企业接受控股股东(或控制股东的子公司)或非控股股东(或非控股股东的子公司)直接或间接代为偿债、债务豁免或捐赠，经济实质表明属于控股股东或非控股股东对企业的资本性投入，应当将相关利得计入所有者权益(资本公积)。

企业发生破产重整，其非控股股东因执行人民法院批准的破产重整计划，通过让渡所持有的该企业部分股份向企业债权人偿债的，企业应将非控股股东所让渡股份按照其在让渡之日的公允价值计入所有者权益(资本公积)，减少所豁免债务的账面价值，并将让渡股份公允价值与被豁免的债务账面价值之间的差额计入当期损益。控股股东按照破产重整计划让渡了所持有的部分该企业股权向企业债权人偿债的，该企业也按此原则处理。

企业应当通过“营业外收入”科目，核算营业外收入的取得和结转情况。该科目可按营业外收入项目进行明细核算。期末，应将该科目余额转入“本年利润”科目，结转后该科目无余额。

(二) 营业外支出

营业外支出是指企业发生的营业利润以外的支出，主要包括非流动资产毁损报废损失、债务重组损失、公益性捐赠支出、非常损失、盘亏损失等。

非流动资产毁损报废损失，指因自然灾害等发生毁损、已丧失使用功能而报废非流动资产所产生的清理损失。

债务重组损失，指重组债权的账面余额超过受让资产的公允价值、所转股份的公允价值，或者重组后债权的账面价值之间的差额。

公益性捐赠支出，指企业对外进行公益性捐赠发生的支出。

非常损失，指企业对于因客观因素(如自然灾害等)造成的损失，在扣除保险公司赔偿后计入营业外支出的净损失。

企业应通过“营业外支出”科目，核算营业外支出的发生及结转情况。该科目可按营业外支出项目进行明细核算。期末，应将该科目余额转入“本年利润”科目，结转后该科目无余额。

需要注意的是，营业外收入和营业外支出应当分别核算。在具体核算时，不得以营业外支出直接冲减营业外收入，也不得以营业外收入冲减营业外支出，即企业在会计核算时，应当区别营业外收入和营业外支出进行核算。

三、本年利润的会计处理

企业应设置“本年利润”科目，核算企业当期实现的净利润(或发生的净亏损)。

企业期(月)末结转利润时，应将各损益类科目的金额转入本科目，结平各损益类科目。结转后本科目的贷方余额为当期实现的净利润；借方余额为当期发生的净亏损。年度终了，应将本年收入利得和费用、损失相抵后结出的本年实现的净利润，转入“利润分配”科目，借记本科目，贷记“利润分配——未分配利润”科目；如为净亏损，作相反的会计分录。结转后本科目应无余额。

四、综合收益总额

净利润加上其他综合收益扣除所得税影响后的净额为综合收益总额。

练 习 题

一、单项选择题

1. 关于合同合并，下列表述错误的是(　　)。

A. 两份或多份合同基于同一商业目的而订立并构成一揽子交易，应当合并为一份合同

B. 两份或多份合同中的一份合同的对价金额取决于其他合同的定价或履行情况，应当合并为一份合同

C. 两份或多份合同中所承诺的商品是单项履约义务，应当合并为一份合同

D. 两份独立合同，所承诺的商品不是单项履约义务，应当合并为一份合同

2. 甲公司承诺以每件100元的价格向乙公司销售120件产品，产品在6个月内转移给乙公司。甲公司在某个时点转移每一件产品的控制权。当甲公司向乙公司转移了60件A产品的控制权后，合同进行了修改，要求向乙公司额外交付30件产品(即总数为150件相同的产品)。这额外的30件产品并未包括在原合同中。当合同被修改时，针对额外30件产品，每件产品价格为95元(反映修订时的单独售价)。甲公司下列会计处理的表述中，正确的是(　　)。

A. 应当将该合同变更部分作为单独的合同进行会计处理

B. 应将原合同为履约部分与合同变更部分合并作为新合同进行会计处理

C. 应当将该合同变更部分作为原合同的组成部分进行会计处理

D. 应当调整变更日的主营业务收入

3. 甲公司同意为乙公司设计一种实验性新产品并生产该产品的10个样品，产品规格包含尚未得到证实的功能。下列表述中正确的是(　　)。

A. 设计服务构成单项履约义务

B. 生产10件产品构成单项履约义务

C. 设计与生产两项服务构成单项履约义务

D. 设计服务与生产服务可明确区分

4. 下列项目中，属于某一时点确认收入的是(　　)。

A. 酒店管理服务

B. 为客户建造办公楼

C. 企业履约过程中所生产的商品具有不可替代用途，且该企业在整个合同期间内有权就累计至今已完成的履约部分收取款项

D. 为客户定制的具有不可替代用途的产品

5. 甲公司与乙公司签订一个提供咨询服务的合同，从而使得甲公司为客户提供专业意见，专业意见与针对客户的事实和情况有关。假设甲公司完全遵守其合同的义务，如果客户终止咨询合同，合同要求客户赔偿甲公司已发生的成本，另加15%的利润，15%的利润率接近甲公司在类似合同中取得的利润率。下列表述中正确的是(　　)。

A. 甲公司应在签订合同时确认收入

B. 甲公司应在提供咨询服务合同结束后确认收入

C. 甲公司提供咨询服务属于在某一时段内履行履约义务

D. 甲公司提供咨询服务属于在某一时点履行履约义务

6. 关于收入的计量，下列表述正确的是(　　)。

A. 企业应当按照分摊至各单项履约义务的交易价格计量收入

B. 交易价格是指企业因向客户转让商品已收取的代价

C. 企业代第三方收取的款项，应当作为负债进行会计处理

D. 企业预期将退还给客户的款项，应当作为负债进行会计处理

7. 某消费品制造商甲公司签订了一项合同，向一家全球大型连锁零售店客户销售商品，合同期限为1年。该零售商承诺，在合同期限内以约定价格购买至少价值1500万元的产品。同时合同约定，甲公司需在合同开始时向该零售商支付150万元的不可退回款项。该款项旨在就零售商需更改货架以使其适合放置甲公司产品而做出补偿。第一个月该零售

商销售货物开具发票的金额为200万元(不含增值税)。甲公司第一个月应确认的收入为( )万元。

A. 200　　B. 180　　C. 50　　D. 1350

8. 甲公司为一家咨询服务提供商，中了一个向新客户提供咨询服务的标。甲公司为取得合同而发生的成本如下：① 尽职调查的外部律师费 2 万元；② 提交标书的差旅费 3 万元(客户不承担)；③ 销售人员佣金 4 万元。假定不考虑其他因素，甲公司应确认的合同资产为( )万元。

A. 4　　B. 7　　C. 6　　D. 9

9. 甲公司以每件 200 元的价格向其客户销售 50 件产品，收到 10000 元的货款。按照销售合同，客户有权在 30 天内退回任何没有损坏的产品，并得到全额现金退款。每件产品的成本为 150 元。甲公司预计会有 3 件(即 6%)产品被退回，而且即使估算发生后续变化，也不会导致大量收入的转回。甲公司预计收回产品的成本不会太大，并认为再次出售产品时还能获得利润。甲公司销售 50 件产品应确认的收入为( )万元。

A. 10000　　B. 9400　　C. 0　　D. 2500

10. 企业发生的下列交易或事项中，不会引起当年度利润发生变动的是( )。

A. 多存货计跌价准备

B. 报废固定资产净损失

C. 持有的以公允价值计量且其变动计入当期损益的金融资产公允价值上升

D. 处置某项联营企业投资产生投资损失

二、多项选择题

1. 履约义务包括的内容是( )。

A. 合同中明确的承诺

B. 由于企业已公开宣布的政策导致合同订立时客户合理预期企业将履行的承诺

C. 企业以往的习惯做法导致合同订立时客户合理预期企业将履行的承诺

D. 企业为履行合同而应开展的不涉及转让商品的初始活动

2. 下列项目中，通常表明企业向客户转让该商品的承诺与合同中其他承诺不可单独区分的有( )。

A. 企业需提供重大的服务以将该商品与合同中承诺的其他商品整合成合同约定的组合产出转让给客户

B. 该商品将对合同中承诺的其他商品予以重大的修改或制定

C. 该商品与合同中承诺的其他商品具有较高的关联性

D. 该商品与合同中承诺的其他商品无任何关联性

3. 甲公司与客户签订一合同以出售 A、B、C 三种产品，交易总价为 100 万元。A、B、C 三种产品的单独售价分别为 40 万元、55 万元、45 万元，合计 140 万元。该企业经常将 B 及 C 产品按 40 万元出售。甲公司下列会计处理的表述中，正确的是( )。

A. A 产品应确认收入为 40 万元　　B. B 产品应确认收入为 33 万元

C. C 产品应确认收入为 27 万元　　D. C 产品应确认收入为 45 万元

4. 甲公司与客户订立一项合同，约定转让软件许可证、实施安装服务并在 2 年期间内提供未明确规定的软件更新和技术支持(通过在线和电话方式)。安装服务包括为各类用户(例如，市场营销、库存管理和信息技术)更改网页屏幕。安装服务通常由其他公司执行，并且不会对软件作出重大修订。该软件在没有更新和技术支持的情况下仍能正常运行。根据上述资料，构成单项履约义务的有(　　)。

A. 软件许可证　B. 安装服务　C. 软件更新　D. 技术支持

5. 甲旅行社与东方航空公司协议购买一定数量的机票，并且无论其能否转售，都必须对这些机票进行支付，甲旅行社自主决定向哪个旅客出售机票，并自主决定向旅客出售机票时的价格。甲旅行社协助旅客解决针对东方航空公司所提供服务的投诉。但是东方航空公司将自行负责履行与票务相关的义务，包括对客户不满意服务的补救措施。下列项目中正确的有(　　)。

A. 甲旅行社是主要责任人　B. 甲旅行社是代理人

C. 甲旅行社按总额法确认收入　D. 甲旅行社按净额法确认收入

三、简答题

1. 简述期间费用的构成内容。

2. 简述收入的确认步骤。

3. 简述利润的概念与构成。

四、业务处理题

1. 甲公司是一家健身器材销售公司，为增值税一般纳税人。2×19 年 6 月 1 日，甲公司向乙公司销售 5000 件健身器材，单位销售价格为 500 元，单位成本为 400 元，开出的增值税专用发票上注明的销售价款为 2000000 元，增值税税额为 425000 元，收到款项存入银行。协议约定，乙公司在 7 月 31 日之前有权退还健身器材。假定甲公司根据过去的经验，估计该批健身器材退货率约为 20%，在不确定性消除时，80%已确认的累计收入金额(2000000 元)极可能不会发生重大转回；健身器材发出时纳税义务已经发生；实际发生销售退回时取得税务机关开具的红字增值税专用发票。6 月 30 日估计该批健身器材退货率约为 15%，7 月 31 日发生销售退回，实际退货量为 400 件，同时支付款项。不考虑其他因素。要求：

(1) 编制 2×19 年 6 月 1 日销售商品的会计分录。

(2) 编制 2×19 年 6 月 30 日调整退货比率的会计分录。

(3) 编制 2×19 年 7 月 31 日发生退货的会计分录。

2. 甲公司以及与甲公司发生交易的各公司均为增值税一般纳税人，销售或进口货物适用的增值税税率均为 13%，以下事项中销售价格均不含增值税。甲公司 2×19 年发生如下经济业务：

① 1 月 1 日，甲公司与乙公司签订协议，向乙公司销售商品，成本为 90 万元，增值税专用发票上注明销售价格为 110 万元、增值税税额为 14.3 万元。协议规定，甲公司应在当年 5 月 31 日将所售商品购回，回购价为 120 万元，另需支付增值税税额 15.6 万元。假定商品已发出且货款已实际收付。

② 1 月 2 日，甲公司与丙公司签订分期收款销售合同，向丙公司销售产品 50 件，单位成本 0.072 万元，单位售价 0.1 万元。根据合同规定，丙公司可享受 20%的商业折扣；丙

公司应在甲公司向其交付产品时，首期支付价款和增值税税额之和的 20%，其余款项分 2 个月(包括购货当月)于每月月末等额支付。甲公司发出产品并按规定开具增值税专用发票一张，丙公司如约支付首期货款和以后各期货款。假设不考虑甲公司发生的其他经济业务以及除增值税以外的其他因素，所售商品均未发生减值。要求：

(1) 判断甲公司向乙公司销售商品是否应确认收入并说明理由，编制有关甲公司 1 月份向乙公司销售商品的会计分录。

(2) 编制有关甲公司 1 月份向丙公司销售商品的会计分录。

第十三章　特殊交易事项

【学习目标】

- 了解债务重组的含义与方式；
- 掌握债务重组会计确认与计量原则；
- 掌握债务重组的会计处理方法；
- 了解非货币性资产交换的含义，明确非货币性资产交换的界定依据；
- 掌握非货币性资产交换会计确认与计量的原则及其具体账务处理方法；
- 了解资产负债表日后事项的定义、调整事项和非调整事项的区别；
- 熟练掌握资产负债表日后调整事项的账务处理和财务报表有关项目的调整。

【课前阅读】

2019 年 4 月 1 日，银亿股份有限公司发布公告表示，银亿与山东省金融资产管理股份有限公司协商此前 3 亿元贷款本金，即为本次协议项下的重组债务本金，债务重组宽限期为 1 年，从 2019 年 3 月 17 日起至 2020 年 3 月 17 日止。

据观点地产新媒体查阅公告了解，该笔 3 亿元贷款原于 2017 年 3 月 17 日，由银亿与山东省金融资产管理股份有限公司委托中信银行济南分行向公司提供的，期限为 24 个月。

银亿下属全资子公司宁波银亿房地产开发有限公司(简称“宁波银亿房产”)、呼伦贝尔银亿房地产开发有限公司(简称“呼伦贝尔银亿房产”)、宁波荣耀置业有限公司(以下简称“荣耀置业”)拟为本次债务重组提供保证担保。

宁波银亿房产拟以其持有的呼伦贝尔银亿房产 100%股权为本次债务重组提供质押担保，呼伦贝尔银亿房产拟以其部分资产为本次债务重组提供抵押担保，担保金额均为 3 亿元，担保期限为债权重组宽限期届满之日起两年。

公告显示，本次担保前对公司的担保余额为 23.89 亿元，本次担保后对公司的担保余额为 26.89 亿元、剩余可用担保额度为 7.67 亿元。

银亿于 1998 年 8 月 31 日成立，注册资本为 40.28 亿元，主要经营房地产开发、经营，商品房销售等。截至 2018 年 9 月末，银亿资产总额为 205.59 亿元，负债总额为 40.53 亿元，净资产为 165.05 亿元；利润总额为 1.43 亿元，净利润为 1.25 亿元。

截至目前，银亿公司及其控股子公司担保余额为 69.73 亿元，其中公司及控股子公司为其他控股子公司提供担保余额 69.73 亿元。同时，银亿公司无逾期担保、涉及诉讼的担保及因担保被判决败诉而应承担损失的情况。

第一节 债务重组

一、债务重组的定义及方式

(一) 债务重组的定义

债务重组是指在债务人发生财务困难的情况下，债权人按照与其债务人达成的协议或者法院的裁定作出让步的事项。债务重组定义中的“债务人发生财务困难”，是指债务人出现资金周转困难或经营陷入困境，导致其无法或者没有能力按原定条件偿还债务；“债权人作出让步”的情形主要包括：债权人减免债务人部分债务本金或者利息、降低债务人应付债务的利率等。债务人发生财务困难，是债务重组的前提条件，而债权人作出让步是债务重组的必要条件。债务重组同时涉及债权人和债务人，对债权人而言，债务重组应当为“债权重组”，而对于债务人而言，为“债务重组”，但为了统一和方便表述，统称为“债务重组”，按照《企业会计准则第 12 号——债务重组》的具体规定进行会计处理。

(二) 债务重组的方式

在企业持续经营的前提条件下，债务重组的方式主要有以下四种：

1. 以资产清偿债务

以资产清偿债务是指债务企业转让其资产(现金资产与非现金资产)给债权企业以清偿债务的重组方式。债务企业通常用于偿债的资产主要包括库存现金、银行存款、其他货币资金、存货、固定资产、无形资产及股权投资等。

2. 将债务转为资本

将债务转为资本是指债务人将债务转为资本，同时债权人将债权转为股权的债务重组方式。对股份有限公司而言，这种债务重组方式是将债务转为股本；对其他企业而言，这种债务重组方式则是将债务转为实收资本。将债务转为资本的结果是：债务人因此而增加注册资本(股本或实收资本)，而债权人因此而增加长期股权投资。

3. 修改其他债务条件

修改其他债务条件是指不包括以上两种方式在内的修改其他债务条件进行的债务重组方式，如减少债务本金、降低利率、全部免除或部分免除应付未付的利息等。

4. 混合重组方式

混合重组方式是指同时采用以现金清偿债务、非现金资产清偿债务、债务转为资本、修改其他债务条件等方式的组合进行的债务重组。例如，债务的一部分以资产清偿，一部分转为资本，一部分则通过修改债务条件进行清偿。

二、债务重组完成日

债务重组完成日是指债务人履行协议或法院裁定，将相关资产转让给债权人，将债务转为资本或修改后的偿还条件已经开始执行的日子。例如，本年度 2 月 4 日，甲公司销售一批商品给乙公司，货款及增值税税款共计 800 万元，合同规定乙公司 3 个月后支付全部款项，到期日为 5 月 4 日。但本年度 5 月 4 日，由于乙公司发生财务困难无法支付全部款项，双方企业协商后决定进行债务重组，甲公司减免乙公司 200 万元的债务，乙公司于本年 7 月 20 日偿还其余债务。在该项债务重组事项中，7 月 20 日为债务重组日。债务重组日是债务重组双方进行会计处理的基准日。

三、债务重组的会计处理

(一) 以资产清偿债务的会计处理

1. 以现金清偿债务的会计处理

债务人应当将重组债务的账面价值与实际支付的现金之间的差额，确认为债务重组利得，计入“营业外收入——债务重组利得”。

债权人应当将重组债权的账目价值余额与收到的现金之间的差额，确认为债务重组损失，计入“营业外支出——债务重组损失”。债权人已对债权计提减值准备的，应当先将该差额冲减减值准备，减值准备不足以冲减的部分，确认为债务重组损失，计入“营业外支出——债务重组损失”；冲减后减值准备仍有余额的，应予以转回并递减当期资产减值损益，走“信用减值损失”科目。

例 13-1　星新公司从希望公司购原材料 800000 元(含税)，由于财务困难无法归还，20×9 年 5 月 1 日进行债务重组，星新公司用银行存款支付 500000 元后，余款不再偿还。希望公司对应收账款已计提坏账准备 100000 元。

(1) 星新公司(债务人)会计处理：

借：应付账款——希望公司　　800000
　　贷：银行存款　　500000
　　　　营业外收入——债务重组利得　　300000

(2) 希望公司(债权人)会计处理：

借：银行存款　　500000
　　坏账准备　　100000
　　营业外支出——债务重组损失　　200000
　　贷：应收账款——希望公司　　800000

2. 以非现金资产清偿债务

债务人以非现金资产清偿债务的，债务人应当将重组债务的账面价值与转让的非现金资产公允价值之间的差额，确认为债务重组利得，计入营业外收入——债务重组利得。同时，债务人应将转让的非现金资产的公允价值与账面价值的差额，确认为资产转让损益，计入当期损益。

债权人应当对接受的非现金资产按其公允价值入账，重组债权的账面余额与接受的非现金资产的公允价值之间的差额，确认为债务重组损失，计入营业外支出——债务重组损失。

例 13-2 星新公司从希望公司购入原材料 1000000 元(含税)，由于财务困难无法归还，20×9 年 5 月 1 日进行债务重组。星新公司以一台设备抵偿债务。该设备的账面原值为 1300000 元，已提折旧 500000 元，未计提减值准备；债务重组日该设备的公允价值为 750000 元。假定不考虑相关税费。希望公司对应收账款已计提坏账准备 100000 元。

(1) 星新公司(债务人)的会计处理：

借：固定资产清理 800000
　　累计折旧 500000
　　贷：固定资产 1300000

借：应付账款 1000000
　　资产处置损益 50000
　　贷：固定资产清理 800000
　　　　营业外收入——债务重组利得 250000

(2) 希望公司(债权人)的会计处理：

借：固定资产 750000
　　坏账准备 100000
　　营业外支出——债务重组损失 150000
　　贷：应收账款 1000000

(二) 以债务转为资本的会计处理

债务人应当将债权人放弃债权而享有的股份的面值总额确认为“股本”(或“实收资本”)，将股份的公允价值总额与股本(或实收资本)之间的差额确认为股本溢价(或资本溢价)计入资本公积。重组债务的账面价值与股份的公允价值总额之间的差额，作为重组利得，计入“营业外收入——债务重组利得”。

债权人应当将因放弃债权而享有股份的公允价值确认为对债务人的投资，重组债权的账面余额与公允价值之间的差额，确认为债务重组损失，计入营业外支出。如债权人已经对该债权计提了减值准备的，应当先冲减减值准备，减值准备不足冲减的部分，或未提取减值准备的，将该差额确认为债务重组损失，计入营业外支出。发生的相关税费，分别按照长期股权投资或金融工具确认和计量准则的规定进行会计处理。

例 13-3 20×9 年 1 月 10 日，希望公司销售一批材料给星新公司，应收账款 100000 元，合同约定 3 个月后结清款项。3 个月后，由于星新公司发生财务困难，无法支付货款，与希望公司协商进行债务重组。经双方协议，星新公司同意希望公司将该债务转为星新公司的股份。希望公司对该项应收账款计提了坏账准备 5000 元。假定转股后星新公司注册资本为 5000000 元，净资产的公允价值为 7600000 元，抵债股权占星新公司注册资本的 1%。假定相关手续已办理完毕，不考虑相关税费。

(1) 星新公司(债务人)的会计处理：

重组债务应付账款的账面价值与所转股权的公允价值之间的差额

$$=100000-7600000\times1\%=24000(元)$$

差额 24000 元作为债务重组利得，所转股份的公允价值 76000 元与实收资本 50000 元

(5000000 × 1%)的差额 26000 元作为资本公积。

借：应付账款　　100000

　贷：实收资本　　50000

　　资本公积——资本溢价　　26000

　　营业外收入——债务重组利得　　24000

(2) 希望公司(债权人)的会计处理：

重组债权应收账款的账面余额与所转让股权的公允价值之间的差额

=100000 − 7600000 × 1% = 24000(元)

差额 24000 元，扣除坏账准备 5000 元，计 19000 元，作为债务重组损失，计入营业外支出。

借：长期股权投资——星新公司　　76000

　营业外支出——债务重组损失　　19000

　坏账准备　　5000

　贷：应收账款　　100000

(三) 修改其他债务条件

以修改其他债务条件进行债务重组的，债务人和债权人应分别按以下情况处理：

1. 不附或有条件的债务重组

不附或有条件的债务重组，是指在债务重组中不存在或有应付(或应收)金额，该或有条件需要根据未来某种事项出现而发生的应付(或应收)金额，并且该未来事项的出现具有不确定性。

不附或有条件的债务重组，债务人应按应付债务的账面余额，借记“应付账款”科目，按修改其他债务条件后应付债务的公允价值作为重组债务的入账价值，贷记“应付账款——债务重组”等科目。重组债务的账面价值与重组后债务的入账价值之间的差额计入“营业外收入——债务重组利得”等科目。

债权人应当将修改其他债务条件后的债权的公允价值作为重组后债权的账面价值，借记“应收账款——债务重组”等科目，对于重组债权的账面余额与重组后债权账面价值之间的差额，如果债权人已对该项债权计提了减值准备，应当首先冲减已计提的减值准备，减值准备不足以冲减的部分，作为债务重组损失，计入“营业外支出——债务重组损失”等科目。

例 13-4　20×8 年 11 月 10 日，希望公司销售一批商品给星新公司，价款 260 万元(含增值税)。按双方协议规定，款项应于 20×9 年 12 月 10 日之前付清。由于连年亏损，资金周转发生困难，星新公司不能在规定的时间内偿付款项给希望公司。经协商，于 20×9 年 12 月 31 日进行债务重组。重组协议如下：希望公司统一豁免星新公司债务 10 万元，其余款项于重组日起 1 年付清；债务延长期间，希望公司加收余款 2%的利息，利息与债务本金一同支付。假定希望公司为债权计提的坏账准备为 7.5 万元。

(1) 希望公司(债权人)的会计处理：

债务重组损失 = 260 − 250 − 7.5 = 2.5(万元)

债务重组时：

借：应收账款——债务重组(星新公司) 2500000
  营业外支出——债务重组损失 25000
  坏账准备 75000
  贷：应收账款——星新公司 2600000

20×9年12月31日收到本金和利息时：

借：银行存款 2550000
  贷：应收账款——债务重组(星新公司) 2500000
    财务费用 50000

(2) 星新公司(债务人)的会计处理：

债务重组利得 = 260 − 250 = 10(万元)

债务重组时：

借：应付账款——希望公司 2600000
  贷：应付账款——债务重组(希望公司) 2500000
    营业外收入——债务重组利得 100000

20×9年12月31日偿还本金和利息：

借：应付账款——债务重组(希望公司) 2500000
  财务费用 50000
  贷：银行存款 2550000

2. 附有或有条件的债务重组

附有或有条件的债务重组，是指在债务重组协议中附或有应付条件的重组。或有应付金额，是指依未来某种事项出现而发生的支出。未来事项的出现具有不确定性。如债务重组协议规定，“将某公司债务20000000元免除400000元，剩余债务展期两年，并按2%的年利率计收利息。如该公司一年后盈利，则自第二年起将按5%的利率计收利息”。根据此项债务重组协议，债务人依未来是否盈利而发生的48000元(1600000 × 3%)元支出，即为或有应付金额。但债务人是否盈利，在债务重组时不能确定，即具有不确定性。

以修改其他债务条件进行的债务重组，修改后的债务条件如涉及或有应付金额，且该或有应付金额符合或有事项准则中有关预计负债确认条件的，债务人应当将该或有应付金额确认为预计负债。重组债务的账面价值与重组后债务的入账价值和预计负债金额之和的差额，作为债务重组利得，计入营业外收入。

对债权人而言，以修改其他债务条件进行债务重组，修改后的债务条款中涉及或有应收金额的，不应当确认或有应收金额，不得将其计入重组后债权的账面价值。或有应收金额属于或有资产，或有资产不予确认。只有在或有应收金额实际发生时，才计入当期损益。

(四) 以上三种方式的组合方式

债务重组以现金、非现金资产、债务转为资本、修改其他债务条件等方式组合进行的，债务人应当依次以支付的现金、转让的非现金资产公允价值、债权人享有股份的公允价值冲减债务重组的账面价值；修改其他债务条件的，应当将修改其他债务条件后债务的公允价值作为重组债务的入账价值。重组债务的账面价值(冲减后的重组债务的账面价值)与重组后债务的入账价值之间的差额，作为债务重组利得，计入“营业外收入——债务重组利得”。修改后的债务条款中如涉及或有应付金额，且该或有应付金额符合预计负债的确认条件的，债务人应当将该或有应付金额确认为预计负债。重组债务的账面价值与重组后债务的入账价值和预计负债金额之和的差额，确认为债务重组利得，计入“营业外收入——债务重组利得”。

债务重组以现金、非现金资产、债务转为资本、修改其他债务条件等方式组合进行的，债权人应先以收到的现金、受让的非现金资产公允价值、因放弃债权而享有的股权的公允价值冲减重组债权的账面余额，差额与应收金额进行比较，据此计算债务重组损失。债权人已对债权计提减值准备的，应当先将该差额冲减减值准备，减值准备不足以冲减的部分，确认为债务重组损失，计入“营业外支出——债务重组损失”；冲减后，减值准备有余额的，应予以转回并抵减当期资产减值损失。

例 13-5　20×9 年 1 月 15 日，希望公司销售一批商品给星新公司，全部款项共计 6780000 元。双方公司签订的合同规定，星新公司于 20×9 年 4 月 15 日以银行存款支付全部款项。4 月 15 日，由于星新公司发生财务困难，短期内不能偿还全部款项，双方协商决定进行债务重组。

① 星新公司以 1000000 元的现金偿还部分债务。

② 星新公司以公允价值 2000000 元的库存商品偿还部分债务，该项库存商品的成本为 1600000 元，星新公司开出增值税发票，适用增值税税率为 13%。该批商品在债务重组日运抵希望公司，希望公司作为生产用原材料处理。

③ 希望公司以 1800000 元的债权转作星新公司的股份，其中 800000 元为股份面值，希望公司作为长期股权投资处理。

④ 星新公司在用各种资产偿还部分债务后剩余的 1660000 元债务，希望公司同意减免 20%，其余债务延长 6 个月再偿还。

希望公司未对该项债权提取减值准备。

(1) 星新公司(债务人)的会计处理：

借：应付账款——希望公司	6720000	
贷：银行存款		1000000
主营业务收入		2000000
应交税费——应交增值税(销项税额)		260000
实收资本		800000
资本公积——资本溢价		1000000
应付账款——债务重组(希望公司)		1328000
营业外收入——债务重组利得		332000
借：主营业务成本	1600000	
贷：库存商品		1600000

(2) 希望公司(债权人)的会计处理：

借：银行存款	1000000	
库存商品	2000000	

应交税费——应交增值税(进项税额) 260000
长期股权投资 1800000
营业外支出——债务重组损失 332000
贷：应收账款——债务重组(星新公司) 6720000

四、债务重组的披露

1. 债务人应当在附注中披露与债务重组有关的下列信息：

(1) 债务重组方式；
(2) 确认的债务重组利得总额；
(3) 将债务转为资本所导致的股本(或实收资本)增加额；
(4) 或有应付金额。

2. 债权人应当在附注中披露有关债务重组的下列信息：

(1) 债务重组方式；
(2) 确认的债务重组损失总额；
(3) 债权转为股份所导致的投资增加额及该投资占债务人股份总额的比例；
(4) 或有应收金额。

第二节 非货币性资产交换

一、非货币性资产交换的界定

(一) 货币性资产与非货币性资产的区分

资产按未来经济利益流入(表现形式是货币金额)是否固定或可确定，分为货币性资产和非货币性资产。货币性资产是指企业持有的货币资金和将以固定或可确定的金额收取的资产，包括现金、银行存款、应收账款、应收利息和应收票据以及准备持有到期的债券投资等。例如，应收账款虽然在收回货款的过程中有可能发生坏账损失，但企业可以根据以往与购货方交往的经验，估计应收账款在将来为企业带来的经济利益，也认为其未来可收取的金额是可确定的，也属于货币性资产。

非货币性资产是指货币性资产以外的资产，包括存货、固定资产、无形资产、长期股权投资、工程物资、在建工程、不准备持有至到期的债券投资等。非货币性资产区别于货币性资产的最基本特征是其在将来为企业带来的经济利益，即货币金额是不固定或不可确定的。如果资产在将来为企业带来的经济利益，即货币金额是固定的或可确定的，则该资产为货币性资产；反之，如果资产在将来为企业带来的经济利益，即货币金额是不固定或不确定的，则该资产是非货币性资产。例如，企业持有的存货，或者在正常的生产过程中通过直接销售获利；或者是作为劳动对象，在正常的生产经营过程中通过对其进行加工形成商品，然后通过销售获利；或者是作为辅助手段，在正常的生产过程中有助于销售过程或加工过程。在这一过程中，存货在未来为企业带来的经济利益，可能受到内部、外部主客观因素的影响，其未来可收取的金额是不固定的或不确定的，因此属于非货币性资产。

(二) 非货币性资产交换的概念

非货币性资产交换，是指交易双方主要以存货、固定资产、无形资产和长期股权投资等非货币性资产进行的交换。该交换不涉及或只涉及少量的货币性资产(即补价)。非货币性资产交换是一种非经常性的特殊交易行为。企业之间经常性的、常规的资产交易，是一方的货币性资产(如现金、银行存款)与另一方的非货币性资产(如存货、固定资产等)交换，比如以现金购入固定资产、以银行存款归还借款等。而企业间进行的非货币性资产交换，则是不涉及货币性资产或只涉及少量货币性资产的交易。进行货币性资产交换的企业可能是出于某种考虑，但在一定程度上减少了货币性资产的流动则是显而易见的。从非货币性资产交换的定义可以看出，非货币性交换具有如下特征：

(1) 非货币性资产交换的交易对象主要是非货币性资产。

(2) 非货币性资产交换是以非货币性资产进行交换的行为。交换，通常是指一个企业和另一个企业之间的互惠转让，通过转让，企业以让渡其他资产或劳务，或者承担其他义务而取得资产或劳务(或偿还负债)。非互惠的非货币性资产转让不属于本节所述的非货币性资产交换，如企业捐赠非货币性资产等。

(3) 非货币性资产交换一般不涉及货币性资产，但有时也可能涉及少量的货币性资产。

(三) 非货币性资产交换的认定

在认定涉及少量货币性资产的交换为非货币性资产交换时，通常以补价占整个资产交换金额的比例低于 25%作为参考比例。具体来说，从收到补价的企业来看，收到的货币性资产占换出资产公允价值(或占换入资产公允价值和收到的货币性资产之和)的比例低于25%的，视为非货币性资产交换；从支付补价的企业来看，支付的货币性资产占换入资产公允价值(或占换出资产公允价值与支付的货币性资产之和)的比例低于 25%的，视为非货币性资产交换；上述比例高于 25%(含 25%)的，则视为货币性资产交换。

例 13-6 希望公司以公允价值 3600000 元的运输设备换入一台精密仪器，同时支付1500000 元的补价。

要求：判断该项交易是否属于非货币性资产交换。

分析：利用非货币性资产交换认定的比例，判断该项交易是否属于非货币性资产交换。计算结果为

1500000 ÷ (3600 000 + 1500000) = 29%

计算结果大于 25%，所以该项交换不能确认为非货币性资产交换，该公司应按照货币性资产交换进行核算。

(四) 非货币性资产交换不涉及以下交易和事项

1. 与所有者或所有者以外方面非货币性资产非互惠转让

所谓非互惠转让，是指企业将其拥有的非货币性资产无代价地转让给其所有者或其他

企业，或由其所有者或者其他企业将非货币性资产无代价地转让给企业。本节所述的非货币性资产交换是企业之间主要以非货币性资产形式进行的互惠转让，即企业取得一项非货币性资产， 以付出自己拥有的非货币性资产作为代价，而不是单方向的非互惠转让。会计实务中，与所有者的非互惠转让如以非货币性资产作为股利发给股东等，属于资本性交易，适用《企业会计准则第 37 号——金融工具列报》。企业与所有者以外方面发生的非互惠转让，如政府无偿提供非货币性资产给企业建造固定资产，属于政府以非互惠方式提供非货币性资产，适用《企业会计准则第 16 号——政府补助》。

2．在企业合并、债务重组中和发行股票取得的非货币性资产

在企业合并、债务重组中取得的非货币性资产，其成本确定分别适用《企业会计准则第 20 号——企业合并》和《企业会计准则第 12 号——债务重组》；企业以发行股票形式取得的非货币性资产，相当于以权益工具换入非货币性资产，其成本确定适用《企业会计准则第 37 号——金融工具列报》。

二、非货币性资产交换的确认与计量

非货币性资产交换涉及两个相互联系的根本性问题，一是换入资产如何计价；二是应否确认交换损益。相应地，解决这两个问题的可供选择的方法主要有两种，一是换入资产基于公允价值(换入或换出资产的公允价值)计价，确认交易损益；二是换入资产基于换出资产的账面价值计价，不确认交换损益。我国《企业会计准则第 7 号——非货币性资产交换》规定，上述两种方法适用于不同类型的非货币性资产交换，而方法的适用性取决于交换是否具有商业价值，以及换入或换出资产的公允价值是否能够可靠计量。

(一) 换入资产基于公允价值计价，并确认交换损益

非货币性资产交换同时满足下列两个条件的，应当以公允价值和应支付的相关税费作为换入资本的成本，公允价值与换出资产账面价值额差额计入当期损益。

1．该项交换具有商业实质

非货币性资产交换具有商业实质，是换入资产能够采用公允价值计量的重要条件之一。在确定资产交换是否具有商业实质时，企业应当重点考虑由于发生了该项资产交换预期使企业未来现金流量发生变动的程度，通过比较换出资产和换入资产预计产生的未来现金流量或其现值，确定非货币性资产交换是否具有商业实质。只有当换出资产和换入资产预计未来现金流量或者其现值两者之间的差额较大时，才能表明交易的发生使企业经济状况发生了明显改变，非货币性资产交换因而具有商业实质。

非货币性资产交换准则规定，满足下列条件之一的非货币性资产交换具有商业实质。

(1) 换入资产的未来现金流量在风险、时间和金额方面与换出资产显著不同。

换入资产的未来现金流量在风险、时间和金额方面与换出资产显著不同，通常包括但不仅限于以下几种情况：

① 未来现金流量的风险、金额相同，时间不同。此种情形是指换入资产和换出资产产生的未来现金流量总额相同，获得这些现金流量的风险相同，但现金流入企业的时间明显不同。例如，希望公司以一批存货换入一项设备，因存货流动性强，能够在较短的时间内

产生现金流量，设备作为固定资产要在较长的时间内为企业带来现金流量，两者产生现金流量的时间相差较大，则可以判断上述存货与固定资产的未来现金流量显著不同，因而该两项资产的交换具有商业实质。

② 未来现金流量的时间、金额相同，风险不同。此种情形是指换入资产和换出资产产生的未来现金流量时间和金额相同，但企业获得现金流量的不确定性程度存在明显差异。例如，甲公司以其用于经营出租的一栋公寓楼，与乙公司同样用于经营出租的一栋公寓楼进行交换，两栋公寓楼的租期、每期租金总额均相同，但是甲公司是租给一家财务及信用状况良好的企业(该企业租用该公寓是给其单身职工居住)，乙公司的客户则是单个租户，相比较而言，甲公司取得租金的风险较小，乙公司由于租给散户，租金的取得依赖于各单个租户的财务和信用状况。因此，两者现金流量流入的风险或不确定性程度存在明显差异，则两栋公寓楼的未来现金流量显著不同，进而可判断该两项资产的交换具有商业实质。

③ 未来现金流量的风险、时间相同，金额不同。此种情形是指换入资产和换出资产产生的未来现金流量总额相同，预计为企业带来现金流量的时间跨度相同，风险也相同，但各年产生的现金流量金额存在明显差异。例如，某企业以一项商标权换入另一企业的一项专利技术，预计两项无形资产的使用寿命相同，在使用寿命内预计为企业带来的各期未折现现金流量总额相同，但是换入的专利技术是新开发的，预计开始阶段产生的未来现金流量明显少于后期，而该企业拥有的商标每年产生的现金流量比较均衡，两者产生的未折现现金流量金额在各期分布差异明显，则上述商标权与专利技术的未来现金流量显著不同，因而该两项资产的交换具有商业实质。

(2) 换入资产与换出资产的预计未来现金流量现值不同，且其差额与换入资产和换出资产的公允价值相比是重大的。

一般来说，按照上述第(1)项条件就可以判定某项非货币性资产交换是否具有商业实质。但如果企业按照上述第(1)项条件难以判定某项非货币性资产交换是否具有商业实质，就可以根据第(2)项条件，通过计算换入资产和换出资产的预计未来现金流量现值并进行比较后判断。资产预计未来现金流量现值，应当按照资产在持续使用过程和最终处置时预计产生的税后未来现金流量，根据企业自身而不是市场参与者对资产特定风险的评价，选择恰当的折现率对预计未来现金流量折现后的金额加以确定。

从市场参与者的角度分析，换入资产和换出资产预计未来现金流量在风险、时间和金额方面可能相同或相似，但是，鉴于换入资产的性质和换入企业经营活动的特征等因素，换入资产与换入企业其他现有资产相结合，能够比换出资产产生更大的作用，使换入企业受该换入资产影响的经营活动部分产生的现金流量，与换出资产明显不同，即换入资产对换入企业的使用价值与换出资产对该企业的使用价值明显不同，使换入资产预计未来现金流量现值与换出资产发生明显差异，因而表明该两项资产的交换具有商业实质。

某企业以一项专利权换入另一企业拥有的长期股权投资，假定从市场参与者角度来看，该项专利权与该项长期股权投资的公允价值相同，两项资产未来现金流量的风险、时间和金额也相同，但对换入企业来讲，换入该项长期股权投资使该企业对被投资方由重大影响变为控制关系，从而对换入企业产生的预计未来现金流量现值与换出的专利权有较大差异；另一企业换入的专利权能够解决生产中的技术难题，从而对换入企业产生的预计未来现金流量现值与换出的长期股权投资有明显差异，因而该两项资产的交换具有商业实质。

2. 换入或换出资产的公允价值能够可靠计量

资产存在活跃市场，是资产公允价值能够可靠计量的明显证据，但不是唯一要求。属于以下三种情形之一的，视为能够可靠计量：

(1) 换入资产或换出资产存在活跃市场。资产存在活跃市场，是资产公允价值能够可靠计量的明显依据。

对于存在活跃市场的交易性证券、存货、长期股权投资、固定资产、无形资产等非货币性资产，应当以资产的市场价格为基础确定其公允价值。

(2) 换入资产或换出资产不存在活跃市场，但同类或类似资产存在活跃市场。

对于类似资产存在活跃市场的存货、长期股权投资、固定资产、无形资产等非货币性资产，应当以调整后的类似资产的市场价格为基础确定其公允价值。

(3) 换入资产或换出资产不存在同类或类似资产可比市场交易的，应当采用技术估值确定其公允价值。

采用估值技术确定的公允价值估计数的变动区间很小，或者在公允价值估计数变动区间内，各种用于确定公允价值估计数的概率能够合理确定的，视为公允价值能够可靠地计量。

(二) 换入资产基于换出资产的账面价值计价，不确认交换损益

不具有商业实质或交换涉及资产的公允价值均不能可靠计量的非货币性资产交换，应当按照换出资产的账面价值和应支付的相关税费，作为换入资产的入账价值，无论是否支付补价，均不确认损益。收到或支付的补价作为确定换入资产成本的调整因素，其中，收到补价方应当以换出资产的账面价值减去补价作为换入资产的成本；支付补价方应当以换出资产的账面价值加上补价作为换入资产的成本。

三、非货币性资产交换的会计处理

(一) 以公允价值计量的会计处理

非货币性资产交换具有商业实质且公允价值能够可靠计量的，应当以换出资产的公允价值和应支付的相关税费作为换入资产的成本，除非有确凿证据表明换入资产的公允价值比换出资产的公允价值更加可靠。换出资产的公允价值与账面价值之间的差额，计入当期损益。

换入资产和换出资产的公允价值均能够可靠计量的，应当以换出资产的公允价值作为确定换入资产成本的基础。一般来说，取得资产的成本应当按照所放弃资产的对价来确定，在非货币性资产交换中，换出资产就是放弃的对价，如果其公允价值能够可靠确定，应当优先考虑按照换出资产的公允价值作为确定换入资产成本的基础；如果有确凿证据表明换入资产的公允价值更加可靠的，应当以换入资产的公允价值为基础确定换入资产的成本。

在以公允价值计量的情况下，不论是否涉及补价，只要换出资产的公允价值与其账面价值不相同，就一定会涉及损益的确认，因为非货币性资产交换损益通常是换出资产公允价值与换出资产账面价值的差额，通过非货币性资产交换予以实现。

非货币性资产交换的会计处理，视换出资产的类别不同而有所区别：

第一，换出资产为存货的，应当视同销售处理，按照公允价值确认销售收入，同时按账面价值结转销售成本，相当于按照公允价值确定的收入和按账面价值结转的成本之间的差额，也即换出资产的公允价值和换出资产的账面价值的差额，在利润表中作为营业利润的构成部分予以列示。

第二，换出资产为固定资产的、无形资产的，换出资产公允价值和换出资产账面价值的差额，计入资产处置损益。

第三，换出资产为长期股权投资的，换出资产公允价值和换出资产账面价值的差额，计入投资收益。

换入资产与换出资产涉及相关税费的，如换出存货视同销售计算的销项税额，换入资产作为存货应当确认的可抵扣增值税进项税额等，按照税法相关规定计算确定。

1. 不涉及补价的情况

在不涉及补价的情况下，若以公允价值计价，以换出(或换入)资产的公允价值加上应支付的相关税费作为换入资产的成本，换出(或换入)资产的公允价值与换出资产账面价值的差额计入当期损益，即

换入资产的成本 = 换出(或换入)资产的公允价值 + 应支付的相关税费

应确认的损益 = 换出(或换入)资产的公允价值 − 换出资产的账面价值

例 13-7　20×9 年 1 月 11 日，希望公司与星新公司决定进行非货币性资产交换。希望公司以账面价值 195000 元、公允价值 200000 元的一批材料，与星新公司自行生产的商品进行交换。希望公司支付运费 3000 元，换入资产作为固定资产使用。星新公司的库存商品的账面价值为 190000 元、公允价值为 200000 元。星新公司支付运费 5000 元，换入资产作为生产用原材料使用。两家公司的增值税税率均为 13%，均未对存货计提跌价准备。

① 希望公司的会计处理：

换出资产成本 = 换出资产的公允价值 + 支付的相关税费
= 200000 + 3000 = 203000(元)

借：固定资产　203000
　　应交税费——应交增值税(进项税额)　26000
　　贷：其他业务收入　200000
　　　　应交税费——应交增值税(销项税额)　26000
　　　　银行存款　3000
借：其他业务成本　195000
　　贷：原材料　195000

② 星新公司的会计处理：

换出资产成本 = 换出资产的公允价值 + 支付的相关税费
= 200000 + 5000 = 205000(元)

借：原材料　205000
　　应交税费——应交增值税(进项税额)　26000
　　贷：主营业务收入　200000
　　　　应交税费——应交增值税(销项税额)　26000

银行存款 5000

借：主营业务成本 190000

贷：库存商品 190000

例 13-8 20×9 年 5 月，甲公司以生产经营过程中使用的一台设备交换乙打印机公司生产的一批打印机，换入的打印机作为固定资产管理。甲、乙公司均为增值税一般纳税人，适用的增值税税率为 13%。设备的账面原价为 1500000 元，在交换日的累计折旧为 450000 元，公允价值为 900000 元。打印机的账面价值为 1100000 元，在交换日的市场价格为 900000 元，计税价格等于市场价格。乙公司换入甲公司的设备是生产打印机过程中需要使用的设备。

假定甲公司此前没有为该项设备计提资产减值准备，整个交易过程中，除支付运杂费 15000 元外，没有发生其他相关税费。假定乙公司此前也没有为库存打印机计提存货跌价准备，其在整个交易过程中没有发生除增值税以外的其他税费。

① 甲公司的会计处理：

甲公司换入资产的增值税进项税额 = 900000 × 13% = 117000(元)

换出设备的增值税销项税额 = 900000 × 13% = 117000(元)

借：固定资产清理 1050000

累计折旧 450000

贷：固定资产——设备 1500000

借：固定资产清理 15000

贷：银行存款 15000

借：固定资产——打印机 900000

应交税费——应交增值税(进项税额) 117000

资产处置损益 165000

贷：固定资产清理 1065000

应交税费——应交增值税(销项税额) 117000

② 乙公司的会计处理：

根据增值税的有关规定，企业以库存商品换入其他资产的，视同销售行为发生，应计算增值税销项税额，缴纳增值税。

换出打印机的增值税销项税额 = 900000 × 13% = 117000(元)

换入设备的增值税进项税额 = 900000 × 13% = 117000(元)

借：固定资产——设备 900000

应交税费——应交增值税(进项税额) 117000

贷：主营业务收入 900000

应交税费——应交增值税(销项税额) 117000

借：主营业务成本 1100000

贷：库存商品——打印机 1100000

例 13-9 希望公司以其拥有的一项专利权与星新公司拥有的对远大公司的长期股权投资进行交换。交换后希望公司对远大公司由重大影响变为控制关系，星新公司换入的专利权能够解决生产中的技术难题。专利权的账面价值为 2080000 元，公允价值为 2280000 元。长期股权投资的账面价值为 2600000 元，公允价值为 2280000 元。两项资产未来现金流量的风险、时间和金额均相同。假设整个交易过程没有发生相关税费。

① 希望公司的会计处理:

换入资产成本 = 2280000 + 0 = 2280000(元)

应确认的损益 = 2280000 – 2080000 = 200000(元)

借：长期股权投资——远大公司　　2280000

　　贷：无形资产——专利技术　　2080000

　　　　资产处置损益　　200000

② 星新公司的会计处理:

换入资产成本 = 2280000 + 0 = 2280000(元)

应确认的损益 = 2280000 – 2600000 = – 320000(元)

借：无形资产——利技术　　2280000

　　投资收益　　320000

　　贷：长期股权投资——远大公司　　2600000

2. 涉及补价的情况

在以公允价值确定换入资产成本的情况下，发生补价的，支付补价方和收到补价方应当分情况处理。

(1) 支付补价方：应当以换出资产的公允价值加上支付的补价(即换入资产的公允价值)和应支付的相关税费，作为换入资产的成本；换入资产成本与换出资产账面价值加支付的补价、应支付的相关税费之和的差额，应当计入当期损益，即

换入资产成本 = 换出资产公允价值 + 支付的补价 + 应支付的相关税费

应确认的损益 = 换出资产公允价值 – 换出资产账面价值

(2) 收到补价方：应当以换入资产的公允价值(或换出资产的公允价值减去补价)和应支付的相关税费，作为换入资产的成本；换入资产成本加收到的补价之和与换出资产账面价值加应支付的相关税费之和的差额，应计入当期损益，即

换入资产成本 = 换出资产公允价值 – 收到的补价 + 应支付的相关税费

应确认的损益 = 换出资产公允价值 – 换出资产账面价值

在涉及补价的情况下，对于支付补价方而言，作为补价的货币性资产构成换入资产所放弃对价的一部分；对于收到补价方而言，作为补价的货币性资产构成换入资产的一部分。

例 13-10　20×9 年 2 月 20 日，希望公司与星新公司决定进行非货币性资产交换。希望公司以账面价值 200000 元、公允价值 210000 元的生产用原材料，与星新公司用于销售的库存商品进行交换。希望公司应交增值税 27300 元，换入资产作为生产用原材料。星新公司库存商品账面价值为 180000 元、公允价值为 190000 元。希望公司支付运费 3000 元，星新公司支付给希望公司 23400 元补价并支付运费 2000 元。星新公司应交增值税 24700 元，换入资产作为库存商品。两家公司的增值税税率均为 13%，均未对存货提取跌价准备。

① 希望公司的会计处理:

根据计公式判断，该项交易应属于非货币性资产交换(23 400 ÷ 210 000 < 25%)。

换入资产成本 = 换出资产的公允价值 – 收到的补价 + 支付的相关税费

　　　　+ 换出资产增值税销项税额 – 换出资产可抵扣的进项税额

　　　　=210000 – 23400 + 3000 + 27300 – 24700 = 192200(元)

借：原材料 192200
　　应交税费——应交增值税(进项税额) 24700
　　银行存款 23400
　　贷：其他业务收入 210000
　　　　应交税费——应交增值税(销项税额) 27300
　　　　银行存款 3000
借：其他业务成本 200000
　　贷：原材料 200000

② 星新公司的会计处理：

换入资产成本＝换出资产的公允价值＋支付的补价＋支付的相关税费
　　＋换出资产增值税销项税额－换入资产可抵扣的进项税额
　　＝190000＋23400＋2000＋24700－27300
　　＝212800(元)

借：库存商品 212800
　　应交税费——应交增值税(进项税额) 27300
　　贷：主营业务收入 190000
　　　　应交税费——应交增值税(销项税额) 24700
　　　　银行存款 25400
借：主营业务成本 180000
　　贷：库存商品 180000

例 13-11　20×9 年 4 月 18 日，A 公司与 B 公司决定进行非货币性资产交换。A 公司以一台正在使用的机器换入 B 公司的库存商品，并准备作为库存商品直接用于出售，该机器的账面价值为 500000 元，公允价值为 340000 元，累计折旧为 200000 元(假定固定资产不考虑增值税)；A 公司支付 B 公司 69500 元补价。B 公司的库存商品账面余额为 350000 元，公允价值为 350000 元，已提取存货跌价准备 30000 元。A 公司负责把机器运到 B 公司后交换资产，B 公司支付 45500 元增值税销项税额，并支付相关运费 2500 元，换入资产作为固定资产使用。

① A 公司的会计处理：

根据计算公式判断，该项交易应属于非货币性资产交换(69500÷350000＜25%)。

换入资产成本＝换出资产的公允价值＋支付的补价＋支付的相关税费
　　＋换出资产增值税销售税额－换入资产可抵扣的进项税额
　　＝340000＋69500－45500＝301400(元)

借：固定资产清理 300000
　　累计折旧 200000
　　贷：固定资产——机器 500000
借：固定资产清理 69500
　　贷：银行存款 69500
借：库存商品 301400
　　应交税费——应交增值税(进项税额) 45500

资产处置损益　22600

贷：固定资产清理　369500

"资产处置损益"的金额 = 资产的公允价值 − 资产的账面价值

= 340000 − 300000 = 40000(元)

② B 公司的会计处理：

换入资产成本 = 换出资产的公允价值 − 收到的补价 + 支付的相关税费

+ 换出资产增值税销项税额 − 换出资产可抵扣的进项税额

= 350000 − 69500 + 2500 + 56000 = 342150(元)

借：固定资产　342150

银行存款　69500

贷：主营业务收入　350000

银行存款　2500

应交税费——应交增值税(销项税额)　56000

借：主营业务成本　320000

存货跌价准备　30000

贷：库存商品　350000

(二) 以换出资产账面价值计量的会计处理

不具有商业实质或者交换涉及资产的公允价值均不能可靠计量的非货币性资产交换，应当按照换出资产的账面价值和应支付的相关税费作为换入资产的成本，无论是否支付补价，均不确认损益；收到或支付的补价为确定换入资产成本的调整因素，其中，收到补价方应当以换出资产的账面价值减去补价加上应支付的相关税费作为换入资产的成本；支付补价方应当以换出资产的账面价值加上补价和应支付的相关税费作为换入资产的成本。

一般来讲，如果换入资产和换出资产的公允价值都不能可靠计量，该项非货币性资产交换通常不具有商业实质，因为在这种情况下，很难比较两项资产产生的未来现金流量在时间、风险和金额方面的差异，很难判断两项资产交换后对企业经济状况改变所起的不同效用。因而，此类资产交换通常不具有商业实质。

例 13-12　希望公司拥有一栋古建筑物，账面原价 5000000 元，已计提折旧 3800000 元，C 公司拥有一台进口设备，该设备账面原价 4800000 元，已计提折旧 3800000 元，两项资产均未计提减值准备。20×9 年 5 月希望公司决定以该栋古建筑物交换 C 公司的进口设备，C 公司换入古建筑物拟改造为办公室使用。该建筑物和进口设备其公允价值不能可靠计量。双方商定，C 公司以两项资产账面价值的差额为基础，支付希望公司 200000 元补价。假定交易中没有涉及相关税费。

由于两项资产的公允价值不能可靠计量，因此，两个公司换入资产的成本均应当按照换出资产的账面价值确定。

① 希望公司的会计处理如下：

借：固定资产清理　1200000

累计折旧　3800000

贷：固定资产——建筑物 5000000

借：固定资产——设备 1000000

银行存款 200000

贷：固定资产清理 1200000

② C公司的会计处理如下：

借：固定资产清理 1000000

累计折旧 3800000

贷：固定资产——设备 4800000

借：固定资产——建筑物 1200000

贷：固定资产清理 1000000

银行存款 200000

(三) 涉及多项非货币性资产交换的会计处理

企业以一项非货币性资产同时换入另一企业的多项非货币性资产，或同时以多项非货币性资产换入另一企业的一项非货币性资产，或以多项非货币性资产同时换入多项非货币性资产，也可能涉及补价。涉及多项资产的非货币性交换，企业无法将换出来的某一资产与换入的某一特定资产相对应。与单项非货币性资产之间的交换一样，涉及多项资产的非货币性资产交换的计量，企业也应当首先判断是否符合以公允价值计量的两个条件，再分情况确定各项换入资产的成本。

涉及多项资产的非货币性资产交换一般可以分为以下几种情况：

(1) 资产交换具有商业实质且各项换出资产和各项换入资产的公允价值均能够可靠计量。在这种情况下，换入资产的总成本应当按照换出资产的公允价值总额为基础确定，除非有确凿证据表明换入资产的公允价值总额更可靠；各项换入资产的成本，应当按照各项换入的公允价值占换入资产公允价值总额比例，对换入资产总成本进行分配，确定各项换入资产的成本，即

某项换入资产的价值＝换入资产的成本总额×某项换入资产的公允价值/各项换出资产公允价值总额

换入资产的总成本以换出资产的公允价值总额为基础确定。

(2) 资产交换具有商业实质且换入资产的公允价值能够可靠计量，换出资产的公允价值不能可靠计量。在这种情况下，换入资产的总成本应当按照换入资产的公允价值总额为基础确定；各项换入资产的成本，应当按照各项换入资产的公允价值占换入资产公允价值总额的比例，对换入资产总成本进行分配，确定各项换入资产的成本，即

某项换入资产的价值＝换入资产的成本总额×某项换入资产的公允价值/各项换入资产公允价值总额

换入资产的总成本以换入资产的公允价值总额为基础确定。

(3) 资产交换具有商业实质，换出资产的公允价值能够可靠计量，但换入资产的公允价值不能可靠计量。在这种情况下，换入资产的总成本应当按照换出资产的公允价值总额为基础确定；各项换入资产的成本，应当按照各项换入资产的原账面价值占换入资产原账

面价值总额的比例，对按照换出资产公允价值总额确定的换入资产总成本进行分配，确定各项换入资产的成本，即

$$某项换入资产的价值=\frac{换入资产的成本总额\times 某项换入资产的原账面价值}{各项换出资产公允价值总额}$$

换入资产的总成本以换入资产的账面价值总额为基础确定。

(4) 资产交换不具有商业实质或换入资产和换出资产的公允价值均不能可靠计量。在这种情况下，换入资产的总成本应当按照换出资产的账面价值总额为基础确定；各项换入资产的成本，应当按照各项换入资产的原账面价值占换入资产的账面价值总额的比例，对按照换出资产账面价值总额为基础确定的换入资产总成本进行分配，确定各项换入资产的成本。

某项换入资产的价值 = 换入资产的成本总额 × 某项换入资产的原账面价值/各项换入资产原账面价值总额

换入资产的总成本以换出资产的账面价值总额为基础确定。

1. 以公允价值计量的情况

例 13-13　20×9 年 3 月 10 日，希望公司与星新公司决定进行非货币性资产交换。希望公司以下列资产与星新公司进行交换：原材料，账面余额 300000 元，公允价值 350000 元，应交增值税销项税额 45500 元；库存商品，账面余额 200000 元，公允价值 250000 元，应交增值税销项税额 32500 元；固定资产，原始价值 400000 元，公允价值 320000 元，已提折旧 100000 元，应交增值税 41600 元。

星新公司以一项专利技术与希望公司进行交换，该项专利技术账面余额 1000000 元，公允价值 1000000 元，未提取资产减值准备，税务部门核定换出无形资产应交增值税 60000 元。希望公司换入的资产作为无形资产，星新公司换入的资产仍然作为原材料、库存商品和固定资产，星新公司支付希望公司 10400 元补价。

① 希望公司的会计处理如下：

根据计算公式确定该项交易属于非货币性资产交换(76400 ÷ 920000 < 25%)。

换入资产公允价值 = 1000000(元)

换入资产的增值税 = 50000(元)

换出资产公允价值 = 350000 + 250000 + 320000 = 920000(元)

换出资产应交增值税销项税额 = (350000 + 250000 + 320000) × 13% = 119600(元)

应支付换入资产公允价值差额与增值税的差额合计金额 10400 元。(其中包括换入资产和换出资产公允价值不同而支付的 80000 元，以及换出资产销项税和换入资产进项税额的差额 − 69600 元)

换入资产成本 = 换出资产的公允价值 + 支付的补价
= (350000 + 250000 + 320000) + 80000 = 1000000(元)

借：固定资产清理	300000	
累计折旧	100000	
贷：固定资产		400000
借：无形资产	1000000	

应交税费——应交增值税(进项税额) 50000
贷：主营业务收入 250000
其他业务收入 350000
固定资产清理 300000
应交税费——应交增值税(销项税额) 119600
银行存款 10400
资产处置损益 20000
借：主营业务成本 200000
贷：库存商品 200000
借：其他业务成本 300000
贷：原材料 300000

“资产处置损益”金额，是固定资产公允价值与账面价值之间的差额；存货的公允价值与账面价值之间的差额，体现在视同销售损益中。

② 星新公司的会计处理如下：

换入资产公允价值总额 = 350000 + 250000 + 320000 = 920000(元)

换入资产进项税额 = 119600(元)

换出资产公允价值 = 1000000(元)

换出资产应交增值税 = 50000(元)

换入资产总成本 = 换出资产的公允价值 − 收到的补价

= 1000000 − 80000 = 920000(元)

换入原材料成本 = 920000 × (350000 ÷ 920000 × 100%) = 350000(元)

换入库存商品成本 = 920000 × (250000 ÷ 920000 × 100%) = 250000(元)

换入固定资产成本 = 920000 × (320000 ÷ 920000 × 100%) = 320000(元)

借：原材料 350000
库存商品 250000
固定资产 320000
应交税费——应交增值税(进项税额) 119600
银行存款 10400
贷：无形资产——专利技术 1000000
应交税费——应交增值税(销项税额) 50000

2．以账面价值计量的情况

例 13-14　20×9 年 5 月，甲公司因经营战略发生较大转变，产品结构发生较大调整，原生产其产品的专有设备、生产该产品的专利技术等已不符合生产新产品的需要，经与乙公司协商，将其专有设备连同专利技术与乙公司正在建造过程中的一栋建筑物、对丙公司的长期股权投资进行交换。甲公司换出专有设备的账面原价为 12000000 元，已提折旧 7500000 元；专利技术账面原价 4500000 元，已摊销金额为 2700000 元。乙公司在建工程截止到交换日的成本为 5250000 元，对丙公司的长期股权投资账面余额为 1500000 元。由于甲公司持有的专有设备和专利技术市场上已不多见。因此，公允价值不能可靠计量。乙公司的在建工程因完工程度难以合理确定，其公允价值不能可靠计量，由于丙公司不是上市公司，乙公司对丙公司长期股权投资的公允价值也不能可靠计量。并假定甲、乙公司均未对上述资产计提减值准备，并假定不考虑相关税费等因素。

分析：本例不涉及收付货币性资产，属于非货币性资产交换。由于换入资产、换出资产的公允价值均不能可靠计量，甲、乙公司均应当以换出资产账面价值总额作为换入资产的成本，各项换入资产的成本，应当按各项换入资产的账面价值占换入资产账面价值总额的比例分配后确定。

甲公司的会计处理如下：

① 计算换入资产、换出资产账面价值总额：

换入资产账面价值总额 = 5250000 + 1500000 = 6750000(元)

换出资产账面价值总额 = (12000000 − 7500000) + (4500000 − 2700000) = 6300000(元)

② 确定换入资产总成本：

换入资产总成本 = 6300000(元)

③ 计算各项换入资产账面价值占换入资产账面价值总额的比例：

在建工程占换入资产账面价值总额的比例 = 5250000 ÷ 6750000 = 77.8%

期股权投资占换入资产账面价值总额的比例 = 1500000 ÷ 6750000 = 22.2%

④ 确定各项换入资产成本：

在建工程成本 = 630 × 77.8% = 4901400(元)

长期股权投资成本 = 630 × 22.2% = 1398600(元)

⑤ 会计分录如下：

借：固定资产清理　　　　4500000
　　累计折旧　　　　　　7500000
　　贷：固定资产——有设备　　12000000

借：在建工程　　　　　　4901400
　　长期股权投资　　　　1398600
　　累计摊销　　　　　　2700000
　　贷：固定资产清理　　　　4500000
　　　　无形资产——专利技术　　4500000

乙公司的会计处理如下：

① 计算换入资产、换出资产账面价值总额：

换入资产账面价值总额 = (12000000 − 7500000) + (4500000 − 2700000) = 6300000(元)

换出资产账面价值总额 = 5250000 + 1500000 = 6750000(元)

② 确定换入资产总成本：

换入资产总成本 = 6750000(元)

③ 计算各项换入资产账面价值占换入资产账面价值总额的比例：

专有设备占换入资产账面价值总额的比例 = 4500000 ÷ 6300000 = 71.4%

专利技术占换入资产账面价值总额的比例 = 1800000 ÷ 6300000 = 28.6%

④ 确定各项换入资产成本：

专有设备成本 = 6750000 × 71.4% = 4819500(元)

专利技术成本 = 6750000 × 28.6% = 1930500(元)

⑤ 会计分录如下:

借: 固定资产——专有设备　　4819500

　　无形资产——专利技术　　1930500

　　贷: 在建工程　　5250000

　　　　长期股权投资　　1500000

第三节　资产负债表日后事项

一、资产负债表日后事项概述

财务会计报告是反映企业某一特定日期(资产负债表日)财务状况和某一会计期间经营成果、现金流量等会计信息的文件。在实际工作中，某些交易或事项是在资产负债表日后、财务报告批准报出日之前发生的，这些交易或事项可能会对企业的财务状况、经营成果和现金流量产生重要影响，为使企业提供的会计信息更加准确、全面，便于报告使用者作出经济决策，需要对这些事项或交易进行认真分析，以确定是否需要调整报告期财务报表，或仅在附注中说明。

(一) 资产负债表日后事项的定义

资产负债表日后事项是指资产负债表日至财务报告批准报出日之间发生的有利或不利事项。理解这一定义，需要注意以下几方面。

1. 资产负债表日

资产负债表日是指会计年度末和中期期末。中期是指短于一个完整的会计年度的报告期间，包括半年度、季度和月度。按照《会计法》规定，我国会计年度采用公历年度，即1月1日至12月31日。因此，年度资产负债表日是指每年的12月31日，中期资产负债表日是指会计中期期末。例如，提供第一季度财务报告时，资产负债表日是该年度的3月31日；提供半年度财务报告时，资产负债表日是该年度的6月30日。

如果母公司或者子公司在国外，无论该母公司或子公司如何确定会计年度和会计中期，其向国内提供的财务报告都应根据我国《会计法》和会计准则的要求确定资产负债表日。

2. 财务报告批准报出日

财务报告批准报出日是指董事会或类似机构批准财务报告报出的日期，通常是指对财务报告的内容负有法律责任的单位或个人批准财务报告对外公布的日期。

财务报告的批准者包括所有者、所有者中的多数、董事会或类似的管理单位、部门和个人。根据《公司法》规定，董事会有权制定公司的年度财务预算方案、决算方案、利润分配方案和弥补亏损的方案，董事会有权批准对外公布财务报告。因此，对于公司制企业而言，财务报告批准报出日是指董事会批准财务报告报出的日期；对于非公司制企业而言，财务报告批准报出日是指经理(厂长)会议或类似机构批准财务报告报出的日期。

3. 有利事项和不利事项

资产负债表日后事项包括有利事项和不利事项。有利事项和不利事项是指资产负债表日后对企业财务、经营成果等具有一定影响(既包括有利影响也包括不利影响)的事项。如果某些事项的发生对企业并无任何影响，那么，这些事项既不是有利事项，也不是不利事项，也就不属于这里所说的资产负债表日后事项。

另外，资产负债表日后事项不是在这个特定期间内发生的全部事项，而是与资产负债表日存在状况有关的事项，或虽然与资产负债表日存在状况无关，但对企业财务状况和经营成果具有一定影响的事项。

(二) 资产负债表日后事项涵盖的期间

资产负债表日后事项涵盖的期间是自资产负债表日次日起至财务报告批准报出日止的一段时间，具体包括：

(1) 报告期间下一期间的第一天至董事会或类似机构批准财务报告对外公布的日期。

(2) 财务报告批准报出以后、实际报出之前又发生与资产负债表日或其后事项有关的事项，并由此影响财务报告对外公布日期的，应以董事会或类似机构再次批准财务报告对外公布的日期为截止日期。

如果公司管理层由此修改了财务报表，注册会计师应当根据具体情况实施必要的审计程序并针对修改后的财务报表出具新的审计报告。

例13-15　希望公司(上市公司)20×8年的年度财务报告于20×9年2月20日编制完成，注册会计师完成年度财务报表审计工作并签署审计报告的日期为20×9年4月10日，董事会批准财务报告对外公布的日期为20×9年4月10日，财务报告实际对外公布的日期为20×9年4月17日，股东大会召开的日期为20×9年5月5日。

根据资产负债表日后事项涵盖期间的规定，本例中，该公司20×8年年报资产负债表日后事项涵盖的期间为20×9年1月1日至20×9年4月10日。如果在4月10日至17日之间发生了重大事项，需要调整财务报表相关项目的数字或需要在财务报表附注中披露，经调整或说明后的财务报告再经董事会批准报出的日期为20×9年4月19日，实际报出日期为20×9年4月25日，则资产负债表日后事项涵盖的期间为20×9年1月1日至20×9年4月19日。

(三) 资产负债表日后事项的内容

资产负债表日后事项包括资产负债表日后调整事项和资产负债表日后非调整事项。

1. 资产负债表日后调整事项

(1) 资产负债表日后调整事项，是指对资产负债表日已经存在的情况提供了新的或进一步证据的事项。如资产负债表日后获得新的或进一步证据，以表明依据资产负债表日存在状况编制的财务报告已不再可靠，则企业应依据新的证据对资产负债表日所反映的资产、负债、所有者权益、收入与费用进行调整。

(2) 调整事项的特点主要有：

① 在资产负债表日或以前已经存在，在资产负债表日后得到进一步证实的事项。

② 对按资产负债表日存在状况编制财务报表产生重大影响的事项。

(3) 企业发生的资产负债表日后调整事项，通常包括下列事项：

① 资产负债表日后诉讼案件结案，法院判决证实了企业在资产负债表日已经存在现时义务，需要调整原先确认的与该诉讼案件相关的预计负债，或确认一项新负债。

② 资产负债表日后取得确凿证据，表明某项资产在资产负债表日发生了减值或者需要调整该项资产原先确认的减值金额。

③ 资产负债表日后进一步确定了资产负债表日前购入资产的成本或售出资产的收入。

④ 资产负债表日后发现了财务报表舞弊或者差错。

例 13-16 甲公司因产品质量问题被消费者起诉。20×8 年 12 月 31 日法院尚未判决，考虑到消费者胜诉要求甲公司赔偿的可能性较大，甲公司为此确认了 800 万元的预计负债。20×9 年 2 月 22 日，在甲公司 20×8 年年度财务报告批准报出之前，法院作出判决，要求甲公司支付赔偿款 900 万元。

本例中，甲公司在 20×8 年 12 月 31 日结账时已经知道对方胜诉的可能性较大，但不能知道法院判决的确切结果，因此，确认了 800 万元的预计负债。20×9 年 2 月 22 日法院判决结果为甲公司预计负债的存在提供了进一步的证据。此时，按照 20×8 年 12 月 31 日存在状况编制的财务报表所提供的信息已不能真实反映企业的实际情况，应据此对财务报表相关项目的数字进行调整。

2. 资产负债表日后非调整事项

(1) 资产负债表日后非调整事项，是指表明资产负债表日后发生的情况的事项。

(2) 非调整事项的特点主要有：

① 非调整事项的发生不影响资产负债表日财务报表数字，只说明资产负债表日后发生了某些情况。

② 非调整事项可能对财务报告使用者利用财务信息产生影响。对于财务报表的使用者而言，非调整事项说明的情况有的重要，有的不重要。其中重要的非调整事项虽然不影响资产负债表日的财务报表数字，但可能影响资产负债表日后的财务状况和经营成果，不加以说明将会影响财务报表使用者作出正确估计和决策，因此需要适当披露。

例 13-17 希望公司应收甲公司货款 80 万元，按照合同约定甲公司应在 20×8 年 12 月 23 日前偿还。20×8 年 12 月 31 日结账时，希望公司尚未收到这笔货款，并已知甲公司的财务状况不佳，近期内难以偿还债务，希望公司对该笔应收账款提取了 30%的坏账准备。20×9 年 3 月 15 日，希望公司报出财务报告之前正式收到甲公司的通知，甲公司宣告破产，无法偿付大部分欠款。

分析：希望公司于 20×8 年 12 月 31 日结账时已经知道甲公司财务状况不佳，即在 20×8 年 12 月 31 日资产负债表日，甲公司的财务状况不佳的状况已经存在，但未得到甲公司破产的确切证据；在 20×9 年 3 月 15 日正式收到甲公司破产的信息，且甲公司无法偿付大部分货款。甲公司破产通知是对 20×8 年 12 月 31 日存在的甲公司财务状况不佳情况提供了新的证据，表明希望公司 20×8 年 12 月 31 日存在情况提供的资产负债表反映的应收甲公司货款中大部分已成为坏账，依资产负债表日存在状况编制的财务报表所提供的信息已不能全面、真实反映公司的实际情况。因此，希望公司应据此对财务报表相关项目的数字进行调整。

3. 调整事项与非调整事项的区别

判断资产负债表日后至财务报告批准报出日之间发生的事项属于调整事项还是非调整事项的标准有两个：

(1) 存在标准。如果该事项对资产负债表日已经存在的交易或事项的情况提供了新的或进一步的证据，是原有交易或事项的延续或发展而不是资产负债表日才发生的新的交易或事项，则该事项属于调整事项；如果该事项与资产负债表日及之前存在的相关交易或事项存在本质上的差异，是新的交易或事项，而不是资产负债表日存在事项的延续或发展，则该事项属于非调整事项。

(2) 价值标准。如果该事项是资产负债表日存在的交易或事项的最新发展情况，有助于对资产负债表日存在状况有关的金额作出重新估计，并需要作出重新估计才能为财务报告的使用者提供更全面、相关的财务信息，那么该事项属于调整事项；反之则为非调整事项。

例 13-18　甲公司 20×8 年 10 月向乙公司出售一批原材料，价款为 2100 万元，根据销售合同，乙公司应在收到原材料后 3 个月内付款。至 20×8 年 12 月 31 日，乙公司尚未付款。假定甲公司在编制 20×8 年度财务报告时有两种情况：① 20×8 年 12 月 31 日甲公司根据掌握的资料判断，乙公司有可能破产清算，估计该应收账款将有 25%无法收回，故按 25%的比例计提坏账准备；20×9 年 1 月 20 日，甲公司收到通知，乙公司已被宣告破产清算，甲公司估计有 75%的债权无法收回。② 20×8 年 12 月 31 日，乙公司的财务状况良好，甲公司预计应收账款可按时收回；20×9 年 1 月 20 日，乙公司发生重大火灾，导致甲公司 65%的应收账款无法收回。

20×9 年 3 月 20 日，甲公司的财务报告经批准对外公布。

分析：本例中，① 导致甲公司应收账款无法收回的事实是乙公司财务状况恶化，该事实在资产负债表日已经存在，乙公司被宣告破产只是证实了资产负债表日乙公司财务状况恶化的情况，因此乙公司破产导致甲公司应收账款无法收回的事项属于调整事项。② 导致甲公司应收账款损失的事实是火灾，火灾是不可预计的，应收账款发生损失这一事实在资产负债表日以后才发生，因此乙公司发生火灾导致甲公司应收款发生坏账的事项属于非调整事项。

二、调整事项的会计处理

(一) 调整事项的会计处理原则

由于企业财务会计报表已经在资产负债表日结转了有关账户，对于损益类账户来说，结转后已经无余额。而资产负债表日后调整事项，发生在财务报告报出年度，所以应该分情况进行会计核算：

(1) 涉及损益的事项，通过“以前年度损益调整”科目核算。调整增加以前年度利润或调整减少以前年度亏损的事项，计入“以前年度损益调整”科目的贷方；调整减少以前年度利润或调整增加以前年度亏损的事项，计入“以前年度损益调整”科目的借方。

涉及损益的调整事项，如果发生在资产负债表日所属年度所得税汇算清缴前，应调整报告年度应纳税所得额、应纳所得税税额；发生在报告年度所得税汇算清缴后的，应调整本年度应纳所得税税额。

由于以前年度损益调整增加的所得税费用，计入“以前年度损益调整”科目的借方，同时贷记“应交税费——应交所得税”等科目；由于以前年度损益调整减少的所得税费用，计入“以前年度损益调整”科目的贷方，同时借记“应交税费——应交所得税”等科目。

调整完成后，将“以前年度损益调整”科目的贷方或借方余额，转入“利润分配——未分配利润”科目。

(2) 涉及利润分配调整的事项，直接在“利润分配——未分配利润”科目核算。

(3) 不涉及损益及利润分配的事项，调整相关科目。

(4) 通过上述账务处理后，还应同时调整财务报表相关项目的数字，包括：① 资产负债表日编制的财务报表相关项目的期末数或本年发生数；② 当期编制的财务报表相关项目的期初数或上年数；③ 经过上述调整后，涉及报表附注内容的，还应当作出相应调整。

(二) 资产负债表日后调整事项的具体会计处理方法

(1) 资产负债表日后诉讼案件结案，法院判决证实了企业在资产负债表日已经存在现时义务，需要调整原先确认的与该诉讼案件相关的预计负债，或确认一项新负债。

这一事项是指导致诉讼的事项在资产负债表日已经发生，但尚不具备确认负债的条件而未确认，资产负债表日至财务报告批准报出日之间获得了新的或进一步的证据(法院判决结果)，表明符合负债的确认条件，因此应在财务报告中确认为一项新负债；或者在资产负债表日虽已确认，但需要根据判决结果调整已确认负债的金额。

例 13-19 希望公司为上市公司，为增值税一般纳税企业，适用增值税税率 13%，各年企业所得税税率为 25%，按净利润的 10%提取盈余公积。20×8 年度的财务报告于 20×9 年 1 月 10 日编制完成，批准报出日为 20×9 年 4 月 20 日，20×8 年度的企业所得税汇算清缴工作于 20×9 年 5 月 10 日完成。20×9 年 2 月 18 日，希望公司收到法院一审判决书，判决希望公司在一审诉讼案件中败诉并需赔付甲公司经济损失 200000 元。案件基本情况是：希望公司在 20×8 年 10 月与甲公司签订了一项 20×8 年 11 月底前履行的供销合同，由于希望公司未能按合同供货致使甲公司发生重大经济损失，甲公司于 20×8 年 12 月 15 日向法院提起诉讼，要求赔偿经济损失 300000 元。此项诉讼至 20×8 年 12 月 31 日未决，希望公司确认了预计负债 300000 元。希望公司对法院判决不再上诉，并于判决 3 天后支付赔款。假设该项预计负债产生的损失不允许在预计时税前抵扣，只有在损失实际发生时，才允许税前抵扣。

分析：本例中，20×9 年 2 月 18 日的判决证实了希望公司、甲公司在资产负债表日(20×8 年 12 月 31 日)分别存在现时赔偿义务和获赔权利，因此两公司都应将法院判决这一事项作为调整事项进行处理。

希望公司的账务处理如下：

① 20×9 年 2 月 18 日，记录支付的赔款，调整递延所得税资产。

借：预计负债	300000	
贷：其他应付款		200000
以前年度损益调整		100000

借：应交税费——应交所得税　50000
　　贷：以前年度损益调整　50000
借：以前年度损益调整　75000
　　贷：递延所得税资产　75000
借：其他应付款　200000
　　贷：银行存款　200000

② 将“以前年度损益调整”科目余额转入未分配利润。

借：以前年度损益调整　75000
　　贷：利润分配——未分配利润　75000

③ 因净利润变动，调整盈余公积。

借：利润分配——未分配利润　7500
　　贷：盈余公积　7500

④ 调整报告年度财务报表。

资产负债表项目的年末数调整：调减递延所得税资产75000元，调增其他应付款200000元，调减应交税费50000元，调减预计负债300000元，调增盈余公积7500元，调增未分配利润67500元。

利润表的调整：调减营业外支出100000元，调增所得税费用25000元，调增净利润75000元。

所有者权益变动表项目调整：调增净利润75000元，提取盈余公积项目中盈余公积调增7500元，未分配利润调增67500元。

假定甲公司20×8年财务报告批准报出日、所得税汇算清缴日与希望公司相同，按净利润10%计提盈余公积，则甲公司应针对此调整事项作如下会计处理：

① 20×9年2月18日，记录收到的赔款，并调整应交所得税。

借：其他应收款　200000
　　贷：以前年度损益调整　200000
借：以前年度损益调整　50000
　　贷：应交税费——应交所得税　50000
借：银行存款　200000
　　贷：其他应收款　200000

② 将“以前年度损益调整”科目余额转入未分配利润。

借：以前年度损益调整　150000
　　贷：利润分配——未分配利润　150000

③ 净利润增加，补提盈余公积。

借：利润分配——未分配利润　15000
　　贷：盈余公积　15000

④ 调整报告年度财务报表相关项目数字。

资产负债表项目的年末调整数：调增其他应收款200000元，调增应交税费50000万元，调增盈余公积15000元，调增未分配利润135000元。

利润表项目的调整：调增营业外收入200000元，调增所得税费用50000元，调增净利润 150000 元。

所有者权益变动表项目的调整：调增净利润 150000 元，提取盈余公积项目中盈余公积调增 15000 元，未分配利润调减 15000 元。

(2) 资产负债表日后取得确凿证据，表明某项资产在资产负债表日发生了减值或者需要调整该项资产原先确认的减值金额。

这一事项是指在资产负债表日，根据当时的资料判断某项资产可能产生了损失或减值，但没有最后确定是否会发生，因而按照当时的最佳估计金额反映在财务报表中。但在资产负债表日至财务报告批准报出日之间，所取得的确凿证据能证明该事实成立，即某项资产已经发生了损失或减值，则应对资产负债表日所做的估计予以修正。

例 13-20　希望公司于 20×8 年 5 月销售给乙公司一批产品，货款为 1000000 元(含增值税)。乙公司于 6 月份收到所购物资并验收入库。按合同规定，乙公司应于收到所购物资后的 2 个月内付款。由于乙公司财务状况不佳，到 20×8 年 12 月 31 日仍未付款。希望公司于 12 月 31 日编制 20×8 年财务报表时，已为该项应收账款提取坏账准备 50000 元。12 月 31 日，资产负债表上“应收账款”项目的金额为 2000000 元，其中 950000 元为该项应收账款。希望公司于 20×9 年 1 月 30 日(所得税汇算清缴前)收到法院通知，乙公司已宣告破产清算，无力偿还所欠部分货款。甲公司预计可收回应收账款的 60%。适用的所得税税率为 25%。

分析：本例中，根据资产负债表日后事项的判断原则，希望公司在收到法院通知后，首先可判断该事项属于资产负债表日后调整事项。希望公司原对应收乙公司账款提取了 50000 元的坏账准备，按照新的证据应提取的坏账准备为 400000 元(1000000 × 40%)，差额 350000 元，应当调整 20×8 年度财务报表相关项目的数字。希望公司的会计处理如下：

① 补提坏账准备。

应补提的坏账准备 = 1000000 × 40% − 50000 = 350000(元)

借：以前年度损益调整　350000

　　贷：坏账准备　350000

② 调整递延所得税资产。

借：递延所得税资产　87500

　　贷：以前年度损益调整(350000 × 25%)　87500

③ 将“以前年度损益调整”科目的余额转入利润分配。

借：利润分配——未分配利润　262500

　　贷：以前年度损益调整　262500

④ 调整利润分配有关数字。

借：盈余公积　26250

　　贷：利润分配——未分配利润(262500 × 10%)　26250

⑤ 调整报告年度财务报表相关项目的数字：

资产负债表项目的调整：调减应收账款净值 350000 元，调增递延所得税资产 87500 元，调减盈余公积 26250 元，调减未分配利润 236250 元。

利润表项目的调整：调增资产减值损失 350000 元，调减所得税费用 87500 元，调减净利润 262500 元。

所有者权益变动项目的调整：调减净利润 262500 元，提取盈余公积项目中盈余公积调减26250元，未分配利润调增26250元。

(3) 资产负债表日后进一步确定了资产负债表日前购入资产的成本或售出资产的收入。

这类调整事项包括两个方面的内容：其一，若资产负债表日前购入的资产已经按暂估金额等入账，资产负债表日后获得证据，可以进一步确定该资产的成本，则应对已入账的资产成本进行调整。其二，企业在资产负债表日已根据收入确认条件确认资产销售收入，但资产负债表日后获得关于资产收入的进一步证据，如发生销售退回等，此时也应调整财务报表相关项目的金额。需要说明的是，资产负债表日后发生的销售退回，既包括报告年度或报告中期销售的商品在资产负债表日后发生的销售退回，也包括以前期间销售的商品在资产负债表后发生的销售退回。

资产负债表所属期间或以前期间所售在资产负债表日后退回的，应作为资产负债表日后调整事项处理。发生于资产负债表日后至财务报告批准报出日之间的销售退回事项，可能发生于该企业年度所得税汇算清缴之前，也可能发生于该企业年度所得税汇算清缴之后，其会计处理分别为：

① 涉及报告年度所属期间的销售退回发生于该企业报告年度所得税汇算清缴之前的，应调整报告年度利润表的收入、成本等，并相应调整报告年度的应纳税所得额以及报告年度应缴的所得税等。

例13-21 希望公司为上市公司，为增值税一般纳税企业，适用的增值税税率为13%，各年企业所得税税率为25%，按净利润的10%提取盈余公积。20×8年的财务报告于20×9年1月10日编制完成，批准报出日为20×9年4月20日，20×8年度的企业所得税汇算清缴工作于20×9年4月30日完成。20×9年1月25日，希望公司收到退货一批，该批退货系20×8年11月销售给甲公司的某产品，销售收入2500000元，增值税销项税额325000万元。结转的产品销售成本2000000元，此项销售收入已在销售当月确认，但货款和税款于20×8年12月31日尚未收到。20×8年年末希望公司对该笔应收账款按5%计提坏账准备。退回的产品已验收入库。不考虑相关运杂费及其他费用。税法规定，企业计提的坏账准备不得税前扣除。

分析：本例中，销售退回业务发生在资产负债表日后事项涵盖期间内，属于资产负债表日后调整事项。由于销售退回发生在希望公司报告年度所得税汇算清缴之前，因此在所得税汇算清缴时，应扣除该部分销售退回所实现的应纳所得税税额。

希望公司的会计处理如下：

① 20×9年1月25日，调整销售收入。

借：以前年度损益调整 2500000
　　应交税费——应交增值税(销项税额) 325000
　　贷：应收账款 2825000

② 调整销售成本。

借：库存商品 2000000
　　贷：以前年度损益调整 2000000

③ 调整坏账准备。

借：坏账准备 141250
　　贷：以前年度损益调整 141250

④ 调整应缴纳的所得税。

借：应交税费——应交所得税　　125000

　　贷：以前年度损益调整　　125000

借：以前年度损益调整　　35313

　　贷：递延所得税资产　　35313

⑤ 将“以前年度损益调整”科目的余额转入利润分配。

借：利润分配——未分配利润　　269063

　　贷：以前年度损益调整　　269063

⑥ 调整盈余公积。

借：盈余公积　　26906.3

　　贷：利润分配——未分配利润　　26906.3

⑦ 调整相关财务报表(略)。

② 资产负债表日后事项中涉及报告年度所属期间的销售退回发生于该企业报告年度所得税汇算清缴之后，应调整报告年度会计报表的收入、成本等，但按照税法规定，在此期间的销售退回所涉及的应交所得税，应作为本年的纳税调整事项。

(4) 资产负债表日后发现了财务报表舞弊或差错。

这一事项是指资产负债表日后发现报告期以前期间存在的财务报表舞弊或差错。企业发生这一事项后，应当将其作为资产负债表日后调整事项，调整报告期间的财务报告相关项目的数字。

三、非调整事项的会计处理

(一) 非调整事项的处理原则

资产负债表日后发生的非调整事项，是表明资产负债表日后发生的情况的事项，与资产负债表日存在状况无关，不应当调整资产负债表日的财务报表。但有的非调整事项对财务报告使用者具有重大影响，如不加以说明，将不利于财务报告使用者作出正确估计和决策，因此，会计准则要求资产负债表日后事项在附注中披露“重要的资产负债表日后非调整事项的性质、内容，及其对财务状况和经营成果的影响”。

(二) 非调整事项的具体会计处理方法

资产负债表日后发生非调整事项，应当在报表附注中披露每项重要的资产负债表日后非调整事项的性质、内容，及其对财务状况和经营成果的影响。无法作出估计的，应当说明原因。

资产负债表日后非调整事项的主要例子如下：

(1) 资产负债表日后发生重大诉讼、仲裁、承诺。资产负债表日后发生重大诉讼等事项，对企业影响较大，为防止误导投资者及其他财务报告使用者，应当在报表附注中进行相关披露。

(2) 资产负债表日后资产价格、税收政策、外汇汇率发生重大变化。资产负债表日后资产价格、税收政策、外汇汇率发生重大变化，虽然不会影响资产负债表日财务报表相关项目的数据，但对企业资产负债表日后期间的财务状况和经营成果有重大影响的，应当在报表附注中予以披露。

(3) 资产负债表日后因自然灾害导致资产发生重大损失。

例 13-22　希望公司 20×8 年 12 月购入商品一批，共计 500 万元，至 20×8 年 12 月 31 日该批商品已全部验收入库，货款也通过银行支付。20×9 年 1 月 31 日，希望公司所在地发生水灾，该批商品全部被冲毁。

分析：自然灾害导致资产重大损失对企业资产负债表日后财务状况的影响较大，如果不加以披露，有可能使财务报告使用者作出错误的决策，因此应作为非调整事项在报表附注中进行披露。本例中水灾发生于 20×9 年 1 月 31 日，属于资产负债表日后才发生或存在的事项，应当作为非调整事项在 20×8 年度报表附注中进行披露。

(4) 资产负债表日后发行股票和债券以及发生其他巨额举债。企业发行股票、债券以及向银行或非银行金融机构举借巨额债务是比较重大的事项，虽然这一事项与资产负债表日的存在状况无关，但这一事项的披露能使财务报告使用者了解与此有关的情况及可能带来的影响，因此应当在报表附注中进行披露。

(5) 资产负债表日后资本公积转增资本。企业以资本公积转增资本将会改变企业的资本(或股本)结构，影响较大，应当在报表附注中进行披露。

(6) 资产负债表日后发生巨额亏损。资产负债表日产生的巨额亏损将会对企业报告期以后的财务状况和经营成果产生重大影响，应当在报表附注中及时披露该事项，以便为投资者或其他财务报告使用者作出正确决策提供信息。

(7) 资产负债表日后发生企业合并或处置子公司。企业合并或处置子公司的行为可以影响股权结构、经营范围等方面，对企业未来生产经营活动能产生重大影响，因此企业应在报表附注中进行披露。

(8) 资产负债表日后，企业利润分配方案中拟分配的以及经审议批准宣告发放现金股利或利润。资产负债表日后，企业制定利润分配方案，拟分配或经审议批准宣告发放现金股利或利润的行为，并不会导致企业在资产负债表日形成现时义务，虽然该事项的发生可导致企业负有支付股利或利润的义务，但支付义务在资产负债表日尚不存在，不应该调整资产负债表日的财务报告。因此，该事项为非调整事项。但为便于财务报告使用者更充分地了解相关信息，企业需要在财务报告中适当披露该信息。

例 13-23　希望公司 20×8 年度财务报告附注中对资产负债表日后利润分配情况的说明：

根据 20×9 年 3 月 11 日董事会决议，本公司拟以 20×8 年 12 月 31 日的股份为基准向全体股东每 10 股分配股利 0.5 元(含税)，共计分配股利 12 亿元。该股份分配预案尚待本公司股东大会批准。

练　习　题

一、单项选择题

1. 企业之间进行债务重组的前提是(　　)。

A. 债权人发生了财务困难　　B. 债务人发生了财务困难

C. 债权人自愿作出让步　　D. 债务人商品难以销售

2. 企业之间的债务重组，债务人以存货偿还债务时的正确做法是(　　)。

A. 可以作为销售处理　　B. 不作为销售处理

C. 作为销售处理　　D. 作为销售处理但不结转成本

3. 债务人以现金清偿债务时，债权人应当将重组债权的账面余额与实际收到的现金之间的差额确认为(　　)。

A. 管理费用　　B. 期间费用　　C. 营业外支出　　D. 坏账准备

4. 以修改其他债务条件进行债务重组的，如果债务重组协议中附有或有应付金额，该或有应付金额最终没有发生的，应(　　)。

A. 冲减已确认的预计负债，同时确认营业外收入

B. 冲减营业外支出

C. 冲减财务费用

D. 冲减销售费用

5. 下列资产中不属于货币性资产的是(　　)。

A. 银行存款

B. 应收票据

C. 债权投资

D. 准备在一个月内转让的交易性金融资产

6. 以下交易中具有商业实质的是(　　)。

A. 以一批存货换入一项设备

B. 以一项固定资产换入另一项相似的固定资产

C. 以一项长期股权投资换入一项长期股权投资

D. 以一批商品换入另一批相似的商品

7. A 公司以一台甲设备换入 D 公司的一台乙设备。甲设备的账面原价为 400 000 元，已提折旧 50 000 元，已提减值准备 30 000 元。甲设备和乙设备的公允价值无法合理确定，D 公司另向 A 公司支付补价 60 000 元。A 公司换入的乙设备的入账价值为(　　)。

A. 320 000　　B. 260 000　　C. 294 000　　D. 286 000

8. 对于非货币性资产交换，说法正确的有(　　)。

A. 不会涉及货币性资产　　B. 涉及货币性资产

C. 一定涉及少量的货币性资产　　D. 不涉及或只涉及少量的货币性资产

9. 在非货币性资产交换中(满足具有商业实质且公允价值能够可靠计量)，如果同时换入多项资产，应当按照(　　)的比例，对换入资产的成本总额进行分配，以确定各项换入资产的入账价值。

A. 各项换入资产的公允价值占换入资产公允价值总额

B. 各项换出资产的公允价值占换出资产公允价值总额

C. 各项换入资产的账面价值占换入资产账面价值总额

D. 各项换出资产的账面价值占换出资产账面价值总额

10. 希望公司 20×8 年度财务报告于 20×9 年 1 月 10 日编制完成，董事会批准财务报

告对外公布的日期为 3 月 2 日，实际对外公布的日期为 3 月 10 日，资产负债表日后事项所涵盖的期间是(　　)。

A. 20×9 年 1 月 1 日至 20×9 年 1 月 10 日

B. 20×9 年 1 月 1 日至 20×9 年 3 月 2 日

C. 20×9 年 1 月 1 日至 20×9 年 3 月 10 日

D. 20×9 年 1 月 1 日至 20×9 年 4 月 30 日

11. 某上市公司在资产负债表日至财务报告批准报出日之间发生的下列事项中，属于资产负债表日后调整的事项是(　　)。

A. 以非货币性资产归还资产负债表日存在的欠款

B. 为所属子公司的银行借款提供债务担保

C. 董事会批准的上年度利润分配方案

D. 上年度已经确认收入的商品销售，因质量问题而退货

12. 如果资产负债表日后调整事项涉及损益，该事项会计核算应通过的会计科目是(　　)。

A. 存货跌价准备　　B. 资产减值损失

C. 利润分配　　D. 以前年度损益调整

二、多项选择题

1. 债务重组的主要方式包括(　　)。

A. 以现金资产清偿债务　　B. 将债务转为资本

C. 修改其他债务条件　　D. 以上方式的组合

E. 以非现金资产偿还债务

2. 以固定资产抵偿债务进行债务重组时，对债务人而言，下列项目中不影响债务重组损益计算的有(　　)。

A. 固定资产的账面价值　　B. 固定资产的累计折旧

C. 固定资产的评估净值　　D. 固定资产的公允价值

E. 固定资产减值准备

3. 下列有关债务重组时债务人会计处理的表述中，正确的有(　　)。

A. 以现金清偿债务时债务人实际支付的现金低于债务账面价值的差额计入资本公积。

B. 以非现金资产清偿债务时转让的非现金资产公允价值低于重组债务账面价值的差额计入资本公积

C. 以非现金资产清偿债务时转让的非现金资产公允价值低于重组债务账面价值的差额计入当期损益

D. 以非现金资产清偿债务时转让的非现金资产公允价值高于其账面价值之间的差额计入当期损益

E. 以现金清偿债务时债务人实际支付的现金低于债务账面价值的差额计入当期损益。

4. 债务人以现金清偿债务的情况下，债权人进行账务处理可能涉及的科目有(　　)。

A. 库存现金　　B. 营业外支出　　C. 营业外收入

D. 资产减值损失　　E. 预计负债

5. 下列各项中，属于债务重组修改其他债务条件方式的一般有(　　)。

A. 债务转为资本　　B. 减少本金　　C. 降低利率

D. 免除积欠利息　　E. 延长债务偿还期限并收取比原利率小的利息

6. 下列交易中，属于非货币性资产交换的有(　　)。

A. 以市价400万元的股票和票面金额200万元的应收票据换取公允价值为750万元的机床

B. 以持有的一项土地使用权换取一栋生产用厂房

C. 以账面价值为560万元、公允价值为600万元的专利技术换取一套电子设备，另支付补价160万元

D. 以账面价值为560万元、公允价值为600万元的厂房换取一套电子设备，另收取补价200万元

E. 以公允价值为200万元的房产换取一台运输设备并收取24万元补价

7. 根据《企业会计准则第7号——非货币性资产交换》的规定，下列各项中，可视为具有商业实质的有(　　)。

A. 未来现金流量的风险、金额相同，时间不同

B. 未来现金流量的时间、金额相同，风险不同

C. 未来现金流量的风险、时间相同，金额不同

D. 未来现金流量的风险、时间、金额均不同

E. 换入资产与换出资产的预计未来现金流量现值不同且其差额与换入资产和换出资产的公允价值相比是重大的

8. 非货币性资产交换具有商业实质且公允价值能够可靠计量的，在发生补价的情况下，换出资产公允价值与其账面价值的差额，下列会计处理方法中正确的有(　　)。

A. 换出资产为存货的，应当视同销售处理，按其公允价值确认商品销售收入，同时结转商品销售成本

B. 换出资产为固定资产的，换出资产公允价值和账面价值的差额，计入营业外收入或营业外支出

C. 换出资产为长期股权投资的，换出资产公允价值和账面价值的差额，计入投资收益

D. 换出资产为交易性金融资产的，换出资产公允价值和账面价值的差额，计入营业外收支

E. 换出资产为投资性房地产的，换出资产公允价值与账面价值的差额，计入营业外收支

9. 非货币性资产交换中，在满足下列(　　)条件中的任何一个时，应以换出资产的账面价值和应支付的相关税费为基础计算换入资产的成本。

A. 该项交换不具有商业实质

B. 虽具有商业实质，但换入资产和换出资产的公允价值均不能可靠计量

C. 该项交换具有商业实质

D. 换入资产或换出资产的公允价值能够可靠地计量

E. 虽具有商业实质，但换入资产或换出资产的公允价值不能可靠计量

10. 下列资产负债表日后事项中，属于调整事项的有(　　)。

A. 发行企业债券

B. 签订重大合同

C. 外汇汇率发生重大变动

D. 董事会提出分派现金股利方案

E. 销售退回

11. 下列于年度资产负债表日至财务会计报告批准报出日之间发生的事项中，属于资产负债表日后事项的有(　　)。

A. 支付生产工人工资

B. 固定资产和投资发生严重减值

C. 火灾造成重大损失

D. 股票和债券的发行

E. 外汇汇率发生重大变化

三、简答题

1. 在以非现金资产抵偿债务时，债务人如何确定非现金资产的处置损益和债务重组利得？

2. 简述资产交换具有商业实质的判断标准。

3. 如何确定资产负债表日后事项的涵盖期间？

四、计算分析题

1. A 企业和 B 企业均为增值税一般纳税人。A 企业于 20×8 年 6 月 30 日向 B 企业出售产品一批，产品销售价款 200 万元，应收增值税额 26 万元；B 企业于同年 6 月 30 日开出期限为 6 个月的票面年利率为 6%的商业承兑汇票，抵偿该产品价款。在该票据到期日，B 企业未按期兑付该票据，A 企业将该应收票据按其到期价值转入应收账款，不再计算利息。至 20×8 年 12 月 31 日，A 企业对该应收账款提取的坏账准备为 1 万元。B 企业由于财务困难，短期内资金紧张，于 20×8 年 12 月 31 日经与 A 企业协商，达成债务重组协议如下：

① B 企业以一批产品偿还部分债务。该批产品的账面价值为 4 万元，公允价值为 6 万元，应交增值税额为 0.78 万元。B 企业开出增值税专用发票。A 企业将该产品作为商品验收入库。

② A 企业同意减免 B 企业所负全部债务扣除实物抵债后剩余债务的 40%债务，其余债务的偿还期延至 20×9 年 12 月 31 日。

要求：(1) 计算 B 企业债务重组时应付账款的账面余额、债务重组后债务的入账价值、债务重组利得。

(2) 编制 B 企业与债务重组有关的会计分录。

(3) 计算 A 企业债务重组损失，并编制 A 企业的会计分录。

2. 甲公司 20×8 年 11 月 27 日以一套自己研发并已投入使用的设备与丁公司库存商品 A、库存商品 B 进行交换。甲公司该套设备账面原价 200 万元，累计折旧 70 万元，由于市场上不存在同类设备，无法确定其公允价值。丁公司库存商品 A 成本 30 万元，公允价值 40 万元；库存商品 B 成本 60 万元，公允价值 80 万元。假定甲公司、丁公司资产交换具有商业实质，增值税税率均为 13%，甲公司换入资产作为原材料使用，丁公司换入资产仍作为固定资产使用和管理，不考虑其他相关因素影响。

要求：编制甲公司进行非货币性资产交换的相关会计分录。

3. 20×9 年 3 月，希望公司决定和宏达公司进行资产交换，希望公司、宏达公司的增值税税率均为 13%，计税价格等于公允价值。整个交换过程中没有发生除增值税以外的其他相关税费，该交换具有商业实质且公允价值能够可靠计量。有关资料如下：

(1) 希望公司换出：① 固定资产——×车床：原价 260 万元，累计折旧 40 万元，计提固定资产减值准备 20 万元，公允价值 210 万元。② 库存商品——甲商品：账面余额为 150 万元，计提存货跌价准备 30 万元，公允价值 140 万元。

(2) 宏达公司换出：① 固定资产——×汽车：原价 350 万元，累计折旧 100 万元，公允价值 240 万元。② 库存商品——乙商品：账面余额 170 万元，计提存货跌价准备 70 万元，公允价值 110 万元。

要求：编制有关希望公司、宏达公司非货币性资产交换的会计分录。

4. A 公司 20×8 年 11 月销售给 B 企业一批产品，售价 500 万元(不含应向购买方收取的增值税额)，销售成本 400 万元，货款于当年 12 月 31 日尚未收到。20×8 年 12 月 25 日接到 B 企业通知，B 企业在验收物资时，发现该批产品存在严重的质量问题需要退货。A 公司希望通过协商解决问题，并与 B 企业协商解决办法。A 公司在编制 20×8 年度资产负债表时，将该应收账款 565 万元(包括向购买方收取的增值税额)列示于资产负债表的“应收账款”项目内，公司按应收账款年末余额的 5%计提坏账准备。20×9 年 1 月 10 日双方协商未成，A 公司收到 B 企业通知，该批产品已经全部退回。A 公司于 20×9 年 1 月 15 日收到退回的产品，以及购货方退回的增值税专用发票的发票联和税款抵扣联(假如该商品增值税税率为 13%，A 公司为增值税一般纳税人。不考虑其他税费因素)。A 公司已经税务部门批准在应收款余额 5‰的范围内计提的坏账准备可以在税前扣除，除应收 B 企业账款计提的坏账准备外，无其他纳税调整事项。A 公司所得税采用债务法核算，20×9 年 2 月 15 日完成了 20×8 年所得税汇算清缴。A 公司预计今后 3 年内均为盈利并有足够的应纳税所得额用以抵减时间性差异，并按实现净利润的 10%提取法定盈余公积金，按 5%提取法定公益金。

要求：编制 A 公司有关事项的会计分录。

第十四章　财务会计报告

【学习目标】

- 了解财务报告的构成及列报的基本要求；
- 理解财务报表的编制和填表方法；
- 了解附注的主要内容。

【课前阅读】

一文读懂可口可乐公司财报的真相

2018年初，可口可乐公司公布了2017年经营业绩：收入下滑15%，利润下滑81%。这个结果引起了一轮广泛的讨论，“护城河崩塌”说广为传播。

但仔细分析过可口可乐公司财务报表后，却得到一个完全相反的结论：可口可乐公司的护城河还在，并且战略调整还有望进一步巩固其核心竞争优势，利润大幅变动则主要归因于短期因子。从持续经营的角度看，可口可乐公司经营实际上在向好的方向发展。

转眼一年过去，2018年，可口可乐公司的收入仍在下滑(–10%)，但营业利润增速由负转正(+3.6%)，税前利润同比大幅提升24%。2018年，可口可乐公司的股价创下历史新高。

当然，2018年财报披露之后，可口可乐公司股价出现大跌，但低于预期的同样不是收入增速，更多的是因为不知何时休的非经常性损失，代理人风险是比可口可乐公司护城河更值得担心的问题。

了解可口可乐公司财务数据波动真相其实并不难。

一方面这家百年企业，向所有人充分披露了它的发展历史和经营状况。另一方面公司在其年度报告中，对经营数据的波动尽可能详细地进行了解释和分析。

但我们为什么还会一不小心就产生如此大的误会呢？可能还是与互联网时代的信息快餐文化有关。以多年金融从业经历看，大部分研究和分析工作并不复杂，大部分时候仅需要运用四则运算就够了。问题出在研究的目的和分析的基本原则上。

怀疑精神、严谨的研究态度和细节的分析工作，的确能够帮助避免犯下重大错误，可口可乐在2017年的讨论就是一个非常生动的案例。

而笔者总结的以下几条财务报表分析中至少需要遵循的原则，以飨读者。

(1) 整体原则。看财务报表绝不能只看利润表，特别是只看收入和利润两行——三张表是一个整体，而绝非哪一张最重要。

我们往往最关心利润表，因为评估一只股票或者一个非上市公司价格是不是过高或者过低，主要依靠的是对市盈率和成长性的比较。这在大部分时候都是起效的，但在关键时刻却会带来严重错误。

以可口可乐公司为例，2017 年公司收入和利润大幅下滑，或许应该关注一下它的资产负债表是否也出现了明显的变异，如库存、应收账款、应付账款是否出现了问题，因为企业经营如果真的出现重大不利变化，这些运营性资产也应该有相应的表现才对。

只需一瞥，我们就会发现资产负债表一切安好。又如，A 股很多上市公司在 2019 年初出现了现金流问题，而这些问题是不太可能只从利润表里就能看出来的。

(2) 映射原则。做财务报表分析一定要对公司基本面的变化有清晰的理解，并构建这个经营实际与财务数据变动的映射关系，才有可能正确地解读数据传递的信号。

财务分析绝不应只停留于财务数字和财务指标本身，数字必须与客观经营实际结合起来才具有真实的分析价值。

例如应收账款周转率下降不一定是坏消息，它既可能是因为经营不善导致不能快速回收账款，也可能是因为公司主动放宽政策，鼓励经销商扩大市场份额。

同样，突然增加的非经常性损益也不一定意味着企业开始不务正业，它既可能是企业通过并购“做”利润或“洗澡”，也可能是企业在积极修正此前的战略失误。可口可乐公司在 2010 年和 2017 年的非经常性损益代表的意义就是截然不同的。

(3) 常识原则。基本面变动和财务数据的变动分析需要遵循正确的商业规律(常识)，否则就只能算是财务数据描述而非财务分析。

基于映射原则，分析一个财务数据或者财务指标时，我们应该依据这个数据或者指标背后的经营实际来讨论问题，而不是局限于讨论数据或指标本身。但这只算是对财务数据或指标的正确描述而非分析。

例如，A 公司在 2018 年为了争取渠道的支持放松了应收款政策，所以应收账款增加，且应收账款周转率下降了。这就是一个数据和指标描述。但需要分析的是这个描述的“合理性”，也就是这个变化是否符合常识。例如在可口可乐公司 2017 年的年报中，税前利润约为 67.4 亿美金，并缴纳了 55.6 亿美金的所得税，实际税率为 82.5%，这是数据描述。但这不符合常识，因为这个税率显然不合理，并且还知道特朗普政府实际上在努力通过减税来刺激美国经济活力。

(4) 逻辑自洽原则。财务数据的变化很重要，但找到导致财务指标变化的动因以及多类指标的联动逻辑关系更重要——知其然，亦知其所以然。

如果能够合理建立起经营实际与财务数据和指标的映射关系，然后拥有比较丰富的对经济规律的“常识”，就能够在多个财务数据和指标的对比分析中挖掘出更深刻的问题，而这需要基于“常识”进行合理的逻辑推演。

以可口可乐公司 2017 年报为例，当看到公司收入下滑 15%、利润下滑 81%，可能会产生一个假象，那就是可口可乐公司可能在 2017 年面临重大的经营困难，这家公司的“护城河”开始消失了。

若真如此，那作为杰出了一百多年、市值 1700 多亿美金的巨型公司，应该期望能看到公司为了挽回局面大量投放市场费用，通过广告、促销来稳定形势。

还应该预期公司可能会通过降价来提升消费者对其主打产品的需求。相应的，我们应该能看到毛利率下行趋势和费用率上升趋势才对。但毛利率指标和期间费用率指标与这个猜想恰好相反：毛利率上行，费用率下行。

我们就应该严重怀疑这个假设的正确性。假设与财务指标的表现逻辑一致，财务指标与指标之间的逻辑一致，是我们能够得到正确结论的重要基础。

(5) 向前看原则。财务报表分析的目的除了找到基本面变化动因以及评判一家公司的好坏之外，更重要的是对公司发展趋势做出合理分析判断。

最后也想给那些能够通过传播信息和观点获益的读者一点不成熟的小建议：虽然身处互联网时代的我们都在争分夺秒，但是不能因此将我们的讨论肤浅化，更不能将应有的严肃和严谨娱乐化。

从财务分析的视角来说，绝不能简单因为几个财务指标发生了有利或不利变化，就匆忙下一个看似正确的结论了事，额外的一点耐心和责任心是不可或缺的。

第一节　财务报告概述

一、财务报告的内容

财务报告亦称为财务会计报告，是企业正式对外揭示或表述财务信息的总结性书面文件。我国《企业会计准则——基本准则》将其定义为“财务会计报告是企业对外提供的反映企业某一特定日期的财务状况和某一会计期间的经营成果、现金流量等会计信息的文件”。财务报告包括财务报表和其他应当在财务报告中披露的相关信息和资料。一般地，财务报表是财务报告的核心，企业对外提供的主要财务信息都应纳入财务报表。财务报告一般应提供以下信息：

(1) 企业经济资源，即这些资源上的权利以及引起资源和资源权利变动的各种交易、事项的信息。

(2) 企业在报告期内的经营绩效，即企业经济活动(包括投资活动和理财活动)中引起的资产、负债和所有者权益的变动及其结果的信息。

(3) 企业现金流量的信息。现金流动(尤其是净现金流动)是现代企业经济上有无活力、财务上有无弹性、在未来发展上有无后劲的重要标志。财务报告的使用者特别关注企业的到期利息与本金能否用现金偿还，应付股利能否用现金分派以及表明影响企业变现能力或偿债能力的其他信息。

(4) 反映企业管理当局(董事长、经理等)向资源提供者报告如何利用受托使用的资源进行资源的保值、增值活动并履行法律与合同规定的其他义务等有关受托责任的信息。

(5) 随着社会经济的发展，逐渐扩大财务报告信息的内容，包括财务信息和未来信息，如企业未来经营预测和社会责任的履行情况。

二、财务报表的构成和分类

财务报表是根据公认会计准则，以表格形式概括反映企业财务状况、经营成果、现金流量及所有者权益变动的书面文件。按《企业会计准则第 30 号——财务报表列报》的规定，财务报表是对企业财务状况、经营成果和现金流量的结构性表述，至少应当包括下列组成部分：① 资产负债表；② 利润表；③ 现金流量表；④ 所有者权益变动表；⑤ 附注。其中，资产负债表、利润表、现金流量表和所有者权益(或股东权益)变动表属于基本财务报表。附注是对基本财务报表的信息进行进一步的说明、补充或解释，以便帮助使用者理解和使用报表信息。在会计实务中，财务报表附注可采用附表和底注等形式。财务报表的这些组成部分同等重要。

财务报表可以按照不同的标准进行分类：

(1) 按财务报表编报期间的不同，分为中期财务报表和年度财务报表。前者是以短于一个完整会计年度的报告期间为基础编制的财务报表，有月报、季报和半年报等。中期财务报表至少应当包括资产负债表、利润表、现金流量表和附注。其中，资产负债表、利润表和现金流量表应当是完整的报表，其格式和内容与年度财务报表相一致。与年度财务报表相比，中期财务报表中的附注可适当简略。

(2) 按财务报表编报主体的不同，分为个别财务报表和合并财务报表。前者是企业自己在自身会计核算基础上对账簿记录进行加工而编制的财务报表，它主要反映了企业自身的财务状况、经营成果和现金流量情况。后者是以母公司和子公司组成的企业集团为会计主体，并由母公司按照自己和所属子公司的财务报表编制的能综合反映企业集团财务状况、经营成果及现金流量的财务报表。

三、财务报表列报的基本要求

(一) 按照各项会计准则确认和计量的结果来编制财务报表

企业应按照实际发生的交易和事项，遵循《企业会计准则——基本准则》和各项具体会计准则的规定加以确认和计量，并且在该基础上编制财务报表。企业应当在附注中对这一情况加以说明。只有在遵循了企业会计准则的所有规定时，才能称财务报表“遵循了企业会计准则”。同时，企业不能以在附注中披露来替代对交易或事项的确认和计量，不恰当确认和计量的纠正也不能采取充分披露相关会计政策之类的措施。

另外，若根据各项会计准则规定披露的信息不足以让报表使用者了解特定交易或事项给企业财务状况和经营成果造成的影响时，企业还应披露其他相关信息。

(二) 以持续经营为列报基础

持续经营是会计的基本前提，同时也是会计确认、计量及编制财务报表的基础。在编制财务报表时，企业管理高层应运用其可获得的一切信息来评价企业自身报告期末起至少 1 年的持续经营能力。当然，在评价的时候需要考虑很多因素，主要有宏观政策风险、市场经营风险、企业当前或长期的盈利能力、偿债能力以及企业管理高层改变经营政策的意向等。若评价结果显示对持续经营能力产生重大怀疑，企业还应在附注中披露导致对持续经营能力产生重大怀疑的因素，以及企业对该怀疑欲采取的解决措施。

对于评估持续经营能力，企业还要结合自身的具体状况具体考虑。一般来说，若企业过去每年都有可观的净利润，且容易获取所需的财务资源，那么通常表明以持续经营为基础编制财务报表是合理的，而且不再需要加以仔细分析就可得出企业持续经营的结论。相反，若企业过去连续多年都有亏损的记录等情形，那么还需通过考虑更为广泛的相关因素来加以评价，例如，当前和预计的未来的获利能力、债务偿还计划、代替融资的潜在来源等。

非持续经营是企业在极端情形下表现的一种状态。企业存在以下情况之一的，通常表明企业处于非持续经营状态：① 企业已在当期进行清算或停止营业；② 企业已经正式决定在下一个会计期间进行清算或停止营业；③ 企业已确定在当期或下一个会计期间没有其他可供选择的方案而将被迫进行清算或停止营业。企业处于非持续经营状态时，其资产应当采用可变现净值计量、负债应当按照其预算的结算金额计量等。在非持续经营情况下，企业应当在附注中声明财务报表未以持续经营为基础列报、披露未以持续经营为基础的原因以及财务报表的编制基础。

(三) 权责发生制

除现金流量表按照收付实现制编制外，企业应当按照权责发生制编制其他财务报表。

(四) 列报的一致性

可比性是会计信息质量的一项重要质量要求，目的是使同一企业不同期间和同一期间不同企业的财务报表相互可比。为此，财务报表项目的列报应当在各个会计期间保持一致，不得随意变更。这一要求不仅针对财务报表中的项目名称，还包括财务项目的分类、排列顺序等方面。

在以下规定的特殊情况下，财务报表项目的列报是可以改变的：

(1) 会计准则要求改变；

(2) 企业经营业务的性质发生重大变化或对企业经营影响较大的交易或事项发生后，变更财务报表项目的列报能够提供更可靠、更相关的会计信息。

(五) 依据重要性原则单独或汇总列报项目

关于项目在财务报表中是单独列报还是合并列报，应当按照重要性原则来判断。总的原则是，如果某项目单个看不具有重要性，则可将其与其他项目汇总列报；如具有重要性，则应当单独列报。企业在进行重要性判断时，应当根据企业所处的具体环境，从项目的性质和金额两方面予以判断，一方面，应当考虑该项目的性质是否属于企业日常活动、是否显著影响企业的财务状况、经营成果和现金流量等；另一方面，判断项目金额大小的重要性，应当通过单项金额占资产总额、负债总额、所有者权益总额、营业收入总额、营业成本总额、净利润、综合收益总额等直接相关项目的金额的比重或所属报表的列项目金额的比重加以确定。同时，企业对于各个项目重要性的判读标准一经确定，不得随意变更，具体而言：

(1) 性质和功能不同的项目，一般应当在财务报表中单独列报，比如存货和固定资产在性质上和功能上都有本质差别，必须分别在资产负债表上单独列报，但是不具有重要性的项目可以合并列报。

(2) 性质和功能类似的项目，一般可以合并列报，但是对具有重要性的类别应该单独列报。比如原材料、在产品等项目在性质上类似，均通过生产过程形成企业的产品存货，因此可以合并列报，合并之后的类别统称为“存货”，在资产负债表上列报。项目单独列报的原则不仅适用于报表，还适用于附注。某些项目的重要性程度不足以在资产负债表、利润表、现金流量表和所有者权益变动表中单独列报，但是可能对附注而言：① 具有重要性，在这种情况下应当在附注中单独披露；② 无论是财务报表列报准则规定的单独列报项目，还是其他具体会计准则规定单独列报的项目，企业都应当单独列报。

（六）财务报表项目金额间的相互抵销

财务报表项目应当以总额列报，资产和负债、收入和费用、直接计入当期利润的利得和损失项目的金额不能相互抵销，即不得以净额列报，但企业会计准则另有规定的除外。比如，企业欠客户的应付款不得与其他客户欠本企业的应收款相抵销，如果相互抵销就掩盖了交易的实质。

下列三种情况不属于抵销，可以以净额列示：

(1) 一组类似交易形成的利得和损失以净额列示的，不属于抵销。比如，汇兑损益应当以净额列报，为交易目的而持有的金额工具形成的利得和损失应当以净额列报等。但是，如果相关利得和损失具有重要性，则应当单独列报。

(2) 资产或负债项目按扣除被抵项目后的净额列示，不属于抵销。比如，对资产计提减值准备，表明资产的价值确实发生减损，按扣除减值准备后的净额列示，才反映了资产当时的真正价值。

(3) 非日常活动产生的利得和损失，以同一交易形成的收益扣减相关费用后的净额列示更能反映交易实质的，不属于抵销。非日常活动并非企业主要的业务，非日常活动产生的损益以收入扣减费用后的净额列示，更能有利于报表使用者的理解。比如，非流动资产处置形成的利得和损失，应当按处置收入扣除该资产的账面金额和相关销售费用后金额列报。

（七）比较信息的列报

企业在列报当期财务报表时，至少应当提供所有列报项目上一个可比会计期间的比较数据，以及与理解当期财务报表相关的说明，目的是向报表使用者提供对比数据，提高信息在会计期间的可比性，以反映企业资产状况、经营成果和现金流量发展的趋势，提高报表使用者的判断与决策能力。列报比较信息的这一要求适用于财务报表的所有组成部分，即适用于资产负债表、现金流量表、所有者权益变动表这三张报表，也适用于附注。

通常情况下，企业列报所有项目上一个可比会计期间的比较数据至少包括两期各报表及相关附注。当企业追述应用会计政策或追述重述，或者重新分类财务报表项目时，按照《企业会计准则第 28 号——会计政策、会计估计变更和差错更正》等的规定，企业应当在一套完整的财务报表中列报最早可抵期间期初的财务报表，即应当至少列报三期资产负债表、两期其他各报表(利润表、现金流量表和所有者权益变动表)及相关附注，其中列报的三期资产负债表分别指当期期末的资产负债表、上期期末(即当期期初)的资产负债表，以及上期期初的资产负债表。

在财务报表项目的列报确需发生变更的情况下，应当至少对可抵期间的数据按照当期的列报要求进行调整，并在附注中披露调整的原因和性质，以及调整的各项目金额。但是，在某些情况下，对可比期间比较数据进行调整是不切实可行的，关于企业变更会计政策或更正差错时要求的对比较信息的调整，还应遵循《企业会计准则第 28 号——会计政策、会计估计变更和差错更正》。

(八) 财务报表表首的列报要求

财务报表通常与其他信息(如企业年度报告等)一起公布，企业应当按照企业会计准则编制的财务报告与一起公布的同一文件中的其他信息相区分。

财务报表一般分为表首、正表两部分，其中，在表首部分企业应当概括地说明下列基本信息：① 编报企业的名称，如企业名称在所属当期发生了变更，还应明确标明；② 对资产负债表而言，需披露报表涵盖的会计期间；③ 货币名称和单位，按照我国企业会计准则的规定，企业应当以人民币作为记账本位币列报，并标明金额单位，如人民币元、人民币万元等；④ 财务报表是合并财务报表的，应当予以标明。

(九) 报告期间

企业至少应当编制年度财务报表。根据《中华人民共和国会计法》的规定，会计年度自公历 1 月 1 日起至 12 月 31 日止。因此，在编制年度财务报表时，可能存在年度财务报表涵盖的期间短于一年的情况，比如企业在年度中间(如 3 月 1 日)开始设立等，在这种情况下，企业应当披露年度财务报表的实际涵盖期间及其短于一年的原因，并说明此引起财务报表项目与比较数据不具可比性这一事实。

第二节 资产负债表

一、资产负债表的内容及结构

(一) 资产负债表的内容

资产负债表是指反映企业在某一特定日期财务状况的报表。它反映企业在某一特定日期所拥有或控制的资源、所承担的现时义务和所有者对净资产的要求权。通过资产负债表，可以提供某一日期资产的总额及其结构，表明企业拥有或控制的资源及其分布情况，使用者可以一目了然地从资产负债表上了解企业在某一特定日期所拥有的资产总量及其结构；可以提供某一日期的负债总额及其结构，表明企业未来需要用多少资产或劳务清偿债务以及清偿时间；可以反映所有者所拥有的权益，据以判断资本保值、增值的情况以及对负债的保障程度。此外，资产负债表还可以提供进行财务分析的基本资料，如将流动资产与流动负债进行比较，计算出流动比率；将速动资产与流动负债进行比较，计算出速动比率等，可以表明企业的变现能力、偿债能力和资金周转能力，从而有助于报表使用者作出经济决策。

(二) 资产负债表的结构

根据财务报表列报准则的要求，我国现行资产负债表采用账户式结构，即左侧列报资产方，一般按资产的流动性大小排列；右侧列报负债方和所有者权益方，一般按要求清偿时间的先后顺序排列。账户式资产负债表中的资产各项目的合计等于负债和所有者权益各项目的合计，即资产负债表左方和右方平衡，满足“资产=负债+所有者权益”。同时，企业需要提供比较资产负债表，以便使报表使用者通过比较不同时点资产负债表的数据，掌握企业财务状况的变动情况及发展趋势。因此，资产负债表还就各项目再分为“年初余额”和“期末余额”两栏分别填列。

二、资产负债表的列报

(一) 资产负债表列报的总体要求

1. 分类别列报

资产负债表列报，最根本的目标是如实反映企业在资产负债表日所拥有的资源、所承担的负债以及所拥有的权益。因此，资产负债表应当按照资产、负债和所有者权益三大类别分别列报。

2. 资产和负债按流动性列报

资产和负债应当按照流动性分为流动资产和非流动资产、流动负债和非流动负债列示。流动性通常按照资产的变现或耗用时间长，短或负债偿还时间的长短来确定，应先列报流动性强的资产或负债，再列报流动性弱的资产或负债。

银行、证券、保险等金融企业由于在经营内容上不同于一般的工商企业，导致其资产和负债的构成项目也与一般工商企业有所不同。金融企业的有些资产或负债在无法严格区分为流动资产或负债和非流动资产或负债的情况下，按照流动性列示往往能够提供可靠且更相关的信息，因此金融企业可以大致按照流动性顺序列示资产和负债。

3. 列报相关的合计、总计项目

资产负债表中的资产至少应当列示流动资产和非流动资产的合计项目；负债类至少应当列示流动负债、非流动负债及负债的合计项目；所有者权益应当列示所有者的合计项目。资产负债表遵循了“资产=负债+所有者权益”这一会计恒等式，把企业在特定日期所拥有的经济资源和与之相对应的企业所承担的债务及偿债以后属于所有者的权益充分反映了出来。因此，资产负债表应当分别列示资产总计项目和负债与所有者权益之和的总计项目，并且这二者的金额应当相等。

(二) 资产的列报

资产是指企业过去的交易、事项形成的并由企业在某一特定日期所拥有或控制的、预期会给企业带来经济利益的资源。资产应当按照流动资产和非流动资产两大类分别在资产负债表中列示，在流动资产和非流动资产类别下进一步按性质分项列示。

资产满足下列条件之一的，应当归类为流动资产：① 预计在一个正常周期中变现、出售或耗用。这主要包括存货、应收账款等资产。需要指出的是，变现一般针对应收账款等而言，指将资产变为现金；出售一般针对产品等存货而言；耗用一般指将存货(如原材料)转变成另一种形态(如产成品)。② 主要为交易目的而持有。比如一些根据《企业会计准则

第 22 号——金融工具确认和计量》划分的交易性金融资产。但是，并非所有交易性金融资产都是流动资产，比如自资产负债表日起超过 12 个月到期且预期持有超过 12 个月的衍生工具应当划分为非流动资产或非流动负债。③ 预计在资产负债表日起 1 年内(含 1 年，下同)变现。④ 自资产负债表日起 1 年内，交换其他资产或清偿负债的能力不受限制的现金或现金等价物。同时，流动资产以外的资产应当归类为非流动资产。

所谓正常营业周期，是指企业从购买用于加工的资产起至实现现金或现金等价物的期间。正常营业周期通常短于 1 年，在 1 年内有几个营业周期。但是，因生产周期较长等导致正常营业周期长于 1 年的，尽管相关资产往往超过 1 年才变现、出售或耗用，仍应当划分为流动资产。当正常营业周期不能确定时，企业应当以 1 年(12 个月)作为正常营业周期。

(三) 负债的列报

负债反映在某一特定日期企业所承担的、预期会导致经济利益流出企业的现时义务。负债应当按照流动负债和非流动负债在资产负债表进行列示，在流动负债和非流动负债类别下进一步按性质分项列示。

流动负债的判断标准与流动资产的判断标准类似。负债满足下列条件之一的，应当归类为流动负债：① 预计在一个正常营业周期中清偿。② 主要为交易目的而持有。③ 自资产负债表日起 1 年内到期应予以清偿。④ 企业无权自主地将清偿推迟至资产负债表日后 1 年以上。但是，企业正常营业周期中的经营性负债项目即使在资产负债表日后超过 1 年才予清偿的，仍应划分为流动负债。经营性负债项目包括应付账款、应付职工薪酬等，这些项目属于企业正常营业周期中使用的营运资金的一部分。关于可转换工具负债成分的分类还需要注意的是，负债在其对手方选择的情况下可通过发行权益进行清偿的条款与在资产负债表日负债的流动性划分无关。

此外，企业在判断负债的流动性划分时，对于资产负债表日后事项的有关影响需要特别加以考虑。总的判断原则是，企业在资产负债表上对债务流动和非流动的划分，应当反映在资产负债表日有效的合同安排，考虑自资产负债表日起 1 年内企业是否必须无条件清偿，而资产负债表日之后(即使是财务报告批准报出日前)的再融资、展期或提供宽限期等行为，与资产负债表日判断负债的流动性状况无关。具体而言：① 对于自资产负债表日起 1 年内到期的负债，企业有意图且有能力自主地将清偿义务展期至资产负债表日后 1 年以上的，应当归类为非流动负债；不能自主地将清偿义务展期的，即使在资产负债表日后、财务报告批准报出日前签订了重新安排清偿计划协议，该项负债在资产负债表日仍应当归类为流动负债。② 企业在资产负债表日或之前违反了长期借款协议，导致贷款人可随时要求清偿的负债，应当归类为流动负债。但是，如果贷款人在资产负债表日或之前同意提供在资产负债表日后 1 年以上的宽限期，在此期限内企业能够改正违约行为，且贷款人不能要求随时清偿的，在资产负债表日的此项负债并不符合流动负债的判断标准，应当归类为非流动负债。企业的其他长期负债存在类似情况的，应当比照上述规定进行处理。

(四) 持有待售的非流动资产和非流动负债的列报

对于根据企业会计准则持有待售的非流动资产(比如固定资产、无形资产、长期股权投资等)以及被划分为持有代售处置组中的资产，应当归类为流动资产；类似地，被划分为持有待售的处置组中的与转让资产相关的负债，应当归类为流动负债。其中，处置组是指在一项交易中作为整体通过出售或其他方式一并处置的一组资产以及在该交易中转让的与这些资产直接相关的负债。

(五) 所有者权益的列报

资产负债表中的所有者权益是企业资产扣除负债后的剩余权益，反映企业在某一特定日期股东投资者所拥有净资产的总额。资产负债表中的所有者权益类一般按照净资产的不同来源和特定用途进行分类，按照实收资本(或股本)、资本公积、盈余公积、未分配利润等项目分项列示。

为解决执行企业会计准则的企业在财务报告编制中的实际问题，规范企业财务报表列报，提高会计信息质量，针对 2018 年 1 月 1 日起分阶段实施的《企业会计准则第 22 号——金融工具确认和计量》(财会〔2017〕7 号)、《企业会计准则第 23 号——金融资产转移》(财会〔2017〕8 号)、《企业会计准则第 24 号——套期会计》(财会〔2017〕9 号)、《企业会计准则第 37 号——金融工具列报》(财会〔2017〕14 号)(以上四项简称新金融准则)和《企业会计准则第 14 号——收入》(财会〔2017〕22 号，简称新收入准则)，以及企业会计准则实施中的有关情况，财政部对一般企业财务报表格式进行了修订。

修订后的资产负债表的具体格式如表 14-1 所示。

表 14-1 资产负债表

(适用于已执行新金融准则或新收入准则的企业) 会企 01 表

编制单位： _____年_____月____日 单位：

资　　产	期末余额	年初余额	负债和所有者权益(或股东权益)	期末余额	年初余额
流动资产：			流动负债：		
货币资金			短期借款		
交易性金融资产			交易性金融负债		
衍生金融资产			衍生金融负债		
应收票据及应收账款			应付票据及应付账款		
预付款项			预收款项		
其他应收款			合同负债		
存货			应付职工薪酬		
合同资产			应交税费		
持有待售资产			其他应付款		
一年内到期的非流动资产			持有待售负债		
其他流动资产			一年内到期的非流动负债		
流动资产合计			其他流动负债		

续表

资　产	期末余额	年初余额	负债和所有者权益(或股东权益)	期末余额	年初余额
非流动资产：			流动负债合计		
债权投资			非流动负债：		
其他债权投资			长期借款		
长期应收款			应付债券		
长期股权投资			其中：优先股		
其他权益工具投资			永续债		
其他非流动金融资产			长期应付款		
投资性房地产			预计负债		
固定资产			递延收益		
在建工程			递延所得税负债		
生产性生物资产			其他非流动负债		
油气资产			非流动负债合计		
无形资产			负债合计		
开发支出			所有者权益(或股东权益)：		
商誉			实收资本(或股本)		
长期待摊费用			其他权益工具		
递延所得税资产			其中：优先股		
其他非流动资产			永续债		
非流动资产合计			资本公积		
			减：库存股		
			其他综合收益		
			盈余公积		
			未分配利润		
			所有者权益(或股东权益)合计		
资产总计			负债和所有者权益(或股东权益)总计		

资产负债表变化：主要变化是归并原有项目，即“应收票据”及“应收账款”项目归并至新增的“应收票据及应收账款”项目；“应收利息”及“应收股利”项目归并至“其他应收款”项目；“固定资产清理”项目归并至“固定资产”项目；“工程物资”项目归并至“在建工程”项目；“应付票据”及“应付账款”项目归并至新增的“应付票据及应付账款”项目；“应付利息”及“应付股利”项目归并至“其他应付款”项目，“专项应付款”项目归并至“长期应付款”项目；新增与新金融工具准则有关的“交易性金融资产”“债权投资”“其他债权投资”“其他权益工具投资”“其他非流动金融资产”“交

易性金融负债”“合同资产”和“合同负债”项目；同时删除“以公允价值计量且其变动计入当期损益的金融资产”“可供出售金融资产”“持有至到期投资”以及“以公允价值计量且其变动计入当期损益的金融负债”项目。

三、资产负债表新变化的具体说明

(1)“交易性金融资产”行项目，反映资产负债表日企业分类为以公允价值计量且其变动计入当期损益的金融资产，以及企业持有的直接指定为以公允价值计量且其变动计入当期损益的金融资产的期末账面价值。该项目应根据“交易性金融资产”科目的相关明细科目期末余额分析填列。自资产负债表日起超过一年到期且预期持有超过一年的以公允价值计量且其变动计入当期损益的非流动金融资产的期末账面价值，在“其他非流动金融资产”行项目反映。

(2)“债权投资”行项目，反映资产负债表日企业以摊余成本计量的长期债权投资的期末账面价值。该项目应根据“债权投资”科目的相关明细科目期末余额，减去“债权投资减值准备”科目中相关减值准备的期末余额后的金额分析填列。自资产负债表日起一年内到期的长期债权投资的期末账面价值，在“一年内到期的非流动资产”行项目反映。企业购入的以摊余成本计量的一年内到期的债权投资的期末账面价值，在“其他流动资产”行项目反映。

(3)“其他债权投资”行项目，反映资产负债表日企业分类为以公允价值计量且其变动计入其他综合收益的长期债权投资的期末账面价值。该项目应根据“其他债权投资”科目的相关明细科目期末余额分析填列。自资产负债表日起一年内到期的长期债权投资的期末账面价值，在“一年内到期的非流动资产”行项目反映。企业购入的以公允价值计量且其变动计入其他综合收益的一年内到期的债权投资的期末账面价值，在“其他流动资产”行项目反映。

(4)“其他权益工具投资”行项目，反映资产负债表日企业指定为以公允价值计量且其变动计入其他综合收益的非交易性权益工具投资的期末账面价值。该项目应根据“其他权益工具投资”科目的期末余额填列。

(5)“交易性金融负债”行项目，反映资产负债表日企业承担的交易性金融负债，以及企业持有的直接指定为以公允价值计量且其变动计入当期损益的金融负债的期末账面价值。该项目应根据“交易性金融负债”科目的相关明细科目期末余额填列。

(6)“合同资产”和“合同负债”行项目，企业应按照《企业会计准则第 14 号——收入》(2017 年修订)的相关规定，根据本企业履行履约义务与客户付款之间的关系在资产负债表中列示合同资产或合同负债。“合同资产”项目、“合同负债”项目，应分别根据“合同资产”科目、“合同负债”科目的相关明细科目期末余额分析填列，同一合同下的合同资产和合同负债应当以净额列示，其中净额为借方余额的，应当根据其流动性在“合同资产”或“其他非流动资产”项目中填列，已计提减值准备的，还应减去“合同资产减值准备”科目中相关的期末余额后的金额填列；其中净额为贷方余额的，应当根据其流动性在“合同负债”或“其他非流动负债”项目中填列。

(7) 按照《企业会计准则第 14 号——收入》(2017 年修订)的相关规定确认为资产的合同取得成本，应当根据“合同取得成本”科目的明细科目初始确认时摊销期限是否超过一年或一个正常营业周期，在“其他流动资产”或“其他非流动资产”项目中填列，已计提减值准备的，还应减去“合同取得成本减值准备”科目中相关的期末余额后的金额填列。

(8) 按照《企业会计准则第 14 号——收入》(2017 年修订)的相关规定确认为资产的合同履约成本，应当根据“合同履约成本”科目的明细科目初始确认时摊销期限是否超过一年或一个正常营业周期，在“存货”或“其他非流动资产”项目中填列，已计提减值准备的，还应减去“合同履约成本减值准备”科目中相关的期末余额后的金额填列。

(9) 按照《企业会计准则第 14 号——收入》(2017 年修订)的相关规定确认为资产的应收退货成本，应当根据“应收退货成本”科目是否在一年或一个正常营业周期内出售，在“其他流动资产”或“其他非流动资产”项目中填列。

(10) 按照《企业会计准则第 14 号——收入》(2017 年修订)的相关规定确认为预计负债的应付退货款，应当根据“预计负债”科目下的“应付退货款”明细科目是否在一年或一个正常营业周期内清偿，在“其他流动负债”或“预计负债”项目中填列。

(11) “应收票据及应收账款”行项目，反映资产负债表日以摊余成本计量的、企业因销售商品、提供服务等经营活动应收取的款项，以及收到的商业汇票，包括银行承兑汇票和商业承兑汇票。该项目应根据“应收票据”和“应收账款”科目的期末余额，减去“坏账准备”科目中相关坏账准备期末余额后的金额填列。

(12) “其他应收款”行项目，应根据“应收利息”“应收股利”和 “其他应收款”科目的期末余额合计数，减去“坏账准备”科目中相关坏账准备期末余额后的金额填列。

(13) “持有待售资产”行项目，反映资产负债表日划分为持有待售类别的非流动资产及划分为持有待售类别的处置组中的流动资产和非流动资产的期末账面价值。该项目应根据“持有待售资产”科目的期末余额，减去“持有待售资产减值准备”科目的期末余额后的金额填列。

(14) “固定资产”行项目，反映资产负债表日企业固定资产的期末账面价值和企业尚未清理完毕的固定资产清理净损益。该项目应根据“固定资产”科目的期末余额，减去“累计折旧”和“固定资产减值准备”科目的期末余额后的金额，以及“固定资产清理”科目的期末余额填列。

(15) “在建工程”行项目，反映资产负债表日企业尚未达到预定可使用状态的在建工程的期末账面价值和企业为在建工程准备的各种物资的期末账面价值。该项目应根据“在建工程”科目的期末余额，减去“在建工程减值准备”科目的期末余额后的金额，以及“工程物资”科目的期末余额减去“工程物资减值准备”科目的期末余额后的金额填列。

(16) “应付票据及应付账款”行项目，反映资产负债表日企业因购买材料、商品和接受服务等经营活动应支付的款项，以及开出、承兑的商业汇票，包括银行承兑汇票和商业承兑汇票。该项目应根据“应付票据”科目的期末余额，以及“应付账款”和“预付账款”科目所属的相关明细科目的期末贷方余额合计数填列。

(17) “其他应付款”行项目，应根据“应付利息”“应付股利”和“其他应付款”科目的期末余额合计数填列。

(18) “持有待售负债”行项目，反映资产负债表日处置组中与划分为持有待售类别的资产直接相关的负债的期末账面价值。该项目应根据“持有待售负债”科目的期末余额填列。

(19) “长期应付款”行项目，反映资产负债表日企业除长期借款和应付债券以外的其他各种长期应付款项的期末账面价值。该项目应根据“长期应付款”科目的期末余额，减去相关的“未确认融资费用”科目的期末余额后的金额，以及“专项应付款”科目的期末余额填列。

四、资产负债表编制示例

例 14-1 天华股份有限公司 20×7 年 12 月 31 日的资产负债表(年初余额略)及 20×8 年 12 月 31 日的科目余额表分别见表 14-2 和表 14-3。假设天华股份有限公司 20×8 年度除计提固定资产减值准备导致固定资产账面价值与其计税基础存在可抵扣暂时性差异外，其他资产和负债项目的账面价值均等于其计税基础。假定天华公司未来很可能获得足够的应纳税所得额用来抵扣可抵扣暂时性差异，适用的所得税税率为 25%。

表 14-2 资产负债表

会企 01 表

编制单位：天华股份有限公司　　20×7 年 12 月 31 日　　单位：元

资　产	期末余额	年初余额	负债和所有者权益(或股东权益)	期末余额	年初余额
流动资产：			流动负债：		
货币资金	1406300		短期借款	300000	
以公允价值计量且其变动计入当期损益的金融资产	15000		以公允价值计量且其变动计入当期损益的金融负债	0	
应收票据	246000		应付票据	200000	
应收账款	299100		应付账款	953800	
预付款项	100000		预收款项	0	
应收利息	0		应付职工薪酬	110000	
应收股利	0		应交税费	36600	
其他应收款	5000		应付利息	1000	
存货	2580000		应付股利	0	
划分为持有待售的资产	0		其他应付款	50000	
一年内到期的非流动资产	0		划分为持有待售的负债	0	
其他流动资产	100000		一年内到期的非流动负债	1000000	
流动资产合计	4751400		其他流动负债	0	
非流动资产：			流动负债合计	2651400	
可供出售金融资产	0		非流动负债：		
持有至到期投资	0		长期借款	600000	
长期应收款	0		应付债券	0	

续表

资产	期末余额	年初余额	负债和所有者权益(或股东权益)	期末余额	年初余额
长期股权投资	250000		长期应付款	0	
投资性房地产	0		专项应付款	0	
固定资产	1100000		预计负债	0	
在建工程	1500000		递延收益	0	
工程物资	0		递延所得税负债	0	
固定资产清理	0		其他非流动负债	0	
生产性生物资产	0		非流动负债合计	600000	
油气资产	0		负债合计	3251400	
无形资产	600000		所有者权益(或股东权益):		
开发支出	0		实收资本(或股本)	5000000	
商誉	0		资本公积	0	
长期待摊费用	0		减：库存股	0	
递延所得税资产	0		其他综合收益	0	
其他非流动资产	200000		盈余公积	100000	
非流动资产合计	3650000		未分配利润	50000	
			所有者权益(或股东权益)合计	5150000	
资产总计	8401400		负债和所有者权益(或股东权益)总计	8401400	

值得注意的是，发行优先股等其他权益工具的企业，如果发行的其他权益工具分类为权益工具，应当在资产负债表“实收资本”项目和“资本公积”项目之间增设“其他权益工具”项目，反映企业发行的除普通股以外分类为权益工具的金融工具的账面价值，并在“其他权益工具”项目下增设“优先股”和“永续债”两个项目，分别反映企业发行的分类为金融负债的优先股和永续债的账面价值。如属流动负债，则应当比照上述原则在流动负债类相关项目列报。

表 14-3 科目余额表 单位：元

科目名称	借方余额	科目名称	贷方余额
库存现金	2000	短期借款	50000
银行存款	805831	应付票据	100000
其他货币资金	7300	应付账款	953800
交易性金融资产	0	其他应付款	50000
应收票据	66000	应付职工薪酬	180000
应收账款	600000	应交税费	226731

续表

科目名称	借方余额	科目名称	贷方余额
坏账准备	–1800	应付利息	0
预付账款	100000	应付股利	32215.85
其他应收款	5000	递延所得税负债	0
材料采购	275000	递延收益	0
原材料	45000	长期借款	1148000
周转材料	38050	股本	5000000
库存商品	2122400	资本公积	0
材料成本差异	4250	其他综合收益	12000
其他流动资产	100000	盈余公积	124770.4
可供出售金融资产	0	利润分配(未分配利润)	218013.75
持有至到期投资	0		
长期股权投资	262000		
固定资产	2401000		
累计折旧	–170000		
固定资产减值准备	–30000		
工程物资	300000		
在建工程	428000		
无形资产	600000		
累计摊销	–60000		
递延所得税资产	7500		
其他长期资产	188000		
合计	8095531	合计	8095531

根据上述资料，编制天华股份有限公司20×8年12月31日的资产负债表，如表14-4所示。

表 14-4 资产负债表

会企01表

编制单位：天华股份有限公司　　20×8年12月31日　　单位：元

资　产	期末余额	年初余额	负债和所有者权益(或股东权益)	期末余额	年初余额
流动资产：			流动负债：		
货币资金	815131	1406300	短期借款	50000	300000
交易性金融资产	0	15000	交易性金融负债	0	0
衍生金融资产	0	0	衍生金融负债	0	0
应收票据及应收账款	664200	545100	应付票据及应付账款	1053800	1153800
预付款项	100000	100000	预收款项	0	0
其他应收款	5000	5000	合同负债	0	0
存货	2484700	2580000	应付职工薪酬	180000	110000

续表

资　　产	期末余额	年初余额	负债和所有者权益(或股东权益)	期末余额	年初余额
合同资产	0	0	应交税费	226731	36600
持有待售资产	0	0	其他应付款	82215.85	51000
一年内到期的非流动资产	0	0	持有待售负债	0	0
其他流动资产	100000	100000	一年内到期的非流动负债	0	1000000
流动资产合计	4169031	4751400	其他流动负债	0	0
非流动资产：			流动负债合计	1592746.85	2651400
债权投资	0	0	非流动负债：		
其他债权投资	0	0	长期借款	1148000	600000
长期应收款	0	0	应付债券	0	0
长期股权投资	262000	250000	其中：优先股	0	0
其他权益工具投资	0	0	永续债	0	0
其他非流动金融资产	0	0	长期应付款	0	0
投资性房地产	0	0	预计负债	0	0
固定资产	2201000	1100000	递延收益	0	0
在建工程	428000	1500000	递延所得税负债	0	0
生产性生物资产	0	0	其他非流动负债	0	0
油气资产	0	0	非流动负债合计	1148000	600000
无形资产	540000	600000	负债合计	2740746.85	3251400
开发支出	0	0	所有者权益(或股东权益)：		
商誉	0	0	实收资本(或股本)	5000000	5000000
长期待摊费用	0	0	其他权益工具	0	0
递延所得税资产	7500	0	其中：优先股	0	0
其他非流动资产	188000	3650000	永续债	0	0
非流动资产合计	3926500		资本公积	0	0
			减：库存股	0	0
			其他综合收益	12000	0
			盈余公积	124770.4	100000
			未分配利润	218013.75	50000
			所有者权益(或股东权益)合计	5354784.15	5150000
资产总计	8095531	8401400	负债和所有者权益(或股东权益)总计	8095531	8401400

第三节 利 润 表

一、利润表的内容及结构

(一) 利润表的内容

利润表是反映企业在一定会计期间的经营成果的报表。利润表的列报必须充分反映企业经营业绩的主要来源和构成，有利于使用者判断净利润的质量和风险，有利于使用者预测净利润的持续性，从而作出正确决策。利润表可以反映企业一定会计期间的收入实际情况，如实现的营业收入、实现的投资收益、实现的营业外收入各有多少；可以反映一定会计期间的费用耗费情况，如耗费的营业成本、营业税费、销售费用、管理费用、营业外支出各有多少；可以反映企业生产经营活动的成果，即净利润的实现情况，据以判断资本保值、增值情况；等等。将利润表中的信息与资产负债表中的信息相结合，还可以提供进行财务分析的基本资料，如将销售成本与存货平均余额进行比较，计算出存货周转率；将净利润与资产总额进行比较，计算出资产收益率等，可以表现企业资金周转情况以及企业的盈利能力和水平，便于报表使用者判断企业未来的发展趋势，作出经济决策。

(二) 利润表的结构

目前通行于世界各国的利润表格式有两种：单步式利润表和多步式利润表。

1. 单步式利润表

单步式利润表是将当期所有的收入列在一起，将所有的费用列在一起，两者相减得出当期净损益。单步式利润表格式见表 14-5。

表 14-5 利 润 表

编制单位： 2×18 年度 单位：元

项 目	本 期 金 额	上 期 金 额
一、收入		
营业收入		
投资收益		
营业外收入		
收入合计		
二、费用		
营业成本		
营业税金及附加		
销售费用		
管理费用		

续表

项　　目	本 期 金 额	上 期 金 额
财务费用		
资产减值损失		
营业外支出		
所得税费用		
费用合计		
三、净利润		

单步式利润表编制方法简单，收入支出归类清楚；缺点是收入、费用的性质不加区分，硬性归为一类，不利于报表分析。

2. 多步式利润表

多步式利润表将不同性质的收入和费用类进行对比，从而可得出一些中间性的利润数据，便于使用者理解企业经营成果的不同来源。企业利润表对于费用列报通常应当按照功能进行分类，即分为从事经营业务发生的成本、管理费用、经营费用和财务费用等，有助于使用者了解费用发生的活动领域；与此同时，为了有助于报表使用者预测企业的未来现金流量，对于费用的列报还应当在附注中披露按性质分类的补充资料，比如分为耗用的原材料、职工薪酬费用、折旧费用、摊销费用等。

利润表主要反映以下几方面内容：① 营业收入，由主营业务收入和其他业务收入组成。② 营业利润，营业收入减去营业成本(主营业务成本、其他业务成本)、税金及附加、销售费用、管理费用、研发费用、财务费用、资产减值损失、信用减值损失，加上其他收益、投资收益(减去投资损失)，加上净敞口套期收益(减去净敞口套期损失)、公允价值变动收益(减去公允价值变动损失)、资产处置收益(减资产处置损失)计算得出。③ 利润总额，由营业利润加上营业外收入，减去营业外支出计算得出。④ 净利润，利润总额减去所得税费用计算得出。其具体分为“持续经营净利润”和“终止经营净利润”两类。⑤ 其他综合收益的税后净额，分为“不能重分类损益的其他综合收益”项目和“将重新分类进损益的其他综合收益”两类，并以扣除相关所得税影响后的净额计算得出。⑥ 综合收益总额，由净利润加上其他综合收益的税后净额计算得出。⑦ 每股收益，包括基本每股收益和稀释每股收益两项。

此外，为了使报表使用者通过比较不同期间利润的实现情况，判断企业经营成果的未来发展趋势，企业需要提供比较利润表，利润表还就各项目再分为“本期金额”和“上期金额”两列分别填列。

二、利润表新变化的具体说明

(一) 利润表的变化

新的利润表的变化主要是新增项目、分拆项目，并对部分项目的先后顺序进行了调整，同时简化了部分项目，具体如下：

(1) 新增与新金融工具准则有关的“信用减值损失”“净敞口套期收益”“其他权益工具投资公允价值变动”“企业自身信用风险公允价值变动”“其他债权投资公允价值变

动”“金融资产重分类计入其他综合收益的金额”“其他债权投资信用减值准备”以及“现金流量套期储备”项目。

(2) 在其他综合收益部分删除与原金融工具准则有关的“可供出售金融资产公允价值变动损益”“持有至到期投资重分类为可供出售金融资产损益”以及“现金流量套期损益的有效部分”项目。

(3) 新增“研发费用”项目，即从“管理费用”项目中分拆“研发费用”项目。

(4) 新增“其中：利息费用”和“利息收入”项目，即在“财务费用”项目下增加“利息费用”和“利息收入”明细项目。

(5) 对“其他收益”“资产处置收益”“营业外收入”行项目、“营业外支出”行项目核算内容进行了调整。

(6) “权益法下在被投资单位不能重分类进损益的其他综合收益中享有的份额”简化为“权益法下不能转损益的其他综合收益”。

新的利润表格式见表14-6。

表14-6 利 润 表

会企02表

编制单位： ______年____月____日 单位：元

项　　目	本期金额	上期金额
一、营业收入		
减：营业成本		
税金及附加		
销售费用		
管理费用		
研发费用		
财务费用		
其中：利息费用		
利息收入		
资产减值损失		
信用减值损失		
加：其他收益		
投资收益(损失以“－”号填列)		
其中：对联营企业和合营企业的投资收益		
净敞口套期收益(损失以“－”号填列)		
公允价值变动收益(损失以“－”号填列)		
资产处置收益(损失以“－”号填列)		
二、营业利润(亏损以“－”号填列)		
加：营业外收入		
减：营业外支出		
三、利润总额(亏损总额以“－”号填列)		
减：所得税费用		

续表

项　目	本期金额	上期金额
四、净利润(净亏损以“－”号填列)		
(一) 持续经营净利润(净亏损以“－”号填列)		
(二) 终止经营净利润(净亏损以“－”号填列)		
五、其他综合收益的税后净额		
(一) 不能重分类进损益的其他综合收益		
1．重新计量设定受益计划变动额		
2．权益法下不能转损益的其他综合收益		
3．其他权益工具投资公允价值变动		
4．企业自身信用风险公允价值变动		
……		
(二) 将重分类进损益的其他综合收益		
1．权益法下可转损益的其他综合收益		
2．其他债权投资公允价值变动		
3．金融资产重分类计入其他综合收益的金额		
4．其他债权投资信用减值准备		
5．现金流量套期储备		
6．外币财务报表折算差额		
……		
六、综合收益总额		
七、每股收益：		
(一) 基本每股收益		
(二) 稀释每股收益		

(二) 利润表新增项目说明

(1) “信用减值损失”行项目，反映企业按照《企业会计准则第 22 号——金融工具确认和计量》(2017 年修订)的要求计提的各项金融工具减值准备所形成的预期信用损失。该项目应根据“信用减值损失”科目的发生额分析填列。

(2) “净敞口套期收益”行项目，反映净敞口套期下被套期项目累计公允价值变动转入当期损益的金额或现金流量套期储备转入当期损益的金额。该项目应根据“净敞口套期损益”科目的发生额分析填列；如为套期损失，以“－”号填列。

(3) “其他权益工具投资公允价值变动”行项目，反映企业指定为以公允价值计量且其变动计入其他综合收益的非交易性权益工具投资发生的公允价值变动。该项目应根据“其他综合收益”科目的相关明细科目的发生额分析填列。

(4) “企业自身信用风险公允价值变动”行项目，反映企业指定为以公允价值计量且其变动计入当期损益的金融负债，由企业自身信用风险变动引起的公允价值变动而计入其他综合收益的金额。该项目应根据“其他综合收益”科目的相关明细科目的发生额分析填列。

(5) “其他债权投资公允价值变动”行项目，反映企业分类为以公允价值计量且其变动计入其他综合收益的债权投资发生的公允价值变动。企业将一项以公允价值计量且其变动计入其他综合收益的金融资产重分类为以摊余成本计量的金融资产，或重分类为以公允价值计量且其变动计入当期损益的金融资产时，之前计入其他综合收益的累计利得或损失从其他综合收益中转出的金额作为该项目的减项。该项目应根据“其他综合收益”科目下的相关明细科目的发生额分析填列。

(6) “金融资产重分类计入其他综合收益的金额”行项目，反映企业将一项以摊余成本计量的金融资产重分类为以公允价值计量且其变动计入其他综合收益的金融资产时，计入其他综合收益的原账面价值与公允价值之间的差额。该项目应根据“其他综合收益”科目下的相关明细科目的发生额分析填列。

(7) “其他债权投资信用减值准备”行项目，反映企业按照《企业会计准则第22号——金融工具确认和计量》(2017年修订)第十八条分类为以公允价值计量且其变动计入其他综合收益的金融资产的损失准备。该项目应根据“其他综合收益”科目下的“信用减值准备”明细科目的发生额分析填列。

(8) “现金流量套期储备”行项目，反映企业套期工具产生的利得或损失中属于套期有效的部分。该项目应根据“其他综合收益”科目下的“套期储备”明细科目的发生额分析填列。

(9) “研发费用”行项目，反映企业进行研究与开发过程中发生的费用化支出。该项目应根据“管理费用”科目下的“研发费用”明细科目的发生额分析填列。

(10) “其中：利息费用”行项目，反映企业为筹集生产经营所需资金等而发生的应予费用化的利息支出。该项目应根据“财务费用”科目的相关明细科目的发生额分析填列。

(11) “利息收入”行项目，反映企业确认的利息收入。该项目应根据“财务费用”科目的相关明细科目的发生额分析填列。

(12) “其他收益”行项目，反映计入其他收益的政府补助等。该项目应根据“其他收益”科目的发生额分析填列。

(13) “资产处置收益”行项目，反映企业出售划分为持有待售的非流动资产(金融工具、长期股权投资和投资性房地产除外)或处置组(子公司和业务除外)时确认的处置利得或损失，以及处置未划分为持有待售的固定资产、在建工程、生产性生物资产及无形资产而产生的处置利得或损失。债务重组中因处置非流动资产产生的利得或损失和非货币性资产交换中换出非流动资产产生的利得或损失也包括在本项目内。该项目应根据“资产处置损益”科目的发生额分析填列；如为处置损失，以“-”号填列。

(14) “营业外收入”行项目，反映企业发生的除营业利润以外的收益，主要包括债务重组利得、与企业日常活动无关的政府补助、盘盈利得、捐赠利得(企业接受股东或股东的子公司直接或间接的捐赠，经济实质属于股东对企业的资本性投入的除外)等。该项目应根据“营业外收入”科目的发生额分析填列。

(15) “营业外支出”行项目，反映企业发生的除营业利润以外的支出，主要包括债务重组损失、公益性捐赠支出、非常损失、盘亏损失、非流动资产毁损报废损失等。该项目应根据“营业外支出”科目的发生额分析填列。

(16) “(一)持续经营净利润”和“(二)终止经营净利润”行项目，分别反映净利润中与持续经营相关的净利润和与终止经营相关的净利润；如为净亏损，以“-”号填列。这两个项目应按照《企业会计准则第42号——持有待售的非流动资产、处置组和终止经营》的相关规定分别列报。

三、利润表的填列方法

1. 利润表“本期金额”栏的填列方法

利润表“本期金额”栏一般应根据损益类科目和所有者权益类有关科目的发生额填列。

(1) “营业收入”“营业成本”“税金及附加”“销售费用”“管理费用”“研发费用”“财务费用”“资产减值损失”“信用减值损失”“其他收益”“投资收益”“净敞口套期收益”“公允价值变动收益”“资产处置收益”“营业外收入”“营业外支出”“所得税费用”等项目，应根据有关损益类科目的发生额分析填列。

(2) “其中：对联营企业和合营企业的投资收益”应根据“投资收益”“营业外收入”“营业外支出”等科目所属的相关明细科目的发生额分析填列。

(3) “其他综合收益的税后净额”项目及其各组成部分，应根据“其他综合收益”科目及其所属明细科目的本期发生额分析填列。

(4) “营业利润”“利润总额”“净利润”“其他综合收益的税后净额”项目，应根据本表中相关项目计算填列。

2. 利润表“上期金额”栏的填列方法

利润表中的“上期金额”栏应根据上年改期利润表“本期金额”栏内所列数字填列。如果上年该期利润表规定的各个项目的名称和内容与本期不一致，应对上年该期利润表各项目名称和数字按照本期的规定进行调整，填入“上期金额”栏。

四、利润表编制示例

例 14-2 天华股份有限公司20×7年度有关损益类科目和“其他综合收益科目”明细科目的本年累计发生净额分别如表14-7和表14-8所示。

表 14-7 天华股份有限公司损益类科目 20×7 年度累计发生净额　　单位：元

科目名称	借方发生额	贷方发生额
主营业务收入		1250000
主营业务成本	750000	
税金及附加	2000	
销售费用	20000	
管理费用	157100	
财务费用	41500	
资产减值损失	30900	
投资收益		31500
营业外收入		50000
营业外支出	19700	
所得税费用	85300	

表 14-8　天华股份有限公司“其他综合收益”明细科目
20×7 年度累计发生净额

单位：元

明细科目名称	借方发生额	贷方发生额
权益法下在被投资单位以后将重分类进损益的其他综合收益中享有的份额		12000
合　计	0	12000

*天华公司持有乙公司 30%的股份，能够对乙公司施加重大影响。20×8 年度，乙公司因持有的可供出售金融资产公允价值变动计入资本公积的金额为 40000 元。假定天华公司与乙公司使用的会计政策、会计期间相同，投资时乙公司有关资产、负债的公允价值与其账面价值相同，双方在当期及以前期间未发生任何内部交易，并且假定不考虑交易费用及其他相关因素。

根据上述资料，编制天华股份有限公司 20×8 年度利润表，如表 14-9 所示。

表 14-9　利　润　表

会企 02 表

编制单位：　　20×8 年度　　单位：元

项　　目	本期金额	上期金额(略)
一、营业收入	1250000	
减：营业成本	750000	
税金及附加	2000	
销售费用	20000	
管理费用	157100	
财务费用	41500	
资产减值损失	30900	
加：公允价值变动收益(损失以“–”号填列)	0	
投资收益(损失以“–”号填列)	31500	
其中：对联营企业和合营企业的投资收益	0	
资产处置收益(损失以“–”号填列)	0	
其他收益	0	
二、营业利润(亏损以“–”填列)	28000	
加：营业外收入	50000	
其中：非流动资产处置利得	(略)	
减：营业外支出	19700	
其中：非流动资产处置损失	(略)	
三、利润总额(亏损总额以“–”填列)	310300	
减：所得税费用	85300	
四、净利润(净亏损以“–”填列)	225000	
(一) 持续经营净利润(净亏损以“–”填列)	225000	
(二) 终止经营净利润(净亏损以“–”填列)	0	

续表

项　　目	本期金额	上期金额(略)
五、其他综合收益的税后净额	12000	
(一) 以后不能重分类进损益的其他综合收益	0	
(二) 以后将重分类进损益的其他综合收益	12000	
1. 权益法下在被投资单位以后将重分类进损益的其他综合收益中享有的份额	12000	
2. 可供出售金融资产公允价值变动损益	0	
3. 持有至到期投资重分类为可供出售金融资产损益	0	
4. 现金流量套期损益的有效部分	0	
5. 外币财务报表折算差额	0	
六、综合收益总额	237000	
七、每股收益		
(一) 基本每股收益	(略)	
(二) 稀释每股收益	(略)	

第四节　现金流量表

一、现金流量表的内容和结构

(一) 现金流量表的内容

现金流量表是反映企业在一定会计期间现金和现金等价物流入和流出的报表。从编制原则上看，现金流量表按照收付实现制原则编制，将权责发生之下的盈利信息调整为收付实现之下的现金流量信息，便于信息使用者了解企业净利润质量。从内容上看，现金流量表被划分为经营活动、投资活动和筹资活动三个部分，每类活动又分为各具体项目，这些项目从不同角度反映企业业务活动的现金流入与流出，弥补了资产负债表和利润表提供信息的不足。通过现金流量表，报表使用者能够了解现金流量的影响因素，评价企业的支付能力、偿债能力和周转能力，预测企业未来现金流量，为其决策提供有力依据。

(二) 现金流量表的结构

在现金流量表中，现金及现金等价物被视为一个整体，企业现金形式的转换不会产生现金的流入和流出。例如，企业从银行提取现金，是企业现金存放形式的转换，并未流出企业，不构成现金流量。同样，现金与现金等价物之间的转换也不属于现金流量，例如，企业用现金购买三个月到期的国库券。根据企业业务活动的性质和现金流量的来源，现金流量表在结构上将企业一定期间产生的现金流量分为三类：经营活动中产生的现金流量、投资活动产生的现金流量和筹资活动产生的现金流量。现金流量的具体格式见表 14-10。

表 14-10 现金流量表

会企 03 表

编制单位： ______年______月___日 单位：元

项　　目	本期金额	上期金额
一、经营活动产生的现金流量		
销售商品、提供劳务收到的现金		
收到的税费返还		
收到其他与经营活动有关的现金		
经营活动现金流入小计		
购买商品、接受劳务支付的现金		
支付给职工以及为职工支付的现金		
支付的各项税费		
支付其他与经营活动有关的现金		
经营活动现金流出小计		
经营活动产生的现金流量净额		
二、投资活动产生的现金流量		
收回投资收到的现金		
取得投资收益收到的现金		
处置固定资产、无形资产和其他长期资产收回的现金净额		
处置子公司及其他营业单位收到的现金净额		
收到其他与投资活动有关的现金		
投资活动现金流入小计		
购建固定资产、无形资产和其他长期资产支付的现金		
投资支付的现金		
取得子公司及其他营业单位支付的现金净额		
支付其他与投资活动有关的现金		
投资活动现金流出小计		
投资活动产生的现金流量净额		
三、筹资活动产生的现金流量		
吸收投资收到的现金		
取得借款收到的现金		
收到其他与筹资活动有关的现金		
筹资活动现金流入小计		
偿还债务支付的现金		
分配股利、利润或偿付利息支付的现金		
支付其他与筹资活动有关的现金		
筹资活动现金流出小计		
筹资活动产生的现金流量净额		
四、汇率变动对现金及现金等价物的影响		
五、现金及现金等价物净增加额		
加：期初现金及现金等价物余额		
六、期末现金及现金等价物余额		

二、现金流量表的填列方法

(一) 经营活动产生的现金流量

经营活动是指企业投资活动和筹资活动以外的所有交易和事项。各类企业由于行业特点不同，对经营活动的认定存在一定差异。对于工商企业而言，经营活动主要包括销售商品、提供劳务、购买商品、接受劳务、支付职工薪酬、支付税费等。对于商业银行而言，经营活动主要包括吸收存款、发放贷款、同业存放、同业拆借等。对于保险公司而言，经营活动主要包括原保险业务和再保险业务等。对于证券公司而言，经营活动主要包括自营证券、代理承销证券、代理兑付证券、代理买卖证券等。

在我国，企业经营活动产生的现金流量应当采用直接法填列。直接法，是指通过现金收入和现金支出的主要类别列示经营活动的现金流量。

(二) 投资活动产生的现金流量

投资活动是指企业长期资产的构建和不包括现金等价物范围的投资及其处置活动。长期资产是指固定资产、无形资产、在建工程、其他资产等持有期限在一年或一个营业周期以上的资产。这里所讲的投资活动，既包括实物资产投资，也包括金融资产投资。这里之所以将“包括在现金等价物范围内的投资”排除在外，是因为已经将包括在现金等价物范围内的投资视同现金。不同企业由于行业特点的不同，对投资活动的认定也存在差异。例如，交易性金融资产所产生的现金流量，对于工商企业而言，属于投资活动现金流量，而对于证券公司而言，属于经营活动现金流量。

(三) 筹资活动产生的现金流量

筹资活动是指导致企业资本及其债务规模和构成发生变化的活动。这里所说的资本，既包括实体资本(股本)，也包括资本溢价(股本溢价)；这里所说的债务，指对外举债，包括对银行借款、发行债券以及偿还债务等。通常情况下，应付账款、应付票据等商业应付款等属于经营活动，不属于筹资活动。

此外，对于企业日常活动之外的、不经常发生的特殊项目，如自然灾害损失、保险赔款、捐赠等，应当归并到相关类别中，并单独反映。比如，对于自然灾害损失和保险赔款，如果能够确指属于流动资产损失，应当列入经营活动的现金流量；属于固定资产损失，应当列入投资活动产生的现金流量。

(四) 汇率变动对现金及现金等价物的影响

编制现金流量表时，应当将企业外币现金流量以及境外子公司的现金流量折算成记账本位币。外币现金流量以及境外子公司的现金流量，应当采用现金流量发生日的即期汇率或按照系统合理的方法确定的、与现金流量发生日即期汇率近似的汇率折算。汇率变动对现金的影响额应当作为调节项目，在现金流量表中单独列报。

汇率变动对现金的影响，指企业外币现金流量及境外子公司的现金流量折算成计账本位币时，所采用的是现金流量发生日的汇率或者按照系统合理的方法确定的、与现金流量发生日即期汇率近似的汇率，而现金流量表“现金及现金等价物净增加额”项目中现金净增加额是按资产负债表日的即期汇率折算的。这两者的差额即为汇率变动对现金的影响。

在编制现金流量表时，对当期发生的外币业务，也可不必逐笔计算汇率变动对现金的影响，可以通过现金流量表补充资料中“现金及现金等价物净增加额”数额与现金流量表中“经营活动产生的现金流量净额”“投资活动产生的现金流量净额”“筹资活动产生的现金流量净额”三项之和比较，其差额即为“汇率变动对现金的影响额”。

(五) 现金流量表补充资料

除现金流量表反映的信息外，企业还应在附注中披露将净利润调节为经营活动现金流量、不涉及现金收入的重大投资和筹资活动、现金及现金等价物净变动情况等信息。

1. 将净利润调节为经营活动现金流量

现金流量表采用直接法反映经营活动产生的现金流量，同时，企业还应采用间接法反映经营活动产生的现金流量。间接法，是指以本期净利润为起点，通过调整不涉及现金的收入、费用、营业外收支以及经营性应收付等项目的增减变动，调整不属于经营活动的现金收支项目，据此计算并列报经营活动产生的现金流量的方法。在我国，现金流量表补充资料应采用间接法反映经营活动的现金流量情况，以对现金流量表中采用直接法反映的经营活动现金流量进行核对和补充说明。

采用间接法列报经营活动产生的现金流量时，需要对四大项目进行调整：① 实际没有支付现金的费用；② 实际没有收到现金的收益；③ 不属于经营活动的损益；④ 经营性应收付项目的增减变动。

2. 不涉及现金收支的重大投资活动和筹资活动

不涉及现金收支的重大投资活动和筹资活动，反映企业一定期间内影响资产或负债但不形成该期现金收支的所有投资和筹资活动的信息。这些投资和筹资活动虽然不涉及现金收支，但对以后各期的现金流量有重大影响，例如，企业融资租入设备，将形成的负债计入“长期应付款”账户，当期并不支付设备款及租金，但以后各期必须为此支付现金，从而在一定期间内形成了一项固定的现金支出。

企业应当在附注中披露不涉及当期现金收支但影响企业财务状况或在未来可能影响企业现金流量的重大投资活动和筹资活动，主要包括：① 债务转为资本，反映本期转为资本的债务金额；② 一年到期的可转换公司债券，反映企业一年内到期的可转换公司债券的本息；③ 融资租入固定资产，反映企业本期融资租入的固定资产。

3. 现金及现金等价物的构成

企业应当在附注中披露与现金及现金等价物有关的下列信息：① 现金及现金等价物的构成及其在资产负债表中的相应金额。② 企业持有但不能由母公司或集团内其他子公司使用的大金额现金及现金等价物。企业持有现金及现金等价物余额但不能被集团使用的情形多种多样，例如，国外经营的子公司，由于受当地外汇管制或其他立法的限制，其持有的现金及现金等价物，不能由母公司或其他子公司正常使用。

三、现金流量表的编制方法及程序

（一）直接法和间接法

编制现金流量表时，列报经营活动现金流量的方法有两种：一是直接法；二是间接法。在直接法下，一般是以利润表中的营业收入为起算点，调节与经营活动有关的项目的增减变动，然后计算出经营活动产生的现金流量。在间接法下，将净利润调节为经营活动现金流量，实际上就是将按权责发生制原则确定的净利润调整为现金净流入，并剔除投资活动和筹资活动对现金流量的影响。

采用直接法编报的现金流量表，便于分析企业经营活动产生的现金流量的来源和用途，预测企业现金流量的未来前景；采用间接法编报的现金流量表，便于将净利润与经营活动产生的现金流量净额进行比较，了解净利润与经营活动产生的现金流量差异的原因，从现金流量的角度分析净利润的质量。所以，我国企业会计准则规定企业应当采用直接法编报现金流量表，同时要求在附注中提供以净利润为基础调节到经营活动现金流量的信息。

（二）工作底稿法、T 型账户法和分析填列法

在具体编制现金流量表时，可以采用工作底稿法或 T 型账户法，也可以根据有关科目记录分析填列。

1. 工作底稿法

采用工作底稿法编制现金流量表，是以工作底稿为手段，以资产负债和利润数据为基础，对每一项目进行分析并编制调整分录，从而编制现金流量表。工作底稿法的程序是：

第一步，将资产负债表的期初数和期末数过入工作底稿的期初数栏和期末数栏。

第二步，对当期业务进行分析并编制调整分录。编制调整分录时，要以利润表项目为基础，从“营业收入”开始，结合资产负债表项目逐一进行分析。在调整分录中，有关现金和现金等价物的事项，并不直接借记或贷记现金，而是分别计入“经营活动产生的现金流量”“投资活动产生的现金流量”“筹资活动产生的现金流量”有关项目，借记表示现金流入，贷记表示现金流出。

第三步，将调整分录过入工作底稿中的相应部分。

第四步，核对调整分录，借方、贷方合计数均已相等，资产负债表项目期初数加减调整分录中的借记金额以后，也等于期末数。

第五步，根据工作底稿中的现金流量表项目部分编制正式的现金流量表。

2. T 型账户法

采用 T 型账户法编制现金流量表，是以 T 型账户为手段，以资产负债表和利润表数据为基础，对每一项目进行分析并编制调整分录，从而编制现金流量表。T 型账户法的程序是：

第一步，为所有的非现金项目(包括资产负债项目和利润表项目)分别开设 T 型账户，并将各自的期末期初变动数过入各该账户。如果项目的期末数大于期初数，则将差额过入和项目余额相同的方向；反之，过入相反的方向。

第二步，开设一个大的“现金及现金等价物”T 型账户，每边分为经营活动、投资活动和筹资活动三部分，左边记现金流入，右边记现金流出。与其他账户一样，过入期末期初变动数。

第三步，以利润表项目为基础，结合资产负债表分析每一个非现金项目的增减变动，并据此编制调整分录。

第五步，根据大的“现金及现金等物价”T 型账户编制正式的现金流量表。

3. 分析填列法

分析填列法是直接根据资产负债表、利润表和有关会计科目明细账的记录，分析计算出现金流量表各项目的金额，并据以编制现金流量表的一种方法。

四、现金流量表编制示例

例 14-3 沿用例 14-1 和例 14-2 的资料，天华股份有限公司其他相关资料如下：

(1) 20×8 年度利润表有关项目的明细资料如下：

① 管理费用的组成：职工薪酬 17100 元，无形资产摊销 60000 元，折旧费 20000 元，支付其他费用 60000 元。

② 财务费用的组成：计提借款利息 11500 元，支付应收票据(银行承兑汇款)贴现利息 30000 元。

③ 资产减值损失的组成：计提坏账准备 900 元，计提固定资产减值准备 30000 元。上年年末坏账准备余额为 900 元。

④ 投资收益的组成：收到股息收入 30000 元，与本金一起收回的交易性股票投资收益 500 元，自公允价值变动损益结转投资收益 1000 元。

⑤ 营业外收入的组成：处置固定资产净收益 50000 元(其所处置规定资产原价为 400000 元，累计折旧 150000 元，收到处置收益 300000 元)。假定不考虑与固定资产处置相关的税费。

⑥ 营业外支出的组成：报废固定资产净损失 19700 元(其所报废固定资产原价为 200000 元，累计折旧 180000 元，支付清理费用 500 元，收到残值收入 800 元)。

⑦ 所得税费用的组成：当期所得税费用 92800 元，递延所得税收益 7500 元。

除上述项目外，利润表中的销售费用 20000 元期末已经支付。

(2) 资产负债表有关项目的明细资料如下：

① 本期收回交易性股票投资资金 15000 元、公允价值变动 1000 元，同时实现投资收益 500 元。

② 存货中生产成本、制造费用的组成：职工薪酬 324900 元，折旧费 80000 元。

③ 应交税费的组成：本期增值税进项税额 42466 元，增值税销项税额 212500 元，已交增值税 100000 元；应交所得税期末余额为 20097 元，应交所得税期初余额为 0；应交税费期末数中应由在建工程负担的部分为 100000 元。

④ 应付职工薪酬的期初数无应付在建工程人员的部分，本期支付在建工程人员职工薪

酬 200000 元。应付职工薪酬的期末数中应付在建工程人员的部分为 28000 元。

⑤ 应付利息均为短期借款利息，其中本期计提利息 11500 元，支付利息 12500 元。

⑥ 本期用现金购买固定资产 101000 元，购买工程物资 300000 元。

⑦ 本期用现金偿还短期贷款 250000 元，偿还一年内到期的长期贷款 1000000 元；借入长期借款 560000 元。

根据以上资料，采用分析填列的方法，编制天华股份有限公司 20×8 年度的现金流量表。

编制天华股份有限公司 20×8 年度的现金流量表各项目金额，分析确定如下：

① 销售商品、提供劳务收到的现金

= 主营业务收入 + 应交税费(应交增值税 – 销项税额)

+ (应收账款年初余额 – 应收账款期末余额)

+ (应收票据年初余额 – 应收票据期末余额)

– 当期计提的坏账准备 – 票据贴现的利息

= 1250000 + 212500 + (299100 – 598200) + (246000 – 66000) – 900 – 30000

= 1312500(元)

② 购买商品、接受劳务支付的现金

= 主营业务成本 + 应交税费(应交增值税 – 进项税额)

– (存货年初余额 – 存货期末余额)

+ (应付账款年初余额 – 应付账款期末余额)

+ (应付票据年初余额 – 应付票据期末余额)

+ (预付账款期末余额 – 预付账款年初余额)

– 当期列入生产成本、制造费用的职工薪酬

– 当期列入生产成本、制造费用的折旧费和固定资产修理费

= 750000 + 42466 – (2580000–2484700) + (953800 – 953800) + (200000 – 100000) + (100000–100000)–3249000–80000

= 392266(元)

③ 支付给职工以及为职工支付的现金

= 生产成本、制造费用、管理费用中职工薪酬

+ (应付职工薪酬年初余额 – 应付职工薪酬期末余额)

–[应付职工薪酬(在建工程)年初余额 – 应付职工薪酬(在建工程)期末余额)]

= 324900 + 17100 + (110000 – 180000) – (0 – 28000)

= 300000(元)

④ 支付的各项税额

=当期所得税费用 + 税金及附加 + 应交税费(应交增值税 – 已交税金)

– 应交所得税期末余额 – 应交所得税期初余额)

= 92800 + 2000 + 100000 – (20097 – 0)

= 174703(元)

⑤ 支付其他与经营活动有关的现金

=其他管理费用+销售费用

= 60000 + 20000

= 80000(元)

⑥ 收回投资收到的资金

= 交易性金融资产贷方发生额+与交易性金融资产一起收回的投资收益

= 16000 + 500

= 16500(元)

⑦ 取得投资收益收到的现金

= 收到的股息收入

= 30000(元)

⑧ 处置固定资产收回的现金净额

= 300000 + (800 − 500)

= 300300(元)

⑨ 购建固定资产支付的现金

= 用现金购买的固定资产、工程物资 + 支付给在建工程人员的薪酬

= 101000 + 300000 + 200000

= 601000(元)

⑩ 取得借款收到的现金 = 560000(元)

⑪ 偿还债务支付的现金

= 250000 + 1000000

= 1250000(元)

⑫ 偿还利息支付的现金 = 12500(元)

将净利润调节为经营活动现金流量，各项目计算分析如下：

① 资产减值损失 = 900 + 30000 = 30900(元)

② 固定资产折旧 = 20000 + 80000 = 100000(元)

③ 无形资产摊销 = 60000(元)

④ 处置固定资产、无形资产和其他

长期资产的损失(减：收益) = −50000(元)

⑤ 固定资产报废损失 = 19700(元)

⑥ 财务费用 = 11500(元)

⑦ 投资损失(减：收益) = −31500(元)

⑧ 递延所得税资产减少 = 0 − 7500(元)

⑨ 存货的减少 = 2580000 − 2484700 = 95300(元)

⑩ 经营性应收项目的减少

= (246000 − 66000) + (299100 + 900 − 598200 − 1800)

= −120000(元)

⑪ 经营性应付项目的增加

=(100000 − 200000) = (953800 − 953800) + [(180000 − 28000) − 110000]

+ [(226 731 − 100 000) − 36600]

= 32131(元)

根据上述数据，编制现金流量表(见表 14-11)及其补充资料(见表 14-12)。

表 14-11 现金流量表

会企 03 表

编制单位：天华股份有限公司 20×8 年度 单位：元

项 目	本期金额	上期金额(略)
一、经营活动产生的现金流量		
销售商品、提供劳务收到的现金	1312500	
收到的税费返还	0	
收到其他与经营活动有关的现金	0	
经营活动现金流入小计	1312500	
购买商品、接受劳务支付的现金	392266	
支付给职工以及为职工支付的现金	300000	
支付的各项税费	174703	
支付其他与经营活动有关的现金	80000	
经营活动现金流入小计	946969	
经营活动产生的现金流量净额	365531	
二、投资活动产生的现金流量		
收回投资收到的现金	16500	
取得投资收益收到的现金	30000	
处置固定资产、无形资产和其他长期资产收回的现金净额	300300	
处置子公司及其他营业单位收回的现金净额	0	
收到其他与投资活动有关的现金	0	
投资活动现金流入小计	346800	
购建固定资产、无形资产和其他长期资产支付的现金	601000	
投资支付的现金	0	
取得子公司及其他营业单位支付的现金净额	0	
支付其他与投资活动有关的现金	0	
投资活动现金流出小计	601000	
投资活动产生的现金流量净额	–254200	
三、筹资活动产生的现金流量		
吸收投资收到的现金	0	
取得借款收到的现金	560000	
收到其他与投资活动有关的现金	0	
筹资活动现金流入小计	560000	
偿还债务支付的现金	1250000	
分配股利、利润或偿付利息支付的现金	12500	
支付其他与筹资活动有关的现金	0	
筹资活动现金流出小计	1262500	
筹资活动产生的现金流量净额	–702500	
四、汇率变动对现金及现金等价物的影响	0	
五、现金及现金等价物净增加额	–591169	
加：期初现金及现金等价物余额	1406300	
六、期末现金及现金等价物余额	815131	

表 14-12 现金流量表补充资料

补充资料	本期金额	上期金额(略)	
1. 将净利润调节为经营活动现金流量			
净利润	225000		
加：资产减值准备	30900		
固定资产折旧、油气资产折耗、生产性生物资产折旧	100000		
无形资产摊销	60000		
长期待摊费用摊销	0		
处置固定资产、无形资产和其他长期资产的损失(收益以“–”号填列)	–50000		
固定资产报废损失(收益以“–”号填列)	19700		
公允价值变动损失(收益以“–”号填列	0		
财务费用(收益以“–”号填列)	11500		
投资损失(收益以“–”号填列)	–31500		
递延所得税资产减少(增加以“–”号填列)	–7500		
递延所得税负债增加(减少以“–”号填列)	0		
存货的减少(增加以“–”号填列)	95300		
经营性应收项目的减少(增加以“–”号填列)	–120000		
经营性应收项目的增加(减少以“–”号填列)	32131		
其他	0		
经营活动产生的现金流量净额	365531		
2. 不涉及现金收支的重大投资和筹资活动			
债务转为资本	0		
一年内到期的可转换公司债务	0		
融资租入固定资产	0		
3. 现金及现金等价物净变动情况			
现金的期末余额	815131		
减：现金的期初余额	1406300		
加：现金等价物的期末余额	0		
减：现金等价物的期初余额	0		
现金及现金等价物净增加额	–591169		

第五节 所有者权益变动表

一、所有者权益变动表的内容及结构

(一) 所有者权益变动表的内容

所有者权益变动表是指反映构成所有者权益各组成部分当期增减变动情况的表。所有者权益变动表应当全面反映一定时期所有者权益变动的情况，不仅包括所有者权益总量的增减变动，还包括所有者权益增减变动的重要结构性信息，让报表使用者准确理解所有者权益增减变动的根源。

在所有者权益变动表中，综合收益和与所有者(或股东)的资本交易导致的所有者权益变动，应当分别列示。企业至少应当单独列示反映下列信息的项目：① 综合收益总额；② 会计政策变更和差错更正的累积影响金额；③ 所有者投入资本和向所有者分配利润等；④ 提取的盈余公积；⑤ 所有者权益各组成部分的期初和期末余额及其调节情况。

(二) 所有者权益变动表的结构

为了清楚地表明构成所有者权益的各组成部分当期的增减变动情况，所有者权益变动表应当以矩阵的形式列示：一方面，列示导致所有者权益变动的交易或事项，改变了以往仅仅按照所有者权益的各组成部分反映所有者权益变动情况，而是从所有者权益变动的来源对一定时期所有者权益变动情况进行全面反映；另一方面，按照所有者权益各组成部分(包括实收资本、资本公积、盈余公积、未分配利润和库存股等)及其总额列示交易或事项对所有者权益的影响。此外，企业还需要提供比较所有者权益变动表，所有者权益变动表还应就各项目再分为“本年金额”和“上年金额”两栏分别填列。所有者权益变动表的具体格式如表 14-13 所示。

二、所有者权益表动表的填列方法

(一) 上年金额栏的填列方法

所有者权益变动表“上年金额”栏内各项数字，应根据上年度所有者权益变动表“本年金额”栏内所列数字填列。如果上年度所有者权益变动表规定的各项目的名称和内容与本年度不一致，应对上年度所有者权益变动表各项目的名称和数字按照本年度规定进行调整，填入所有者权益变动表“上年金额”栏内。

(二) 本年金额栏的填列方法

所有者权益变动表“本年金额”栏内各项数字应根据“实收资本(或股本)”“资本公积”“盈余公积”“其他综合收益”“利润分配”“库存股”“以前年度损益调整”等科目及其明细科目的发生额分析填列。

三、修订新增项目说明

新增“其他综合收益结转留存收益”行项目，主要反映：① 企业指定为以公允价值计量且其变动计入其他综合收益的非交易性权益工具投资终止确认时，之前计入其他综合收益的累计利得或损失从其他综合收益中转入留存收益的金额；② 企业指定为以公允价值计量且其变动计入当期损益的金融负债终止确认时，之前由企业自身信用风险变动引起而计入其他综合收益的累计利得或损失从其他综合收益中转入留存收益的金额等。该项目应根据“其他综合收益”科目的相关明细科目的发生额分析填列。

表 14-13 所有者权益变动表

会企 04 表

编制单位: __年度 单位：元

项目	本年金额										上年金额									
	实收资本(或股本)	其他权益工具			资本公积	减：库存股	其他综合收益	盈余公积	未分配利润	所有者权益合计	实收资本(或股本)	其他权益工具			资本公积	减：库存股	其他综合收益	盈余公积	未分配利润	所有者权益合计
		优先股	永续债	其他								优先股	永续债	其他						
一、上年年末余额																				
加：会计政策变更																				
前期差错更正																				
其他																				
二、本年年初余额																				
三、本年增减变动金额(减少以“–”号填列)																				
(一) 综合收益总额																				
(二) 所有者投入和减少资本																				
1. 所有者投入的普通股																				
2. 其他权益工具持有者投入资本																				
3. 股份支付计入所有者权益的金额																				
4. 其他																				
(三) 利润分配																				
1. 提取盈余公积																				
2. 对所有者(或股东)的分配																				
3. 其他																				
(四) 所有者权益内部结转																				
1. 资本公积转增资本(或股本)																				
2. 盈余公积转增资本(或股本)																				
3. 盈余公积弥补亏损																				
4. 设定受益计划变动额结转留存收益																				
5. 其他综合收益结转留存收益																				
6. 其他																				
四、本年年末余额																				

四、所有者权益变动表编制示例

例 14-4 沿用例 14-1、例 14-2 和例 14-3 的资料，天华股份有限公司其他相关资料为：提取盈余公积 24770.4 元，向投资者分配现金股利 32 215.85 元。

根据上述资料，编制天华股份有限公司 20×8 年度的所有者权益变动表，如表 14-14 所示。

表 14-14　所有者权益变动表

会企 04 表

编制单位：　　　　　　　　　　______年度　　　　　　　　　　单位：元

项　目	本年金额										上年金额									
	实收资本(或股本)	其他权益工具			资本公积	减：库存股	其他综合收益	盈余公积	未分配利润	所有者权益合计	实收资本(或股本)	其他权益工具			资本公积	减：库存股	其他综合收益	盈余公积	未分配利润	所有者权益合计
		优先股	永续债	其他								优先股	永续债	其他						
一、上年年末余额	5000000	0	0	0	0	0	0	100000	50000	5150000										
加：会计政策变更	—	—	—	—	—	—	—	—	—	—										
前期差错更正	—	—	—	—	—	—	—	—	—	—										
其他	—	—	—	—	—	—	—	—	—	—										
二、本年年初余额	5000000	0	0	0	0	0	0	100000	50000	5150000										
三、本年增减变动金额(减少以“–”号填列)																				
(一)综合收益总额							12000		225000	237000										
(二)所有者投入和减少资本																				
1. 所有者投入的普通股																				
2. 其他权益工具持有者投入资本																				
3. 股份支付计入所有者权益的金额																				
4. 其他																				
(三)利润分配																				
1. 提取盈余公积								24770.4	–24770.4	0										
2. 对所有者(或股东)的分配									–32215.85	–32215.85										
3. 其他																				
(四)所有者权益内部结转																				
1. 资本公积转增资本(或股本)																				
2. 盈余公积转增资本(或股本)																				
3. 盈余公积弥补亏损																				
4. 设定受益计划变动额结转留存收益																				
5. 其他综合收益结转留存收益																				
6. 其他																				
四、本年年末余额	5000000	0	0	0	0	0	12000	124770.4	218013.75	5354784.15										

第六节 附　　注

一、附注的主要内容

附注是对在资产负债表、利润表、现金流量表和所有者权益变动表等报表中列示项目的文字描述或明细资料，以及对未能在这些报表中列示项目的说明等。附注是财务报表的重要组成部分。附注应当按如下顺序至少披露下列内容：

(一) 企业的基本情况

(1) 企业注册地、组织形式和总部地址。
(2) 企业的业务和主要经营活动。
(3) 母公司及集团最终母公司的名称。
(4) 财务报告的批准报出者和财务报告的批准报出日，或者以签字者及其签字日期为准。
(5) 营业期限有限的企业，还应当披露有关其营业期限的信息。

(二) 财务报表的编制基础

财务报表的编制基础一般涵盖以下内容：会计年度、记账本位币、会计计量所应用的计量基础、现金和现金等价物。

(三) 遵循企业会计准则的声明

企业应当明确说明编制的财务报表符合企业会计准则的要求，真实、公允地反映企业的财务状况、经营成果和现金流量等有关信息，以此明确编制企业财务报表所依据的制度基础。

如果企业编制的财务报表只是部分地遵循了企业会计准则，附注中不得作出这种表述。

(四) 重要会计政策和会计估计

1. 重要会计政策说明

企业应当披露采用的重要会计政策，并结合企业的具体实际披露其重要会计政策的确定依据和财务报表项目的计量基础。其中，会计政策的确定依据主要是指企业在运用会计政策过程中所作的重要判断，这些判断对在报表中确认的项目金额具有重要影响。比如，企业如何判断持有的金融资产是持有至到期的投资而不是交易性投资，企业如何判断与租赁资产相关的所有风险和报酬已转移给企业，从而符合融资租赁的标准，投资性房产地的判断标准是什么等。财务报表项目的计量基础包括历史成本、重置成本、可变现净值、现值和公允价值等会计计量属性等。

2. 重要会计估计的说明

企业应当披露重要会计估计，并结合企业的具体实际披露其会计估计所采用的关键假设和不确定因素。重要会计估计的说明，包括可能导致下一个会计期间内资产、负债账面价值重大调整的会计估计的确定依据等。例如，固定资产可收回的计算需要根据其公允价值减去处置费用后的净额与预计未来现金流量的现值两者之间的较高者确定，在计算资产预计未来现金流量的现值时需要对未来现金流量进行预测，并选择适当的折现率，企业应当在附注中披露未来现金流量预测所采用的假设及其依据，所选择的折现率为什么是合理的等。又如，对于正在进行中的诉讼提取准备，企业应当披露最佳估计数的确定依据等。

(五) 会计政策和会计估计变更以及差错更正的说明

企业应当按照《企业会计准则第 28 号——会计政策、会计估计变更和差错更正》及其应用指南的规定，披露会计政策和会计估计变更以及差错更正的有关情况。

(六) 报表重要项目的说明

企业应当以文字和数字描述相结合，尽可能以列表形式披露重要报表项目的构成或当期增长变动情况，并且报表重要项目的明细金额合计，应当与报表项目金额相衔接。在披露顺序上，一般应当按照资产负债表、利润表、现金流量表、所有者权益变动表的顺序及其报表项目列示的顺序。

(七) 其他需要说明的重要事项

这主要包括或有事项、资产负债表日后非调整事项以及关联方关系及交易(见本节三“关联方披露”)等。

或有事项，是指过去的交易或事项形成的一种状况，其结果须通过未来不确定事项的发生或不发生予以证实，主要有或有资产和或有负债，常见的事项有主要包括未决诉讼或仲裁、债务担保、产品质量保证(含产品安全保证)、承诺、亏损合同、重组义务、环境污染整治等。

企业应当披露或有资产或或有负债。另外，在涉及未决诉讼、未决仲裁的情况下，如果披露与该或有事项有关的全部或部分信息预期会对企业造成重大不利影响，则企业无需披露这些信息，但应当披露该未决诉讼、未决仲裁的性质，以及没有披露这些信息的事实和原因。

(八) 有助于财务报表使用者评价企业管理资本的目标、政策及程序的信息

需要注意的是，企业如有终止经营，还应当在附注中披露有关终止经营的信息，主要包括：

(1) 终止经营的收入、费用、利润总额、所得税费用(收益)和净利润；

(2) 终止经营的资产或处置组确认的减值损失及其转回金额；

(3) 终止经营的处置损益总额、所得税费用(收益)和处置净损益；

(4) 终止经营的经营活动、投资活动和筹资活动现金流量净额；

(5) 归属于母公司所有者的持续经营损益和终止经营损益。

二、分部报告

(一) 经营分部的认定

经营分部，是指企业内同时满足下列条件的组成部分：① 该组成部分能够在日常活动中产生收入、发生费用；② 企业管理层能够定期评价该组成部分的经营成果，以决定向其配置资源、评价其业绩；③ 企业能够取得该组成部分的财务状况、经营成果和现金流量等有关会计信息。

企业应当以内部组织结构、管理要求、内部报告制度为依据确定经营分部。经济特征不相似的经营分部，应当分别确定为不同的经济部分。企业存在相似经济特征的两个或多个经济部分，例如，具有相近的长期财务业绩，包括具有相近的长期平均毛利率、资金回报率、未来现金流量等，将其合并披露可能更为恰当。具有相似经济特征的两个或多个经营分部，在同时满足下列条件时，可以合并为一个经营分部：

(1) 各单项产品或劳动的性质相同或相似，包括产品或劳务的规格、型号、最终用途等。通常情况下，产品和劳务的性质相同或相似的，其风险、报酬率及其成长率可能较为接近，一般可以将其划分到同一经营分部中。对于性质完全不同的产品或劳务，不应当将其划分到同一经营分部中。

(2) 生产过程的性质相同或相似，包括采用劳动密集或资本密集方式组织生产，使用相同或相似设备和原材料，采用委托生产或加工方式等。对于其生产过程的性质相同或相似的，可以将其划分为一个经营分部，如按资本密集型和劳动密集型划分经营部门。对于资本密集型的部门而言，其占用的设备较为先进，占用的固定资产较多，相应所负担的折旧费也较多，其经营成本受资产折旧费用影响较大，受技术进步因素的影响也较大；对于劳动密集型部门而言，其使用的劳动力较多，相对而言劳动力的成本即人工费用的影响较大，经营成果受人工成本的高低影响大。

(3) 产品或劳务的客户类型相同或相似，包括大宗客户、零散客户等。对于购买产品或接受劳务的同一类型的客户，如果其销售条件基本相同，例如，相同或相似的销售价格、销售折扣，相同或相似的售后服务，因而具有相同或相似的风险和报酬；而不同的客户，其销售条件不尽相同，由此可能导致其具有不同的风险和报酬。

(4) 销售产品或提供劳务的方式相同或相似，包括批发、零售、自产自销、委托销售、承包等。企业销售产品或提供劳务的方式不同，其承受的风险和报酬也不相同。比如，在赊销方式下，可以扩大销售规模，但发生的收账费用较大，并且发生应收账款坏账的风险也很大；而在现销方式下，则不存在应收账款的坏账问题，不会发生收账费用，但销售规模的扩大有限。

(5) 生产产品或提供劳务受法律、行政法规的影响相同或相似，包括经营范围或交易定价机制等。企业生产产品或提供劳务总是处于一定的经济法律环境之下，其所处的环境必然对其经营活动产生影响。对在不同法律环境下生产的产品或提供的劳务进行分类，进而向会计信息使用者提供不同法律环境下产品生产或劳务的信息，有利于会计信息使用者对企业未来的发展走向作出判断和预测；对相同或相似法律环境下的产品生产或劳务提供进行归类，以提供其经营活动所生成的信息，同样有利于明晰地反映该类产品生产和劳务提供的会计信息。比如，商业银行、保险公司等金融企业易受特别的、严格的政策监管，在考虑该类企业确定某组成部分的产品和劳务是否相关时，应当考虑所受监管政策的影响。

(二) 报告分部的确定

1. 重要性标准的判断

企业应当以经营分部为基础确定报告分部。经营分部满足下列条件之一的，应当确定为报告分部：

(1) 该分部的分部收入占所有分部收入合计 10%或者以上。

分部收入，是指可归属于分部对外交易的收入和对其他分部交易的收入。分部收入主要由可归属于分部的对外交易收入构成，通常为营业收入。可以归属分部的收入来源于两个渠道：一是可以直接归属于分部的收入，即直接由分部的业务交易产生的；二是可以间接归属于分部的收入，即将企业交易产生的收入在相关分部之间进行分配，按属于某分部的收入金额确认为分部收入。

分部收入通常不包括下列项目：① 利息收入(包括因预付或借给其他分部款项而确认的利息收入)和股利收入(采用成本法核算的长期股权投资取得的股利收入)，但分部的日常活动是金融性质的除外。② 营业外收入，如固定资产盘盈、处置固定资产净收益、出售无形资产净收益、罚没收益等。③ 处置投资产生的净收益，但分部的日常活动是金融性质的除外。④ 采用权益法核算的长期股权投资确认的投资收益，但分部的日常活动是金融性质的除外。

(2) 该分部的分部利润(亏损)的绝对额，占所有盈利分部利润合计金额或者所有亏损分部亏损合计额的绝对额两者中较大者的 10%或者以上。

分部利润(亏损)，是指分部收入减去分部费用后的余额。不属于分部收入和分部费用的项目，在计算分部利润(亏损)时不得作为考虑的因素。

分部费用，是指可归属于分部的对外交易费用和对其他分部交易费用。分部费用主要由可归属于分部的对外交易费用构成，通常包括营业成本、税金及附加、销售费用等。与分部收入的确认相同，归属于分部的费用也来源于两个渠道：一是可以直接归属于分部的费用，即直接由分部的业务交易而发生的；二是可以间接归属于分部的费用，即将企业交易发生的费用在相关分部之间进行分配，按属于某分部的费用金额确认为分部费用。

分部费用通常不包括下列项目：① 利息费用(包括因预收或向其他分部借款而确认的利息费用)，如发行债务等，但分部的日常活动是金融性质的除外。② 营业外支出，如处置固定资产、无形资产等发生的净损失。③ 处置投资发生的净损失，但分部的日常活动是金融性质的除外。④ 采用权益法核算的长期股权投资确认的投资损失，但分部的日常活动是金融性质的除外。⑤ 与企业整体相关的管理费用和其他费用。

(3) 该分部的分部资产占所有分部资产合计额的 10%或者以上。

分部资产，是指分部营业活动使用的可归属于该分部的资产，不包括递延所得税资产。

如果与两个或多个营业分部共用资产相关的收入和费用也分配给这些经营分部，该共用资产应分配给这些经营分部。共用资产的折旧费或摊销在计量分部经营成果时被扣减的，该资产应包括在分部资产中。企业在计量分部资产时，应当按照分部资产的账面价值进行计量，即按照扣除相关累计折旧或摊销额以及累计减值准备后的金额预算。

通常情况下，分部资产与分部利润(亏损)、分部费用等之间存在一定的对应关系，即：① 如果分部利润(亏损)包括利息或股利收入，分部资产中就应当包括相应的应收账款、贷款、投资或其他金融资产。② 如果分部费用包括某项固定资产的折旧费用，分部资产中就应当包括该项固定资产。③ 如果分部费用包括某项无形资产或商誉的摊销额或减值额，分部资产中就应当包括该项无形资产或商誉。

2. 低于 10%重要性标准的选择

经营分部未满足上述 10%重要性标准的，可以按照下列规定确定报告分部：

(1) 企业管理层认为披露该经营分部信息对会计信息使用者有用的，可以将其确定为报告分部。在这种情况下，无论该经营分部是否满足 10%的重要性标准，企业可以直接将其指定为报告分部。

(2) 对经营分部 10%的重要性测试可能会导致企业存在大量未满足 10%数量临界线的经营分部，在这种情况下，如果企业没有直接将这些经营分部指定为报告分部，可以将一个或一个以上具有相似经济特征、满足经营分部合并条件的一个以上的经营分部合并成一个报告分部。

3. 报告分部 75%的标准

企业的经营分部达到规定的 10%重要性标准认定为报告分部后，确定为报告分部的经营分部的对外交易收入合计额占合并总收入或企业总收入的比重应当达到 75%的比例。如果未达到 75%的标准，企业必须增加报告分部的数量，将其他未作为报告分部的经营分部纳入报告分部的范围，直到该比重达到 75%。此时，其他未作为报告分部的经营分部很可能未满足前述规定的 10%重要性标准，但为了使报告的对外交易收入合计额占合并总收入或企业总收入的总体比重能够达到 75%的比例要求，也应当将其确定为报告分部。

4. 报告分部的数量

根据前述的确定报告分部的原则，企业确定的报告分部数量可能超过 10 个，此时，企业提供的分部信息可能变得非常繁琐，不利于会计信息使用者理解和使用。因此，报告分部的数量通常不应当超过 10 个。如果报告分部的数量超过 10 个，企业应当考虑将具有相似经营特征、满足经营分部合并条件的报告分部都进行合并，以使合并后的报告分部数量不超过 10 个。

5. 为提供可比信息确定报告分部

企业在确定报告分部时，除应当遵循相应的确定标准以外，还应当考虑不同会计期间分部信息的可比性和一贯性。对于某一经营分部，在上期可能满足报告分部的确定条件从而确定为报告分部，但本期可能并不满足报告分部的确定条件。此时，如果企业认为该经营分部仍然重要，单独披露该经营分部的信息能够更有助于会计信息使用者了解企业的整体情况，则不需要考虑该经营分部的重要性标准，仍然应当将该经营分部确定为本期的报告分部。

对于某一经营分部，在本期可能满足报告分部的确定条件从而确定为报告分部，但上期可能并不满足报告分部的确定条件未确定为报告分部。此时，出于比较目的提供的以前会计期间的分部应该重述，以将该经营分部反映为一个报告分部，即使其不满足确定为报告分部的条件。如果重述需要的信息无法获得，或者不符合成本效益原则，则不需要重述以前会计期间的分部信息；不论是否对以前期间相应的报告分部信息进行重述，企业均应当在报表附注中披露这一信息。

(三) 分部信息的披露

企业披露的分部信息，应当有助于会计信息使用者评价企业所从事经营活动的性质和财务影响，以及经营所处的经济环境。企业应当以对外提供的财务报表为基础披露分部信息；对外提供合并财务报表的企业，应当以合并财务报表为基础披露分部信息。企业应当在报表附注中披露各分部的下列信息：

1. 描述性信息

(1) 确定报告分部考虑的因素，通常包括企业管理层是否按照产品和服务、地理区域、监管环境差异或综合各种因素进行组织管理。

(2) 报告分部的产品和劳务的类型。

2. 每一报告分部的利润(亏损)总额相关信息

每一报告分部的利润(亏损)总额信息，包括利润(亏损)总额组成项目的信息。企业管理层在计量报告分部利润(亏损)时运用了下列数据，或者未运用下列数据但定期提供给企业管理层的，应当在附注中披露每一报告分部的下列信息：① 对外交易收入和分部间交易收入。② 利息收入和利息费用。但是，报告分部的日常活动是金融性质的除外。报告分部的日常活动是金融性质的，可以仅披露利息收入减去利息费用后的净额，同时披露这一处理方法。③ 折旧费用和摊销费用，以及其他重大的非现金项目。④ 采用权益法核算的长期股权投资确认的投资收益。⑤ 所得税费用或所得税收益。⑥ 其他重大的收益或费用项目。

企业应当在附注中披露计量每一报告分部利润(亏损)的下列会计政策：① 分部间转移价格的确定基础；② 相关收入和费用分配给报告分部的基础；③ 确定报告分部例如利润(亏损)使用的计量方法发生变化的性质，以及这些变化产生的影响。

3. 每一报告分部的资产总额、负债总额相关信息

该信息包括资产总额组成项目的信息，以及有关资产、负债计量相关的会计政策。企业管理层在计量报告分部利润(亏损)时运用了下列数据，或者未运用下列数据但定期提供给企业管理层的，应当在附注中披露每一报告分部的下列信息：① 采用权益法核算的长期股权投资金额。② 非流动资产(不包括金融资产、独立账户资产、递延所得税资产)金额。报告分部的负债金额定期提供给企业管理层的，企业应当在附注中披露每一报告分部的负债金额。

企业应当在附注中披露将相关资产或负债分配给各报告分部的基础。

分部负债，是指分部经营活动形成的可归属该分部的负债，不包括递延所得税负债。

如果与两个或多个经营分部共同承担的负债分配给这些经营分部，该共同承担的负债也应当分配给这些经营分部。

4. 除上述已经作为报告分配信息组成部分的披露内容外，企业还应当披露的信息

(1) 每一产品和劳务或每一类似产品和劳务的对外交易收入。但是，披露相关信息不切实可行的除外。企业披露相关信息不切实可行的，应当披露这一事实。

(2) 企业取得的来自于本国的对外交易收入总额，以及企业从其他国家取得的对外交易收入总额。但是，披露相关信息不切实可行的除外。企业披露相关信息不切实可行的，应当披露这一事实。

(3) 企业取得的位于本国的非流动资产(不包括金融资产、独立账户资产、递延所得税资产)总额，以及企业位于其他国家的非流动资产(不包括金融资产、独立账户资产、递延所得税资产)总额。但是，披露相关信息不切实可行的除外。企业披露相关信息不切实可行的，应当披露这一事实。

5. 企业对主要客户的依赖程度

企业与某一外部客户交易收入占合并总收入或企业总收入的10%或以上，应当披露这一事实，以及来自该外部客户的总收入和相关报告分部的特征。

6. 报告分部信息总额与企业信息总额的衔接

报告分部收入总额应当与企业收入总额相衔接；报告分部利润(亏损)总额应当与企业利润(亏损)总额相衔接；报告分部资产总额应当与企业资产总额相衔接；报告分部负债总额应当与企业负债相衔接。

7. 比较信息

企业在披露分部信息时，为可比起见，应当提供前期的比较数据。对于某一经营分部，如果本期满足报告分部的确定条件确定为报告分部，即使前期没有满足报告分部的确定条件未确定为报告分部，也应当提供前期的比较数据。但是，重述信息不切实可行的除外。

企业内部组织结构改变导致报告组成发生变化的，应当提供前期比较数据。但是，提供比较数据不切实可行的除外。企业未提供前期比较数据的，应当在报告分部组成发生变化的当年，同时披露以新的报告分部和旧的报告分部为基础编制的分部信息。

不论企业是否提供前期比较数据，均应披露这一事实。

三、关联方披露

(一) 关联方关系的认定

关联方关系的存在是以控制、共同控制或重大影响为前提条件的。在判断是否存在关联方关系时，应当遵循实质重于形式的原则。从一个企业的角度出发，与其存在关联方关系的各方包括：

(1) 该企业的母公司，不仅包括直接或间接地控制该企业的其他企业，也包括能够对该企业实施直接或间接控制的单位等。

① 某一个企业直接控制一个或多个企业。例如，母公司控制一个或若干个子公司，则

母公司与子公司之间存在关联方关系。

② 某一个企业通过一个或若干中间企业间接控制一个或多个企业。例如，母公司通过其子公司，间接控制子公司的子公司，表明母公司与其子公司的子公司存在关联方关系。

③ 一个企业直接地或通过一个或若干中间企业间接地控制一个或多个企业。例如，母公司对某一个企业的投资虽然没有达到控股的程度，但由于其子公司也拥有该企业的股份或权益，如果母公司与其子公司对该企业的投资之和达到拥有该企业一半以上表决权资本的控制权，则母公司直接或间接地控制该企业，表明母公司与该企业之间存在关联关系。

(2) 该企业的子公司，包括直接或间接地被该企业控制的其他企业，也包括直接或间接地被该企业控制的企业、单位、基金等特殊目的实体。

(3) 与该企业受同一公司控制的其他企业。A 公司和 B 公司同受 C 公司控制，从而 A 公司和 B 公司之间构成关联方关系。

(4) 对该企业实施共同控制的投资方。这里的共同控制包括直接的共同控制和间接的共同控制。对企业实施直接和间接共同控制的投资方与该企业之间是关联方关系，但这些投资方之间并不能仅仅因为共同控制了同一家企业而视为存在关联方关系。例如，A、B、C 三个企业共同控制 D 企业，从而 A 和 D、B 和 D，以及 C 和 D 成为关联方关系。如果不存在其他关联方关系，A 和 B、A 和 C 以及 B 和 C 之间不构成关联方关系。

(5) 对该企业施加重大影响的投资方。这里的重大影响包括直接的重大影响和间接的重大影响。对企业实施重大影响的投资方与该企业之间是关联方关系，但这些投资方之间并不能仅仅因为对同一家企业具有重大影响而视为存在关联方关系。

(6) 该企业的合营企业。合营企业包括合营企业的子公司。合营企业是以共同控制为前提的，两方和多方共同控制某一企业时，该企业则为投资者的合营企业。例如，A、B、C、D 企业各占 F 企业有表决权资本的 25%，按照合同规定，投资各方按照出资比例控制 F 企业，由于出资比例相同，F 企业由 A、B、C、D 企业共同控制，在这种情况下，A 和 F、B 和 F、C 和 F 以及 D 和 F 之间构成关联方关系。

(7) 该企业的联营企业。联营企业包括联营企业的子公司。联营企业和重大影响是相联系的，如果投资者能对被投资企业施加重大影响，则该被投资企业应被视为投资者的联营企业。

(8) 该企业的主要投资个人及与其关系密切的家庭成员。主要投资者个人，是指能够控制、共同控制一个企业或者对一个企业施加重大影响的投资者。

① 某一企业与其主要投资者个人之间的关系。例如，张三是 A 企业的主要投资者，则 A 企业与张三构成关联方关系。

② 某一企业与其主要投资者个人关系密切的家庭成员之间的关系。例如 A 企业的主要投资者张三的儿子与 A 企业构成关联方关系。

(9) 该企业或其母公司的关键管理人员及与其关系密切的家庭成员。关键管理人员，是指有权力并负责计划、指挥和控制企业活动的人员。通常情况下，企业关键管理人员负责管理企业的日常活动，并且负责制订经营计划、战略目标，指挥调度生产，指挥调度生产经营活动等，主要包括董事长、董事、董事会秘书、总经理、总会计师、财务总监、主管各项事务的副总经理以及行使类似决策职能的人员等。

① 某一企业与其关键管理人员之间的关系。例如 A 企业的总经理与 A 企业构成关联

方关系。

② 某一企业与其关键管理人员关系密切的家庭成员之间的关系。例如，A 企业的总经理张三的儿子张小三与 A 企业构成关联方关系。

(10) 该企业主要投资者个人、关键管理人员或与其关系密切的家庭成员控制、共同控制的其他企业。与主要投资者个人、关键人员关系密切的家庭成员，是指在处理与企业的交易时可能影响该个人或受该个人影响的家庭成员，例如，父母、配偶、兄弟姐妹和子女等。对于这类关联方，应当根据主要投资者个人、关键管理人员或与其关系密切的家庭成员对两家企业的实际影响力具体分析判断。

① 某一企业与受该企业主要投资者个人控制、共同控制的其他企业之间的关系。例如，A 企业的主要投资者 H 拥有 B 企业 60%的表决权资本，则 A 和 B 存在关联方关系。

② 某一企业与受该企业主要投资者个人关系密切的家庭成员控制、共同控制的其他企业之间的关系。例如，A 企业的主要投资者 Y 的妻子拥有 B 企业 60%的表决权资本，则 A 和 B 存在关联方关系。

③ 某一企业与受该企业关键管理人员控制、共同控制的其他企业之间的关系。例如，A 企业的关键管理人员 H 控制了 B 企业，则 A 和 B 存在关联方关系。

④ 某一企业与受该企业关键管理人员关系密切的家庭成员控制、共同控制的其他企业之间的关系。例如，A 企业的财务总监 Y 的妻子是 B 企业的董事长，则 A 和 B 存在关联方关系。

(二) 不构成关联方关系的情况

与该企业发生日常往来的资金提供者、公用事业部门、政府部门和机构以及因与该企业发生大量交易而存在经济依存关系的单个客户、供应商、特许商、经销商和代理商之间，不构成关联方关系。

与该企业共同控制合营企业的合营者之间，通常不构成关联方关系。

仅仅共同受国家控制而不存在控制、共同控制或重大影响关系的企业，不构成关联方关系。

受同一方重大影响的企业之间不构成关联方关系。

(三) 关联方交易的类型

存在关联方关系的情况下，关联方之间发生的交易为关联方交易，关联方交易的类型主要有：

(1) 购买或销售商品。购买或销售商品是关联方之间进行交易较常见的交易事项，例如，企业集团成员之间互相购买或销售商品，形成关联方关系。

(2) 提供或接受劳务。例如，A 企业是 B 企业的联营企业，A 企业专门从事设备维修服务，B 企业的所有设备均由 A 企业负责维修，B 企业每年支付设备维修费用 300 万元，该维修费用构成 A 企业与 B 企业之间的关联方交易。

(3) 购买或销售除商品以外的其他资产。例如，母公司出售给子公司设备或建筑物等。

(4) 租赁。租赁通常包括经营租赁和融资租赁等，关联方之间的租赁合同也是主要的交易事项。

(5) 担保。担保包括在借贷、买卖、货物运输、加工承揽等经济活动中，为了保障其债权实现而实行的担保等。当存在关联方关系时，一方往往为另一方提供取得借款、实现买卖等经济活动中所需要的担保。

(6) 提供资金(贷款或股权投资)。例如，企业从其关联方取得资金，或权益性资金在关联方之间的增减变动等。

(7) 代理。代理主要是依据合同条款，乙方可为另一方代理某些职务，如代理销售货物或代理签订合同。

(8) 研究与开发项目的转移。在存在关联方关系时，有时某一企业所研究与开发的项目会由于一方的要求而放弃或转移给其他企业。例如，B 公司是 A 公司的子公司，A 公司要求 B 公司停止对某一新产品的研究和试制，并将 B 公司研究的现有成果转给 A 公司最近购买的、研究和开发能力超过 B 公司的 C 公司继续研制，从而形成关联方交易。

(9) 许可协议。当存在关联方关系时，关联方之间可能达成某种协议允许一方使用另一方商标等，从而形成关联方之间的交易。

(10) 代表企业或由企业代表另一方进行债务结算。

(11) 关键管理人员薪酬。企业支付给关键管理人员的报酬，也是一项主要的关联方交易。

(12) 关联方交易还包括就某特定事项在未来发生或不发生时所作出的采取相应行动的任何承诺，例如(已确认及未确认的)待执行合同。

(四) 关联方的披露

企业无论是否发生关联方交易，均应当在附注中披露与该企业之间存在直接控制关系的母公司和子公司有关的信息。母公司不是该企业最终控制方的，还应当披露企业集团内对该企业享有最终控制权的企业(或主体)的名称。母公司和最终控制方均不对外提供财务报表的，还应当披露母公司之上与其最相近的对外提供财务报表的母公司名称。

企业与关联方发生关联方交易的，应当在附注中披露该关联方关系的性质、交易类型及交易要素。关联方关系的性质，是指关联方与该企业的关系，即关联方是该企业的子公司、合营企业、联营企业等。交易类型通常包括购买或销售商品、购买或销售商品以外的其他资产、提供或接受劳务、担保、提供资金(贷款或股权投资)、租赁、代理、研究与开发项目的转移、许可协议，代表企业或由企业代表另一方进行债务结算，就某特定事项在未来发生或不发生时所做出的采取相应行动的任何承诺，包括(已确认和未确认的)待执行合同等。交易要素至少应当包括交易的金额，未结算项目的金额、条款和条件(包括承诺等)以及有关提供或取得的担保的信息，未结算应收项目坏账准备金额，定价政策。关联方交易的金额应当披露相关比较数据。

对外提供合并财务报表的，对于已经包括在合并范围内各企业之间的交易不予披露。合并财务报表是将集团作为一个整体来反映与其有关的财务信息，在合并财务报表中，企业集团作为一个整体看待，企业集团的交易不属于交易，并且已经在编制合并财务报表时予以抵销。因此，关联方披露准则规定，对外提供合并财务报表的，除了应按上述要求进行披露外，对于已经包括在合并范围内并已抵销的各企业之间的交易不予披露。

四、金融工具的披露

(一) 金融工具一般信息披露要求

企业应当披露编制财务报表时对金融工具所采用的重要会计政策、计量基础和与理解财务报表相关的其他会计政策等信息，主要包括：

(1) 对于指定为以公允价值计量且其变动计入当期损益的金融资产或金融负债，应当披露下列信息：

① 指定的金融资产或金融负债的性质。

② 初始确认时对上述金融资产或金融负债做出指定的标准。

③ 如何满足运用指定的标准。对于以消除或显著减少会计错配为目的的指定，企业应当披露该指定所针对的确认或计量不一致的描述性说明。对于更好地反映组合的管理实质为目的的指定，企业应当披露该指定符合企业正式书面文件载明的风险管理或投资策略的描述性说明。对于整体指定为以公允价值计量且其变动计入当期损益的混合工具，企业应当披露运用指定标准的描述性说明。

(2) 指定金融资产为可供出售金融资产的标准。

(3) 金融资产常规购买和出售的会计政策。

(4) 核销减值准备并减计金融资产账面价值的原则。

(5) 如何确定每类金融工具的利得和损失。

(6) 存在客观证据表明金融资产已发生减值适用标准。

(7) 为避免金融资产逾期或减值而重新议定条款的金融资产所使用的会计政策。

需要指出的是：① 风险投资机构、共同基金以及类似主体特有的、在初始确认时按照《企业会计准则第22号——金融工具确认和计量》的规定指定为以公允价值计量且其变动计入当期损益的金融资产或者划分为交易性金融资产的投资，应当按照金融工具列报准则规定进行列报。② 企业如发行了一项既含负债成分的工具，且该工具嵌入了多重衍生特征(相关价值是联动的)，比如，可赎回的可转换债务工具，则应披露体现在其中的这些特征。

(二) 资产负债表相关信息的披露

(1) 应当在资产负债表或相关附注中列报下列金融资产或金融负债的账面价值：

① 以公允价值计量且其变动计入当期损益的金融资产，并分别反映交易性金融资产和在初始确认时指定为以公允价值计量且其变动计入当期损益的金融资产。

② 持有至到期投资。

③ 贷款和应收款项。

④ 可供出售金融资产。

⑤ 以公允价值计量且其变动计入当期损益的金融负债，并分别反映交易性金额负债在初始确认时指定为以公允价值计量且其变动计入当期损益的金融负债。

⑥ 其他金额负债。

(2) 企业将单项或一组贷款或应收款项指定为以公允价值计量且其变动计入当期损益的金融资产的，应当披露下列信息：

① 资产负债表日该贷款或应收款项使该企业面临的最大信用风险敞口。信用风险，是指金融工具的一方不履行义务，造成另一方发生财产损失的风险。

② 相关信用衍生工具或类似工具使得该最大信用风险敞口降低的金额。

③ 该贷款或应收款项因信用风险变动引起的公允价值变动扣除由于市场风险因素的变化导致公允价值变动后的部分；或是企业以能够更真实地反映信用风险变动导致该贷款或应收款项公允价值变动的其他方法确定的金额，市场风险因素的变化包括可观察的利率、商品价格、汇率以及价格指数、利率指数、汇率指数等指数的变动。

④ 相关信用衍生工具或类似工具的公允价值本期变动和自该贷款或应收款项被指定以来的公允价值累计变动额。

⑤ 上述这些金额的确定方法。

(3) 企业将一项金融负债指定为以公允价值计量且其变动计入当期损益的金融负债的，应当披露下列信息：

① 该金融负债因信用风险变动引起的公允价值本期变动额和累计变动额。这些变动额是该金融负债公允价值变动扣除由于市场风险因素的变化导致公允价值变动后的部分；或是企业以能够更真实地反映信用风险变动导致该区金融负债公允价值变动的其他方法确定的金额。对于包含投资连结特征的合同，市场风险因素的变化包括相关内部或外部投资组合业绩的变动。

② 该金融负债的账面价值与按合同约定到期应支付债权人金额之间的差额。

③ 上述这些金额的确定方法。

(4) 企业将金融资产进行重新分类，改变了该企业金融资产后续计量基础的，应当披露该金融资产重分类前后的公允价值或账面价值和重分类的原因。

(5) 对于所有可执行的总互抵协议或类似协议下的已确认的金融工具，以及符合所抵消条件的已确认金融工具，企业应当在报告期末以表格形式分别按金融资产和金融负债披露下列定量信息：

① 已确认金融资产和金融负债的总额。

② 按规定抵消的金额。

③ 在资产负债表中列示的净额。

④ 可执行的总互抵协议或类似协议确定的、未包含在本条中的金额，包括：a. 不满足抵销条件的已确定金融工具的总额；b. 与财务担保物(包括现金担保)相关的金额，以在资产负债表中列示的净额扣除本条④第 a.项后的余额为限。

⑤ 资产负债表中列示的净额扣除本条④的余款。

企业应当披露上述④所述协议中抵销权的条款及其性质等信息，以及不同计量基础的金融工具适用本条时产生的计量差异。

(6) 分类为权益工具的可回售工具，企业应当披露下列信息：

① 可回售工具的汇总定量信息。

② 对于按持有方要求承担的回购或赎回义务，企业的管理目标、政策及程序变化。

③ 回购或赎回可回售工具的预期现金流出金额以及确定方法。

可回售工具以及发行方仅在清算时才有义务向另一方按比例交付其净资产的金融工具，在金融负债和权益之间重分类的，应当分别披露重分类前后的公允价值或账面的价值以及重分类的时间和原因。

企业应当披露作为负债或有负债担保物的金融资产的账面价值，以及与该项担保有关的条款和条件。其中，对于已转移金融资产的担保物，转入方有权出售或再抵押的，转出方应当在资产负债表中单独列示该金融资产。

企业取得的担保物，在担保物所有人未违约时可出售或再抵押的，应当披露其公允价值、已出售或再抵押担保物的公允价值，以及承担的返还义务和使用担保物的条款和条件。

对于企业发行的包含金融负债和权益工具成分的复合金融工具，嵌入了价值相互关联的多项衍生工具(如可赎回的可转换的债务工具)的，应当披露相关特征。

除短期应付款项之外的金融负债，企业应当披露下列信息：

① 本期发生拖欠的金融负债的本金、利息、偿债基金、赎回条款的详细情况。

② 发生金融负债的期末账面价值。

③ 在财务报告批准对外报出前，就拖欠事项已采取的保救措施、对财务条款的重新议定等情况。

企业本期发生了拖欠以外的其他违约情况，且债权人有权在发生违约时要求企业提前偿还的，企业应当按上述要求披露。如果在期末前相关违约情况已得到补救或已重新议定债务条款，则无需披露。

(三) 利润表相关信息的披露

企业应当披露金融工具有关的下列收入、费用、利得或损失：

① 当期各类金融资产和金融负债所产生的利得和损失。其中，指定为以公允价值计量且其变动计入当期损益的金融资产和金融负债以及交易性金融资产和金融负债的利得或损失应当披露。对于可供出售金融资产，应当分别披露当期在其他综合收益中确认的以及当期从权益转入损益的利得或损失。

② 除以公允价值计量且其变动计入当期损益的金融资产或金融负债外，按实际利率法计算的金融资产或金融负债产生的利息收入或利息费用总额，以及直接计入当期损益但在确定实际利率时未包括的手续费收入或支出。

③ 企业通过信托和其他托管活动代他人持有资产或进行投资而形成的、直接计入当期损益的手续费收入或支出。

④ 已发生减值的金融资产产生的利息收入。

⑤ 每类金融资产本期发生的减值损失。

(四) 公允价值相关信息的披露

(1) 除特别说明外，企业应当披露每一类金融资产和金融负债的公允价值，并与账面价值进行比较。对于在资产负债表中相互抵销的金融资产和金融负债，其公允价值应当以抵销后的金额披露。

(2) 金融资产或金融负债初始确认的公允价值与交易价格存在差异时，如果其公允价值并非基于相同资产或负债在活跃市场中的报价，也非基于使用可观察市场数据的估值技术，企业在初始确认金融资产或金融负债时不应确认利得和损失。在此情况下，企业应当按金融资产或金融负债的类型披露下列信息：

① 企业在损益中确认交易价格与初始确认的公允价值之间差额时所采用的会计政策，以反映市场参与者对资产或负债进行定价时所考虑的因素(包括时间因素)的变动。

② 该项差异期初和期末尚未在损益中确认的金额和本期变动额。

③ 企业如何认定交易价格并非公允价值的最佳证据，以及确定公允价值的证据。

(3) 企业可以不披露下列金融资产或金融负债的公允价值信息：

① 账面价值与公允价值差异很小的金融资产或金融负债(入短期应收账或应付账款)。

② 活跃市场中没有报价且其公允价值无法可靠计量的权益工具投资以及与该工具挂钩的衍生工具。

③ 包括相机分红特征且其公允价值无法可靠计量的合同。

对于上述②和③，企业应当披露下列信息：a. 对于金融工具的描述及其账面价值，以及因公允价值无法可靠计量而未披露其公允价值的事实说明。b. 金融工具的相关市场信息。c. 企业是否有意图及如何处置这些金融工具。d. 已终止确认金融工具的事实，以及终止确认时的账面价值和利得损失。

(五) 金融工具信息披露

1. 定性和定量信息

(1) 企业应当披露与各类金融工具相关的定性和定量信息，以便财务报表使用者评估报告期末金融工具产生的风险的性质和程度，更好地评价企业所面临的风险敞口。相关风险包括信用风险、流动性风险、市场风险等。

(2) 对金融工具产生的各类风险，企业应当披露下列定性信息：① 风险敞口及其形成原因，以及在本期发生的变化。② 风险管理目标、政策和程序以及计量风险的方法及其在本期发生的变化。

(3) 对金融工具产生的各类风险，企业应当按类别披露下列定性信息：① 期末风险敞口的汇总数据。该数据应当以向内部关键管理人员提供的相关信息为基础。企业运用多种方法管理风险的，披露的信息应当以最相关和可靠的方法为基础。② 期末风险集中度信息，包括管理层确定风险集中度的说明和参考因素(包括交易对手方、地理区域、货币种类、市场类型等)，以及各风险集中度相关的风险敞口金额。上述期末定量信息不能代表企业本期风险敞口情况的，应当进一步提供相关信息。

2. 信用风险披露

(1) 企业应当披露与每类企业金融工具信用风险有关的下列信息：

① 在不考虑可利用的担保物或其他信用级的情况下，企业在金融负债表日的最大风险敞口。金融工具的账面价值能代表最大风险敞口的，无需提供此项披露。

② 可利用担保物或其他信用增级的信息及其对最大信用风险敞口的财务影响。

③ 未逾期且未减值的金融资产的信用质量信息。

金融资产在金融负债表日的最大信用风险敞口，通常是账面余额减去价值损失的金额(已减去按规定已抵消的金额)。

(2) 企业应当按类别披露在资产负债表日已逾期或已减值的金融资产的下列信息：

① 已逾期或未减值的金融资产的账龄分析。

② 对于不易变现的资产，应当披露处置或拟将其用于日常经营的政策等。

(3) 企业本期通过取得担保物或其他信用增级所确认的金融资产或非金融资产，应当披露下列信息：

① 所确认资产的性质和账面价值。

② 对于不易变现的资产应当披露处置或拟将其用于日常经营的政策等。

3. 流动性风险披露

流动性风险，是指企业在履行已交付现金或以其他金融资产的方式结算的义务时发生资金短缺的风险。流动性风险应披露的信息包括：

(1) 企业应当披露金融负债按剩余到期期限进行的到期期限分析，以及管理这些金融负债流动性风险的方法。

① 对于非衍生金融负债(包括财务担保合同)，到期期限分析应当基于合同剩余到期期限。对于包括嵌入衍生工具的混合金融工具，应当将其整体视为非衍生金融负债进行披露。

② 对于衍生金融负债，如果合同到期期限是理解现金流量时间分布的关键因素，到期期限分析应当基于合同剩余到期期限。

当企业所持有的金融资产作为流动性风险管理的一部分，且披露金融资产的到期期限分析使财务报表使用者能够恰当地评估企业流动性风险的性质和范围时，企业应当披露金融资产的到期期限分析。

企业在披露到期期限分析时，应当运用职业判断确定适当的时间段。列入各时间段内披露的金额，应当是未经折现的合同现金流量。

(2) 企业可以但不限于按下列时间段进行到期期限分析：

① 一个月以内(含本数，下同)。

② 一个月至三个月以内。

③ 三个月至一年以内。

④ 一年至五年以内。

⑤ 五年以上。

(3) 债权人可以选择收回债券时间的，债务人应当将相应的金融负债列入债权人可以要求收回债权的最早时间段内。

债务人应付债务金额不确定的，应当根据资产负债表日的情况确定到期期限分析所披露的金额。如分期付款的，债务人应当把每期将支付的条款列入相应的最早时间段内。

企业应当披露流动性风险敞口汇总定量信息的确定方法。此类汇总定量信息中的现金(或另一项金融资产)流出符合以下条件之一的，应当说明相关事实，并提供有助于评价该风险程度的额外定量信息：

① 该现金的流出可能与汇总定量信息中所列示的金额存在重大差异。

② 该现金的流出可能显著早于汇总定量信息中所列示时间。

4. 市场风险披露

金融工具的市场风险，是指金融工具的公允价值或未来现金流量因市场价格变动而产生波动的风险，包括汇率风险、利率风险和其他价格风险。汇率风险，是指金融工具的公允价值或未来现金流量因外汇汇率变动而发生波动的风险。汇率风险可源于以记账本位币之外的外币进行计价的金融工具。利率风险，是指金融工具的公允价值或未来现金流量因市场利率变动而发生波动的风险。利率风险可源于已确认的计息金额工具和未确认的金融工具(如某些贷款承诺)。其他价格风险，是指汇率风险和利率风险以外的市场价格变动而发生波动的风险，无论这些变动是由于与单项金融工具或其发行方有关的因素而引起的，还是由于与市场内交易的所有类似金融工具有关的因素而引起的。其他价格风险可源于商品价格或权益工具价格等的变化。对于市场风险，主要披露以下信息：

(1) 在对市场风险进行敏感性分析时，应当以整个企业为基础，披露下列信息：① 资产负债表日所面临的各类市场风险的敏感性分析。该项披露应当反映资产负债表日相关风险变量发生合理、可能的变动时，对企业损益和所有者权益已产生的影响。对具有重大汇率风险敞口的每一种货币，应分币种进行敏感性分析。② 本期敏感性分析所使用的方法和假设，以及本期发生的变化和原因。

(2) 企业采用风险价值法或类似方法进行敏感性分析能够反映金融风险变量之间(如利率和汇率之间等)的关联性，且企业以采用该种手法管理金额风险的，可不进行披露，但应当披露下列信息：

① 用于该敏感性分析的方法，选用的主要参数和假设。

② 所用方法的目的，以及该方法提供的信息在反映相关资产和负债公允价值方面的局限性。

(六) 金融资产转移的披露

企业应当就资产负债表日存在的所有未终止确认的已转移金融资产，以及对已转移金融资产的继续涉入，按准则要求单独披露。这里所述的金融资产转移，包括下列两种情形：

(1) 将收取金融资产现金流量的合同权利转移给另一方。

(2) 将金融资产整体或部分转移给另一方，但保留收取金融资产现金流量的合同权利，并承担将收取的现金流量支付给一个或多个收款方的合同义务。企业对于金融资产转移所披露的信息，应当有助于财务报表使用者了解未整体终止确认的已转移金融资产与相关负债之间的关系，评价企业继续涉入已终止确认金融资产的性质和相关风险。

金融资产转移应当披露如下信息：

① 对于已转移但未整体确认的金融资产，应当按照类别披露以下信息：a. 已转移金融资产的性质；b. 任何保留的与所有权有关的风险和报酬的性质；c. 已转移金融资产与相关负债之间关系的性质，包括因转移引起的对企业使用已转移金融资产的限制；d. 在转移金融资产形成的相关负债的交易对手方仅对已转移金融资产有追索权的情况下，应当以表格形式披露所转移金融资产和相关负债的公允价值以及净头寸，即已转移金融资产和相关负债公允价值之间的差额；e. 继续确认已转移金融资产整体的，披露已转移金融资产和相关负债的账面价值；f. 继续涉入程度确认所转移金融资产的，披露转移前该金融资产整体

的账面价值、按继续涉入程度确认的资产和相关负债的账面价值。

② 对于已整体终止确认但转出方继续涉入已转移金融资产的，应当至少按照类别披露下列信息：a. 因继续涉入确认的资产和负债的账面价值和公允价值，以及在资产负债中对应的项目。b. 因继续涉入导致企业发生损失的最大风险敞口及其确认方法。c. 应当或可能回购已终止确认的金融资产需要支付的未折现现金流量(如期权协议中的行权价格)或其他应向转入方支付的条款，以及对这些现金流量或条款的到期期限分析。如果到期期限可能为一个区间，应当以企业必须或可能支付的最早日期为依据归入相应的时间段。到期期限分析应当分别反映企业应当支付的现金流量(如远期合同)、企业可能支付的现金流量(如签出看跌期权)以及可能选择的支付现金流量(如购入看涨期权)。在现金流量不固定的情况下，上述金额应当基于每个资产负债表日的情况披露。d. 金融资产转移日确定的利得或损失，以及因急需涉入已终止确认金融资产当期和累计确认的收益或费用(如衍生工具的公允价值变动)。e. 终止确认产生的收款总额在本期分布不均衡的(例入大部分转移金额在临近报告期末发生)，应当披露本期最大转移活动发生的时间段、该段期间所确认的金额(如相关利得和损失)和收款总项。

③ 对上述定量信息的解释性说明，包括对已转移的金融资产、继续涉入的性质和目的，以及企业所面临风险的描述等。其中，对企业所面临风险的描述包括以下各项：a. 对继续涉入已终止确认金融资产的风险进行管理的方法。b. 企业是否应先于其他方承担有关损失，以及先于本企业承担损失的其他方应承担损失的顺序及金额。c. 向已转移金融资产提供财务支持或回购该金融资产的义务的触发条件。

企业在所披露的信息中，应当按照其继续涉入面临的风险敞口类型分类汇总披露。例如，可按金融工具类别或转让类型分类汇总披露。企业对某项终止确认的金融资产存在多种继续涉入方式的，可按其中一类汇总披露。

练 习 题

一、单项选择题

1. 资产负债表中的“未分配利润”项目填列的依据是(　　)。

A. “利润分配”科目余额

B. “本年利润”科目余额

C. “本年利润”和“利润分配”科目的余额差额

D. “盈余公积”科目表余额

2. “预付账款”科目明细账中若有贷方余额，应将其计入资产负债表的(　　)项目。

A. “应收账款”　　B. “预收款项”

C. “应付账款”　　D. “其他应付款”

3. 下列关于财务报表的说法错误的是(　　)。

A. 财务报表可以分为个别财务报表和合并财务报表

B. 财务报表一般分为表首、正表两部分

C. 企业至少应当编制年度财务报表

D. 财务报表的报列基础一定是持续经营

4. 下列不影响营业利润的项目是(　　)。

A. 财务费用　　B. 投资收益

C. 资产减值损失　　D. 营业外支出

5. 下列经济业务所引起的现金流量中，属于“投资活动产生的现金流量”的是(　　)。

A. 收到的现金股利　　B. 支付的各种税费

C. 吸收投资收到的现金　　D. 支付货款

6. 企业偿还的长期借款利息，在编制现金流量表时，应报列的项目是(　　)。

A. 偿还债务支付的现金

B. 分配股利、利润和偿还利息支付的现金

C. 支付其他与筹资活动有关的现金

D. 支付的各项税费

7. 下列各项中，不属于筹资活动产生的现金流量的是(　　)。

A. 吸收权益性投资收到的现金

B. 收回债券投资收到的现金

C. 分配现金股利

D. 借入资金收到的现金

8. 下列经济业务所产生的现金流量中，属于“经营活动产生的现金流量”的是(　　)。

A. 变卖固定资产所产生的现金流量

B. 取得债券利息收入所产生的现金流量

C. 支付经营租赁费用所产生的现金流量

D. 支付融资租赁费用所产生的现金流量

9. 下列经济业务所产生的现金流量中，属于“投资活动中产生的现金流量”的是(　　)。

A. 收回投资的现金流量

B. 销售商品、提供劳务收到的现金

C. 收到的税费返还

D. 购买商品、提供劳务支付的现金

10. 下列经济业务所产生的现金流量中，属于“筹资活动产生的现金流量”的是(　　)。

A. 收回投资的现金流量

B. 吸收投资收到的现金

C. 收到的税费返还

D. 购买商品、提供劳务支付的现金

二、多项选择题

1. 下列资产中，属于“流动资产”项目的有(　　)。

A. 一年内到期的非流动资产　　B. 交易性金融资产

C. 货币资金　　D. 开发支出　　E. 商誉

2. 财务报表包括的项目有(　　)。

A. 资产负债表　　B. 利润表　　C. 现金流量表

D. 所有者权益变动表　　E. 附注

3. 利润表中的“营业收入”项目应包含的账户及金额有(　　)。

A. 营业外收入　　B. 投资收益　　C. 主营业务收入

D. 其他业务收入　　E. 公允价值变动收益

4. 下列交易或事项中产生的现金流量中，属于投资活动产生的现金流量的有(　　)。

A. 向投资者派发现金股利

B. 为购建固定资产支付的已资本化的利息费用

C. 因火灾造成固定资产损失而收到的保险赔款

D. 融资租赁方式租入的固定资产所支付的租金

E. 分期付款购买固定资产第一次支付的款项

5. 现金流量表中的“支付给职工以及为职工支付的现金”项目包括(　　)。

A. 支付给退休人员的退休金　　B. 支付给在建工程人员的工资

C. 支付给生产人员的工资　　D. 支付给行政管理人员的工资

E. 支付的车间管理人员的工资

三、简答题

1. 何谓财务报告？其编制目的和主要构成内容是什么？

2. 何谓资产负债表？作用如何？

3. 财务报表附注的内容是什么？

四、计算题

1. 希望制造公司为增值税一般纳税企业，增值税税率为 13%，2×18 年与销售现金流量有关的业务如下：

(1) 销售产品一批，增值税专用发票上注明的售价为 300000 元(不含增值税)，货款尚未收到。

(2) 销售产品一批，售价为 700000 元，增值税税额为 91000 元，款项已通过银行收妥。

(3) 希望制造公司将到期的一张面值为 180000 元的无息银行承兑汇票(不含增值税)，连同解讫通知和进账单交银行办理转账，款项已收妥。

(4) 收到应收账款 51000 元。

(5) 希望制造公司采用商业承兑汇票结算方式销售产品一批，价款 250000 元，增值税税额为 32500 元，收到 282500 元的商业承兑汇票一张，公司已将上述承兑汇票办理贴现，贴现利息为 20000 元。

要求：计算“销售产品、提供劳务收到的现金”项目的金额。

2. 希望制造公司 2×18 年度“短期借款”账户年初余额为 120 万元，年末余额为 140 万元；“长期借款”账户年初余额为 360 万元，年末余额为 840 万元。2×18 年借入短期借款 240 万元，借入长期借款 460 万元，长期借款年末余额中包括确认的 20 万元长期借款利息费用(2×17 年支付利息)。除上述材料外，债权债务的增减变动均以货币资金结算。要求：

(1) 计算“取得借款收到的现金”项目的金额。

(2) 计算“偿还债务支付的现金”项目的金额。

3. 希望制造企业 2×18 年发生的营业收入为 1000 万元，营业成本为 680 万元，销售费用为 30 万元，管理费用为 50 万元，财务费用为 19 万元，投资收益为 40 万元，资产减值损失为 70 万元(损失)，公允价值变动损益为 80 万元(损失)，营业外支出为 15 万元。

要求：计算该企业 2×18 年度的营业利润。

五、业务处理题

希望制造有限公司(以下简称希望制造公司)为增值税一般纳税企业，适用的增值税税率为 13%。商品销售价格中均不含增值税。按每笔销售分别结转销售成本。希望制造公司销售商品、零件及提供劳务均为主营业务。

希望制造公司 2×18 年发生的经济业务如下：

① 以分期收款销售方式向 A 公司销售一批商品。该批商品的销售价格为 20 万元，实际成本为 17 万元，提货单和增值税专用发票已交 A 公司。根据合同，该价款(不含增值税，下同)分三次收费，第一次收取货款的 20%，10 月 1 日和 11 月 1 日分别收取货款的 40%，第一次应收取的货款已于本月收存银行。

② 与 B 公司签订协议，委托其代销一批商品。根据代销协议，B 公司按代销商品协议的议价的 5%收取手续费，并直接从代销款中扣除。该商品的协议价为 5 万元，实际成本为 3.6 万元，商品已运往 B 公司。本月末收取 B 公司开来的代销清单，列明已销售该商品的 50%：同时收到已售代销商品的代销款(已扣除手续费)。

③ 与 C 公司签订一份设备安装合同。该设备安装期为两个月，合同总价款为 3 万元，分两次收取，本月末收到第一笔价款 1 万元，并存入银行。按合同规定，安装程序完成日收取剩余的款项。至本月末，已实际发生的安装成本 1.2 万元(假定均为安装人员工资)。

④ 向 D 公司销售一件特定商品。合同规定，该件商品须单独设计制作。总价款为 35 万元，自合同签订日期两个月交货。D 公司已预付全部价款。至本月末，该件商品尚未完工，已发生生产成本 15 万元(其中，生产人员工资 5 万元，原材料 10 万元)。

⑤ 向 E 公司销售一批零件。该零件的销售价格为 100 万元，实际成本为 80 万元。增值税专用发票及提货单已交给 E 公司。E 公司已开出承兑的商业汇票，该商业汇票期限为 3 个月，到期日为 12 月 10 日。E 公司因受场地限制，推迟到下月 23 日提货。

⑥ 与 H 公司签订一项设备维修服务协议。本年末，该维修服务完成并经 H 公司验收合格，同时收到 H 公司按协议支付的劳务款 50 万元。为完成该项维修服务，发生相关费用 10.4 万元(假定均为维修人员工资)。

⑦ M 公司退回 2×18 年 12 月 28 日购买的一批商品，该商品的售价为 6 万元，实际成本为 4.7 万元。该批商品的销售收入已在售出时确认，但款项尚未收取。经查明，退货理由符合原合同规定。本月末办妥退换手续并开具红字增值税专用发票。

⑧ 计算本月应交所得税，假定该公司适用的所得税税率为 25%，采用资产负债表债务法核算所得税，假定本期无任何纳税调整事项，且不考虑递延所得税的影响。

其他相关资料：

除上述经济业务外，希望制造公司登记 9 月发生的其他经济业务形成的账户余额见表 1。

要求：

(1) 编制希望制造公司与上述①～⑧项经济业务相关的会计分录(“应交税费”科目要求写出明细科目及专栏名称)。

(2) 编制希望制造公司 9 月份的利润表(简表)(利润表(简表)的格式见表 2，答案中的金额单位用元表示，计算结果保留两位小数)。

表1　其他经济业务形成的账户余额　　单位：元

账户名称	借方余额	贷方余额
其他业务收入		200000
其他业务成本	10000	
投资收益		15300
营业外收入		20000
营业外支出	40000	
税金及附加	100000	
管理费用	50000	
财务费用	10000	

表2　利　润　表
(简表)

编制单位：希望制造公司　　2×18年9月　　单位：元

项　　目	本期金额
一、营业收入	
减：营业成本	
税金及附加	
销售费用	
管理费用	
研发费用	
财务费用	
资产减值损失	
信用减值损失	
加：其他收益	
投资收益(损失以“-”号填列)	
其中：对联营企业和合营企业的投资收益	
净敞口套期收益(损失以“-”号填列)	
公允价值变动收益(损失以“-”号填列)	
资产处置收益(损失以“-”号填列)	
二、营业利润(亏损以“-”号填列)	
加：营业外收入	
减：营业外支出	
其中：非流动资产处置损失	
三、利润总额(亏损总额以“-”号填列)	
减：所得税费用	
四、净利润(净亏损以“-”号填列)	

附录 参考答案

第一章

一、单项选择题

1. A 2. C 3. B 4. C 5. C 6. C 7. A 8. B 9. C 10. B 11. C

二、多项选择题

1. ABCD 2. BC 3. CD 4. ABCD 5. ABCD 6. AC

三、简答题

1. 答：财务会计是传统会计的继承和发展，财务会计是按照公认的会计原则，对企业发生的交易或事项，通过确认、计量、记录和报告等程序，为投资者、债权人、政府等信息使用者反映企业财务状况、经营成果和现金流量等信息的对外报告。而管理会计是为满足企业内部管理需要，在财务会计的基础上，结合资金、成本、市场等资料，运用专门的分析方法，为企业提供制定资金管理、成本费用、盈利模式选择、企业发展战略等方案所需要的信息，使得会计能够参与企业预测、决策、绩效评价等管理活动。

2. 答：会计信息使用者有投资者、债权人、政府及相关部门、社会公众等。

3. 答：财务会计的目标是财务会计所要达到的目的，即会计提供信息的目的是什么，为哪些人提供信息。目前对于财务会计的目标有两种理解，第一种是受托责任观，认为由于所有权和经营权的分离，资本受托者应负有对资本提供者解释、说明经营活动及经营结果的义务，所以财务会计的目标是以适当的方式有效反映受托责任人及其履行情况；第二种是决策有用观，认为随着资本市场的不断发展，所有者和受托人的委托和受委托关系变得模糊，所有者更加关注的是资本市场和所投资企业的可能风险和报酬，所以财务会计的目标是向会计信息使用者提供有利于决策和有用的信息。

受托责任观和决策有用观是相互关联的，受托责任观是会计产生和发展的根本动因，决策有用观是会计发展的必然，是受托责任观的自然延续，本质是一致的。

4. 答："四柱结算法"是按照"旧管"(上期结存)、"新收"(本期收入)、"开除"(本期结存)、"实在"(期末结存)这"四柱"特定的格式，定期结算账目的一种会计方法。

5. 答："龙门账"把全部经济事项划分为"进"(各项收入)、"缴"(各项支出)、"存"(各项资产)、"该"(各项负债和资本)，遵循"有来必有去，来去必相等"的记账规则；复试记账法是以资产与权益平衡关系作为记账基础，对于每笔经济业务，都要以相等的金额在两个或者两个以上的相互联系的账户中进行登记，系统地反映资金运动变化结果的一种记账方法。

优点比较："龙门账"优点体现在年终"合龙"结算方面，年终是通过"进"与"缴"的差额，同时通过"存"与"该"的差额，平行计算了盈亏。若"进"项减去"缴"项大于零，则为盈利，反之则为亏损；若凡“进”项减去“缴”项等于“存”项减去“该”项，则为“龙门相合”，否则为“龙门不合”，所以实现了双轨计算盈亏，真正实现了账目的平衡。复试记账法优点是，它是一种科学的记账方法，在复式记账法下账户体系设置完整，可以将经纪业务引起的会计要素的增减变动，在两个或两个以上账户中相互联系地、全面地、系统地进行登记，可以反映经济的来龙去脉。

缺点比较：“龙门账”并没有设置完整的账户体系，所以无法反映经纪业务引起的会计要素的增减变动，无法全面地反映经济的来龙去脉。而复试记账法则记账手续比较复杂。

6. 答：会计假设是会计核算的前提条件，是对客观经济环境做出的符合逻辑关系的设定。其内容有会计主体、持续经营、会计分期、货币计量。

7. 答：会计信息质量要求有可靠性、相关性、清晰性、可比性、实质重于形式、重要性、谨慎性、及时性。

8. 答：会计六大要素即资产、负债、所有者权益、收入、费用和利润，共同的特征是都是企业过去交易或事项形成的。反映企业财务状况的资产、负债和所有者权益中，主要是前两个要素的确认和计量，最后一个会计要素的确认取决于前两个要素的确认和计量，资产是由企业拥有或控制、能够为企业带来经济利益的资源，而偿还负债会使经济利益流出企业，它是企业的现实义务。反映企业经营成果的收入、费用和利润三个要素，主要是收入和费用，利润的确认和计量取决于收入和费用的确认，收入和费用特别强调企业日常经营形成的总流入和总流出。

9. 答：会计的计量是指在资产负债表和利润表内确认和列示会计要素而确定其金额的过程，即确认和列示会计要素时选择何种计量属性确定其金额。目前的会计计量属性包括历史成本、重置成本、可变现净值、现值及公允价值。

第二章

一、单项选择题

1. A　2. D　3. C　4. A　5. D　6. B　7. A　8. B　9. C　10. D

二、多项选择题

1. BD　2. BCD　3. ABCD　4. ACD　5. ABD

三、业务处理题

(1)

(Ⅰ)的会计分录：

借：银行存款　　4800000

　　贷：营业外收入　　4800000

(Ⅱ)的会计分录：

借：管理费用　　3600000

　　贷：银行存款　　3600000

(2) 编制希望公司银行存款余额调节表(以万元为单位)

希望公司银行存款余额调节表

银行对账单	金额	银行存款日记账	金额
银行对账单余额	664	企业银行存款日记账余额	432
加：企业已收、银行尚未入账金额	480	加:银行已付，企业尚未入账金额	384
减：企业已付、银行尚未入账金额	360	减：银行已付，企业尚未入账金额	32
调整后银行对账单余额	784	调整后企业银行存款日记账余额	784

四、简答题

1．现金的概念上有广义和狭义之分，广义的现金指货币资金；狭义的“现金”即库存的纸币和硬币，即库存现金。现金的主要特征是流动性强，但是盈利性差。

2．现金控制的基本内容有：

(1) 货币资金管理与控制的原则。① 严格职责分工；② 实行交易分开；③ 实施内部稽核；④ 实施定期轮岗制度。

(2) 库存现金的使用范围。① 职工工资，津贴；② 个人劳动报酬；③ 根据国家规定颁发给个人的各种奖金；④ 各种劳保、福利费用以及国家规定对个人的其他支出；⑤ 向个人收购农副产品和其他物资的价款；⑥ 出差人员必须随身携带的差旅费；⑦ 零星支出；⑧ 中国人民银行确定需要支付的其他支出。

(3) 库存现金的限额。为了保证企业日常零星开支的需要，企业一般需保留一定数量的库存现金。以企业每日日常零星开支所需库存现金量 3～5 天的日常开支需要量核定，边远地区和交通不便地区的企业，可多于 5 天，但最长不得超过 15 天。

(4) 现金收支的规定。不得坐支，不允许白条抵库等。

3．未达账项包括银行已收，企业未收、银行未付，企业已付、银行未收，企业已收、银行已付，企业未付。

编制银行余额调节表时应进行以下两种处理：

(1) 银行存款日记账余额+银行已收、企业未收款项–银行已付、企业未付款项。

(2) 银行对账单余额+企业已收、银行未收款项–企业已付、银行未付款项。

第三章

一、单项选择题

1. A　2. A　3. D　4. B　5. B　6. D　7. C　8. B　9. C　10. B

二、多项选择题

1. ABCD　2. ABD　3. BCD　4. AD　5. ABD　6. BC

三、简答题

1. 存货是指企业在日常经营活动中持有的以备出售的产成品或商品、处在生产过程中的在产品、在生产过程中耗用的材料或物料等。

2. 存货确认条件：

(1) 与该存货有关经济利益很可能流入企业；

(2) 该存货的成本能够可靠地计量。

3. 存货的分类

(1) 按经济用途，有原材料、在产品、半成品、产成品、商品、周转材料、委托代销商品。

(2) 按存货存放地点，有在途存货、在库存货、在制存货、在售存货。

(3) 按存货的取得方式，有外购的存货、自制的存货、委托加工的存货、投资者投入的存货、接受捐赠的存货、债务重组取得的存货、非货币性资产交换取得的存货、企业合并取得的存货、盘盈的存货。

4. 存货的计价方法有先进先出法、一次加权平均法、移动加权平均法、个别认定法。

5. 计划成本法和实际成本法的优点和缺点：

(1) 计划成本法。

优点：通过"材料成本差异"科目的归集和分配实现品种繁多的材料从计划价格调整为实际价格的核算，有利于企业对存货的管理，简化会计工作；不受任何限制，具有很强的适应性；即使在信息化环境下，也能有效发挥作用。

缺点：

① 材料成本差异率的准确度有待确定，因为成本差异率公式中分母未包括暂估入账材料的计划成本，造成分子分母口径不一致，违背会计"配比原则"，还有就是存货长期积压物资将会稀释成本差异率，不能准确地反映本月出库材料的实际成本。

② 计划价格使用综合差异率调整为实际价格，容易造成产品成本与实际偏差较大，不能准确反映产品的实际盈利水平，给产品成本分析带来误差。

③ 计划价格制定的原则要尽可能接近实际价格，但在实际工作中合理制订计划价格存在很多困难。

④ 市场价格波动较快，为尽可能接近实际成本会频繁调整计划价，这样的话，计划成本法就失去了本身的意义。

(2) 实际成本法。

优点：能够准确地反映各种材料日常收发的核算，能比较准确地反映各种材料增减变动情况以及开发成本耗费的各种材料的实际成本。

缺点：企业领用或发出存货都按实际成本法，材料计价工作量比较繁重，适用范围比较小，企业品种规格比较少的企业比较适合此种方法。

四、业务处理题

1. 材料成本差异率=(月初结存材料成本差异+本月收入材料的成本差异)÷(月初结存材料计划成本+本月收入材料的计划成本)

$$= [-3000 + (203000 - 190000)] \div [610000 + 190000] \times 100\% = 1.25\%$$

发出材料实际成本 = 600000 × 1.25% = 75000(元)

结存材料实际成本 = 203000 − 75000 = 128000(元)

2. (1) 发出材料的单位成本 = (22000 + 37000 + 51500+600) ÷ (2000 + 2950 + 5000 + 50) = 11.11

(2) ① 上月暂估入账时：

借：原材料　　2000

　　贷：应付账款——暂估入账　　2000

本月 1 日冲回时：

借：应收账款——暂估入账　　2000(红字)

　　贷：原材料　　2000(红字)

② 5 日收到发票时：

借：原材料　　1800

　　应交税费——应交增值税　　234

　　贷：银行存款　　2034

③ 8 日购入在途材料：

借：在途物资　　37000

　　应交税费——应交增值税(进项税额)　　4680

　　贷：银行存款　　41680

④ 11 日收到材料：

　　借：原材料　　37000

　　贷：在途物资　　37000

⑤ 18 日购入材料：

借：原材料　　51500

　　应交税费——应交增值税　　6435

　　银行存款　　22065

　　贷：应收票据　　80000

⑥ 21 日自制材料完工入库：

借：原材料　　600

　　贷：生产成本　　600

⑦ 30 日发出原材料：

借：生产成本　　66660

　　制造费用　　11110

　　管理费用　　11110

　　贷：原材料　　88880

3. (1) 编制会计分录：

① 无。

② 借：原材料　　10000

　　材料成本差异　　600

　　贷：材料采购　　10600

借：材料采购　　59000

　　应交税费——应交增值税(进项税额)　　7670

　　贷：银行存款　　66670

借：原材料　　60000

　　贷：材料采购　　59000

　　材料成本差异　　1000

借：生产成本 70000

　　贷：原材料 70000

借：材料成本差异 602

　　贷：生产成本 602

(2) 材料成本差异率 = (−548 + 600 − 1000) ÷ (40000 + 10000 + 60000) × 100% = −0.86%

发出材料应该负担的成本差异 = 70000 × (−0.86%) = −602

月末成本 = 40000 + 10000 + 60000 − 70000 = 40000

月末库存材料的实际成本 = 原材料账户借方余额+/(−)材料成本差异借方余额

÷ 材料成本差异贷方余额

= 40000 × (1 − 0.86%)

= 39656

第四章

一、单选题

1. A　2. C　3. B　4. B　5. D　6. A　7. B　8. C　9. C　10. B

二、多选题

1. ABC　2. BCD　3. ACD　4. BC　5. ACD

三、判断题

1. ×　2. √　3. ×　4. ×　5. √　6. √　7. ×　8. ×　9. √　10. ×

四、业务处理题

(1) 借：其他债权投资——成本 2000

　　利息调整 88.98

　　贷：银行存款 2088.98

(2) 2018 年应确认利息收入 = 2088.98 × 4% = 83.56(万元)

借：应收利息 100 (2000 × 5%)

　　贷：利息收入 83.56

　　　其他债权投资——利息调整 16.44

借：银行存款 100

　　贷：应收利息 100

(3) 公允价值变动前该金融资产的账面余额

= 20898 + 83.56 − 100 = 2072.54(万元)

应确认的公允价值变动金额 = 20802072.54 = 7.46(万元)

借：其他债权投资——公允价值变动 7.46

　　贷：其他综合收益——其他债权投资公允价值变动 7.46

借：信用减值损失 20

　　贷：其他综合收益——信用减值准备 20

(4) 借：债权投资——成本　2000
　　利息调整　72.54
　　其他综合收益——其他债权投资公允价值变动　7.46
　　贷：其他债权投资——成本　2000
　　　　利息调整　72.54
　　　　公允价值变动　7.46

借：其他综合收益——信用减值准备　20
　　贷：债权投资减值准备　20

(5) 2019 年应确认利息收入 = 2072.54 × 4% = 82.90(万元)

借：应收利息　100(2000 × 5%)
　　贷：利息收入　82.90
　　　　债权投资——利息调整　17.10

(6) 借：信用减值损失　30
　　贷：债权投资减值准备　30(50 − 20)

第五章

一、单项选择题

1. D　2. A　3. B　4. B　5. B　6. B　7. C

二、多项选择题

1. ABCD　2. ACD　3. ABCD　4. ABC

三、简答题

1. 固定资产是指企业为生产产品、提供劳务、出租或者经营管理而持有的、使用时间超过 12 个月的，价值达到一定标准的非货币性资产，包括房屋、建筑物、机器、机械、运输工具以及其他与生产经营活动有关的设备、器具、工具等。

固定资产具有下列特征：

(1) 为生产商品、提供劳务、出租或经营管理而持有的；

(2) 使用寿命超过一个会计年度；

(3) 固定资产必须是有形资产。

2. 固定资产的确认条件是指判断一项资产是否为固定资产的标准，包括：

(1) 满足固定资产的定义；

(2) 与该固定资产有关的经济利益很可能流入企业；

(3) 该固定资产的成本能够可靠地计量。

四、业务处理题

1. 借：固定资产　100000000
　　应交税费——应交增值税(进项税额)　100000000
　　贷：银行存款　110000000

2. (1) 设备入账价值 = 120 + 0.6 + 0.8 + 6 + 0.96 = 128.36(万元)。

解析：自用原材料用于不动产在建工程进行税额需要转出，计入产品成本。

(2) 折旧 = (128.36 − 0) ÷ 10 ÷ 12 × 6 = 6.42(万元)

第六章

一、单项选择题

1. A　2. D　3. B　4. A　5. C　6. A　7. D　8. D　9. A　10. C
11. A　12. B

二、多项选择题

1. BD　2. ABCD　3. ACD　4. BD　5. ABD　6. AB　7. ABC
8. BD　9. ACD　10. BCD　11. AC

三、判断题

1. √　2. ×　3. ×　4. ×　5. √　6. √　7. ×　8. √　9. √　10. ×

四、业务处理题

1. 编制会计分录：

(1) 借：投资性房地产——成本　9000
　　　　累计折旧　20000
　　　　公允价值变动损益　1000
　　贷：固定资产　30000

(2) 借：银行存款　500
　　贷：其他业务收入　500
　　借：投资性房地产——公允价值变动　3000
　　贷：公允价值变动损益　3000
　　　　影响 2011 年营业利润的金额 = −1000 + 500 + 3000 = 2500(万元)

(3) 借：投资性房地产——公允价值变动(18000 − 12000)　6000
　　贷：公允价值变动损益　6000

2012 年 12 月 31 日资产负债表中“投资性房地产”项目的列示金额为 18000 万元。

(4) 借：银行存款　30000
　　　贷：其他业务收入　30000
借：其他业务成本　10000
　　公允价值变动损益　8000
　　贷：投资性房地产——成本　9000
　　　　　　　　　　——公允价值变动　9000

出售投资性房地产时影响营业利润的金额 = 出售时的公允价值 30000
　　　　　　　　　　　　　　　　　　 − 出售时的账面价值 18000
　　　　　　　　　　　　　　　　　　 = 12000(万元)

2. 编制会计分录：

(1) ① 20×8 年 12 月 31 日：

借：公允价值变动损益 300

贷：投资性房地产——公允价值变动 300

借：银行存款 400

贷：其他业务收入 400

② 20×8 年 12 月 31 日，该项投资性房地产的账面价值为 6300 万元，计税基础 = 6000 − (6000/30) × 2 = 5600(万元)，递延所得税负债期初余额为 200 万元，期末余额 = (6300 − 5600) × 25% = 175(万元)，应转回递延所得税负债 25 万元：

借：递延所得税负债 25

贷：所得税费用 25

(2) ① 将投资性房地产转入改良：

借：投资性房地产——在建 6300

贷：投资性房地产——成本 6000

——公允价值变动 300

② 发生改良支出：

借：投资性房地产——在建 600

贷：银行存款 600

③ 改良工程完工：

借：投资性房地产——成本 6900

贷：投资性房地产——在建 6900

(3) ① 20×7 年 1 月 1 日：

借：投资性房地产——成本 6000

贷：开发产品 6000

② 20×7 年 12 月 31 日：

借：投资性房地产——公允价值变动 600

贷：公允价值变动损益 600

借：银行存款 400

贷：其他业务收入 400

③ 20×7 年 12 月 31 日，该项投资性房地产的账面价值为 6600 万元，计税基础 = 6000 − 6000/30 = 5 800(万元)，应确认递延所得税负债：

借：所得税费用 200

贷：递延所得税负债 200

3. 编制会计分录：

(1) 借：投资性房地产 10000

累计折旧 250

贷：固定资产 10000

投资性房地产累计折旧 250

借：银行存款 400

贷：其他业务收入　　　　　　400

借：其他业务成本　　　　　　250

贷：投资性房地产累计折旧　　250(10000/40)

2×19 年资产负债表“投资性房地产”列报金额＝10000－250－250＝9 500(万元)

(2) 借：其他业务成本　　　　2.6

贷：银行存款　　　　　　2.6

借：固定资产　　　　　　　10000

投资性房地产累计折旧　　1000(250＋250×3)

贷：投资性房地产　　　　10000

累计折旧　　　　　　1000

(3) 借：银行存款　　　　　12000

贷：其他业务收入　　　　12000

借：其他业务成本　　　　　9000

投资性房地产累计折旧　　1000(250×4)

贷：投资性房地产　　　　10000

(4) ① 投资性房地产转入改扩建工程：

借：投资性房地产——在建　　9000

投资性房地产累计折旧　　1000(250×4)

贷：投资性房地产　　　　10000

② 发生支出：

借：投资性房地产——在建　　400

贷：银行存款　　　　　　400

③ 改扩建工程完工：

借：投资性房地产　　　　　9400

贷：投资性房地产——在建　9400

(5) 借：投资性房地产——成本　　12000

投资性房地产累计折旧　　500(250×2)

贷：投资性房地产　　　　10000

递延所得税负债　　　625(2500×25%)

盈余公积　　　　　　187.5 (2500×75%×10%)

利润分配——未分配利润　　1687.5 (2500×75%×90%)

第七章

一、单项选择题

1. B　2. D　3. D　4. C　5. B　6. C　7. A　8. A　9. B　10. A

二、多项选择题

1. BC　2. ABD　3. BCD　4. ABD　5. ABCD

三、简答题

1. 企业持有的对其子公司、合营企业及联营企业的权益性投资应该划分为长期股权投资。

2. 成本法是指长期股权投资应按照初始投资成本计价，一般不予变更，只有在追加或收回投资时才调整长期股权投资的成本。

成本法适用于对子公司的长期股权投资。

3. 权益法是指长期股权投资的账面价值要随着被投资企业的所有者权益变动而相应变动，大体上反映在被投资企业所有者权益中占有的份额。

权益法的适用于实施共同控制的合营企业或投资企业对被投资企业具有重大影响的联营企业的长期股权投资后续计量。

四、业务处理题

1. 编制会计分录：

借：长期股权投资　　7500
　　贷：股本　　2500
　　　　资本公积——股本溢价　　5000

借：管理费用　　60
　　贷：银行存款　　60

2. 编制会计分录：

(1) 借：固定资产清理　　1900
　　　　累计折旧　　600
　　　　贷：固定资产　　2500

(2) 借：长期股权投资　　3600
　　　　贷：银行存款　　1500
　　　　　　固定资产清理　　1900
　　　　　　资本公积——资本溢价　　200

3. 编制会计分录：

(1) 借：长期股权投资　　1500
　　　　应收股利　　1000
　　　　贷：银行存款　　15100

(2) 借：银行存款　　1000
　　　　贷：现金股利　　1000

4. 编制会计分录：

(1) 借：长期股权投资　　5600
　　　　贷：银行存款　　5600

(2) 借：应收股利　　400
　　　　贷：投资收益　　400

(3) 借：应收股利　　200
　　　　贷：投资收益　　200

5. 编制会计分录：

(1) 借：长期股权投资——损益调整　　450

　　贷：投资收益　　450

(2) 借：应收股利　　300

　　贷：投资收益　　300

借：银行存款　　300

　　贷：应收股利　　300

(3) 借：投资收益　　180

　　贷：长期股权投资——损益调整　　180

第八章

一、单项选择题

1. D　2. B　3. B　4. B　5. D　6. B　7. D　8. C　9. C　10. C

二、多项选择题

1. AC　2. ABCD　3. BCD　4. ABD　5. ACD

三、简答题

1. 购入的无形资产：外购无形资产的成本包括购买价款、相关税费(不含可抵扣的增值税进项税额)以及直接归属于使该项资产达到预定用途所发生的其他支出。

自行开发的无形资产：企业自行开发的无形资产，分为研究阶段与开发阶段。研究阶段的支出，不能资本化，而是在发生时全部计入当期损益。对于开发阶段的支出，应该满足一定的条件才能予以资本化，计入无形资产的价值，待完成后确认为企业的无形资产；投资者投入无形资产的成本，应当按照投资合同或协议约定的价值确定，在投资合同或协议约定价值不公允的情况下，应按无形资产的公允价值入账。

投资者投入的无形资产：

企业合并取得的无形资产：按照《企业会计准则》规定，非同一控制下的企业合并中，购买方取得的无形资产应以其在购买日的公允价值计量，而且合并中确认的无形资产并不仅限于被购买方原已确认的无形资产，只要该无形资产的公允价值能够可靠计量，购买方就应在购买日将其独立于商誉确认为一项无形资产。

债务重组取得的无形资产：企业通过债务重组取得的无形资产，其入账价值应按受让无形资产的公允价值加上应支付的相关税费来确定。重组债权的账面价值与取得的无形资产公允价值之间的差额计入当期损益，借记“营业外支出”账户。如果在债务重组的过程中，债权人在受让无形资产的同时，又受让债务人的部分现金资产，重组债权的账面价值首先应冲减受让的现金资产，然后通过余额与受让的无形资产公允价值进行比较，确定的差额作为债务重组损失或利得，借记“营业外支出”账户。

以非货币性资产交换取得的无形资产：非货币性资产交换取得的无形资产应分两种情况进行处理。

第一，以非货币性资产进行交换的业务具有商业实质，而且换入资产或换出资产公允价值能够可靠计量时，换入的无形资产应当以公允价值和应支付的相关税费作为换入无形资产成本(入账价值)，公允价值与换出资产账面价值的差额作为换出的非货币性资产交换损失或利得计入当期损益。非货币性资产交换具有商业实质应满足两个条件，即换入资产的未来现金流量在风险、时间和金额方面与换出资产显著不同；换入资产与换出资产预计未来现金流量的现值不同，且其差额与换入资产和换出资产的公允价值相比是重大的。如果在非货币性资产交换过程中涉及一定金额补价的，如为支付补价的，则换入无形资产成本与换出资产账面价值加支付补价、应支付相关税费之和的差额，计入当期损益；如为收到补价的，换入无形资产成本加收到补价之和与换出资产账面价值加应支付相关税费之和的差额，计入当期损益。

第二，以非货币性资产进行交换的业务不具有商业实质，而且换入资产或换出资产公允价值不能够可靠计量时，应当以换出资产的账面价值和应支付的相关税费作为换入无形资产的成本，不确认损益。在非货币性资产交换过程中涉及补价时，如为支付补价的，换入无形资产成本应当以换出资产的账面价值加支付的补价、应支付的相关税费来确定，不确认损益；如为收到补价的，换入无形资产成本应当以换出资产账面价值，减去收到的补价，并加应支付的相关税费来确定，也不确认损益。

政府补助取得的无形资产：企业通过政府补助方式取得的无形资产应当按照公允价值计量。具体要分几种情况进行处理，如果企业取得的无形资产附带有关文件、协议、发票、报关单等凭证，在这些凭证注明的价值与公允价值相差不大时，应当以有关凭据中注明的价值作为公允价值；没有注明价值或注明价值与公允价值差异较大，但有活跃交易市场的，应当根据有确凿证据表明的同类或类似市场交易价格作为公允价值；如没有注明价值，且没有活跃交易市场、不能可靠取得公允价值的，应当按照名义金额计量，名义金额即为 1 元人民币。

2. 内部研究开发的无形资产应该分为研究阶段和开发阶段来进行会计处理，企业应设置“研发支出”科目，以核算企业在研究与开发过程中发生的各项支出。“研发支出”科目可按研究开发项目，区别“费用化支出”与“资本化支出”进行明细核算。

企业自行开发无形资产发生的研发支出，不满足资本化条件的，借记“研发支出——费用化支出”科目，满足资本化条件的，借记“研发支出——资本化支出”科目，贷记“原材料”“银行存款”“应付职工薪酬”等科目。研究开发项目达到预定用途形成无形资产的，应按“研发支出——资本化支出” 科目的余额，借记“无形资产”科目，贷记“研发支出——资本化支出”科目。期(月)末，应将“研发支出——费用化支出”科目归集的金额转入“管理费用”科目，借记“管理费用”科目，贷记“研发支出——费用化支出”科目。本科目期末借方余额，反映企业正在进行的研究开发项目中满足资本化条件的支出。

3. 《企业会计准则第 6 号——无形资产》应用指南规定“商誉的存在无法与企业自身分离，不具有可辨认性，不在本准则所规范内”，所以商誉不属于企业的无形资产。

四、业务处理题

五年每年分录一样，如下：

借：其他业务成本　　　10000

　　贷：累计摊销　　　　10000

借：银行存款　　　　20000

　　贷：其他业务收入　　　20000

五、案例分析题

不对。其他业务收入是指各类企业主营业务以外的其他日常活动所取得的收入，就是企业出售除了主要生产的产品获得的日常经营获利的手段，出售无形资产只是企业偶尔的业务活动，属于利得收入或损失，所以计入营业外收入或支持。

第九章

一、单项选择题

1. D　2. C　3. A　4. D　5. D　6. B　7. C　8. C

二、多项选择题

1. ABCD　2. ABCDE　3. CDE　4. BC　5. ABCDE　6. ABE

三、业务处理题

1. 液晶彩电的售价总额 = 7000 × 85 + 7000 × 15 = 595000 + 105000 = 700000(元)液晶彩电的增值税销项税额 = 85 × 7000 × 13% + 15 × 7000 × 13% = 91000(元)

(1) 公司决定发放非货币性福利时，应作如下账务处理：

借：生产成本　　　　672350

　　管理费用　　　　118650

　　贷：应付职工薪酬——非货币性福利　　791000

(2) 实际发放非货币性福利时，应作如下账务处理：

借：应付职工薪酬——非货币性福利　　791000

　　贷：主营业务收入　　　700000

　　　　应交税费——应交增值税(销项税额)　91000

借：主营业务成本　　　500000

　　贷：库存商品　　　500000

电暖气的售价金额 = 85 × 500 + 15 × 500 = 42500 + 7500 = 50000(元)

电暖气的进项税额 = 85 × 500 × 13% + 15 × 500 × 13% = 6500(元)

(1) 公司决定发放非货币性福利时，应作如下账务处理：

借：生产成本　　　　48025

　　管理费用　　　　8475

　　贷：应付职工薪酬——非货币性福利　　56500

(2) 购买电暖气时，公司应作如下账务处理：

借：应付职工薪酬——非货币性福利　　56500

　　贷：存货　　　50000

　　　　应交税费——应交增值税(进项税额转出)　　6500

2. 编制会计分录如下：

(1) 借：原材料　　　　100000

应交税费——应交增值税(进项税额) 13000
贷：银行存款 113000
(2) 借：在途物资 30000
应交税费——应交增值税(进项税额) 3900
贷：应付票据 33900
(3) 借：在建工程 56500
贷：原材料 50000
应交税费——应交增值税(进项税额转出) 6500
(4) 借：银行存款 339000
贷：主营业务收入 300000
应交税费——应交增值税(销项税额) 39000
借：税金及附加 30000
贷：应交税费——应交消费税 30000
(5) 本月应交增值税 = 39000 − 13000 − 3900 + 6500 = 28600(元)
本月应交消费税 = 30000(元)

第十章

一、单项选择题

1. B 2. A 3. A 4. C 5. A 6. A 7. D 8. D 9. C 10. D

二、多项选择题

1. ACD 2. ABC 3. AD 4. ABC 5. ABCD 6. BD 7. CD
8. ABC 9. AD 10. AB

三、业务处理题

1. ① 2019 年 1 月 1 日债券发行时:
债券的发行价格 = 100 × 1 ÷ (1 + 7%)5 + 100 × 10% × (1 + 7%)5 − 1) ÷ (1 + 7%)5 × 7%
100 × 0.71299 + 10 × 4.10012 = 1123(万元)
借：银行存款 123000
贷：应付债券——面值 100000
——利息调整 123000
② 2019 年 1 月 31 日：
应付利息 = 100 × 10% ÷ 12 = 0.83(万元)
利息费用 = 11.3 × 7% ÷ 12 = 0.66(万元)
利息调整 = 0.83 − 0.66 = 0.17(万元)
借：财务费用 6600
应付债券——利息调整 1700
贷：应付利息 8300
③ 2020 年 1 月 5 日：
借：应付利息 100000
贷：银行存款 100000

④ 2024 年 1 月 5 日：

借：应付债券——面值 1000000

应付利息 100000

贷：银行存款 1100000

2. ① 2019 年 4 月 1 日借入款项：

借：银行存款 1000000

贷：长期借款 1000000

② 购进工程设备物资、投入在建工程(假设该自行建造固定资产为增值税非应税货物)

借：工程物资——××设备 849000

贷：银行存款 849000

借：在建工程——××工程 849000

贷：工程物资——××设备 849000

③ 工程领用原材料：

借：在建工程——××工程 113000

贷：原材料——×××材料 100000

应交税费——应交增值税(进项税额转出) 13000

④ 工程人员工资分配(假设不考虑其他工资费用)：

借：在建工程——××工程 54000

贷：应付职工薪酬——应付工资 54000

⑤ 工程其他费用：

借：在建工程——××工程 75000

贷：银行存款 75000

⑥ 2019 年 12 月 31 日，专门借款利息费用资本化：

应计利息 $= 100 \times 10\% \div 12 \times 9 = 7.5$(万元)

借：在建工程——××工程 75000

贷：长期借款——应计利息 75000

⑦ 工程竣工交付使用：

工程成本 $= 84.9 + 11.3 + 5.4 + 7.5 + 7.5 = 116.3$(万元)

借：固定资产——××设备 1166000

贷：在建工程——××工程 1166000

⑧ 2021 年 12 月 31 日，专门借款利息费用费用化：

应计利息 $= 100 \times 10\% = 10$(万元)

借：财务费用 100000

贷：长期借款——应计利息 100000

⑨ 2021 年 4 月 1 日，专门借款到期还本付息：

借：财务费用 25000

长期借款——本金 1000000

——应计利息 175000

贷：银行存款 1200000

第十一章

一、单项选择题

1. A　2. C　3. A　4. A　5. C　6. C　7. A　8. B　9. B　10. B

二、多项选择题

1. AD　2. ABD　3. AB　4. BCD　5. BC

三、简答题

略

四、业务处理题

编制会计分录如下：

借：银行存款　　400000
　贷：实收资本——A　　200000
　　　　　　——B　　200000

① 接受A增资：

借：固定资产　　126000
　贷：实收资本　　100000
　　资本公积　　26000

② 接受B增资：

借：原材料　　110000
　应交税费——应交增值税(进项税额)　　14300
　贷：实收资本　　111870
　　资本公积　　12430

③ 接受C投资：

借：银行存款　　390000
　贷：实收资本　　300000
　　资本公积　　90000

五、案例分析

(1) 此案例中的希望公司转增资本不合法。

公司法规定累计亏损未经全额弥补之前，公司不得以资本公积转增资本。本案例希望公司累计亏损为100万元，不具备资本公积转增资本的条件。

(2) 此案例中的账外财产评估调账不合法。

① 希望公司作为存续的企业，不能对自己的资产予以评估后调账。只有企业在非存续期间产权发生变动或国家统一安排的清产核资中，企业才能对自己的资产予以评估后调账，对于存续的企业，应当遵循历史成本法进行会计处理。

② 希望公司将历年形成的账外财产归入账内核算行为不合规。按规定，企业把账外资产纳入企业会计账簿可以根据账外资产合法有效的原始凭证支持，按照重大错账追溯调整处理。账外资产按照盘盈资产处理，即按同类或类似固定资产的市场价格入账。希望公司价值由于是存续期内发生的，没有涉及产权变动，不应当评估入账；希望公司把账外财产

归入账内核算，应当根据清查的账外财产数量、价值明细表按照盘盈资产调整以前年度损益，而不应作为其主管部门的投资增加企业的净资产。

第十二章

一、单项选择题

1. D　2. A　3. C　4. D　5. C　6. B　7. B　8. A　9. B　10. B

二、多项选择题

1. ABC　2. ABC　3. ABC　4. ABCD　5. AC

三、简答题

1. 期间费用的构成内容如下：

销售费用，是指企业在销售商品过程中发生的费用，包括运输费、装卸费、包装费、保险费、展览费和广告费，以及为销售本企业商品而专设销售机构(含销售网点、售后服务网点等)的职工工资及福利费、类似工资性质的费用、业务费等经营费用。

管理费用，是指企业行政管理部门为组织和管理生产经营活动而发生的各种费用。在股份有限公司，管理费用包括公司的董事会和行政管理部门在公司的经营管理中发生的，或者应由公司统一负担的公司经费(包括行政管理部门职工工资、修理费、物料消耗、低值易耗品摊销、办公费和差旅费等)、工会经费、待业保险费、劳动保险费、董事会费(包括董事会成员津贴、会议费和差旅费等)、聘请中介机构费、咨询费(含顾问费)、诉讼费、业务招待费、房产税、车船使用税、土地使用税、印花税、技术转让费、矿产资源补偿费、无形资产摊销、职工教育经费、研究与开发费、排污费、存货盘亏或盘盈(不包括应计入营业外支出的存货损失)、计提的坏账准备和存货跌价准备等。

财务费用，是指企业为筹集生产经营所需资金等而发生的费用，包括利息支出(减利息收入)、汇兑损失(减汇兑收益)以及相关的手续费等。

2. 收入确认的步骤有五步，具体如下：

(1) 识别与客户订立的合同；

(2) 识别合同中的单项履约义务；

(3) 确定交易价格；

(4) 将交易价格分摊至各单项履约义务；

(5) 履行各单项履约义务时确认收入。

其中，步骤(1)、(2)和(5)主要与收入的确认有关，步骤(3)和(4)主要与收入的计量有关。

3. 利润是企业家的经营成果，是企业经营效果的综合反映，也是其最终成果的具体体现。利润包括营业利润、利润总额和净利润三个组成部分。

四、业务处理题

1. (1) 编制会计分录如下

6 月 1 日发出健身器材时：

借：银行存款　　2825000

　　贷：主营业务收入　　2000000 ($500 \times 5000 \times 80\%$)

预计负债——应付退货款 500000 (500×5000×20%)

应交税费——应交增值税(销项税额) 325000 (500×5000×13%)

借：主营业务成本 1600000 (400×5000×80%)

应收退货成本 400000 (400×5000×20%)

贷：库存商品 2000000

(2) 编制会计分录如下：

调整退货比率时：

借：预计负债——应付退货款 125000[500×5000×(20% − 15%)]

贷：主营业务收入 125000

借：主营业务成本 100000

贷：应收退货成本 100000[400×5000×(20% − 15%)]

借：库存商品 160000

预计负债——应付退货款 375000

应交税费——应交增值税(销项税额) 26000

主营业务成本 140000

贷：银行存款 226000

应收退货成本 300000

主营业务收入 175000

2. (1) 甲公司向乙公司销售商品不应确认收入。

理由：因与商品有关的控制权没有转移，不应确认收入。因回购价大于售价，所以按融资交易处理。

编制会计分录如下：

① 1月1日：

借：银行存款 124.3

贷：其他应付款 110

应交税费——应交增值税(销项税额) 14.3

借：发出商品 90

贷：库存商品 90

② 1月31日：

借：财务费用 2 [(120 − 110) / 5]

贷：其他应付款 2

(2) ① 1月2日：

甲公司向丙公司的销售虽然采用分期收款，但该项收款不具有融资性质，甲公司应根据单位售价扣除商业折扣后的金额为基础确认销售收入，应确认主营业务收入 9 = 50×0.1×(1 − 20%) = 4 (万元)。

编制会计分录如下:

借：银行存款 0.94 (4×1.17×20%)

应收账款 3.58 (4×1.13×80%)

贷：主营业务收入 4 [50×0.1×(1 − 20%)]

　　应交税费——应交增值税(销项税额)　　0.52
借：主营业务成本　　3.6 (50×0.072)
贷：库存商品　　3.6
② 1月31日：
借：银行存款　　1.79(3.58/2)
　贷：应收账款　　1.79

第十三章

一、单项选择题

1. B　2. C　3. C　4. A　5. C　6. A　7. B　8. A　9. A　10. B
11. D　12. D

二、多项选择题

1. ABCD　2. ABCE　3. CE　4. AB　5. CDE　6. BCDE　7. ABC
8. BC　9. AB　10. BDE　11. BCDE

三、简答题

略

四、业务处理题

1. A企业销售额 = 2000000(元)

增值税率为13%，销售商品的增值税=2000000 × 13% = 260000(元)

A企业接受抵债商品的公允价值 = 60000(元)，增值税 = 60000 × 13% = 7800(元)

A企业重组后债权的公允价值 = (2260000 − 60000 − 7800) × (1 − 40%) = 1315320(元)

A企业对应收B企业账款已计提的坏账准备 = 10000(元)，A企业应当确认的债务重组损失 = 2260000 − 60000 − 7800 − 1315320 − 10000 = 866880(元)

编制A企业会计分录：
借：库存商品　　60000
　应交税费——应交增值税(进)　　7800
　坏账准备　　10000
　应收账款——B企业(债务重组)　　1315320
　营业外支出——债务重组损失　　866880
　贷：应收账款——B企业　　2260000

编制B企业会计分录：
借：应付账款——A企业　　2260000
　贷：主营业务收入　　60000
　　应交税费——应交增值税(销)　　7800
　　应收账款——B企业(债务重组)　　1315320
　　营业外收入——债务重组利得　　876880

结转商品成本：

借：主营业务成本　　　　　　40000
　　贷：库存商品　　　　　　　40000

2. 换入资产总成本 = 40 + 80 = 120(万元)

原材料 A 公允价值占换入资产公允价值总额比例 = 40 ÷ (40 + 80) = 33.33%

原材料 B 公允价值占换入资产公允价值总额比例 = 80 ÷ (40 + 80) = 66.67%

原材料 A 入账价值 = 120 × 33.33% = 40(万元)

原材料 B 入账价值 = 120 × 66.67% = 80(万元)

编制会计分录如下：

借：固定资产清理——设备　　　　1300000
　　累计折旧——设备　　　　　　700000
　　贷：固定资产——设备　　　　　2000000

借：原材料 A　　　　　　　　　400000
　　原材料 B　　　　　　　　　800000
　　应交税费——应交增值税(进项税额) 156000
　　贷：固定资产清理　　　　　　　1300000
　　　　资产处置损益　　　　　　　56000

3. (1) 希望公司账务处理如下：

① 换入资产的入账价值总额 = 210 + 140 = 350(万元)

② 换入各项资产的入账价值：

固定资产——×汽车 = 350 × [240/(240 + 110)] = 240(万元)

库存商品——乙商品 = 350 × [110/(240 + 110)] = 110(万元)

③ 编制会计分录如下：

借：固定资产清理　　　　200
　　累计折旧　　　　　　40
　　固定资产减值准备　　20
　　贷：固定资产——车床　　260

借：固定资产——×汽车　　　　　240
　　库存商品——乙商品　　　　　110
　　应交税费——应交增值税(进项税额)　45.5
　　贷：固定资产清理　　　　　　　　200
　　　　主营业务收入　　　　　　　　140
　　　　应交税费——应交增值税(销项税额)　45.5
　　　　资产处置损益　　　　　　　　10

借：主营业务成本　　　　120
　　存货跌价准备　　　　30
　　贷：库存商品——甲商品　150

(2) 宏达公司账务处理如下：

① 换入资产的入账价值总额 = 240 + 110 = 350(万元)

② 换入各项资产的入账价值：

固定资产——车床 = 350 × [210/(210 + 140)] = 210(万元)

库存商品——M 商品 = 350 × [140/(210 + 140)] = 140(万元)

③ 编制会计分录如下：

借：固定资产清理 250

累计折旧 100

贷：固定资产——×汽车 350

借：固定资产——车床 210

库存商品——甲商品 140

应交税费——应交增值税(进项税额) 45.5

贷：固定资产清理 250

主营业务收入 110

应交税费——应交增值税(销项税额) 45.5

资产处置损益 10

借：主营业务成本 100

存货跌价准备 70

贷：库存商品——乙商品 170

4. 编制会计分录如下：

(1) 调整销售收入：

借：以前年度损益调整——调整主营业务收入 5000000

应交税费——应交增值税(销项税额) 650000(5000000 × 13%)

贷：应收账款 5650000

(2) 调整坏账准备余额：

借：坏账准备 282500(5650000 × 5%)

贷：以前年度损益调整——调整资产减值损失 282500

(3) 调整销售成本：

借：库存商品 4000000

贷：以前年度损益调整——调整主营业务成本 4000000

(4) 调整应交所得税(此为所得税汇算清缴前对预计应交所得税的调整)

借：应交税费——应交所得税 179375

贷：以前年度损益调整——调整所得税 179375

[(5000000 − 4000000 − 5650000 × 5‰) × 25%]

(5) 调整原已确认的递延税款：

借：以前年度损益调整——调整所得税 63562.50

贷：递延所得税资产 63562.50[(282500 − 28250) × 25%]

(6) 将“以前年度损益调整”科目余额转入利润分配：

借：利润分配——未分配利润 601687.5

贷:以前年度损益调整 601687.5(5000000 − 4000000 − 282500 − 179375 + 63562.50)

(7) 调整利润分配有关数字：

借：盈余公积 90253.125

贷：利润分配——未分配利润　　90253.125(601687.5 × 15%)

(8) 调整报告年度会计报表相关项目的数字。

① 资产负债表项目的调整。

调减应收账款 536.75 万元；调增库存商品 400 万元；调减递延所得税资产 6.35625 万元；调减应交所得税 17.9375 万元；调减应交增值税 65 万元；调减盈余公积 9.0253125 万元；调减未分配利润 51.1434375 万元。

② 利润及利润分配表项目的调整。

调减主营业务收入 500 万元；调减主营业务成本 400 万元；调整资产减值损失 28.25 万元；调减所得税费用 11.58125 万元(179375 − 6.35625)；调减提取法定盈余公积 5.11434375(51.1434375 × 10%)；调减提取任意盈余公积 2.557171875 万元(51.1434375 × 5%)；调减未分配利润 42.118125 万元(51.1434375 − 9.0253125)。

第十四章

一、单项选择题

1. B　2. C　3. D　4. D　5. A　6. B　7. C　8. C　9. A　10. B

二、多项选择题

1. ABC　2. ABCD　3. CD　4. ABCD　5. BCDE

三、简答题

1. 财务报告是指企业对外提供的反映企业某一特定日期的财务状况和某一会计期间的经营成果、现金流量等会计信息的文件；编制的目的是反映企业某一特定日期的财务状况和某一会计期间的经营成果、现金流量等会计信息；财务报告主要由财务报表和其他应在财务报告中披露的相关信息和资料(财务报表附注)两部分构成。

2. 资产负债表是指反映企业在某一特定日期财务状况的报表。它的主要作用是通过反映企业在某一特定日期所拥有或者控制的资源，所承担的现实义务和所有者对净资产的要求权，能够明确企业某一日期资产的总额及结构，表明企业拥有和控制的资源及其分布情况；能够明确某一日期的负债总额及其结构，表明企业未来需要用多少的资产或劳务清偿债务以及清偿时间；能够明确所有者权益，据以判断资本保值、增值的情况以及对负债的保障程度，从而有助于报表使用者做出经济决策。

3. 财务报表附注是对在资产负债表、利润表、现金流量表和所有者权益变动表等报表中列示项目的文字描述或明细资料，以及对未能在这些报表中列示项目的说明，具体包括以下内容：

(1) 企业的基本情况；

(2) 财务报表的编制基础；

(3) 遵循企业会计准则的声明；

(4) 重要会计政策和会计估计；

(5) 会计政策和会计估计变更以及差错更正的说明；

(6) 报表重要项目的说明；

(7) 其他需要说明的重要事项；

(8) 其他信息。

四、计算题

1. (1) 借：应收账款 339000

贷：主营业务收入 300000

应交税费——应交增值税(销项税额) 39000

(2) 借：银行存款 791000

贷：主营业务收入 700000

应交税费——应交增值税(销项税额) 91000

(3) 借：银行存款 180000

贷：应收票据 180000

(4) 借：银行存款 51000

贷：应收账款 51000

(5) 借：应收票据 282500

贷：主营业务收入 250000

应交税费——应交增值税(销项税额) 32500

借：银行存款 262500

财务费用 20000

贷：应付票据 282500

所以销售商品、提供劳务收到的现金= 791000 + 180000 + 51000 + 262500

= 1284500(元)

2. (1) 取得借款收到的现金=(短期借款期末数 – 短期借款期初数)

+ (长期借款期末数 – 长期借款期初数)

= (140 – 120) + (840 – 20 – 360)

= 480(万元)

(2) 偿还债务支付的现金 = (短期借款期初数 – 短期借款期末数)

+ (长期借款期初数 – 长期借款期末数)

= (120 – 140) + (360 – 840 – 20)

= –520(万元)

3. 2×18 年度营业利润 = 1000 – 680 – 30 – 50 – 19 + 40 – 70 – 80 = 111(万元)

五、业务处理题

(1) 编制相关的会计分录：

① 借：银行存款 22.6

贷：主营业务收入 20

应交税费——应交增值税(销项税额) 2.6

借：主营业务成本 17

贷：库存商品 17

② 借：委托代销商品 1.8

贷：库存商品　　1.8

借：银行存款　　2.7

销售费用　　0.125(5 × 5% × 50%)

贷：主营业务收入　　2.5

应交税费——应交增值税(销项税额)　　0.325

借：主营业务成本　　1.8

贷：委托代销商品　　1.8

③ 借：银行存款　　1

贷：预收账款　　1

借：劳务成本　　1.2

贷：应付职工薪酬　　1.2

④ 借：银行存款　　35

贷：预收账款　　35

借：生产成本　　15

贷：应付职工薪酬　　5

原材料　　10

⑤ 借：应收票据　　113

贷：主营业务收入　　100

应交税费——应交增值税(销项税额)　　13

借：主营业务成本　　80

贷：库存商品　　80

⑥ 借：银行存款　　48.7

贷：主营业务收入　　43.1

应交税费——应交增值税(销项税额)　　5.6

借：劳务成本　　10.4

贷：应付职工薪酬　　10.4

借：主营业务成本　　10.4

贷：劳务成本　　10.4

⑦ 借：主营业务收入　　6

应交税费——应交增值税(销项税额)　　0.78

贷：应收账款　　6.78

借：库存商品　　4.7

贷：主营业务成本　　4.7

⑧ 本月实现的利润总额

$=(20+2.5+100+43.1-6+20+1.53+2)-(17+1.8+80+10.4-4.7+1+4+10+5+1)$

$=57.63$(万元)

所得税费用 $=57.63\times 25\%\approx 14.41$(万元)

借：所得税费用　　14.41

贷：应交税费——应交所得税　　14.41

(2) 编制 9 月份利润表；

利润表

编制单位：希望制造公司　　2×18 年 9 月　　单位：万元

项　　目	本期金额
一、营业收入	179.6
减：营业成本	105.5
税金及附加	10
销售费用	0.125
管理费用	5
研发费用	
财务费用	1
资产减值损失	
信用减值损失	
加：其他收益	
投资收益(损失以“-”号填列)	1.53
其中：对联营企业和合营企业的投资收益	
净敞口套期收益(损失以“-”号填列)	
公允价值变动收益(损失以“-”号填列)	
资产处置收益(损失以“-”号填列)	
二、营业利润(亏损以“-”号填列)	59.51
加：营业外收入	2
减：营业外支出	4
其中：非流动资产处置损失	
三、利润总额(亏损总额以“-”号填列)	57.63
减：所得税费用	14.41
四、净利润(净亏损以“-”号填列)	43.22

注：计算过程中小数点四舍五入使得净利润差了 0.1。